AF136399

Jacob Grimm

Briefwechsel zwischen Jacob und Wilhelm Grimm aus der Jugendzeit

Jacob Grimm

Briefwechsel zwischen Jacob und Wilhelm Grimm aus der Jugendzeit

ISBN/EAN: 9783743308619

Hergestellt in Europa, USA, Kanada, Australien, Japan

Cover: Foto ©ninafisch / pixelio.de

Manufactured and distributed by brebook publishing software
(www.brebook.com)

Jacob Grimm

Briefwechsel zwischen Jacob und Wilhelm Grimm aus der Jugendzeit

BRIEFWECHSEL ZWISCHEN JACOB UND WILHELM GRIMM AUS DER JUGENDZEIT

Jacob Grimm, Wilhelm Grimm

Vorrede.

Aus der überreichen Fülle ungedruckter Briefe, welche der Grimm'sche Eichschrank auf der Königlichen Bibliothek in sich birgt, hatte Herr Regierungsrath Rudolf Grimm als die interessantesten mit Recht diejenigen zur Veröffentlichung bestimmt und vorbereitet, welche Jacob und Wilhelm in den frühesten Jahren ihrer zeitweiligen Trennung gewechselt haben. Die Vertraulichkeit, die unter so geistesverwandten Brüdern natürlich war, muß nothwendig den Reiz bedeutend erhöhen, welchen nachgelassene Briefe hervorragender Männer auf die Gebildeten unseres Volkes überhaupt ausüben. Diese Briefe aus der Jugendzeit eröffnen uns den Einblick in die reinen, flecken-losen Seelen und schlichten, liebenswürdigen Charaktere zweier Männer von deutscher Art, auf deren Besitz unsere Nation stolz ist. Vor allem aber stellen diese Briefe die herrlichsten Beweisstücke für das Verhältnis inniger brüderlicher Liebe und geistigen Zusammenlebens dar, welches zwischen Jacob und Wilhelm Grimm seit ihrer frühesten Kindheit das ganze Leben hindurch obwaltete und welches einzig in der Geschichte bedeutender Männer dasteht. Im Interesse der Nach-welt ist es für eine gute Schickung zu erachten, daß dann und wann eine Trennung beider Brüder eintrat, die ja sonst immer zusammen-wohnten; denn aus diesen Trennungszeiten, so schmerzlich sie von

beiden empfunden wurden, ist für uns die Frucht dieser Briefe hervor=
gegangen.

Mit dem rein menschlichen Interesse wetteifert der reiche Ertrag,
welchen die Geschichte unserer deutschen Alterthumswissenschaft für die
wichtige Epoche ihrer eigenen Werdezeit aus den Jugendbriefen zu
ziehen vermag. Sind sie doch fast die einzige Quelle, aus welcher
der älteste Aufschluß über das innerste Wesen ihrer Begründer ent=
nommen werden muß. Wir sehen die Brüder zu Marburg noch ganz
in juristische Studien vertieft und nebenbei bestrebt, sich auf dem
Gebiet der schönen Künste und der verschiedenartigsten Zweige der
Litteratur einen Überblick zu verschaffen und ihr Urtheil zu bilden.
Da lenkt Wilhelm Jacobs Blick anfangs in einer scheinbar ganz
zufälligen Bemerkung auf die alten deutschen Gedichte und Poesieen
in Paris hin, und in ergreifender Weise geloben sich beide, in engster
Verbrüderung während des ganzen Lebens sich der gemeinsamen Arbeit
zu widmen.

Demnach bedarf diese Publikation, obwohl sie in einer mit
Briefwechseln reich bedachten Zeit ans Licht tritt, kaum ernstlich der
Worte, welche sie rechtfertigen möchten. Herr R. Grimm war ver=
hindert, die Drucklegung zu beginnen, und nachdem ich zur Heraus=
gabe im Frühling dieses Jahres hinzugezogen worden war, über=
nahm Herr Professor Herman Grimm die Sorge, welche seiner
Familie diesem Briefwechsel gegenüber gebührt, und unterzog die
Fahnen des Drucks einer genauen Durchsicht.

Der Wunsch, denselben nicht als eine rein historische, sondern auf
eine größere Menge Gebildeter berechnete Publikation angesehen zu
wissen, war bestimmend, ein gelehrtes Gewand thunlichst zu vermeiden.
Damit also nicht eine allzu häufige unschöne Anwendung der eckigen
Klammer Platz greife, sind sichere Abkürzungen fast überall aufgelöst,
leichte Schreibfehler stillschweigend gebessert und wenige selbstverständ=
liche Ergänzungen, welche ich im Interesse der Genauigkeit am Schluß

besonders aufgeführt habe, ohne Weiteres in den Text gesetzt worden. Lateinisch geschriebene Namen wurden der Gleichförmigkeit wegen meist durch deutschen Druck ersetzt. Unterstrichenes ist gesperrt, zwei wichtige Stellen auf S. 30 und 59 sind erst hier hervorgehoben worden. Die Orthographie der Originale ist, was hoffentlich gebilligt wird, geregelt, nur bei Eigennamen wurde freilich nicht überall Consequenz erreicht. Dagegen mußte in Jacobs ältestem Brief aus dem Jahre 1798, welcher ganz für sich steht, die ursprüngliche Schreibart festgehalten werden; als weitere Schriftprobe kann der Abdruck der Briefstellen aus Nr. 150. 155. 157 im Goethe-Jahrbuch I, S. 338 bis 341 gelten.

Die 160 Briefe sind in genauer chronologischer Folge vollständig wiedergegeben worden bis auf eine Anzahl im Druck bezeichneter Stellen, wo die Rücksicht auf Personen und Familien die Tilgung verletzender Urtheile erheischte oder der Umfang des Buches eine Streichung von ganz nebensächlichen oder wiederholten Dingen wünschenswerth erscheinen ließ. Ihre Anordnung in sechs Abtheilungen war von selbst gegeben. Zum Verständnisse der Zeitabschnitte hatte bereits R. Grimm einzelne Stücke der Selbstbiographieen, welche den geschichtlichen Hintergrund dem Leser am lebendigsten vor Augen stellen, aus K. Justis Grundlage zu einer Hessischen Gelehrten-, Schriftsteller- und Künstlergeschichte, Marburg 1831, S. 148—164. 164—183 (Jacobs Kl. Schr. I, S. 1—20, Wilhelms I, S. 3—25) vorangesetzt; ich habe dieselben zum Theil erweitert mit Hinzuziehung zweier Stellen aus den von Professor Alexander Reifferscheid herausgegebenen Freundesbriefen. Für die beigefügten Anmerkungen bin ich allein verantwortlich. Sie beschränken sich zumeist auf die litterarischen Nachweise und erheben keineswegs den Anspruch, die große Fülle von Details, wenn es überhaupt möglich ist, genügend erläutern zu wollen. Das vollständige Personenregister gehört nur zu den Briefen, nicht auch zu den Anmerkungen.

Als Ergänzung eines Theils dieser Correspondenz mögen die Briefe von Achim v. Arnim an Jacob und Wilhelm Grimm angesehen werden, welche in kurzem in demselben Verlag nachfolgen werden.

Zum Schluß liegt mir noch die angenehme Pflicht ob, denen, welche mich durch einzelne Mittheilungen gütigst unterstützt haben, und vor allem meinem Herrn Mitherausgeber und Herrn Verleger für mannigfachen Rath und freundliche Mühe herzlich zu danken.

Berlin, am 18. October 1880.

Gustav Hinrichs.

Inhaltsverzeichnis.

Aus Jacobs Selbstbiographie.

„Wir wurden bei einem Stadtpräceptor Zinkhahn unterrichtet, von dem wenig zu lernen war, außer Fleiß und strenge Aufmerksamkeit, aber aus dessen charakteristischem Benehmen uns eine Menge ergötzlicher Späße, Redensarten und Manieren zurückgeblieben ist. Den Zeiger auf dem weißen Zifferblatt der nämlichen Wanduhr, die schon damals in der elterlichen Stube stand und noch jetzt in meiner Wohnung geht, sehe ich mir manchmal darauf an, ob er mir die Ankunft oder das ersehnte Weggehen des Schulmeisters in dem himmelblauen Rock mit schwarzer Hose und Weste ankündigte. Bald wurde es nothwendig, auf unsere gründlichere Unterweisung Bedacht zu nehmen. Das Vermögen der Mutter war schmal und sie hätte uns sechs Kinder schwer auferziehen können, wenn nicht eine ihrer Schwestern, Henriette Philippine Zimmer, die bei der höchstsel. Kurfürstin oder damaligen Landgräfin von Hessen, erste Kammerfrau und von der reinsten, aufopfernden Liebe zu uns beseelt war, sie treulich unterstützt hätte. Diese ließ mich und meinen Bruder Wilhelm also im Jahre 1798 nach Cassel kommen und in Kost geben, damit wir uns auf dem dortigen Lyceum ausbilden sollten. Ich konnte erst in Unterquarta gesetzt werden, so sehr war ich noch zurück, aber nicht durch meine Schuld, sondern durch bloßen Mangel an Unterricht, denn ich hatte von Jugend auf eine ungeduldige, anhaltende Lernbegierde."

[Der älteste Brief Jacobs an seine Mutter, welcher die Ankunft in Cassel meldet, hat sich erhalten und mag hier an der Spitze dieser Sammlung füglich einen Platz finden.]

Aeltester Brief Jacobs an seine Mutter.

Kassel den 30ten Septembr. 1798.

Liebe Mutter!

Gestern Mittag um 12 Uhr sind wir glücklich hier angekommen. ich muß Ihnen doch ein wenig unsre Reise erzehlen. von Hanau aus kamen wir in Frankfurt vorigen Dienstag gegen 10 Uhr an, wir sahen uns dort ein wenig um und giengen hernach nach dem Hainerhoff, wo Hr. Oberpostmeister Rüppel wohnte er war aber nicht zu haus wir kamen aber um 12 Uhr wieder hin und sezten uns ein wenig vor das Posthaus. er kam hernach selbst und nahm uns mit hinauf um mit Ihm zu essen und war recht höflich, dann trunken

wir mit Ihm Caffe und er nahm uns nach diesem mit und ließ uns
allerhand wilde Thiere, Elephanten, Tiger, Papageyen, Affen und
noch viele andere, die damals just in Frankfurt waren sehen es kostete
auch Geld, er bezahlte aber vor uns; auch ließ er uns etliche 50
Wachsfiguren, die ganz natürlich waren, und Kleider anhatten, sehen
es waren die jezige Kaiser, Könige Generale und noch andere, es
war recht schön. des Abends musten wir wieder mit Ihm essen wir
giengen hernach in ein Wirthshaus um uns schlafen zu legen weil
er uns nicht logiren konnte. Den Morgen um 6 Uhr gieng | der
Postwagen fort er gabe uns auch ein Billet mit an die Postmeister
um uns auf Befehl des Hrn. Vizekanzler Runckel zu recommandiren
aber sie waren allemal auf jeder Station nicht, und wir konnten es
also nicht brauchen, auch den Paß forderten uns die Franzosen nicht
ab. wir haben nur ein einzigmahl zu Mittag gegessen weil es so
theuer war nehmlich vor die Person 48 xr. wir hatten meist Kaufleute zu Reisegefährten. Hier gefällt mir es recht gut und die Tante
ist auch Sie hat uns schon seidne Geldbeutel 4 schöne Kalenderchen
und sonst noch allerhand gegeben. Sie will uns auch Nachtcamisolen
machen lassen wir haben auf der Reise ausgegeben 7 f. 42 xr. und
haben über 14 f. 18 xr. Das andere wird der Wilhelm wohl geschrieben haben.

    die Frau Volbrecht, der Hr. Stroh, die Wilhelmine Hr. und
Frau Sauer lassen sich Ihnen bestens empfelen. Was machen dann
die Brüder und die gute Pänny? strickt sie mir denn bald einen Strumpf?
die Lichterformen werden Sie wohl von dem Kreuz bekommen haben
Grüßen Sie doch alle Bekannte und behalten Sie lieb

Ihren
gehorsamsten Sohn
Jakob Ludwig Karl
Grimm.

N. S.
Ich habe mein Blatt
nicht ganz voll geschrieben
wie der Wilhelm aber ich
schreibe viel enger. Der
Wilhelm hat mir einen Fleken [Klex über der ersten Zeile]
drauf gemacht. o! — —

I.

Jacobs erste Reise nach Paris zu Savigny

Januar bis September 1803.

Aus Jacobs Selbstbiographie.

„Januar 1805 traf durch Weiß ein unerwartetes Anerbieten ein. Savigny schlug mir vor, ungesäumt nach Paris zu kommen, um ihm dort bei seinen literarischen Arbeiten zu helfen. Wiewohl ich in meinem letzten halben Jahre studierte und gedachte auf Ostern oder im Sommer abzugehn, so war doch die Aussicht einer näheren Verbindung mit Savigny selbst und die Reise nach Frankreich reizend genug, daß ich mich gleich entschied und nichts eilenderes zu thun hatte, als Briefe an Mutter und Tante abzusenden, die mir ihre Einwilligung erbitten sollten. Wenige Wochen darauf saß ich schon im Postwagen und traf über Mainz, Metz und Chalons Anfangs Februar glücklich zu Paris ein. Die liebe Mutter war jede Nacht aus dem Bett aufgestanden, um nach dem kalten Wetter zu schauen, was mir später einmal die Schwester erzählte: Frankreich schien ihr ganz aus dem Bereich, und sie hatte nur mit heimlicher Angst ihren Willen zu der Reise gegeben. Ich befand mich aber vortrefflich aufgehoben und verlebte das Frühjahr und den Sommer auf die angenehmste und lehrreichste Weise. Was ich von Savigny empfieng, überwog bei weitem die Dienste, die ich ihm leisten konnte, durch eine öffentliche Anerkennung derselben in der Vorrede zum ersten Bande der Geschichte des römischen Rechts hat er mir viele Jahre nachher die größte Freude zubereitet. Auch ist ein ununterbrochen fortgesetzter Briefwechsel die Folge unserer näheren Bekanntschaft gewesen. September 1805 wurde die Heimreise angetreten und Ende des Monats traf ich mit Wilhelm, den ich zu Marburg mitgenommen hatte, gesund und vergnügt bei der Mutter in Cassel ein, die unterdessen, damit sie ihr Alter in ihrer Kinder Mitte ruhig verleben könnte, aus Steinau nach Cassel gezogen war.“

1.
Jacob an seine Mutter.

Marburg, 20. Jan. 805.

Liebe Mutter!

Noch niemals schrieb ich Ihnen vielleicht einen Brief in größerer Ungewißheit, als diesen. Der Herr von Savigny nämlich hat mir aus Paris, wo er sich jetzo aufhält, sehr annehmliche Vorschläge gethan, auf ein halbes Jahr dorthin zu kommen und ihm in juristischen Sachen zu helfen. Ich bekomme 10 Karolin zur Hinreise, dort freies Logis und Kost und freie Rückreise.

Die Bedingungen sind sehr vortheilhaft, und werde künftigen Herbst vielleicht um so leichter bei meiner Zurückkunft angestellt. Ich habe der Tante sogleich davon geschrieben und auf den Fall, daß sie es für gut hält, hoffe auch ich Ihre Einwilligung, theuerste Mutter, zu erhalten. Unsere Plane werden freilich dadurch etwas verrückt; vielleicht aber ist es vortheilhafter. Ich bitte Sie gleich mit nächster Post zu schreiben und auf dem Brief baldige Besorgung anzuempfehlen. Denn in acht Tagen muß ich vielleicht schon abreisen.

In größter Eile

Ihr gehors. Sohn bis in den Tod
Jacob Grimm.

[Nachträgliche Bemerkung von der Hand Wilhelms.]

Als die liebe Mutter diesen Brief erhielt, war sie sehr krank und nah am Tod gewesen. Der Doktor der sah, daß er etwas Wichtiges enthielt, weil er so dringend empfohlen war, wußte lange nicht, was er thun sollte, geben wollte er ihn nicht und aufzubrechen getraute er sich nicht gleich. Endlich aber entschloß er sich dazu und erzählte dann der Mutter den Inhalt. Das hat sie oft erzählt.

2.
Wilhelm an Jacob.

[Marburg,] 2. Febr. [1805.]

Guter Jacob, ich fange hiermit an Dir das Wichtige von jeder Woche zu erzählen, und wenn es auch nicht wichtig ist, so willst Du es doch gerne lesen, hast Du gesagt. — Von den ersten Tagen weiß ich Dir nichts zu sagen, als daß ich sehr traurig war, und noch jetzt bin ich wehmüthig und möchte weinen, wenn ich daran denke, daß Du fort bist. Wie Du weggingst, da glaubte ich, es würde mein Herz zerreißen, ich konnte es nicht ausstehen, gewiß Du weißt nicht, wie lieb

ich Dich habe. Wenn ich Abends allein war, meinte ich, müßtest Du
aus jeder Ecke hervorkommen. Doch still. — Der Wigand ward den
Dienstag krank und will übermorgen erst wieder ausgehen. Am
Mittwoch Morgen erhielt ich Deinen lieben Brief von Nauheim, der
mich recht erfreut hat, aber vom Heyer habe ich nichts erhalten. —
Zu den literärischen Neuigkeiten gehört, daß Spazier, der Herausgeber der Zeitung für die elegante Welt am 19. Januar gestorben
ist. Mahlmann kündigte es im Blatt selbst an und hat einstweilen
die Redaction übernommen. Er ist mit dem Jean Paul Schwager
des Spaziers, und wenn der noch hinzutritt, so dürfte die Zeitung
wohl noch gewinnen. Ich denke, Du hast unser Projekt für die
Büchersammlung nicht vergessen, und sobald Du mir etwas schickst,
will ich es anfangen. Noch ein Paar Worte vom Anton. Ich ging
am Dienstag hin, um mir das Gedicht wiederzuholen, traf aber
niemand an, ich wollte nun heute Mittag hingehen, aber kaum war
ich diesen Morgen aufgestanden, siehe da trat sein Herr Sohn herein
und brachte mir benebst einer Empfehlung die mundirte Abschrift
sowie mein Original, ich möchte sehen, ob es richtig? Wer
war froher als ich, beides wieder in Händen zu haben, und schickte es
natürlich nicht wieder zurück. In den Kriminalprozeß ging ich erst
lange, wie es 1. geschlagen, damit er mich nicht anhalten möchte, aber
mein Unglück wollte, daß er mich auf der Treppe, eben wie er hinauf-
wollte, ertappte. Er hielt mich sogleich an und stellte mich zu Rede,
ganz nach seiner Manier, ich versire in mala fide 2c., ich sagte es immer
ab, und nun drohte er sogleich nach beendigter Stunde mit mir zu
gehen. Ich eilte gleich, daß ich fort kam, wie die Stunde herum war,
warf nur meine Mappe in die Stube und wollte zum Wigand, als
er gerade in der Thüre mir wieder entgegen kam und ich ihn hinauf-
führen mußte. Er setzte abermalen heftig zu, aber ich blieb standhaft,
und so mußte er abziehen. Ich that ihm noch den Vorschlag, eins
von den schon gehabten Liedern wieder drucken zu lassen als zweite
Auflage, wozu er aber nichts sagte. Ich muß noch lachen, wenn ich
daran denke, es ist so rein und zierlich abgeschrieben mit einem ungeheuern Titel „zur Feier der pp." Morgen mache ich ihm eine
Staatsvisite und bringe es ihm, wo dann freilich das Fest schon
vorbei ist, damit er sein Eigenthum wieder erhalte, denn natürlich
sprach er bei mir viel vom Vindiciren und wühlte beinahe die
Hälfte von meinen Heften um. Aber es war wohl verschlossen.
Etliches hatte er nicht verstanden und einmal eine Silbe ganz gegen das

Silbenmaß eingeflickt, das habe ich mit dicken Strichen corrigirt. O Corydon 2c.

3. Febr.

Damit ich's nicht vergesse, ein Paar Worte vom Neuber. Eben kommt ein Brief von ihm an den Wigand (in einem Stil, der wie er selbst geht, wunderbar schlecht), worin er meldet, daß er noch nicht aus der Stube dürfe 2c.

---

10. Febr.

Wieder eine Woche herum! Die Zeit läuft mir entsetzlich geschwind, es sind 14 Tage, daß Du weg bist, aber ich kann, ohne zu affektiren, sagen, mein Herz blutet noch. Aeußerlich bin ich es wohl gewohnt worden, bald, aber innerlich nicht, da wird's noch lange dauern. Ich schreibe jetzt immer bogenlange Briefe an die Tante und suche eine Art von Trost darin, denn hier kann ich mich doch an niemand halten, der Wigand bleibt — der Wigand. Seine Liebe zu uns weiß ich zu schätzen und habe ihn deshalb auch recht lieb, eigentlich sprechen kann man mit ihm nicht und was er auch gelesen hat, ich glaube behaupten zu dürfen: er hat es nicht verstanden; hat sich das Bischen Renommistische, wozu er sich hinneigt und das bei ihm doch nur Form ist, verloren, so wird er trocken werden; aber wie gesagt, sein gutes Herz schätze ich. Zu mir ist er noch nicht gezogen, doch muß es sich diesen Monat entscheiden, da er ausziehen muß, noch vor den Ferien, er sprach einmal von einem größeren Logis, das ich mit ihm miethen möchte, aber dazu habe ich keine Lust und habe ihm auch gesagt, er möge ja nicht mir zu Gefallen zu mir ziehen. Auf jeden Fall werde ich ihm nicht anliegen, und er muß mich nun darum bitten, denn das könnte üble Folgen haben, da ich es im Grunde nur aus ökonomischer Hinsicht thue. Aber ich gerathe in kleinliche Dinge und, wenn ich daran denke, wie Du die große Welt vor Dir hast und große Blicke hineinwerfen kannst, dann ist es mir unmöglich etwas zu schreiben und ich weiß dann gar nichts. Ich muß nur an Dich denken, wie Du bei mir in der Stube bist, aber dann sehe ich Dich immer, wie Du auf- und abgingst um 11 Uhr und ich daran nur dachte, daß Du in einer Stunde wegwolltest, wenn Du herunterkamst, sah ich Dich immer an, weil ich glaubte, es wäre das letztemal; damals habe ich Dein Bild so in mein Herz gefaßt, daß ich es nie vergessen werde — doch ich gerathe immer in den Ton, aber Gott weiß, er ist nicht angenommen, aber eben jetzt möchte ich wieder weinen. — Ich will nun von den Büchern anfangen. Am Mittwochen erhielt ich erst die Propyläen, wobei jedoch ein Stück fehlte, das nachgeschickt werden sollte. Zugleich kam das Tempe mit, wie es in der Note hieß, auf Deinen Befehl. Es ist sehr schön gedruckt und correkt, ich habe es einbinden lassen und zwar einmal wieder beschneiden, weil das Papier gegen das Ende außerordentlich dünn ist und sich zusammenrollt, auch schon etwas schmutzig war, hierzu kommt, daß es sonst ein sehr häßliches Format gegeben hätte, da es auf diese Art recht niedlich geworden ist. Übrigens ist es theuer (5 f. 24) und hätte die Kasse längst überstiegen, wenn ich nicht zum Glück das Heft verkauft hätte. Gestern ist der zweite Band abgeholt und das Pretium zugleich in Gold: 2 Karolinen, wie ich es bestimmt hatte, geschickt worden. Er ließ auch fragen, ob er nicht das Eherecht erhalten könnte, aber zum Unglück hast Du das Deinige mit und Wigand sein Exemplar ist nicht zu gebrauchen. Hättest Du mir doch Dein Excerpt dagelassen, denn diesen Sommer muß ich es haben. Bestellt habe ich 1) Goethes Werke 1. 2. B., 2) Charakteristen, 3) Poetisches Journal, 4) Heinrich von Ofterdingen. Ich hoffe Deine Beistimmung zu erhalten, denn wegen N. 1. und 2. bist Du einig, statt 3 und 4 den Benvenuto zu kaufen war nicht möglich, da er mehr kostet und diese offenbar vorzuziehen sind. Ob ich aber nicht statt 4 den Calderon hätte sollen kommen lassen? Ich war zweifelhaft, endlich aber bestimmte ich mich zu 4, da es als deutsches Original und auch objectiv betrachtet origineller vorzuziehen. Hierzu kommt, wenn der Calderon nicht fortgesetzt werden sollte, was man nicht weiß, der eine Band schon viel von seinem Werth verlieren würde, wenn es aber vollständig, das ganze Werk äußerst hoch kommen wird; das man demohngeachtet noch immer kaufen kann. Es aber noch mit den andern zu bestellen ging nicht, weil das Tempe auch von dem Gelde zu bezahlen ist. Also muß noch gewartet werden.

Garves Briefe, die ich zufällig in die Hände bekam, habe ich durchgeblättert in einer Stunde und den Mann sehr lieb gewonnen. Er spricht sehr sanftmüthig und gesteht alle seine Schwächen aufrichtig, mir war es interessant, die litterarische Welt der 70ger Jahre, mit der er in der genausten Verbindung stand, recht genau kennen zu lernen. Die Namen derer, die damals berühmt waren, sind jetzt beinahe vergessen. Nur Goethe und Herder sind bisweilen genannt. Von der jetzigen Epoche spricht er zum Theil auch, da die Briefe bis 1798, glaube ich, gehen, sein Urtheil über Goethe hast du, wenn ich nicht irre, in der Recension schon gelesen, vom Meister sagt er nicht viel Gutes, er wundere sich, wie ein Mann von solchem Geist das Leben von Schauspielern und Gauklern habe beschreiben können, es sei ein gar zu abgenutztes Thema. Bei seiner Ansicht, da er nicht das Vortreffliche der Form einsehen konnte und mithin das ganze Buch nicht verstand, war es natürlich, daß er sich an die Materie halten mußte: dann ist ihm zuviel gegen die Wahrscheinlichkeit gefehlt. Goethe sei ein Sonderling und manchmal schaffe er Mißgeburten. Von den beiden Schlegeln und dem Athenäum findet er sich nicht erbaut und des bekannten Aufsatzes darin gegen ihn erwähnt er ganz gelassen und gutmüthig, sie möchten immerhin gegen ihn schreiben, sein Gutes werde doch bleiben. Der Mann muß übrigens entsetzlich viel geschrieben haben, da er in jedem Brief einer Übersetzung aus dem Englischen eines Aufsatzes, z. B. über die Geduld und dergl., erwähnt. — Nun von hier einige litterarische Neuigkeiten, die vielleicht auch den Savigny interessiren. Anton Bauer P. P. O. giebt ein Opus heraus, — den Kriminalproceß. Nun, ich kenne das triviale Zeug schon, denn langweiliger habe ich kein Colleg das halbe Jahr: das ist viel gesagt. Darum hat er eine so überschwengliche Suada dabei, und neulich bemerkte ich schon, daß sein Heft rein geschrieben und das Papier neu und weiß war. Hierauf folgt der Herr Prorector mit einem Staatsrecht. Aber das wird zum Erbarmen gründlich sein. Beide Nachrichten sind von Wachler, der es dem Wigand gesagt hat. Vorigen Sonntag war ich auch einmal bei ihm, er war sehr artig, sprach viel von Dir und sagte: die Kerle, die Dir hätten abrathen können, die wären nicht werth, daß man mit ihnen darüber spräche. Wie ich wegging, bat er mich noch ihm Deine Neuigkeiten rc. aus Paris zu communiciren.

Eben habe ich einen Brief von der lieben Tante erhalten und mit ihm den Deinigen an die gute Mutter. Ich habe mich sehr gefreut, wenn auch für mich nicht viel Interessantes darinnen war, und mehr als einmal schon gelesen. Aber gleich darauf kam der Wigand mit zerstörtem Gesichte und geberdete sich ganz wunderlich. Ich glaubte, es sei ihm ein Unglück paſſirt, endlich kam es heraus; es ist bekannt geworden, daß er der Verfasser des Gedichts, indem sein Vater es selbst ausgesagt hat, und zwar aus hoher Freude, weil es überall äußerst gnädig aufgenommen, selbst Serenissimus, dem er auch so gleich ein Exemplar überschickt hat. Nun kann ich es dem W. nicht

übelnehmen, als der Urheber so schlecht gerathener Verse bekannt zu
sein, inzwischen versteht doch dort niemand, was schlecht daran ist,
sein Vater vermuthlich auch nicht, und mithin kann er noch Ehre und
Vortheil einernten, denn jetzt wird es erst recht gekauft. Er ist aber
so unartig gewesen, seinem Vater einen impertinenten Brief zu schreiben, worin er ihm bedeutet hat, alle noch vorräthige Exemplare
sogleich, sowie seine Aussage zurückzunehmen, was nun freilich nicht
gehen wird. Er will nun sogar nicht in die Ferien nach Cassel, doch
wird er sich noch besinnen, und mit mir nach Steinau, wenn ich
dahin reise, denn auf jeden Fall zieht die Mutter, nach den Vorschlägen, die ich gemacht, diesen Sommer nach Cassel, und da helfe
ich vielleicht in den Osterferien ihre Sachen ordnen, doch weiß ich es
noch nicht gewiß. Wie froh bin ich, daß die Mutter endlich einmal
aus ihrer traurigen Lage kommt.

12. Febr.

Ich wollte vorgestern den Brief noch nicht schließen, da ich hoffte,
gestern Zeitungen zu erhalten, um Dir dann die literarischen Neuigkeiten zu schreiben, allein sie sind wieder ausgeblieben. Denk, von
der Abendzeitung ist bis jetzt noch nichts angekommen, als was Du
gesehen hast, und die Zeitung für die elegante Welt fehlt auch seit
14 Tagen, und das ist noch das Frühste, und Literaturzeitungen sind
gar keine gekommen. Jedennoch kann ich Dir aus der Casseler
politischen Zeitung sagen, daß Fr. Schlegel ein Werk über die
Sanskrit-Sprache herauszugeben gesonnen ist.

Im Kanonikum giebt's noch tausend Späße; „eine Belege" davon.
Heute sagte er: „Die Katholiken waren den Herrn Protestanten an-
sinnend, ein Bild zu veneriren, rücksichtlich desselben sie antworteten,
sie anerkännten eine solche Kopei in alle Wege nicht und würden
eine Nichtachtung desselben nicht einmal für eine Pekkatille halten, geschweige denn daß von Wegen derselben die Sakramentssperre Platz
greifen könne, Eikel [?] T. 4. P. 2. dig. 14. 15. 16." Gestern sind sie
ihm gar aus dem Eherecht, wie sie schon alle versammelt waren,
weggegangen, wie nun der arme Mann hinaufkommt, ist kein Mensch
da. Darauf ist er spazieren gegangen, er hat mich doch gedauert.

Ich bin recht begierig auf einen Brief von Dir und Deine Reise-
historie. Hast du den kleinen Malsburg noch nicht gesehen, gesprochen? Ich zweifle, ob er Frühjahr wieder zurückkommt, es wundert mich sehr, daß er nicht einmal geschrieben. Von Deinen Arbeiten und dem, was Du gesehen, wirst Du mir auch schreiben, alles,

auch das Unbedeutende, ist mir lieb und bedeutend. Ich habe jetzt gar zu viel zu thun, wenn ich aufwache, präparire ich mich zum Examinatorium, dann bis 12. Colleg, um 1. in den Kriminalprozeß, 2—3. Examinatorium mit dem Wigand, 3—6. Colleg. Dazu die Praktikumsarbeiten.

Gestern hatte ich einen Brief gelesen, der noch die Nouvelle übertrifft: vom Wigand seinem Onkel. Es war eine förmliche Sollicitation um Marburger Milchbrote, die noch nicht abgeschickt waren. Er schreibt so ängstlich darum und führt an, daß er mehrere dafür interessirt habe. Nun schickt der Wigand einen kleinen Vorschlag voll ab und läßt in die Wurstzeitung rücken in C., bei N. N. wären frische Marburger Milchbrote zum Besehen angekommen, worauf ihm die ganze Bäckerzunft auf den Hals rücken wird.

13. Febr.

Ich muß den Brief schließen, heute schicke ich ihn der lieben Tante. Ich habe ihn durchgelesen, es ist so leer, und doch ist mein Herz so voll. Neuigkeiten kann ich Dir nur wenig schreiben und wenn ich auf mich selbst zurückkomme, so wird's traurig, und das will ich nicht.

Dein treuer Bruder bis in den Tod
W.

3.
Jacob an Wilhelm.

Paris, 10. Febr. 1805, praes. 20. Febr.

Allerliebstes Wilhelmchen!

Du wirst vieles, was mich angeht, in dem Briefe finden, den ich an die Tante und Mutter geschrieben habe. Ich füge also nur noch das hinzu, was uns beide besonders angeht. Von der Reise mag ich Dir auch nichts [am Rande: doch ein Bischen] schreiben, im Ganzen habe ich nie eine Gegend gefunden, die der Marburger gleich käme, das Schönste ist der Rhein bei Mainz und dann ein Thal, nicht weit von Chalons, welches durch die durchfließende Marne sehr schön wird. Die Kathedrale zu Metz ist eine herrliche Kirche, die schönste, die ich je sah, ganz hohe Fenster von gemaltem Glas in den reinsten Farben. Hier in Paris ist keine, die ihr gleichkommt. Savigny sagt auch, er habe nie eine schönere gesehn, also muß sie auch schöner sein, als die Straßburger und Mannheimer, die man sonst sehr rühmt, da er diese gesehn hat. Ich bin durch ziemlich viel zum Theil schöne Städte gekommen, außer Mainz und Metz durch Worms, Frankenthal, Kaiserslautern, Saarbrück, Verdün, Epernai, Chalons s. M., Meaux u. v. a.

Savigny ist noch ganz wie sonst und erstaunlich gelehrt. Er hat mir seine Papiere, unter andern auch die Hefte über seine Marburger Vorlesungen zur Benutzung versprochen, worüber ich mich sehr freue. Sehr viel Seltenes hat er schon gesammelt und gekauft. Ich hoffe Dir in Zukunft Mehreres mittheilen zu können; jetzt bin ich noch nicht recht in Ordnung. Bisher habe ich recht leichte Arbeit, Excerpte aus Glossatoren. Nun soll es aber an Manuscripte gehen.

Ich glaube, ich koste den S. im Ganzen recht viel, denn Holz, Essen ꝛc. ist hier erschrecklich theuer.

Der Malsburg war recht froh, er wohnt nicht so weit von mir (d. h. relativ, man muß an Paris denken). Stell Dir einmal vor, er hat für uns die französischen Tragiker in beinahe 10—12 Bänden in 12 nach den Didotschen Stereotypausgaben gekauft. Er hat mich ja gebeten, Dir nichts davon zu sagen; ich habe es aber nicht übers Herz bringen können. Wenn er aber in 6 Wochen kommt, so mußt Du natürlich den Unwissenden spielen. Bedenk Dich indessen auf hübsche Gegengeschenke, welches ich Dir jetzt ganz überlasse. Indes kann es auch ganz unterbleiben, er möchte sonst doch meinen, ich hätte etwas geschrieben — wie Du meinst. Die Stereotypausgaben sind übrigens erstaunlich wohlfeil, z. B. der Cornelius Nepos kostet ungefähr 14 Kreuzer und wenn man eine gewisse Anzahl nimmt, sogar nur 10 x.

An den guten Wigand sag doch 1000 Grüße. Ist er denn bei Dir eingezogen? Ich wünsche es. Auf Briefe bin ich recht begierig. Mach doch wo es nöthig ist viele Empfehlungen, z. B. an Weiß, Bauer, sag Ihnen aber weiter nichts, z. B. nichts von dem, was ich arbeite beim Savigny.

An Cäsar viele Grüße. Auch an den Breutano, und ich hätte ihm meines Versprechens ungeachtet nicht schreiben können, indem ich nicht gewußt hätte, wie lang mein Aufenthalt an jedem Ort wäre, auch hätte mich das, was er nachschicken wollte, unmöglich erreichen können.

An Rudolphs auch meine Komplimente (u.b. dies gilt für mehrmale). Von Neuigkeiten wüßte ich nichts, als daß der Fr. Schlegel wieder hier ist. Der August Wilhelm ist in der Schweiz.

Ich umarme Dich in Gedanken gar vielmal und bitte Dich ja nicht traurig zu sein.

Dein treuer Bruder J.

Des Nachts bin ich noch immer in Teutschland. Sehr oft träumt mir's auch, ich sollte jetzt weggehn nach Paris und hätte Abschied zu nehmen. So habe ich mich sogar einmal vor die Bibliothek gestellt, um sie vor meiner Abreise nochmals zu sehn. — Schone sie ja und besonders Deinen Kragen!

Ist Reuber wieder da?

Und hat Bentheim das Heft tanti gekauft?

4.
Wilhelm an Jacob.

[Marburg,] 20. Febr. [1805.]

Heute erhielt ich Deinen lieben Brief (vom 10.), wornach ich mich schon lange gesehnt hatte. Du kannst leicht denken, wie sehr ich mich gefreut habe und noch mehr, wenn ich auch den großen bekommen hätte, worauf Du Dich beziehst, der ist an die liebe Mutter geschickt worden und dann soll ich ihn erst bekommen. Ich bin recht begierig darauf, denn ich möchte Dein Verhältnis, Deinen Status kennen, wovon in meinem nichts steht; auch von Paris selbst gar nichts.

Meinen langen Brief wirst Du schon bekommen haben und Dich gefreut, wenn auch nicht alles interessant war. Aber so wird es mehr werden; denn ich weiß wenig von außen zu sagen, der Kreis meines äußern Lebens ist gar eng, und wenn ich die Banden, die es um mein Inneres schlingt, lösen wollte, da würden nur wehmüthige Klagen hervorbringen, und die will ich Dir nicht schreiben.

Was Du mir vom Malsburg schreibst, freut mich recht sehr. Er ist gewiß gut und ob ich gleich ihm geschrieben hatte, ich erwarte keine Briefe von ihm, so war ich doch innerlich ein Bischen bös, daß er gar nichts von sich hören ließ. Frag' ihn doch einmal, ob er meinen zweiten Brief, den ich in den Weihnachtsferien an ihn schrieb, bekommen habe. Du kannst ihm auch sagen, er könne sichere Rechnung darauf machen, daß ich wöchentlich zweimal an ihn denke, nämlich wenn ich in den Kriminalprozeß an seiner ehemaligen Thüre gehe. Die Zeit kannst Du ihm genau sagen, und wenn er dann auch hierher denken will, so wird allemal die Diele knarren. Übrigens hab' ich jetzt vor diesem Omen wahrhaft einen Respect bekommen, denn während Deiner Reise (und auch noch seltener jetzt) Abends, wenn es ganz still und ich allein war, hat es in der Stube so laut geknarrt, daß ich furchtsam zusammengefahren bin, und das Wunderbarste dabei, daß es neben meinem Sitz allzeit vor der Bibliothek geschah, wovor auch in der That alle Dielen gesprungen sind, einmal so gar am hellen Mittag riß eine bis obenhin, daß ich es sehen konnte. — Deine Fragen in Rücksicht der Bibliothek habe ich schon im letzten Brief vorausbeantwortet, ich warte nun täglich auf die Bücher, die ich bestellt.

21. Febr.

Ich weiß nicht, ob Du lit. Zeitungen hältst und die Zeitung für die elegante Welt ꝛc. liesest, auf den Fall schreibe ich Dir die literarischen Neuigkeiten. Doch ist es billig zuerst von hier. A. Bauer Kriminalprozeß kommt unter dem Titel Lehrbuch des K. P. heraus, der Krieger soll sich geäußert haben, er gebe Is Karolinen Honorar für 21 Bogen, was ich jedoch nicht glaube, und der Bucher hat es schon als Dekan zur Censur erhalten. Ihn selbst habe ich noch nicht darum gefragt. Seine Vorlesungen darüber, hat er sich geäußert, wolle er nicht beendigen, weil das nicht möglich sei, also bekommen wir nur ein Stück, was doch sehr unartig ist. Daß er einen nöthigen wolle dadurch, das Buch zu kaufen, wie einige glauben, will ich doch nicht behaupten. Zu den allgemeinen lit. Bemerkungen kann ich wenig finden.

Schillers dramatische Werke werden jetzt neu bei Cotta gedruckt. Der erste Band wird das Stück enthalten, das bei der Vermählung des Erbprinzen aufgeführt wurde, und von dem man soviel Rühmens macht. Auch übersetzt ist aus dem Französischen: Phädra, wenn ich nicht irre, ist schon aufgeführt. Goethe wird Winckelmannische Briefe herausgeben. — Kotzebue rückt jetzt in den Freimüthigen entsetzlich vieles aus Italien und so abscheulich schlecht geschriebene Fragmente, daß die Achtung, die ich allenfalls für seine Gewandtheit und Stil noch hatte, völlig verschwinden muß. Er betrachtet Italien ganz nüchtern und die Alterthümer nennt er Steinhaufen, nur in Rom findet er es schicklich, begeistert zu sein. Einen Orangenwald hält er für Ciceros Landgut und sagt: „Diesen frommen (?) Glauben werde „ich mir nicht nehmen lassen. Hier stand vielleicht der Held (?)

„auch, wo ich jetzt stehe an seinem Bade; dort schrieb er einen Theil „seiner Schrift de officiis, die ihn unsterblich macht. Man ver „zeihe mir meine Begeisterung, aber wer sollte hier nicht zum „Dichter werden!" — Zum Koliseum ließ er sich fahren, blickte aber nicht eher auf, bis er ganz nahe davorstand, aber nun sagt er: „Hier wurden mir, man verzeihe mir den dichterischen Ausdruck, die Augen in den Kopf zurückgedrückt."

23.

Was die Zeitung für die elegante Welt betrifft, so glaube ich eher, daß sie besser wird, wenigstens freier, denn so lange Spazier redigirte, konnte man es ihr ansehen, daß er sehr streng zu Werke ging und sich ziemlich feste Bande anlegte, wenigstens änderte er oft die Auf= sätze, die er erhielt. Seine Biographie in der Zeitung selbst ist eben nicht schmeichelnd, sondern scheint die gerade Wahrheit sagen zu wollen, seine Verdienste würdigend. In der Hall. L. Z. findet sich eine schlechte Recension des Jon, auf jeden Tadel ein Lob und so umge= kehrt. Vom Malsburg habe ich gestern Briefe bekommen, worin auch noch einer an Dich lag, recht freundschaftlich geschrieben. Ich habe ihm geantwortet. Sag ihm, ich bäte ihn sogleich zu antworten, ob er nach Cassel kommt durch Marburg, wann? vielleicht kann ich da mit. Vergiß es nicht. — Wenn die Stereotypausgaben so wohl= feil sind, so kauf doch von irgend einem französischen Autor, z. B. Florian, ein wohlfeiles Buch und gieb es dem Malsburg mit hierher, um dem Herrn Stöhr ein Präsent zu machen. Das freut ihn mehr als das große Loos. — Gestern Abend hat mir der Wigand gesagt, er wolle einziehen, und ich konnte natürlich mein Wort nicht zurück nehmen, es ist ein Unglück, sein mürrisches Wesen nimmt täglich zu; er ennuyirt sich selbst und somit auch andere in einem fort entsetzlich. — Behalte mich recht herzlich lieb.

W.

Es hat hier wieder Zulagen gegeben: Bauer 100 Th., Münscher und Wachler jeder 200 Th., damit letzterer nicht weggeht, da er nach Heidelberg glaub' ich wollte.

5.
Jacob an Wilhelm.

Paris, 1ten März 1805.

Lieber Wilhelm!

Du bist mir so sehr ans Herz gewachsen, und schon bin ich beinahe 5 Wochen von Dir weg, ohne etwas von Dir gehört zu haben. Freilich wirst Du erst auf Briefe von mir gewartet haben, und die Briefe laufen gar lange, insofern kann ich Dir's nicht übel nehmen. Der liebe Gott gebe, daß Du noch recht gesund bist und Dich über meine Abwesenheit jetzt nicht mehr zu sehr betrübst, denn wenn ich nach mir schließe, so muß ich es Dir noch recht sehr leid thun, und noch leider als mir muß es Dir sein, da mich noch eher Zerstreuungen nicht stets daran denken lassen. Ich hoffe, daß Du mit dem Wigand jetzt zusammen bist, ich bin wirklich recht begierig auf Nachricht von Dir und überhaupt aus Teutschland — schreibe mir ja alle Kleinigkeiten, denn was einem zu Haus noch so klein und trivial schien, wird in der Fremde lieb und bedeutend, weil man sich da so gern nach Haus versetzt und bei diesem Versetzen Nebendinge gerade die Täuschung täuschender machen. So gäbe ich z. B. etwas darum, einmal den Vorhang sehen zu können, der in Deiner Stube hängt, oder Dich einmal singen zu hören, so schlecht Du mitunter wohl auch gesungen haben magst, (wobei gut ist, daß Deine Lage der meinigen nicht ganz ähnlich ist, sonst würdest Du mir hier wohl etwas von Pfeifen antworten) —. Daß ich Dir zu Deinem Geburtstag, als der Tag war, recht innerlich gratulirt habe, kannst Du leichter denken, als ich es schreiben mag und kann.

Gesund bin ich noch und habe auch ziemlich viel zu thun. Alle Tage außer Sonntag von 10—2 auf der Bibliothek (ein sehr langes Gebäude, an Anzahl der Bände mag sie wohl mit der Göttinger gleich stehn, die sie indes an Plan, Einrichtung und Ordnung weit übertrifft. Manuscr. sollen allein 160 000 hier sein). Hier habe ich Manuscripte, besonders das Digestum, Codex, Instit. Volumen, Codex Theodosianus, Decretum etc. zu vergleichen, welches eine recht interessante Arbeit ist, indem sie auf Varianten von der Florentina führt, welche theils an sich sehr viel Aufschluß geben, theils mit zur Entscheidung des bekannten Streits über die Originalität oder Nicht-Originalität andrer Handschriften dienen können. Sodann excerpire ich Schriften und Handschriften der Glossatoren. Zu Haus haben wir die übrige Zeit sehr viele Präparate zu allen diesen Arbeiten machen müssen, sodann muß ich ein wenig Diplomatik treiben ꝛc. — Savignys Verlust durch seinen Koffer habe ich mir doch ärger vorgestellt, als er zum Glück nicht ist. Zwar sind Sachen von beträchtlichem Werth verloren gegangen und sehr viele Literalien (er hat dem Entdecker 100 Karolin versprochen und doch nichts ausgemacht), allein von erstern abgesehen, so waren letztere doch meist nur Reisepräparate und solche Sachen, die er diesen letzten Sommer in Franken und Schwaben gesammelt hat und mit geringem Aufwand von Zeit und Mühe wieder erhalten kann, freilich waren darunter auch verschiedene Aufsätze, besonders Vergleichungen vieler Ausgaben, die er in seinem Leben nie wieder haben wird, — allein was ihn doch noch weit mehr würde geschmerzt haben zu verlieren, seine meisten Aufsätze und Hefte über durchdachte Materien sind ihm geblieben, so hatte er namentlich über das römische Staatsrecht vielleicht 100 Schriften durchgelesen und sich daraus und aus den Quellen Resultate gemacht — diese Arbeit würde gewiß ewig verloren gewesen sein, wenn sie einmal verloren gewesen wäre. — Den Savigny kennst Du, ich brauche Dir also von seinen Eigenschaften nichts erst zu sagen, aber das muß ich Dir doch vor allem sagen, daß seine Frau eine der liebenswürdigsten Weiber ist, die ich — ich will nicht sagen kenne, denn wo kenne ich viele? — mir selbst oder in den Beschreibungen anderer gedacht habe. — Daß sie gescheidt ist, darf ich Dir nicht erst sagen, da sie eine Brentano ist und dies schon alles sagt,[*] aber sie ist uns so wenig das, was wir uns vielleicht sonst unter ihr dachten, daß man gerade das Gegentheil davon annehmen kann. Schön ist sie nicht, aber sehr interessant, die schönsten Augen, die man sich denken kann. In kurzer Zeit wird sie wahrscheinlich niederkommen, welches eine große Freude sein wird.

Meinen letzten Brief wirst Du gewiß schon erhalten haben, vielleicht wirst Du mehr von der Reise darin erwartet haben, als darin war, wie gesagt, ich habe wenig andere Empfindung gehabt, als an Euch in Teutschland zu denken, alles Andre war mir gleichgültig, nur wie ich über den Rhein kam, war mein Herz so bedrückt und wußte nicht, ob es bloßer Schmerz der Trennung war oder auch Teutschland einigen Antheil daran hatte. — In Paris gefällt es mir weiter gar nicht und ich möchte nicht für lange Zeit hier wohnen.

_____

[*] [Anmerkung von Wilhelm:] Einmal dies Wort - bloße große Nachlässigkeit.

Einmal ist die Stadt nicht schön zu nennen, denn nur ein Ganzes ist schön und Vieles ist hier häßlich, wofür manche einzelne Theile nicht entschädigen; die meisten Häuser sind zwar von Stein, oft 7—8 Stockwerke hoch (und stets mit sehr hohen Zimmern), in edlem Stil habe ich nur wenige gesehn, die Straßen sind beständig schmutzig, sehr oft eng und krumm; ebenso fehlt es an öffentlichen schönen Plätzen in Rücksicht der sonstigen Immensität der Stadt.   Dann aber stößt man hier bei jedem Schritt beinahe auf Örter, welche entweder die alte oder die neue Geschichte bezeichnet hat. Es schaudert mir immer über einen solchen Platz zu gehen, besonders möchte ich nicht stets da wohnen, und es gehört wirklich die leichtsinnige französische Nation dazu, um dies alles den andern Tag zu vergessen. Übrigens wirst Du hier kein Urtheil von mir über den Charakter der Franzosen erwarten, ob ich wohl nach Herrn von Kotzebue, der da sagt, daß man die Menschen nicht besser kennen lerne, als wenn man in einem Wagen mit ihnen reiste, dazu aufgefordert werden könnte; um doch eins anzuführen, so finde ich darin einen Unterschied von uns Teutschen, nicht daß sie viel triviale Sachen sprechen, was wir wohl auch thun, sondern, daß sie stets mit der allerwichtigsten Miene davon sprechen, so daß man Wunder meinen sollte. Mitunter sind sie indes gar nicht unwitzig, zum Beleg hierbei ein Urtheil über mehrgedachten Herrn von Kotzebuzel vom Abbé Geoffroi, der nachgerade als recht artig schreibt und das Journal des débats redigirt, als die Quelle meines Belegs, den ich also hiermit auch belegt habe. — Gelehrsamkeit findet sich nach Proportion in Frankreich weit weniger als in Teutsch-land, besonders in Paris ist dies sichtbar, wo man sehr gereizt wird nichts zu thun, was man auch sehr befolgt. Sprachen werden noch am besten getrieben, besonders gut orientalische. Übrigens laufen hier allerhand Menschen herum, Mohren und Türken und Griechen sind mir gar nichts Neues, und ich sehe sie gar nicht mehr an als andere. Vorige Woche war hier mardi gras, wo alle Straßen voller Masken und Kavalkaden waren, dabei aber eine große Einförmigkeit. Man sieht, daß so etwas nicht am rechten Platz ist, sondern nach Italien gehört.

Die Gemälde und Antiken habe ich wegen des dunkeln Wetters nur einmal flüchtig durchlaufen, d. h. in 3 Stunden. Ich sage daher gar nichts davon, am wenigsten, welches mir ganz unerträglich klingt, etwas Generelles (z. B. sie sind vortrefflich — u. s. dies habe ich nur zur Erklärung des letzten Worts geschrieben, denn sonst wider

spräche ich mir) — ich wünschte nur Europa und Propyläen bei der
Hand zu haben. Leider ist es indes wahr, daß man den Laokoon
und den Apoll in Nischen gestellt hat, sodaß man sie nicht von hinten
und der Seite sehn kann! Der Torso steht so, daß ihn jeder Neugierige angreift, und da meist Leute dieser Qualität da sind, so ist
zu befürchten, daß er bald vergriffen sein wird, wobei sich die französische Nation nicht in der Lage eines in diesem Fall sehr erfreuten
Verlegers befinden wird. — Wenn ich jetzt wieder einmal hingehe,
so thue ich nichts, als vor Rafael und Laokoon und Apoll zu stehn
und im Herzen niederzuknieen.

Ins Theater hat mich Savigny schon einigemal mitgenommen
und einigemal habe ich es abgelehnt, da er beinahe stets auf den
ersten Platz geht, wo es immer 9–11 liv. für die Person kostet. Es
dauert von 7—11 oder 12 Uhr; jedesmal werden drei Stücke gegeben und dabei zwischen den Acten gar nicht gewartet. Ich war
au français und feydeau. Das Publikum, besonders das Parterre,
hat sehr viel zu sagen und dominirt gänzlich — vor dem Anfang, der
sehr präcis ist, wogt es wie ein unruhiges Meer, laute Stimmen,
Pfeifen, Trommeln, Rufen ꝛc., daß man nichts weiter hört. Sobald indes der Vorhang aufgeht, herrscht allgemeine Ruhe und Aufmerksamkeit. Die Schauspieler executiren mit einer solcher Präcision,
von der wir in Teutschland vielleicht keinen Begriff haben, der Souffleur,
der auf einigen Theatern gänzlich fehlt, ist, wo er noch da ist, eine
sehr unnütze Person. Übrigens wird auf jedem Theater, deren jetzt
18 hier sind (cfr. die Beilage), jeden Tag gespielt, indessen herrscht eben
nicht viel Abwechselung in den Stücken, einige sind, so lange ich hier bin,
auf einem Theater gewiß 15mal gegeben. Wir wollen nun aber
auch die Kehrseite betrachten, d. h. die welche noch zu lehren ist, die
gelehrte haben wir gesehn — so herrschen hier theils im Publikum
solche Ideen von Theaterdecenz und -natürlichkeit, welche nie über-
schritten werden dürfen und denen auch die meisten Stücke accommodirt
sind, besonders sichtbar in den Tragödien, wo z. B. nie die Decoration wechseln darf, nie Einheit der Zeit verletzt werden, nie eine
Ermordung vor den Zuschauern vorfallen darf, sie muß hinten vorfallen und nachher erzählt werden. — Die Komödien sind sehr platt,
die Tragödien gefallen mir noch weniger, ich habe stets lachen müssen.
Die von Corneille und Racine sind unstreitig die besten, aber doch,
von den sehr polirten, oft wohlklingenden Verien abgesehn, äußerst
langweilig. Die Action der meisten Schauspieler ist schlecht, oft wird

2*

sehr langsam declamirt und dabei erschrecklich geschrieen, und dann auf einmal abgebrochen, kalt, gleichgültig und geschwind erzählt. Das häufige Applaudiren stört sehr, jeder Acteur wird beklatscht, wenn er kommt und weggeht, wenn er gleich noch nichts gesprochen hat, kurz, es vergehn nie 5 Minuten, ohne daß applaudirt wird, bei jedem starken Schrei ganz sicher. Es mag sein, daß man sich mit der Zeit ganz oder etwas daran gewöhnen kann, wenn auch letzteres bei mir möglich ist, so bleibt es doch stets eine üble Gewohnheit. Ich habe in Corneilles Horaziern die Duquesnoi und Georges zusammenspielen sehn, erstere hat ein sehr melodisches Stimmorgan, letztere hat indes außer ihrer Schönheit noch einige andere Vorzüge, weshalb ich sie auch lieber mag, beide haben eine höchst gemeine und fatale Action. Talma ist sicher der beste, der sehr viel sein würde, wenn nicht die französische Schule die seine wäre. Vom severum imperium des Parterre habe ich im Seydau ein hier nicht seltnes Beispiel erlebt, wo ein sehr beliebter Acteur (Ellevion) auf der Affiche angekündigt war —, als ein anderer (da dieser Liebling weiß, daß er beliebt ist, und daher sehr träge sich lieber in Gesellschaft herumtreibt und oft lange nicht aufs Theater kommt) — nun auftrat, der eben auch nicht schlecht spielt, so rief man ganz laut jenes Namen, ließ diesen nicht zum Wort kommen, und der Arme mußte ganz beschämt die Bühne verlassen. Ellevion war gar nicht da, konnte also nicht kommen, die Acteurs schickten einen Abgeordneten, mit dem das Parterre ganz laut sprach, — nun wollte man wieder den andern, der aber auch nicht wollte, und mit Recht, — endlich mußte ein dritter die Rolle über- nehmen, und das Stück, wovon schon ein Act fast gespielt war, fing wieder von vorn an. Ich dachte dabei an Tiecks Zerbino, wo auch einmal so zurückgedreht wird.

Ich erinnere mich noch recht gut vielleicht meines Versprechens, ge- wiß aber Deines Ersuchens wegen allerhand Nachrichten für die Zeitung für die elegante Welt. Indessen sehe ich ein, daß es nicht geht. 1. Wie sollen die dicken Briefe hinkommen, da Malsburg bald weggeht. So ein Brief würde 6—8 liv. bis zu Euch kosten. 2. (Hauptpunkt) kann ich nichts liefern. Beschreibung von Theatern? Dazu komme ich doch zu wenig hinein und verstehe mich nicht genug auf die fran- zösische Bühne. Von Gemälden, Statuen? Hierüber ist schon so viel Vortreffliches und Schlechtes gesagt worden, daß dem Spazier nichts daran liegen wird, wenn er nichts hat. Hofsachen höre ich nicht, die ihm wohl am liebsten wären. Modesachen verstehe ich nicht.

Anekdoten? Die müßte ich aus Zeitungen nehmen, also fließt meine
Quelle selbst nach Teutschland. Also etwas Ordentliches entsteht doch
nicht daraus, etwas Unordentliches mag ich nicht. 3. (ein Nebenpunkt, der aber so wichtig ist, daß ich ihm seine Benennung abbitte,
und daß er den Hauptpunkt wohl zum Nebenpunkt machen wird)
wird Spazier für solche Fragmente auch etwas geben wollen, da
er das, was ich allenfalls noch liefern könnte, besser umsonst haben
kann?

Laß Dir lieber etwas von unserer vortrefflichen Bibliothek vor-
sagen! Hast du von Goethes neuen Schriften den ersten und zweiten
Band bestellt und erhalten und welche Gedichte stehen im zweiten?
Ich bin nun so ziemlich mit den Ausgaben im Reinen, beim Unger
sind 7 Bände erschienen, die wir nun alle kennen, beim Göschen 8.
Den achten (s. Beilage) hat gerade der S. hier, weiter keinen, die unter-
strichenen Sachen gefallen mir besonders, vielleicht sind im zweiten
Ungerschen einige davon, da sich im siebenten Ungerschen auch einige
finden, die darin stehen. Die 7 ersten enthalten also außer den
Sachen, die wir einzeln haben (Tasso, Iphigenie, Faust, Egmont),
die ersten Sachen Goethes: Werther, Berlichingen, Klaudine ꝛc. —
Wenn jetzt noch Fond da ist, so bringt meine Meinung besonders auf
folgende zwei: Benvenuto Cellini und Alemannische Lieder (Karlsruhe
1803 oder 4), vermuthlich wohlfeil, welche beide auch Savigny für
vortrefflich hält, worauf ich wieder viel halte. — Was uns Malsburg
gekauft hat, sind fables de Lafontaine, Oeuvres de Boileau, Corneille,
Racine, Molière, zusammen 21 Bände in 12, indessen mußt Du Dir's
nicht zu arg vorstellen, sondern wissen, da ich die Preise der Stereotypausgaben kenne, daß diese 21 Bände nur 11 francs 65 cent (wird
sein 6 f. 38 xr.) kosten. Ich begreife nicht die Wohlfeilheit der
meisten neuen Bücher in Frankreich, besonders der stereotypes, welche
auf weißes Papier sehr nett gedruckt sind. So kostet ein Stereotyp-
Cornelius Nepos 40 cent, d. i. 9 xr. (es giebt von jedem Autor
4 Stereotypausgaben: pap. ordinaire, fin, velin, grand velin; auf
grand velin kostet der Cornelius Nepos 3 fr. d. h. 1 f. 22 xr. Wer
eine bestimmte Anzahl nimmt, bekommt noch ansehnlichen Rabatt.) In
Teutschland hat man schlechteren Druck und Papier theuerer zu bezahlen, dafür ist denn aber auch, woran ich vorhin nicht dachte, der
Inhalt besser. Man kauft also doch wohlfeiler. — Ich habe diese
Woche die beste Ausgabe des glossirten corpus iuris — welche S. in
Teutschland mit 4 Karolin bezahlt hat und in mehreren Journalen

weitläufig beschrieben ist — edid. Contius, Paris 1576 in 5 Folianten
für 5½ Lbthlr. erkauft und dazu noch einen andern Folianten Index
zu der Glosse, der gar nicht dazu gehört, · obendrein erhalten.
Wäre sie nur schon — die centnerschwere — in Deutschland. — Andere
Bücher sind hier, wenn sie gerade gebraucht werden, entsetzlich
theuer, z. B. unglossirte corp. iuris, derselbe libraire, bei dem ich gekauft habe, hatte eine gothofredische Edition, wofür er 4½ Karolin
foderte, — wenn nämlich solche Kauflustige die glossirte sehn, so
meinen sie, es sei nicht das rechte Buch. — Vom code civil sind über
2 Millionen Exemplare abgesetzt. Die Stereotypausgabe, die der
Malsburg in Marburg hatte, kostete 30 xr. — Von der deutschen Literatur höre ich wenig, da S. keine Zeitung hält und ich keine auf-
treiben kann. Ich hoffe daher von Dir das Beste zu hören. (Wie
geht's denn mit Eurem Leseinstitut und wie sind die Zeitungen jetzt?)

Ich hatte Dir noch allerhand zu sagen und abzufragen und
wußte es vor einiger Zeit auch, habe es aber alles vergessen. Doch
noch eins. Fr. Schlegel ist hier und sollicitirt, wie man sagt, um
eine Professur in Köln. Savigny kennt ihn noch aus Jena her,
sieht ihn aber weiter nicht, indem er selbst und seine Schriften ihm
jetzt nicht mehr so sehr gefielen, wobei wohl etwas Parteilichkeit für
Cl. Brentano zum Grunde liegen mag, mit dem Schlegel auf eine
eclatante Art (seit einem Jahr vielleicht) brouillirt ist. -- Ferner
sollen in einiger Zeit die beiden Tieck und S. Bernhardi, ihre
Schwester, hierherkommen, welche wir wohl auch kennen lernen werden,
da S. recht begierig ist, diese Bekanntschaft zu machen.

Den 6ten März.

Am Sonntag endlich als den 3ten habe ich Deinen Brief, der
den 13. geschlossen ist, erhalten. Er hat mich unaussprechlich gefreut,
und ich danke Dir tausendmal für Deine Liebe und Deine Nachrichten.
Da der Malsburg schon heute Briefe wegschickt, so bin ich pressirt.
Auch hast Du für diesmal wohl genug. Nichts Neues ist mir seitdem passirt, in einigen Tagen ziehen wir aus in das Hôtel du Nord,
rue de la loi cidev. Richelieu, wo gerade der Malsburg wohnt. Es
ist doch wohl recht zufällig, daß wir beide in dieser Stadt so zusammenkommen. Übrigens bin ich auch aus andern Hinsichten über
diese Veränderungen erfreut, weil wir z. B. näher zur Bibliothek
haben.

Ich will nun Deinen Brief durchgehen und über Mehreres Einiges
antworten: Spaziers Tod hat mich recht frappirt, nicht daß ich

seinen Verlust für die Literatur bedauere, sondern weil er ein recht lebendiges Beispiel der Nichtigkeit der Welt abgiebt, was helfen ihm nun seine Zänkereien, seine Siege über den Gegner, was kümmert's ihn nun, daß er bisweilen im Zank besiegt wurde. Alles vergebne Mühe. Der ist so recht im Streit und Zank gestorben. Merkel wird ihm wohl Leichenreden halten. Übrigens ist es für Euer Lese institut traurig und mit der Abendzeitung scheint mir's auch be- denklich.

Da Du andere Bücher gekauft hast, so modificirt sich mein obiges. Doch laß nun diese die nächsten sein. Ich bin so recht damit zufrieden.

Über die Literatoren, die in Marburg auferstehen wollen, habe ich mich sehr gewundert. Ich fürchte, daß beide dadurch nicht berühmt werden. Wachler hat eine Vokation nach Heidelberg erhalten, es wäre für M. ein Verlust. Es ist ein emsiger Mann, der was leisten würde, wenn er sich bloß auf eins legte.

Dem Malsburg thust Du Unrecht. Er hat schon lange dicke Briefe an uns geschrieben, sie aber einem Privatmann mitgegeben, der sie wahrscheinlich verloren oder nicht bestellt hat, oder dem sie abgenommen worden sind. Er wird in vier Wochen von hier weggehn.

In den Ferien wünsche ich Dir recht viel Vergnügen. Gehst Du nach Cassel, viele Grüße an Ihig, Hummel ꝛc. Ich glaube nicht, daß ich so lange hier bleiben werde, als wir dachten, denn Savigny sucht soviel möglich bald von Paris wegzukommen, wo es sehr theuer ist und weder ihm noch seinem Frauenzimmer eigentlich gefällt. Du wirst ein Paar Zeilen durch Brentano erhalten haben.

Ich verbleibe Dein treuer Bruder   J. Grimm.

Nachschrift an Paul Wigand.

An Paul Wigand!

Lieber Freund, Du wirst meine Liebe zu Dir vorzüglich daraus erkennen, daß ich Dir nicht besonders schreibe, sondern vorstehenden Brief auch an Dich geschrieben haben will, denn wie könnte ich das- selbe zweimal sagen? Doch müßt Ihr's mit den Antworten ja nicht so einrichten wollen. Daß Deine Autorschaft so früh bekannt wor- den ist, darf Dich ja nicht schmerzen, besonders wenn Du auf die Ursache dieses Bekanntwerdens siehst. Dieser Beweis von Liebe und Zufriedenheit, den Dein Vater dadurch gegen Dich abgelegt hat, in- dem er deswegen so gar Deine Prohibition bei Seite setzen zu müssen glaubte — würde mich an Deiner Stelle mehr gerührt haben, als es mir vielleicht sonst unangenehm gewesen wäre. Wenn Du an Reuber schreibst, so explicire es ihm doch, wie es kommt, daß ich nicht mehr in Marburg bin. Daß Du Deinen Onkel mit Nahrungsmitteln 18 Stunden weit versehn hast oder willst, ist ein Beweis Deines guten Herzens, nur hättest Du ihn nicht so lange darauf sollen warten lassen.

Dein treuer Freund
J. Grimm.

Hierbei kommt auch etwas in unsere Ausgabe der Minnelieder zu legen. — — Die Complimente sind diesmal die gewöhnlichen.

6.

Wilhelm an Jacob.

Liebster, bester Jacob!

Die Worte sind recht wenig und doch auch recht viel, wenn Du sie in ihrer eigentlichsten Bedeutung nimmst, und so sind sie gewiß von mir genommen, ich möchte so herzlich mit den besten Worten Dich anreden, und hernach sind sie immer so gemein und trivial, daß mich nur die Bemerkung tröstet, daß alles Höchste zugleich auch trivial ist; wahrhaftig, man sündigt, wenn man die Worte so ordinär wegbraucht, wie ich wohl selbst gethan habe, und auch damals nicht ganz leer. Aber manches Wort fällt mir oft in einer Bedeutung als wundersam und voll großer Beziehung auf, was ich vorher schon manchmal ausgesprochen hatte und im gewöhnlichen Sinn sehr gewöhnlich auch ist. Doch ich muß aufhören, sonst sieht es aus, als wollte ich Dir zuvörderst in jedem Brief ein Compliment machen und mir zugleich, daß ich Dich noch so lieb hätte wie Du mich. — Ich könnte wohl jetzt im Übrigen zufrieden sein, wenn mich nicht eine beständige Unruhe quälte darüber, daß ich eben nicht ruhig bin. Es hilft nichts als über alles mich lustig zu machen, wobei mir doch vieles Ernst, heiliger Ernst ist. Hernach habe ich so viele Besorgnisse ohne allen weitern Grund, so ist mir z. B. jetzt beständig angst, wenn ich an die liebe Mutter denke; ich wollte nur, sie wär erst aus Steinau heraus. Ich fürchte, sie lebt nicht lange mehr, und in einem Brief von ihr, worin sie sich so sehr auf Cassel freut, rührte mich das unbegreiflich. Ich glaube, es ist Schuld, daß eben der Frohnschreiber gestorben ist, was mich als unerwartet frappirte. Vielleicht habe ich Dir schon geschrieben, daß die gute Mutter ihr Haus für 825 f. ver kauft hat, und ich werde nun in den Ferien ein Logis für sie miethen, am besten, denke ich, wird es in der Nähe des Schlosses sein. — Doch von dergleichen genug. —

Das Programm des Brentano konnte die Tante unmöglich Dir schicken, da es allzuviel war, Du wirst mich daher beim Savigny ent schuldigen, indem eine andere Gelegenheit abzuwarten; ich habe es gelesen, und soviel ich verstehe, dünkt es mir recht witzig und scharf sinnig.

Was unsere liebe Bibliothek, lieber Jacob, betrifft, so steht es also damit:

1. Goethes Werke 1. 2. T., sowie Ofterdingen habe ich noch nicht erhalten und erwarte sie stündlich.

2. Die Charakteristen sind angekommen, allein der Buchbinder benachrichtigte mich, daß 6—7 Bogen fehlten; zum Unglück war das Ganze schon zusammengelegt, gefalzt, glaube ich, heißt es, deshalb konnte ich es nicht zurückschicken, gab aber denselben Tag dem Karl einen Zettel nach Gießen mit, enthaltend die Nachricht, daß ich das Fehlende verlange (genau beschrieben), weil sonst das Buch durchaus unnütz sei, — kommt es nicht, so werde ich es nicht bezahlen. — Das Poetische Journal. 2 St. sind ebenfalls gekommen. Schlechter Druck und Papier, aber vortrefflicher Inhalt, besonders gilt dies vom ersten Heft. Du kennst ihn summarisch schon, die Worte aus der neuen Zeit, die Dir bekannt, sind der Schluß. Die Briefe über Shakespeare sind sehr schön, vielleicht in strenger wissenschaftlicher Hinsicht ein wenig gedehnt, wenn in den ersten, die im 1. H. stehen, kommt über ihn eigentlich noch nichts vor. Übrigens in Tiecks schönem herzlichem Ton und Stil geschrieben. Der neue Herkules am Scheidewege, eine Parodie, ist der Autor selbst, zu dem die ver schiedenen Menschen kommen, die an seinen Gedichten Antheil nehmen, vom Recensenten an bis zum falschen Bewunderer und endlich dem wahren und der Göttin des wahren Ruhms (in Knittelversen). Da keine Handlung, als daß einer nach dem andern auftritt, darin ist, so muß man das Interesse an dem Autor haben, das ich an ihm habe, um es nicht (von S. 82—164) ein Bißchen langweilig zu fin den. Man wird ein wenig an den Anfang des Faust erinnert, wozu auch das gleiche Silbenmaß beitragen mag. Das Ende ist sehr schön.

Was dann folgt über indische Mythologie von J. Majer, ist be-
lehrend und interessant. Hierauf ein klein Gedicht von Fr. Schlegel,
endlich das jüngste Gericht, eine Vision (in Prosa), worin man auch
indirect einigen Aufschluß noch über den Zerbino bekommt. Das
zweite Heft ist nicht so reich. Von einem Lustspiel: Epicoene oder das
stumme Mädchen des Ben Jonson weiß ich nicht, ob es übersetzt aus
dem Englischen ist,*) da es auch in England spielt, oder nicht. Es ist
ein bloßes Intriguenstück, das aber den größeren Theil einnimmt,
und recht lustig. Zuletzt folgen noch ein Paar Briefe über Shakespeare
und 20 sehr schöne Sonette an Novalis S. 3 2c. Mit dem Aussehen (grünes Papier und etwas befleckt) muß man Einsehn haben.
Man kann beide Stücke einmal zusammenbinden lassen, da die Ziffern
fortlaufen (S. 492). —

Von dem sehr schönen Tempe werde ich Dir schon geschrieben
haben.

Ich sammle jetzt mit allem Fleiß auf den Benvenuto Cellini
und die alemannischen Lieder, obgleich auch nun der Shakespeare zu
kaufen sein wird, da Schlegel hat bekannt machen lassen, es würde
die Fortsetzung erscheinen. Eine neue Aussicht hat sich für den Fond
eröffnet, indem eifrige Nachfrage nach meiner Reichsgeschichte geschehen und ich hoffentlich einen Laubthaler erhalten werde, dann aber
ist auch noch ein Gulden aus dem Rabatt übrig.

Mit der Lesegesellschaft geht es ganz gut, wie mit der Abendzeitung **), und die Zeitung für die elegante Welt hat nun gerade
auch nicht verloren. Ich wollte Dir wohl einen Auszug aus den
Notizen der Literaturzeitungen, die in Jurisprudenz oder belles lettres
einschlagen, besorgen, aber in beiden ist es sehr leer. Eben in der
Poesie herrscht eine Art von Justitium, man weiß nicht mehr, was
man will, die neue Schule ist schon jetzt zu alt geworden, um mit
Enthusiasmus und Eifer für sie zu sprechen, die Gegner sagen ganz
laut, sie werde zu Grabe getragen, wie auch eine (sehr schlechte)
Brochüre so betitelt erschienen ist. Schellings nimmt sich namentlich
niemand mehr an, so läßt die Zeitung für die elegante Welt abdrucken,
man sähe ein, es sei Wortkrämerei (vivo Spazifero). Und die Schlegels
schweigen auch ganz still. Sonderbar ist es übrigens, daß diese Anarchie

*) Allerdings. Ben Jonson lebte zu Zeiten des Shakespeare.
**) Neulich hatte sie auch 2 Kupfer, eine Idee zu Luthers Denkmal. Brentano
sagte, es sähe aus wie ein neumodischer Ofen.

nicht durch eine neue Erscheinung und Revolution, sondern lediglich
dadurch bewirkt zu sein scheint, daß es nicht mehr ganz neu ist und
anfängt, gewöhnlich zu werden. Desto fester muß man an dem
wahrhaft Guten hangen. — Ich habe alles durchgesehen eben, was
nur einigermaßen Dich interessiren könnte, allein die Resultate sind
sehr gering. Die Trennung der Herderschen Schriften ist nun auch
angezeigt in drei Abtheilungen, die belletristische wird 15 Thlr. kosten.
Zu Ostern wird ein Schauspiel (versteht sich in Jamben) herauskommen, Gabriële d'Estrées. Von den Proben, die in der Abendzeitung standen, kann man nicht urtheilen, das ist ganz hübsch, schillert
ein wenig, was mir ein übeles Zeichen, weil dem seine Manier in
der Nachahmung gewiß verdirbt. Die Jamben sind wohl auch nicht
die besten, doch wie gesagt, es läßt sich noch nicht recht urtheilen. Zu
verkaufen ist zu Stettin: La Galerie Electorale de Dusseldorf avec
30 Planches contenant 365 petites Estampes par Chr. de Mechel
2 Voll. Basle 1778, ein räsonnirender Katalog, soll kosten 40 f. Ich
weiß eine Zeit, wo wir den Besitz sehr gewünscht hätten. Gesneri
thesaurus linguae latinae 4 Tomi Lps. 1749. 15 f. ꝛc. Recensionen in dem ersten Monat Januar der Jenaischen L. Z. (denn
weiter ist jetzt im März noch nichts kommen!) sind alle, die
uns angehen, ziemlich unbedeutend. Reitemeiers Schriften haben eine
ziemlich lange Abhandlung erhalten, da er glaub' ich die Idee hat,
aus dem jetzt geltenden Recht, wie es vorliegt, ein praktisches Gesetzbuch zu errichten, so habe ich es uninteressant und langweilig gefunden. Albrecht Hummels Encyklopädie des gesammten Rechts 1 B.
6 f. 34. Gießen b. [?] M. ist nochmals angezeigt worden. Voyage
sur la scène de six derniers livres de l'Eneide par Charles Victor de
Bonstetten, Geneve An. XIII., recensirt von A. W. S. und recht gut,
bezieht sich größtentheils auf alte Geographie. Charlotte Corday,
Tragödie in 5 Acten mit Chören 1804. 235. Hamb. H. [?] (1 Thlr.)
war, wie Du Dich erinnern wirst, schon vom A. Kl. in der E.
Zeitung angekündigt. Spaldings Lebensbeschreibung von seinem
Sohne. Über Bewaffnung von J. G. Seume, Leipzig, Hartk[noch]
(121) wird gerissen. — Von dem Umrisse zur Hölle nach Flaxmann
von Hummel in Querfolio sind schon 39 heraus, die 5 Thlr. kosten,
im Ganzen werden 68 erscheinen, auch besonders zu haben. Bodes
Übersetzung im Versmaß des Originals wird Dir als angekündigt
auch schon bekannt sein. — Salomon Geßners Gouache-Gemälde,
Landschaften, werden in einer Suite von 30—40 Blättern von Kolbe

rabirt. Ich möchte sie wohl haben. — Hier bin ich schon fertig, also noch etwas vom hiesigen.

Anton hat aufgehört zu lesen den K. B., aber ihn nicht geschlossen. — Wir könnten uns trösten, sagte er, da sein H and buch — mithin Tröster — erscheinen werde. Er selbst ist auch die Zeit her nicht wohl gewesen und sieht auch eben nicht sonderlich aus. Bei dem finale waren nur 5 auditores gegenwärtig. Er spielt bei mir immer aufs Examinatorium: aber 20 Thlr.? nein. — Das hiesige Schauspiel, um doch dem Deinigen eins entgegenzustellen, ist noch in gutem Zustand. Kopebue hat darin recht seinen Sitz aufgeschlagen, denn von niemand anderem ist etwas gegeben. Jetzt sind sie am Epigramm, worauf man wohl selbst eins machen könnte. Ich habe dem Schmerfeld, der darin den sentimentalen Epigrammatiker macht, die Indianer in England vorgeschlagen und die Frau Hofräthin Gr. zur Gurli und ich denke, es soll noch geschehen. Dann werde ich hineingehen, auch wenn die Entree noch theurer wäre. Ich glaube fast, es würde noch besser als die Ehrenpforte sein. — Da ich die Madam erwähnte, fällt mir ein Spaß ein, den mir neulich der Brentano erzählte. Sie wohnt jetzt da, wo Clemens B. gewohnt hat, und bedient sich oft der Treppe, die zu dem Hof des Christian führt. Dies genirte ihn, weil er beständig jetzt vor der Thüre arbeitete, weshalb er inwendig hinschrieb mit Kreide: „man wird gebeten zurückzukehren, weil die Thür zugemacht ist," worauf er sie zunagelte. Kaum ist er fertig, so erscheint sie von einem Spaziergang an seinem rothen Thor und will durch seinen Hof wieder die Treppe zurück in ihr Logis. Er springt aber sogleich auf und ruft ihr zu, sich den Weg zu sparen, nämlich von seinem Thor bis zu der Treppe. „Das hatte ich nicht von Ihnen erwartet." — „Desto angenehmer wird Sie es überraschen." — „Es war mir ein Soulagement." — „Es ist nicht alles auf der Welt Soulagement." — „Das ist recht Brentanoisch." — „Ja, es steckt im Blut." — Hierauf will sie zur Thüre und aufschließen, ohne sich abhalten zu lassen. Br. sagt aber: „Madam, wenn sie keine Beißzange sind, so bleiben sie weg, denn die Thür ist vernagelt." Worauf sie erbost abgegangen. —

Eben jetzt habe ich das poetische Journal ausgelesen und nehme mein Urtheil in Ansehung der Briefe über Shakespeare zurück, als wären sie zu weitläuftig. Es entstand nur aus einem flüchtigen Durchblättern, und nun glaube ich mit Recht behaupten zu dürfen, daß sie das Vorzüglichste sind in dem ganzen Buch. Es finden sich

schon hier Ansichten, die wir in den Vorlesungen des Schlegels be-
wunderten, über Aufklärung und Toleranz, vielleicht noch witziger und
treffender ausgesprochen. — Hier sind 2 literarische Produkte erschienen:
1. Memoria Moenchii, die wenigstens den Vorzug hat nur 3 Bogen
stark zu sein, der Bücherkatalog, d. h. was er geschrieben, fällt gut
aus. 2. über Philologie und philologische Erklärung von demselben
Verfasser (Christ. Rommel) zur Ankündigung der Collegien, die er
anschlagen werde, obgleich zu befürchten steht, daß sie dennoch nicht
anschlagen werden. Consistorialrath Wachler hat ein Latinum,
Münscher (dem vorgestern, wie ich gehört, ein junger Sohn geboren)
ein Graecum angeschlagen, um den Herrn Rommel lahm zu legen.
Er soll sehr bestürzt gewesen sein bei der Nachricht und nun kündigt
er als Repressalie Universalgeschichte an. Um auf die Abhandlung
selbst zu kommen, so ist sie erbärmlich und, obgleich von schöner Sprache
gesagt darin wird, in abscheulichen Perioden. Da hat der Herr etwas
gehört, die Klassiker als ein lebendiges organisches Kunstwerk anzusehen, und spricht nun von eleganter Bearbeitung, man müsse den
Homer aus dem Homer, Horaz aus H., Virgil aus V. ꝛc. (und nun
werden alle durchgegangen) erklären, dabei schimpft er auf Grammatik
und Wortkrämerei, wie er es zu nennen beliebt, ohne zu bedenken,
daß er damit bloß seine Ungründlichkeit und Oberflächlichkeit bedecken
will. Bei allem dem weiß er nicht zu sagen, warum man die Klassiker als ein belebtes Ganzes ansehen müsse, und das zu entwickeln,
sondern nachdem er es nudis verbis gesagt, ist er fertig und froh
gezeigt zu haben, daß er es doch gewußt habe. — ·· — ― · ― ― —

Ich habe zufällig drei Lebensbeschreibungen von Kant in die Hände
bekommen und durchgeblättert. In allen herrscht mehr oder weniger
ein großer Kleinigkeitsgeist und eine platte Sanftheit. Wer Kant
nicht persönlich gekannt hat, den kann das nicht sehr interessiren, denn
in keiner Schrift geht man davon aus, eine Charakteristik von ihm
als Schriftsteller zu liefern: in einem sind chronologisch seine Schriften
aufgezählt. Wär ich ein großer Mann, so müßte mir jeder versprechen, der mit mir bekannt würde, mich nicht zu beobachten und
nach meinem Tod es drucken zu lassen, was er von mir gesehen ꝛc.,
da ist nichts vergessen, z. B. daß Kant keine Strumpfbänder trug,
das Fleisch bei Tisch kaute und wieder auf den Teller legte, aber mit
Brodkrusten zu bedecken suchte, im letzten Jahre viel ausspeite ꝛc.
Kant hat mich ordentlich gedauert: bei seinem Theetrinken ist niemand
zugegen je gewesen, aber der eine weiß es einzurichten und nun wird

das all hererzählt. Diese Schriften sind so recht dem Zeitalter angemessen, das solche kleine Anekdotenkrämerei liebt: übrigens könnte
das größtentheils alles einem ordinären Menschen begegnet sein: nur
hin und wieder kommt etwas Merkwürdiges, z. B als Kant nichts mehr
fassen und behalten konnte, augenblicklich alles vergaß, wußte er, sobald man auf einen gelehrten Gegenstand kam, sogleich genau, ja
Kleinigkeiten anzuführen. Ich glaube, das Buch von Wasiowsky soll
das beste sein und ist auch insofern am interessantesten, weil jene
Kleinheit darin am besten durchgeführt ist.

Soeben bekomme ich den Heinrich von Ofterdingen. Es ist
weiter nichts dabei, und er wird sich recht füglich in einen Band
binden lassen. Die Lettern sind die Ungerischen, das Format wie
bei dem Sternbald und sonst auch Papier und das Äußere. Deine
Nachricht von den Ausgaben Goethes war mir recht lieb, und ich werde
Dir Nachricht geben, sobald die zwei ersten Bände ankommen. Den
Zettel habe ich bei die Minnelieder gelegt, demnach zu urtheilen hat
Tieck nicht viel verändert, was auch hübsch. Ich weiß nicht, ob ich
Dir schon geschrieben habe, daß der bekannte von Münchhausen jetzt
eine Ausgabe veranstalten will, versteht sich um- und verarbeitet. Eine
Probe stand neulich in der Zeitung für die elegante Welt (mit der Bemerkung, Tiecks Bearbeitung scheine keinen Beifall gefunden zu haben!)
worin ich nach der Vergleichung fand, daß vieles vorzüglich ausgelassen
und zusammengezogen, auch modernisirt war. Das alte Silbenmaß bei-
zubehalten, daran ist bei dem natürlich nicht zu denken, wo ich nicht
irre, hatte er für das Gedicht Trochäen gewählt, was mir nicht gefallen wollte; es gab einen zu geschwinden, raschen Gang. Ich habe
daran gedacht, ob Du nicht in Paris einmal unter den
Manuss. nach alten deutschen Gedichten und Poesieen
suchen könntest, vielleicht fändest Du etwas, das merkwürdig und unbekannt. -- Bei unserer Bibliothek wüßte ich
sonst nichts zu erinnern; nur ist ein neuer Stauffacher nöthig, Pal-
materchen, Koridon und Taborettchen lassen sich empfehlen. Koridon
fängt an alt zu werden und leidet an den Beinen.

Wigand will Dir in einem recht sehr langen Briefe die hiesigen
nova erzählen, kann ihn aber jetzt noch nicht anfangen und scheint
Dich damit bis auf die Ferien trösten zu wollen; er hilft eben dem
Apotheker Rüde die Bücher des sel. Mönch ordnen und katalogisiren;
ich dachte erst mit dem nach Cassel fahren zu können, allein seine
Abreise ist mir zu früh. Der Mann ist so sanft wie Rosensalbe und

macht aus der christlichen Liebe ein sanftes Pflaster, womit er alles zuklebt, er sagt in einem Tag mehr „mein Lieber" als der Wigand in einer Woche flucht, was nicht wenig, da er sich darin sehr perfectionirt hat, wenigstens sagt er zum Bettler: „mein Lieber, geh er hinaus." —

Ich weiß, da ich schließen muß, es eben jetzt nicht besser zu thun als mich Deinen   treuen Bruder zu nennen.
M[arburg] am 24. März 1805.
Zu dem eben erhaltenen Lectionskatalog ist nichts Neues.

7.
Jacob an Wilhelm.

Paris 2ten April [1805].
Lieber Wilhelm!*)

Ich habe wieder einmal recht lang auf Briefe gewartet, Dein letzter war vom 21. Februar; endlich habe ich heute zwei auf einmal bekommen. Vielleicht muß ich nun wieder lang warten, denn Ihr werdet denken, der Malsburg sei schon lange weg, indem er als noch hier ist. Nämlich der alte M. hat sich verkältet und ist krank worden, und für sein Alter nicht unbedeutend, ich glaube nicht, daß es ihm viel so kommen dürfte. Dadurch verzögert sich natürlicherweise die Abreise, und er wird schwerlich vor Ende April nach Cassel kommen, vielleicht dauert's bis in den Mai. Der junge wird sich bei Dir wohl viel über mich beklagen, ich muß Dir gestehn, ich gehe immer schwer dran, wenn ich zu ihm gehe, ich sehe, daß er ein sehr guter, aber schwacher und kindischer Mensch ist, der eigentlich gar nichts weiß und bei dem man viel Langeweile empfindet. Ich fürchte, das Kindische wird ihm sein ganzes Leben anhängen.

Was Du mir über die gute Mutter geschrieben, macht mich sehr unruhig, und ich wollte, Du hättest mir's nicht geschrieben, dieselbe Idee hat mich schon lange verfolgt, und ich habe daher immer auf Veränderung des Aufenthalts gedrungen. Ich hoffe zu Gott, daß er meine Gebete erhören wird. Wie wird es aber mit dem Ziehen gehen, die Mutter hat dort keine Helfer.

Du wirst Dich wundern, und es kommt mir selbst wunderlich vor, daß Du von hier aus Briefe erhältst, die Du ebenso gut von jedem

*) [Oben darüber steht:] Vom Savigny soll ich Dich grüßen.

andern Ort bekommen könntest. Ich gebe mir auch gar keine Mühe,
in dieser großen Stadt recht bekannt zu werden, denn wozu kann mir
dies groß nützen, indes kenne ich doch die alte Stadt (eigentlich
cité) so ziemlich, die Vorstädte wenig oder gar nicht. Am Sonntag
war ich in dem weit von uns entlegenen (im Faubourg St. Germain)
Palais Luxembourg, welches an sich ein sehr schönes Gebäude, besonders aber dadurch merkwürdig ist, daß in ihm sich eine Gemälde-
gallerie befindet, die nicht unbeträchtlich ist, nämlich ein Rafael, (der
indes nicht so schön als die andern hiesigen, auch von einigen dem
Andrea del Sarto zugeschrieben wird, was ich aber nicht glaube), dann
sehr viele große Gemälde von Rubens, die eine historische Suite ausmachen (einige sind herrlich, besonders in der Composition, das Fleisch
an den nackten Weibern ist abscheulich). Horatier und Brutus von
David (gemalte Statüen, sehr dünn, mager und leer — er hat kürzlich
auch ein Porträt des Papstes gemalt) — sodann das Leben eines
Heiligen von Le Sueur in ungefähr 16 Bildern und Landschaften
von Vernet (sowohl die Le Sueurs wie Vernets gefallen mir wegen
ihrer Flachheit nicht im geringsten). —

Daß der Bucher auf den unseligen Gedanken gekommen, sich
poetisches Genie zuzuschreiben, da er im Gegentheil höchstens ver-
prosaïrte Reminiscenzen zu Markte bringen wird —, ist an und für
sich schon traurig; daß er sie aber drucken läßt, kommt mir recht ekel-
haft vor, und ich finde nichts miserabeler, als den Teutschen jetzt mit
vielem Mittelmäßigen zu kommen, damit sich das Gute wieder unter
der Menge verliere. Ich glaube überhaupt, daß nichts nöthiger ist,
als behutsam mit dem, was man drucken läßt, und ja erst seiner
Sache gewiß zu sein. Die Probe, die Du mir schicktest, enthielt
übrigens einen fünffüßigen Hexameter, vielleicht hast Du ein Wort
ausgelassen, vielleicht ist ein Wort in der Kälte, die darin geschildert
wird, erfroren. Es wäre meine größte Freude, wenn ich ihn so derb
abführen könnte, — thu' das doch einmal durch Parodieen ꝛc. —,
daß er seine prosaischen Ideen selbst in Prosa denken, geschweige
schreiben müßte. —

Der Savigny hat hier eine Sammlung von Briefen (die er nach
den Originalen, in Teutschland noch, hat abschreiben lassen) von A. W.
Schlegel, Schelling, Fichte, Schleiermacher, Eschenmaier ꝛc., sämmtlich
an den Redacteur der ehemaligen Literaturzeitung von Erlangen, den
bekannten Professor Mehmel, welche traurig und lustig zu lesen sind.
Lustig, indem man sieht, wie sie diesem M., den sie sicher alle für

den einfältigsten Kerl auf der Welt halten, schmeicheln, freundschaftliche Namen und gleich darauf ungeheure Grobheiten geben; Fichte
sagt ihm einmal, er habe einen Monat der Zeitung gelesen, aber
lauter Recensionen darin gefunden, die der erste beste Lakai besser gemacht haben würde, indessen hoffe er Besserung ꝛc. Eine Probe von
Schlegel folgt hierbei, woraus Du genugsam sehen wirst, in welchem
Ton sie mit dem M. sprechen. Traurig, indem man sieht, wie es
unehrlich dabei hergeht, sie sich Recensenten für ihre Schriften bestellen und verwerfen ꝛc. Die meisten sind schlecht stilisirt, die von
Schleiermacher und Schlegel ausgenommen. Ich dürfte sie wohl abschreiben, allein dazu sind sie zu uninteressant. Du behältst dies alles
für Dich, noch mehr aber das, was ich Dir jetzt schreibe, was nämlich ein förmliches Geheimnis ist und das ich nur Dir zu Liebe
verletze. S. hat eine Sammlung von Originalbriefen von Goethe,
Wieland, Herzog und Herzogin von Weimar, Nikolai, Boie, Wille
(Kupferstecher) und mehreren anderen zur Hälfte an sich gekauft für
eine beträchtliche Summe, die wir jetzt meist in den Abenden abschreiben, hernach werden sie gleich wieder verschlossen, und ich habe
heilig versprochen, es nicht zu entdecken. Sie sind aus den letzten 70.
und ersten 80. Jahren und lange nicht so interessant, als ich zuerst
dachte, indem sie vorzüglich Familienhändel betreffen, und man würde sie
gar nicht lesen mögen, wenn sie nicht von berühmten Leuten wären.
Die von Wieland sind die meisten, auch wohl unterhaltendsten, er spricht
sehr viel von seinem Merkur, beständig mit lateinischen, französischen,
griechischen und italienischen ꝛc. Brocken vermengt, mitunter einfältig,
mitunter gemein, im Ganzen aber immer ehrlich, und er dauert mich
wirklich recht — als Mensch, nicht als Schriftsteller —, wenn ich
daran denke, wie vieles er in unseren Tagen hat erfahren und dulden
müssen, der damals alles galt und auf dessen Ton jedermann Acht
gab. Wie sehr irrt er sich, wenn er z. B. sagt, da schon damals
einige allerhand am Oberon auszusetzen fanden, er wünsche ihn erst
später herausgegeben zu haben oder erst nach seinem Tod erscheinen
zu lassen, da man jetzt seine Mühe und Arbeit nicht zu schätzen wisse.
Dies möchte ihm wohl sehr versalzen worden sein.

Schreib mir doch als die Marburger Universitätssachen weitläufiger, namentlich wie es kommt, daß Justi den Wachler verklagt
hat ꝛc. Hast Du den Münscher seitdem nicht gesprochen, auch nicht
den Assessor Ries, der damals da war, wie ich wegging, es wäre
doch ungezogen von ihm gewesen, wenn er nicht bei Dir war.

Karl ist also in Frankfurt? Ich hoffe bald nähere Umstände zu vernehmen?

Hast Du denn die kleinen Bücher Genoveva 2c. binden lassen. Die beschädigten kannst Du ja wohl in Cassel jetzt durch neue ersetzen. Ich habe hier neulich in einer deutschen Lesebibliothek eine Partie derselben in den gemeinen deutschen neuen Ausgaben schön eingebunden gesehn, mit dem Titel: Pöbelromane. Wie sich der Osterdingen in einen Band binden läßt, begreife ich kaum; das muß ja wohl 500 Seiten geben und bei dem kleinen Format unförmlich werden.

Daß man die neue Schule mit aller Gewalt zu Grabe läuten will, rührt wohl größtentheils aus Parteierbitterung, Einfalt und Nachbeterei her; einestheils liegt aber etwas darin, was mir gefällt: es weht nämlich in der deutschen Litteratur — d. h. solange sie existiert, wie mir däucht, ein Geist von Republikanismus, der keine Schule oder Clique aufkommen läßt, und gewiß ist dies der einzige Weg, der zum Ziele führt und das Vortreffliche allgemein anerkennen macht, indem eine Schule in einzelnen wenngleich Nebenpunkten immer einseitig bleibt. Diese Schule war zur Revolution durchaus nöthig, nachdem sie aber diese glücklich herbeigeführt hatte, muß sie keine Monarchie errichten wollen (obgleich man gegen das Schlechte und Mittelmäßige stets nie despotisch genug wird verfahren können, wovon ich aber nichts rede), und vielleicht ist dies die einzige Seite, von der die Schlegels 2c. und ihre Schriften in keinem guten Licht erscheinen mögen, was ihrem Werth indes nur sehr relativ, und wenn man diese Relation weiß, gar nicht schadet. Meinst nicht?

Grüß Dich Gott!   Dein lieber Jacob.

8.
Jacob an Wilhelm.

Paris den 11. April 805.

Lieber Wilhelm!

Heute Morgen ist die Frau von Savigny sehr glücklich von einem gesunden Mädchen entbunden worden. Es war mir immer sehr bang vor diesem Moment, da sie keine der stärksten Personen ist, allen war bang, um so größer die Freude. Vermuthlich wird es den Namen Bettine erhalten, Du kannst Dir also die Goth schon vorstellen.

Auch der alte Malsburg ist wieder auf gutem Weg, kann aber doch sobald noch nicht weg von hier, seine Krankheit mag ihn indes ziemlich viel zu stehen kommen, er hat zwei Ärzte, die ihn täglich zweimal besuchen, und keiner thut hier einen Gang unter 1 Karolin. Savignys haben ihm sehr viel Freundschaft erzeigt, und er wird sicher gut auf sie zu sprechen sein.

Du wirst doch darauf Verzicht thun müssen, von mir andere Briefe zu bekommen, als die bisherigen, daher will ich auch jetzt gleich schreiben, wie mir's einkommt.

Meine Neuigkeiten aus Teutschland kommen fast alle aus Heidelberg, und ich schreibe sie Dir mitunter bloß, damit Du mir sie nicht zu schreiben brauchst und also was anderes schreiben kannst, kurz damit Du weißt, daß ich sie weiß. Also dieses Heidelberg scheint mit Macht aufgehen zu wollen. Es ist gewiß, daß Voß, der, seitdem er einmal aus Eutin weg, nun keine Ruhe zu haben scheint, dorthin geht, nicht als Professor, sondern er erhält von Baden eine ähnliche Pension wie der Jung.

Ferner etwas, was ich Dir schon mehrmals zu schreiben vergessen hatte. Der Savigny hat mir neulich sehr viel Schönes von einem alten deutschen Buche erzählt, welches nämlich aus dem Anfang des 16. Jahrhundert und Lebensgeschichte eines Philologen Platner aus Basel, glaub' ich, von ihm selbst geschrieben und von seinem Sohne Felix Platner, einem Arzte, bekannt gemacht ist. Es soll recht deutsch, d. h. treuherzig, ehrlich und gescheidt sein. Thomasius hat es zuerst aus dem Manuscript abdrucken lassen, also im Anfang des 18. Jahrhunderts — dies ist ziemlich selten — nachher hat es aber auch Baldinger in seinen Schriften einmal drucken lassen, wahrscheinlich beim Krieger, es kann nicht stark und wird nicht sonderlich abgegangen sein, daher kostet es wahrscheinlich blutwenig, ich wollte, Du erkundigtest Dich in Marburg danach und nähmest es. Sollte es Krieger nicht verlegt haben, so wird Dir Conradi Nachricht geben können, der es gewiß wissen wird. Wahrscheinlich hat es Baldinger unverändert abdrucken lassen. Es ist mir lieb, daß ich das Ganze erfahren habe, und man muß so etwas kaufen, ehe man's vergißt. Ich wollte, man hätte einmal über die deutsche Literatur (ich meine hier bloß schöne Künste ꝛc.) ein recht gelehrtes, complettes Werk, man kennt so manches nicht und lernt es auch nicht kennen. Wachlers Compendium hält Savigny für sehr schlecht und den Meusel für viel besser.

3 *

Für diesmal gute Nacht! Gott erhalte Dich gesund, doch geschwind noch eins. Savignys Besitz wird doch vor August nicht gedruckt werden können, indes in Marburg wieder gedruckt werden: da der Bequemlichkeit wegen der Druck dort corrigirt werden muß, so habe ich ihm Dich dazu angeboten, und ich hoffe, daß Dir's ganz lieb sein wird, die Arbeit ist freilich unangenehm, da Du besonders in Ansehung der Punkte, Komma ꝛc. eben nicht gewissenhaft bist, doch glaube ich, wirst Du dies leicht auch sein können, und von einer andern Seite ist es Dir, besonders bei diesem Buch, gewiß angenehm. Es versteht sich, daß Du niemand davon sagst.

Wahrscheinlich werde ich Ende Juli oder im August zurückkommen, und dann laß ich mich nach einigen Wochen examiniren. Meinst Du wohl, daß ich auch in Marburg dran muß? Ich bitte Dich recht inständig und aus reiner Absicht, daß Du diesen Sommer nicht so viel arbeitest, Du hast schon diesen Winter, wo es auf jeden Fall noch eher angeht, zu viel gehabt, den Sommer kannst Du so nicht recht vertragen, und was hat die liebe Mutter und Tante davon, daß Du ein halb Jahr früher fertig wirst, wenn Du nachher krank bist. Studir lieber ein halb Jahr oder ein Jahr länger und mach Dir's recht bequem, oder wenn Du von Marburg weg sein willst, für Dich in Cassel nach unsern Heften, die so gut wie die Marburger Vorlesungen sind, und Du hast Assiduität genug, um nicht erst durch die Vorlesungen selbst zum Bearbeiten derselben angetrieben werden zu müssen, worin ich Dir nicht ähnlich bin, wie Du weißt. --- Ich schreibe Dir dies wahrlich aus keiner andern Absicht, denn sie würde auf jeden Fall albern sein, und ich Ursache haben, mich ihrer zu schämen. Doch ich habe Dir soviel nicht schreiben wollen.

Ich sehne mich sehr zu hören, wie es mit dem Karl geht — valdeque habeo, cur, ut in vitae genere, quod instituendum elegit, aliquando excellat, vereor, idque maxime ea de causa, quoniam destitutus videtur ingenii sagacitate, quae est pernecessaria mercatoribus (si numi desint), quo prospere cadant res eorum, quod perdoleo propter animi eius miram bonitatem eamque meliori fortuna dignissimam. Neque ipsum sua conditione contentum existimo. At huic cogitationi impono finem, quae mentem meam, si subierit, summa afficit tristitia. — — —

Nun aber auch kein Wort mehr und wenn's Gift wär!

Den 12. April.

Ich habe Dir vergessen zu schreiben, daß ich neulich zweimal im italienischen Theater (opera buffa) war. Ich habe mich an der Musik einmal erquickt, welche recht italienisch war und von der matten französischen sehr abstach. Es wurde gegeben, das erstemal il matrimonio secreto, Musik von Sarti (in welchem Stück zugleich das lächerlichste Mißverhältnis zwischen den Personen der Actricen und dem, was sie vorstellen sollen, stattfand, wie mir's noch nicht vorgekommen ist, nämlich eine alte, sehr dicke und häßliche Actrice machte die jüngste schöne Tochter, weil diese am meisten zu singen hat und sie wirklich schön singt — die älteste Tochter wurde gerade von der jüngsten und angenehmsten Schauspielerin gespielt — dies ist recht drauf abgelegt, die Leute zu nöthigen, nicht zu sehn, sondern bloß zu hören) das Stück selbst ist sehr simpel —, das zweitemal zweierlei, la passione von Paesiello, ziemlich ermüdend, und das Stabat Mater von Pergolese, welches mir einiges ausgenommen sehr gefallen hat, Du mußt Dir eine im Ganzen dunkle und dumpfe Instrumentalmusik vorstellen und dann zwei weibliche zarte Stimmen, ich wollte um alles nicht, daß eine männliche Stimme dabei gewesen wäre, die würde alles verdorben haben. Du kennst die unlateinischen, aber herrlich lautenden Verse: stabat mater dolorosa, iuxta crucem lacrymosa, dum pendebat filius, cuius animam dolentem, contristatam et gementem, pertransivit gladius. O quam tristis et afflicta fuit illa benedicta etc. etc.

Au français wird heute la prise de Jericho gegeben, wo zwar vermuthlich nur die Mauern von J. einstürzen, aber die andern Mauern in der Gegend aus Sympathie und der bessern Täuschung zu Gefallen auch mitschüttern werden, übrigens giebt es hier noch andere Spektakelstücke, z. B. le vaisseau amiral, mit einer förmlichen Seebataille verziert, und wo man durch den dicken Pulverdampf die Erbärmlichkeit des Dings nicht erkennen kann, und wobei die Musik viel Effect machen soll, wenn man nämlich so nah beim Orchester steht, daß man sie hören kann, — dann le tremblement de Lisbonne. — Ganz das Gegentheil davon ist z. B. das häufig wiederholte: l'intérieur d'une famille ou le tyran domestique, wo alles noch mehr als iffländisch der Beschreibung nach zugehn muß, auf einem andern Theater giebt man jetzt eine Parodie dazu, sie mag sein, wie sie will, der Gedanke, daß hier eine Parodie nöthig sei, erhebt sie schon über das andere. Ein französischer Journalist meint

indes, es solle in ihr ein feines Lob des Stücks liegen. Wie un-
edel! er nimmt ihr vielleicht so das einzig Gute, die Idee. In den
Horacrs, die hier au français wenigstens 50mal jährlich gegeben werden, haben Mlles Georges et Duchesnois mit ihren Rollen
getauscht, ich will hoffen darum, weil es ihnen langweilig war, dasselbe so oft zu sagen, man spricht sehr viel über Gewinn und Verlust der Zuschauer bei diesem Changement, meiner Meinung nach ist
der einzige Gewinn, daß man nichts verloren, der einzige Verlust,
daß man nichts gewonnen hat — und sieht, daß man nichts gewinnen kann. Der Verlust ist also bei weitem größer. Kürzlich ist hier
im Institut ein éloge de Klopstoc vorgelesen und nachher gedruckt
worden (weil er Mitglied desselben war), es ist recht fein, eloquent
und nicht uneben, übrigens versteht der Verfasser kein Wort Deutsch.

Jacob Grimm.

Ich grüße den Wigand und wünsche Dir in Cassel viel Vergnügen,
denn wenn je ein Wunsch nöthig ist, so ist es hier, cf. die von mir
alldort gefeierten Weihnachtsferien.

9.

Wilhelm an Jacob.
[Das Vorhergehende fehlt.]
[Vermuthlich Cassel am 18. April 1805.]

Der vorige Brief ist eigentlich geschlossen, und ich fange hiermit
eine Erzählung an, die Dich freuen wird und das bethätigen, was
ich Dir sagte, welchen großen und bedeutenden Einfluß Deine Reise
nach Paris auf Dein Glück und Deine Anstellung hat. Vorher erinnere ich nur, daß, was Du alles wissen mußt, ich nicht berühre
und auch nicht sage, daß Du es wissest, z. B. Du habest einen Brief
an den G. Rath v. B. [?] geschrieben.

Gestern kam Ihro Hoheit zu der Tante und sagte: Z[immern],
ich habe viel mit dem Kurfürsten wegen ihrer Neveus gesprochen.
Er kam zu mir und sagte: „ich habe einen Brief von dem jungen
Grimm in Paris gelesen, der sehr schön geschrieben war,“ und hierauf
soll er noch Mehreres zu unserem Lobe gesagt haben. (Er hat auf
diese Art zuerst gewiß vortheilhaft erfahren, daß Du in Paris.) Ihro
Hoheit hat darauf geantwortet: sie hoffe, er werde uns placiren, und
er gesagt, er werde so geschickte Leute nicht weglassen. Die Tante

hat das natürlich sehr gefreut, nur hat sie geglaubt, die Hoheit habe sich verhört, der Brief werde vom jungen Malsburg sein. Nach einer Stunde kam aber der (G. R. v. W. und erzählte der Tante: Du habest, beauftragt vom Minister v. M[alsburg], einen Brief an ihn geschrieben, den er sogleich Serenissimus gebracht, welcher ihn zwei= mal gelesen, sehr schön gefunden und sich sogleich nach uns erkundigt habe: er werde für Anstellung sorgen ꝛc. Hierauf hat er noch Mehreres gesagt, Deine Anstellung werde keine Schwierigkeiten haben. Die Tante hat sich den Brief ausgebeten, allein er geantwortet: die drei Minister müßten ihn erst lesen, hernach wolle er ihn bringen. Er selbst ist wieder beauftragt, an Dich zu schreiben. Doch das werden die Briefe sein, mit denen Du diesen bekömmst. Da nur einer von uns an die Regierung kommen kann als Assessor, so meinte die Tante, ob einer nicht das Secretariat beim Oberappellationsgericht bekommen könnte, und da hat er es bejaht und geantwortet, er denke, daß es gehen werde. Überhaupt stehst Du jetzt in dem besten Ansehen, und das schönste Testimonium eines Marburger Examens würde das günstige Urtheil nicht bewirkt haben, das man jetzt allenthalben von Dir hegt.

Da Ihro Hoheit geglaubt, die Tante schreibe an Dich, was ihr aber jetzt gewiß unmöglich, so hat sie folgendes an Dich aufgetragen: Du solltest dem kranken Herrn v. Malsburg von ihr ein Compliment sagen, und Ihre Hoheit nähmen den wärmsten und aufrichtigsten An= theil an seiner Besserung, wie sie hofften, er werde wieder hergestellt werden. Auch von der Tante sollst Du ihren Respect versichern und ihre Theilnahme. (So eben kommt Nachricht vom 10. April, daß der Malsburg besser.)

Es ist soviel darüber gesprochen worden von dem, was ich Dir darüber schreiben sollte, und nun bin ich schon fertig. Du kannst denken, wie gut die Tante ist, gewiß ich schäme mich oft ihr zu danken in Worten. Bei Vollbrechts hat die Erzählung eine merkwürdig ver= schiedene Sensation gemacht, die lächerlich und rührend zugleich ist. Die Frau Sauer versichert, daß es ihr kalt über den Leib dabei ge= laufen sei, der Herr Vollbrecht dagegen: warm. Die Jungfer Zeise erzählte es mit Eifer und Interesse, und Frau W. brach in Lobeserhebungen aus. Was mir rührend, daß diesen Morgen der Herr B. versicherte, es sei ihm die ganze Nacht nicht aus den Ge= danken gekommen, so sehr habe er sich gefreut, daß er nicht schlafen gekonnt. — Wigand scheint seine Feindseligkeit auch auf Dich aus=

dehnen zu wollen, indem er Dir schreiben sollte, aber ich oder die Tante keinen Brief erhalten. Er war Dir Willens ausführlich zu schreiben, daß diesen Winter Untersuchungen gewesen, ein gewisser Orden entdeckt und Wetzel, Wangemann, Koch ꝛc., kurz die Göttinger sämmtlich dem Vermuthen nach relegirt werden. Robert hat streng untersucht. —

Complimente von Hummel, Itzig, H. und Fr. Vollbrecht, Fr. Sauer, Jfr. Zeise und Merlise [?] ꝛc.   Dein W.

10.
Jacob an Wilhelm.
[Das erste Blatt dieses Briefes fehlt.]

'Paris, Sonntag 19. ? Mai 1805.]

Sag mir um Gotteswillen, was ist das für ein Buch, was in Cassel beim Kramer — von dem mehreres im Katalog steht — heraus gekommen ist, ich weiß den lateinischen Titel nicht, es ist aber so viel als eine Quellen- und Bücherkenntnis des römischen Rechts. Das Ding kommt mir sehr verdächtig vor.

Eine sehr traurige Nachricht erhalte ich gestern, nämlich daß in Hessen ein Gesetzbuch erscheinen soll, unter dem Triumvirat eines Lebderhose, Schmerfeld und noch eines Dritten. Muß denn alles, was aus dem flachen preußischen Sand herauskeimt, nachgeahmt werden! Die Nachricht hat mich recht sehr angegriffen, und es ist als ob ich's geahnt hätte, noch einige Tage vorher äußerte ich meinen Wunsch fürs Gegentheil. Vielleicht wird es noch gehindert und bleibt stecken, wenn leider nicht der Weg zu gut wäre, so daß man ihn bald zurückgelegt hat.

Die neusten Nachrichten aus Heidelberg sind, daß Clemens eine junge Tochter ebenfalls bekommen hat. Der Prof. Heise hat 50 Zuhörer, was bei den bis jetzt wenigen Studenten sehr viel sagen will.

Ich komme jetzt auf einige hiesige Sachen: Bei einem hiesigen Bilderhändler habe ich 16 Blätter von Dürer und 5 von Lucas von Leyden entdeckt. Beide sind unstreitig echt, und die von Dürer so wunderschön, daß ich die größte Lust dazu habe. Die von Dürer sind eine Suite und werden daher nicht getrennt, sie stellen die Passion vor, sind alle so groß wie Tarokkarten, einige davon sind die, welche ich bei Clemens einmal gesehn habe. Der Mann fodert für die 16 zusammen 30 L., das sind 5 Lbthr., ich könnte sie aber für 20 oder 21 vielleicht bekommen. Man muß rechnen, daß die Suite, welche complett ist, den Preis natürlich erhöht. Was meinst?

Wir wollten schon lange einmal eine première représentation sehen, weil es dabei gewöhnlich sehr durcheinander und im höchsten Grad unruhig zugeht und es im Grunde nicht auf die Beschaffenheit des Stücks ankommt, sondern bloß auf Parteien und Kabale. Am schlimmsten ist es, wenn die Parteien gleich sind, einige nehmen sich vor, das Stück fallen zu lassen, andere wollen es aufkommen lassen. Auf einem andern Theater wurde neulich aus dem Parterre beständig geklatscht und aus dem Paradies gepfiffen und geschrieen, da man besser schreien als klatschen kann, so sank das Stück mit Macht. — Ist eine Partei viel stärker, so muß die andere einstimmen oder sie wird hinaus geworfen. Wir wollten also an français die nouvelle tragédie: les templiers sehen; da ins Parterre erst denselben Tag Billets ausgetheilt wurden, so schickten wir schon um 2 Uhr einen Commissionär vor die Kasse. Wie wir hinkamen, war die Straße ganz gedrängt voll Menschen, ein Mensch soll dabei erdrückt worden sein, die Chasseurs mit ihren Pferden und Säbeln konnten mit Mühe Ordnung erhalten, viele Leute, welche die ersten Billets ins Parterre bekamen, verkauften sie an andere, manche für 1 Karolin, da sonst das B. nur 40 sol., also keinen Gulden kostet. Vielleicht hatte es auch unserer so gemacht, denn er kam ohne Billets, er hätte keine bekommen können ꝛc. Kurz, wir kamen wieder nach Haus, ohne diese Vorstellung sehen zu können. Man hatte sich fast allgemein vorgenommen, das Stück gehen zu machen, ob es gleich wohl kein Mensch kannte, es hat auch den glänzendsten Succes erhalten und heute ist die 7. représentation. — Dies ist eine Art von Mode — eine sonderbarere ist vielleicht die, daß es elegant ist, in demselben Garten (jardin des thuilleries) gewisse Alleen zum Spaziergang zu wählen, vorige Woche war jedermann in einer Allee, die jetzt ganz leer ist, und alle Menschen drängen sich in einer andern zusammen. Dies ist mitunter recht dumm und einfältig, und ebenso vielleicht, daß ich Dir solche Dinge schreibe, wenn ich nicht recht ängstlich allerhand zusammensuchte, um Dir doch etwas von Paris schreiben zu können.

Dein letzter Brief ist vom 18. April und am Freitag vor drei Wochen angelangt, heut ist Sonntag, und wann werde ich wieder einen bekommen? Du hast doch meinen durch den Weiß erhalten?

Schließlich eine Commission. Savigny läßt Dich grüßen und bittet Dich über folgende Bücher nähere Nachrichten zu liefern. Du kannst Dir sie ja wohl von Krieger oder Heier zum Durchlaufen geben lassen und dann leicht über ihren Inhalt berichten:

1. bibl. nova iuris selecta vol. 1. continens pandectarum T. Imum. gr. 8. Casseliae (sic), Cramer.

2. Diderots Vetter Rameau überf. von Goethe. Was das eigentlich ist?

3. Goethes Winckelmann. Was? Briefe? welche? ꝛc.

4. Hugos R[echts] G[eschichte], 4. Auflage. Viel Neues?

5. Hummels verschiedene Schriften (s. Lp. Meßkat. p. 101) ob darin viel Dummes?

6. Große Mag. fürs Kriminal-Recht. St. 1. Marburg bei Krieger.

7. Neubert die juristischen Klassiker. 1 Th. Berlin, Lange.

8. Jean Paul Richters Freiheitsbüchlein ꝛc. Tübingen, Cotta.

9. Theophilus aus dem Gr. übersetzt von Finke, Göttingen, Ruprecht.

10. Zachariä Hermeneutik des Rechts. Meißen, Erbstein.

11. — eiusdem opuscula acad. — liber quaestionum.

Indessen mußt Du Dir dies alles recht leicht machen, nur ungefähr den Inhalt und das, was Dir von Dummem und Gescheidtem auffällt, angeben, Dir Zeit dazu nehmen und, wenn Du einige nicht bekommen kannst, so thut es nichts, und wenn Du einige zwar bekommen kannst, aber nicht durchsehen magst, so kann man sagen, Du habest sie nicht bekommen können ꝛc.

In Hugos R.-G. wird vermuthlich bei Gelegenheit des Civilgesetzes eine bittere Anmerkung gegen Hufeland stehen.

Zum Schluß noch viele Grüße an den Malsburg, ich weiß nun nichts mehr und ich muß nun schließen. An die Mutter habe ich mit Gelegenheit geschrieben. An die liebe Tante weiß ich nichts zu schreiben, als daß ich mich ihrer Liebe empfehle, an Herrn Vollbrecht will ich nächstens schreiben.

Dein getreuer Bruder
Jacob Grimm.

11.
Jacob an Wilhelm.

Paris, 27. Mai 1805.

Lieber Schatz! Auf Herzeleid und Traurigkeit folgt Lustigkeit und Freudigkeit. Am Donnerstag bekam ich Deinen Brief vom letzten April, der also sehr lang gelaufen ist, am Samstag zwei, einen vom 22. April, worin einer vom Weiß, welcher eine merkwürdige Tour gemacht hat, von Marburg nach Cassel, von da nach Paris, retour nach Cassel und wieder nach Paris, den andern vom 12. Mai.

Hierbei ein Brieflein an Wigand, wobei ich ihm meine Meinung gesagt habe, daß Du in allem völlig unschuldig, er aber schuldig, wenngleich ohne böse Absicht sei. Auch folgt ein Schreiben an den Tenhard, der mich in seiner jetzigen Lage dauert, er verdiente doch einen bessern Platz in der Welt.

Eine Nachricht, die mich sehr niedergeschlagen hat, ist die vom Tode des lieben Schillers (am 9. d. nach einem hiesigen Journal), mit dem gewiß manches Gedicht eigentlich nicht untergegangen ist, aber nicht aufgehen wird. Und von Goethe ist leider auch kein langes Leben zu hoffen. Warum ist ihnen nicht Martin Wielands Alter gegönnt? — Vielleicht ist die Nachricht falsch.

Fr. Schlegel ist wieder in Köln, wie ich aus einer Kölner Zeitung, die mir weiß nicht wie zu Handen gekommen, entnehme, worin er immer noch als Dr. philos. Vorlesungen über die deutsche Literatur und Sprache ankündigt, so über ihre Geschichte von älterer Zeit bis jetzt, als über die Praxis, d. h. Deklamiren rc.; der Preis von 4 Kronenthalern für 2 Stunden wöchentlich ist nicht gering, indes möchte ich's gern hören.

Tenke, der Zimmermann, der nach Freiburg ging und den Du kennst, ist jetzt in Heidelberg Privatdocent und liest reine Mathematik rc.

Warum hast Du denn den Rudolf zu der Ausgabe mit dem Glasschrank verleitet? Wird nicht der Schatz zu sehr neugierigen Augen exponirt, und wäre stille Eingezogenheit nicht besser gewesen? Ich hoffe, daß Du meinen Auszug aus dem Lp. Meßkatalog erhalten und den Laotoon bestellt haben wirst? Ich habe Herders zerstreute Blätter, 6 Bde. im Wiener Nachdruck, eigentlich nur durchlaufen, denn zum ordentlichen Lesen gefielen sie mir nicht, weniger als etwas, das ich von ihm kenne, mitunter herrliche Gedanken, oft aber mittelmäßige und unneue, und fast immer breit ausgeführt. Viele Gedichte, gewöhnlich Hexameter, worunter nicht selten sehr schlechte, nach der griechischen und orientalischen Anthologie. Es däucht mir, als ob Herder doch zuviel hätte drucken lassen — oder habe ich dies alles vielleicht schon einmal geschrieben.

Villers, bekannt durch seine Schriften über die Reformation, ist so für die deutsche Literatur eingenommen, daß er wieder nach Deutschland zurückgekehrt ist, ich glaube nach Bremen. Dabei fällt mir bei, daß Reineke Fuchs eigentlich französisches Original, das Deutsche also Nachahmung ist, was man bisher bezweifelte, weil kein Mensch vom französischen Original wußte, aber hier auf der Bibliothek finden sich einige Mss.

Nun noch ein Paar Fragen. Ist denn der Meisterin jetzt in Marburg? — Hat Wigand mit seinem Ding viel Geld verdient? — Warum ist denn Karl so herumgezogen und nicht vielmehr bei der Mutter geblieben? weil er doch in Hanau bleibt?

Da der Savigny eben etwas an Weiß geschickt, so lege ich diesen Brief bei, den an den Denhard will ich in einigen Tagen durch Karcher an die Tante schicken und dabei dieser und der Mutter schreiben. Wenn Briefe an mich einkommen, die des Schickens nicht werth sind, so sieh sie doch durch und excerpire ihren Inhalt, damit ich mich wegen der Antwort danach richten kann.

Hierbei ein Blättchen an Karl.

Gott lasse Dich gesund und lieb

Dein
treuer Bruder
Jacob.

Vom Platner hattest Du mir positiv nie geschrieben. Unter dem Papier finde ich das rothe sehr schön.

Ich glaube, die Briefe durch Karcher laufen sehr lange, hier mag wohl die Schuld nicht liegen, sondern in Frankfurt.

Noch eins, warum schriebst Du mir schon 4 oder 5 mal von Goethes Recitiv, anstatt Recidiv. So eine Erinnerung ist im Grunde einfältig, ob ich gleich die Gewohnheit an mir habe, — zufällig sah aber der Savigny einmal die Stelle und ich habe ihn wirklich überredet, daß es ein weiches d sei.

12.
Wilhelm an Jacob.
[Marburg,] Dienstag 28. Mai. Wilhelmstag [1805.]

Ich fange schon wieder einen Brief an, von dem Gott weiß, wann er abgehen wird: ich schäme mich, die gute Tante so oft zu plagen, die jeden Augenblick einen Brief besorgen muß. Ich hoffe morgen einen von Dir zu bekommen und da muß ich eilen, das Wenige auf zuschreiben, sonst wird es nachher vergessen. — Gegenwärtig habe ich einen kleinen versteckten Schnupfen, der übrigens so sichtbar ist, daß mir die Augen übergehen. (In Cassel machte ich die Madam Sauer damit recht böse, daß ich einmal, als mein rechter Fuß mir weh that, behauptete, es sei versteckter Schnupfen, kurz alles so nannte, auch die Krankheit des Herrn Schwagers, diese Parenthese wird sehr lang werden, da ich nicht umhin kann, was mir beim Herrn Schwager einfällt, die Geschichte Deines französischen Briefes zu erzählen, wie sie mir der Ferdinand — aber sehr vortrefflich erzählt hat. Die Jungfer Zeise bringt den Brief, den er sogleich nimmt: der Louis will ihn sehen, den Augenblick aber fragt Roville [?]: wo hat er dann seinen (sc. Brief), steckt ihn darauf ein und bringt ihn erst nach dem Essen hervor. Hier wird er förmlich angemacht, er ganz still, hält ihn ans Licht und liest ihn so mit seiner Manier, die Augen darnach zu richten, wie es scheint, durch. Sie hatten alle sich herzugedrängt: aber er sagt nichts als: „no, was drängt Ihr Kinder, Jesus komm, das ist 'ne Ungezogenheit!" „No, Vollbrecht, was schreibt er denn?" — „Ah, ja, da kann sich die Marielies recommandiren, die hat er grüßen lassen!" — Das war nämlich das Einzige, was er verstanden hatte. „No, Herr Schwager, was hat er denn geschrieben?" Er schweigt dazu ganz still, rückt ans Licht und liest den Brief Gott weiß mit welchen Böcken vor und schweigt wieder. „Ja, sehen Sie, Herr Schwager, das verstehen wir nicht!" Er immer still, endlich kommt heraus: „Ah, fragen Sie einmal Ten (auf den Louis deutend), ob's Der weiß." Alles still, die Jungfer Zeise geht fort. Den andern Morgen schon früh steigt er auf, wo es hinter dem französischen Lexikon hergeht, jedes Wort wird aufgesucht, auf einen Zettel geschrieben, aber natürlich kann er nicht alles finden, z. B. die conjugirten Wörter, am wenigsten den Sinn herausbringen. Darüber ist nun eine Woche vergangen, nun wird der Küchenmeister 2c. wegen einiger Wörter consultirt, aber es wird doch nichts. Endlich nach drei Wochen — denn den ganzen Brief hat er doch sonst niemand zeigen

wollen — geht er zum Herrn Hofmeister, der ihm eine förmliche Übersetzung dictirt. Der Raud kommt dazu, merkt das, geht also gleich
auf ihn zu: er steckt aber alles geschwind ein: „Jesus komm, was
die Kinder eine Neugierde haben, pfui, ich schäm mich.“ — Den
Abend erscheint die Jungfer Zeise. „Mein, hab' ich Ihr den Brief schon
vorgelesen?“ — „Ei nee“ — „No, wart Sie.“ — Hierauf holt er
den Brief, legt die Übersetzung hinein, liest nun ein Stück französisch
und dann deutsch, soll aber, wie der Raud sagt, mit dem Deutschen
zu früh ausgekommen sein. Nun liest er ihn denselben Abend noch
dreimal vor. — Schon den ersten Tag sagte sie zu mir: „Ja, mein
Vollbrecht hat einen französischen Brief vom Jacob bekommen und
denken Sie einmal an, er hat ihm auch wieder französisch geantwortet.“ —
Jesus komm“, sagte er, „der Herr Grimm muß so zufrieden sein,
aber ich rühm mich's nicht, mit der Feder such' ich in der ganzen
Dienerschaft meines gleichen.“ —)

Ich gehe zu meinen übergehenden Augen wieder über, aber die
Geschichte hat mich traurig gemacht, denn ich fürchte, der gute Mann
lebt nicht länger als zum Herbst, wo er mit den Blättern fallen wird,
sagen die gemeinen Leute. Ich lebe jetzt einsam und vielleicht traurig,
wenigstens seitdem der Karl wieder weg ist, wo mir Dein Abschied so
in den Sinn kam, wie er wegging, daß ich weinen mußte, weil es
gerade ebenso war, er wird's nicht übel nehmen, wenn ihm die Thränen
nur zur Hälfte galten. Er schrieb mir noch zum Abschied ein Paar
Worte auf einen Zettel, die mich sehr rührten und die ein neuer
Beweis seines sehr guten Herzens waren. — Ich wollte nur, daß
Du diesen Abend bei mir gewesen wärest, es war so schön, still und
heiter in der Stube und ich überlegte, wie die neuangekommenen Bücher
(vom Buchbinder) zu rangiren sind. Es sieht jetzt recht zierlich in
der Stube aus, reinlich und ordentlich, weil sehr selten jemand zu mir
kommt. Das Bett steht wie beim Schraidt mit einem Vorhang, unten
an den Fenstern ein neuer ganz hübscher, dunkel gefirnißter Tisch mit
einer Schublade, die verschlossen werden kann, die Stühle all an ihrem
Ort, und oben ein blühender Lack auf dem Tisch. Es wartet alles
auf Dich und dann, wenn Du die Bibliothek aufschließest, wirst Du
mich loben. Ich habe auch eine Separation der Kupferstiche vor,
wozu mich Hummel verleitet hat. Die vor einem Jahr aus Hanau mitgebrachten alten hält er für sehr gut. —

Von dem Monat April der beiden Lit.-Z. weiß ich Dir wenig
zu sagen. Voß geht in der Jenaer entsetzlich gegen den Lehrplan des

Herrn Wismayr für Pfalzbaiern los, gänzlich unter die Recension
seinen Namen schreibend. Gegen den Hermes vermuthlich hat er fol
gendes Epigramm in die Intelligenz setzen lassen:

> Hermes, ein Block mit Haupt, wies Wege zu gebn den Achaiern,
> Hermes, ein Block ohn Haupt, weiset uns Wege zu schau'n.

In der Hallischen L.-Z. findet sich auch eine Recension der alemannischen Gedichte, lobend, und des Ariost von Gries, auch lobend
alles, was in der Jenaer getadelt wurde, und umgekehrt, selbst dem
A. W. Schlegel ein Compliment machend in Ansehung des 11. Gesanges,
der im Athenäum steht. Bald wird's gleicher Weg werden. Christian
Schreiber schreibt auch in die Zeitung für die elegante Welt ꝛc. — Die
lustigen Musikanten vom Brentano sind von einer sehr schlechten Truppe
in Warschau gespielt, so stand in der Zeitung für die elegante Welt nebst
einem großen Lobe derselben. — In Bremen ist eine Bücherauction
einer Bibliothek, die nur 3300 B. deutsche Romane, 660 B. Gedichte
enthält. Sie gehörte einem gewissen J. A. Engelbrecht. — Ist Heinse,
Verfasser des Ardinghello, nicht lange todt? Dennoch kündet Barren-
trapp und Wenner in Frankfurt an unter neuen Büchern: Ana-
stasia und das Schachspiel, Briefe aus Italien vom Verfasser des
Ardinghello, 2 Th. 1 R. 16. — In der Hallischen L.-Z. ist ein
Aufsatz angefangen: Romanenliteratur (vielleicht Bearbeitung der bekannten Aufgabe), flach, beinah wie aus der Leipziger L.-Z. genommen; es werden dabei Klingers Romane ganz entsetzlich gepriesen. —
Münscher hat eine 2. Auflage der Dogmengeschichte besorgt, das erzähl'
ich bloß eines Streichs des Kriegers halber, der als er beim Druck
des letzten Bandes die Nothwendigkeit derselben merkte, bei diesem, der
natürlich nicht verbessert wurde, eine doppelte Anzahl abdrucken ließ und
so die Kosten des Setzerlohns für den letzten Theil sparte, was bedeutend
sein soll. Er will nun in seinen alten Tagen, nach einer Bücher-
lotterie, ein recht solides Waarenlager anfangen. — Reitemeier geht
von Frankfurt a. O. nach Kiel, berufen. — Tillingen ist auf ein
Lyceum reducirt.

Mittwoch, 29.

Eben erhalte ich Deinen auf der vorigen Seite noch gehofften
Brief und will ihn gleich durchgehen, um hernach nichts unbeant-
wortet zu lassen. — Vorerst liegt die Schuld, daß Du so wenig Briefe
erhalten, wirklich in der Post, indem ich mir bewußt bin, fast alle
10 (höchstens 14) Tage abgeschicket zu haben; wahr ist es übrigens,
was Du vermuthet, daß die Briefe zurückgelaufen sind, wie mir der

Malsburg erzählt hat, Du auch jetzt wissen wirst, da sie wieder zurück sind. So mußt Du einen Einschluß des Wigands noch während
der Ferien erhalten haben. Was den Meßkatalog angeht, so freute
es mich, daß ich Dir beinahe dieselben Bücher herausgehoben habe,
weil schon gleichsam eine Antwort damit gegeben ist. Meine?? bei
der nova bibl. iuris selecta rc. wirst Du bemerkt haben, in Cassel der
Krämer Kramer ist es unmöglich, weil der seine Existenz einzig von
der Leihbibliothek leiht. Ich vermuthe, es ist ein Bajazzostreich, wie
ihn bekanntlich der Krieger mit der sogen. philosoph. iuridica (Fellen-
berg) gemacht hat. Ich schäme mich wegen des Casseliae zu fragen,
da ich kein lateinisches Lexikon habe und gar nicht wußte, was es
für ein Ort sein sollte, Kastel bei Mainz doch auch nicht; endlich
schämte ich mich meiner Scham und fragte gelegentlich den Conrabi, der
aber auch den Ort nicht kannte. Morgen will ich zum Krieger, auch
die übrigen Bücher mir bringen lassen, um dann die Commission auszurichten. Was die zu bestellenden juristischen betrifft, so habe ich
Dir neulich schon geschrieben, warum ich jetzt mit meinem Gelde zurück
halten muß, willst Du, daß sie aus der belletristischen Kasse angeschafft werden sollen? so schreibe mir deshalb; sonst Gott weiß, wollte
ich es recht gerne thun. — — Es wundert mich, daß Dir die Huldigung
der Künste unbekannt dem Namen nach; ich habe Dir schon lange
geschrieben, daß es das Gelegenheitsstück war, womit die Erbprinzeß
von Weimar Großfürstin empfangen wurde, oder Du hast den Brief
auch nicht bekommen. Übrigens soll es sehr schön sein. — Schwerlich
haben Novalis' Schriften schöner Format, Druck und Papier, was
alles bei unserer Ausgabe sehr nett und schön ist. — Die Dürer wären
hübsch — zu haben. — Dabei fällt mir ein, was mir der Hummel
erzählt hat: in Frankfurt besitzt ein gewisser Eichmann, ein Kaufmann,
nicht weit von dem Thore hierherzu, mehrere gute Gemälde, unter
andern einen Tizian, von dem mir H—l versicherte, daß er echt sei.
Versäum' es doch ja nicht, wenn Du hinkommst, sie zu sehen, den
Tizian giebt er für eine Venus aus, H. hält ihn aber wegen eines
Individuellen für ein Porträt. Er will wohl alles verkaufen, wirft
aber fürchterlich mit Karolinen um sich. (In London ist neulich ein
Poussin für 1500 Pfund verkauft worden.) Herr Prof. Wurzer hat
ein Programm über Annehmlichkeit der Chemie geschrieben, worüber
Hauf arg räsonniren soll, und Herr Prof. Rommel zu den Nata-
lizien Serenissimi etwas über den Tacitus, de fide et auctoritate etc.,
was ich nur tacite berühre. — —

30.

Ich habe ein Paar Leipziger L.=Z. beim Malsburg durchgeblättert, aber außer einer Recension von Pfeifers Abhandlung, die
ich nicht lesen konnte, mir aber nur ein Auszug und Anführung seiner
Meinung, noch gefunden: Gedichte von Karl Gustav von Brinkmann, 1 B.
Berlin, S. 332 (8) 1 Th. 16 gr. ganz außerordentlich gelobt, besonders in Ansehung der Distichen. Wie's einem geht, den habe ich
nicht einmal dem Namen nach gekannt. Ferner: Versuch einer Theorie
über die Auslegungskunst des römischen Rechts zum Gebrauch seiner
Vorlesungen von K. P. T. R. Halle, Schimmelpfennig. 1804.
164 S. 8 (12 gr.). Bekannte Eintheilung in grammaticam, logicam,
nur hat er letztere wieder ganz neu und zuerst in abrogantem et
obrogantem eingetheilt, worüber er sich, um mit Weiß zu reden, recht
mag gefreut haben. (Damit ich es nicht vergesse: Ist dann der Brief
desselben, worin er dem Savigny Nachricht über das Manuscript zu
Metz gegeben, angekommen? er wartet auf Antwort). Endlich Versuch einer Einrichtung der Universitäten von D. Fr. Benedikt Weber.
Frankf. a. O. Berlin. Fröhlich 1805. 174 S. 8. (14 gr.)

Ich will diesen Brief dem Malsburg mitgeben, der übermorgen
weggeht, damit der durch seinen Onkel abgeschickt werde, denn die
Tante kann so oft nicht kommen, und jetzt kann ich Dir doch wegen
der Bücher keine nähere Nachricht geben (Weiß tritt meiner Meinung
wegen der bibl. nova Casselinae bei und glaubt, es sei wieder ein
Streich vom Krieger wie auch ein Titel. Das ›Casselinae‹ in specie
habe der Kempf beim Krieger gemacht. Hierzu kommt, daß Krieger,
wie mir Weiß sagte, eine Anzahl Bücher dem Kramer überlassen hat,
hier wird er die Schande hernach auf den schieben wollen) weil mir
der Krieger auf meine Anfrage sagte, daß sie noch nicht da wären,
er mir sie aber schicken wolle. Als ich nach der bibl. nova Casselinae
fragte, sprach er erst vom Hofacker, hierauf sagte er, es wäre noch
nicht da, und er wollte es schicken, auch das däucht mir verdächtig.
Das Einzige, was er mir mitgeben konnte, ist das Magazin des
Kriminalrechts von Große, erstes Heft, nun schon gerade ein Jahr alt,
das zweite ist noch nicht erschienen. Ich weiß nicht, mir steht, als hätte
ich eine Ankündigung von ihm gelesen, worin er das Magazin nur
aufs hessische Kriminalrecht beschränken will, doch weiß ich nichts
gewiß; daß ihn inzwischen derlei Geist beseelt, zeigt ja seine In-
auguraldissertation. Bekannt wird es Dir sein, daß er ein Kriminal-

recht nach den Prinzipien der Wiſſenſchaftslehre angekündigt, das
aber bis jetzt noch nicht erſchienen iſt. — — — — — —

31.

— — — Ich weiß nicht, ob der Wigand einen Brief ſchicken wird,
da ich ihm auf ſeine Anfrage, wenn er ſchreiben könne, ſagte, daß er
heute den Brief mir überſenden ſolle, denn darin beſteht unſere Unterhaltung im Colleg gewöhnlich, indem er mir das gewöhnliche Rück-
compliment macht benebſt einem Guten Tag oder Wie geht's? und mir
eine ſolche Frage vorlegt. Er und Bucher haben endlich das non plus
ultra des Intimen erreicht, man ſieht ſie beſtändig wie Inſeparations-
vögel zuſammen, wozu die grünen Kappen, ſo beide tragen, nicht
wenig beitragen, daran zu erinnern. Neulich ſind ſie beide Abends
in der Krone geweſen, wie ich gehört habe, woſelbſt der Bucher, be-
trunken, curioſes Zeug ſoll gemacht haben, doch kann ich's nicht für
wahr behaupten. Das Unglück hat ihm im Colleg wieder einen Platz
neben mir gegeben, und da ſchwätzt er beſtändig von ſeicht, erbärmlich, triſt ꝛc. und weiß dazu einen ſolch fürchterlichen Mund zu machen,
daß mir angſt wird und ich ſchon deshalb ſchweigen würde. —

Ich ſehne mich ſehr nach einem ruhigen Umgang, komm recht bald.

W.

Mutter und Tante ſind gottlob noch wohl.
Gruß an Savigny und Empfehlung.

13.

Wilhelm an Jacob.

[Marburg,] 16. Junius [1805].   arr. 12. Juill.

Geſchichte der bibliotheca iuris ſelecta.

Der Profeſſor Böttcher aus Herborn (der als Juſtizrath jetzt
von dort wegkommt) ging damit um, Supplemente zum Lipenius zu
liefern oder ihn ganz umgearbeitet herauszugeben: Savigny wird das
am beſten wiſſen. In der Hoffnung, den Verlag zu erhalten, leiht
ihm Krieger in einem unbegreiflichen Anfall von Freigebigkeit 500 f.,
um nach Göttingen ꝛc. reiſen zu können und die Bibliothek ꝛc. zu
benutzen. Böttcher reiſt auch wirklich hin, conſumirt das Geld, aber
der Lipen kommt nicht zu Stande. Nun erbietet ſich B., zur Ent-
ſchädigung dem Krieger den Hofacker zu überſetzen, was der auch an-

nimmt, ohne noch einmal die Druckerkosten zu berechnen zu diesem gewiß äußerst gekauft werdenden Buche. Hernach hat er ihm noch etwas gegeben, das in das Dillenburger Recht einschlägt, wovon mir der Titel entfallen. —

In dem Leipziger Meßkatalog wird Dir gewiß ein groß griechisch gedruckter Titel aufgefallen sein: Ἀκάλψτος, Ein Jahr in Arkadien. Dieses Buch ist auch vom Herzog von Gotha, aber unendlich schlechter als die Briefe in dem Freiheitsbüchlein von Jean Paul. Nun bin ich sicher überzeugt, daß er das goldene Kalb nicht geschrieben hat, denn selbst dessen ist er unfähig. Der Wachler hat mir das Buch geliehen und machte viel Gewäsch, als ob etwas dahinter wäre. Es sind zwölf Idyllen, voran steht der griechische Namen des Monats (daher auch ein Jahr in Arkadien) und dann folgt die weder im Geßnerschen, noch in einem andern, sondern in gar keinem Geschmack sehr langweilige, mit dem schrecklichsten Wortbombast überladene Idylle. Es wird entsetzlich viel darin gräcisirt, z. B. majaporisches Haupt, Eburgestalt 2c., und es ist deshalb hinten ein Register beigefügt, worin die vielen griechischen, oft unbekannten Worte erklärt sind. Merkwürdig ist, daß der Herzog kein Griechisch kann, aber er läßt sich vorlesen — denn da er obersichtig ist, kann er mechanisch weder lesen noch schreiben, muß alles dictiren — prägt sich die unbekanntesten, seltensten Formen ein, läßt sich die Namen von Blumen bemerken, die im Griechischen vielleicht nur einmal vorkommen, lernt sie auswendig und bringt das Alles hernach vor. Das Äußere ist sehr elegant. Er hat den Ertrag einer Mademoiselle Ettinger in Gotha geschenkt, der es auch bedleirt ist. — Wie Wachler so etwas nur zu berücksichtigen für werth hält, begreif ich nicht, da doch in der That nicht die geringste Phantasie ist, alles überladenes Wortgeklingel, und ich kann es mir nur aus seiner übergroßen Achtung, die er jetzt für den Jean Paul hegt, erklären, der freilich dem Herzoge Complimente macht, ihn geistreich, witzig 2c. nennt. — Übrigens werden in Kurzem mehrere lobende Recensionen erscheinen, wie sich denn von selbst versteht.

17.

Heute hab ich etwas ganz Köstliches gelesen: Diderots Vetter Rameau, von Goethe übersetzt. Klar, hoher Verstand, witzig, ich weiß nicht, wie ich es anfangen soll, um es recht loben zu können. Es ist ein Dialog zwischen einem edlen, rechtlichen Mann und einem Menschen von der höchsten Gemeinheit und höchsten Größe des Geistes, unsinnig,

4 *

bis auf die allerniedrigste Art gemein, unverschämt, nichtswürdig, ein wahrer Schuft, und auf der andern Seite sehr verständig, erhaben, vortrefflich, den man gleich bewundern und verachten muß. Diderot schrieb das Buch hauptsächlich, um Palissot herunterzumachen, der auch hier wie der schlechteste Mensch dargestellt wird, hernach um seine Gedanken über die französische Musik zu sagen 2c. Alles ist sehr klug und verständig angelegt und bildet das feinste Gewebe; ich erinnere mich nie irgend etwas Ähnliches gelesen zu haben, Engels Lorenz Stark ist erbärmlich dagegen. Das beste Urtheil hat Goethe selbst darüber gesagt in einem Anhang, der äußerst interessant ist und herrliche Gedanken sagt, treffende für das jetzige Zeitalter. In eben diesem Anhang, der ein Drittel des Buchs ausmacht, giebt er zugleich Notiz von allen in dem Buch vorkommenden Schriftstellern, d. h. eine Übersicht der damaligen französischen Literatur, z. B. Urtheile über Voltaire 2c. Du kannst leicht denken, daß das alles sehr vortrefflich ist. Goethe hat das Manuskript — wie ich gehört — aus dem Nachlaß des Prinzen Heinrich von Preußen erhalten, und das Werk wird also zuerst deutsch gedruckt (er soll es höher setzen als Jacques le fataliste.) Ich glaube, daß niemand ein solches Werk von der Gediegenheit, Festigkeit und der eben daraus entspringenden Leichtigkeit, Klarheit schreiben könnte, als eben Goethe und es mußte ihm deshalb nothwendig zusagen. Wenn man so etwas liest, kann man sich eigentlich erst einen Begriff machen von dem, was Stil heißt, und das Buch ist recht eigentlich dazu gemacht, es, je mehr man es liest, je mehr zu bewundern. (Es ist bei Göschen gedruckt und kostet 2 fl. 48 kr., ich habe es behalten.)

18. Abends.

Ich bin sehr traurig, denk einmal, dem Wigand sein Vater ist gestorben. Heut Nachmittag erhalte ich mit der ungewöhnlichen Post — Dienstag — einen Brief von der Tante, worin sie mir es schreibt. Wie ich ins Lehnrecht kam, war er schon da und wußte noch nichts davon: es ward mir erstaunlich ängstlich und ich konnte ihn nicht ansehen, wie er ganz lustig war und nun, wenn er nach Hause kommt, die Nachricht erhält. Ich bat den Bucher, es erst allmählich zu sagen, aber er hat gleich zu Hause die Trauerbriefe angetroffen. Er that mir unendlich leid, ich ging hinauf, wozu mich mein Herz drang und was ich auch würde gethan haben, selbst wenn mich die Tante nicht darum gebeten hätte — reichte ihm meine Hand und habe ihm alles verziehen. Er war ganz untröstlich und wollte gleich fort. Ich ließ ihn gehen und besorgte ihm noch eilig die Anstalten, denn was hilft's, mit gemeinen Trostworten ihn zu ängstigen. Um 7 ritt er fort und will die Nacht über reiten, wenn er nur glücklich ankommt, denn es ist dunkel und regnet. — Der Mann ist nur ein Paar Tage krank gewesen und hat ein Geschwür in der Brust gehabt. — Ich bin noch ganz verwirrt und muß aufhören.

24.

Heute erst komm' ich zur Fortsetzung meines Briefes, der morgen weg soll. Ich habe Dir viel zu schreiben, aber ich weiß nicht, ob es mir all wieder einfallen wird. Gestern ist der Wigand zurückge kommen; ich gebe mir alle Mühe, so traurig mir auch das Geschäft ist und soviel ich dabei ausstehe, ihn aufzuheitern, er ist sehr betrübt, was auch größtentheils von seiner Lage herrühren wird, die in der That nicht die beste ist. Sein Vater hat kein Vermögen hinterlassen, wenigstens nicht viel, und 70 Thlr. aus der Wittwenkasse, die seine Mutter zu erwarten hat, wollen nichts sagen. Die hessische Zeitung hofft er zu bekommen, wie man ihm überhaupt viel versprochen hat, und ich denke, daß er reüssirt. Sie ist inzwischen seit dem Tode seines Vaters glassisch geworden, was besser lautet als ist, d. h. der Rath Glaß hat die Interimsverwaltung, der ihm jedoch versichert, daß sie ihm sehr lästig, weil sich so was für einen Gelehrten (ipsissima verba) wie er sei nicht schicke. —

Von dem Schauplatz*) der Welt sind ferner abgetreten und Todes verblichen Herr Fecht- und Tanzmeister Wenderoth und Herr Doctor Große, zu dessen Begräbnis in Treysa, wo er sich aufhielt, collektirt wurde und der seine Frau ihre Niederkunft erwartend hinterläßt, in den allerbetrübtesten Umständen. —

Schiller ist an einer Lungenverknorpelung gestorben. Man hat sonderbar genug einen Trost darin gefunden, daß deshalb sein Leben länger physisch unmöglich gewesen wäre; Goethe ordnet seine Papiere, und es hat sich fertig gefunden: der Zug des Bakchos nach Indien, dann aber unvollendet: König Attila, woran er eben arbeitete, weshalb er auch in seiner Krankheit beständig von Schlacht und Krieg phantasirte.

Von dem herrlichen Buch, von dem ich Dir neulich schrieb, Goethes Vetter Rameau steht im Freimüthigen eine erbärmliche Anzeige von Merkel. (Er nennt es das Charakterisiren eines stinkenden, zerfließenden Leichnams 2c., und es fänden sich nur dann und wann gute Bemerkungen

---

*) [Darüber steht das Wort: Bühne.]

mit Lebhaftigkeit ꝛc. Wenn es nicht gar zu schlecht wär, so könnte man sich über diesen arroganten Kerl noch ärgern. —

Goethes Winckelmann ꝛc. soll ein in seiner Art einziges Werk sein. Nach einer Recension von F(ernow?), die mir sehr verständig schien, enthält es 17 Originalbriefe von W., die die Herzogin Amalia von Weimar besessen hat und von der sie Goethe erhielt, mit der Erlaubnis der Bekanntmachung. (G. hält sie für die wichtigsten, die von ihm existiren, merkwürdig ist unter andern seine (des W.) Erklärung über seinen Übertritt zur katholischen Religion. Er bekennt ohne Scheu, sie nur als Mittel zur Erlangung seiner Zwecke betrachtet zu haben: als ein Heide sei er geboren und werde so sterben. — Dann folgt von Goethe: Skizze zu einer Charakteristik von W., die die köstlichsten und geistigsten Resultate zusammengedrängt in seinem herrlichen Stil enthält, dann folgt eine Kunstgeschichte des 18. Jh., worin die Verdienste der Produkte dieser Zeit gewürdigt werden. Von Mengs wird gesagt, daß er nur Sinn für das Liebliche und Anmuthige gehabt, durchaus nicht für Größe, Erhabenheit und Einheit. Seine Anordnungen fehlerhaft deshalb, wenn gleich studirt. Der so gepriesene, jetzt lebende Canova, ein Bildhauer, hat denselben Charakter. Hierauf wird die Frage beantwortet, warum die Kunst verfalle, die schon in den Propyläen berührt wurde. Zuletzt ist noch ein sehr nützliches Register als jetzt von Winckelmann existirender Briefe angehängt. — Ich habe das Buch für unsere Bibliothek behalten. Noch fällt mir ein, daß das Buch der verwittweten Herzogin von Weimar dedicirt ist, in der Recension wurde es als merkwürdig angeführt, weil es die erste Dedication sei, die Goethe je geschrieben. —

Zachariae' opuscula sind schon einzeln gedruckte Dissertationen, wobei er Präses gewesen und vermuthlich also auch Verfasser. Eiusdem liber quaestionum ist ein dünnes Buch von 8—10 Bogen, das einzelne Erörterungen nach vier Abschnitten (zu Personen, Sachen, Obligationen und Erbrecht) enthält, z. B. de vi legum in territorio alieno. Es kostet nur 1 fl. 12 kr. Der Malsburg hat es gekauft, wenn es gebunden ist, werde ich es lesen.

Wigand hatte mir vor 10 Tagen einen Brief an Dich geschickt als Antwort auf den Deinigen. Er enthält auf den ersten 2 Seiten Vertheidigung ꝛc., was nun wegfällt und weshalb ich ihn zurückbehalte. Das Übrige will ich excerpiren. „Brede ist kein Zwerg, sondern ein galant homme." „Reuber ist in Göttingen." „Unser Zeitungsinstitut ist in floribus." „Die Göttinger Studenten haben auf Pfingsten

mit der Wache und den Kutschern zu Wilhelmshohe Spectakel ange
fangen." „Robert lebt in einem Federkrieg mit einem der Herrn
Praktikanten und hat ihm in edlem Eifer auf die Arbeit geschrieben:
Wenn Sie sich nicht nach meiner Orthographie richten wollen, so kann
ich Ihre Arbeit nicht corrigiren." „Zu Ebsdorf hat Wigand mit
Bucher ein interessantes Mädchen, Gotteswort auf dem Lande, besucht."
(Es ist eine Pfarrerstochter.) „Das Urtheil ist den Studenten gefällt.
Sie sind sämmtlich begnadigt und indistincte mit 8 Tagen Carcer
loskommen, Walper ist allein relegirt, warum, weiß man nicht." Letzterer ist wahr, völlig unerwartet, da man als das Allergelindeste
fast unmöglich das Consilium erwartete. Da jetzt diese schon fertigen
Candidaten zum Examen sich von neuem melden werden und überdies
hier eine große Anzahl fertig wird, z. B. Tutßing, Engelhart, so
bitte ich Dich darauf zu denken, Dich noch eher examiniren zu lassen,
da Du doch einmal schriebst, daß Du zu Anfang August herauskommen
werdest, weil sonst immer doch mehr Schwierigkeiten zur Anstellung
wegen dieser starken Konkurrenz entstehen. Schreib doch einmal deshalb der Tante und entschließe Dich, denn die liebe Mutter wird auch
darauf hoffen. Ich will nun warten, bis Du examinirt bist.

Hugos Civil-Magazin sah ich neulich, ich meine das neu erschie-
nene Heft — beim Krieger liegen und wollte es mitnehmen, aber
es war bestellt. Es wundert mich, daß es nicht im Leipziger Meßkatalog gestanden. Den Aufsatz von Savigny habe ich sogleich gefunden, von dem Du mir geschrieben. — Ich werde es nun nächstens
bekommen. —

Der Bauer dauert mich. Ich habe gehört, daß der Grolmann
den Kriminalprozeß fast nicht erwarten kann, um darüber herzufallen,
da er schon im voraus gesagt, es werde eine schlechte Compilation
sein. Weiß Gott, wenn eine arge Recension erscheint und nirgends
eine erträgliche, der Mann ärgert sich zu Tod. Ich stehe mich eben
nicht sonderlich mit ihm, weil ich nicht, wie er erwartet, das Examinatorium gehört hab, und dann bin ich erst einmal in diesem halben
Jahr bei ihm gewesen.

Schelling hat eine Erklärung an das Publikum in die Intelligenz der Jenaer L.-Z. einrücken lassen, worin er seine Feinde, die
ihn zu verkleinern suchen und schlechte Dinge von ihm aussprengen,
z. B. er bediene sich der Studentenorden, um sich Zuhörer zu verschaffen, beschreibt, ohne sie jedoch zu nennen. — Der Suabedissen
in Hanau hat Ruf nach Lübeck. —

25.

Ich will den Brief heut noch Gaſſer ſenden und muß alſo die
Zeile noch voll ſchreiben. Wie man aber, ſo manches ich auch noch
wohl weiß, wieder vergißt, wenn man es nicht ſogleich aufſchreibt, ſo
ſoll es mir nun gerade einfallen und es will nicht.

— — — Waßler hat das Zeitungscolleg am Freitag wieder
angefangen. Es war ſehr langweilig, außer daß er ſelbſt geſtand,
es ſei dies der Fall, und die Einleitung die ennünanteſte Partie.
Er bediente ſich wieder wie ſonſt des ungebundenen Stils. —

Weißt Du etwas Näheres von den „Studien“, die Creuzer und
Daub in Heidelberg herausgeben wollen? Ich habe noch nichts davon erhalten können. Die Tian ſoll auch Gedichte dazu liefern. Iſt
Thibaut ſchon in Heidelberg, in der L. Z. ſteht, er gehe erſt Michael
dahin. Aber Malsburg hat ihn in den Pfingſtferien geſehen, wo er
mit ihm im heſſiſchen Hof gegeſſen, und zu weit von ihm geweſen,
um mit ihm ſprechen zu können. Er meint, Thibaut habe einige
entfernte Ähnlichkeit mit Savigny.

Schiller hat gar wenig Vermögen hinterlaſſen. Man ſpricht von
einer Todtenfeier, die Goethe anordnen werde, auf dem Theater zu
Weimar und deſſen Ertrag ſeiner Familie beſtimmt ſei, d. h. es wird
gedruckt, denn ſonſt möchte es nicht gar bedeutend ſein. Auch hat
jemand den Vorſchlag gethan, daß jedes Theater eine Vorſtellung zu
dem Beſten ſeiner Familie geben möge, und das Berliner National-
theater hat ſchon erklärt, daß es ſich damit beſchäftige und eine würdige
Feier veranſtalten werde. Hierdurch könnte etwas Beträchtliches zu-
ſammenkommen.

Ich grüße Dich brüderlich
W.

Jedermann, an den Du hierbei denkſt, läßt Dich grüßen. — — —

- - -

11.

Jacob an ſeine Tante.

Paris, 13ten Juli 1805.
[oder 12? d. h. vor dem folgenden Brief.]

Liebe Tante!

Ihren Brief vom 27. v. M., der alſo ziemlich lange gelaufen
iſt, eile ich deswegen gleich zu beantworten. Ich ſoll Ihnen recht
viel ſchreiben, wollen Sie, es würde mir ziemlich an Stoff fehlen —

denn von Ihrer Liebe und meiner Dankbarkeit scheue ich mich beinahe noch etwas zu sagen, weil alles, geschrieben, sich doch nur gemein und gewöhnlich ausnimmt, — wenn mir nicht gerade der Wilhelm durch seinen vorigen Brief Gelegenheit gäbe, über einen Punkt mit Ihnen zu sprechen, was ich auch recht aufrichtig thun will.

Meine innern Neigungen, d. h. die Studien, die ich mit Lust und Liebe ergreifen könnte, stehen mit meinen äußern Verbindungen, Familien- und andern Verhältnissen in ziemlichem Widerspruch, meine Verwandten fesseln mich an mein Vaterland, ohne sie würde ich im Ausland nicht glücklich sein können; auf der andern Seite sind aber in Hessen so wenig Aussichten für ein gelehrtes und eigentliches juristisches Studium (das neue Gesetzbuch vernichtet alle meine Hoffnungen), man unterscheidet gelehrte Leute von ungelehrten und unwissenden so wenig, daß man sich an ordinären Geschäften todt arbeiten kann, ohne daß man Gelegenheit hat, seine Kenntnisse zu zeigen. In andern, z. B. Baiern, Baden ist dies jetzt viel besser. Es scheint mir nun hier schwer zu rathen, allein mein Entschluß ist fest, ich bleibe in Hessen und wünsche da meine Anstellung, weil alle meine äußern Verhältnisse in Hessen liegen. Da praktische Geschäfte meinen Neigungen ziemlich entgegen sind (ich würde gewiß mehr Lust am Professorfach haben, wenn mir nicht dabei die äußere Lage sehr mißfiele, abgesehen, daß die Universität auch nicht in Cassel, sondern in Marburg ist, also immer in Entfernung von den Meinigen), — so wünsche ich nichts mehr als einen Dienst zu haben, der mir nicht den ganzen Tag wegnimmt, sondern Zeit läßt, meine Lieblingsstudien fortzusetzen, denn ich gestehe es, ohne dieses würde ich ziemlich unglücklich sein. Dies, hoffe ich, ist nun bei einem Assessorat oder ähnlicher Stelle der Fall, und Advokat möchte ich schon um deswillen nicht sein, weil die Arbeiten dabei so unbestimmt sind, — Gott gebe, daß ich einen solchen Platz erhalte, und ich wünsche, daß mir mein hiesiger Aufenthalt zu Empfehlungen gereichen möge, so daß ich bei der großen Menge von Candidaten doch noch eine Stelle erhalte. Ich kann natürlich den Savigny nicht verlassen, bis er fertig ist, und vor Mitte September werde ich schwerlich bei Ihnen sein können und dann geht mir natürlich noch 14 Tage bis 3 Wochen Zeit darauf, mich zu meinem Examen vorzubereiten, denn ich habe hierher meine Hefte nicht können mitnehmen.

Meine Hauptabsicht ist es, der guten lieben Mutter und meinen Geschwistern nützlich zu sein, und ich hoffe, daß mir Gott beistehen wird. Gott gebe, daß die Mutter eine glückliche Reise hat, ich bin in

Gedanken gewiß bei ihr unterwegs und empfange und umarme sie in
Gedanken bei ihrer Ankunft. An Herrn Vollbrecht, Jungfer Reise,
die Brüder 1000 Grüße und hoffe auf baldige gute Nachricht.

Ihr gehorsamer Neffe
Jacob.

Es heißt, Herr von Malsburg käme bald wieder hierher. — Zerreißen Sie doch diesen Brief.

15.

Jacob an Wilhelm.

Paris, 12ten Juli 1805.

Lieber, lieber Wilhelm!

Ich habe Deinen am 24. [25.] v. geschlossenen Brief erst heute
vor einigen Stunden erhalten und die Zeit her ziemlich auf Briefe
gewartet. Indessen war er so reichhaltig, als Du schwerlich einen
von mir bekommen dürftest.

Der Tod von Wigands Vater hat mich recht bestürzt, seine
Lage rührt mich unendlich, mehr als ich sagen kann. Hierbei kommen ein Paar Worte an ihn; ich glaube, er sieht, daß es hier am
wenigsten auf Worte ankommt.

Die liebe Mutter wird, wenn Du den Brief erhältst, bald in
Cassel sein, es kommt mir so lieb vor, daß sie mit der Schwester
allein diese Reise macht, um zu ihren andern Kindern zu kommen. Wie
gern wäre ich da in Cassel, wie wünsche ich, daß sie nun noch recht
lang und vergnügt bei uns leben möge! Gott segne sie und die
Tante für ihre Liebe zu uns; unsre Liebe kommt mir schwach gegen
diese vor, ob ich gleich weiß, daß die meinige nicht stärker sein kann.

Meine Gedanken über mein Examen, Anstellung rc. habe ich
eben der Tante geschrieben, mag's also hier nicht noch einmal. Ich
weiß nicht, ich habe in manchen Dingen einen Leichtsinn, der unrecht
ist, den ich aber durchaus nicht besiegen kann, so könnte ich mich
jetzt nicht mit Staats-, Privatrecht rc. abgeben, und zu solchen Sachen
muß mir das Wasser bis an den Hals gehen, ehe ich sie angreife.

Was mich am meisten in Deinem Brief gefreut, das sind die
Goethischen Sachen. Diese drei: Cellini, Winckelmann und Rameau
scheinen mir insofern eine Tendenz zu haben, als sie alle fremden

(aber auch vortrefflichen) Stoff in sich führen, worüber aber Goethische
Form verbreitet ist, mit köstlichen Anhängen und eignen Gedanken
über diese verschiedenen Künstler. Auf Rameau und auf die Urtheile
über die Franzosen bin ich jetzt doppelt begierig, es freut mich, daß
wir das Buch eines Franzosen eher haben, als seine Nation, und sie
es vielleicht nie so bekommen wird. Ich habe hier natürlich weiter
nichts herausbringen können, als daß Rameau ein hiesiger Composi-
teur war, der so ziemlich jetzt vergessen wird. — Freilich wäre es
gut, ja nöthig, daß wir auch die übrigen Winckelmannischen Briefe
u. a. S. bekämen. Im Buchhandel wird wenig mehr sein, die Geschichte der Kunst ist 1764 in zwei Quartanten (der zweite sehr
schwach) in Dresden bei Walther gedruckt, die Hauptbriefsammlung
ist von Daßdorf. Man muß sich dabei auf Auctionen verlassen. Ich
denke, wenn wir auf diese Art fortfahren (denn daß es auf einen
Plan ankommt, ist gewiß wahr und Savigny hat es schon längst
gesagt), so werden wir einmal hübsche Werke sammeln, es versteht sich,
daß wir in Zukunft etwas mehr dran wenden können und immer
zusammenvereinigt, — denn, lieber Wilhelm, wir wollen
uns einmal nie trennen, und gesetzt, man wollte einen
anderswohin thun, so müßte der andere gleich aufsagen.
Wir sind nun diese Gemeinschaft so gewohnt, daß mich
schon das Vereinzeln zum Tode betrüben könnte. — Doch
damit das nicht zu rührend wird, will ich Dir nur sagen, daß wir
uns rasch um Auctionskataloge bemühen wollen, denn ohne das ist
es unmöglich, mit wenigem etwas zu leisten. Wäre hier der Transport nicht, so könnte man in einigen Fächern sich eine herrliche
Bibliothek um ein Spottgeld anschaffen, aber der Centner kostet bis
Frankfurt wenigstens 1 Carolin. So habe ich gestern Petrarchs
lateinische Schriften (ein dicker Foliant), alte Venediger Ausgabe
von 1502 oder 3, mit gemalten Unzialen, gut gehalten, — gesehn,
wofür man 5 livres fobert, — so ein Buch ist geschenkt, wenn ich
hier bliebe, und mein Herz blutet mir oft dabei. Inzwischen ist's
in Deutschland oft nicht viel anders. Viele von des Vaters Büchern
muß man aus der Hand zu verkaufen suchen, ja nicht verauctioniren.

Wie wir's mit Goethes älteren Sachen anfangen, darüber will
ich mit Dir in Deutschland sprechen. Der Goethe ist ein Mann,
wofür wir Deutsche Gott genug nicht danken können, er kommt mir
gerade wie Rafael vor, ohne daß ich deshalb Schlegel und Tieck mit
Dürer, Eyk, Bellini x. vergleichen will.

Nun auch Neuigkeiten von hier. Etwas sehr Trauriges ist, daß das Kind vom Clemens schon wieder gestorben ist. Am meisten betrübt, beinahe schrecklich ist die Lage und das sonderbare Verhältnis der Frau, die fast schon zu alt ist, um noch viel Kinder bekommen zu können.

Der Tiedemann ist — durch Sömmerings Recommandation — ordentlicher Prof. in Landshut, mit ungefähr 1000 bis 1200 f. Gehalt. Ausnehmendes Glück, das er wegen seiner Kenntnisse auch verdient, die vielleicht selten sind, weil in seinem Fach (vergleichende Anatomie) wenig geschehn ist, indessen, däucht es mir, waren diese Kenntnisse ohne viel Genie schon mit bloßem Fleiß zu zwingen, um mit Robert zu reden — doch versteh ich das genau genommen nicht und bin bloß in der Meinung. Das bairische Prinzip: geschickte Leute nicht lang auf gute Beiolbung warten zu lassen, gefällt mir übrigens sehr.

Über Großes Tod, Gott wird mir's verzeihen, hab ich mich ordentlich gefreut, es muß der Welt wohl thun, daß sie von dieser literärischen Mißgestalt purgirt ist.

Wachlers Enthusiasmus erklärt sich wahrscheinlich dadurch, daß er ein Gothaner ist.

Hast Du denn die letzten Sachen nicht vom Heier genommen? Denn Du sprichst von sehen und behalten &c. Den Winckelmann, mein ich, hattest Du bestellt, überhaupt habe ich auf vieles nicht Antwort bekommen.

Dein Bruder J. Grimm.

—

16.
Jacob an Wilhelm.

Paris, Sonntag 4. August 05.

Ich glaube gewiß, daß ein Drittel der beiderseitigen Briefe verloren geht. Dein letzter war vom 24. [25] Juni, den ich den 18. [12] Juli erhielt, endlich kommt gestern wieder ein Zettelchen vom 13. Juli durch Weiß, der selbst erst den 24. abgeschickt hat. Die Banquiers besorgen immer sehr nachlässig, wenn sie keine Vortheile weiter von einem haben. Da ich nicht vermuthe, daß du meine letzten Briefe bekommst, so schreibe ich Dir gleich auf der Post, indem mir daran liegt. Die Hauptsache ist, daß ich um 6 bis 8 Carolin Geld gebeten

hatte, warum? ist in den andern Briefen zu lesen. Ich kann so
ziemlich bestimmt sagen, daß ich Mitte Sept. dort zu sein hoffe,
allein Ende August gehn wir von hier weg, und dann nach
Tours, und dann über Metz, Koblenz und Mainz (Straßburg,
Schwaben 2c. sind aufgegeben). Heute ist 4., wenn der Brief vernünftig läuft, so kannst Du ihn bis Sonntag (11.) haben, höchstens
dauert's bis 14., wenn dann das Geld noch abgeht, so kann ich es
zeitlich bekommen, d. h. nach dem 20. oder 22. ist keine Ordre mehr
abzuschicken, auf jeden Fall schreib Du mir gleich nach Empfang
dieses, damit ich weiß, wie ich stehe. Bekomme ich nichts, so muß
ich mir leihen, was ich natürlich nicht gern thue. — Ich weiß nicht,
was Ihr für Leute seid. Nach der Tante letztem Brief müßte die
liebe Mutter gegen 25. Juli nach Cassel gekommen sein, es war
schlechtes Wind- und Regenwetter, ich habe sehr viel daran gedacht,
Du schreibst wieder kein Wort von dem, worauf ich am meisten begierig war. Sollte es sich wegen der Tante Reisen verzögern? Noch
eins, in einem meiner Briefe habe ich über Kölner Bücher geschrieben.
Du erwähnst dessen nicht, in dieser Ungewißheit schreibe ich noch einmal die Preise, damit Du weißt, ob der Mann die Kommission über-
schritten hat oder nicht, auch müssen es dieselben Ausgaben oder bessere
sein: Cuiac. opp. Hanov. 1602. fol. 2 Thlr. Uzo comm. ad Codic.
Lugd. 1596. 4. mai. 1 Thlr. Donelli comm. Hanov. ungefähr
1612. fol. 2½ Thlr. Birkhaim. opera cum fig. Dureri ff. 1610
fol. 1 Thlr. Geiler von Kaisersberg, Straßburg 1520. 20 Stüber.
Kraus Bilderbibel (mit den herrlichen Landschaften) 1 Thlr. Mohns
7. B. [18]03. 40 Stüber. Die Reduction des Kölnischen Geldes
ist leicht, Thlr. = 90 xr. = 60 Stüber; 1 Stüber = 1½ xr.
Dazu noch Provision und Transport, was Du alles dem Hansen
schicken mußt. Meine Kommissionen sind mager gewesen, indessen fehlen
in Köln ziemlich Käufer zu solchen Sachen. — Der Weiß schreibt,
ein Stud. Müller habe sich erschossen, sollte das unser Jurist sein?
Es wäre schrecklich, der hat es gewiß nur in der Überzeugung gethan, daß nichts anders in seinen Kopf gehen würde, als die Kugel.
Wenn der Wetzel promoviren will, so ist es nunmehr ehrenvoller,
sich pro advocatura examiniren zu lassen. Den mußte man recht aus
seinen theses herausopponiren können, aber ich glaube, kein Student
darf opponiren, nisi specialiter rogatus, i. post praeparationes com-
municationesque utrinque factas. Des Buchers Unternehmungen
zeugen natürlich am wenigsten von seinem Genie und seiner Fähigkeit,

einst etwas zu leisten. Ich möchte nie etwas drucken lassen, wozu
mir die Hauptideen von einem andern gegeben sind, ob ich schon durch
eignes Nachdenken selbst auf einige davon gekommen sein würde. Ich
fürchte sehr, es wird nicht einmal ein Almendingen oder Grolmann
aus ihm, und deren haben wir schon zuviel. — Vermuthlich werden
wir in Cassel einmal recht eingezogen und einsam leben, denn wir
werden nicht viel Freunde haben und Bekannte mag ich nicht. Wir
wollen recht gemeinschaftlich arbeiten und alle andern Verhältnisse
abschneiden. Der Malsburg wird sich nie aus diesem Nichtsthun
herausziehen können. — Von hier weiß wenig. Die Hagemannische
Geschichte hat sich schlecht geendigt. Er hat ordentlich wie ein
Kind Abbitte gethan, im Herzen gewiß erbost, er mußte aber den
herben Apfel anbeißen, wenn er weiter arbeiten wollte, und seine
Lust zu arbeiten, womit es ihm überhaupt Ernst zu sein scheint, hat
diesen Schimpf besiegt. Ich glaube immer, daß er einmal was
Gutes leisten wird. Auf die Galerie gehe ich jetzt oft. An Dürers
ist sie eigentlich sehr arm. Sehr schöne Eyks und Bellinis aber.
Neben Rafael betrachte ich jetzt fast nur die Leonardo da Vincis
und Tiziane, viel weniger die Correggios. Das Bild von Tizians
Geliebter ist unbeschreiblich schön, Leonardos Madam Lis mir so
lieb als Rafaels Porträte. Der schönste Madonnenkopf ist unstreitig
der der Sedia, der zweite der der Madonna del Foligni [di F...o]
(oder vierge au donataire, meiner Meinung nach das schönste Bild,
was ich von Rafael kenne). Die Jardinière ist die schönste Madonnen-
gestalt, wie ein zartes Kind von zwölf Jahren, blonder Haare, bleich
und schmächtig, als wenn die Mutter vor lauter Liebe zum Jesus
krank geworden wäre. Auf derselben Jardinière ist auch der schönste
Jesus, hingegen der schönste Johannes auf der Madonna della Sedia.
Die Cäcilia ist ein trunkenes Bild; die Transfiguration die schönste
Composition (für solche, die nicht die mystische Symmetrie in heiligen
Gemälden lieber haben, wozu ich gehöre; Goethe mag alles dagegen
sagen) und Farbeneintracht und -austheilung, die ich kenne. Ich
schreibe bloß solche Sachen, weil sie allein es sind, was sich davon
schreiben läßt. Die Peruginos sind sehr lieb. An Landschaften
große Armuth, einen Ruisdal ausgenommen. Die Casselschen
Lorrains sind viel schöner, als die hiesigen. Die Transfiguration
ist kürzlich von einem Polen copirt und ausgestellt und wird allgemein bewundert, mir gefällt sie so wenig, daß sie einen widrigen
Eindruck mir erregt hat, obgleich das Mechanische und die Zeichnung

sehr gut ist. Meiner Idee nach werden Meisterwerke durch jede Copie entweiht, und man sollte sie allgemein verbieten. Der Be-issene wird auf jeder Copie zur Caricatur. — Die Franzosen er-halten bald wieder ein klassisches Werk, Delille sur l'imagination. worin gewiß alle Imagination aufgeboten ist, die ihm nach seinem Gärtner und erbärmlichen Gedicht zu Gebot war. Die Feuilletons von Geoffroi lese ich sehr gern, er paßt recht dazu und ist ohne Streit ein sehr witziger Mensch, der aber meistentheils schlechte Sachen gegen schlechtere, schlechte und bessere — vortrefflich vertheidigt. Er kann es gar nicht lassen, alles anzugreifen, was er selbst vorher gelobt hat und ist daher fast allgemein verhaßt, aber sehr gelesen. Neulich hat er mit Lalande, Delille und nun gar mit der académie française angebunden, welche in Frankreich das Höchste ist. Er läßt gar nicht los, so hat es ihm müssen verboten werden, gegen Villers wieder zu schreiben. Ein neues Stück, die Templiers, hat er zuvor gelobt, ein anderes Blatt sagt zufällig, er habe es sehr kühl gethan, nun ist er schon in 20, 30 Kritiken dagegen und tritt es mit Füßen. Neulich war ich in einer Versammlung der académie française, die unbeschreiblich langweilig ausfiel. Den Rambohr habe ich vor einiger Zeit zufällig kennen gelernt. So dumm hätte ich mir ihn doch nicht gedacht. Er hat sich gegen Savigny sehr naiv dahin geäußert, daß er im Studium der Philosophie nur bis auf Garve gekommen und bei diesem stehen geblieben sei. Er sei noch von der alten Art und verstehe die Neueren nicht, da er nicht einmal Kant kennt, so ist es ihm nicht übel zu nehmen, daß er Schlegels und Tieck nicht mag. Er ist das rechte Bild eines unterdrückten Schriftstellers. — Voß lebt in Heidelberg sehr für sich, Creuzer sein einziger Umgang. Mit Wolf soll er selbst kalt stehn und hat gesagt, dessen Meinungen seien alle umzustoßen, dem Goethe könne er es nie vergessen, daß er je aus Schlegels etwas habe machen können. Dies alles abgerechnet, gefällt mir sein stiller Gang sehr, der so sicher und gelehrt ist. Das andere ist leicht erklärbar, auch schon aus seiner Bildungsschule. An Tante und Mutter und Brüder 1000 Grüße. Auch an Wigand. Dabei fällt mir der Wunsch ein, daß die Tante dem Hufnagel in Hanau recht sagen möge, was ihm gehört, ohne sich von ihm irre machen zu lassen. — Von unserer Bibliothek hab ich lange nichts gehört, schreib mir doch, ob und welches Papier ich noch mitbringen soll? Den Brief hätte frankirt, wenn Geld hätte, die Affaire wird

nicht leicht über 40—50 xr. sein.   Schreib ja gleich Deinem lieben
Bruder   Jacob Grimm.

    Man spricht hier von Restitution des alten Kalenders.

   [Adresse:] A Monsieur Monsieur Guillaume Grimm étudiant en
droit en l'université Marbourg, pais de Hesse. [Rückseite:] Paris,
4. Août 1805.

17.
Wilhelm an Jacob.

[Marburg,] 10. August 1805.

    Lieber Jacob! Überreicher dieses ist ein junger Bildhauer Henschel
aus Cassel, von dem ich Dir schon einmal geschrieben und auch, daß er mich
um einen Brief an Dich gebeten.   Gestern ist er hier durchgekommen,
hat mich aber, ohngeachtet er sich große Mühe gegeben, nicht sprechen
können, da man mich aus dem Colleg zu rufen nicht gewagt hat.   Nun
hat er die Bitte nachgelassen, ihm einen Brief nachzuschicken, und
das ist dieser.   Wo es Dir möglich, erzeige ihm doch Gefälligkeiten.
— Ich selbst habe ihn nur einmal gesehen und gesprochen, aber der
Hummel hat mir viel Gutes von ihm erzählt.

    Soviel voran, damit Du gleich weißt, woran Du bist beim
Empfang des Briefs.

    Dein lieber Brief vom 12. Juli hat mich um so mehr gefreut,
als ich in langer Zeit, 8—12 Wochen, keine Nachricht von Dir, ja
von niemand erhalten hatte, die Tante war zu Ballenstädt, die
Mutter mit Ausziehen beschäftigt und deshalb verhindert zu schreiben.

    Es ist gut, daß Du meinen letzten Brief reichhaltig gefunden,
denn dieser wird es schwerlich werden, auf jeden Fall ein rechtes
Quodlibet. — Du wirst unterdessen durch den Weiß einen kleinen
Brief erhalten haben. —

    Vorerst: Die Tante ist wieder gesund in Cassel angekommen,
ob die Mutter schon dort, weiß ich nicht, aber auf der Reise ist sie,
denn gestern erhielt ich einen aus Mecklar datirten Brief.   Gottlob,
daß sie einmal aus dem Steinau heraus. — —

    Hier hat sich eine schreckliche Geschichte zugetragen.   Der Müller,
oder wenn Du besser es verstehst, der Herr Müller, dieser leiden-
schaftslose, beschränkte Mensch hat sich erschossen, wie man behauptet,
aus Furcht vor dem nahen Examen.   Tags vorher war er noch im
Examinatorium beim Weiß, — worin er wie natürlich antwortend be-

standen — auch beim Bauer, hatte sich Sonntags bei beiden nach
ihrer Meinung, wie es gehen werde, erkundigt und recht tröstende
Antwort empfangen. Den folgenden Montag besteht er aber nicht
sonderlich und Dienstag Morgen um 1_25 erschießt er sich auf des
Schlarbanins Stube. Die Pistole hatte er nur mit Pulver geladen
in den Mund gehalten und sich so das ganze Gesicht geschmettert,
daß alles zerrissen und unkenntlich war. Das Hirn lag weit in der
Stube. Ich selbst habe es nicht gesehen, aber der Wigand.
Morgens um 7, also eine halbe Stunde vorher, war noch jemand
bei ihm, um ihn auf die Reitbahn abzuholen, wo er ungewöhnlich
zitterte, auch an einem Finger blutete, vermuthlich hatte er sich beim
Laden der Pistole verletzt. Bei seiner Öffnung hat sich gefunden,
daß er eine Lungenentzündung gehabt und kaum noch für ein Jahr
lebensfähig; dies giebt man für einen Trost aus. Wenn ich es so
betrachte, so glaube ich, daß er einen partiellen Wahnsinn gehabt,
auch streitet sehr gegen die andere Meinung, daß er erst den Examen
habe abwarten können. —

Bucher wird bis Sonnabend promoviren, Wigand muß ihm, wie
sehr er sich auch opponirt, dabei doch oppouiren. Die Dissertation
habe ich noch nicht gesehen; ich prophezeie in ihm einen literarischen
Charlatan. — Vielleicht interessirt's den Savigny — den ich recht
vielmal zu grüßen bitte — zu wissen, daß der Archivar Pfeifer in
Cassel die Stelle des verstorbenen Wigands als Hofarchivar erhalten
hat. —

Von literärischen Neuigkeiten kann ich Dir wenig schreiben,
eigentlich nichts, denn nun nach der Leipziger Messe muß erst wieder
gedruckt werden. Voß' Recension des Wysmairschen Lehrplans rc.
hat viel Aufsehen gemacht und ist in München besonders mit Noten
gedruckt und häufig verkauft worden. Ich lese jetzt die Vorschule von
Jean Paul, die mir recht viel Vergnügen macht. Im Großen und
Ganzen giebt er der neuen Schule Recht. Ich betrachte das Werk
als eine subjective Meinung, als eine Art literarische Confession, und
insofern ist es vortrefflich und sehr interessant. Du kannst leicht
denken, daß herrliche Bemerkungen vorkommen. Zu dieser Ansicht
paßt auch vollkommen, daß er nur sich, d. h. seine zahlreichen Schriften
allegirt, und man kann wohl sagen, daß diese Vorschule so der
Eingang als auch das Resultat aller seiner Werke ist. Seinen Stil
wird man endlich müd, es ist mir immer dabei, als ob ich auf einem
steinigten Weg ginge, die Blumen dazwischen, die auch nicht immer

schön sind, abzubrechen, und nun gern auch einmal auf einer frischen, grünen Wiese wandeln möchte, wo man besser fortkann, als auf diesen Spitzen. Seine seltsamen Vergleichungen und Wortspiele sind zuweilen unglücklich, und mit der Gelehrsamkeit aus allen Fächern des Wissens kokettirt er eigentlich, was sich noch deutlicher dadurch zeigt, daß manches nicht wahr ist, z. B. in der Medizin.

Goethes ältere Schriften habe ich hier zufällig bekommen. Es sind vier Bände bei Göschen nicht sonderlich gedruckt. Was der erste Band enthält, weißt Du. Im zweiten: 1. die Mitschuldigen, ein Lustspiel, wobei die Intrigue recht verworren und unterhaltend, in Alexandrinern, 2. Iphigenie, 3. Clavigo, 4. die Geschwister, ein Lustspiel in einem Akt, 5. Stella, wobei jedoch die Verhaftnehmung des Fernando fehlt, die auch vermuthlich ein fremder Zusatz ist, um die liebe Moralität zu retten, 6. der Triumph der Empfindsamkeit, eine dramatische Grille, sehr schön, es hat die Idee eine entfernte Ähnlichkeit mit der im Zerbino, 7. die Vögel, nach Aristophanes. Der dritte Band enthält lauter Sachen, die wir haben. Der vierte 1. Faust, 2. Jery und Bätely, ein Singspiel, 3. Scherz, List und Rache, ein Singspiel: ein geiziger Doctor wird auf eine herrliche Art gepreßt, 4. das Jahrmarktsfest zu Plundersweilen, ein Schönbartspiel, 5. ein Fastnachtsspiel vom Pater Brey, 6. Prolog zu den neusten Offenbarungen Gottes, verdeutscht durch Dr K. F. Bahrdt. Gießen 1774, 7. vermischte Gedichte, zwei Sammlungen, worunter auch: Heidenröslein, Geistesgruß, das du mir geschickt, der Erlkönig, der Fischer ꝛc., 8. Erklärung eines alten Holzschnittes, vorstellend Hans Sachsens poetische Sendung, 9. auf Miedings Tod, 9 [10]. Künstlers Erdenwallen und Künstlers Apotheose, ähnliche Idee hat Tieck bei seinem Herkules am Scheidewege gehabt, 10 [11]. die Geheimnisse, Fragment, kennst Du.

Was unsere Bibliothek betrifft, so habe ich allerdings den Rameau vom Krieger genommen, weil er ihn gerade bekommen, ich auch gerne etwas nehmen wollte, da er mir die vielen Bücher zur Durchsicht geschickt hatte. Der Cellini hat, da es dünnes Papier ist, einen gar nicht dicken Band gegeben, der Druck ist hübsch, wie ohngefähr in den Horen, das Format groß und schön und voran nebst einem gestochenen Titelblatt der Kopf des Cellini, recht gut in Lipsischer Manier. Ich habe das Buch müssen beschneiden lassen, weil das Papier zu dünn sich vorne rollte. Heyer ist auch etwas saumselig, denn die alemannischen Gedichte und Goethes Werke 1. Bd. habe ich noch nicht bekommen, wie lang sie auch schon bestellt sind. — Du wünschest vom Rameau Nachricht zu haben, eine vollständige davon, von seinem Einfluß auf die Musik, findet sich hinten im Anhang. Der Dialog selbst ist nicht zwischen diesem, sondern einem Vetter des Rameau und dem Diderot. —

Der Freimüthige fährt noch auf die erbärmlichste Art fort, an Goethe zu zupfen, es ist gut, daß er zu hoch steht und der Freimüth. so niedrig, denn wenn er nur von einiger Bedeutung wäre, so müßte ein solches Betragen empörend sein. Jetzt ist es nur verächtlich. Neulich ließ Merkel groß drucken: ein lächerlicher Fehler in der Übersetzung Rameaus Neffe von Goethe, sagte darin, „wenn die Leser der französischen Sprache so wenig kundig, als der berühmte Herr Übersetzer es scheint" ꝛc., etwas, was er hernach zurücknehmen mußte. Goethe hat natürlich richtig übersetzt. Ein andermal heißt es: es werde ihm leicht sein, über den Mann — einen englischen Schriftsteller Murphey glaub' ich — ein Buch zu schreiben: M. und sein Jahrhundert, und darin unwahre und wahre, dumme, einfältige und witzige Stellen hinzuwerfen und alles drucken zu lassen ꝛc. — Der Merkel hat doch noch nie die Ehre gehabt, daß ihm Goethe nur ein Wort geantwortet hätte. — Bauers Kriminalprozeß wird nun nächstens im Publikum erscheinen. — Wachler hat wieder ein neues Genie gefunden in einem schweizerischen Apotheker. Vor acht Tagen introducirte er ihn im Zeitungscolleg. „Es sind zwei Genies aufgetreten in unserer Literatur, der Herzog von Gotha und ein Apotheker in der Schweiz." Nun lobte er den ersten über alle Maßen als einen der belesensten in allen lateinischen, eng= lischen, spanischen, italienischen und — griechischen Schriftstellern, namentlich sei er in der letzten Sprache stark ꝛc., ob dem Mann wohl nicht eingefallen ist, was er mir sagte, daß er nicht mehr als ein Tertianer verstehe? und daß ich nun dieses hören könne? Nun etwas von dem Apotheker-Genie (es treibt sein Wesen in der Isis, einer Zeitschrift, die in der Schweiz herauskommt, worin nämlich ein Aufsatz stand über Toleranz in der schönen Literatur, man solle jeden schreiben lassen, denn jeder finde sein Publikum, sich freuen und stolz darauf sein, einen Mann, wie Kotzebue zu haben, dessen Schauspiele am Ganges und der Donau, Themse ꝛc., mit allgemeinem Beifall aufgenommen würden, einen solchen Mann habe keine andere Nation ꝛc. — und diesen sehr schlechten Aufsatz hat W. bis zum Himmel erhoben) oder eigentlich von seinem Humor: „in Indien

(oder wo? ich hab' es vergessen) zeichnet und malt man sich auf's
Sorgfältigste den Hinteren aus, wornach sich der Stand bestimmt,
der Vornehmste hat den am zierlichsten und schönsten gezeichneten
Hinteren 2c." Das ist mehr als Jean Paul, sagt Wachler, — und
als ich aus dem Colleg ging, sagte ein Handwerksbursch zu einem
andern: „Hör', das war aber höllischer Witz." Ich mag nun nicht
mehr hingehen. —

Daß Du vieles nicht kaufen kannst, muß freilich recht weh thun,
aber kannst Du's nicht mit Savignys Sachen herausbringen? Sonst
aber hast Du Recht, in Auctionen kann man noch etwas bekommen,
und ich werde mir alle Mühe geben, viele Kataloge zu erhalten. Neulich habe ich mich recht geärgert, ich weiß nicht, ob ich Dir's schon
erzählt. Zufällig bekam ich einen Katalog von vielen schlechten und
einigen guten Büchern, die in Cassel verkauft würden, unter anderen
waren da: die Schillerschen Musenalmanache von 1796 und 1797
(von denen Du mir eben geschrieben hattest und ihrem schönen Inhalt), dann Arbinghello 2c. Ich schrieb sogleich an den Jtzig und
gab ihm Commission, aber nach acht Tagen bekam ich die Antwort,
daß sie schon vor meinem Briefe und zwar um ein Spottgeld verkauft wären. Und rathe von wem? Vom Bucher, das hörte ich ihn
denselben Tag zufällig jemand erzählen. Ich ging sogleich auf ihn
zu, sagte, ich habe auch Commission gegeben, da er aber das auch
habe — daß er sie schon gekauft, wußte er nicht —, so wollte ich
meine aufgeben unter der Bedingung, daß er mir die Almanache leihe
(denn ich möchte ihm gerne keine Verbindlichkeiten schuldig sein),
welches er auch zusagte. Unterdessen habe ich nichts gehört, zweifle
auch, ob ich etwas bekommen werde, denn wir stehen gar nicht
sonderlich. — — —

Wann Du kommen wirst, davon wieder kein Wort. Gehst Du
wohl mit Savigny nach Heidelberg, d. h. um es einmal zu sehen?
oder wird er selbst nicht hingehen? Heidelberg kommt sehr in Aufnahme, Michaeli werden viele von hier dahin gehen, auch aus Göttingen Martins halber. Würzburg nimmt sehr ab.

Ich wüßte nicht, daß ich eine von Deinen Anfragen unbeant-
wortet gelassen, worüber Du klagst. Beziffere sie doch ins Künftige,
so geht's am sichersten ad 1. 2c.

Sonst, lieber Jacob, was Du schreibst von Zusammenbleiben, ist
alles recht schön und hat mich gerührt. Das ist immer mein Wunsch

gewesen, denn ich fühle, daß mich niemand so lieb hat als Du, und ich liebe Dich gewiß ebenso herzlich.

Dein W.

18.

Jacob an seine Tante und seine Mutter.

Paris 7. September 1805.

Liebe Tante und liebe Mutter!

Mit recht kindischer und zugleich kindlicher Freude habe ich die vorige Woche Ihre Briefe bekommen. Was hätte mich mehr vergnügen können, als daß die gute Mutter mit Malchen die Reise glücklich überstanden hat und sich gesund in Cassel befindet. Dies war der einzige Punkt, der mir bis jetzt oft schon am Herzen lag und nach dessen Beseitigung ich mich viel leichter und froher fühle. Ich werde fast zu der nämlichen Zeit in Cassel eintreffen, wo ich sonst bei Ihnen, liebe Mutter, in Steinau ankam, wenn es möglich ist, so erhöht die weitere Entfernung diesmal noch die Freude des Wiedersehns. Ich weiß eigentlich nichts mehr zu schreiben, und vermuthlich erwarteten Sie auch keinen Brief mehr von mir. Indessen schien es mir nothwendig, wenn auch bloß, um für den richtigen Empfang des Geldes zu danken, über dessen nicht unnöthige Anwendung ich Sie gewiß mündlich überzeugen werde. Mit unsrer Abreise von hier ist noch nichts Gewisses, nur so viel, daß wir uns nicht, wie bisher geschehen sollte, in einigen Provinzialstädten aufhalten, sondern gerade nach Deutschland reisen werden. Ob über Metz, Straßburg oder Brüssel, hängt von verschiedenen Umständen ab, da die Weite des Wegs in diesen drei verschiedenen Richtungen nicht viel abweicht. Mein Koffer ist schon mit Rouilliers oder Fuhrleuten abgereist, hat aber einen Weg von 30 Tagen zu machen. Vor Anfang Oktober werde ich wahrscheinlich nicht bei Ihnen sein, aber auch dann gewiß. Und nun 100 Grüße an jedermann, der mich lieb hat. Ich denke, meine Schwester Malchen als ein Frauenzimmer zu finden, an dem man nicht viel Spuren mehr Steinauischen Umgangs erblickt, so sehr ich auch wünsche, daß sie stets von der Lebensweise der Casselischen Mädchen entfernt sich halten möge, die sehr auf Einfältigkeit und Gemeinheit hinausläuft. Von Ferdinand und Louis habe ich sehr lange weder Böses noch Gutes gehört, und hoffe letzteres zu finden. Hiermit, liebe Tante und Mutter, umarme ich Sie beide, als Ihr ewig gehorsamer Sohn

Jacob.

Nachschrift an Wilhelm.

Lieber Wilhelm! So wie ich Deine zwei Briefe kurz hinter-
einander erhalten, so wird Dir auch der Tiedemann ein Blättchen
von mir gebracht haben. Es ist dies ein recht lieber Mensch, der
von seiner Mutter nicht viel an sich hat, vermuthlich mehr von seinem
Vater, von dem er nie ohne die größte Rührung sprach, und deswegen schon schätze ich ihn. Wenn er noch in Marburg ist, so grüß
ihn vielmals. Am Sonntag ist denn auch der Henschel angekommen.
— — —

Da Du vermuthlich von Marburg abziehst, so wäre es wohl gut,
wenn Du die Bücher schön und gut einpacktest und mit nach Cassel
nähmest. Von nun an hörst Du erst wieder mündlich von mir und
ich glaube Dich in Cassel zu treffen, werde folglich in Marburg gar
nicht verweilen.

J. Grimm.

Neulich habe ich zufällig in Clément bibliothèque curieuse gefunden, daß ein Buch, was wir haben: Der Mönche Alkoran. gebr.
Wittenberg 1542. durch Hans Lufft, unter die livres fort rares gehört. Daher ist darauf zu achten und es gelegentlich an seinen
Mann zu bringen, nämlich hier macht das Geld den Mann.

Adresse: A Mademoiselle Mademoiselle Zimmer. Cassel, elec-
toral de Hesse. Rückseite: Paris ce 7. sept. 05.

II.

Wilhelms Aufenthalt in Halle

April bis September 1809.

Aus Jacobs Selbstbiographie.

„Um meine Anstellung wurde sich nun gleich noch denselben Winter [1805] beworben. Ich wünschte Assessor oder Secretär bei der Regierung zu werden, aber alles war versperrt, und mit genauer Noth erlangte ich endlich den Acceß beim Secretariat des Kriegscollegiums und 100 Rthlr. Gehalt (ohngefähr Jan. 1806). Die viele und geistlose Arbeit wollte mir wenig schmecken, wenn ich sie mit der verglich, die ich ein Vierteljahr vorher zu Paris verrichtete, und gegen die neumodische Pariser Kleidung mußte ich in steifer Uniform mit Puder und Zopf stecken. Dennoch war ich zufrieden und suchte alle meine Muße dem Studium der Literatur und Dichtkunst des Mittelalters zuzuwenden, wozu die Neigung auch in Paris durch Benutzung und Ansicht einiger Handschriften, sowie durch den Ankauf seltner Bücher angefacht worden war.

Auf diese Weise verstrich nicht völlig ein Jahr ... Gleich nach der feindlichen Occupation verwandelte sich das Departement des Kriegscollegiums, wobei ich den Dienst zu versehen hatte, in eine fürs ganze Land errichtete Truppenverpflegungscommission ... Fest entschlossen, bei der neubevorstehenden Organisation um keinen Preis in diesem Fach angestellt zu bleiben, nahm ich, sobald es anging, meine Entlassung, fand mich nun aber eine Zeit lang wieder außer Diensten und unfähiger als vorher, zur Erleichterung der Mutter und der Geschwister beizutragen. Ich glaubte um einen Posten bei der öffentlichen Bibliothek in Cassel werben zu können ... Allein die gewünschte Stelle wurde einem andern zu Theil, und nachdem das kummervolle Jahr 1807 vergangen und das neue mit stets getäuschten Aussichten begonnen war, hatte ich bald den tiefsten Schmerz zu empfinden, der mich in meinem ganzen Leben betroffen hat. Den 27. Mai 1808 starb, erst 52 Jahr alt, die beste Mutter, an der wir alle mit warmer Liebe hingen, und nicht einmal mit dem Trost, eins ihrer sechs Kinder, die traurig ihr Sterbebett umstanden, versorgt zu wissen. Hätte sie nur noch wenige Monate gelebt, wie innig würde sie sich meiner verbesserten Lage erfreut haben!*)

Ich war durch Johannes von Müllers Empfehlung dem damaligen Cabinetssecretär des Königs Cousin de Marinville bekannt und als tauglich zur Verwaltung der Privatbibliothek, die in Wilhelmshöhe aufgestellt war, vorgeschlagen worden. Es muß an andern begünstigten Mitbewerbern gefehlt haben, sonst wäre mir schwerlich eine solche Stelle wie es am 5. Juli 1808 wirklich geschah, zu Theil geworden. Meine Fähigkeit dazu war von niemand geprüft. Die ganze Instruction des kgl. Cabinetssecretärs bestand in den Worten:

*) Die Geschwister, fünf Brüder und eine Schwester, Jacob, Wilhelm, Lotte, Ferdinand, Carl, Ludwig, unter denen Jacob als der älteste eine Art väterlicher Gewalt hatte, blieben zusammen wohnen.

Vous ferez mettre en grands caractères sur la porte: »Bibliothèque parti-
culière du Roi.« Ich hatte nun alsbald 2000 Franken Gehalt, der sich nach
einigen Monaten, vermuthlich, weil man mit mir zufrieden war, auf 3000
erhöhte. Nachdem wieder einige Zeit verflossen war, kündigte mir eines Morgens
der König selbst an, daß er mich zum auditeur au conseil d'Etat ernannt habe,
doch solle ich die Bibliothekstelle daneben und hauptsächlich bekleiden (17. Febr.
1809). Das Amt eines Auditors beim Staatsrathe galt damals für ein besonderes Glück und führte leicht zu höheren Stufen. Da es überdem meine
Besoldung um 1000 Fr. mehrte, so genoß ich nun ein Gehalt von über 1000
Rthlr., der ich ein Jahr zuvor keinen Pfennig bezogen hatte, und alle
Nahrungssorgen verschwanden.

Dabei war mein Amt als Bibliothekar keineswegs lästig, ich hatte mich
bloß einige Stunden in der Bibliothek oder im Cabinet aufzuhalten, konnte auch
während diesen nach Besorgung des neu Einzutragenden ruhig für mich lesen
oder excerpieren. Bücher oder Nachsuchungen in Büchern wurden vom König nur
selten verlangt, an andere wurde gar nichts ausgeliehen. Die ganze übrige Zeit
war mein, ich verwandte sie fast unverkümmert auf das Studium der altdeutschen Poesie und Sprache. Denn der Staatsrath machte mir, außer daß ich
in gestickter Prachtuniform den Sitzungen beiwohnen mußte, wenig zu schaffen
und bald merkte ich, daß, wenigstens wenn der König nicht persönlich den Vor-
sitz hatte, ich auch in den Sitzungen nicht immer zu erscheinen nöthig hatte.
Von allen Gesellschaften wußte ich mich auszuschließen und lebte, wenn man
hinzurechnet, daß der König oft Monate lang abwesend war, dann das unge-
störteste Leben. Von dem König kann ich nicht übel reden; er benahm sich
gegen mich immer freundlich und anständig, er schien, besonders in den letzten
Jahren, zu mir, als dem einzigen Deutschen im Cabinet, weniger Zutrauen zu
haben, als zu den übrigen Angestellten, die sämmtlich Franzosen waren; und ich
finde das natürlich. Vielleicht wäre ich doch von der Stelle entfernt worden,
wenn mich nicht der Cabinetssecretär Bruguiere (nachmals Baron von Sorsum),
der bald jenem Cousin de Marinville nachfolgte, gehalten hätte. Dieser war ein
gebildeter Mann, selbst Schriftsteller und in der englischen Literatur, auch in
der orientalischen, soweit man es aus Übersetzungen sein kann, gut belesen;
gegen mich bewies er sich besonders freundschaftlich und ich habe ihn später zu
Paris wieder gesehen."

Aus Wilhelms Selbstbiographie.

„Im Frühjahr 1807 [1806] wurde ich examinirt, und wahrscheinlich hätte ich im Laufe des Jahrs eine Anstellung erhalten, wenn nicht das Vaterland von den Franzosen wäre überzogen worden . . .

Das Drückende jener Zeiten zu überwinden half denn auch der Eifer, womit die altdeutschen Studien getrieben wurden . . . Was Bodmer früher angeregt hatte, war längst erstorben, dieses Gebiet konnte für ein eben entdecktes gelten, auch schien sich, wo man den Blick hinwendete, dem Auge etwas Neues darzubieten. Dazu kam die Zufriedenheit, die mit den ersten Versuchen verbunden zu sein pflegt, wo man die Schwierigkeiten noch nicht kennt und alles aufs Beste gemacht zu haben glaubt . . .

Meine Kränklichkeit hatte nach dem Tode der Mutter (1808) immer zugenommen; zu dem beengten Athem, der mir das Ersteigen weniger Stufen zu einer großen Last machte, und den fortwährenden stechenden Schmerzen in der Brust gesellte sich noch eine Herzkrankheit. Der Schmerz, den ich mit nichts vergleichen konnte, als dem Gefühl, es fahre von Zeit zu Zeit ein glühender Pfeil durch das Herz, war mit beständiger Beängstigung verbunden. Manchmal brach er in ein heftiges Herzklopfen aus, das ohne äußere Veranlassung auf einmal kam und eben so mit einem Schlage endigte . . . Im Frühjahr 1809 reiste ich nach Halle, wo ich Gelegenheit hatte, den berühmten Reil über meine Krankheit um Rath zu fragen. Ich sehe ihn noch, wie er, den Bericht anhörend, die großen blauen Augen unverwandt auf mich richtete. Er war eine große Gestalt und in den festen, fast scharfen Gesichtszügen lag zugleich etwas Mildes, in seinem ganzen Wesen aber die Sicherheit und volle Überzeugung, die bei einem Arzte so sehr das Zutrauen erregt. Er legte die Hand lange auf mein Herz, um die Bewegung desselben zu beobachten, endlich äußerte er, daß bei einem so anomalen Zustande nichts übrig bleibe, als Versuche . . . Ob nun die gebrauchten Mittel: Einreibungen starker Essenzen, Eisen- und Soolbäder, Elektrisieren von Wirkung waren, oder ob der Rath, den mir Reil ertheilte, eine Veränderung in den Gewohnheiten des äußeren Lebens anzufangen und regelmäßig eine Zeit lang durchzusetzen, oder das Fernhalten jeder Arbeit und Anstrengung und die Spaziergänge in den reizenden Gegenden von Giebichenstein das Wohlthätigste waren, weiß ich nicht, aber ich mußte doch am Ende der Kur eine Besserung meines Zustandes anerkennen. Ich blieb bis zum Herbst in Halle und erfuhr von der Familie des Capellmeisters Reichardt, die mich eigentlich zu der Reise dorthin bestimmt hatte, die herzlichste Freundschaft. Reichardt war bei manchen Eigenheiten und einem starken Selbstgefühl ein Mann von leicht bewegtem, edlem Herzen. Unter seinen musikalischen Erzeugnissen stelle ich die Compositionen zu Goethes Liedern

oben an. Wer sie von den Gliedern seiner Familie hat vortragen hören, hat
sie vielleicht erst in ihrem ganzen Werthe kennen gelernt ...

Die Theilnahme an den großen Ereignissen jenes Sommers war allgemein:
es war in jener Periode das letztemal, wo die Hoffnung einer Befreiung auf-
leuchtete. Der Kriegsschauplatz war nicht so fern, das Corps des Herzogs von
Braunschweig-Oels und eine Abtheilung der Schill'schen Husaren zogen nach einander durch Halle. Ich sah den Herzog auf dem Markt halten und seine ernsten,
von den weißen Augenbraunen beschatteten Züge sich ein wenig erheitern, als er
einem Bürger, den er von seinem früheren Aufenthalt in Halle her kennen mochte,
die Hand vom Pferde herab reichte. Damals schien er bei seinem Abzuge uns
allen verloren, aber er hatte Recht gehabt, dem Glücke zu vertrauen, und er
glich dem Muthigen, der bei dem Sturm sich aus dem Schiff herab ins Meer
wirft und von den Wellen glücklich ans Ufer getragen wird. Nachdem der
unglückliche Friede abgeschlossen war, schien Alles verloren und die französische
Gewalt das feste Land von Europa auf eine Weise zu umstricken, daß man
glauben mußte, es dürfe ohne ihren Willen fortan kein Glied mehr frei bewegen.
Allein mitten in solchem Zustande völliger Hoffnungslosigkeit, der, gewöhnlicher
Ansicht nach, keinen Zweig mehr darbietet, nach dem der Herabstürzende greifen
kann, ersteht in dem menschlichen Herzen das Vertrauen auf Gottes Beistand:
das Aeußerste, das eingetreten ist, scheint zugleich der Anfang einer besseren
Zeit, und man fühlt sich von der Sorge befreit, nachzusinnen, auf welchem
Wege die Hülfe kommen werde."

19.
Wilhelm an Jacob.

[Halle, Sonnabend, 1. April 1809.]

Liebster Jacob!

Heute ist Sonnabend, gestern, also Freitags Nachmittag um 1 Uhr sind wir glücklich hier in Halle angekommen. Ich habe mich auf der ganzen Reise recht wohl befunden, ohne daß wir eine einzige Nacht schliefen, darum wir auch in so kurzer Zeit anlangen konnten. Am Mittwoch [29. März] Morgen um 6 Uhr kamen wir nach Gotha, nach langem Suchen fand ich die liebe Tante, noch im Bett, gesund und gar erfreut und überrascht mich zu sehen. Ohngeachtet ich nur eine Stunde bei ihr sein konnte, so mußte doch von Allem gesprochen werden, erstlich von Krieg und Frieden, dann daß sie nicht den Durchgang habe ꝛc., durch alles aber ist eine so herzliche Liebe gebrochen, daß es mich nur rühren konnte. Sie freut sich jetzt auf meine Retour, wiewohl ich nicht so lange werde bei ihr bleiben können, als ich dachte. Sie wohnt recht sehr schön, hell, niedlich, fast elegant, das Genähte von der Lotte machte ihr viel Freude. Sie hat sich einen Christuskopf in Öl gekauft, der in ihrer Schlafkammer hängt, ein schlecht Bild, aber schön durch ihre fromme Gesinnung. Die Zeise war auch da, noch recht treu, sonst habe ich niemand dort gesehen. — Von Gotha nach Erfurt, wo kein Soldat mehr war, die Stadt hat, wie alle sächsische, auch Halle, ein gewisses dünnes, bretternes, weiß angestrichenes und auf diese Art reinliches Ansehen. In Weimar waren wir schon um 3 Uhr. Wir gingen zur Jagemann, die eine recht angenehme, feine Comödiantin ist, wo der Werner auch war, der etwas bestimmt Widerliches hat. Von seiner Reise nach Italien, von Genua und dem großen Meer hat er nichts als ein Paar Sonette, worin der Mond als Hostie vorkommt. Als er Goethe diese vorgelesen, hat dieser gesagt, er solle ihm fortan mit dergleichen vom Hals bleiben, sonst sei es aus mit ihnen beiden. Goethe konnten wir nicht sehen, weil er gerade ausgefahren. Der Park ist auch so ohne Laub sehr schön. — Um 10 Uhr fuhren wir ab von Weimar, über das Schlachtfeld von Auerstädt um Mitternacht, wo mehr als 20,000 ruhen. Der Mond schien ganz hell auf die Gegend,

und es machte einen ganz eigenen Eindruck. Der Postmeister in
Auerstädt hat mir mancherlei erzählt von der Schlacht. — Dann
durch Naumburg, Merseburg, dessen berühmtes Bier ganz schändlich
wie matter Rhabarber schmeckt.

Hier in Halle ist es leer, und ich habe bis jetzt noch keinen
einzigen Studenten gesehen. Wir logiren bei Steffens, von dem ich
Dir nächstens, wie von der ganzen Reichardtschen Familie schreiben
werde, der überaus freundlich ist. Mit der Universität sieht's schlecht
aus, vom Bucher erzählte Steffens als einem höchst faden, albernen
Jungen, der bloß durch das läppische, schlechte Wesen von Müller hier
angekommen, gegen welchen Steffens nicht wenig aufgebracht ist. Man
hat ihm dagegen Vorstellungen gemacht, da hat er geantwortet, er wolle
ihn recht gern wieder absetzen, es gehe aber nicht, da er einmal da
sei, und dergl. Schwaches mehr. Morgen werde ich Reil sprechen wegen
meiner Gesundheit, die Bibliothek sehn durch Steffens' Hilfe, da sie
eigentlich verschlossen, und sonst noch alles Interessante, worüber ich
Dir dann schreiben werde. Heute wollte ich Dir bloß meine glückliche Ankunft melden.

Auf der Reise war es mir nach meiner ganzen Natur nicht
anders möglich, als mancherlei Unkosten zu tragen, die wohl 10 Thlr.
betragen, ich werde mich dafür hier einschränken wie ich kann. —
Wenn Du den Brief von Reichardt erhältst, so sende ihn gleich, oder
wenn er binnen acht Tagen nicht kommt, schreibe dies, damit deswegen Sorge kann getragen werden. —

Schreibe mir auch bald, lieber Jacob, ich denke jeden Augenblick, den ich allein bin, an Euch und Dich zurück mit herzlicher
Sehnsucht.

Wilhelm.

— — —

Abieu, behalt mich lieb. Schreib auch von Clemens und Arnim.
Abresse: Monsieur Grimm, Auditeur au Conseil d'Etat. Cassel
en Vestphalie. Empfangsstempel: 4. Avri 1809.

20.

Wilhelm an Jacob.

[Halle,] am 10. April 9.

Ich erwarte schon seit ein Paar Tagen Nachricht von Dir und
es wird mir jeden Abend schwerer, daß ich nichts von Euch höre.

Vor einigen Tagen habe ich den Reil gesprochen, er kam zu mir auf meine Stube, ich mußte ihm meine ganze Brust und den Leib zeigen, welche er lang beobachtete. Er sagte, es sei ein seltsamer, anomaler Zustand des Herzens, und es arbeite und schlage unter einem schweren Druck. Es sei nun die Frage, wie diese äußeren Erscheinungen könnten erklärt werden innerlich. Conradis Arzneien fand er gut, aber zu allgemein, weil die Pillen mir gut bekämen, so sollte ich sie fortnehmen, darauf verschrieb er einen Balsam, womit ich Papier beständig tränken und auf dem Herzen tragen sollte. Auch ein Pulver muß ich gebrauchen und noch etwas sehr Starkes zum Einreiben. Er meint auch, es mit warmen Bädern einmal zu versuchen, und dann gebe es auch noch einige Arzneien, die eine ganz bestimmte Wirkung aufs Herz hätten. Die Brustkrankheit müßte man vorerst ruhen lassen.

Reil scheint ein sehr vortrefflicher Mann zu sein, von deutschem tüchtigem Ansehen und doch mit milden, freundlichen, hellblauen Augen. Er sagt, wenn ich mich in seine Cur begeben wolle, so müsse er wenigstens ein paar Monate haben, denn es müsse sehr leise versucht werden, weil das Gegentheil allzugefährlich. — Ich bin nun Willens, auch dieses noch zu versuchen, nicht daß ich glaube, ich könne meine Gesundheit wieder erlangen, allein ich hoffe, daß er mir Besserung und Erleichterung verschaffen kann, und ich bin es jenen schrecklichen Augenblicken meines Herzklopfens schuldig, wo ich mir es ewig vorwerfen würde, nicht alles versucht zu haben, mich von dieser wirklichen Todesangst zu erlösen. Die Kosten meines hiesigen Aufenthalts werden nicht viel bedeutend sein, höchstens 50 Thaler, ich werde darum der Tante schreiben, die mir schon bei der Durchreise ihre Unterstützung angeboten hat. Die Reisekosten sind eigentlich die Hauptsache, hier brauche ich wenig, ich habe sehr billig in demselben Haus, wo Reichardts und Steffens wohnen, eine Studentenstube gemiethet und ich brauche nur den Zucker zu dem Thee zu bezahlen, da ich auch diesen habe. Bei Reichardt und Steffens, die gemeinschaftlich sind, esse ich bisher und werde wohl da bleiben, es ist ein frugaler Tisch, allein längerhin werde ich es nicht annehmen können, da beide, auch Steffens, in so bedrängter Lage sind. — Übrigens ist der Brief von Reichardt mit dem Wechsel angekommen.

Ich bin den ganzen Tag auf meiner Stube und arbeite; nur Mittags zum Essen und Abends zum Thee bin ich unten. Steffens ist ein geistreicher Mensch, der aber gern von sich spricht, sehr heftig ist, vielleicht mehr als er durchsetzt. Gegen mich ist er sehr artig, hilft mir gern bei den dänischen Volksliedern aus und ist überhaupt gefällig. Wir waren auf der Bibliothek, wo ich aber nichts gefunden, als ein seltsames Buch von einem gespenstigen Geist, der Katzenveit heißt und wie der Rübezahl neckt und Possen treibt. Es ist eine Volkssage auch, wie von diesem, doch hab' ich noch nie etwas davon gehört. Bei Antiquaren habe ich 5 Romane für 10 Groschen preuß. gekauft, worunter ein guter: Der Leipziger Avanturier, der das ganze Leipziger Studenten- und Magisterleben enthält, von den Schulstreichen an, und dem gewiß Wahrheit zu Grund liegt. — Steffens läßt diese Messe zwei Bücher erscheinen, worunter eins „Über die Idee der deutschen Universitäten." Es sind gehaltene Vorlesungen, die manches berühren, was Schleiermacher übergangen. Ich glaube, daß es etwas Gutes sein wird, da er gerade zu denen gehört, die durch eine lebendige Rede anregen, diese Vorlesungen aber von ihm dictirt sind, nicht aufgeschrieben. Mach' doch Savigny aufmerksam darauf. Steffens' Frau ist ungleich die schönste und lebendigste von Reichardts und überhaupt recht liebenswürdig. Die andere verheirathete Schwester hat ein gutes, freundliches Gesicht, aber etwas Trauerndes in ihrem Wesen.

Vom Genialen hört man, daß er nach Dresden kommen wird. Friedrich Schlegel, Collin, Hormayr sind sämmtlich mit in den Krieg, um ihre Federn zu ziehen, wenn andere den Säbel. Ob er hierher kommen wird, überhaupt ist sehr zweifelhaftig.

Ohlenschlägers Gedichte hab' ich auf Dänisch gelesen. Es ist merkwürdig, wie einiges sehr Herrliches mitten in einer Menge ganz schlechtem ordinärem Zeug stehen kann, und ich glaube nicht, daß die Poesie bei ihm so ein reiches Quellen ist (wie etwa bei Arnim), wie Steffens glaubt.

Sobald Du etwas von Clemens hörst, schreibst Du es gewiß. Hier in dem Hause genießt er eine reine Verehrung, Louise hat an ihn geschrieben und ihn in ihrem und aller Namen hierher einladen sollen.

Lieber Jacob, ich denke täglich an Dich und weiß, daß mich niemand aufrichtiger liebt als Du. Am traurigsten ist mir das einsame Aufstehn und Schlafengehn. Behalt mich lieb und glaube nicht, daß ich mir ein Vergnügen machen will durch mein Hiersein, während-

dem Du Last davon hast, denn Du schreibst nun auch die Briefe.
Schreib recht bald und von Euch allen.

    Adr. H. Prof. Steffens.   W.
    Adresse: Monsieur Grimm etc. C. en Vestphalie. Empfangs-
stempel: 14. Avri 1809.

21.
Wilhelm an Jacob.
[Halle, Freitag den 14. April 1809.]

Heute bin ich nun schon 14 Tage hier und heute hab' ich die
erste Nachricht von Dir, lieber Jacob, erhalten, auf die ich recht sehnlich gewartet. Es geht mir hier noch gut. Steffens gefällt mir viel
besser, es ist ein gescheidter Mensch, mit dem man ein vernünftiges
und erbauliches Gespräch halten kann. Er weiß auch einiges von der
deutschen Poesie, hat die Müllerische Sammlung und dergl. gelesen
und freut sich über manches, was ich ihm von dem frühen Leben der
Sagen und ihren Wandrungen gesagt, weil dies mit seiner Ansicht
übereinstimmend. Er meint, daß auch so die Poesie, wie Mythologie,
zuletzt auf eine unmittelbare göttliche Offenbarung zurückgeführt werden
könne und aus dieser ausgegangen. So sei die tiefe Naturbedeutung
mancher Sage unverkennbar, z. B. des gefesselten Prometheus, wie
sie sich noch in Aeschylus erhalten und noch hell in der gewiß sehr
merkwürdigen Melusina. In den Bergen habe ihr Vater gewohnt,
aus denen sie, selbst das Wasser bedeutend, hervorgegangen und sich
nun mit dem Licht verbunden, aus welcher Verbindung die mannigfachen Gestaltungen der Erde hervorgegangen, wie in den so seltsam
gebildeten Söhnen rc., denn die ganze Erde hat sich als Niederschlag
aus dem Wasser ohne Zweifel gebildet. Merkwürdig ist, wie die alte
Sage oft auch den frühen Zustand der Welt darstellt, wo noch fast
alles Insel (wie ganz alte Landkarten) erscheint, so im Zug der Argo-
nauten. Es versteht sich, daß diese Bedeutung unschuldig und bewußt-
los darin ist, wie auch in der Mythologie. Steffens sagt, es sei wahrhaft zum Erschrecken, wie, was er durch anhaltendes Studium und
Speculation gefunden, schon einfältig und klar in der Mythologie
gesagt werde. Ein merkwürdiges Beispiel ist dieses: Das Weltmeer
und das Gestein ist entstanden, indem beide bei gewaltsamer Erschütterung und innerlicher Bewegung der Erde sich abgesondert, gerade

wie beim Weinen des Menschen (denn überall, auch im Kleinsten, bildet das Ganze sich wieder ab) die Thränen hervorkommen, die genau in ihren bitteren und salzigen Theilen mit dem Meerwasser über-einstimmen. Nun enthält aber die griechische Mythologie die Sage öfter, wie aus großem Schmerz und Weinen die Menschen versteinert worden sind. Steffens hält es übrigens für unrecht, um a priori aus der Mythologie die innere Geschichte der Erde zu deduciren, es sei Pflicht, auf anderm Wege durch treues, anhaltendes Studiren der Erfahrungen und durch Erforschung der Natur dies aufzusuchen und dann erst die Übereinstimmung nachzuweisen. Diesen Fehler habe zum Theil Schubarts sonst gutes Buch, überhaupt aber Görres, dessen Manier ihm deshalb zuwider sei. Steffens erkennt auch nicht, wie Schelling, die Philosophie als eine Besonderheit, und nur zweierlei an, Geschichte und Natur, die beide innig zusammenhängen.

Von Reil habe ich Dir schon neulich geschrieben. Er hat einen durchdringenden Verstand, und seine Rede krystallhell und fest, eine Tiefe der Speculation, die man selten so mit Verstand vereinigt findet. Er spricht langsam, aber ungemein scharf und klar. Mit großem Vergnügen hört' ich ihn neulich über die Epochen in der Lebenszeit reden und von dem Stillstand der Mitternacht, von einer ehernen erschrecklichen Stille, die er von 12—2 in einsamen Gegenden beobachtet. Dabei ist seine Stimme sehr mild und freundlich. — Ich muß seine Arzneien noch fortbrauchen, wenn ich mich nicht täusche, so meine ich zuweilen, es sei etwas besser. Eine seltsame Erfahrung habe ich gemacht, er legte seine eine Hand auf das bloße Herz, die andere auf den Rücken, so wie er nun, nachdem er das Schlagen be-obachtet, anhub, ein klein wenig zu drücken, empfand ich große Angst und konnte es durchaus nicht vertragen, daß er sich selbst wunderte. — — —

Einen Brief von Arnim erhielt ich eben, wie mein letzter an Dich fort war, demnach müßte meine Recension von Hagen schon ab-gedruckt sein, ich schicke ihn hier mit. Wenn Du ihm schreibst, kannst Du den Brief an mich schicken, und ich kann dann hinzuthun, was ich ihm zu sagen habe, und ihn absenden.

Neulich hat mich der Steffens in den Professorclubb geführt. Ein höchst lächerlicher Mensch ist der Prof. Voß, der über Staats-wirthschaft liest und das Journal, die Zeiten, schreibt. Er gleicht dem Jericho und spricht im hochtrabenden, eingebildeten Ton lauter

ganz ordinäre Dinge. Steffens hatte ihn beständig zum Besten, ohne
daß er das Geringste merkte. — — —

Steffens ist ein sehr vertrauter Freund vom Runge. Vor einiger
Zeit hat er ihm ein höchst originelles Werk über die Farben geschickt
im Mj.; in Goethes Werk über die Farben, an dem schon (aber
langsam) gedruckt wird und noch geschrieben, wird auch ein Brief
von Runge stehn, den Goethe zu seinen Beobachtungen nach Weimar
eingeladen hat. Steffens weiß nicht genug zu sagen, was für ein
herrlicher Mensch dieser Runge sei. —

Ich muß hier aufhören, werde aber bald wieder schreiben. Ich
denke recht oft an Dich, lieber Jacob, und habe Dich lieber als alles
Andere auf der Welt.   W.

Adresse: A monsieur G. etc. Empfangsstempel: 18. Avri 1809.

22.
Jacob an Wilhelm.
[Cassel,] Samstag am 15. April 9.

Liebster Bruder,

soeben erhalte ich Deinen Brief vom 10. und antworte Dir gleich.
Ich werfe mir hart meine Schuld vor, daß ich jemals gegen
Teine Reise gesprochen, Gott gebe, daß Dir der Reil hilft und
Du zu ihm vertraust; es ist mir bang, daß seine Genauigkeit,
womit er zu Werke geht, Dich ängstlich machen könnte. Ich hatte
an Reil nicht so lebhaft gedacht, weil mich Conrabis Verfahren
mit Dir sehr beruhigte. Von Geld, was es kosten kann, ist gar
keine Rede, ich bitte Dich um alles, daß Du Teiner Gewohnheit und
Bequemlichkeit nichts abziehst und Dir Wein und alles kaufst, was
Du vielleicht vermissest, wenn ich Dir Geld schicken soll, so schreib
mir nur oder laß Dir dort das den Reichardts geliehene geben.
Teine längere Abwesenheit thut mir freilich gar leid, ich lebe hier
viel stiller und trauriger, als Du in Halle.

Auch außer Teinen Briefen ist sonst nur ein einziger gekommen,
gestern von Creuzer, sehr verbindlich. Die Recension soll bald
abgedruckt werden, etwas gedrängter, glaube ich, wäre sie ihm lieber
gewesen. Es scheint, daß er bald nach Holland abgeht, denn er hofft
mich einmal auf einer Kunstreise in Leiden zu sprechen, worüber wir
wohl beide vergessen werden, was wir uns sprechen wollen. Böckh

ist sein Nachfolger in Heidelberg geworden und redigirt mit Wilken die Jahrbücher für Philologie, Geschichte und Poesie, die also nichts leiden werden. Von Brentano und Arnim weiß er auch nichts, ersterm hat er auch Recensionen abgefodert, aber keine erhalten, wohl aber von letzterem. Görres wäre in Coblenz nun recht vergnügt. Voß hat sich einen Polyp in der Nase und einen alten Schaden an der Hand heilen lassen und ist vertraut mit Paggesen, der sich dort herumtreibt und bei Cotta gegen die Romantiker heftig schreiben wird. — An Savigny habe ich gestern das Lehengesetz geschickt und kurz geschrieben.

Deine Abhandlung in die Studien würde doch nach Ostern er- scheinen, der Druck wäre durch die eigentlichen Meßartikel aufgehalten worden. In dem elsten Hefte steht nur der Eingang zur Nibelungen- recension. Ich wünsche manches daraus weg, vor allem das Urtheil über Parzival und Tristan. Wir hatten beide wohl zu flüchtig ge- lesen, ich habe sie nun wieder gelesen, der Parzival steht weit über dem Tristan in Sprache und Poesie, worin der Wolfram auch einzig steht und noch gar nicht erkannt wird, die Sage im Parzival ist auch nicht verwickelt, aber der Inhalt schwerer, ernsthafter. Die Geschichte ist im Tristan viel freier, lieblicher, scheint aber auch unwahr und lügenhafter, und der Parzival viel älter und historischer. Dabei ist vorzüglich der Gottfried breit und geschwätzig, gewandt aber selten tief, ja geneigt, wunderbare alte Sagen, die in Tristans Geschichte vorkommen, daraus auszulassen. Deine Urtheile über Tieck's Octavian, über Schlegels Octaventristan sind nicht die meinen, und das über Hebels Übertragung ins Hochdeutsche wenigstens Deinen Übersetzungen aus dem Dänischen entgegen, denn alte Sprachen und Dialecte sind ganz einerlei. Da ich nicht weiß, ob Du den Meßkatalog schon ge- sehen hast, so schreibe ich Dir die vielen Neuigkeiten daraus und erspare Dir die Mühe. [Es folgt ein Verzeichnis von 27 Büchern, das hier fehlen darf.]

Deine Nachsuchungen in Halle auf der Bibliothek freuen mich, wir können jetzt doch wenig Bücher übergehen und finden allerwärts. Im Nitzsch habe ich schon sehr viel angetroffen, es ist ein sehr be- hilfliches, gutes Buch. Kannst Du dort was über Grubers mytho- logisches Lexikon erfahren? es ist derselbe, der Elysium und Tartarus zuweilen schrieb. Weimar, Industriecomptoir. Ich hätte Lust, einen Abdruck der alten spanischen Romanzen zu veranstalten, das scheint jetzt abzugehen, wenn ich nur Zeit und Bücher dazu

6*

hätte, in Göttingen wären die wohl — ich will die altdeutschen
Romane nach und nach durchlesen und ausziehen. Suhms Einleitung über die drei Odine ꝛc. gefällt mir gar nicht, überhaupt
ist das Ganze so, daß man deutlich sieht, er würde keine Sagen
darein aufgenommen haben, wenn die nordische Literatur nicht so
reich davon wäre oder etwas anders hätte. Der Stil ist miserabel.

Sind dort keine neue Kindermärchen? Die von Grimm habe
ich immer noch nicht, den Stilling aber endlich bekommen.

Die beiden Murhards fragen einen bis aufs Blut aus. Neulich ging ich wegen der Uniform hin, die ich mir noch nicht machen
lassen, da erschrack ich mehr, wie er wohl erschrocken war, als er mir
sagte, daß eben sein Vater gestorben wäre, er sprach aber kalt und,
wie er meinte, als Philosoph über das Ableben der Menschen hinaus-
gesetzt. Dann fragen sie einen aus über alles, was man vorhat
und liebt, ohne sich durch irgend eine Antwort abbringen zu lassen,
daß ich jedesmal hernach bereue, wenn ich einen gesprochen, daß ich
etwas Unbesorgtes gesagt, oder daß ich ihm meine Meinung bloß-
gegeben habe, weil ich leicht mich und alle Verhältnisse vergesse.
Das schadet nun wohl nichts, ich will es aber in Zukunft vermeiden.
Beide sind mir uninteressant und trocken, ihre Neigungen und
Studien liegen weit von unsern ab und scheinen mir nicht von Be-
lang. — — —

Man sagt bestimmt, Marburg, Rinteln, Helmstädt sollten aufhören.

Die andern grüßen Dich, ich bin ewig Dein treuer Bruder Jacob.

Frag doch Reil auch um meinetwegen bei Gelegenheit. Conradis
Tropfen helfen nichts und machen mir Kopfweh, wie es scheint.

— — —

Adresse: An Herrn Wilhelm Carl Grimm, Halle a. d. Saale,
bei H. Prof. Steffens. franco.

23.
Wilhelm an Jacob.

Halle am 21. 4. 9.

Liebster Jacob! Dein Brief hat mir große Freude gemacht und
Deine Liebe darin, wie ich nicht sagen kann, und ich fühle wohl,
wie sie der einzige Grund meines Lebens ist und ich sie beständig in
meinen Gedanken trage.

Mit meiner Gesundheit ist es so, ich könnte wohl sagen besser, wenn ich solche 14 leidlich beruhigte Tage nicht auch sonst gehabt hätte, doch will ich Hoffnung fassen. Ich muß nun auch für meinen Hals zweierlei brauchen, weil zwei Nerven daliegen, die mit dem Herzen in Verbindung stehn und die gedrückt sein können. Ich duste ordentlich von Melissenbalsam, dann von Kampfer, Salmiak und dgl., als wenn ich bei lebendigem Leibe sollte einbalsamirt werden, um nicht sterben zu können. Reil habe ich seit einigen Tagen nicht gesehn, da er, wie ich eben gehört, krank geworden, hoffentlich nicht bedeutend. Ich werde ihm nächstens von Deinem Zustand reden, neulich waren wir sämmtlich zum Thee invitirt (welcher nach hiesiger Sitte bis 11 Uhr dauert, indem Kaltes und dergl. servirt wird später), es war aber etwas steif, da es sehr vornehm bei ihm ist, Kron- und Arm-leuchter ꝛc. — — —

Zu Giebichenstein bin ich gewesen. Es ist in der That eine herrliche Gegend, mitten durch schöne Felsen schwimmt der helle Fluß, die Höhen sind nun zu lauter Gärten gemacht, aus welchen man die reizende Aussicht hat auf den Fluß und die weiten Tiefen. Das Ganze hat einen unbeschreiblich heiteren, wohlthätigen Charakter. In Reichards Garten war ich noch nicht, nur in dem Bartels (den Du auch kennst) seinem. Dieser hat jetzt auf den Ruinen der alten Burg Giebichenstein eine wunderbare Anlage gemacht, die ich mit nichts zu vergleichen weiß. —

Deine literarischen Nachrichten sind mir sehr angenehm, ich sehe hier nichts als vierteljahralte dumme Journale. Ich werde also eine Menge neuer schöner Bücher finden, so reich ist die Messe gewesen!

Warum kannst Du Dir die spanischen Bücher nicht von Göttingen kommen lassen, hier ist durchaus nichts davon, in Gotha werde ich nachsehn, ich hatte vergessen, Dir zu antworten, daß ich dort nicht lang bleiben kann, weil die Tante so eingeschränkt wird, daß ich nicht einmal bei ihr essen kann, mithin der Aufenthalt zu kostspielig sein würde. Nach Kindermärchen habe ich mich hier längst erkundigt, man hat mich aber mit der 1001 Nacht befriedigen wollen und Echtes nichts gewußt. — Daß ich in einer fast vor einem Jahr geschriebenen Recension jetzt manches Andere und anders sagen würde, begreift sich, nur weiß ich nicht, ob ich größeres Lob gegen die romantischen Ge-dichte spenden würde. Einmal hab ich wirklich damals eine bessere Meinung davon gehabt, als Du, denn Du wirst Dich erinnern, was ich gesagt, wenn Du gar nichts hast darauf geben wollen, und dies auch ausgedrückt, indem ich meist gegen das Zerfließen des Ganzen und [von] dem freiheitslosen Anfassen, nicht von den Einzelheiten geredet, die Grundlage habe ich herrlich genannt. Daß dieses von allem Rhythmus entblößte Silbenmaß nicht zuwider und eine prosaische Auflösung nicht lieblicher sein sollte, kann ich noch nicht glauben. Ich zweifle nicht, daß der Parzival einen genauen Zusammenhang hat, und nachdem Du diesen durch einen Auszug völlig begriffen, scheint er weniger verwirrt, wie er bei einem einfachen Lesen gewiß ist. Der Tristan ist doch eben bei dem Leben in der Grotte von großer Anmuth. — Der alte Tristan ist ein Produkt der Kunst, d. h. der Besonnenheit, der Bewußtheit in einer durchaus nicht unschuldigen, sondern relativ sehr gewandten, kunstreichen Sprache, Schlegels Bearbeitung würde dasselbe sein. Wenn Du sie nun so schlechthin verwirfst, so sprichst Du ihm entweder Poesie ab, d. h. er ist unfähig, das Gedicht zu ergreifen oder zu denken, oder Du geräthst in eine Einseitigkeit, in die ich niemals eingehen kann, zu glauben, diese wunderbare Gewalt einer gänzlich frei gewordenen, in höchster Grazie sich bewegenden Sprache, wie sie im Octavreim erscheint, sei vernichtend für die Poesie. Ich weiß zwar auch, daß die Poesie eine solch ausgebildete Sprache nicht nöthig hat, um sich auszusprechen, ich glaube aber auch, daß sie es kann, ja weil sie ursprünglich und in ihrer Idee nur eins ist, immer dahin ringen wird. Wir ehren und lieben die Herrlichkeit altdeutscher Malerei wegen des großen Geists, in diesen Formen ausgedrückt, demungeachtet wird mir ein Bild noch lieber sein, wo auch die Härte der Formen verschwunden und derselbige tiefe Geist in freier Anmuth sich entfaltet. Überall in allen Anfängen hat die Kunst, die Seele, mit der harten Form ringen müssen, bis sie gesiegt, wie in Rafael. Daß man in moderner Gesinnung eine bloß äußerliche Schönheit der Worte oder Gestalten für Poesie und Malerei ausgegeben, ist kein Einwurf. Bist Du consequent, so mußt Du Romanzen wie die Braut von Korinth mit allem Zauber der Sprache nicht lieben. Ich schätze aber sehr die moderne Poesie, Tiecks Genoveva, Octavian sind nicht die alten, aber doch ungemein vortrefflich. — Ob es sich mit meiner Übersetzung der dänischen Lieder wie mit den Hebelschen Übertragungen verhält, sollst Du dann sagen, wenn Du sie einmal recht ordentlich und ohne Vorurtheil gelesen hast. — Über Suhms Buch habe ich dasselbe Urtheil, wir arbeiten noch nicht unnöthig dasselbe, wenn ich von dem Zeichen an es durchlese zum Excerpiren?

Wie man immer von fremden Anregungen sich ein wenig leiten läßt, so habe ich mir von Steffens auch den Jacob Böhm und den Paracelsus und dergl. geben lassen. Die Morgenröthe des ersten ist von wunderbarer Tiefe und Göttlichkeit und auch ganz verständlich. Merkwürdig ist, wie er und auch Paracelsus die Sprache fast gewaltsam durchbrochen. Einen Tauler bei dem Antiquar hab ich von Steffens nicht erhalten können, welches mir leid thut. — —

An die Brüder denke ich mit Leidwesen. Es ist mir so klar, als irgend etwas, daß Strenge, ja gewissermaßen Gewalt bei dem Ferdinand Pflicht ist; wenn er etwas hätte, ein Streben, das Achtung verdiente, so müßte ihm die Freiheit dazu bleiben, so aber geht er gerade ins Verderben. Ob ein solch Leben noch zehn Jahre fortgeführt ihn nicht zu einem Blödsinnigen machen muß, kann leider keine Frage sein. Am Karl wird sich der innerliche Mangel an Trost immer auf eine solche Art offenbaren, weil er an nichts festhält, greift er fast blind nach allem, wo er Stütze hoffen kann. Aber Du hast Recht dabei, er ist so rechtschaffen und ehrlich, daß ich ihn auch herzlich liebe. — — —

Lieber Jacob, schreibe mir recht oft, Deine Briefe sind mir ein Trost und in der Zeit, wo ich sie lese, wie Deine Gegenwart.

W.

Von R. habe ich alles Geliehene zurückerhalten, also Geld genug. — · ·

Adresse: A monsieur G. etc. Empfangsstempel: 26. Avri 1809.

Nachschrift auf einem Zettel.

den 22ten.

Eben war Reil da, ich habe ihm Deine Sache vorgetragen. — —— —

Ich habe heute ein kleines gewöhnliches Katarrhfieber und werde ein Paar Tage zu Haus bleiben. Das Wetter ist so abscheulich. Ich habe mir Quintus Fixlein von Jean Paul in einer Lesebibliothek dazu holen lassen und kann mir nicht helfen, es ist doch etwas sehr Herrliches in ihm. Es ist das Leben eines armen Schulmannes und bis S. 115, so weit bin ich, gar schön. Voran steht der Tod eines Engels.

— — —·

21.
Jacob an Wilhelm.

Caffel, 26. April 9.

Liebster Wilhelm,

ich fürchte, es ist die Angst gewesen um mich, weil Du von den hiesigen Unruhen gehört haben wirst. Sie haben mich wirklich verhindert, Dir mit letzter Post zu schreiben, in Gefahr bin ich dabei nicht gewesen, ich danke Gott, daß Du nicht hier warst, von den Auftritten selbst erwähne ich nichts weiter, es scheint fast beigelegt, die erlassenen Proklamationen kannst Du bei Deiner Zurückkunft einmal lesen. Östreichs wahrscheinliche Vernichtung wirst Du dort ebenso bald erfahren haben, wie wir hier.

Deinen lieben Brief vom 21. habe ich heute bekommen, und ich bitte Dich, mir von Deiner Gesundheit immer solche weitläufige Nachricht zu geben. Ich bin seit einigen Tagen öfter in Wilds gewesen, die Lisette gefällt mir besser als je und ist von Herzen brav. Ihr Bräutigam wohnt jetzt in unserer gelben Stube und wird einige Wochen darin bleiben, ich habe auch nichts an ihm auszusetzen, sie werden gewiß glücklich leben.

Du kannst denken, daß ich meine Arbeiten seit der Zeit liegen gelassen, und es geht noch nicht recht. Neues habe ich wenig gehört. Der Roquefort hat mir aus Paris sehr artig geantwortet, jedoch mir mehr von seiner Lebensgeschichte, als den gewünschten Nachrichten geschrieben. Ich will doch, wenn ich Zeit habe, die Correspondenz fortführen.

Den Trott habe ich heute im Staatsrath gesehen, er ist von Wien hier und will mich besuchen.

Stell' Dir vor, gestern ist der gute Schüler ganz plötzlich gestorben, sein alter Vater hat laut geweint, daß er jetzt außer Brod wäre. Das wird Reichardts auch leid thun. Von der Capelle kann ich ihnen nichts melden, ich erfahre gar nichts.

Ich breche diesmal ab, schreibe Dir aber bald wieder und bin Dein getreuer Bruder

J.

Von Louis bin ich auf Briefe begierig.

Adresse: An Herrn Wilhelm Grimm, Halle. Saaldepartem. Abr. H. Prof. Steffens.

25.
Wilhelm an Jacob.

Halle, Sonnabend [29. April 1809].

Meine Arznei wird immer stärker, ich habe jetzt ein Wasser, womit ich das Herz wasche, das gewiß spirituöser ist als das beste eau de Cologne, nur auf eine andere Art. Wenn ich mich nur nicht täusche, wenn ich es für etwas besser halte, denn wie leicht ist das möglich, und nun Reil bei dieser Cur, da er gewiß Versuche macht, bleibt, währenddem eine andere besser ist. Diesen Sommer errichtet Reil hier eine Badeanstalt, die Lauchstädt legen soll: es wird eine Kirche zu einem Comödienhaus eingerichtet, und die Truppe von Weimar kommt vielleicht hierher. — Die Arznei kostet übrigens viel.

Meine Recension habe ich endlich in zwei Heften gelesen; ich muß mir doch darin Recht geben, ich hatte sie so sehr vergessen, daß sie mir halb als fremde Arbeit vorkam. Von Hebels Gedichten steht gar nichts darin. [Es folgt ein Druckfehlerverzeichnis.]

Mein dummes Katarrhfieber hat mir doch 8 Tage weggenommen. Ten Quintus Figlein müssen wir durchaus haben. Nirgends ist das Leben eines dummen, armen, redlichen Landpfarrers herrlicher und poetischer dargestellt. Es macht Dir gewiß viel Freude. Ganz köstlich ist der Anfang, eine Reise eines aufgeklärten Schullehrers, und die Geschichte von einem Zerstreuten.

Görres' Recension vom Wunderhorn ist so hell und anmuthig gehalten, wie weniges von ihm. Arnims von Wagner bringt mild und freundlich und anerkennend, wie läuternd durch. — Kannst Du bei der zweiten Edition von Docen Deine Recension nun nicht brauchen?

Von Gruber habe ich nichts erfahren können. — Wenn Du etwas von Clemens oder Savigny hörst, vergiß nicht zu schreiben. Adieu, liebster Jacob, behalt mich lieb.

W. G.

Adresse: A monsieur G. etc. Empfangsstempel: 3. Mai 1809.

26.
Jacob an Wilhelm.

Cassel, Mittwoche, 3. Mai 9.

Lieber Wilhelm,
ich bin jetzt wieder ruhiger und in alles getroster. Es hat mich gewundert, daß Du in Deinem Brief vom Sonnabend nicht daran

zu denken scheinst, da gewöhnlich in der Entfernung die Sache durch Lügen viel größer gemacht wird. Auf Nachricht von Savigny, Clemens und Louis bin ich täglich begierig, aber kein Brief will daher kommen. Du sollst sogleich davon Wissenschaft erhalten.

Du hast doch nicht dem Reil gesagt, daß Dein Aufenthalt in Halle auf eine bestimmte Zeit, etwa einige Monate, eingeschränkt sein müßte, es wäre mir sonst angst, daß er sich mit seinen Mitteln zu sehr concentriren, d. h. eilen wollte, weil Du schon so starke Sachen anwendest, denn Deine Krankheit ist doch, wenigstens meistentheils schwach. Doch habe ich natürlich viel Vertrauen auf ihn, was wäre das für eine Freude, wenn Du gesund zurückkämest! — Ich danke Dir für die Vorschriften für mein Übel, weil sie so weit herkommen, scheinen sie mir noch weitläufiger als sie schon sind. Bewegung aber mache ich mir jetzt genug, ich fange an, an die Nothwendigkeit dieser zu glauben, denn meine Natur hat sie mir deutlich genug selber verordnet dadurch, daß ich aufhören muß zu arbeiten, weil mich die Augen immer mehr schmerzen. Wenn der Reil dafür etwas wüßte!

Ich habe gestern auch den Schluß Deiner Recension gelesen und Du weißt längst, daß das ganz meine Meinung ist. Arnims Grund beweist zu viel, denn auch Tieds Minnelieder haben sich vergriffen, und zu wenig, denn wenn Tied die Minnelieder unverändert und Hagen die Nibelungen unverändert hatte abdrucken lassen, so würden sie ebenso auf alle Tische liegen gekommen sein [sie]. Görres' Recension ist herrlich, eine Abhandlung über die Volkspoesie, worin freilich nicht alles auf das Wunderhorn und seine Herausgabe paßt. Besonders hat mir der Anfang gefallen, denn man könnte in dem Folgenden fast nur Wiederholungen desselben Thema finden; aber wie reich und tief sind auch diese nicht! Die Recension der Wagnerischen Bücher ist mir weniger lieb, weil ich sie zum Theil für ungerecht halte, so wenig und so ungern ich auch vom Wagner gelesen habe, und also mehr aus meinem Gefühl urtheile. Viel begieriger bin ich auf die Recension des Stilling, den ich nunmehr aus habe, und dessen erster Theil, d. h. das von Ahnungen, Vorhersagungen rc. mich unendlich mehr ergriffen hat, als der zweite von den Erscheinungen. Es hat mich in diesem Buch fast erschrocken, daß ich eine für wahrhaft vorgegebene neue Geschichte schon im Vincent. bellovac. gelesen hatte. Das macht nun im Ganzen nichts, aber es ist mir doch ein Anstoß.

Ich glaube, daß ich über den Firlein mit Dir übereinstimmen werde, denn er scheint mir in die Art des Siebenkäs zu hören, der mir immer noch bei weitem das Liebste ist. Im Titan bin ich erst noch am dritten Band, so wenig kann ich daran fort, keine einzige Figur ist wahrhaft lebendig und hält fest, weder Roquairol noch Liane, noch weniger Albano, Schoppe kommt bis jetzt wenig oder nicht vor. In den Hundsposttagen ist doch der Emanuel, der das Ganze hält. Die Naturbeschreibungen sind mir oft unangenehm im Titan, nicht immer. Das Beste, was ich darin gefunden, ist Albanos erster herrlicher Brief an Roquairol. An einen lebendigen Gang und Fortgang der Geschichte ist bei Jean Paul überhaupt nicht zu denken, es sind durchaus nur einzelne Punkte, manchmal in lebendiger Verbindung ergriffen, der sogenannte Plan des Ganzen ist immer das Schwächste an seinen Schriften. Ich habe Hoffnung, mehrere bald in einer Auction zu kaufen, darunter auch den Firlein. Auch sein neues Buch ist bestellt.

Der Trott hat mir vom Malsburg erzählt, daß er anfinge kleiner zu werden und wäre schon beträchtlich zusammengegangen. Da der Trott mehrere Monate hier bleiben wird, siehst Du ihn wohl auch noch. Seine Geschäfte in Wien wären sehr lästig gewesen. Dort hat er auch den Reichardt gesehen und gesprochen, ja auf der Rückreise denselben in Prag angetroffen, man hätte ihn aber unter den damaligen Umständen nicht durch Sachsen reisen lassen, sondern den Weg über Breslau vorgeschrieben. Das werdet Ihr alles dort genauer wissen.

— — —

In unsere Stube habe ich nun Rouleaux machen lassen, die gut aussehen, ihre andern Eigenschaften aber zur Zeit noch nicht bewähren können. Auch habe ich einen Schlüssel zur Stubenthür machen lassen und einen zur Kammerthür. Der große Teppich ist verschnitten worden und liegt halb unter meinem und halb unter Deinem Tisch.

Stell' Dir vor, die Wilhelmine Denhardin ist seit einiger Zeit hier und hat uns besucht, die Gegenhöflichkeit wird mir aber sehr schwer, weil sie über Maßen langweilig ist, die Lotte kommt mir in ihrer Umgebung recht angenehm vor. Sie hat aus Allendorf von Mannels, welches liebe Leute wären, besondere Grüße an Dich mitgebracht, und auch die Brentanon öfters gesehen oder von ihr Besuch erhalten, scheint aber weiter wenig zu wissen.

Der Esel von Klopstock hat mir 60 Gulden fürs erste Quartal geschickt, nachdem ich ihm darum geschrieben, ich finde jetzt fast immer, daß die andere Hamburger Zeitung die Nachrichten früher hat, indessen ist das seine Sache. Übrigens ist die Correspondenz jetzt viel länger und lästiger, als zu Deiner Zeit, so daß ich seitdem wohl ebenso viel geschrieben habe, als Du bisher.

Deine Druckfehler, die ich nicht bemerkt hatte, schicke ich heute an Zimmer, ich weiß nicht, die Recension kommt mir so kurz vor. An die versprochene und acceptirte Anzeige der Fabliaux kann ich noch gar nicht denken. Die alte Recension von Docen wird mir doch zu einer der neuen Ausgabe wenig bathen, ich erhalte übrigens gar keine der erwarteten Bücher.

600 Thlr. und kein Heller mehr sind mir endlich bezahlt worden, weswegen ich doch nun wieder frei bin. Mit der Conscription habe ich immer noch viel Noth, ich soll nun Lebensscheine der Geschwister, Todesschein von Vater und Mutter, Geburtsscheine der Geschwister einbringen, auch Quittungen über bezahlte Steuer, so bricht vielleicht alles zusammen und ich muß beim König um Dispensation einkommen, was ich ungern thue.

Das Wetter ist die ganze Zeit so miserabel, daß man gar keine Freude daran hat. Mit dem Briefpapier brauchst Du Dich übrigens nicht zu geniren, ich habe gemerkt, daß jeder Brief siebenzig Centimen kostet, es mögen 1 Octavblatt oder 2 oder 4 sein, das ist immer ein einfacher Brief, versteht sich fein Papier.

Ich grüße Dich aus ganzem Herzen und bin Dein getreuer Bruder   Jacob.

Von Goethe sind nun auch die übrigen Dürerischen Handzeichnungen in der Jenaer recensirt.

Adresse: An Herrn Wilhelm Carl Grimm in Halle, Saaldepart.

27.
Wilhelm an Jacob.

Halle, 6. Mai 9.

In so großer Noth habt Ihr gelebt! Ich hatte einiges von dem Aufstand in Hessen gehört, es aber wie ein leeres Gerücht betrachtet, bis die Proklamation des Königs hierher kam. Von den hiesigen Auftritten hast Du vielleicht schon gehört. Am Mittwochen Abend rückt eine Escabron preußischer Husaren von Schill hier ein, zog aber am andern Morgen wieder ab. Der Pöbel war einigermaßen, meist aus Neugierde, zusammengelaufen, einige Gassenjungen schrieen ein wenig, damit hörte es auf und ich denke, in ein Paar Tagen hat es jeder vergessen. —

Ich hatte Dir geschrieben, daß es mit meiner Gesundheit vierzehn Tage lang recht gut gegangen war; nach dem Katarrhfieber, das zwar gänzlich vorbei, neigt es sich wieder etwas zum Alten, doch mag das so grell abwechselnde Wetter Einfluß haben. Reil errichtet hier, da gute mineralische Quellen vorhanden, eine Badeanstalt, die Lauchstädt legen soll und die Stadt aufrichten. Eine Kirche wird für die Weimarische Truppe eingerichtet zum Komödienhaus. Reil will nun, sobald es heiter und sommerlich geworden, daß ich warme Bäder gebrauche. — Oft gedenke ich, daß doch alles umsonst und ich nur die unnöthigen Kosten mache, denn ob ich gleich weder Wein noch Kaffee trinke, noch sonst Aufwand mache, kostet der Monat bei 20 Thaler, dann aber zeigen sich auch nur ein Paar grüne Spitzen von Hoffnung, daß ich alle Betrachtung wegwerfe. Lieber Guter, wie oft gedenk' ich an Dich und wäre gern bei Dir. Hier die Leute sind recht freundlich und gut gegen mich, daß ich sie darum liebe, dennoch aber ist mir oft zu Muthe, wie einem, der Abends kein Bett hat, in das er sich legen könnte. Schreib mir doch alle Woche, auch wenn es nur Zeilen sind. Von der Tante hab ich einen sehr liebreichen Brief erhalten, ich solle mich nur an sie wenden, wenn es mir fehle.

Wie es Savigny und Clemens ergangen, ist mir so oft im Sinn, und an den letztern wird überhaupt so viel gedacht, daß alle Nachricht von ihm willkommen sein wird. In Frankfurt und Heidelberg ist er nicht gern, und nach Cassel kommt er vielleicht nicht, weil er dann der Auguste wieder zu nah. Vielleicht ist er zu Trages. Savigny ist doch gewiß nicht in Landshut geblieben.

Es freut mich sehr, daß Du öfter zu Wilds gehst. Ihre Bravheit und Tüchtigkeit ist es immer werth, daß man vieles übersieht. — — — Wenn die Lotte mit dem Gretchen nach Marburg will, so laß das immer zu. — — — Grüß sie alle von mir.

Alle literarischen Nachrichten werden mir sehr lieb sein, da ich nichts zu sehen kriege. Nur in der Jenaischen Literaturzeitung habe ich Goethes Recension von den Dürerischen Zeichnungen gesehen. Schreib mir recht bald.

Dein getreuer W.

In dem Augenblick, wo ich den Brief abschicken will, erhalt' ich Deinen lieben Brief, der mich recht erfreut hat. Gottlob, daß Du gesund und wohl bist. Nächstens schreib ich Dir ausführlicher. Sonntag Morgen 10 Uhr.

Adresse: An Herrn Bibliothekar Grimm, Cassel in Westphalen. Marktstraße bei H. Simon Wille. Empfangsstempel: 10. Mai 1809.

28.
Wilhelm an Jacob.

Halle, Sonnabend [13. Mai 1809.]

Lieber Jacob!

Meine Briefe kommen oft und wöchentlich zu Euch und doch nicht so oft wie meine Gedanken an Euch, die täglich sind. Ein Datum kann ich nicht mehr erlangen und ich lebe so recht in die Zeit hinein, aber ich habe es nicht vergessen können, daß gestern der lieben seligen Mutter ihr Sterbe= und Himmelfahrtstag gewesen. Es kam mir alles wieder recht lebhaft vor und ich war recht traurig, aber nicht gequält, so kann man auch über den Schmerz Freude empfinden, wenn er rein und lauter geworden. Am Abend ging ich spazieren, es war so frühlingsgrün und es war mir, als seien die Blumen, die ihre geliebte Leiche bedeckt, hervorgebrochen durch die Erde und verbärgen das Grab, und alles Irdische sei zernichtet. —

Ich will in meinem Gesundheits= oder Krankheitsbericht fort= fahren. — — —

Vorgestern hat Arnim zwei Exemplare des Wintergartens durch einen Buchhändler hierher geschickt, wovon eins an uns adressirt mit ein Paar Worten, es als ein freundschaftliches Andenken zu nehmen. Ich habe große Freude an dem Buche gehabt, und obgleich viel Be= kanntes darin, so ist es doch so geistreich verknüpft und eingeleitet, daß man alles gern darin sieht. Einige schöne Gedichte von ihm sind darin, das schönste von Nelson und Meduse, einer Opernsängerin, die Zaubereien treibt und eine Schlange angekettet um den Leib trägt. Ich will Dir den Inhalt abschreiben: Nach einer schönen Einführung 1. die zwei Liebhabenden, 2. von dem General von Schaffgotsch und Albrechts Geschichte aus der Felsenburg, 3. Arbogast von Andelou und Elisa von Portugal, Albrecht von Werdenberg und Amisa von

Ponazari. Eine kleine schöne altdeutsche Geschichte, die ich nicht kannte. 4. Aus dem Philander von Sittewald: das Soldatenleben. 5. Mistreß Lee, eine seltsame originelle englische Geschichte, die im Meister stehen könnte. — Nelson und Meduse in acht Romanzen. 6. Olivier Clisson aus Froissart. 7. Ein Stück aus dem Schelmuffsky, aber auch dies sehr beschnitten und anständig gemacht. 8. Aus Jacob Böhm. Was ich eben auch gelesen, gar herrlich. 9. Die Abenteuer des Prinzen Karl Stuart. Ist mir noch übrig. Es thut mir recht leid, daß ich Dir das Buch nicht geben kann, wie ich es aus habe, Du kannst es wohl leihen.

Jungs Buch ist durchaus originell und hat gewiß im Großen Recht. Steffens wird in die Jenaische L. Z. eine Abhandlung über den Siderismus schicken, wo seiner in Ehren wird gedacht werden. Die Kraft des magnetisch Schlafenden, das Lesen der Briefe durch die Herzgrube liegt außer allem Zweifel. Der verständige Reil ist durch mannigfache eigene Versuche völlig davon überzeugt, es ist ein Auf gehn und Aufblühen des Lebens nach innen, wie bei den Blumen, die sich erst und bloß in der Nacht entfalten können. — Mit Steffens bin ich nicht so recht, d. h. wir stehen recht gut und freundschaftlich, allein ich bin nicht gern mit ihm. Es ist kein Gleichgewicht und etwas Zerstörendes und gewaltsam Heftiges in ihm, die Speculation und sein Geist ist ihm über den Kopf gewachsen, er hat nicht Kraft genug ihr nachzukommen und so ist er denn stets außer sich, und noch niemals hab' ich ihn still und friedlich in sich gesehn. Vor Freude weint er gleich und vor der geringsten Nichtfreude möcht' er gern toben. Er hat eine Art von bösem Geist in sich, der, wie er nur zwei Gläser Wein getrunken, los wird. Eine unglückliche Disputirwuth hat er und quält meist die arme . . . Frau damit, die in dem jetzigen schönen Sonnenschein so gerne ruhig ihren Fächer entfalten möchte. — Sonst ist er brav und meint es gut. — Der Geniale sitzt in Schlesien.

Etwas Schönes hat mir Steffens gezeigt, eine saubere Zeichnung von Runge, worin der Morgen aufs neue und verbessert bearbeitet ist. Es ist voll neuer herrlicher Züge, eine Beschreibung würdest Du nicht verstehn, und vielleicht wird es gestochen. Kinder sitzen in den Wurzeln von Pflanzen, heben sich aus der Blüthe und schweben oben. Die Lilie ist um ein schönes nacktes Weib geschlungen, die über der Welt schwebt und die Blätter der Blüthe hält, aus welcher die Kinder steigen, ihre lange Haare senken sich unter ihre Füße und werden zu Meereswellen. Unter ihr auf der Erde liegt ein kleines Kind auf dem Rücken und streckt Händchen und Füßchen zum Himmel. Dennoch thut mir manches leid, was in diesem fehlt und im andern so schön ist.

— — —

Schreibe mir recht bald Nachricht, daß Du von der Conscription los, es ängstigt mich immer. Behalt mich lieb.

Dein treuer W.

Adresse: A monsieur Grimm etc. Empfangsstempel: 17. Mai 1809.

29.
Jacob an Wilhelm.

[Cassel,] den 17. Mai [1809].

Lieber Wilhelm!

Vom Louis ist ein Brief angekommen, daß er noch wohlauf ist. Savignys mögen aber viel ausgestanden haben, weil in der Straße, wo sie zu Landshut wohnen, die Kaiserlichen und Franzosen sich beschossen haben. Ich erwarte nun täglich nähere Briefe, vom Clemens ist es recht garstig, daß er nicht schreibt, schreibt er denn auch dorthin nicht? Von Creuzer habe ich neulich einen angenehmen Brief erhalten, bei Gelegenheit eines Auftrags für den D. Zimmermann, welcher gern in Göttingen angestellt zu sein wünscht.

— — —

Die erwarteten Bücher kommen gar nicht an, das und die enorme Hitze macht, daß ich in der letzten Zeit weniger gearbeitet habe. Die Nordiska Kämpa Dater sind nun bald fertig abgeschrieben, d. h. bloß der Originaltext, ich weiß nicht, was ich hernach dem Jericho geben soll, fällt Dir nichts bei? Ich finde doch, daß der Stil der meisten dieser Sagen zwar einfach, aber nicht selten steif und trocken ist, das verleidet mir an eine Übersetzung zu denken, denn Zusammenziehen und Ändern auf der andern Seite wäre mir widrig. Mit Hilfe eines ganz ordinären Lexikons wären sie übrigens gar leicht zu verstehen, d. h. ohne die schwedische und lateinische Version, die Orthographie weicht unaufhörlich von einander ab. Gräters nordische Kenntnisse erscheinen mir nun auch zweideutig, z. B. die Übersetzung von Lothbroks Sterbelied ist erbärmlich, ich halte die skaldischen Redensarten und Constructionen lange nicht für so verwickelt, als man sie machen will.

Im Morgenblatt steht soeben der Anfang eines unbedeutenden Aufjazes über deutsche Volkslieder, gewiß von Docen, wie ich daraus nehme, daß eine seit 1803 bereitete Sammlung nunmehr erscheinen soll. Diese vielen Modesammlungen müssen sich unter einander natürlich schaden, hoffentlich hebt der Überfluß und das Überbieten wenigstens die Mode auf, was mich freuen sollte. In dem zweiten Band von Schlegels Calderone steht ein Stück, welches aus dem Fierabras entlehnt worden, weshalb ich darauf begierig bin, um es mit der neuen Hagenschen Ausgabe vergleichen zu können. Den verwünschten Meistersängeraufsaz kann ich noch nicht bekommen, doch meine Antwort hat ja auch Zeit, neulich finde ich zufällig einige interessante Beweisstellen.

Auf Arnims Buch werde ich wohl so lange warten müssen, als auf Dich selber. Gieb Acht, der Clemens schickt den Goldfaden nicht, und ich werde ihn kaufen.

Auf Deine Gesundheitsberichte werde ich nun noch begieriger, um die Wirkung der neuen Kur zu erfahren. — — — Mit meiner Gesundheit geht es seit einiger Zeit, da ich gar nichts brauche, besser.

Ich gehe als noch in Wilds. — — — Rath einmal, wo ich noch gewesen bin? Bei Landrés, d. h. bei der Sandrine und Fanny (die dritte, Nette, ist jezt nicht hier), welche offene, gute Mädchen sind und sonderbar genug die einzigen waren, mit denen ich über das Elend in Teutschland sprechen mochte, es freut einen, in der Noth seine Stimme wohin zu richten, die Verständlichkeit ist von selber da. In der Lisette und in dem ganzen Haus wohnt bei aller Gutmüthigkeit und Bravheit ein kränklicher, verdrießender und ängstlicher Geist, so können sie keine rechte Freude haben, ohne daß eine sich andern Tags übergiebt oder sonst was davon trägt. Dies ist unschuldig, aber in der That auffallend. Die Hochzeit soll ungefähr in fünf Wochen sein. — — —

Ich begreife nicht, daß ich auf die Briefe an die Tante lange keine Antwort erhalten habe.

Wie stehst Du dann jezt mit den drei Reichardts, die hier waren, und sind sie dort ebenso? Was ist denn das dort für ein Theater? Ich gehe hier nicht hinein. Die Mlle. Moliere ist nun da, auch eine Mlle. Teletre und mehrere neue Herrn. Hast Du Vatern gesehen? Ich meine den Linguist, wenigstens sieh doch den zweiten Theil des Mithridates durch, ob ich ihn kaufen soll. Und Lafontaine und die Wolfin? Und nichts von Körte gehört? Arnim läßt den Streit mit Voß gewiß nun liegen. In Görres' Recension waren gute Stiche und Anspielungen. Dieser Geist von Sammeln und Herausgeben alter Sachen ist es doch, was mir bei Brentano und Arnim am wenigsten gefällt, bei letzterm noch weniger, Clemens' anregende Bibliothek hat wohl alles das hervorgebracht. Die Auswahl ist gewiß vortrefflich, die Verknüpfung geistreich, die Erscheinung für das Publikum angenehm und willkommen, aber warum mögen sie fast nichts thun als compiliren und die alten Sachen zurecht machen. Sie wollen nichts von einer historischen genauen Untersuchung wissen, sie lassen das Alte nicht als Altes stehen, sondern wollen es durchaus in unsere Zeit verpflanzen, wohin es an sich nicht mehr gehört, nur von einer bald ermüdeten Zahl von Liebhabern wird es aufgenommen. Sowenig sich fremde edele Thiere aus einem natürlichen Boden in einen andern verbreiten lassen, ohne zu leiden und zu sterben, so wenig kann die Herrlichkeit alter Poesie wieder allgemein aufleben, d. h. poetisch; allein historisch kann sie unberührt genossen werden, und wer die unglückseligen Känguruhs kennen lernen will, der muß zu ihnen nach Australien reisen, die gefangenen Löwen und Tigerthiere müssen immer vergittert sein und gehen ewig in einem traurigen 8 herum. Die nützlichen Hausthiere mag man allenthalben hin übersetzen und nach dem besondern Bedürfnis zurichten. Ich weiß, daß Du zum Theil anders denkst und dafür hältst, jeder Dichter müsse nur in seiner Zeit und für sie sein, das ist gut, paßt aber nicht hierher, wie es mir scheint.

Was ich Dir noch alles schreiben wollte! Dem Roquefort habe ich noch nicht geantwortet, ich hatte ihm Berichtigungen zu dem Glossar versprochen, ohne daran zu denken, daß er die vor allen Dingen begehren würde. Nicht als wenn sie nicht gemacht werden könnten, aber die Arbeit ist mir zu langweilig, daß ich hart daran gehe.

Was Du mir über Steffens schreibst, ist mir unerwartet, ich hatte der Reichardts ähnliche Äußerungen immer einem Mißverständnis zugeschrieben. Hast Du denn nichts von ihm gelesen, ich meine, er hätte ein System der Physik oder etwas Ähnliches herausgegeben. Was will denn der Schleiermacher unter den jetzigen Aussichten immer noch in Berlin machen?

Lieber Wilhelm, ich grüße Dich von Herzen. Mit den andern Geschwistern stehe ich täglich schlechter und ich habe gar keine Schuld daran. Der Todestag der Mutter ist erst den 27., heut vor einem Jahr war sie noch gesund, der Louis schreibt mir auch davon, ich denke doch, daß ich ihr will einen einfachen Leichenstein setzen lassen, damit man etwa das Grab nicht verlieren könnte, da es niemand als ich weiß. Pfingsten will ich einmal zum Abendmahl gehen. Gott befohlen und vergieb, daß ich mit voriger Post nicht geschrieben habe, ich konnte nicht.   J.

In des Karls Brief sind die & wieder lächerlich. Lisette grüßt Dich vielmals.

Adresse: Herrn Wilhelm Grimm, Halle an der Saale, bei Prof. Steffens zu erfragen.

30.
Wilhelm an Jacob.

[Halle, am 20. ? Mai 1809.]

Lieber Jacob!

So sehr mich Dein Brief erfreut, so hat er mich doch betrübt, weil er traurig geschrieben und Du so einsam und ungesellig sein mußt. In solchen Augenblicken, wo ich das lese, möcht ich alles aufgeben und gleich zu Dir reisen. —

Am 21.

Gebadet habe ich noch nicht, Reil hat in den letzten Tagen davon geschwiegen. Vielleicht, weil die Anstalten noch nicht fertig sind. Arznei muß ich recht viel nehmen, Morgens, wenn ich aufstehe, um ½8 reibe ich den Hals ein, jetzt mit einer schwarzen, starken Mercurialsalbe, darnach wasch ich das Herz mit Spiritus. Um 9 Uhr nehm ich ein Pulver, das mir äußerst zuwider und das ich alle Monate bei abnehmendem Mond erhalte; weil es mir sehr übel darauf wird, eine halbe Stunde später bittere Essenz, um den Magen und Eßlust wieder herzustellen, um 11 Uhr Conradis Pillen, um 12—2 wieder Herzwaschen, Pulver und Essenz, die mir nun einen heftigen, zitternden Hunger macht, der aber durch weniges Essen bald gestillt wird; um 4 Pillen und Waschen und vor Bettgehen noch einmal Pulver und Waschen. Diese Arznei kostet mich sehr viel, schon an 25—30 Thaler, da das spirituöse Wasser so theuer und ein Verschreiben oft ½ Louisdor kommt. Reil giebt sich übrigens viel Mühe, vor ein Paar Tagen schickte er mir ein Buch über den Einfluß des Magnets auf das Herz, das sollte ich mir excerpiren, heute Morgen war ich bei ihm, und da meinte er, wenn man's erhalten könnte, einen Versuch zu machen mit dem Tragen eines magnetischen Amulets auf dem Herzen. Er unterscheide zweierlei

7*

außer dem Einfluß der Brust: 1) den Einfluß der geschwollenen Hals-
drüsen, indem alle blutbildende Gefäße am Hals herliefen, die gedrückt sein könnten und unregelmäßige Bewegungen verursachen —
dafür brauche ich; 2) eine Erschlaffung des Herzmuskels, wodurch
jener Paroxismus des Herzklopfens zuweilen erzeugt werde — dagegen das Waschen, und wenn es geschehe, der Magnet.

Reichardts sind alle sehr freundlich gegen mich. Louise habe ich
nun in so manchen Lagen gesehen und recht lieb. Es ist vieles Vortreffliches an ihr, ihr Talent, ihr Verstand und ihr wirklich sehr
liebreiches Gemüth. Du weißt von ihrem Plan, durch Unterricht
Geld zu verdienen, um Giebichenstein frei machen zu können, der doch
sehr respectabel ist und den ich wohl begreife, nachdem ich den Ort
gesehen, leider scheint er nicht zu glücken, da es allen eingezogenen
Erkundigungen nach in Frankfurt, auf das sie am meisten rechnete, nichts
ist und nur Hamburg übrig bleibt, wohin sie ungern geht. — — —
Der Fritz geht in die Schule und ist viel besser geworden, nachdem er
aus der Unthätigkeit und Langeweile gekommen. — Von der Steffens
habe ich Dir schon geschrieben, daß sie sehr schön ist und früher (sie ist
22, 23 Jahr alt) recht wunderbar schön gewesen sein muß. Sie hat
eine große Freundlichkeit, Heiterkeit und Liebenswürdigkeit und nimmt
das Leben leichter [als] all die andern Schwestern, schön ist ihre große
Liebe und Verehrung zu ihrem Mann, und diese Gesinnung macht es
auch schön, wenn sie einiges von ihm angenommen, was es an sich nicht
ist, weil es einer Frau nicht ansteht. Sie hat zwei Kinder, wovon
das jüngste, das andere gar nicht, ein gar schönes, liebes ist, an
dem ich viel Freude habe, es ist noch nicht zwei Jahr alt und fängt
eben an zu sprechen. Über Steffens den Mann kann ich Dir nicht
anders schreiben, Du wirst ihn genau kennen lernen aus seinem Buch
über Universitäten, das er mir geschenkt. .Es ist viel Gutes darin,
nur keine rechte Klarheit und kein rechter Grund, er wird niemals
ganz durchdringen, zuweilen musicirt er mit den Worten. Er hat
hier keine Freunde, eigentlich nur Anhänger, jenen muß sein Umgang
endlich beschwerlich sein, wegen seiner allzugroßen Eitelkeit, die ihn
nur beständig und bei jeder Gelegenheit nennt, diese schmeicheln ihm,
daß ich's nicht so leiden möchte an seiner Stelle. — Eine andere
Schwester ist an einen gewissen Stelzer verheirathet. Sie gleicht
Louise sehr, mit der sie eine Mutter gehabt, nur daß sie glätter
und schöner. Sie äußert sich wenig, und es ist etwas Leidendes,
Unterdrücktes an ihr, daß ich sie niemals ohne Mitleiden ansehen kann.

Ihr Mann ist ein gutmüthiger, aber gemeiner, lapsiger Kerl, der dem alten Meisterlin an Charakter, auch äußerlich, vollkommen gleicht und der wie dieser zu nichts gut ist als zu einer peinlichen Inquisition. Er ist procureur royal mit dreitausend Thaler Einkünfte und hat nichts zu thun, wie er selbst sagt, daß er täglich nur zwei Stunden brauche zu seiner Arbeit. —

Mine Wolf habe ich hier im Anfang gesehen. — — —

Lasontaine begegnete mir neulich. Louise fragte ihn, wie es gehe. „Dick und kupfrig," war die Antwort. So mußt Du Dir einen dickbäuchigen, großen Mann vorstellen mit hochrothem Angesicht, grauem Haar und schneeweißem Backenbart, in dem eine volle Freude leuchtet, daß er da ist, und an welchem ein echter Landpfarrer verdorben. Sein Gesicht hat eine runde, unbestimmte Gutmüthigkeit. Er klagte, daß ihm alle Kleider zu eng würden. Er bat sehr, ihn in seinem Garten zu besuchen, was auch geschehn soll, da Steffens mit ihm bekannt ist. Er hat vor der Stadt ein schönes, großes Haus, woran dieser Garten liegt, der unten an schöne Ufer der Saale stößt und in welchen ich schon von der andern Seite des Flusses mit Vergnügen gesehn habe. Er hat hier erzählt und verbirgt es gar nicht, daß er mit seinen Schriften schon sechzigtausend pr. Thaler verdient habe. Vieles sei ihm in jetzigem Krieg darauf gegangen, jetzt müsse er noch 30000 verdienen, um wieder in Ordnung zu kommen. Er thut viel Gutes.

Vater habe ich vor einigen Tagen bei Steffens Abends mit seiner Frau gesehn. Es ist ein kleiner, lebhafter, gescheuter Mann, der auch darin ein guter Linguist, daß er viel und fast beständig spricht. Den Mithridates habe ich noch nicht gesehn. Er brachte von Villers ein neues Buch: coup d'oeil über die jetzige deutsche historische und philologische Literatur. Der Villers thut doch nichts wie blinzeln und die Augen nie ordentlich und lang auf, damit er etwas recht sehe. Lächerlich sind die mannigfach zusammengetragenen Urtheile.

Weiter habe ich gesehen den Buchhändler Perthes von Hamburg. — Ferner die Realschulbuchhandlung Reimer. — Steffens rühmt ihn als tüchtigen und verständigen Buchhändler, was ich wohl glaube. Hagen hat ihm den Urtext der Nibelungen angetragen: seine Bearbeitung ist so sehr nicht gegangen und von einer neuen Auflage keine Rede. An der Fortsetzung der Sammlung wird noch nicht gedruckt. Tieck hat das altenglische Theater ihm immer noch nicht zugeschickt, wie er versprochen, daher es noch ausbleiben wird. Es ist eine Übersetzung aus den old plays, woran auch ein Freund von T. gearbeitet. Die Minnelieder sind leidlich gegangen, aber doch nicht, daß an eine zweite Edition zu denken ist, wie wir glaubten oder gehört hatten. Tieck hätte ihm freilich darum geschrieben und wolle es. —

27ten.

Von Brentano hören wir auch hier nicht das Geringste. Mich wundert, daß der Pfarrer von Allendorf oder seine Tochter nicht einmal an mich geschrieben, vielleicht schreib ich dieser einmal von hier, die kann durch die Auguste etwas erfahren haben. — Ich muß Dir auch sagen, daß ich Suhms nordische Fabelzeit zurückgelegt und die Heimskringla davor mir geholt habe, die ich jetzt excerpire. Darum weil jene Compilation uns doch nicht überhebt, die Quellen zu lesen, dann ist auch das Sachregister schon darin.

[den 28. Mai.]

Gestern war der lieben Mutter Sterbtag. So hab' ich ihn zwei mal gefeiert. Mir träumte wieder, wie so oft, ihr Tod. Laß ja den Stein setzen. Von Dir hatt ich einen wunderlichen Traum an demselben Tag. Was vorhergegangen, weiß ich nur dunkel und verwirrt, ich irrte durch viele Stuben, deren Thüre all aufstanden. Ich nahm die Sachen aus Kommoden und Schränken und wollte sie einpacken wie zu einer Reise. Und wenn ich sie aus einer all heraus gethan hatte, so lagen sie immer wieder in einer andern in seltsamer Ordnung über einander gelegt, jemand Unbekanntes half mir dabei, wobei ich mich immer fürchtete, dessen Hände zu berühren. Auf einmal war ich weg und auf dem Weg nach einem hohen Berg. Nun weißt Du, daß auf dem Gotthard in der Schweiz ein vergittertes Behälter ist, in welches die Erfrorenen neben einander gestellt werden und so lange erstarrt dastehn. Nun war ich vor einer solchen vergitterten Höhle, darin saßest Du und stütztest Dich auf den Kopf. Wie ich neben Dir stand, richtest Du Dich leis auf, Deine Augen waren blutroth und Du sagtest mit schwacher Stimme: „Warum bist Du nicht früher gekommen, ich habe schon zwei Nächte hier gefroren.“ Darüber mußte ich entsetzlich weinen in unbeschreiblicher Angst und wachte auf, und mein ganzes Gesicht war verzogen, aber äußerlich hatte ich nicht geweint.

Der liebe Gott behüte Dich und behalt mich lieb.

Dein treuer W.

Grüß den Karl, ich werde ihm nächstens schriftlich danken für seinen Brief.

Adresse: A monsieur Grimm, Auditeur au Conseil d'Etat, Bibliothécaire du Roi. Cassel en Vestphalie. Empfangsstempel: 31 Mai 1809.

31.
Wilhelm an seine Tante.

Halle, 29. Mai 1809.

Liebste Tante!

Es sind so viele Wochen vergangen, seit ich keinen Brief von Ihnen erhalten, und da mir der Jacob schreibt, daß auch er lange nichts gehört, so fange ich an, um Ihre theure Gesundheit besorgt zu werden. Sein sie so gütig, mich nur mit ein Paar Zeilen zu erfreuen und beruhigen.

Ich brauche hier noch beständig fort, und es scheint wohl etwas besser werden zu wollen. Gebadet habe ich noch nicht, weil die Anstalt noch nicht vollendet ist. Ich habe Ihnen schon geschrieben, daß ich für den Hals brauchen muß und das Herz mit starkem spirituösem Wasser einreiben muß. Alles so oft, daß ich fast jede Stunde Arznei einnehme.

Wie sehr freue ich mich darauf, liebe Tante, Sie auf meiner Rückreise zu sehn und kräftig sprechen zu können.

Hier ist gottlob alles still und ruhig. — Wenn Sie nur gesund sind, liebste Tante, der Himmel behüte Sie.

Ihr getreuer
Wilhelm.

Adresse: An Mademoiselle Zimmer, Erste Kammerfrau bei Ihro königl. Hoheit der Kurfürstin von Hessen in Sachsen Gotha.

32.
Jacob an Wilhelm.

[Cassel,] am 31. Mai 9. Mittwochen.

Lieber Wilhelm!

Soeben kommt Dein Brief vom 27., worauf ich sogleich einiges antworten will, weil morgen früh die beste Post abgeht.

Johannes Müller ist nach wenig Tagen Krankheit am Montag früh gestorben, nur 57 Jahr alt, ob er gleich an die 70 aussah.

Es hat mir geahndet und thut mir sehr leid, vielleicht am leidsten mit unter denen hier, ich meine, er ist wie unter Heiden gestorben, ein anderer Ort wäre der vielen Jahre würdiger gewesen, wo er so fleißig und so herzlich gearbeitet. Heute von 10 bis ½12 Uhr war der Leichenzug, für mich sehr nuseierlich, weil ich in großen Kleidern mitgehen mußte, auf dem Grab weinten seine drei Bedienten in lauten Thränen: wie aber die Soldaten einzeln ins Grab schießen mußten und aus Ungeschicklichkeit häufig fehlten, so lachten die Leute darüber. Minister Simeon hielt eine kurze französische Rede, die wohl in den Moniteur kommen wird. Nächstens mehr hiervon; Müllers Vermögensumstände sollen schlecht sein, die Bibliothek wird vielleicht verkauft, sonst ist, soviel ich weiß, der Bruder der einzige Erbe, und das ist auch für die Benutzung der vielen Papiere recht gut, weil es ein gescheidter Mann ist, ich wüßte nicht, wer es sonst übernehmen könnte.

Ich danke Dir für die Nachricht von Deiner Krankheit, aber Du schreibst nicht, was eigentlich aus dem Gebrauch dieser vielen Arznei hervorgeht, so weit man es wissen kann. Hast Du denn das Herzklopfen schon einmal oder mehrmal dort gehabt? Auch schreib mir doch ungefähr, wie viel Zeit Du vermuthest, daß Du noch dort in der Kur bleiben mußt, es würde mich sehr freuen, das bestimmter zu wissen, auch selbst wenn es länger hinaus währen sollte, als ich dachte. Denn es versteht sich nun, daß Du diesmal recht aushalten mußt. Weißt Du wie mir ist? Als wenn Du im Anfang August wiederkämest, also ist schon über die Hälfte.

Ich habe nun die Geburtsscheine der Geschwister eingereicht und lebendige Zeugen über ihr Leben vorgeführt, und nun werden sie mich wohl in Ruhe lassen, dies zu Deiner Beruhigung über die Conscriptionsgeschichte, wobei ich wieder eine Menge Gänge hatte und für die Attestate viel Porto bezahlt habe. Ich kann die Dummheit dem Wigand nicht vergessen, der an allem dem schuld ist.

Das Lied für die Reichardtin kommt hier einliegend, aus dem Godwi abgeschrieben, warum aber, da es in den lustigen Musikanten selber steht? die sie noch von uns haben muß, denn ich finde sie nicht. Stell Dir vor, wir haben den Jericho verloren, was mir in mehrerm Betracht recht leid thut, denn er hat mir alles immer gut gethan. Er ist in Wolfhagen Consumtionssteueraufsichter geworden und steht sich vielleicht doch 200 Thlr., aber es that ihm doch weh, als er wegging, wie ich ihm angesehen habe. Ich habe nun einen dummen Jungen angenommen für 6 Thlr. monatlich, ohne weiteres, der so schreibt, wie der Anfang des Liebs ist. Ich bekomme nun keine Vergütung mehr dafür, aber es ist doch nothwendig, einen Bedienten zu halten, theils der Gewohnheit wegen, theils wirklich meiner Stelle zu Gefallen. Mit der Cathrine steht es auch wieder so halb und halb, den Vortheil haben wir bestimmt von jeder neuen, daß sich die Lotte mehr zum Haushalt schicken lernt, denn mit der Cathrine kann sie sich nie stehen. Ich habe mir und dem Ferdinand einige Kleider kaufen müssen, und endlich mir auch die große Uniform bei Legendre bestellen, welches alles ziemlich kostet, indessen habe ich jetzt hinreichend dazu. Wenn Du der Tante etwa nicht schreiben wolltest, so kann ich Dir gleich Geld schicken.

Das Buch der Liebe habe ich endlich bekommen, enthält Abdruck von Tristan, Fierabras und Pontus, lasse es jetzt erst binden, die Einleitung ist ziemlich dünn, obwohl wortreich genug. Villers' coup d'oeil gefällt mir auch nicht, ich weiß nicht, was er damit will, die Idee, mit drei Jahren abzubrechen, ist ohnedem geschmacklos und schlecht. Von Jean Paul habe ich Katzenbergers Reise erhalten. Dabei sind einzelne in den Zeitungen gestandene Aufsätze abgedruckt und gesammelt, z. B. auch der von Charlotte Corday. Das nimmt ein Drittel der zwei Bände weg. Im andern steht die neue Geschichte, und es ist die allererste, wo mir bei Jean Paul auffällt, daß er sie ungemein flüchtig, um Geld zu verdienen, niedergeschrieben, so gar nichts ist daran, aber viel darin. Zwar bin ich noch nicht aus, bis jetzt aber ist es, als ob es nach aufgegebenen Wörtern gemacht wäre. Der Feldprediger Schmelzle, den ich auch bestellt, ist sicherlich viel mehr werth, nach den Proben, die ich daraus kenne.

Von Allendorf ist kein Brief an Dich gekommen, die Jordissin hat mir nun einige Umstände über die letzten Begebenheiten erzählt, die ich aber so nicht recht verstehe, wenigstens nicht von Clemens' und Savignys Seite, daher mag ich sie auch nicht schreiben. — —

Leb wohl, lieber Wilhelm, und vergiß nicht, Dir ein Magneten-amulet zu kaufen, Reil oder Steffens müssen das ja am ersten auslandschaften können. Darüber fällt mir noch ein, ich weiß nicht, ob Du damals zu den Anmerkungen zum Ernst über Pygmäen das benutzt hattest, was Creuzer in seinem Dionysus gesagt, was ich freilich nur aus seiner eigenen Anzeige in den Jahrbüchern kenne.†) Die Studien hat er mir versprochen zu schicken, es aber noch nicht gethan.

Verbleibe Dein treuer Jacob.

Schreibt denn der Arnim nichts? Die Erzählung von dem schottischen Prinzen muß wohl die aus dem kleinen Büchelchen sein, was ich bei seinem Hiersein durchgesehen, er streift mit Kühnheit nach England, muß aber zurück und endlich auf die Flucht und irrt auf dem Meer herum. Die Hinrichtung seiner Anhänger war schön be- schrieben.

†) Das Buch kostet gar zu viel zu kaufen, wohl der Kupfer wegen.

Ich habe mich eben sehr in den Finger geschnitten.

Adresse wie bei Brief 29.

33.
Wilhelm an Jacob.

Halle, [6. Juni 1809] Dienstags Morgen um 8 Uhr im kleinen kühlen Hausgarten, da es drückend heiß auf meiner Stube.

Liebster Jacob!

Gottlob daß Du gesund bist, Du hast gleich auf meinen letzten Brief geantwortet, und doch ist mir die Zeit so lang geworden, bis der Deinige ankam. Joh. Müllers Tod kam recht unerwartet, mir ist, als ob dieser alles Schlechte von ihm genommen, sodaß ich nichts mehr gegen ihn sagen möchte. Den andern Tag las ich eine höchst lächerliche Nachricht von seinem Leben und Tod in der Hamburger Zeitung, daß er tugendhaft gewesen und den Haß nur aus einer Beschreibung einmal kennen gelernt. —

Hab' ich Dir nicht gesagt, wozu meine Arzneien? Einmal gegen den Hals, dann gegen die erschlaffte Herzmuskel? Und daß der erste über die Hälfte weit abgenommen? Was das Herz betrifft, so ist es ohne Zweifel besser, d. h. ich habe in dieser ganzen Zeit kein außerordentliches Herzklopfen gehabt und keine Disposition dazu, (es ist wunderlich, daß ich mich ordentlich scheue, dies zu sagen, um es nicht zu provociren) und habe auch das wunderliche Aufschlagen bei weitem nicht so oft, oft in drei Wochen nicht empfunden. Das ist nun wahr und gut, aber wie es auch ein- mal nur wieder kommt, schlägt es eine langsam erwachsene Hoffnung zu Boden. Ich hab' nicht gedacht so lang hier zu bleiben, wie Du gemeint, höchstens noch diesen Monat, allein ich kann darüber nichts Bestimmtes geben, Reil meint je früher je besser. Man sagt, ich sei augenscheinlich besser auch nach dem Aussehn als beim Herkommen, ich halt aber davon nichts, weil ich diesen Trost von jedem bekommen habe zu jeder Zeit.

Reichardts gedrückte Lage nimmt täglich zu, daß sie fast beständig traurig und niedergeschlagen sind. Weil es ihnen hier zu theuer, ziehen sie hinaus nach Giebichenstein, nicht in ihr ehemaliges Haus, sondern in einem andern haben sie ein Paar Stuben gemiethet, wo sie nun wahrscheinlich durch Arbeit etwas verdienen wollen. Er ist in Schlesien und wird da bleiben und kann sie nicht unterstützen. Steffens hat bei einem guten Gehalt doch Schulden, weil er wohl zu gut lebt, und kann nichts thun. Du glaubst nicht, wie es mich ge-jammert, daß sie nun das Haus und den schönen Garten ansehn müssen, wo sie so vergnügt gelebt, und nun daneben in einem schlechten wohnen. — Louise ist respectabel durch die Festigkeit, womit sie das alles durchgesetzt, das nicht so leicht ist, weil die Steffens empfindlich dagegen, die sie sehr liebt, aber gern leichter und reichlich leben mag, nicht für sich, sondern für andere, mit einer wirklich schönen Gesinnung.

Arnim hat die Zeit über nichts hören lassen. Die schottische Geschichte ist freilich dieselbe. In einer Erzählung von Mistreß Lee scheint eine Anspielung auf Clemens' und Augustens Begebenheit zu liegen, wobei auch der Christian vorkommt. Die Zueignung scheint an Clemens und am Ende ist eine schöne Stelle an ihn gerichtet. Hier möchte man gar zu gern von letzterm etwas wissen, weshalb ich die Einlage geschrieben, die Du besorgst.

Den Goldfaden hab' ich mir hier aus einer Lesebibliothek holen lassen, es ist wenig verändert und ein angenehmes Buch, die Kupfer von Louis sind aber zwei Drittel schlecht. Den dänischen Robinson hab ich gelesen und vier Groschen dafür geboten, weil er sich nicht auszeichnet, ob er gleich nicht ganz schlecht. Friedrich Schlegels Werke, Gedichte, hab' ich durchgeblättert und nun, nachdem alles zusammen ist, recht gesehen, daß er kein Dichter. Es ist nichts geradzu Ansprechendes, Erquickliches darin, und ich mag das Buch nicht haben. — Von Jean Paul hab' ich die Biographischen Belustigungen unter der Gehirnschale einer Riesin gelesen, ganz köstlich ist im Au-hang ein Rechtsstreit, wo er beide Parteien und der Richter alles in einer Person ist, und die Beschreibung von einer Salatkirchweihe.

Wie Du diesem höchst scharfsinnigen Kopfe eine ordinäre Planlosigkeit im Titan vorwerfen kannst, begreif ich nicht.

Von der Tante hab' ich einen Brief erhalten, sie ist gottlob gesund. Sie schreibt, daß Du den Ferdinand zu einem Jäger thun wollest, ich fürchte nur, es ist nicht wahr, weil Du mir von diesem glücklichen Gedanken nichts gesagt, sollte denn durch den Eschwege, wenn er verheirathet und angestellt ist, nichts zu bewirken sein, oder daß der sich seiner geradezu annehme, zu dem er ja Neigung zu haben scheint. Nachdem der Karl einmal so bestimmt gegen Jordis sich geäußert, so stellt er sich schlecht zu ihm, wenn er nun schwankt und nicht bestimmt annimmt oder absagt. — Vergiß doch nicht der Lullu Grüße von mir zu sagen, ich hoffe sie noch zu sehen, wo ist jetzt die Bettina?

Täglich gehn mir Dinge durch den Kopf, die ich Dir gewiß schreiben wollte, und die ich nun nicht beisammen habe. Sie kommen aber sicherlich noch.

Gott grüße Dich und behüte mich.

Dein getreuer W.

Schleiermacher ist auf der Insel Rügen gegenwärtig, wo er eine reiche Wittwe heirathet, und geht dann nach Berlin zurück, wo er eine gute Predigerstelle hat. Fragtest Du nicht einmal?

Adresse: A monsieur Grimm etc. Empfangsstempel: 10. Juin 1809.

34.

Jacob an Wilhelm.

Caffel, Freitag, 16. Juni [1809].

Mein Schreiben ist verzögert worden um des Pugge willen, welcher mir endlich sagen läßt, daß er noch keinen guten Fuhrmann weder nach Halle noch Leipzig erlangen können. Ich habe ihm Deinen Brief wörtlich abgeschrieben und zugestellt, sodaß also keine nöthige Vorsicht versäumt werden wird.

Morgen früh um vier Uhr reist die Lotte nebst dem Ferdinand und Mariechen Wild nach Marburg, die zwei letzten kommen aber schon bis Dienstag wieder und bringen die Dortchen mit zurück. Ich werde also einige Tage ganz allein im Haus sein. Wegen Ferdinands hatte ich wohl das der Tante geschrieben, und es gründete sich auf das mit der Lisette einmal darüber Abgesprochene, sie meint, wenn ihr Mann Oberförster würde, so ginge das an, und er würde sich gern dazu erbieten. Karl bleibt nun bei Jordis mit 10 Carolins Zulage, ein neuer employé scheint aber den Rang vor ihm erhalten zu haben. Die Jordis ist noch hier und ging wohl gern wieder nach Frankfurt, ich war einigemal in Schönfeld, welches gar nicht zu verachten ist, allein ich wollte mehr Freude an einem ihrer schön eingerichteten Zimmer haben als sie am Ganzen. Den neuen Bedienten habe ich gestern wieder abgeschafft, dafür auch einen andern angenommen, bloß für Schuhputzen und Commissionen, der kriegt auch nur zwei Thlr. Die Denhardin ist noch als hier und wartet auf tägliche Abreise, sie hat wohl wenig Spaß in Cassel, und wir haben auch dazu nicht beigetragen. Die Comödie hatte ich denn doch offerirt, weil aber fast gar nicht deutsch gespielt wird und französisch auch nur zweimal, so mußten wir ins französische, wovon sie nichts verstanden hat.

Ich merke deutlich, daß ich darum in der letzten Zeit nicht so fleißig arbeite, weil ich allein bin, d. h. Dein Platz leer steht; und doch wieder so, daß ich nicht recht allein bin, wegen meiner Stellen, die mir seither Zerstreuungen und einige Besuche zuziehen, und wegen meiner mehrern Bekanntschaft mit Wilds, welcher ich nichts zu leide thun möchte, und die mich dann doch auch hinhält. Das alles wird sich bei Deiner Zurückkunft auflösen und wieder vergleichen, sodaß ich nach und nach in den alten Zustand gerathe.

Endlich das Magazin für altdeutsche Literatur 1. Heft. Zu meinem größten Verdruß ist der Aufsatz über Meistersänger abgebrochen und kann noch durch ein Paar Stücke gehen, denn er hat die Geschmacklosigkeit gehabt, seinen frühern, doch gewiß schlechten Aufsatz aus dem Neuen literarischen Anzeiger ganz einzurücken. Die Beweise seiner Meinung müssen also noch folgen, und ich kann bis jetzt nichts dagegen machen. Seine Mittheilung ist aber keine andre als die: Meistersänger und Minnesänger sind wohl einerlei, d. h. sehr viele der letzten und zwar die ältesten mit darunter sind schon ersteres gewesen, aber — Meistergesang und Minnegesang sind durchaus verschieden. Findest Du aber nicht eine schlechte Inconsequenz darin, zu sagen: die alten Meistersänger (denn dies ist erweislich und wird von Docen leider zugegeben) sind alsbann, wo sie Minnelieder gedichtet haben, keine Meistersänger! welches Docen bestimmt dafür hält. Ich hoffe, daß ihn dies noch in mehr Dummheiten verleiten wird,

wie er sich schon den Fall mit Reinmar von Brennenberg nicht anders
erklären kann, als daß er einen Zufall annimmt, oder daß die Grenzen
beider Arten immer in einander stoßen und von einander heben. Du
siehst, daß also von dem bei weitem wohl bedeutendsten Einwurf
gegen meine Ansicht, dem, daß keine Spur von frühern Tabulaturen
existire und mit diesen erst der Orden anheben könne, keine Rede
ist. Das ganze Zeug ist mir widrig; sieh doch ja in Gotha zu,
ob keine Handschriften von Meisterliedern irgend wo sind? (War
denn in der Gothaer Hdschr. vom Herzog Ernst hinten noch die Reise
des Montevilla in deutscher Prosa? Das sagt Hagen. Den werthen
Mann Apollonius haben sie jetzt in Berlin, und Büsching ist darüber
her.) Ferner steht in diesem Magazin über Wolframs von Eschenbach Leben und Schriften, von Büsching, auch abgebrochen und
noch sehr trocken und unbedeutend. Titurel und Parzival fleißig excerpirt. Unter dem fatalen Titel: Gallerie altdeutscher Dichter,
von Docen, über Conrad von Würzburg, Rudolf von Montfort und
Gottfried von Straßburg (wird auch fortgesetzt), weder warm noch
heiß, was er über den Tristan sagt, ist das Beste, was ich von ihm
noch gelesen habe. Ferner Docens Literatur der altdeutschen Dichter,
das bekannte alphabetische Verzeichnis, doch der beste Aufsatz
im ganzen Heft. Dein Name kommt einigemal als Gewährsmann vor.
Es soll nur Vorarbeit einer altdeutschen Bibliothek sein, welche er vorhat.
Übrigens erscheint seine Rhodonie bald, und darin wird, stell' Dir
vor, der ganze Wilhelm von Orleuz abgedruckt erscheinen. Endlich:
Noten zu Görres, von Hagen, bloß über Montevilla und Herzog
Ernst, fleißig und interessant. Es ist manches beigebracht, was Du
in der Recension nicht wußtest, ich habe damals gleich gesagt, daß
die bestimmte gelehrte Auseinandersetzung dieser alten Ländersagen
außer der Recension lag, (obwohl nicht außer Hagens Einleitung
zum Ernst), so kommt es, daß alles, was nun an drei Orten steht,
immer noch nichts Rechtes ist. Ärgerlich mit darum ist es, daß die
Recension immer noch nicht abgedruckt ist. Ein Brief von Böckh in
Heidelberg bemerkt, es müsse bloß ihrer Länge halber geschehen, um
nicht so oft abzubrechen, und bittet um weitere Anzeigen des Buchs
der Liebe und des Magazins. Ich will ihm antworten, das solle
geschehen, würde aber eben wegen jenes aufgehaltenen Abdrucks nicht
so eilig sein.

    Von Clemens, Arnim, noch Savigny keine Silbe, auch vom
Louis nicht, noch von der Mannelin.

Neulich habe ich Chateaubriands Genie du christianisme zu lesen angefangen, welches mir wohlgefällt, daß ich es gern für uns behalte. Vieles ist wunderbar schön, die daraus bekanntesten Romane (Atala und René) gefallen mir am wenigsten, so wie sein neuestes Werk: Les Martyrs auch nicht. Gelehrt halte ich das Werk nicht, aber für recht innig und herzlich; nicht immer, aber sehr oft unfranzösisch. Stolberg möchte ich nun gerne daneben lesen.

Dem Jean Paul eine gewöhnliche Planlosigkeit zuzuschreiben, ist mir nie in den Sinn gekommen, gerade meine ich, ob er wohl durchaus bewußt, planvoll (manchmal kalt in sein Werk hineintretend, was vielen weh thut, wenn auch nur beim ersten Lesen), so ergreift er doch nie ein lebendiges Leben, nie einen fortschreitenden Plan, der halb so lebendig wäre, als es seine einzelnen Reflexionen immerfort sind. Von Witz und Humor ist nun hier gar nicht die Rede, der sich auch natürlich in Katzenbergers Reise findet, welche ich sonst für sein schlechtstes mir bekanntes Buch erkläre. Unter den mitabgedruckten, wie er sagt, einem Nachdrucker nachgedruckten kleinen Aufsätzen ist der über Luthers Monument ohne Zweifel der beste und ganz herrlich, wogegen ich·den: über das Glück der Einhörigkeit ziemlich langweilig finde. Von ihm erscheint (nach dem Morgenblatt) Dämmerungen für Teutsch-land, worauf wir uns billig freuen dürfen.

Im Morgenblatt ist eben eine interessante Stelle, wonach Goethe den Stoff zu Hermann und Dorothea aus den Reisen der Salzburger Emigranten genommen hat, jedoch habe ich davon schon mehr gehört, wenn ich nicht irre.

Der Wigand war gestern hier und ein Paar Stunden bei mir und läßt Dich vielmal grüßen. Wie er sagt, steht er 80—90 Thlr. monatlich und hat sich durch einige gelungene Prozesse gute Reputation erworben.

Sonnabend [17. Juni] um ½ 2.

Eben ist die Einlage gekommen, ich hatte um Deinen Brief noch umgelegt, daß sie vorher an mich adressiren möchte, um das Porto zu vermeiden, und weil ich selbst auf Nachrichten begierig war. Die gegebenen freuen mich herzlich für die guten Leute, sonst sind sie unbefriedigend. Ein beigefügtes Märchen muß ich hier lassen, schon wegen des dicken Papiers. Adieu von Herzen, ich muß in Staatsrath.

Jacob.

Adresse: An Herrn Wilhelm Grimm, Halle an der Saale, bei H. Prof. Steffens.

35.

Wilhelm an Jacob.

Halle am Sonntag [18. Juni 18.].

Die Badeanstalt ist nun fertig, und 7—9 Familien sind auch schon angekommen, indes zweifle ich, ob es etwas Rechtes werden wird. An sich hat Reil gewißlich alles gut eingerichtet, nur daß Halle nie ein Bade-, d. h. Belustigungsort werden wird, daran hat er nicht gedacht. Es ist durchaus kein amüsanter Ort für einen Fremden, mit dem Theater ist nichts, geschickte englische Bereiter, Declamatoren, die sich eingefunden, wollen nichts thun, ein großer Garten, der zum Spaziergang dienen soll, ist sehr geschmacklos eingerichtet, und es bleibt ihm nur, was er von Natur hat, der Gang an der schönen Saale. Mein Baden war schon vor 14 Tagen bestimmt und mußte leider wegen des eingefallenen kühlen Wetters aufgeschoben werden. Ich soll in einer Wanne mit warmem Wasser sitzen, nur bis an den Leib darin, um das Herz zugleich einen großen Schwamm mit kaltem legen und in diesem Sitzen zugleich elektrisirt werden, indem mir die Kette um den Hals gelegt wird. Gott weiß, wie es werden wird. Einen Magnet trag ich nun auch in ein schwarzes Band eingenäht über dem Herzen, als ich ihn zum erstenmal umband, hatte er seltsame Wirkungen. Das Herz ging unordentlich, es ward mir schwindlig, übel, im Mund ein Metallgeschmack, und der Schweiß brach hervor. Ich mußte ihn abnehmen und den andern Tag von neuem umthun, wo das alles schwächer kam und ich mich gewöhnte. Eine besondere Wirkung hab ich sonst noch nicht empfunden, nur im Schlaf, däucht mir, habe es mich einigemal geschmerzt. — Abscheuliche Arzneien nehme ich noch fort.

Sonst muß ich aufrichtig sagen, daß es sich etwas gebessert. Ich habe wieder einmal empfunden, was ich seit zwei Jahren nicht empfunden, Einschlafen ohne Angst und ununterbrochen, zu Haus legte ich mich jeden Abend ins Bett, wie zur Qual, wo ich in der Stille und in langem Wachen all die seltsamen Gänge des Bluts fühlen und die Angst zum Herzen kommen sah. So, unbeweglich liegend, fielen mir erst nach ein Paar Stunden die Augen zu. Wie ich mich nun hier mit Müdigkeit niederlegen konnte und den Schlaf bald empfand, mich auch einmal auf die Seite legen, kam mir's so wunderbar angenehm vor, und ich dachte an meine Kinderzeit, wo es auch so gewesen. Ich träume hier viel und große seltsame, zusammenhängende Träume, die

ich Dir einmal erzählen will, und die fast all einen traurigen Ausgang haben.

Reichardts sind nun draußen in Giebichenstein. In einem für
18 Groschen gelb angestrichenen Stübchen sitzen sie und sticken. Sie
in einem einfenstrigen, aber ebenso graziös auf einem schwarzen Sopha,
wie in Cassel in der schönen Stube. Sogar ihr Liebstes, den Thee,
haben sie abschaffen müssen und sie trinkt nur allein. Wie ich das
zum erstenmal sah, kann ich Dir nicht sagen, wie rührend und
traurig es mir vorkam, es war als wie ich zum erstenmal zur
lieben Mutter nach Haus kam und sie in dem armen Haus fand.
Doch ist der Trost, daß es andern trauriger vorkommt, als ihnen
selbst, sie sind heiter und vergnügt, so gut es geht, und jede Entsagung
belohnt sich selbst. Der Geniale schweift in Schlesien herum und schreibt
wöchentlich ein paarmal, dies ist Sitte zwischen ihm und ihr, da er nun
natürlich wenig wissen kann und das Papier doch voll sein soll, so
giebt das die lächerlichsten Briefe von der Welt. Wohin er jeden
Tag gegangen, auf welchen Gängen, was er gefrühstückt und gegessen,
welche Menschen er all gesehen, wird weitläuftig berichtet, dazwischen
nun Redensarten: „auf diesem Gange umschwebte mich Dein Geist ꝛc."
Ich mußte mich ernstlich zurückhalten, sonst hätt' ich lachen müssen,
als sie neulich einen solchen Brief vorlas. Sie liest all diese Briefe
mit einer Andacht und Verehrung, die wirklich schön ist, und täglich
die alten wieder. — Reichardts wollen, daß ich auch hinauszöge, was
wohl angegangen und mir recht angenehm gewesen wäre, allein wegen
des bevorstehenden Badens geht es nicht. Reils wegen übrigens gut,
da der bei Giebichenstein eine große Gartenanlage und ein großes
Haus hat, wo er jeden Abend ist. — Ich gehe täglich hinaus, das
und daß Steffens viel bei mir ist, und überhaupt dergleichen nimmt
mir mehr Zeit weg, als ich wünsche, und ich sehne mich nach einem
ruhigen, ordentlichen Arbeiten. Für die, welche mir übrig bleibt,
könnte ich wohl fleißig genannt werden, das altdeutsche Museum hat
mir Steffens zum Durchlesen von Hemmerde und Sch[wetschke] holen
lassen, da ist nun Docens Aufsatz gegen Dich darin. Verwirrt bleibt
er auch, was das (wenige) neu Hinzugekommene betrifft. Dies ist
kürzlich meine Meinung: Deine Behauptung enthielt zweierlei,
1) daß die Meistersänger ihr Alter bis ins 12. 13. Jahrhundert
zurückführen. Das giebt Docen zu (Hagen nicht, gegen welchen
dies polemisch auszuführen wäre), 2) daß Minne- und Meistergesang identisch. Dies leugnet Docen und behauptet einen materiellen

Unterschied, daß nämlich kein Meistersänger Minnelieder geschrieben. Meines Ansehns hat er dies aber nicht bewiesen, was er muß, und es ist ein schlechter Zirkel, wenn er gegen die Meistergesänge dieses Inhalts (Bremberger) behauptet, es seien keine. Doch Du wirst das bedächtlicher lesen, als ich konnte. Am interessantesten waren mir Hagens Zusätze zu Görres, wiewohl, was er gegen dessen Stil sagt, gewaltig albern. Der einfältigste ist aber der Büsching mit seiner Über-ausführlichkeit, den Aufsatz über Eschenbach beginnt er mit der naiven Bemerkung, daß er gewiß nichts sagen werde von diesem, was er nicht wisse. Docens Gallerie ist schlecht, eine und dieselbe Lobpreisung für alle, und wie übermäßig. Das Dichterverzeichnis gut, wiewohl ich mehr benutzt als genannt bin. Wenn wir das Buch zu recensiren kriegen, so möcht' ich gern etwas dazu thun (das Geschlecht Magog wird schon bei Moses genannt), namentlich etwas sagen gegen die ganze Manier darin, die so breit (bei Büsching) und böttchermäßig ist (besonders bei Hagen). — Schelling hat seine sämmtlichen Werke in Landshut drucken lassen, wovon ich den ersten Band bei Steffens gesehn, ich wünschte, daß wir es kauften, es ist manches Schöne darin und manche historische Idee.

Ich mache eilig den Brief zu, weil ich fürchte, daß er sonst nicht fort kommt.

Dein getreuer W.

Adresse: An Herrn Staats-Raths-Auditor Grimm in Cassel in Westfalen.

36.

Jacob an Wilhelm.

[Cassel,] Sonntag, den 25. Juni 1809.

Liebster Wilhelm! Ich hatte gestern vergeblich einen Brief von Dir erwartet. Soeben bringt mir Herr Kreferstein einen von der Louise, (wofür ihr doch vielmal danke), datirt vom 20., und einen von Dir vom Sonntag, also dem 18ten, dessen Eile am Schluß ich mir daher nicht zu erklären weiß, oder hat er mit einer andern Gelegenheit ab-gehen sollen und ist nachher liegen geblieben? Mein Brief, welcher gestern vor acht Tagen abging, muß nun auch längst bei Dir sein.

Herzlich freut mich das Gute, was ich über Deine Gesundheit höre, und was auch die Louise bestätigt, es thut mir ordentlich leid, daß Dir das alles von fremden Leuten gethan wird und daß wir Dich nicht selber gesund machen und kein Verdienst dabei haben, da wir Dich doch lieber haben als die andern alle. Du mußt dadurch eine Art Heimath zu Halle kriegen und eine Liebe zu dem Ort, ich ginge gar zu gern von Cassel weg, das ich nur deswegen lieb habe, weil die Mutter hier begraben liegt.

Eine kleine Stadt von 2000, 3000 Menschen wünsche ich mir und uns zum Aufenthalt, ich möchte wissen, wie es mir noch geht, denn vieles ist mir jetzt so zuwider, daß ich nicht dabei bleiben werde, das weiß ich, auch wenn ich meinerseits ganz ruhig dabei bin; wenn uns Gott soviel gäbe, daß wir ein äußerlich mittelmäßiges Leben, aber unabhängig von dem geldverdienenden Dienen führen könnten! Denn ich glaube, man kann an ein feineres äußeres Leben nach und nach gewohnt werden, wogegen man alsdann sonst nicht mehr so rein lebt. Und alles, was aus einer gewissen Stille, Häuslichkeit herausgeht, ist im Grund ein Verderbnis — ich meine kein immer Zuhausebleiben, das Ausreisen steht ihm nicht entgegen, weil ein Zurück- oder lieber ein Heimkehren ist. Obgleich auch der Reiselust so vieler Menschen etwas Blindes, Unklares zum Grund liegen mag, denn was heißt das: eng an einer Gegend haften und in ihr beschlossen sein, da sie doch eigentlich so weit ist, und 100 Meilen geben am Ende dasselbe relative Verhältnis, als 100 Schritte ab. Es steht damit wie mit dem Bücherlesen, da ein Unersättlicher (lieber ein anderes Wort) durch 100 Bücher durchaus nicht mehr wird befriedigt werden, als durch das erste, was er gelesen, und wenn er alle modernen lesen könnte, so kann er die alten nicht lesen, weil er die Sprachen nicht wissen kann, und weil sie verloren sind, und die zukünftigen kann er ohnedem gar nicht. Ich möchte von Herzen gern reisen, einige Jahre, weil ich weiß, wie erstaunlich weiter das unser Studiren bringen wird, ist der Savigny nicht darum auch gereist? Und für die alte Poesie sind hundert Gründe mehr da, und zu wie vielem werden wir nie auf andere Art gelangen! Vielleicht kannst Du das eher ausführen, auf den Fall, daß Deine Gesundheit so her- gestellt wird, daß Dir die Reisen nicht kostspieliger und gefährlicher werden, als einem andern. Auf allen Fall muß erst in Teutsch- land Ruhe werden, ach, Gott gebe gute Ruhe, ich glaube gewiß, daß nie in Teutschland einstimmiger und edler darum gebetet worden ist, ich könnte darüber alles andere aufgeben und liegen lassen und denke oft, wie es möglich ist, daran nicht immer zu denken und sündlich, daß man daneben noch etwas anderes mit Liebe treibt; wenn doch das Unglück nur einmal aufhörte, wie müßte uns dann geschehen!

Die Lotte ist nun weg und der Ferdinand schon am Dienstag
wiederkommen, ich habe ihn jetzt gar zu lieb, weil er mir so verlassen scheint, und brav ist er durchaus. Der Louis hat mir eben
große Freude gemacht durch Übersendung des beikommenden Briefes
und der beiden Bilder, die er gestochen hat und die mir ausnehmend
gefallen. Ich zeige das alles fast dem Ferdinand nicht gern,
weil es ihn schmerzen muß, wie es dem Louis gelingt, ich hab' es
ihm aber doch gewiesen, denn das wäre noch viel härter, es nicht
zu thun.

Über das Magazin hab' ich Dir gerade auch geschrieben, und es
freut mich, daß Du über Docens Aufsatz nicht anders gesinnt bist.
Das Beispiel mit dem Brenberger, welches er nicht anders als durch
Zufall erklären kann, ist freilich das auffallendste, eine zufällige
Dummheit von ihm ist es aber auch, daß er hintennach zwei Minnelieder der spätern Meistersänger abdrucken läßt, er nennt sie indessen
erotische Gesänge. In dem Docen steckt durchaus eine Sucht, so zu
schreiben, wie man vor zehn (oder etwas länger) Jahren pflegte, daher
die widrigen Rubriken an Gallerien, Spicilegien und dabei seine
unklare Weitschweifigkeit, das Geschwätz über Rudolf von Montfort
und besonders über Conrad von Würzburg ist auch gar nichts nütz,
dahingegen ist er in den Tristan wahrhaft und ernstlich verliebt und
hat daher auch einiges Wahre davon erkannt, den schlechten Schluß
von Pastoralpoesie besonders abgerechnet. Büsching ist unbedeutend,
und seine weitläufige Untersuchung der Müllerschen Zweifel gegen
Eschenbachs Baierheit fast lächerlich, da die Sache durchaus unbestreit-
bar war. Hagen ist ohne Frage der beste darunter und weiß viel
Nothwendiges, ob Du gleich mit seiner Manier Recht hast, deswegen wollt' ich eben, daß man in der Recension über keinen Punkt
dieser Reisesagen ausführlich einginge. Denn was veranlaßt gerade
diese unangenehme Art? Der Umstand, daß man über die Sache
noch nicht recht weit ist, da will man denn alle zerstreut gesammelten
Notizen anbringen und sie thunlich verbinden, die eigentliche Verbindung fehlt aber. So könnte zu Deinen Bemerkungen zu Hagens
seinen zu Görres' seinen ein vierter wieder neue Bemerkungen liefern,
und das Verhältnis einer Recension zc. würde bei keiner eintreten.
Ich halte dafür, sie sind nur dann an ihrem Ort, wenn eine Sache
schon feststeht, oder wenn sie nicht interessant genug ist, um noch besonders abgemacht zu werden. So würde ich ohne Anstand alle
Kleinigkeiten mittheilen, die ich noch über Wolframs Leben wüßte,

auch alle Zusätze zu dem Dichterverzeichnis, falls letztere nicht zu weitläufig würden. Was nun den Glauben des Mittelalters an die Wunder
der Erde und der Natur betrifft, so ist es vor allem nothwendig, daß
wir die ältern Reisebeschreibungen gebrauchen und alle Stellen der
älteren Dichter, namentlich des Eschenbachs, welchen die späteren
vielleicht bloß ausgeschrieben haben, über die Heidenschaft ercerpieren
und in Ordnung bringen. Ich hatte unlängst mit dem zweiten
Theil des Oranse den Anfang gemacht. Wenn nur der Titurel einmal gedruckt wäre, bei weitem das Hauptwerk hierüber, aber auch
einige andere möchte ich kennen, wie den Lapidarius oder den
französischen Bestiaire. So ist es meiner Ansicht nach durchaus fehlerhaft, daß Hagen mit dem Herzog Ernst absolut den Sindbad in
eine Kette bringen will und wiederum diesen mit der Odyssee, wo
uns nur einige Mittelglieder fehlen sollen. Eine Recension hat mich
neulich wieder von neuem auf Hartmanns Buch über den Orient
aufmerksam gemacht, worin die geographischen Stellen aus dem
Moses untersucht werden, welche er indessen für später interpolirt
hält. Darin kommt auch über Gog und Magog vor. Ich habe indessen Hartmanns Buch, auch wegen anderer interessanter Dinge, ver-
schrieben, sowie Beckmanns Magazin älterer Reisebeschreibungen,
ferner existirt auch von Buttmann eine kleine Schrift über die älteste
Erdkunde.

Ich kann nicht anders sagen, die beiden Stücke in dem neuen
Band von Schlegels Calderone sind viel schlechter, als die im ersten
stehen. Besonders gilt das von der Brücke zu Mantible, worin
die Intrigue durchaus null ist, so daß ich froh war, wie es zu Ende
ging, es ist gewiß ganz flüchtig gemacht. Der Principe constante
ist doch besser. Einzelne Stellen sind voll Poesie (manchmal etwas
steif übersetzt): so die Beschreibung eines weißen Pferds außerordentlich gut, daß es von lauter Schnee wäre, der an Schweif und Mähnen
anfing zu schmelzen. Eine fast ähnliche Stelle kommt in Oranse vor. —
Hast Du jemals die wunderbare herrliche Sage gehört: wie Artus
in der letzten Schlacht mit seinem verrätherischen Sohn Mordrec
streitet, so scheint die Sonne, und als ihn Artus niederstößt, so ist
die Wunde so groß, daß, wie er den Spieß aus Mordrecs Leib heraus-
zieht, ein Sonnenstrahl dadurchfällt.

Fernows Leben des Göttlichen Ariosto ist hölzern und schlecht,
wie aus dem Italienischen übersetzt. Gar kein Aufschluß über die
Quellen, die er zum Orlando furioso gebraucht hat. Vergiß doch

nicht in Gotha nachzuforschen, ob daselbst die Reali di Francia sind, ein äußerst wichtiges Werk, das man in keiner andern Sprache mehr hat. Ich habe neulich gefunden, daß danach der Pipin auch von Constantin abstammt, wie im Rother, welches ich gern in der Recension angebracht hätte. Dann such' es doch zu lesen. — Ich lese jetzt fast kein Buch mehr, ohne etwas darin zu finden.

Adieu. Dein treuer J.

37.
Wilhelm an Jacob.

Halle am 1. Juli 9.

Lieber Jacob! In dem Augenblick, wo ich mich hinsetzen will, Dir zu schreiben, erhalte ich Deinen lieben Brief, der mir eine rechte Freude und Erfrischung gewesen. Freilich sollte mein letzter durch Resterstein früher abgehn und konnte nicht. Die Kriegsflamme leckt hier herum, oft näher, oft entfernter, in diesem Augenblick scheint es ruhiger. Mein Baden war schon vor drei Wochen angesetzt. Abwechselnd (nach Tagen) in heißem Sool- und Seifenbad sitzend bis an den Leib, soll ich einen lauen, immer kältern Schwamm auf das Herz halten und dies Verhältnis steigern, so sehr ich kann. Dadurch soll der nach dem Herz gewöhnte Blutstrom eine andere Richtung nehmen. — Der Zettel dazu war schon von Reil geschrieben, als kühles Wetter eintrat, bei welchem er anzufangen verbot; dies hat abwechselnd mit schwülem die ganze Zeit her gedauert, und ich mußte beständig zurücksetzen. Nun bekam ich vor acht Tagen eine Art von Katarrhfieber, das aber jetzt gottlob fast ganz vorbei, auch das hält mich auf.

Oft bin ich recht betrübt darüber, und es ist mir ängstlich, daß ich so lang von Dir weg bin. Mein Geld geht mir hin, und das Baden wird auch viel kosten, da jedes einzelne 12—16 Gr. beträgt. Du kannst gewiß sein, daß ich nicht das Geringste, das ich nicht Noth oder Anstands halber thun muß, ausgebe. Eine Fahrt nach dem Petersberg, einer herrlichen Ruine in einer reichen Landschaft, nach dem benachbarten Lauchstädt, alle Gesellschaften für Badegäste, zu denen ich besonders invitirt werde, habe ich abgelehnt. Steffens hat mich zum Mitglied eines Clubbs gemacht, in den ich unter mancher-

lei Vorwänden noch nicht gegangen (einmal als sein Gast), weil es
1 Gulden kostet. Steffens sind außerordentlich freundschaftlich gegen
mich. Ich hatte Dir geschrieben, daß ich eine Stube um ein Geringes gemiethet (Steffens nämlich hatte es gethan und die Haus
wirthin gesagt, es werde sich leicht machen) und glaubte für 6 —
8 Thaler das ¼ Jahr höchstens, denn sie war schlecht. Nun ver
langt sie 18, die ich leider geben muß. Steffens haben mir aber
gleich ihre noch übrige sehr schöne Stube gegeben, damit es mich
nichts kosten soll. — Gott weiß, wie lang ich noch bleiben soll (einen
Monat gewiß noch), ich kann es doch nicht ändern, und es kommt mir
wie meine Pflicht vor, Reil genau zu folgen.

Was Du geschrieben, ist recht in meinem Sinn, ich freue mich
sehr darauf, fleißig mit Dir zu arbeiten. Wenn es mir nicht wieder
schlechter wird, so könnte ich wohl eine Reise aushalten und würde
gewiß etwas thun. Könnte ich denn nicht einmal eine Hofmeister
stelle bei einem reichen Grafen erhalten, ohne Unterricht geben zu
müssen, und durchaus zu nichts vorhanden als etwa zum Staat?

Das Buch der Liebe habe ich auf zwei Tage gehabt. Dabei
wäre vorerst nichts zu thun, als es recht zu loben (die Vorrede habe
ich nicht gelesen) und sich für die Zukunft alles Schlechte zu ver
bitten, das ungefähr unter dem Pontus stände. Über das Magazin
können wir nicht gleichmäßiger denken. Geradezu lächerlich sind die
Citate über Eschilbachs Namen, zwei wären genung, weil bei dem
Wappen etwas darauf ankommt. Eschilbach ist die bairische Provinzial-
endigung und Eschenbach die fränkische. Demnach ist wohl beides
recht, aber Eschilbach richtiger gerade als das andere, weil es ein
Baier war.

Mit dem Ankauf des Stolbergischen Buches eile nicht zu sehr.
Steffens meint, daß der grell darin erscheinende Gegensatz von
gläubiger Frömmigkeit und kritischer Freiheit in Betrachtung der
Geschichte durchaus zernichtend sei. Steffens kennt selbst Stolberg
und seine Familie. Er ist ein herrlicher, stiller, schlichter, innerlich
frommer Mensch, der ganz einfach lebt mit seiner Frau und seiner
Familie, fern von allem gräflichen Prunk, und den größten Theil
seines Vermögens den Armen giebt. So schön diese Frömmigkeit an
ihm, so wenig an seinen ziemlich häufigen Anhängern, bei denen es
gemacht und widerlich erscheint. Das Manuscript von seinem Buch
hatte er an Perthes geschenkt, der damit ein Beträchtliches gewonnen,
weil es droben ungemein gekauft worden.

Von einigen Kindermärchen habe ich wieder gehört, allein es waren schon bekannte. Überhaupt fang' ich an zu glauben, daß ihr Kreis nicht sehr groß ist, und daß wir die meisten kennen, daß aber diese allgemein verbreitet sind. Denn auch Runge kennt nicht mehr, wie mir Steffens erzählt hat, der sie öfter von ihm gehört. Denk, Runge wollte hierherkommen; es ist aber nichts daraus geworden.

Auf Friederikens Geburtstag, der vor etlichen Tagen gefeiert wurde, kam denn ihr Bräutigam Raumer ganz unerwartet an, blieb aber nur einen Tag, um dann zu seinen Eltern nach Dessau zu gehn. Wahrscheinlich aber kommt er wieder. Es ist ein gescheidter Mensch, der mir recht gut gefallen. Er will nach Pestalozzi und bei dessen Institut Lehrer werden. — — ...

Louis' Bilder und sein unschuldiger Brief, der sich nach dem Blutfink und den Kanarienvögeln erkundigt, hat mir große Freude gemacht. Ordentlich meisterhaft sind sie und in dem Frauenkopf ist Wärme und ein ungemein lieblicher Ausdruck. Wenn er so fortfährt, so wird er ein braver Kupferstecher; die Manier des Heß ist übrigens nicht zu verkennen.

Louise hat mir zwei Einlagen zuschicken wollen, eine an Brentano, die Du wohl durch Franz Brentano besorgen kannst.

Grüß den Karl vielmal von mir und den Ferdinand auch, ist er denn so gleichgültig gegen mich, daß er nicht einmal nach mir fragt und mich grüßen läßt, in der Entfernung kränkt es einen doppelt.

Lieber, guter Jacob, leb wohl und behalt mich lieb. Wie oft, wenn ich allein bin, mach' ich die Augen zu und stelle mir die Stube genau vor, jedes, auch das Geringste, wie es darin steht, und wie Du auf Deinem Stuhle sitzest und arbeitest; das kann mich ordentlich bis zum Weinen rühren.

　　　　　　　　　　Dein ewig treuer Wilhelm.

Eben höre ich, daß die Universität ihren Vater verlieren wird, der als Prof. L. L. nach Königsberg mit 1100 Thlr. geht, die Waise kann nun in das ungeheure Waisenhaus ziehen.

Wie geht's Wilds? Ist denn die Lisette verheirathet und seid Ihr auf der Hochzeit gewesen? Grüß doch auch einmal den Itzig. er ist doch gar zu gefällig immer gewesen.

Du möchtest doch dem Pugge den richtigen Empfang der beiden Kisten durch R. ansagen lassen.

Adresse wie bei Brief 35. Empfangsstempel: 6. Juil 1809.

38.

Jacob an Wilhelm.

Cassel, 10. Juli 9.

Ob ich Dir gleich lange nicht geschrieben habe, weil ich auf Deinen Brief vergeblich wartete, der endlich am Mittwochen eintraf, so muß es heut doch wenig werden. Ich weiß auch wenig. Siehst Du aber, daß ich recht ahndete, daß Du erst im August kommen würdest. Da das Wetter warm ist, so wirst Du nunmehr das Bad brauchen, über dessen Wirkung ja nicht vergiß zu schreiben.

Vom Karl kommt hierbei eine Einlage, mit dem Ferdinand bin ich jetzt sehr gut, seitdem er von Marburg da ist, auch die Lotte schreibt mir Briefe. Der Lisette Hochzeit ist freilich vor 8—10 Tagen gewesen, und ich und Ferdinand waren dazu eingeladen, der ist aber nicht hingegangen, weil es ihm wirklich an Kleidern fehlte. Sie wohnen nun zusammen in Wolfsanger und sind recht vergnügt und brav, welches viel gelten muß. Die Hochzeit war im Garten von Abends 6 bis 10, also ist außer Copuliren, Essen und Trinken und einigen Gesellschaftsspielen wenig gemacht worden, keine Musik. Der Alte weinte, machte aber den andern Tag die alten Scherze...., er ist aber doch jetzt mehr verdrießlich über die Zeit und alles; es kommt mir vor, als ob er bald stirbt. Vor einigen Tagen ist die Hannchen angekommen, allein ich habe sie noch nicht gesehen, nach dem Ferdinand ist sie die kleinste und höflichste, sie ist noch von der ältern Erziehung, die jetzigen regen sich etwas mehr, es ist aber im Grund einerlei. Mit dem Eschwege habe ich von Herzen gern Brüderschaft getrunken, welches Du demnächst auch nachzuholen hast.

— — —

Einige Gesellschaften und Partien, worin ich durch Wilds und dadurch durch Landrés gerathen war, werden mir nach diesen einigen Versuchen herzlich zuwider, ich habe erst immer große Lust, unter die Leute zu kommen, und denke aus Ursache meiner vorigen Abgeschieden=

heit anfangs nicht an die Einförmigkeit, ja Leerheit, die einem hernach auffallen muß, also endige ich damit, daß ich aus eigener Gutmüthigkeit und, da ich sehe, wie die Leute selber gutmüthig sind, mir Zwang anthue, bis zuletzt dieser ebenfalls wegfällt und alles wieder beim Alten ist. Etwas Unrechtes steckt darin, und es wird auf jeden Fall noch Menschen geben, die mir recht sind, weil ich mir keines Fehlers dabei bewußt bin, es fragt sich nur, sie zu finden, vielleicht an einem andern Ort. Zur Jordis gehe ich deswegen nicht gern, weil immerfort Franzosen da sind.

Ich habe in zwei Göttinger Auctionen viel Bücher gekauft, darunter: Schneiders großes griechisches Lexikon, 2 Quartanten, gut gebunden für 7 Thlr. — Nyerups Symbolae, nebst einem andern Quartanten Knochenzugabe drein, 19 Gr. — Velasquez spanische Poesie 6 Gr. — la farce de Pathelin 5 Gr. — Herders Werke zur Philosophie und Poesie, neue Cottaer Ausg. 16 Bände gebunden 10 Thlr. — Hagens Nibelungen 1 Thlr. 2 Gr. Wunderhorn 1. für 1 Thlr. 6 Gr. und die ganze arme Einsiedlerzeitung für 7 Gr. Die letztern zu Präsenten: die Nibelungen will ich dem Wigand auf seinen Geburtstag schicken, sie kosten sonst 3 Thlr. Der Ferdinand hat seine Bücher bei der Gelegenheit auch mit wenigstens 12 Bänden vermehrt.

Müllers Bücher werden wohl hier verkauft .... 5—6000 Bände etwa, aber herrliche Sachen, worunter ich doch manches kaufen möchte, schon der zu vermuthenden Wohlfeilheit halber. Daß ich nicht vergesse zu schreiben, gestern kommt der St.-R. von Leist, der an Müllers Stelle Generalstudiendirector geworden, zu mir und trägt mir die Generalsecretärstelle dabei an, ich hatte aber innerlich keine Lust dazu (wovon mündlich), und es war mir lieb, daß ich an dem damit verbundenen, vielleicht auch complicirten Rechnungswesen einen Anstand nehmen konnte, ungeachtet der Posten meinen Gehalt ansehnlich vermehrt haben würde, vielleicht um 2000 fr. Es ist aber so damit.

Sprich doch einmal mit der Louise darüber, ob sie von Folgendem etwas weiß und hält, oder wo man etwas davon lesen könnte. Der Alte müßte das freilich eher angeben. Wie erklärt sich das meiner Meinung nach sehr tief liegende Gesetz in der Musik, daß auf zwei gleiche Theile ein abweichendes Trio folgt? Worin besteht der eigentliche Unterschied zwischen Dur und Moll, verständlich, d. h. unmusikalisch, etwa durch ein Gleichnis ausgedrückt? Ich glaube dergleichen Sachen gut bei der Meistersängergeschichte brauchen zu können, die ich doch nicht weiß, weil ich keine Musik studirt habe. Ist etwa im Forkel etwas darüber und ähnliche Dinge zu suchen, ich glaube nicht.

Wegen der Kindermärchen hast Du insofern nicht Recht, als wir von den wenigsten das rechte Detail wissen, und dieses ist es, was eben herauszubringen und aufzuschreiben wäre. Die von Grimm in Heidelberg schlecht.

Leb von Herzen wohl —   J.

Von Jean Paul eine Recension in den Heidelbergern, worin der Öhlenschläger über Maß gelobt wird.

Von Kopp eine über Roquefort, eine gelehrte Beurtheilung, jedoch sehr einseitig, weil ihn das spätere Französisch weniger angeht, und dieses könnte auch tüchtig getadelt werden.

Einen Brief von der Lotte schicke ich hierbei, wenn es auch etwas mehr Porto macht, es fällt mir sehr auf, wenn ich von meinen Geschwistern Briefe bekomme, sie kommen einem ganz anders vor, sie sind aber doch natürlich, es macht nur, daß sie sich in der Gegenwart etwa scheuen, es fällt mir ein, daß Du des Louis' erste Briefe mit Unrecht für dictirt oder geholfen hieltest. Es war mir, als ob ich die Lotte nach einigen Jahren wieder sähe, weil ich soviel auf einmal und im Zusammenhang von ihr erfuhr. Der Ton bezieht sich zum Theil auf Narrenspossen, die ich ihr geschrieben, und die Farben im Nachsatz auf ein Kleid, das des Prof. Tennemanns Schwester trägt, welches mir die Dortchen erklärt hat, sonst wußt' ich es eben so wenig.

Der versl. Klopstock macht mir viele Mühe, seit 6 Wochen nun alle Woch zweimal und immer viel.

Adresse: Herrn Wilhelm Grimm, Halle im Saaledep. bei H. Prof. Steffens.

39.

Wilhelm an Jacob.

[Halle, den 15 ? Juli 1809.]

Gestern war eine große Fete, welche die Vornehmsten der Stadt den Badegästen gaben. Weil hier wenig Leute sind, die ein Haus machen, und man ihnen doch Hospitalität schuldig zu sein glaubte, so ward es so von Reil und dem Präfecten eingerichtet, daß die sämmtlichen reichern Einwohner sich zu den Kosten unterzeichneten. Es war ein sehr schönes Locale, alles splendid und sehr langweilig. Ich war natürlich eingeladen und konnte nichts thun als auf die Kosten der guten Stadt Halle es mir wohlschmecken lassen und von dem vortrefflichen Wein, den Reil, der mir gegenüber, bei sich stehn hatte, trinken, Nierensteiner, Champagner u. s. w. Neben mir saß ein alter Oberst, der lang in Hanau in den 90ger Jahren in Garnison gelegen, und den ich mit einigen Specialien von dieser Stadt erfreute, meine Dame, eine Demoiselle Kayser aus Magdeburg, wie ich ihren Namen von dem auf dem Teller liegenden Zettel weiß, war zu krank und konnte nicht kommen. Reichardts waren auch da, von dem buckeligen Annalisten Gilbert, den Du in Cassel wohl gesehen, einge- laden, der bei sieben Damen hingeführt hatte und den seine Galanterie leicht 50 Thaler kosten konnte, Steffens mit seiner Frau hatte es ebenfalls für seine Schuldigkeit gehalten da zu sein. Diese waren aber an einer andern Tafel, weil die Badegäste an einer besondern saßen. Nachher wurde getanzt, wo Sophie, die schon eine ordentliche große Mamsell ist, ihre ersten Sprünge machte, ich mußte das mit Theetrinken abwarten, es kam mir recht wie Marburg vor, auch eine Schlägerei ward glücklich etablirt.

Du siehst also, daß ich gebadet habe, es ist schon die zweite Woche. Erst zwei Seifenbäder, die angenehmer sind, darauf Eisen- und Soolbad. Wie ich das erstemal einstieg, konnte ich sitzend kaum die Füße mit Wasser bedeckt haben, darauf allmählich höher bis zur Herzgrube, weiter aber kann ich nicht. Reil hat die Idee, eh ich den kalten Aufschlag übers Herz lege, durch den Gebrauch der reizenden Eisen- und Soolbäder einen Ausschlag über den Körper zu erregen. Eigentlich bekommt mir das Bad wohl, das Herz wird calmirt und schlägt ruhiger, allein kurirt kann ich doch nicht recht werden. Ich bin nun überzeugt, daß der Hals Einfluß gehabt hat, denn es gehen drei der größten Nerven, mit denen es verbunden ist, dadurch und die sind gedrückt worden, darauf hat nun Reil gewirkt, und er ist sehr verschwunden, und daher kommt die Erleichterung, denn es ist mir wirklich besser; aber eine andere Ursache ist die Brust, und dafür ist eigentlich kein Mittel, keine Radicalkur, das hat mir auch neulich Reil zugestanden, nachdem ich ganz gerad mit ihm darüber sprach, sonst schwieg er beständig darauf still. Ich weiß also genau, wie es mit mir ist, im Bade habe ich recht die Empfindung, daß es nicht recht durchdringen könne bei mir, und daß es bloß erleichtert. — Um eins will ich Dich hier bitten, laß Dir einmal ein solches Bad zu richten, es ist ganz einfach, warm Wasser, so sehr Du es vertragen kannst, worin ein Stück Seife aufgelöst ist, Du wirst empfinden, wie angenehm es ist, und wie ich Deine ganze Constitution ansehe, wird es Dir äußerst heilsam sein, es macht leicht, das Blut dünn und zehrt, daher man so starken Appetit bekommt, nachher trinke eine Tasse Kaffee. Des Morgens nüchtern mußt Du es thun und bei keinem kühlen Wetter anfangen. Ich bitt Dich recht sehr, es nur acht Tage zu probiren. Kaltes Bad ist damit nicht zu vergleichen und oft schädlich. — Hab' ich Dir schon gesagt, daß ich die starken spirituösen Wasser nicht mehr einreibe, weil ich sie nicht mehr vertragen kann; jetzt nehm' ich Pillen, die eine Knallkraft haben, denn sie zerspringen, wie ein wenig Hitze daran kommt. — Nach dem Bade geh ich auf das Klinikum, wo ich elektrisirt werde, eine prächtige, große Maschine von Mahagoniholz wird da gedreht, auf einen Tisch mit Glasbeinen, worauf ein Armensünderstühlchen, muß ich mich setzen, und mit Ketten werd' ich dann in Verbindung gebracht, und die Elektricität strömt durch mich. Ich empfinde davon nichts als ein Mißbehagen, rührt mich aber jemand oder auch nur meinen Rock an, so fahren starke Funken heraus, die knistern und durch mich schlagen, es dauert etwa zehn Minuten. Es sind gewöhnlich viele Leute da, die sich elektrisiren lassen. Gestern brachte Reil ein blindes Mädchen herein, deren Anblick mir rührend war. Wie der Mangel an Licht die Farben wegnimmt an den Pflanzen, so hatte er alle Beweglichkeit weggenommen, alle Züge waren starr auf dem blassen Gesicht wie bei einem Todten, und der ganze Körper war gleichsam zurückgekrochen. Es fehlte ihm sonst nichts, und doch konnte es kaum gehn, sie mußten ihm die Füße hinaufheben auf den Tisch. Es empfand nichts von der Elektricität, und wie es fertig war, saß es mit gefalteten Händen immer noch steif und unbeweglich. — Reil ist ein wunderlicher Mensch, und sonderbar ist eine gewisse Kälte, die oft wie Härte und Schonungslosigkeit aussieht, mit vieler Milde und Liebe vermischt. —

Von Arnim sind zwei Briefe angekommen für Dich und mich, ich schicke sie aber nicht mit, weil ich einen Umstand mündlich mit Dir erörtern will, der übrigens gar nichts Besonderes ist. Zu einer Antwort hast Du ihn gar nicht nöthig, weil er bloß von seinem Befinden, daß er wohl u. s. w., schreibt. In dem meinigen meldet er, daß er von Clemens einen sehr unterhaltenden Brief erhalten, und daß die Bethmännische Familie an der Scheidung arbeite. Gundel habe viel Angst bestanden.

Ich lebe hier recht still und bin in der wenigen Zeit, die ich für mich habe, fleißig. Freilich habe ich nicht viel. Der Morgen geht mir durch ein Colleg, das ich bei Steffens höre, Physiologie, die ungemein interessant ist, und durch das Baden hin; Nachmittags um fünf bin ich für immer nach Giebichenstein invitirt, daß sie mich für krank halten, wenn ich nicht komme. Ich wohne jetzt in einer schönen, grün decorirten Stube, und das eine Kind ist gewöhnlich bei mir. Anfangs waren Gesellschaften fast täglich, die aber gottlob aufgehört haben, es ist außer Steffens niemand da, mit dem ich darin sprechen könnte, seine Freunde sind recht brave Menschen, die drei Pfarrer der Stadt, der eine und beste, ein gemüthlicher Mensch, ist hypokunder, der andere nichts und der dritte fatal, ich habe aber wenig Berührungspunkte mit ihnen, und Steffens spricht gewöhnlich auch nur Solo. Einige Studenten, die Eingang bei Steffens haben, hab' ich angeredet, es ist aber nichts mit ihnen. Ranmer ist seit zwei Tagen wieder da, er gefällt mir recht wohl, ich habe mit ihm über indische Sachen gesprochen, wo er recht gut bewandert und belesen ist, was in Schuberts Buch davon steht, rührt aus seiner Mittheilung, vielleicht werd ich näher mit ihm bekannt. Wir sollen uns beide so ähnlich sehn, Arnim hatte es schon bemerkt, hier hab' ich durchgehends für ihn passirt, eh' er da war, und jetzt werden wir von jedermann verwechselt, gestern sagte mir ein Fremder, etwas gewachsen sei ich doch auf meinen Reisen. Es kommt mir auch vor, daß ich so etwa aussehe, denn Du magst es glauben oder nicht, wenn ich nicht in Spiegel sehe, weiß ich nicht, wie mein Gesicht ist. — Hast Du nicht auf den 11. dieses Monats gemerkt, ich ging da gegen Abend an den herrlichen Ufern der Saale zu Giebichenstein spazieren und setze mich auf einen schönen Felsen und sah so eine Zeitlang in die Gegend nach Osten, wie ich aufstand, war der Höhenrauch, der den ganzen Tag über an dem Himmel herzog, recht tief und stark herabgesunken, und die Sonne stand wie eine rothe Kugel recht blutig in Westen; es kam mir ein Grausen an, da es wie ein stilles, gewaltiges Zeichen am Himmel stand; ich habe nie etwas Ähnliches gesehn. Ich glaube doch gewiß, daß unser Schicksal an den Himmel und die Sterne geknüpft ist. Darnach blitzte es am wolkenlosen Himmel ganz wunderlich, nicht in langen Streifen, sondern wie eine

Kanone blitzt, rund und von einem Punkt ausgehend. Es hat vielleicht ein Erdbeben bedeutet, und ich lese eben in der Zeitung, daß
man etwas in Düsseldorf früher empfunden. — Wenn Du doch als
bei mir wärst; daß es Dir bei Wilds und gar bei Laudré's, die recht
gut, aber doch ganz gewöhnlich sind, bald langweilig vorkommen
werde, habe ich gleich gedacht und Dir auch gesagt. Es ist aus derselben Ursache, aus welcher Du nicht gern spazieren gehst, ohne einen
Zweck, Milchessen und dergl. Du kannst für Dich still studiren und
arbeiten, aber nicht für Dich bloß sein, und alles Nichtarbeiten macht
Dir Langeweile. Es ist recht schön, und es hat mir oft leid gethan
und ich habe Dich beneidet, daß Dich eine Arbeit fast nie ermüdet.
Ich habe mich vorigen Sommer in Wilds Garten setzen können,
allerlei Bilder und leichte Gedanken sind mir vorgekommen und haben
sich festgehängt an die Bäume, Blumen, Wolken oder an die
Menschen, die herumgingen und doch alle so gut waren, und das hat
mich vergnügt gemacht, ich habe sie niemals unterhalten wollen noch
es verlangt, weil einem ja diese Pein alles verleiden muß. Wenn
Du aufrichtig sein willst, so würdest Du nicht zur Jordis gehn,
wenn auch niemand da wäre, ja wenn Savigny, Bettine 2c. da wären,
so würdest Du es wohl etwas besser, aber nicht viel machen. Wie
sie ja einmal da waren, bist Du niemals mit mir hingegangen, ohne
es auszumachen, daß wir recht bald wieder fortgingen, und hast von
allerlei her die Ursache genommen. Du wirst auch niemals außer
dem Hause die rechten Leute finden, aber gewiß darin, denn Du hast
einen so schönen Sinn für das häusliche Zusammenleben, das ich auch
für den Grund ansehe, und ich halte wie Du alles, was eigentlich
dagegen, für Sünde. Wenn es Dir in Cassel nicht gefällt, so ist
das recht, aber in eine kleine Stadt von 3000 M. zu ziehen wär
mir noch mehr zuwider. Darin ist all der Nachtheil und die Nachahmung der großen und nichts von dem Guten des Landlebens. So
möcht ich um alles nicht in Steinau oder einem ähnlich organisirten
Ort sein, wie fatal ist dort das Zusammenleben. Wie spricht
B[erner] von Höxter? Warum nicht gerade aufs Land in ein Dorf,
wo es so schön still und ruhig, etwa wie Allendorf, oder näher an
einer großen Stadt, denn ich sehe nicht, warum man aus Opposition
all ihre Vortheile aufgeben soll, die man dann doch haben würde.
Noch lieber wollte ich Gott um ein Landgut bitten, wo es noch
stiller, zuweilen besucht ein Freund, dabei die herrliche Gartenlust. —
Und doch thut der Sinn am meisten, und wenn ich hier abgeschieden

davon daran denke, wie wir dort leben, so kommt es mir so schön doch und herzlich vor, daß ich es nicht sagen kann. Liebster Jacob, dann seh' ich recht, wie gut Du gegen mich gewesen bist. — Was Du thun wirst bei dem neuen Antrag des Leist, ist gewiß recht, und nimm um keinen Preis eine Stelle, die Dich verdrießlich macht.

Der Brief ist schon so lang geworden, und ich verspare das Übrige auf einen neuen. Karls Brief hat mich sehr erfreut als ein Zeichen und der Lotte ihr Brief auch, ich möchte ihr gern alles abbitten, wenn sie auch Unrecht hat, damit es nur gut wäre, und in der Form fühl' ich doch, daß sie meine Schwester ist und daß ich sie recht lieb habe. Leb wohl

Dein treuer W.

Den Titel von Reali di Francia mußt Du mir genauer angeben, es ist doch nicht italienisch, sonst würde mir das Lesen schwer werden.

Adresse wie bei Brief 35. Empfangsstempel: 19. Juli 1809.

40.
Wilhelm an seine Tante.

Halle am 17. Juli 9.

Liebste Tante!

Ich bin verwundert, daß Sie meinen Brief so spät erhalten, und es müssen auch einige gar nicht angekommen sein, weil Sie nichts davon schreiben. Ihren lieben Brief hab' ich erst gestern erhalten, mithin war er auch 6 Tage unterwegs. Es ist kein Wunder in jetzigen Kriegszeiten, zumal da das Kriegstheater hier ganz nah ist. Wir sehen täglich Truppen allerlei Art, einzeln oder in größerer Anzahl.

Ja, liebe Tante, ich habe schon gebadet. Es ist ein schönes Haus dazu eingerichtet, in der Mitte ein langer Gang und auf beiden Seiten kleine Cabinette, worin man badet, alles ist darin bequem und anständig. Ein Sopha, Spiegel 2c. ziemlich elegant. Vorne sind zwei Säle, worin man sich versammelt und wartet. Es sind schon an 40 Familien hier, und das benachbarte Lauchstädt soll ganz leer sein. — — —

Liebſte Tante, für das Geld, das mir der Italiener bringen wird, dank' ich Ihnen gehorſamſt, ich werde es gewiß ordentlich an-wenden. Ich weiß nicht, wie lang es noch dauert, ſobald ich darf, reiſe ich ab und zu Ihnen. Dem lieben Jacob ſchreibe ich auch öfters, Sie werden ebenfalls Nachricht von ihm haben.

Behalten Sie mich lieb, ich werde Ihnen bald weitere Nachricht geben, wie es mir geht.

Ihr
gehorſamer
Wilhelm.

Adreſſe: An Mademoiſelle Zimmer. Erſte Kammerfrau bei Ihro Königl. Hoheit in Sachſen-Gotha.

41.

Jacob an Wilhelm.

[Caſſel,] den 19. Juli [1809.]

Soeben erhalte ich Deinen Brief, worin mich alles gefreut hat. Ich kann Dir dafür nur wenig ſchreiben, in einigem, was Du von mir denkſt, haſt Du gewiß nicht Recht, mit dem andern hat es ſeine Richtigkeit, allein ich kann nicht anders ſein, und es kommt mir durchaus natürlich vor. Und iſt nicht das ſonderbare Geſellſchafts-weſen etwas Unnatürliches, um nicht zu ſagen, etwas Modernes, denn vor ein Paar hundert Jahren war es ſicher ganz anders und man ſetzte ſich nicht zu einander hin, um ſich Zeit und Luſt zu nehmen, wie jetzo. Ich mag zu keinem andern gehn, als den ich lieb habe, und der mich auch lieb hat, nicht um mit ihm etwa zu ſprechen oder etwas von ihm zu lernen, ſondern um bei ihm zu ſein, wo ſich her-nach das andere geben wird. So iſt es mir bei Reichardts nicht er-gangen und auch nicht bei der Jordis, und was liegt mir an einer kurzen angenehmen Unterhaltung, an ein Paar witzigen Reden, worauf ich doch nichts weiter zu ſagen habe, als daß es ſchön iſt oder gut. Savignys dagegen habe ich lieb, da wäre ich gewiß gern, und wäre auch mehr hier zu ihnen gegangen, wenn ſie allein und ungeſtört geweſen und ich ihnen vielleicht, ja natürlich nicht ſelbſt fremder geworden, als ſie mir. Ich bin ſehr oft von Herzen gern allein und könnte dann gerade nichts arbeiten, um deswillen gehe ich lieber allein ſpazieren, als mit einem, weil meine Gedanken ſeine hindern oder

seine meine, und über vieles kann ich mit denen, die ich lieb habe,
gar nicht sprechen, ich habe eine innerliche Scheu, schreiben mag ich
es allenfalls, allein eben, indem ich Dir darüber schreibe, ist es mir,
als ob Du nun länger ausbliebest, weil ich sonst wieder ein ähnliches
Gefühl haben würde, wenn Du in 14 Tagen zu uns hereinkämest.
Ich vergesse es aber auch sehr bald. Mit fremden Menschen kann ich
die Sache recht gut und trocken abhandeln. Daß man zu interessanten
Leuten gern etwa in Theegesellschaften gehen mag, ist mir begreiflich,
und es kommt mir mit dieser modernen Sitte so vor, wie mit den
modernen Journalen, es sind gute, brauchbare, öfters abgebrochene
Artikel, aber doch keine rechten Bücher; es kommt nothwendig auch
viel Schlechtes und Gemeines unter, man kann sich daran gewöhnen,
sie aber auch recht gut ganz entbehren. Es giebt noch eine andere
Art von Zusammenkunft, die gewiß so lange da ist, als Menschen da
sind, und wo ich auch gern bin, selbst wenn es schlecht ist, ich meine
öffentliche Belustigungen, Spiele und Feste, die aber von dem, wie ich
glaube, wieder ursprünglichen französischen Visitenwesen weit verschieden
sind, welches letztere sie immer mehr beschränkt, ja vernichtet.

Ich habe nichts dagegen, daß Du Arnims Brief dortbehalten
hast, weil doch nichts darin steht, aber über den mündlich vorbehaltenen
Umstand sinne ich vergeblich nach und ich weiß nicht, warum er mir
im voraus leid ist, sonst hättest Du es wohl geschrieben. Ich bin
begierig, was der Brentano der Louise schreibt. Docens Miscellaneen, München 1809, habe ich eben erhalten, da sieht man, daß es
nicht einmal eine neue Auflage ist, geschweige Umarbeitung. Bloß
der Titel ist neu umgedruckt und zwei Bogen Zusätze, ohne viel
Bedeutung, beigelegt. Hier ist der Titel der Reali di Francia: I
Reali di Franza, nel quale si contiene la generazione di tutti i Re,
Duchi, Principi e Baroni di Franza e delli Paladini colle battaglie
da loro fatte etc. Mutina 1491. fol. Venezia 1499. f. 1537 f.
1551 etc. Dies Buch ist sehr alt, nach einigen sogar von Alcuin in
Latein ursprünglich abgefaßt, man hat aber Handschriften von 1350,
es scheint bestimmt, daß es nicht mit Turpin zusammenhängt und die
sämmtlichen Sagen von Karl rc. enthält, sowohl die verlorenen, als die
noch erhaltenen. Aus ihm haben namentlich die italienischen Octav-
reimendichter des 16. Jahrhunderts geschöpft.

Eine Übersetzung und eine lateinische Ausgabe der regales kenne
ich nicht, das Italienische ist aber nicht schwer, auf jeden Fall such es
zu leihen, ich kann es ziemlich ohne Anstoß lesen.

Ich habe immer noch die Bücher von Göttingen, seit Dezember her, weil ich gar nicht daran kommen kann. Ich muß auf jeden Fall einmal dahin und 14 Tage dort arbeiten. Ich lese jetzo auch den Aventin, und es verdiente genau untersucht zu werden, wo er seine Fabeln von den altdeutschen und bairischen Königen her hat, es ist nicht alles Namenverdrehung und Herbeiziehung, und oft beruft er sich auf Lieder und Quellen, die er leider nicht näher citirt.

Der Wigand ist wieder hier und brachte vor einigen Tagen plötzlich seine Braut in meine Stube, die Hochzeit wird hier in kurzem gehalten, ich komme aber nicht darauf. Der Denhard in Steinau, wie ich von seiner Schwester höre, hat einen jungen Sohn.

Der König ist heute wieder gekommen, und bis Sonntag will ich mich mit dem Murhard, der mich dazu treibt, in der Cour in Staats-uniform vorstellen lassen, da es doch einmal sein muß.

[Ohne Unterschrift.]

Adresse wie bei Brief 34.

42.
Wilhelm an Jacob.

Halle am 20. [Juli] 9.

Vor einigen Tagen ist der Nachen unvermuthet hier eingetroffen und wohnt draußen bei seiner Lieben und hat die größte Langeweile. Es brennt ein recht innerlicher Hochmuth mit ihm, daß er mit nie-mand reden will, alle Leute nur für Schund ansieht und nur zu-weilen lächelnd freundlich-vornehm ein Paar Worte spricht. Ich mag daher nicht mit ihm reden und lasse ihn gern in Ruh. Nach vor-nehmen Leuten hat er eine Sucht, und die mögen so dumm sein, als sie wollen, da ist er gern. Was man so sehr glauben sollte, daß er sich freuen würde, jetzt ruhig bei seiner Familie zu leben, das ist gar nicht, sie sagen selbst, er werde es nicht lange bei ihnen aushalten, und so fehlt es ihm ganz an einem häuslichen Sinn. Er ist jetzt darüber her und will sein Leben schreiben, wovon selbst Louise sagt, daß ihr angst dabei sei. — Nach Dir hat er sich mehrmals sehr artig erkundigt. —

Auch Raumer ist wieder gekommen und acht Tage dageblieben. Es ist ein guter, gescheidter Mensch, den ich recht lieb gewonnen. Er ist sehr fleißig und weiß vieles. Ueber die indischen Sachen habe ich mehreres mit ihm gesprochen, das ich Dir mündlich wiedersagen will, alles, was im Schubart davon steht, ist von ihm. Er glaubt, daß das astronomische Prinzip das herrschende ursprüngliche darin sei, alles Darstellung von Zeit und Raum, in den Gedichten daher das stete Besingen der vier Jahreszeiten. Schlegel habe das gänzlich über= sehen. Ihr Wissen aber sei ein göttlicher Instinct, kein bewußtes gewesen, sie haben ihre große Erkenntnis unmittelbar von Gott ge= habt, wie das Gesicht, geistige Augen, die uns zugefallen sind, u. s. w. Es thut mir leid, daß Raumer keine gemüthlichere, wärmere und lebendigere Braut hat als diese, die er freilich verehrt, die man aber weder tadeln noch loben darf, weil man mit beidem Unrecht hat. Er geht jetzt nach Freiberg und in das Erzgebirge, bleibt den Winter hier und will dann zu Pestalozzi, wo er eine Lehrstelle erhält und im Frühjahr heirathen wird. Ich habe wegen der altdeutschen Manu= scripte in der Schweiz mit ihm gesprochen, und er will sehen, ob er etwas ausrichten kann.

Ich bade nun täglich und lasse mich elektrisiren, letzteres mit immer unangenehmerer Empfindung. In den heißen Tagen ist es so stark, daß, wo der Ableiter mich berührt, Blasen entstehn. Es werden auch zwei Juden elektrisirt, die entsetzlich dabei schreien und die ge= waltig damit geneckt werden, daß, wenn sie voll geladen sind, man wie von ungefähr vorbeigeht und sie anrührt, und da schlägt allzeit ein starker Funke heraus, der ihnen durch den ganzen Leib zuckt und wobei sie laut auffahren. Die Badegäste werden immer zahlreicher, Reil thut alles sie zu vergnügen, Diners, Landfahrten, thés dansants, wozu ich auch beständig eingeladen werde, aber nicht hingehe, weil es mir zu langweilig ist. Einmal bin ich auf einem thé dansant ge= wesen, weil Reichardts und Steffens auch invitirt waren. Es hat mir aber wenig Vergnügen gemacht, unter den Tanzenden herumzugehn.

In diesen Tagen geht ein junger Stelzer, ein Bruder von dem, der eine Reichardt hat, nach Göttingen zu dem Präfect Franz. Es ist ein sehr braver, tüchtiger Mensch, der mir hier manche Gefälligkeit erzeigt. Ich habe ihm gesagt, er solle mich in Cassel besuchen, wo= hin er bald will, wenn er kommt, und ich bin noch nicht da, so erzeige ihm doch einige Freundlichkeiten.

26sten.

Ich habe Deinen Brief erhalten, auf den ich noch ein Paar Worte antworten will; Deine Gesinnung habe ich stets für natürlich gehalten,

nur nicht, daß Du eine andere, abweichende für unrecht und unnatürlich
ausgegeben. Z. B. Arnims Lust an einem geselligen Leben halte ich für
ebenso natürlich. Das Visitenwesen, wie es ist an den meisten Orten,
ist mir ebenso verhaßt und langweilig wie Dir. Übrigens liegt es bloß
an den Menschen, und eine Form giebt's eigentlich nicht, es ist wie mit
den modernen Kleidern, wir können darin doch sehr einfach, natürlich rc. sein, wenn wir es nur wollen. Daß das Zusammenkommen zum
Essen und Trinken französisch sei, weiß ich nicht, sieh deshalb, was
ich es aus dem Wendunmuth geschrieben; sicher aber das Courmachen.
Gesellschaften müssen sein, denn meiner Meinung nach ist der Mensch
durchaus gesellig. An öffentlichen Belustigungen, wie Theater, Feuer-
werke, Kirmissen und dergl., hast Du doch niemals Vergnügen gehabt. — Was Savignys betrifft, so hat mir Bettine oder Meline
einmal erzählt, daß Du zurückgezogen, still und äußerlich wenig
theilnehmend gewesen, daß, wenn sie Deine große Theilnahme an ihnen
nicht aus anderm gewußt und erkannt, sie nicht gewußt hätten, ob
Du von ihrer Freundlichkeit und Zuneigung zu Dir überzeugt gewesen, und es habe lang gedauert, eh Du Dich recht gegen sie geäußert.

Daß in Deinem Brief etwas gegen mich gerichtet ist, fühl' ich
wohl, aber ich weiß nicht was, und das ist meine beste Entschuldigung.
Es giebt nur zweierlei, geradeheraus alles sagen oder nichts, das erste
ist das Beste, zu sagen aber, daß man etwas zu sagen habe, quält
bloß. Was Du auszudrücken scheinst, als läge es direct an mir, ob
ich noch länger hier bleiben werde oder nicht, enthält, als Grund zu
mancherlei Behauptungen, eine große Ungerechtigkeit, die schon einmal vorgekommen ist, gegen die ich aber nie mehr ein Wort sagen
oder schreiben werde. —

Reichardt hat mir gestern die Einlage an Dich gegeben. Arnims
Brief enthält rein nichts, ich habe ihn bloß nicht schicken wollen,
erwarte daher weder was Trauriges noch Angenehmes, sondern nichts.
Schreib mir etwas von der Lotte und den Brüdern. Adieu

Dein treuer Bruder
Wilhelm.

Adresse wie bei Brief 35. Empfangsstempel: 25. Juil 1809.

43.
Jacob an Wilhelm.

[Caffel,] am 28. [Juli 1809] Abends.

Wie konntest Du es über Dich bringen, eine solche Stelle, die mich, ich kann nicht sagen wie, erschrocken hat, zu schreiben, ja bis zum Schluß Deines Briefes aufzubehalten? Ich habe mich in Dein Herz dafür geschämt und Gott gebe, daß Du schon vorher und nicht erst jetzo bereut, was Du so übereilt, unverständig und lieblos schreiben mochtest. Denn weil Du es übereilt gethan hast, so konntest Du es auch ohne Liebe und gegen allen Verstand thun. Nachdem ich Dir in meinen ersten Briefen von Herzen aus meinen Fehler, mein Unrecht gestanden, daß ich sonst gegen Deinen Aufenthalt in Halle einmal gesprochen, wie war es Dir möglich, einen Augenblick an mir ungläubig zu werden, und ich wollte doch, ich hätte Dir nie davon geschrieben, weil sich mein Unrecht, meine Liebe und Dein Glaube daran als alles nothwendig von selbst verstand. Deswegen hat es mich schon in einigen Deiner Briefe geängstigt, wenn ich zweifeln konnte, ob Du mir nicht etwa einige Umstände Deiner Kur darum erzähltest, um mir die Nothwendigkeit ihrer längeren Dauer begreiflich zu machen, und daß von Deiner Seite nichts versäumt werde, sie abzukürzen; ich habe auch nichts darauf geantwortet, ja, ich habe es auch in den meisten Fällen gar nicht so genommen, sondern so, als ob Du das schreiben könntest aus eigener Lust, wieder nach Haus zu kommen. Also glaubtest Du mir nicht, und es war Dir heimlich immer bang vor meiner Unzufriedenheit. Aber sieh von der Liebe ganz ab, warum soll ich darüber unzufrieden sein? Um der elenden Kosten willen! oder weil mir Deine Abwesenheit leid thut? So sage ich Dir, daß sie mir wegen ihrer Nothwendigkeit nicht so leid thut, als ich anfangs dachte, und nur dann, wann ich vergleiche, wieviel leider sie mir thun könnte, ohne jene Nothwendigkeit. Wie könnte ich Dir also direct etwas dagegen sagen, und wie glaubst Du, daß ich es indirect gewollt hätte, und wie kannst Du mir die gemeine Lehre geben, daß es doch noch besser sei, gerade herauszugehen oder ganz zu schweigen!

Was nun auch die Veranlassung sei an diesem Zweifel, den Du gar nicht hättest haben sollen, genug, Du hast ihn gehabt. An mir ist kein Gedanke von Schuld. Ich bitte Dich meinen vorigen Brief, der daran Ursache ist, aufzuheben oder mir die Stellen anzuzeigen, worin ich den Schein habe, etwas gegen Dich zu richten. Ich besinne mich unnöthig und brauche es auch nicht, da es doch nichts ist. Aber wenn Du noch ein wenig zweifelst, so schreib mir die zweifelhaften Worte, daß ich Dir sagen kann, was ich allein damit wollte. Und wenn Du nicht mehr zweifelst, so verlier auch in Zukunft diesen Glauben nicht an mir, denn ich halte es sündlich, daß wir uns über solche Dinge zu verständigen brauchen, und es thut mir in diesem Fall aufrichtig eins so leid wie's andere, daß ich Recht gegen Dich habe, oder daß Du Unrecht gegen mich hast.

Mit leichterem Herzen noch ein Paar Worte über den anderen Punkt, wo mir auch nicht recht ist, was Du schreibst, obgleich ich Dir im Grund Deine Meinung nicht nehmen will. Gegen Eß- und Trink-gesellschaften kann ich unmöglich etwas geäußert haben, es sind die einzig rechten außer den andern öffentlichen Festen. Was mich selbst angeht, so wundere ich mich, daß Du mehr dem Urtheil einer fremden Person glauben willst, wie der Bettine, als mir selber, wenn ich Dir meine Herzensmeinung sage. Und wenn in meinem Verhältnis zu Savigny etwas nicht so gut war, als es hätte sein können, so lag das Unrecht an ihm und andern Umständen viel eher als an mir. Das hat er mir auch selbst gestanden. Und wenn ich ihn lieb habe, so ist es wohl natürlich, daß ich gern bei ihm bin ꝛc. Es betrübt mich recht, daß er mir lange nicht geschrieben hat, vom Brentano ist es schlecht, daß er vielleicht über eine andere Meinung und Ansicht, die jeder anders haben kann, bös wird und abbricht. Oder hat er uns als bloße Bekanntschaft betrachtet? oder hat er nichts Heiliges in der Welt? Dann muß ich es bedauern wie eine verlorene gute Bekannt-schaft, nicht wie verlorene Freundschaft.

Ich wollte, daß Du die Louise oder nun lieber auch den Reichardt selbst über das Dur und Moll befragtest. Deine eigene Ansicht ist mir insofern sonderbar, als ich nicht recht begreife, wie Du das Moll und Dur so bestimmt kennen und es von einander unterscheiden soll-test, ohne auf die Noten etwa zu sehen. Und warum soll das Moll das Ursprüngliche sein? Eigentlich wäre es, so gut wie das Dur, von dem Reinen, das weder Dur noch Moll ist, das heißt dem C-Ton, verschieden. Was ich aber nicht verstehe, ist, daß diese Rein-heit des C nur auf einer zufälligen Stimmung des Instruments beruht, und wenn man alle Saiten einen Ton hinaufstimmt, das C dann lauten müßte wie das D-Dur. Alle einzelnen Molltöne sind auch ein-zelne Durtöne, also in ihrer Zusammensetzung beruht das Geheimnis.

Es ist mir gestern Abend beigefallen, daß darin doch wieder ein Fehler ist, nämlich das C kann ebenso gut C-Dur und C-Moll sein, wie jeder andere Ton, G-Dur und A-Moll sind also die zwei reinen Töne. Es kommt also bei diesem Unterschied eigentlich nicht auf die ♯ oder ♭ an. Daß es nur sieben Grundtöne giebt und es mit dem achten wieder von vornen angeht, begreife ich nur durch ein Beispiel, wie das der sieben Farben oder auch der fünf Vocale. Aber mach mir den Unterschied zwischen Dur und Moll auch in einem solchen Beispiel begreiflich. Daß nach der Louise alle alten Volkslieder auf Moll gehen, ist merkwürdig, ich sehe es aber noch nicht ein, wie das kommt.

Raumers astronomisches Prinzip, das er in der indischen Wissenschaft findet, scheint mir auf jeden Fall einseitig, und hat nicht Kanne etwas Ähnliches in seinem ganzen Buch durchgeführt, das ich doch einmal zu haben wünsche? Die göttliche Offenbarung sowie der Sprache als der Wissenschaft nimmt ja auch Schlegel an. Über einiges andere will ich Dich einmal mündlich fragen.

Ich bin seit einiger Zeit fleißig gewesen und habe allerhand durchgegangen, u. a. Kotzebues Geschichte von Preußen, die wegen der vielen Urkunden für die spätere Zeit des deutschen Ordens wohl viel Neues und Bestimmteres giebt, sonst ist sie nicht sonderlich geschrieben. Von alten Sagen ist nichts darin, ich habe daraus allerhand über den Bernstein ercerpirt, welchen er mit andern und mir am wahrscheinlichsten für ein Harz der uralten Riesenpalmen hält, die in der preußischen Meeres- und Küstenerde begraben liegen, gleichwie z. B. in Irland.

An die Recensionen hab' ich noch gar nicht kommen können. Die Minnelieder hab' ich sonst zum Theil verkannt. Sie sind leicht das Vortrefflichste mit aus der alten Zeit 2c.

Der König ist jetzo in Napoleonshöhe; da die Bücher noch immer unaufgestellt sind, so kann ich glücklicherweise hier bleiben. Leider aber hält sich der Staatsrath oben, und da kostet mich jede Sitzung wegen der Kutsche und des unvermeidbaren Wirthshauses über einen Laubthaler. Übrigens machen die Auditoren die sonderbarsten Carrieren nach allen Richtungen. Hohenhausen ist Unterpräfect geworden, Lochausen Generalsecretär, Trott und Consbruch sogar Kammerjunker, und Vangerow Oberappellationsrath. Dafür sind wieder neue ernannt, zwei Franzosen. Lauter Anstellungen, davon ich mir keine wünsche, indessen hoffe ich doch immer einen Vortheil aus der Stelle zu erlangen.

Die Lotte ist noch in Marburg und meldet mir, daß sich Prof. Bauer mit großem Interesse nach Dir erkundigt, es wäre schade für den talentvollen Jüngling 2c. Ich wollte, sie wäre wieder hier. Vom Karl ein Brief hierbei, dem Ferdinand darfst Du es wirklich nicht übel nehmen, daß er nicht antwortet. Die Tante schreibt mir neulich den Tod des Bratfisch. Der Karl schreibt eben an die Tante unter andern gleichgültigen Dingen plötzlich: „Die Wittwe B. ist mit den Kindern in der That zu beklagen, da der Vater bekannt ist.“ Ich muß heute noch folgende Briefe schreiben, an die Tante, Lotte, Fr. Sauern, Meisterlin, Nickel, Denhard und an Hofagent Tyrof in Nürnberg in Dienstsachen, und dabei ist vielerlei Uninteressantes zu wahren. Leb wohl, lieber Wilhelm, von ganzer Seele

J.

Adresse wie bei Brief 34.

44.
Wilhelm an Jacob.

Halle, am 2. August [1809].

Vorigen Mittwoch in der Nacht rückte das Braunschweigische Corps hier ein, Abends um neun Uhr kamen einige Mann als Avantgarde und um 3 Uhr des Nachts mit Musik das Corps. Morgens früh sah man sie in den Straßen, Infanterie, Cavallerie und einige Jäger. Ihre Uniform ist durchaus schwarz mit hellblauen Kragen und Aufschlägen, eine Filzmütze, worauf ein Todtenkopf von Blech, dem einige rothes Tuch und Glas untergelegt hatten, damit der Tod einen recht erschrecklichen Blick habe. Die Infanterie hat eine Art polnischer Jacken und lange Hosen, die Cavallerie bestand aus Husaren, doch hatten sie Carabiner und keine Pistolen. Im Ganzen siehts schlecht aus, dazu, wenn das Schwarze schmutzig war, und es schienen lauter Schornsteinfeger zu sein. Es waren recht schöne, und dann kleine, unansehnliche Leute unter einander. Sie verhielten sich ruhig, forderten nicht das Geringste und zogen Nachmittags wieder ab. Den Prinz habe ich auf dem Markt allein herumreiten sehn, bloß durch einen Stern kennbar. Er hat einen starren, steinernen Ausdruck, etwas Kosadenmäßiges, schneeweiße lange

Augenwimpern und weißen Bart, die auf dem dunkelbraunen Gesicht
seltsam abstechen. —

Warum ich heute schon schreibe, ist dieses. Vor ein Paar Tagen
kommt ein Brief von Brentano an Louise, worin er schreibt, daß er
und Bettine Willens, hierher zu reisen, ich solle doch nicht eher
abgehn, als der komme, er wolle mir vorher noch schreiben. Er habe
Dir einen sehr langen Brief vor einigem geschrieben, worin seine
ganze Lebensgeschichte, seit er von Cassel weg. Wenn Du nun etwas
erhältst oder erhalten hast an mich, so theil' es mir mit, damit ich
mich einrichte. Ich weiß nicht, wie lange ich noch bade, Reil sagte
mir gestern, doch noch einige Zeit, indessen denk' ich nicht lange mehr.
Das Bad bekommt mir indes, wie ich sagen muß, sehr wohl, und ich
kann es jetzt schon aushalten, daß ich mich auf ein Paar Augenblicke
bis an den Hals untertauche. — — —

Die Einlage an den Wigand ist so entstanden, daß mir wirklich
vieles von ihm unter einander einfiel, rechte Kleinigkeiten, an welchen
bloß die vorhandene Erinnerung vergnügt, und die ich zu meinem
Spaß anschreiben wollte, es wäre aber zu weitläuftig geworden und
zu theuer, daher ich bald einzog. Wunderbar, aber wahr ist es, daß
ich mich aus dieser Vergangenheit so vieler Lumpereien jetzt zu erinnern weiß, da es aus der nähern Zeit und Gegenwart unmöglich:
es muß sich erst setzen, damit wir ruhig hineinsehn können in etwas,
das uns nur als ein Fremdes, außer uns Gestelltes anrührt.

Brentano wird, seinem Brief nach zu urtheilen, nur ein Paar
Tage hier bleiben wollen (vielleicht läßt er die Bettina in Weimar),
und ich kann dann mit ihm zurück bis nach Gotha, denn bei der Tante
muß ich durchaus bleiben. —

Eilig schreib' ich noch ein Paar literarische Neuigkeiten. Goethe
arbeitet an einer Fortsetzung des Wilhelm Meisters, in welchem aber
nur vier Personen auftreten. Und denk, neulich les' ich in den Collo-
quien des Erasmus Rotterodamus und finde, daß die Erzählung von
den Wirthshäusern in Deutschland und Frankreich, die auch im Einsiedler steht, nichts ist als eine Übersetzung von einem dieser Collo-
quien. Das Buch ist auch sonst nicht uninteressant und in der
Händebibliothek aufzustellen.

[ohne Unterschrift.]

Adresse wie bei Brief 42. Empfangsstempel: 4 Août 1809.

45.
Jacob an Wilhelm.

[Cassel], am 4. August [1809].

Lieber Wilhelm!

Ich fange diesen Brief einstweilen an, ob ich gleich nicht weiß, ob Du meinen vorigen bei den dazwischengekommenen Unruhen er halten hast, es thäte mir leid, wenn er verloren wäre, weil ich ihn unmöglich noch einmal schreiben könnte.

Der Louis meldet mir, daß er den Clemens in München ge sprochen habe, welcher ihm gesagt, daß er an uns zwei große Briefe geschickt, die aber gar nicht angekommen sind. Ferner, daß er nur auf 14 Tage nach Landshut wollte, und von da nach Halle, wohin auch der Arnim käme. Des Louis Brief ist vom 20ten.

Vorgestern hat mir Zimmer durch Anweisungen 91 Gulden übermacht, wovon 39,15 für die Recension der Nibelungen und 51,15 für den zweiten Theil der Abhandlung in den Studien, also alles von Dir allein verdient. Ob die andere Recension schon im Druck angefangen ist, weiß ich nicht, da ich gar lange kein Heft erhalten, das lange Liegen ist unangenehm, besonders um der literarischen Bemerkungen und Zusätze willen, die wie das Gras wachsen und mehrmals abgemäht werden können.

Von Hagen steht nun eine recht gute Recension der Docen'schen Miscellaneen in der Jenaer Literaturzeitung 272 — 275, welche auch besser ist, als die von mir vor einem Jahre niedergeschriebene. Man sieht, daß Hagen viel weiß und verständig studirt, und worin wir ihm offenbar nachstehen, ist, daß wir an einem fatalen Ort leben, wo wir vieles nicht nachschlagen können, zweitens, daß er ohne Zweifel in einer interessanten Correspondenz steht, die ihm eine Menge Handschriften und besonders Notizen zuliefert, — deswegen wünsche ich so sehr, einmal in Paris oder Rom oder Wien zu sein. Bei dieser Gelegenheit, frag doch den Alberti ja genau über die Krakauer Handschriften, und wer der Preuße ist, dem er diese Nach richt verdankt, und welche Adressen er überhaupt dahin geben oder durch jenen ausmachen kann?

Ganz neu und interessant war mir Hagens Bemerkung, daß in der altnordischen und ebenso in der altsächsischen Poesie statt des Reimsystems das der Alliteration gefunden wird. Dies muß bei näherer Untersuchung weit führen und hat mich sehr gefreut. Sollte etwa in der indischen Poesie etwas Ähnliches gefunden werden?

Hierbei auch ein guter Beweis gegen Deine Meinung, die, wie Du weißt, nie die meine war, daß die nordische Mythologie nicht im übrigen Deutschland gewesen sei. In diesem altsächsischen Codex kommen bestimmt die Wörter: Middelgard für Erde und Muspil für Feuer vor.

Über andere Sachen in der Recension weiß ich viel mehr als Hagen, z. B. über die Sage vom Schwanenschiff und wie diese mit dem Loherangrin, dem Gottfried von Bouillon ꝛc. in vielfältiger Verbindung steht. So wenig die Sagen vom Karl aus dem Turpin, sondern dieser aus ihnen entsprungen, so wahrscheinlich sind auch die vom Artus, z. B. die vom Gral früher in Deutschland gewesen, als etwa durch Übersetzung der nordfranzösischen Romane, d. h. nicht alles, nicht die spätere Ausarbeitung, aber wohl die uralte Sage vom Gral ꝛc. Nach Tiecks Angabe soll ein viel älterer Titurel als der eschenbachische existieren. Manche einzelne Punkte, die ich früher als Wolframs willkürliche Dichtung oder Verbindung betrachtet hatte, erscheinen mir nun viel älter in derselben Anknüpfung und Zusammensetzung. Wenn nur der Titurel gedruckt würde, man braucht ihn so oft nachzuschlagen. Auch wünschte ich sehr die zwei holländischen Romane einmal durchzulesen, die der Brentano hat, den Ritter mit dem Schwan und die Margaretha von Limburg, weil ich doch verzweifele, sie aus Holland zu erhalten. Der Dieterich schreibt mir letzt, die dänischen Bücher kämen bestimmt noch, aber wer's ihm glaubt.

Außer Glöckles Nachrichten über vatikanische Handschriften ist von Raßmann eine Berichtigung der Manessischen Sammlung zu erwarten, von Beneckes ist es immer still, ich habe ihm neulich geschrieben und will nun hören. —

Die altsächsische Evangelienparaphrase, die ich nie gelesen hatte, und deren Inhalt Docen besonders für unbedeutend erklärt hatte, ist nun, wie Hagen zeigt, höchst poetisch, z. B. Zungen des Himmels statt Sterne.

Sonntag, den 6. [August 1809] um 7 Uhr Abends.

Ich komme eben von Napoleonshöhe herunter, wo ich fast den ganzen Tag verzehrt habe, von ½11. Die Session war erst nach 6 aus, und finde Deinen Brief vom 2. vor. Vermuthlich ist mein voriger von gestern [vor] 8 Tagen verloren, weil Du ihn damals noch nicht hattest.

Mein Anfang von Brentano wird nun durch Deine Nachricht bestätigt, ich freue mich doch ihn einmal wiederzusehen. Vielleicht bleibt er mit Dir dann in Gotha bei Geisler, wodurch Du dann auch länger dort arbeiten könntest. Dann frag doch auch einmal nach dem Manuscript von Herzog Reinfried, das nach Tieck = Richard Löwen- herz ist. Sonach, daß sein dicker Brief hierher verloren ist, thut mir sehr leid, angekommen ist von ihm keine Zeile, seit jenem Brief im Februar.

Wigand ist schon längst von hier weg, und ich will ihm Deinen Brief schicken, ich habe das Meiste auch noch gewußt und noch anderes.

Daß das Gespräch über Wirthshäuser aus Erasmus ist, habe ich schon letzt gefunden, indem es aus dem Lateinischen neulich im Morgenblatt übersetzt stand.

Montag Morgen.

Klopstock haben wir verloren, er hat fürs zweite Quartal 15 Gulden geschickt und für fernere Bemühung mit ergebenster Hoch- achtung bis auf bessere, d. h. interessantere Zeiten gedankt. An seiner Stelle hätte ich nicht so lange hiermit gewartet und ich bin herzlich froh drüber, weil es mir doch viel ärgerliche Müh machte.

Nach Deinem Brief ist es ungewiß, ob der Clemens auf der Hin- oder Rückreise hier durch will, vermuthlich letzteres, er kann bei uns gut wohnen in der gelben Stube, die doch leer ist. Ich fürchte aber, daß der Umstand mit der Bettine dem etwa in Wegen steht, weil ich nicht wüßte, wo die hier sein sollte, da die Jordis weg ist, oder kommt die bald wieder? Schreib mir doch.

[Ohne Unterschrift.]

Adresse wie bei Brief 39.

46.
Wilhelm an Jacob.

[Halle, 4.? August 1809.]

Lieber Jacob, Du thust zu viel, wenn Du mich in Deinem Brief so ausschiltst. Ich könnte es umkehren, was Du schreibst, daß ich an Deiner Liebe zweifelte, ich müßte mich ja aufgeben und mein ganzes Leben, wenn ich es thäte, ich thue es darum nicht und habe es auch nicht gethan. Die Sache verhält sich so: Du schreibst in Deinem vorletzten „über vieles kann ich mit denen, die ich lieb habe, gar nicht sprechen, ich habe eine innerliche Scheu, schreiben mag ich es allenfalls, allein indem ich darüber schreibe, ist es mir, als ob Du nun länger ausbliebest, weil ich sonst wieder ein ähnliches Gefühl haben würde, wenn Du in 14 Tagen zu uns hereinkämest. Ich vergesse es aber auch sehr bald, mit fremden Menschen kann ich die Sache recht gut und trocken abhandeln." Ich habe Dir schon geschrieben, daß ich es nicht recht verstehe, ich hatte Dir doch nichts gethan, worüber Du mit mir zu reden hättest, schwierig und nicht trocken, und die Art, mit welcher mein Ankommen hineingeflochten, konnte mich darauf bringen, daß Du dieses meintest. Du kannst wohl eine irrige Ansicht haben, und darauf bestehst Du natürlich wie auf einer rechten, und wenn Du mir auf mein Bemerken in meinen Briefen, daß ich länger hier bleiben müsse, niemals etwas geantwortet (was Du freilich viel schöner und mir lieber erklärst), so liegt doch darin nichts Unrechtes, daß ich glaubte, Du könnest es dort nicht recht beurtheilen, wann ich abreisen müßte, und von diesem Irrthum und dieser Ungerechtigkeit sprach ich. Wie Du dieses aber damit verbunden hast, daß Du geglaubt, ich halte das nicht für wahr, was Du mir geschrieben, es sei Dir lieb, daß ich hierher gekommen und die Kur gebraucht, das begreife ich gar nicht, es hängt damit nicht zusammen. — Ganz kurz ist es so: ich meinte, Du habest das Urtheil, ich bleibe länger als nöthig hier zu meinem Vergnügen, wie ich damals nicht aus einer Nothwendigkeit (gegen R. und mich), sondern zu meinem Vergnügen, aus Reiselustigkeit mitgegangen, beides wäre eine Ungerechtigkeit. Daß ich sagte, es sei nicht gut, etwas zu verhehlen, kannst Du selbst nicht unnatürlich finden, da es in Deinen Worten liegt, als thust Du es. Lieber Jacob, Du mußt es nicht arg nehmen, es ist mir, da ich es schrieb, nicht eingefallen, an Dir zu zweifeln, darum erwähnt' ich es zuletzt, und ich war nicht angefüllt davon, als ich es schrieb; Du hast auch unter der Zeit einen Brief von mir erhalten. Mir hast Du so hart geschrieben, und bedenk, daß, wenn man von übereilt, unverständig und lieblos spricht, ohne daß es wahr ist, es auf einen zurückfällt. — Hiermit reich' ich Dir meine Hand, und alles, was Unrecht von mir dabei war, das erkenn' ich und bitte Dich herzlich um Verzeihung.

Nun muß ich Dir auch schreiben, daß Du doch zu jener Meinung würdest Grund bei mir finden können, ich werde höchstens noch 14 Tage baden, und dann bin ich fertig, das Baden bekommt mir sehr wohl, besser als alles andere, ich kann es nun auch bis an den Hals vertragen. Mein Herz schlägt dann immer so schön ruhig; ich habe nun auch zuweilen 4—6 Tage Conradis Pillen ausgesetzt, was ich in Cassel keinen Tag konnte, und es ist doch gut geblieben. Ich fürchte mich nur immer, daß es wiederkommt, wenn das nur Gott verhüten wollte, und daß ich nicht vor dem Sterben ein solch angst-volles Leben führen muß, wie dankbar würde ich sein. Also in 14 Tagen bin ich fertig und wollte dann abreisen; ich hatte auch eine Gelegenheit, nämlich es ist ein Freund von Steffens hier angekommen, ein Herr v. Berger (über die Harmonie des Weltalls geschrieben), der auch badet und in drei Wochen höchstens von hier nach Gotha fährt, mit eigener Chaise, und der mich mitnehmen wollte. Nun aber will Brentano hierher kommen, und Du wirst selbst und nach Lesung bei-kommenden Briefs sehn, daß ich ihn erwarten muß. So lieb es mir ist, ihn zu sehn, so wenig gern bin ich jetzt hier. Bei Steffens ist dieser Berger, ein guter, stiller und gemüthlicher Mensch, und seine Frau, die ich aber durchaus nicht leiden kann, sie ist eine von denen, die ihre allergeringsten Empfindungen sogleich ausspielen und aus-einander legen und zerren, so spricht sie beständig, immer in halber Lüge, und sie ist eigentlich wie die Karoline Engelhard, nur etwas besser, es ist schade um ihr so vortheilhaftes Äußere; in Giebichen-stein ist aber der Rachen. Daher bin ich wenig aus, nur beim Essen, und sitze hier in meiner Stube, wo es mir sehr einsam ist und ich mich von Herzen weg wünsche. Um 7 Uhr geh' ich nach Giebichen-stein, wo es dadurch besser, daß er oft nicht da. — Ich habe so sparsam wie möglich gelebt, aber das Baden wird viel kosten, wenn ich die Rechnung bekomme; und dann hab' ich nach dem Bad auch ein Frühstück nehmen müssen, was ich sonst nicht that, so ist das Geld fast darauf gegangen, ich habe der lieben Tante, die mir in jedem Brief es vielmal angeboten, davon geschrieben, und sie will mir 10 Louisdor auszahlen lassen.

Ich habe den Snorro Sturlesou durchgelesen, nämlich so viel man hier hat, die zwei ersten Bände der Schöning'schen Edition, die mit dem Leben des König Olafr des Heiligen schließt, und viele herrliche Sagen daraus excerpirt. Auch die fünf Bücher Moses. Jetzt les' ich den Thucydides von Max Jakobi. Er ist rein, edel und ver-ständig. Alles mit hoher Klarheit und mit Besonnenheit ausgeführt, allein gegen Herodot ist er nicht zu halten, der eine ganze Welt um-faßt, diesem ist bloß der Snorro zu vergleichen. Im Thucydides herrscht der Verstand vor, und er ist eigentlich das Ideal des kritischen Princips und ohne alle Volkssage. Müller, dessen Ideal er war, ist im Ganzen schlechter, aber im Einzelnen oft viel vortreff-

licher, da er so reich poetische Stellen hat. Thucydides ist in großem
Gleichmaß, das Schönste in dem ersten Band, den ich eben beendigt
habe, ist die Belagerung von Platää, und das Einzige, wo etwas
Sagenähnliches vorkommt, wo es auch heißt: man sagt, und was ich
abschreiben werde. Von Schleiermachers Platon habe ich einen Band
gelesen, worinnen der berühmte Phädros, ein geistvolles, zierliches,
anmuthiges Werk, in welchem sich die höchste Cultur offenbart, in
welchem aber von Sagen, wie wir sie suchen, nichts vorkommt. Die
griechische Mythologie haben wir schon gesammelt von andern. Von
Lafontaine, bei dem ich neulich war, seine Bücher zu sehn, da er behauptete altdeutsche zu haben (Müllerische Sammlung und dergl.,
weiter ist es nichts), hab' ich mir den zweiten Band des Mithridates
von Vater geliehen. Es wird darin über die interessanten Sprachen,
die keltischen, germanischen und griechischen, ungrischen ꝛc. gehandelt,
und ich denke, wir kaufen diesen Theil, schon seiner Literatur wegen.
Voß' mythologische Briefe habe ich in Reichardts Bibliothek gefunden,
die ein planloses Gemisch der mannigfaltigsten Dinge (die 120 starke
allg. deutsche Bibliothek z. B. steht darin), und durchgelesen. Es ist
gegen Heyne und Hermann, er behauptet darin, wovon das Gegentheil
jetzt erwiesen, daß die Mythen ursprünglich ohne Allegorie, und daß die
Götter nicht geflügelt, so wenig wie er. Über die Greifen ist unbedeutend. Das Gute daraus hat Nitzsch wohl benutzt, und ich habe
nichts weiter daraus nehmen mögen.

Nun noch etwas über Moll und Dur. Den Unterschied hab'
ich längst durch alltägliches Anhören von Musik gefaßt und es selbst
bei den Volksliedern gefunden, welches Louise bestätigt. Es sind
zwei in der Natur begründete Töne, und da diese wie Musik ohne die
Noten und ohne das eintheilende System begriffen werden müssen, so
bin ich nicht von letzterm ausgegangen. Moll und Dur ist ein Gegensatz, und jeder Gegensatz in der Natur ist positiv und negativ: daß
Moll das Positive, hab' ich aus den schon früher geschriebenen Gründen
behauptet, alles Tragische ist auch in der Musik moll. Zu den
Naturlauten füge ich noch das: jene Laute in Amerika, von denen
Schubert sagt, daß die Sprache aus ihnen entstanden, sind unbeschreiblich klagend und moll, die auch in Norwegen oder Schweden (nach
Steffens) gehört werden. Hierzu kommt nun folgendes sehr Merkwürdige, was mir Steffens erzählt, daß man mit den Lauten ver-
mittelst der Voltaischen Säule Versuche angestellt, und die positive
Spitze (Pol), ins Ohr gehalten, Moll habe vernehmen lassen, die

negative Dur, welches also meine Ansicht bestätigt. Positiv ist (nach Steffens) das Hydroge [?], welches auch das Vegetabilische ist, daher wie man auch sagt, das Blühen der Töne, das Auseinandererwachsen. Neulich spät Abends hab' ich auch bemerkt, daß das klingende Rauschen eines fließenden Brunnens Moll ist. Louise und Reichardt habe ich nun gefragt, und die erklären, daß Moll die halben Töne sind. Nämlich es giebt sieben ganze Töne (nicht mehr, weil man nie mehr gehört hat, denn ein jeder Ton wird nur im Verhältnis zu den übrigen unterschieden, daher kann derselbe in unendlich vielen Stimmungen gehört werden, aber bringt man die andern in dieselbe Stimmung, so hat man nur sieben, so das einmal bis dreimal gestrichenen C 2c., immer dasselbe C, nur in einer andern Potenz; ganz recht, wie daß es nur sechs, eigentlich nur drei Farben giebt, ebenso ist es zu begreifen, wir haben nicht mehr gesehn, wie dort nicht mehr gehört in der Welt), und die Zwischentöne sind Moll, von beiden die Hälfte, wie, um im Gleichnis zu bleiben, Orange Moll von Gelb und Roth. Ebenso ist das Tragische der Zwischenton zwischen der Welt und dem Geist, das eigentlich Idealische zwischen äußerm Leben und Traum, und auch das Ursprüngliche und Natürliche, denn das Reine ist doch nur das durch den äußern Verstand aufs Reine Gebrachte, die spätere Reflexion, die Betrachtung im Einzelnen, das Lustspiel.

Adieu, lieber Jacob, von Herzen Dein bis ins Grab treuer
Wilhelm.

Ich habe Clemens geschrieben, mich durch ein Paar Zeilen zu unterrichten, ob er gewiß komme oder nicht. Erfährst Du etwas, daß der Brief an Dich kommt, so laß es mich eilig wissen, damit ich noch mit Berger fortkann.

Gestern ist mir an einem andern Ort der RAnzeiger in die Hände gefallen, da habe ich eine Anfrage von Dir über die Spiele gefunden. Hast Du nicht den Brief von Reichardt erhalten, der in meinen vorigen eingeschlagen war.

Adresse wie bei Brief 42. Empfangsstempel: 9. Août 1809.

47.

Wilhelm an Jacob.

Halle, am Sonntag [6. August 1806].

Lieber Jacob!

Vorgestern Abend ist Brentano hier schon angelangt. Ohne meine Antwort ist er von München abgereist, über Nürnberg, und ist nun hier und will einige Zeit sich aufhalten. Er scheint wieder ein wenig lustiger zu sein und macht viel Spaß, er sieht noch aus wie sonst, nur ein wenig magerer. Von der Frau, deren abscheuliche Geschichte er erzählt hat, ist er zwar nicht getrennt, er wird sie aber niemals wieder nehmen, und sie wird nach Frankfurt zu ihren Eltern gehn. Er hat hier in diesem Haus eine Stube gemiethet und will, wenn ich fertig gebadet, mit mir nach Giebichenstein ziehen, wo wir sehr wohlfeil ein Logis und Essen bekommen können, nicht aber bei Reichardts. Wie immer hat er wieder viele interessante Bücher mitgebracht, unter andern höchst merkwürdige spanische Volksbücher aus dem 16. Jahrhundert voll herrlicher Geschichten. Ich kann sie recht gut lesen, da sie ganz einfach erzählt sind, und ich wollte sie schon abschreiben, als er mich versicherte, er werde sie übersetzen in ein neues Buch, das ein Gegenstück zu dem Wintergarten, Sommerkarneval, werden soll. Ich will die Titel wenigstens herschreiben, wenn Du etwa gleich etwas daraus zu wissen wünschest: La historia de la reyna Sebilla. An Karls des Gr. Hof, sehr zart und märchenhaft. El conde Partinuples. Hab' ich nicht irgendwo davon gehört? Historia del abad don Juan. La historia del valeroso y bien a fortunado cavallero Cid Ruy Diaz de Bivar. — Ferner eine Abschrift von dem ungenähten Rock Christi. Vier neue Bücher über Possen, worin Vieles von den Lalenbürgern. Der Malvidische Robinson ꝛc.

Ich werde nun sehr fleißig sein, so viel ich nur kann, vorerst muß ich die Scherzbücher benutzen, dann will ich mich doch an das Abschreiben der spanischen machen, da ich dem Übersetzen nicht recht traue, den ungenähten Rock soll ich mitnehmen dürfen und vorerst behalten. Von dem Goldfaden hat er uns ein schönes Velinexemplar mitgebracht.

Überhaupt thust Du ihm Unrecht, wenn Du glaubst, daß er uns nicht lieb hätte. Es erfreut ihn jede herzliche Gesinnung und er ist dankbar dafür, so hat er viel Freundliches zu mir gesagt und für Dich. — Vom Louis spricht er Gutes, er ist fleißig und still, aber

auch noch ganz unerwacht und ohne Gedanken. Heß hat ihn sehr
lieb. Er geht gar nicht aus, lebt sparsam, hängt über all seine
Kleider ein Schnupftuch, um sie zu schonen, und hat alles, was ihm
geschenkt wird, sehr lieb, z. B. ein Buch von Arnim zum Zeichnen,
worin ein Vers von diesem eingeschrieben ist, darüber hat er ein
Blatt geklebt, um es zu schonen, und zeichnet viel hinein, ob es gleich
schlecht Papier. Er geht nur zuweilen zur Bettine, die sehr gut
gegen ihn ist. Bettine lebt in München und componirt mit großer
Leidenschaft am Faust. — Von Tieck spricht Clemens nicht gut, er
hat jedermann auf eine schändliche Art um Geld geprellt, und niemand
mag etwas von ihm wissen, so auch Savigny. Seine Poesie erstarrt
und verholzt sich, und er hat nur den einen schönen Ton; von Arnim
liest er nichts und sagt er, er habe gar kein Talent und borge alles
von ihm. Sie leben noch immer, ohne etwas zu haben, auf die feinste
Art, mit vielen Bedienten, und die Bettine hat ihnen oft die Wachs-
lichter ausgeputzt und gesagt, sie sollten Unschlitt brennen. Jetzt aber
geht sie auch nicht mehr hin. Am fatalsten soll die Bernhardi sein,
die sich für die erste Dichterin hält und dem Clemens gesagt, in zwei
Zeilen des Zerbino sei mehr Witz als in dem ganzen Arnim, worauf
Brentano sie gebeten, ihm die zwei Zeilen zu zeigen, er wolle sie
gern sich herausschneiden, weil ihm das Buch zu dick sei.

Wie's mit Clemens' Abreise beschaffen und wohin, weiß ich noch
nicht. Er grüßt Dich vielmal. Die Hagen'sche Recension habe ich
gelesen, sie ist doch nur sehr gelehrt. Daß die Niedersachsen und Jüt-
länder Theil an der nordischen Religion, habe ich nie leugnen wollen,
aber von den Teutschen, von Hessen etwa bis ganz herunter, muß es
bewiesen werden. Daß in den nordischen Gedichten statt des Reims die
Alliteration sei, ist keine neue Bemerkung von Hagen, sondern eine schon
längst gemachte, mir bekannte; weit wird es nicht führen, da es etwas
Abstrahirtes, Unlebendiges ist und auf die Schrift hinzudeuten scheint;
in den nordischen Volksliedern ist keine Spur. Die Skalden aber, wie
ich jetzt bei Lesung des Snorro gesehen, sind eine ganz eigene Klasse von
Dichtern, die alles nach Kunstregeln getrieben haben und der Volks-
dichtung entgegenstehn, wie die Meistersänger. Ich bitte Dich, die
nordischen Bücher ja nicht wegzugeben nach Göttingen, es ist mein
ernsthafter Wille, sie fleißig und gründlich durchzuarbeiten.

Du wirst ein Stück Recension von mir über den Sigurd von
Fouquet in den Heidelbergern lesen. Es verhält sich damit so: als
ich das Buch hier gelesen, schrieb ich mir einiges darüber auf. Dar-

10*

nach kam ein Brief von Arnim, worin er schrieb, er wolle das Buch recensiren, ich solle ihm einige literarische Bemerkungen schicken, nun hat er dem Ganzen die Ehr angethan, einen Überschuh darüber zu machen und es abzusenden, wie er geschrieben. — Von meiner Recension des Nibelungenliebs hat Savigny gesagt, daß sie gut, nur zu scharf getrennt und nicht recht verbunden, was auch wahr ist, und ich weiß recht gut, wie es entstanden, nämlich daß ich recht klar sein wollte und kein Wort unnöthig sagen. Das ist nun das Verfluchte, daß ich beständig bedenke, daß das eine schon in dem andern steckt, und ich es nicht recht ausführe, wie ich wohl konnte, aber immer ausstreiche aus Furcht, breit zu werden. Darum steht's hart neben einander.

Adieu, liebster Jacob, behalt mich lieb.

Dein getreuer Wilhelm.

Adresse: A monsieur Grimm etc. Empfangsstempel: 10. Août 1809.

48.

Wilhelm an die Tante.

Halle, am 15. August 1809.

Liebste Tante!

Ich bin noch immer hier und babe noch immer. Indessen denk' ich zukünftige Woche damit aufzuhören und würde mich alsdann sogleich zur Abreise bereitet haben, wenn nicht Brentano vor einigen Tagen unvermuthet von München hierher gekommen wäre. Er kam auch zum Theil mich zu besuchen, und Sie können denken, wie angenehm mir diese Überraschung war. Er wird einige Zeit, etwa vier Wochen, hier bleiben, dann reist er wieder zurück nach München über Gotha, und ich werde dann mit ihm gehn.

Er hat viel Gutes vom Louis erzählt, er lebt still, ordentlich und fleißig in München, der Professor Heß hat ihn sehr lieb, daß er wie ein Kind in dessen Haus gehalten wird. Er denkt viel an uns und hat weiter keinen Umgang, daß er den ganzen Tag über in der Akademie ist. Er macht recht schöne Sachen, und Arnim hat ihm deswegen eine silberne Medaille geschickt, worüber er sich sehr freuen wird. So gütig ist Arnim und sucht ihn aufzumuntern.

Mit meiner Gesundheit geht es gut, und Brentano sagt auch, daß er mich viel wohler halte, wie sonst. Brentano hat schöne Bücher mitgebracht, aus denen ich mancherlei arbeiten kann.

Die 10 Louisdor habe ich richtig von Predari in Lauchstädt erhalten und danke Ihnen noch einmal gehorsamst, bis ich Ihnen persönlich werde die Hand dafür küssen können.

Ihr gehorsamer Wilhelm.

Adresse: An Mademoiselle Zimmer, Erste Kammerfrau bei Ihro
königl. Hoheit in Sachsen-Gotha.

49.

Jacob an Wilhelm.

[Cassel,] am 16. August [1809.]

Lieber Wilhelm!

Mit den Worten, welche Du in meinem Brief so sehr mißver-
standen hast, habe ich durchaus nicht anders gemeint zu sagen, als
daß es mir schwer fällt, ja unmöglich, mit einem, den ich lieb habe,
über Dinge zu sprechen, die mein Gefühl angehn, oder besser, was
mein Herz glaubt. Also z. B. wenn ich mir die damalige Veranlassung recht erinnere, darüber: warum mir die Einsamkeit manchmal
sehr lieb ist. Ich weiß nicht, warum man das nicht öffentlich machen
soll, vielleicht, weil man gleich darauf oder bald darauf etwas Gewöhnliches mit andern vornimmt, die doch gar nicht unser Gefühl mit
uns gemein haben. Ich erkläre mir daraus, daß man vieles drucken
lassen mag, was man nie über die Zunge gebracht hätte, aber wenn
ich so etwas geschrieben hätte, so würde ich eine ähnliche Scheu haben,
wenn es mir jemand vorläse, wodurch es mir wieder nahe käm, da
man sich das Publikum ganz entfernt denkt. So geht Schreiben in
Briefen auch eher, weil ich den nicht so bald sehe, der meinen Brief
bekommt, wenigstens ich es darüber vergessen hätte. Und so hätte ich
mich auch vor Dir und mir geschämt, wenn Du früher zu uns gekommen wärest, weil ich noch an jene Schreiberei gedacht hätte und
wir doch ganz wie sonst zu einander gewesen sein würden; es war
mir damals, als ob Du deswegen nun länger ausbliebest. So ist
es mir auch sonst wohl gewesen, wenn ich mich mit Dir über etwas
gestritten und wir in der Hitze uns Unrecht thaten, wenn wir dann
des andern Tags wieder still neben einander saßen und ich daran
dachte, wie wir uns darüber versöhnt, als ob es dieser Versöhnung
oder des Streits vorher bedurft hätte. — Da aber nun soviel darüber

geschrieben worden ist, so sehe ich voraus, daß ich doch daran denke, wenn Du wieder herkommst, ich werde mich aber doch über noch mehr zu freuen haben. Fühlst Du nicht, wie ich, daß alle solche Auseinandersetzungen, so wahr und herzlich sie sind, etwas Peinliches haben, deshalb wollen wir beide sorgen, daß wir nicht wieder hineingerathen.

Nun grüß mir den Clemens vielmal, dessen letzter Brief an Dich mich sehr gerührt und gefreut hat, und wenn ich ihm über sein Stillschweigen Unrecht gethan habe, so mag er mir verzeihen, denn es war so natürlich, sein Brief hat mir allen Zweifel benommen und ich versichere Dich, wenn ich Dich nicht hätte, so giebt es nur ihn und den Savigny, an den ich vertrauen könnte. Es thut mir leid, daß ich seine Geschichten nur im Auszug oder in einer schwächern Auflage hören werde, denn Du wirst nicht mehr alles so lebhaft wissen, als er Dir erzählt, oder er wird es nicht noch einmal mir besonders erzählen. Du hast das gute Theil erwählet. Ich hoffe nun bald zu hören, ob er mit hierher kommt und wann. Über den Louis und alles, was ich von ihm höre, bin ich von Herzen froh, und es wäre Sünde, ihn nicht so zu lassen, was braucht er mehr in der Welt, und ist nicht seine Liebe zu der Mutter und den Geschwistern und sein stilles, armes Leben schöner, als wenn er sie verlöre und etwas anderes wüßte? Um vieler solcher Eigenschaften willen ehre ich auch die Unwissenheit und Härte des Ferdinands, wenn er nur nicht so träg darin wäre, wie in allem.

Der Clemens kann die Sammlung von den Kindermärchen herzensgern haben, und es wäre schlecht, wenn wir seine Güte durch so Kleinigkeiten nicht erkennen wollten, wenn er auch anders damit verfährt, als wir es im Sinn hatten. Dieser Grund gilt überhaupt.

Die spanischen Volksbücher machen mich recht begierig, sind es denn eigentliche Volksbücher und keine französischen und kein Amabisstil darin? Schreib ja ab, so viel Du kannst und magst, denn die kriegt man doch nie zu kaufen, der Cid ist vorerst das Unwichtigste. Der Partinuples ist allerdings bekannt, und ich glaubte neulich herausgebracht zu haben, daß er zu den Tafelrunderomanen gehört oder wenigstens daran anschließt. Nämlich in den Gedichten von der Tafelrunde, auch selbst in den deutschen, kommt mehrmals unter andern Rittern der Partinopier vor, und ich vermuthe, daß das Fragment im 3ten Bande der Müllerischen Sammlung von Meliura und Partenopier nichts anders als dieser Partinuples ist, besonders

da nach dem Auszug in der bibliothèque des romans die Geliebte
Amelor heißt. Dieser Auszug war übrigens nach dem castilianischen
libro del esforzado cavallero conde P. que fue emperador de
Constantinopla in mehrern Ausgaben und eigentlich aus dem
Catalonischen übersetzt. Er schien mir als Nachahmung des Amadis
nicht sehr interessant, oder war das Fehler des schlechten Auszugs,
merkwürdig ist, daß Stellen aus der schönen altspanischen Romanze
von Julian und der Cava darin vorkommen. Man hat auch hand-
schriftlich ein altfranzösisches Gedicht davon. Sonach bin ich auf die
reyna Sevilla am begierigsten mit: auch auf den ungenähten Rock
Christi, um den ich dem Clemens schon lang geschrieben hatte. Ich
wollte, daß ich einmal die italienische Märchensammlung (ich glaube
Conti degli conti oder mille conti) vom Clemens einsehen könnte, was
ich hier nie konnte, weil sie seine Frau immer hatte und, ich glaube,
übersetzen wollte, oder gehn diese Übersetzungen auch in seinen Kinder-
märchenplan ein? Ich glaube fast. —

Vergiß doch nicht aus Plato alles herauszuschreiben, was darin
über die Sage von Atlantis vorkommt, worüber er Haupt-
quelle ist.

Ich weiß nicht, warum Du geneigt bist, dem Hagen Unrecht zu
thun und ihm bloße trockene Gelehrsamkeit zuzuschreiben. Laß immerhin seine Manier steif sein, wie sie will, das ist doch im Grunde
nicht die Sache, und man kann ihm neben gründlichem Fleiß vielseitige
Anerkennung dessen, worauf es ankommt, nicht absprechen. Daß dies
letzte besonders dem Docen fehlt, hat Hagen freilich in seiner
Recension aus Freundschaft übergangen und insofern sich bloß an das
Literarische halten müssen, so wie ich, wenn ich etwa Görres' Buch
beurtheilte, mich gar nicht ans Literarische halten würde. Die
Bemerkung über die Alliteration hatte ich auch schon früher bei
Herder gefunden, und auf wen sich dieser berief, gesehen, ich glaube
auf Wormius und Hides, allein das genauere System und die All-
gemeinheit für die nordische Poesie hat Hagen zuerst behauptet. Daß
die Scalden gleich den Minnesängern künstliche Dichter sind, ist un-
bezweifelt, wohl aber fragt sich, ob die Alliteration in ihrer Einfachheit, so wie der Vocalreim, nicht auch volksmäßig sein könne? und
ob die Form der älteren Gedichte in der Edda unvolksmäßig sei?
Wenigstens finde ich den Consonantenklang ebenso natürlich, wie den
der Vocale, wenn wir dabei von der ungeheuer langen Gewohnheit
absehen. Die späteren dänischen Kämpeviiser beweisen nichts da-

gegen.   Wie Du Dir mit den Jüten und Niedersachsen aushelfen willst, ist meiner Meinung nach unnatürlich und ungründlich. Wenn zufällig nicht einige Beweise für die Existenz der alten Mythologie unter ihnen da wären, so würdest Du sie gewiß wie die andern Deutschen ganz davon freigesprochen haben. Den Beweis für diese sonderbare Scheidung müßtest Du auf allen Fall führen, nicht vom Gegentheil verlangen. Und Dein bester Beweis, der, daß sich in Deutschland keine Runengräber ꝛc. finden, paßt so gut auf die Sachsen als auf die andern. Ich kann nimmermehr denken, daß die Deutschen vor dem Christenthum einen bloßen sogenannten Fetischismus gehabt hätten, der meiner Meinung nach überhaupt noch von gar keinem nicht einmal wilden Volk zu erweisen steht, keines ist ohne Götter, und die Gegenbehauptung beruht auf schlechter Ansicht der Reisebeschreiber. — Übrigens schreibe ich Dir zum Spaß folgende Buchhändleranzeige Deiner Abhandlung ab: „n. 2 über die Entstehung der altdeutschen Poesie und ihr Verhältnis zur nordischen greift tiefer, als irgend sonst geschehen, in den Unterschied zwischen Natur- und Kunstphilosophie (sic), und der Vf. verfolgt seine Untersuchung unter dem zwiefachen Erfodernis ausgebreiteter Geschichts- und Sprachkunde und eines jedem Schönen befreundeten Sinnes."

Clemens schreibt bös gegen das Buch der Liebe. Daß es theuer ist und das wegen des guten Drucks, ist wahr, aber weil ich die alten Drucke dieser drei Bücher noch nicht hatte, kommt es mir sehr gelegen, und was liegt daran, ob es wieder unters Volk eingehen soll, daran liegt mir gar nichts, viel wichtiger wäre es jetzo, etwa Fichtes Reden an die deutsche Nation in ein populäres, gemeines Gewand zu bringen, daß sie jeder lese. Wenn die alten Bücher und Lieder unterm Volke verschwunden sind oder nach und nach verschwinden, so ist es sein eigener Wille und ganz natürlich, dafür hat es andern Stoff erhalten, warum soll diese alte Poesie wieder absolut unter die Leute, für die sie nicht mehr paßt?

Das wenige, was Du mir über Tieck schreibst, ist mir so noch zu unvollständig und nicht rein. Wer weiß, wenn Tieck über einen andern als über Arnim so ungerecht urtheilte, ob Clemens so spräche? Und kennt er die besondern Verhältnisse so genau, daß er über das Geldprellen, Schuldenmachen nicht ungerecht ist? Wie dem sei, ich halte den Tieck immer für einen wahrhaften Dichter und einen ungemeinen Menschen, ob ich gleich seinen Zerbino, Octavian, auch Genoveva nicht viel mag, wohl aber wegen des Sternbalds, der kleinen Sachen und der Minnelieder. Dabei fällt mir ein, daß er mir auf die Notizen übers englische Theater damals gar nicht geantwortet, vielleicht ist auch der Brief verloren, oder seine berühmte Faulheit schuld. Savigny mag mit Deiner Recension Recht haben, doch erkläre ich mir's etwas anders. Das Mißverhältnis ist, daß die ganze Einleitung über die altdeutsche Poesie überhaupt zur eigent= lichen Recension in gar keiner Verbindung steht und nicht dazu nothwendig gehört. Das passirt einem leicht aber und mir nicht weniger, daß man in etwas hineingeräth, weil es noch nicht gesagt ist, weil über die altdeutsche Poesie überhaupt noch nichts gesagt ist. Insofern hat es auch Recht auf Entschuldigung.

Warum erscheint wohl Görres' Recension des Wunderhorns nicht aus? Und arbeitet er noch an der alten Poesie? Ich erwarte, daß Hagen et Cons. bald gegen uns schreien. Neulich bin ich zufällig durch einen andern auf die Idee gebracht worden, wie ich vielleicht gut nach Paris kommen und dort arbeiten kann.

[Die Fortsetzung fehlt.]

50.
Wilhelm an Jacob.
Halle, am 19. August [1809].

Ich schreibe schon wieder, lieber Jacob, heut aber der Einlage wegen, deren Interesse Du in ihr lesen wirst, und die Du wohl gleich beförderst.

Ich wünsche so sehr, daß Du hier wärst, um mir helfen zu können. Es ist so vieles zu thun, weil Brentano so mancherlei mit= gebracht hat, und Du weißt, wie es geht, wenn er zugegen, man kommt wenig zum Arbeiten und ich muß die interessanten Sachen vor mir liegen lassen. Unter andern hat er einen ganzen Pack Soldatenliebesbriefe auf dem Schlachtfeld von Landshut aufgelesen, in denen manches Lustige vorkommt, und von welchen ich gern einige abgeschrieben hätte. Clemens ist nun ernsthaft Willens, Kindermärchen herauszugeben, wozu er auch einige von den dänischen aus meiner Übersetzung bearbeiten will. Ein Hauptbuch ist die kleine italienische Sammlung, die er hat, und weil sie so selten, wird wohl nichts übrig bleiben für uns als das verdammte Abschreiben. Da ich mit ihm über die Gesellschaftsspiele sprach, sagte er, daß er in Landshut ein italienisches Buch besitze, in welchem alle solche Spiele abgehandelt wären mit Beispielen, und unter welchen viele mit den deutschen gemeinschaftlich vorkämen. Er hat den Titel vergessen, er kann ihn aber einmal schreiben, weil er glaubt, daß es in Göttingen sich finden werde. —

Vorgestern hatte ich einen Besuch von dem jungen Prof. Schütz, welches ein höchst fataler, eitler, leer aufgeblasener Mensch ist. Er wollte Erläuterungen von mir haben über den Uhrmacher Bogs, da nun Clemens gegenwärtig, so konnte dieser es besser. Denk, Büsching hatte es recensirt und weitläufig schlecht ausgeführt, daß es nichts und bedeutungslos sei. Von ihm ist auch richtig die Recension über Görres und die Nibelungen in der hiesigen Zeitung gewesen.

Gestern habe ich zum letztenmale gebadet, und Reil hat mir noch Mittel aufgeschrieben und will es noch weiter thun, die ich zu Haus brauchen und meinem Arzt nennen solle. Clemens hat an Arnim geschrieben, der wahrscheinlich kommt, und dann reise ich mit jenem zurück bis nach Gotha. — Muß ich Reil viel geben und ist das Bad sehr theuer, wovon ich nächstens die Rechnung erhalte, so müßt Ihr mir etwas Geld schicken.

Leb wohl
Dein getreuer Wilhelm.

Goethe wird, wie der Clemens bemerkt zu haben glaubt, Arnims Wintergarten recensiren.

Adresse: A Monsieur Grimm, Auditeur au Conseil d'Etat, Bibliothécaire de S. M. Cassel en Vestphalie. Empfangsstempel: 22. Août 1809.

51.
Wilhelm an die Tante.

Halle, am 28. August [1809].

Liebste Tante!

Vorgestern erhalte ich einen Brief von Ihnen durch Einschluß von Lauchstädt, worin Sie Besorgnis äußern über mich, weil Sie so lange keinen Brief von mir erhalten. Die Schuld muß durchaus an der Post liegen, ich schreibe regelmäßig fast jede 14 Tage einen Brief an Sie und so habe ich auch vor etwa so lang einen abgeschickt. Ich sagte darin, daß meine Kur bald vorbei sein werde, daß aber Brentano hergekommen und ich deshalb noch länger aus bleiben müsse. Wahrscheinlich haben Sie diesen Brief nicht erhalten, wie mehrere, die ich geschrieben. —

Liebe Tante! Vor ungefähr acht Tagen hat mein Baden auf gehört, und meine Kur ist beendigt worden, der Arzt Reil hat mir nun noch Verschiedenes aufgeschrieben und gesagt, was ich ferner zu Haus brauchen könne. Sie sagen alle, auch Brentano, daß ich viel wohler und gesünder aussähe. — Brentano ist von seiner Frau nun so gut wie geschieden und hier schon deshalb froh, daß er von ihr los nicht mehr ihre Gegenwart ertragen muß. Es ist eins der abscheulichsten Weiber, die sich mehrmals mit dem Messer und Schere gestochen, dann sich zweimal hat vergiften wollen. Zum letztenmale in München, wo sie die ganze Stadt alarmirt hat und die Armensünderglocke für sich läuten lassen. Es ist aber niemals dazu gekommen, weil sie doch zu feig und furchtsam war. Das ist wohl das Schändlichste, was man thun kann. Jetzt wird sie wahrscheinlich wieder zu ihren Eltern gehn.

Wenn Brentano nicht gekommen wäre, so hätte ich mit einem Herrn und Frau von Berger sehr gut nach Gotha reisen können, die Steffens besucht hatten und dort einige Zeit bleiben wollen. Brentano will nach Berlin zu Arnim und mich durchaus mitnehmen. Es solle mich wenig oder nichts kosten, und Arnim hat mich ohnehin schon invitirt, ich weiß noch nicht bestimmt, ob ich es thun werde. Wir würden etwa drei Wochen dort bleiben und dann mit Arnim zurück. Ich werde Ihnen auf jeden Fall Nachricht geben.

10 Louisdor habe ich von Prebari & Comp. in Lauchstädt richtig erhalten und danke Ihnen tausendmal für Ihre Güte, liebste Tante. Behalten Sie lieb

Ihren getreuen

Wilhelm.

Adresse wie bei Brief 31.

52.
Wilhelm an Jacob.
Halle, am 28. August 1809.

Du hast Recht, lieber Jacob, wenn Du mir in Deinem letzten vorwirfst, daß mein Brief, der von Brentano sprach und seinen Er-

zählungen, so kurz und verwirrt gewesen. Ich hatte nur eine halbe
Stunde Zeit dazu in seiner Gegenwart und wollte gern von allem
etwas sagen, und so ist es gekommen. Ich will sehen, ob ich einiges
nachholen kann.

Erstlich von Tieck. Was ihn als Dichter betrifft, so ist darüber
nicht gestritten worden und sein Werth wohl anerkannt, nur ein
Tadel ist, daß er in diesem Kreis stehen bleibt, in diesem tiefsinnigen,
anmuthigen Spielen, ohne weiter zu kommen oder zu wollen, ja auch
insofern zurück, daß er gar nichts thut und also nicht sowohl auf
seinen Lorbeeren ruht, als er damit ganz zugedeckt ist. Wogegen
es aber Clemens meint, das ist erstlich seine ungemeine Vornehmheit
gegen jeden, keinen wie z. B. Goethe ausgenommen, als wenn seine
Poesie der einzige Mittelpunkt sei und bleiben müsse, darum liest er
Arnims Gedichte, die doch reicher, wenn auch nicht so klar und
klassisch sind, wie seine, gar nicht und behauptet davon, es sei ganz
ordinäres Zeug, ihm und dem Schiller nachgesagt. Ebenso ist er
äußerlich vornehm, hält zwei Bedienten u. s. w., lebt sehr gut, ohne
das geringste Vermögen zu haben. Sodann seine Leichtsinnigkeit, die
gerade wie eine Schlechtigkeit ist, womit er Geld borgt, ohne es je
bezahlen zu können und wollen, wie z. B. von Savigny, der nichts
mehr von ihm hören will. Darum hat ihm auch Bettine geradezu
geschrieben, sie könne nicht mehr zu ihm kommen, und geht auch nicht
mehr hin.

Sodann vom Louis, daß er nämlich sehr still lebe, langsam
fleißig sei und schöne Bilder mache, wie die beiden Köpfe, daß ihn
Heß sehr lieb habe und wie einen Sohn betrachte. Er radirt jetzt
die Bettine, wovon Clemens die Zeichnung sehr schön gefunden, und
wird es wohl bald schicken. Arnim hat ihm eine silberne Medaille
geschickt für die zwei Bilder, die ihn groß gefreut haben werden.
Er hat Arnim sehr lieb und zeichnet am liebsten in ein Zeichenbuch,
das ihm dieser geschenkt, wiewohl das Papier schlecht daran ist, und
über einen Vers, den dieser ihm hineingeschrieben, hat er ein Papier
geklebt, damit er nicht schmutzig werde. Überhaupt hat er noch seine
alten Angewohnheiten, hängt über seine Kleider und über seinen Hut
noch immer ein Schnupftuch. Zu der Bettine geht er öfter, die ihm
recht freundlich ist, und besieht ihre Bilder.

Bettine componirt den ganzen Tag an dem Faust und hat zu der
Musik eine solche Leidenschaft, daß sie, wie sie spricht, dadurch eine der
Verrücktheit nahe gerückte Person ist. Alle Instrumente gehn ihr nicht

tief genug, und sie jetzt für alle. Sie erzählt einem jungen Menschen ihr Leben, der alles genau aufschreibt, welches eine der wunderbarsten Geschichten geben muß, sie geht bis zu dem Geringsten, z. B. zu den Kleidern, die sie getragen, Clemens spricht, daß es etwas Herrliches sei, wie ich wohl glauben kann, denn in diesen Kleinigkeiten ist auch ein großer Reiz. Hier, wo ich allein gewesen, ist mir von mir vieles aus meiner Kindheit eingefallen, wenn ich an mich dachte, und ich wünschte sehr, ich hätte aufgeschrieben, was ich noch weiß, wie die Stuben und Häuser gewesen, die Kleider rc., sonst gar nichts, es würde einem dann sein ganzes Leben, seine Gedanken und Empfindungen einfallen, die man in diesen Stuben und Kleidern gehabt. So weiß ich noch, daß die Tapeten in unserm Haus in Hanau in der Stube unten rechter Hand mit braunen und grünen schießenden Jägern verziert waren, daß unter dem Ofen oben Porzellantafeln mit Hirschen waren. Auch erinnere ich mich, wie ich Mittag bei der Mutter in der Stube gesessen, die Fenster auf waren und alles still, daß man bloß das Zischen von den Strumpfwirkerstühlen hörte rc. Ich dachte Dir noch mehr zu schreiben, was mir Clemens erzählt, so seh' ich aber, daß es nicht geht und mündlich geschehen muß. Er will zu dem Leben der Bettine auch das seinige schreiben, worin das ganze Wesen zu Jena vorkommen soll, also daß nichts fehlt, als daß er's schreibt. Auch was Schönes hat er für Dich mitgebracht, womit ich Dich überraschen will.

Den zweiten Band des Calderone hab' ich vor wenigen Tagen gelesen. Ich bin erstaunt und gerührt worden wie niemals von dem standhaften Prinzen; da ist ja der Muth der griechischen Helden, die Religion der christlichen und die Herrlichkeit aller Zeiten in einem frischlebendigen, reinmenschlichen Bild vereinigt, das jeder Gesinnung zugehört und jedes Gemüth befriedigen muß. Es ist ordentlich ab= gelöst von jeder Besonderheit und allgemein weltlich geworden. Ich setze ihn höher als die Andacht zum Kreuz, wo uns bloß das Wunder interessirt, nicht die Menschen. Auch die Übersetzung ist höchst vor= trefflich. Weniger Werth hat die Brücke von Mantible. —

Der junge Schütz hatte mir das Buch geliehen, der mir auch, was von einer Recension des Hagen über Fouquets Sigurd gedruckt war, gegeben, es kommt ziemlich darin vor, was in meiner Abhand= lung stehn muß, und sie lobt parteiisch das Gedicht mehr als es ver= dient. Auch von der Alliteration kommt darin vor, wobei mir ein= fällt, daß in der Eunonia, wie ich mich bestimmt erinnere, gelesen zu haben, eine Abhandlung über die nordische Metrik steht, die man einmal nachsehen müßte. Die Recension des Nibelungenliebs und über Görres war richtig von Büsching. Die Volksbücher sind in Quart und allerdings spanisch, doch mir gut verständlich. La historia de la reyna Sebilla ist eigentlich der Octavian, der an dem Hofe Karls des Großen spielt, mit veränderten Namen rc. El conde Partinuples ist ungleich wichtiger, daß es die Geschichte von Partenopier und Meliura, hatt' ich schon vor Deinem Brief heraus, als ich die Dame Meliora fand. Es ist eine anmuthige, feenhafte Erzählung, der eigentlich die griechische Sage von Amor und Psyche zu Grunde liegt. Das Unsichtbare ist hier eine Kaiserin in dem Schloß vom goldnen Haupt, die Partinuples sehen will, eine bezauberte Laterne, als sie an seiner Seite eingeschlafen, hervorzieht und einen Tropfen Wachs in ihre Brust fallen läßt. An ein directes Abborgen ist nicht zu denken, es ist alles im Geist der Ritterromane, und viele Kämpfe werden darin gefochten. Die Scene spielt zu Paris und in Frankreich, daher ich glaube, daß der Roman aus dem Französischen übersetzt ist. El abbad don Juan enthält die Geschichte einer Belagerung. Der Cid trifft viel mit den Romanzen zusammen. Ein anderes seltsames Buch hat Clemens mit- gebracht, das keinen Titel hat, aber oben auf den Blättern genannt wird: Reis dreier Königsöhn. In der Vorrede steht, es sei persischen und armenischen Ursprungs, ins Italienische übersetzt, woraus man es hier genommen. Das ist auch sicher wahr, und der orientalische Charakter ist nicht zu verkennen. Es enthält eine Menge scharfsinniger Auflösungen. So erkennen die Königsöhne an den Spuren ein Kamel, was es getragen, daß eine schwangre Frau darauf gesessen, daß es eine Zahnlücke gehabt rc., oder der König und die Königin streiten, wer in einer dunkeln Stube ein silbernes Becken mit dem Pfeil dreimal treffen könne. Die Königin schießt, und es klingt dreimal, darauf der König; es klingt aber nur beim ersten Schuß, als Licht gebracht wird, hat er künstlich den zweiten Pfeil auf den ersten geschossen und den dritten auf den zweiten, so daß sie in einander stecken. Oder der König weiß mit einem Schuß den einen Hinterfuß an das Ohr des Hirsches fest zu schießen. So sind viele schöne darin. Weißt Du nichts von diesem Buch? und schlag einmal nach. —

Nun muß ich Dir von einigen Hoffnungen schreiben. Steffens kennt den Nierup sehr gut, außerdem hat er noch einen Anhänger in

Kopenhagen, der sich mit den alten Sagen abgiebt, an beide will
er schreiben und es ihnen als sein eigenes Interesse nothwendig
machen, herauszuschicken, was ich ihm aufgeschrieben: 1) alle unge
druckten Stücke der alten Edda, die aufs Nibelungenlied gehen, und
die ich genannt habe, in Abschrift, 2) Nachricht und Inhalt von der
Floamanna, Jarl Magnus und Blomsturwalla Saga, 3) alle Volks
liedersammlungen außer den Kämpe Viiser und, wenn sie nicht mehr im
Druck zu haben, in einer Abschrift wie Elskov Viiser, 4) Volksbücher
die eigenthümlich sind, wie Olger Danske. Ist es möglich, etwas
von diesen wichtigen Sachen zu erhalten, so ist es hier.

Hagen halt ich nicht bloß für literärisch (nur in dieser Recension),
wiewohl das seine Hauptsache und er im übrigen höchst manirirt
erscheint und craß modern. Ebenso ist mir sein gebrechter, an leeren
Perioden reicher, gedrängt sein sollender Stil fatal, wo dennoch
manches querfeldein kommt, wie dieser Ausdruck. An dem Buch der
Liebe tadele ich, daß die freie poetische Ansicht ganz hintangesetzt
worden, wem in aller Welt kann etwas an Varianten liegen, die sie
versprechen, wenn man sie verlangt, daß man nichts Besseres zum
Spott thun könnte, als sie verlangen. Da ich mir kein literarisches
Interesse denken kann an dieser Form, insofern sie verändert wird
durch das Hineinbringen des ältern, reichern, viel poetischeren
Tristants, so wär' es mir recht lieb, wenn das geschehen wäre. Und
was anders als das Starrwerden in dem Literarischen und das Ab
ziehen von dem Lebendigen und mithin allein Richtigen kann sie ver
mögen, solch einen schlechten Roman wie den Pontus wieder abdrucken
zu lassen, den ich mit aller Gewalt nicht wieder habe durchlesen
können. Es liegt allerdings daran, daß man dem Volk, welches
seine Bücher noch immer stark liest, und deren Unvergänglichkeit Du
selbst erkennst, wieder Echtes und Poetisches wiedergiebt, wie die Er
schaffung eines Ergötzens, einer solch reinen Lust immer das Beste
bleibt, was man thun kann. Gerad von oben, daß man sie nicht
mehr druckt, werden sie entzogen, nicht daß sie nicht mehr gewollt
würden, wie Volksfeste durch Dekrete abgeschafft sind, nicht aus Über
druß vom Volk selbst. — Was die äußere Einrichtung betrifft, so
hätten die Romane einzeln gedruckt werden müssen und auch in einer
wohlfeilen Edition, damit jeder und was er davon wollte kaufen konnte.

Am 2ten September.

So weit war ich mit dem Brief gekommen und konnte ihn nicht
schließen, daß er bis jetzt liegen geblieben. Desto mehr wirst Du

erstaunen, wenn ich Dir etwas recht Unvermuthetes zuletzt hier schreibe, daß ich nämlich bis Mittwoch mit Clemens nach Berlin reise zu Arnim. Es ist so gekommen. Clemens schrieb an Arnim, ob er hinkommen solle oder er hierher wolle. Arnim stimmte für Ersteres und lud mich zum zweitenmal (den Sommer schon einmal) sehr freundschaftlich ein, ich dürfe Berlin, da ich in der Nähe, nicht versäumen; dazu hatte Clemens schon beständig gesagt, daß ich mit ihm müsse, falls er abreise. Ich sagte aber dem Clemens geradezu, daß ich nicht könne, daß mir nach Abzug der Badekosten und für den Arzt (10 Louisdor) nur noch 18 Thlr. übrig seien, damit könne ich nicht fort und wolle nach Giebichenstein ziehen, bis er wiederkomme. Er ward aber bös und sagte, ich solle still schweigen, wenn ich kein Geld habe, so habe er und ich solle mit, und wenn ich es nicht um- sonst haben wolle, so solle ich es von dem Honorar für die zukünftig zu edirenden Calenbürger Possen 2c. an ihn abbezahlen. Was konnte ich machen! Dazu nimmt er seine Bücher mit, die ich unmöglich alle hier durcharbeiten konnte, so aber mag es gehen, und ich hoffe, es soll Dich freuen, was ich mitbringe. Also fahr' ich mit und in solchem Zustand, daß ich mich freue, nach Berlin zu kommen, daß ich mich freue, Arnim zu sehn, daß es mir leid thut, meine Rückreise zu Dir immer mehr verzögert zu sehn, und daß es mir täglich leider thut: wann werden wir wieder beisammen sein, muß ich durch viele Montage, Dienstage, Mittwochen 2c. durchsingen und alltäglich.

Clemens zwackt mir viele Stunden zu einem großen Bilde über Schelmuffsky ab, worin ich schon vieles recht Schöne gemacht habe, und worin Du auch in Galanniform stehst, und ich in meiner Caricatur dem Naturdichter Hiller sehr ähnlich. Clemens will auch noch ein Blatt an Dich schreiben (noch nicht geschehen. Sonntag 3. 10 Uhr). Von ganzer Seele und aus allen meinen Kräften

Dein treuer W.

Adresse: A Monsieur Grimm etc.

53.
Jacob an Wilhelm.

[Cassel, 3. September 1809.]

Lieber W! Nur ein Paar Worte. Zwei Posttage sind vorüber, ohne einen Brief von Dir, es könnte nun sein, daß Du schon von Halle wegwärest, aber ich glaube es fast nicht und ich wünsche nur, daß Du mir nicht aus einem andern Grunde nicht geschrieben hast. Wenn, wie es scheint, der Brentano nicht mit hierher will, so wäre es mir doch gerade lieb, wenn Du noch einige Wochen nicht ansäheft und dort seine Sachen, die er mitgebracht hat, näher durchgingest. Grüß ihn doch tausendmal.

Am Freitag ist die Lotte gekommen und noch wie sonst, ich weiß nicht, warum ich sie in vielem verändert hoffte, ich dachte ihre Liebe würde frischer sein und manches ablegen. Sonst bin ich gut mit ihr und auch mit dem Nand, der leider jetzt nie vor 12 oder 1 zu Bett geht (n. b. nach 10 ohne Licht am Fenster) und dann nicht vor 9 oder 10 aufsteht. Mit den Märchen ist es nichts gewesen, ich hatte Deinen Brief denselben Tag fortgeschickt. Die Lotte hat die Frau kommen lassen, sie hat den ersten Tag gesagt, sie müßte sich erst besinnen, und den zweiten, sie wüßte nichts mehr. Darüber ist auch die Lotte weggereist. Beweg doch den Clemens, daß er vor der Herausgabe sich ja erst viel mündlich erzählen läßt, da steckt noch das Meiste und Beste. Wär denn niemand anders in Marburg geschickt, mit der Frau einen bessern Versuch zu machen. Sonst mag der Clemens lieber hinreisen, die Quelle ist es gewiß werth. Ich sprach neulich mit der Engelhardin, die nicht viel weiß, aber durch sie haben mir Hassenpflugs die mir auch sonst gefallen) einige ganz neue erzählt, und es soll noch mehr sich besonnen und zusammengebracht werden. Auch wäre wohl nöthig, daß der Clemens aus dem cabinet des fées das Gute herausnähme.

Die Recension von Büsching steht ja noch nicht abgedruckt, dergleichen schändliche Recensirerei ist mir recht verhaßt, und ich möchte den Kerl dafür durchnehmen, ich halte den Büsching für unbedeutend. Wahrscheinlich wollen sie alle Journale für sich einnehmen, damit die Bücher desto besser abgehen.

Vom Savigny ist endlich ein angenehmer Brief gekommen, der mich sehr erfreut.

Wenn Du Geld brauchst, schreibe nur. Adieu. In Eile.

Am Sonntag Morgen.   [Ohne Unterschrift.]

Adresse: An Herrn Wilhelm Grimm, privatisirenden Gelehrten, zu Halle a. d. Saale, zu erfragen bei H. Prof. Steffens.

III.

Wilhelms Besuch in Berlin

September bis Dezember 1809.

Aus Wilhelms Selbstbiographie.

„Im Spätherbste [1809] reiste ich nach Berlin, Achim von Arnim zu besuchen, den wir schon früher hatten kennen lernen und dessen liebevolle Gesinnung zu allen Zeiten unverändert geblieben ist. Berlin war damals stiller und einsamer als je, das königliche Haus noch in Königsberg, nur die Kurprinzessin jetzige regierende Kurfürstin von Hessen, bewohnte einen Theil des Schlosses. Ich sah in ihrem Vorzimmer das von Bury gemalte Bild des kleinen Prinzen, der in kindlichem Spiele eine weiße Fahne muthig aufrecht hielt, in welcher kein Wappen mehr war, gleich als wolle er es von neuem erobern: mir gefiel dieser sinnvolle Gedanke, aber nur meiner Wünsche dabei war ich gewiß. Mich trieb hessische Anhänglichkeit, der Kurprinzessin persönlich meine Verehrung zu bezeigen, und diese erhabene Frau, durch Geist und reiche Bildung ebenso ausgezeichnet, als durch Adel der Gesinnung, hat sich hernach bei der Wiederherstellung gegen mich und die Meinigen allzeit gnädig erwiesen. So trübe damals die Aussicht in die Zukunft war, so erinnere ich mich doch mit Vergnügen der in Berlin zugebrachten Monate und selbst der fröhlichsten Stunden. Ein gutes Naturell verleugnet sich auch unter solchen Umständen nicht, und nur als Beispiel nenne ich Buttmann, dessen frische Lebendigkeit gewiß in den glücklichsten Zeiten sich nicht steigern konnte.

Auf dem Rückwege durch Weimar, am Schlusse des Jahres, ward mir das Glück zu Theil, Goethe zu sehen. Noch deutlich bin ich mir der Stimmung bewußt, mit welcher ich zum erstenmale sein Haus betrat und über die bequeme Treppe und das oft beschriebene Salve in sein Zimmer gelangte. Jemand, den wir früher oft und genau in mannigfachen Bildern angesehen, ist uns nicht fremd und überrascht uns doch; in der Wirklichkeit liegt noch eine Macht, von der die Kunst nichts weiß. Er äußerte Theilnahme für die Bemühungen zu Gunsten einer lang vergessenen Literatur und Geneigtheit, sie zu unterstützen, wie mir denn auch späterhin durch seine Fürsorge die Benutzung einiger Codd. der dortigen Bibliothek gestattet wurde. Ich bin während meines Aufenthaltes in Weimar, wo Madame Schopenhauer ein ebenso glänzendes als angenehmes Haus machte und mich auf das gütigste empfing, noch einigemal bei Goethe gewesen, habe ihn in der Eigenthümlichkeit seines Wesens gesehen, seine Rede gehört. Ich glaube, ihn selbst gesehen zu haben, ist zu dem Verständnisse seiner Gedichte ungemein förderlich. In ihnen ist dieselbe Mischung der großartigsten, reinsten und edelsten Natur, die ein sinnvoller Mensch sogleich anerkennt und verehrt, und jener höchst eigenthümlichen besonderen Bildung, deren Gang man nur zuweilen erräth. Erregt doch auch der wunderbare Blick seiner Augen ebensowohl das vollste Vertrauen, als er uns ferne von ihm hält. Wenn in einer Zeit eine nationelle Gesinnung herrscht, mag es von geringerer Bedeutung sein, die Persönlichkeit des Dichters kennen zu lernen, der den Charakter des Volkes in seiner höchsten Blüthe darstellt; anders verhält es sich, wo eine solche Nationalität fehlt und ein Geist, je größer er ist, desto freier und kühner, innern, unausmeßbaren Bedürfnissen gemäß sich entwickelt und bei höherem Aufsteigen immer einsamer sich fühlen muß. Man findet diese Einsamkeit, meine ich, in den meisten seiner Werke und das Ansprechendste und Einleuchtendste mit dem Seltsamsten und Fremdartigsten verbunden. Aus diesem Verhältnis wird auch das Verlangen unserer Zeit gerechtfertigt, die Geschichte der Bildung eines ausgezeichneten Mannes zu erfahren, die oft das Verlangen nach dem unmittelbaren Genuß seiner Werke übersteigt.“

51.
Jacob an Wilhelm.

[Cassel,] Sonntag Abend, am 10. [September 1809].

Lieber Wilhelm!

Wir haben recht oft an Dich gedacht, Dein Brief kam gerade am Tag an, wo Du von Halle abreisen wolltest, am Mittwochen [6. Sept.] wo gerade schlimmes Regenwetter eingefallen war; jetzt wirst Du längst in Berlin sein, gesund und vergnügt, Du wirst bei Arnim und Clemens gewiß vergnügte Tage haben. Die nun angefangene Herbstzeit erinnert mich so lebhaft an die Mutter und unsere Ferienreisen, worauf ich mich jedesmal elf Monate freute, und der eine Monat ging so schnell vorbei, und die Mutter weinte immer so heftig bei der Abreise. Ach, wenn sie doch noch lebte, seit ihrem Tod ist unser Haushalt unangenehm geworden, weil sich keins an das andere bindet und keine Ordnung mehr weder beim Essen noch sonst, es ist mir oft, als möchte ich dafür in ein Wirthshaus gehen, vielleicht auch, weil ich mich mit vielen Kleinigkeiten abgeben oder sie anhören muß. Und ich fühle bestimmt, wenn man mäßig und still lebt, wie wir, so ist Ordnung und Reinlichkeit das Erste. — — — Doch was schreibe ich Dir diese Dinge, nimm es nicht übel.

Und grüß den Clemens und Arnim von mir und beide von Herzen. Auf die nächsten Briefe warte ich nun begierig. Für die vielerlei Nachrichten in dem letzten danke ich vielmal, ich will sehen, ob ich was darauf zu antworten habe, glaube aber nicht.

Vom Sigurd steht ja eine Recension von Jean Paul in den Heidelbergern, ich habe ihn nun nicht gelesen, das Lob scheint mir aber zu groß. Aber wie leicht müssen auch die alten Sagen bestechen, oder lieber ein anderes Wort; wenn man sie, es sei unter welcher Gestalt, zuerst hört, wie am Ende auch Jean Paul. Sonst sehe ich täglich mehr, wie die meisten nordischen Sagen in den Kämpe Dater zwar des Inhalts wegen unschätzbar, in der Darstellung aber zu kurz und unlebendig sind und nicht bei altdeutsche Romane, wie die vom Tristan ꝛc., gehalten werden dürfen. Der Wilkinasage sieht man das deutsche Original in Worten und Wendungen leibhaft an, und sie ist darum noch einmal so leicht zu lesen, wie die andern, der Stil ist auch besser und im Ganzen zwar verschieden, aber trocken.

Warum willst Du dem armen Pontus den Stab brechen, hier liegt es an der Sage, welche eine bloße Compilation ist, gegen den Schluß hin interessanter, — aber die Sprache darin ist treulich und gemüthlich, wie in wenig andern, rechte Lehren, die in alten Zeiten die Väter den Söhnen gern mögen zu Hand gegeben haben.

Deine Meinung, daß die Volksbücher noch jetzt das Volk angingen oder wenigstens angehen müßten, mag ich nicht ausführlich bestreiten. Es scheint mir gewiß, daß unser Volk sehr herrlich sein könnte, auch wenn keins derselben existirte, oder wieder ebenso gut werden, wenn auch deren keines poetisch erneuert wurde. Sobald die epische Zeit vorüber ist, d. h. diese Unschuld, dieser Glauben, diese Liebe, so hört auch diese Poesie auf, und ich finde es durchaus natürlich, daß ein braves, ich meine ein unverbildetes Gemüth, das die Poesie Goethes und Schillers versteht, an diesen einfachen kindlichen Sachen weiter keinen eigentlichen Gefallen hat. So wie das Lyrische, Dramatische, Didaktische in jeder Bildung nothwendig auf das Epische folgt, so geht es auch den Menschen. Nun wenn der Sinn für das Epische (um durch dergl. Kunstwörter andere deutlichere zu ersparen) in dem Volk viel länger gewährt hat und zum Theil noch dauert, so ist er doch geschwächt, ja sehr, und muß endlich ganz aufhören, und beides unleugbar nicht von außen her, sondern von innen. Dies kann bewiesen werden, einzelne äußere Vorschritte der Regierungen kommen dagegen nicht in Betracht. Durch neue Ausgaben wird weder Bürger noch Bauer ergötzt, oder nur scheinbar, Gebildete nur unaufrichtig, frag gescheidte Leute, die ich gar nicht anders haben möchte, ob ihnen nicht zehn Lieder von Goethe lieber sind, als die zehn besten aus dem Wunderhorn, und warum haben sie nicht Recht? Diese neuen Ausgaben sind also bestimmt nur für die, welche noch höher stehen oder zu stehn glauben, für die, welche die Poesie studiren und das Vergangene, wie das Gegenwärtige, ja über es schätzen. Die Minnelieder sind zum Theil ganz herrlich und vollkommen, aber Goethe noch Schiller mögen sie nicht. Ferner, das Überarbeiten, das Hineinarbeiten in diese Sachen wird mir ewig zuwider sein, darum weil es als Nothwendigkeit für die Zeit ein Irrthum und für das Studium der Poesie ein Ärger ist. In anderer, aber schlechter Hinsicht ist es freilich nothwendig, das gebe ich zu, weil das Schlechteste in uns, das Lesepublikum, die Bücher sonst nicht kauft, und sobald das bekannt ist, sie kein Verleger anders druckt. Eine große Inconsequenz liegt auch in dem Verfahren; wenn Du willst, daß in den prosaischen Tristan auch noch der poetische eingeschoben werde, warum nicht auch noch andere schöne Sagen, etwa griechische, die Müh wär freilich größer. — Ich wünschte nichts mehr, als daß wir über diesen Gegenstand einig wären, für unser Zusammenarbeiten, worauf ich alles baue, daher schreib mir ohne Vorurtheil Deine Meinung, ich will es auch so thun.

Sonderbar, daß ich über den persischen oder armenischen Roman, wovon Du schreibst, neulich auch nachgefragt oder gesucht habe. Ich zweifle nicht, daß es der von Giafer und Senendrippe ist, wovon ich längst aus Traud und Cleß zwei Ausgaben aufgezeichnet hatte. Schreib etwas Näheres davon auf.

Gute Nacht, es ist schon spät.

Dein treuer Bruder Jacob.

Adresse: An Herrn Wilhelm Grimm. Berlin Viereck Nr. 4, bei Herrn von Arnim.

55.
Wilhelm an Jacob.

[Berlin, nach Montag, 18. September 1809.]

Liebster Jacob!

Seit Montag Abend [den 18. Sept.] bin ich nun hier in Berlin, wir hatten unsere Abreise noch aufgeschoben, weil Clemens sein Bein verrenkt hatte, das jetzt noch nicht wieder in Ordnung ist. Arnim empfing uns liebreich und gütig, wie er ist, und hat mich schon an viele Orte und zu vielen Menschen geführt. Ich muß es auf mündliche Unter-redung aufschieben, ausführlich davon zu erzählen, und beschränke mich auf einiges.

Vorerst also etwas von dem Hagen. Er empfing uns, auch Clemens war mit, recht gut und artig. Er macht den Eindruck von einem lebhaften, gescheidten Menschen und hat auch sonst keinen bös-artigen Zug im Gesicht. Nur sieht man, was mir immer sehr ängst-lich ist, wo ich es finde, daß er sich durch das Studiren etwas herunter gebracht hat, und seine Augen haben etwas Krankes und Überwachtes. Den Unterschied zwischen seinem und unserm Studiren hab' ich recht deutlich gesehen, er hat mit der ganzen Welt Verbindungen angeknüpft und reist selbst, so weit er kann, und er gewinnt daher mit Leichtigkeit eine Menge Bücher, Manuscripte, Nachrichten und kann auf diese Art mit Übermacht agiren. Sonst glaub' ich nicht, daß seine Studien so zusammenhängend sind wie unsere, und er nur allzeit in einen heraus gegriffenen Gegenstand fleißig hineinarbeitet. Ich habe daher die Nothwendigkeit gesehen, daß wir uns in Correspondenzen setzen und dann soviel als möglich reisen. Ein Drittes, was er thut, müssen wir wohl bleiben lassen, nämlich viel Geld zum Ankauf verwenden, er bezahlt die Bücher stets mit dem letzten Preis. Von Nierup hatte er eben ein Programm erhalten, welches eine neue, correcte, mit Anmerkungen und Melodien ausgestattete Ausgabe der Kämpeviiser ankündigte und noch einige interessante dänische Werke, die wir haben müssen. Von dem Museum wird eben das zweite Heft gedruckt, welches Zusätze zu der Manessischen Sammlung und die Fortsetzung des Aufsatzes gegen Dich enthält. Von dem zweiten Band der altdeutschen Gedichte ist noch nichts angefangen. Zu Büsching will ich nicht expreß gehen, wenn ich ihn nicht zufällig sehe, so mag er fahren.

Wenn Du hier wärst! Ich sitze zwischen wenig[stens] 50 höchst interessanten Büchern, die ich alle durchlesen und durcharbeiten muß, wenn es mir gelingt, wird Dir manches lieb und meine Reise nicht ohne Nutzen gewesen sein. Die Drei Königssöhne sind der Giaffar, ich habe es in Traud nachgeschlagen, das Buch muß wohl abgeschrieben werden. Was mich jetzt bestimmt, ist die Zeit, wie lang ich die Bücher behalten darf, mithin gehn jetzt die Berliner vor den Brentanoischen. Bei Hagen lag auch ein persisches Gedicht Schirin, in Wielandischen Stanzen bearbeitet, und das wir kaufen müssen. In Bartholdis Reise nach Griechenland steht eine herrliche neugriechische Romanze, Du kannst das Buch wohl dort haben, ich sah es hier nur im Buchladen, es ist schon vor ein Paar Jahren erschienen. —

Dann waren wir auch bei dem Maler Bury, der ein großes, kräftiges Bild von den drei Schweizern gemalt hat, bei dem Buchhändler Juden Hitzig, der ein alter Freund von Clemens ist — — —, gestern in einer großen Männergesellschaft im Thiergarten, wo Hirt, Biester und dergl. waren. Meine Arbeitsstube geht in einen Hof, mit einem Gitterfenster, und mitten aus der Arbeit geht's fort in die breiten, großen Straßen mit den eleganten Häusern, ich glaube, es giebt in diesem Sinne keine schönere Stadt in der Welt als Berlin, jedoch gewöhnt man sich bald, es als etwas sehr Ordinäres anzusehen. So leb' ich beständig zwischen Fleiß und Flüchtigkeit. Dem Clemens ist das Herumlaufen gar nicht recht, zumal er noch schnappt, allein bei Arnim hilft da nichts.

Lieber Jacob! Wenn wir eine verschiedene Ansicht über das Verhältnis der Volksbücher zu der Zeit haben, so ist doch insofern eine Vereinigung nicht nöthig, als wir sonst nicht zusammenarbeiten könnten. Ich arbeite ja ganz in Deiner, auch in meiner, d. h. in der historischen Ansicht, ich habe eben jetzt einen recht frischen Muth dazu und ich zweifle nicht, daß es gut werden wird. Der größere Vorrath Hagens hat mich gar nicht geschreckt, ich fühle, daß wir im Ganzen etwas anderes wollen und niemals auf ihn stoßen werden. — Dein Beispiel mit Goethe und Schiller ist wunderlich, ich kenne eben solche unverbildete Gemüther, die sich an Kotzebue erfreuen und an Tiedge (z. B. die Pfarrstochter Mannel) und auch Recht haben wie jene. In den Tristan meintwegen griechische Sagen, wenn sie hineinpassen, was nicht leicht treffen wird, geschehen ist es im Partinuples.

Daß die Lotte keine Märchen mitgebracht, ist bloß ihre Schuld, sie ist nicht recht und vertraulich mit der Frau umgegangen. An Brentano hat sie 6—8 erzählt, der einzelne Worte aufgeschrieben und vermeint, sie nicht zu vergessen, wie es nun geschehen. Schade, daß er nicht dahin wieder kann und will, so lang die Auguste in Allendorf, vor deren Überfalle er sich fürchtet: das ist die Ursache, warum er auch durchaus nicht nach Cassel will. Das Gretchen könnte sie ja recht gut sich erzählen lassen, die Lotte müßte an es schreiben, oder ich will, wenn sie nicht mag.

Die Recension von Jean Paul über Sigurd ist unbedeutend, meine steht in dem neusten Heft, Arnims Zusatz geht auf der siebenten Seite oben an, sonst ist nichts in einander gearbeitet und das Vorhergehende ist Wort für Wort von mir ohne die geringste Veränderung. Ich habe sie auf dem Werkmeisterinstitut gelesen, welches fatal und ängstlich ist.

Wenn Du mir Geld schicken könntest hierher, wär' es mir sehr lieb, ich habe nur noch ein weniges. Ich hätte noch so vieles zu schreiben und weiß nicht, wo ich anheben soll, also zu Ende, nächstens mehr.

Dein treuer privatisirender Gelehrter.

Meine Adresse ist:

An Herrn Geheimen Postrath Pistor. Maurerstraße.

Viele herzliche Grüße von Arnim und Clemens, der noch einmal zum Schreiben kommen will. Späterer Nachsatz: Es soll von Clemens ein Sack voll Grüße sein.

Dienstag [?], 18. [19] September.

Hagen ist schon etlichemal hier gewesen und ungemein freundlich und artig. Er wünschte von Clemens den Neidhart und dergl. zu haben, der hat ihn an uns gewiesen, und er bat, ob wir nicht für sein Magazin ihn geben wollten; auch ob Du gegen Docen etwas sagen wollest, überhaupt ob wir nicht Lust hätten, zuweilen etwas hineinzuliefern, das Honorar sei 5 Thlr. für den Bogen. Wegen des Streits mit Docen mußte er ziemlich sein Unrecht zugeben, auch daß Docens Aufsatz verwirrt und unklar sei. Meine Meinung ist, daß Du, wenn Du alles gelesen hast, Deine Meinung in kurzen und bündigen Sätzen mit den Beweisstellen aufstelltest, ganz ohne Rücksicht auf den Streit und das, was Docen will, jedem bleibt dann sein Urtheil frei, und die Sache ist gut abgethan. — Gestern führte uns Hagen zu Koch, der wieder verständig ist und sich drei Stuben mit Büchern zugebaut hat, er hat mancherlei Sachen, wovon ich einiges kaufen will, wie einen vollständigen Simplicissimus, schick mir daher ja Geld, es geht wohl leicht durch eine Anweisung. — 4 Bände nordischer Sagen in der schönen Suhmischen Edition besitzt er, will aber 12 Thlr. dafür, was mir zu theuer. Die Eirbyggia Saga macht einen Band, und den will er für 2 Thlr. lassen, was meinst Du? Ich denke, man kann all die Sachen in Göttingen haben.

Sieh, Hagen hat den Dresdner Codex gehabt und den Straßburger, schreib doch sogleich an Daßdorf oder an Tohm, es kann Dir nicht fehlen, auch nach Straßburg; hätten wir es doch früher gethan! Von allen den Kreis des Nibelungenliebs betreffenden kommt nichts in die große Sammlung, er will dafür eine besondere beginnen und fängt jetzt mit dem reinen Text des Nibelungenliebs an, das zu Vorlesungen bald erscheint, also dauert's mit den andern noch länger, und wir können sie in der Zeit nicht entbehren. In Mannheim ist im November eine Auction, wo viele altdeutsche Bücher vorkommen, laß Dir den Katalog kommen und gieb Bestellung.

Adresse: A monsieur Grimm etc.

56.
Wilhelm an seine Tante.

Berlin, Mittwochen 19. [20] September [1809.]

Liebste Tante!

Ich melde Ihnen, daß ich vorgestern [18. Sept.] hier in Berlin
glücklich angekommen bin und von Arnim sehr freundlich empfangen
worden. Wir fuhren Sonntag, nämlich Brentano und ich, von Halle ab
und kamen den andern Tag Abends an gesund und wohl. Es ist hier
ein angenehmer Aufenthalt und die schöne Stadt für jeden, der sie
zum erstenmal sieht, sehr imposant. Arnim führt uns überall herum,
und ich habe schon eine Menge interessanter Bekanntschaften gemacht
und lebe recht vergnügt. Arnim wird wahrscheinlich mit uns zurück
reisen, und so werd' ich auch den Weg zurück in recht angenehmer
Gesellschaft machen. Schreiben Sie mir doch, liebe Tante, ob ich Ihnen
hier einen Dienst thun kann oder irgend etwas besorgen. Meine
Adresse ist: abzugeben bei H. Geheimen Rath Pistor. Leben Sie wohl,
behalten Sie mich in gütigem Andenken.

Ihr getreuer Neveu
Wilhelm.

Adresse: Mademoiselle Zimmer, première femme de chambre de
S. A. R. Madame l'Electrice de Hesse. Sachsen-Gotha.

57.
Jacob an Wilhelm.

Cassel, am 24. September, Sonntags [1809].

Lieber Wilhelm!

Gestern ist Dein Brief aus Berlin angekommen, den ich also
mit Unrecht früher erwartete, weil ich Dich eher dort glaubte. Alle
Nachrichten darin haben mich gefreut, und fahr damit fleißig fort,
was Du mir jetzt schreibst, brauchst Du mir hernach nicht zu erzählen. Wenn ich heut könnte bei Euch sein, der Himmel ist so
schön, und ich weiß hier nicht, wo ich gern hin ginge. An Clemens
und Arnim tausend Grüße.

Gestern war der Doctor Zimmermann bei mir, welcher vermuthlich im Königreich angestellt werden wird. Den Sommer hat er in
Marburg gewohnt und gelesen. Was Neues hat er mir erzählt, daß

Creuzer in Holland nicht auskommen kann und daher wieder nach Teutschland, nach Heidelberg zurückkommt. Ihn hab' ich auch gebeten, die Marburger Märchenfrau kommen zu lassen und ihre Erzählungen aufzuschreiben, was er mir versprochen hat. Mit der Gretchen ist ohnedem nichts anzufangen, die hat es mit nichts zu thun als ihrem Mann und scheut sich wie die meisten Weiber über die Schreibefehler.

Wie Du mir von Hagen schreibst, habe ich es ungefähr erwartet, es mag also in seinem Wesen und Studiren etwas Treibendes, nichts Behagliches (Behagenliches) liegen. (Aber böse Augen habe ich auch, wie Du weißt, obgleich ich meine, daß es jetzt besser geht). Und es scheint, daß er mit Büsching nicht so zusammensitzt und arbeitet, wie ich es mir anfangs dachte. Ich begreife nicht recht, warum er so schreibe- und herausgebenlustig ist, da er doch Vermögen hat, und alle die Ausgaben sind doch eine Art Geldspeculation. Von der Nützlichkeit der Correspondenzen habe ich Dir selber schon einmal geschrieben, ich will es nächstens versuchen, mich durch Dohm an Tatzdorf zu wenden, aber an wen man sich in Straßburg zu wenden hat, da Oberlin todt ist, weiß ich nicht. An größerm Vorrath der mittelbaren Quellen liegt mir nichts, man geht ein Buch so fleißiger durch, wenn man von einem Fremden excerpirt, als wenn man es selber da stehn hat, alle unmittelbare und seltene müssen wir uns freilich nach und nach zu kaufen suchen.

Daß Dich mit Deiner Untereinanderarbeitung der alten Sagen und Bücher. Sag mir nur, ist denn die Poesie so etwas Besonderes in der Welt, daß man von außen her eben besonders mit ihr umgehen und erst alles einrichten muß; wird nicht alles von selber durch ein wunderbares zartes Geheimnis geboren, so daß es lebendig ist, darum weil es da ist? Ich will niemand die Freude daran nehmen, aber hat je dieses absichtliche Begreifen und Eingreifen etwas Rechtes hervorgebracht? Bloß die Historie der Poesie verfährt absichtlich, eben weil sie die einzige Erklärung derselben ist. Nimm hier keine Rücksicht auf das Urtheil des gemeinen Haufens über das Resultat solcher Bemühungen, ich zweifle nicht im mindsten, daß man etwa den Homer durch andere griechische Sagen doppelt erweitern könnte und das Neuhinzugekommene, in demselben Stil Gearbeitete ebenso gefallen würde, wie das Alte. Aber was ist an diesem Mehr gelegen? Es kommt mir vor, als wie in Museen, wo alle Bildsäulen und Malereien zusammenstehen, d. h. die eines Meisters oder einer

Schule. Eben an dem Tristan rechtfertigt sich mir meine Ansicht
besonders gut, lies einmal den gereimten, den prosaischen und hinten=
nach den französischen, und nun fodere ich Dich auf, sie alle in
einander zu schmelzen, es würde etwas Lesbares werden, aber nie
gäbe ich einen jener drei dafür weg, geschweige alle. Denn von
bloßem Aneinandersetzen ist nicht die Rede, ebenso oft von Auslassen
und von Wählen zwischen Gleichgutem. Die meisten alten Sagen
sind freilich in Gottfrieds Arbeit am herrlichsten erhalten, schon darum,
weil es die älteste Recension ist, aber im prosaischen ist eine Einfach=
heit des Totaleindrucks, die durch die Einführung jener Blumen ver=
loren ginge. Wenn sich an einzelnen Stellen manche Lücken nach=
weisen lassen, wer will darum nun das Ganze als ausbesserungsnöthig
behandeln. Die Sage im Partinuples ist nicht gerade aus der griechi=
schen von Amor und Psyche gekommen, ich habe ihn eben im vierten
Band des Legrand gelesen, wo er aus einer französischen Handschrift
ausgezogen steht, es giebt noch mehr Beispiele von Ehen mit höheren
Wesen und dabei von Übertretung des Gebots, z. B. die Geschichte
von Raimund und Melusine und die von Loherangrin (von dem
Schwanschiff).

Das Ende von Docens Abhandlung will ich nun freilich erst ab=
warten und es dann vielleicht so machen, wie Du meinst. Ich habe neulich
die Manessische Sammlung für 3½ Thlr. gekauft, freilich theuer, aber
es war um so nöthiger, als das Exemplar der hiesigen Bibliothek in tempus
indefinitum verliehen ist und man gar nichts nachschlagen konnte. Auch
den Mannheimer Katalog habe ich und will Commissionen geben.

Von der Corveier Bibliothek verschaffte ich mir zufällig die
histoire du S. Gréal, es geht mit einem wunderbaren, schönen Gesicht
an, das Ganze scheint aber mehr eine sonderbare Compilation einzelner
Wunder, als eine zusammenhängende Geschichte, einzeln betrachtet ist
es doch viel werth.

Ich glaubte Dir schon von Schirin geschrieben zu haben, welches
ich längst gekauft hatte, in die eigentliche Geschichte sind noch andere
persische Sagen eingemischt, vieles Lyrische ist unendlich zart, manches
wie in Minneliedern, die Wielandmäßige Bearbeitung dagegen unaus=
stehlich, Wörter wie Elixir ꝛc. kommen alle Augenblicke. Hartmanns
Aufklärungen thut mir fast leid gekauft zu haben, ich halte sie für
schlecht und sehr geschmacklos.

Im Meßkatalog sind einige interessante Bücher. Goethes Wahlver=
wandtschaften habe ich schon bestellt. (Ist denn das die Fortsetzung des

Meister?) Jean Pauls Dämmerungen sind erschienen. Eschenburg
giebt den Bouer neu heraus, auch gut. Judith, ein altes Lustspiel,
aus einer Handschrift, Zürich 1809, muß man einmal sehen. Schlegels
Shakespeare endlich neunter Band. Über Reichardts vertraute Briefe
über Wien bin ich verwundert, schreib mir doch darüber.

Die 4 Bände bei Koch für 12 Thlr. sind nicht zu theuer, wenn
es interessante Foliosagen sind. Hierbei folgt eine Anweisung auf
40 Thlr. Die Edda Sæmundina müssen wir nothwendig haben, wenn
nur aus Steffens' Bestellungen etwas Baldiges wird.

Am Montag Morgen.

Die Wahlverwandtschaften sind nicht die Fortsetzung des Meister,
von dieser steht eine Novelle in dem Cottaer Taschenbuch, eine weltliche Anwendung der heiligen Geschichte von Marie und Joseph,
überraschend erdacht und sehr lieblich ausgeführt, gar schön, der
Joseph wird einem ordentlich lieber und freundlicher.

Du hast doch Johannes Müllers Testament in den Zeitungen
gelesen? Ich wollte eben eine Abschrift für den Arnim schicken, als
ich sah, daß man es schon so gemein gemacht. Wie wehmüthig
und würdig ist es geschrieben! Wenn die Schweiz nicht alles bezahlt, ist es schlecht.

Willst Du noch mehr Geld, so schreibe es nur, ich habe jetzt
nicht mehr gehabt, bekomme aber wohl bald wieder. Einige Zeit her
bin ich wieder mehr geplagt und mußte vorige Woche viermal hinauf,
es ist aber Unrecht, daß ich gleich darüber ärgerlich werde, wenn ich
etwas thun soll, ich habe doch im Grund wenig zu thun und kann
es so nicht anders verlangen.

Adieu, Dein getreuer J.

Freitag. Der Wechsel hat alles aufgehalten, weil gerade die
Juden wegen ihres Fests nichts schreiben wollten. Es sind nun
50 Thlr. Courant. Kauf ja den Simplicissimus. (Noch für den Clemens,
daß der Moriz die Auguste mit nach Sachsen genommen hat, auf
eine ihm gehörige Kupferhütte, ich glaube Langershausen. Also das
Gewitter näher.) Nochmals Adien.

Adresse: An Herrn Wilhelm Grimm, Berlin Maurerstaße bei
H. Geh. Postrath Pistor.

58.
Wilhelm an Jacob.

Berlin, 3. October 9.

Liebster Jacob! Unser lustiges Berlinisches Leben geht noch fort und Visitenlaufen und Arbeiten läuft parallel neben einander, mit dem letzten thun wir auch die Buße ab, indem wir uns den alt= deutschen Bücherstaub wie Asche auf das Haupt streuen für mancherlei Tollheiten und Lustigkeiten, die wir dort erlebt, oder wir gehen aus den elegantesten Stuben in die alten Bücherkammern des Kochs, der jedesmal Wasser und Handtuch offerirt, eh wir von ihm gehn. — Ich will mich sogleich zu der merkwürdigen Menschen= und Bücher= beschreibung wenden.

Vom Adam Müller wirst Du am ersten etwas wissen wollen. Es ist ein etwa 36jähriger, sedater, sich Würde gebender Mann, der nicht dumm aussieht und in der gewöhnlichen guten Manier uns allerlei erzählt hat. Das Traurigste davon war mir, daß der Kleist in dem Kloster der barmherzigen Brüder zu Prag gestorben ist, an dem unbedenklich mehr verloren ist als an dem Müller. Ich weiß nicht, fühlst Du nicht auch, daß eine gewisse Lüge sich durch all seine Schriften verbreitet, indem er nämlich einen einzelnen richtigen Punkt ausfindet, von diesem aber aus das Ganze überdeckt, so daß der Grundton und das ganz einfach Wahre verschwindet? Seine Frau ist eine Polin, die sich von ihrem Mann und acht Kindern hat trennen lassen und ein gescheidtes Gesicht hat. Müller will hier Vorlesungen halten. — Die berühmte Schauspielerin Unzelmann, jetzige Bethmann, hab' ich einmal spielen und darauf in einer Gesellschaft gesehn und gesprochen. Ihr Spiel ist ungemein und ergötzt durch die Sicherheit und Gewandtheit, die ich noch nie so gefunden. Im Trauerspiel werde ich sie noch sehn, dies war in einem kleinen französischen Lustspiel. Man vergißt ganz, wie ihr äußerlich alles entgegen ist, ihre kleine Gestalt, ihr unangenehmes Organ, das Unglück eines großen Kropfs auf der rechten Seite, ihr gar nicht schönes und jetzt schon altes Gesicht, sehr viel ersetzen aber ein Paar große, lebhaftige Augen. In der Gesellschaft war sie recht angenehm und erzählte gut. — Die übrigen Schauspieler sind alle nach dem ordinären Schlag, wie eben ihr Mann, und es ist die alte Leier wieder. Das Schauspielhaus ist sehr zierlich, aber nicht prächtig, wie man überhaupt hier nichts Prächtiges sieht, als etwa das große Schloß; Berlin wird immer die

Spitze aller modernen, hellen, glatten, eleganten Städte bleiben, wiewohl es an keinem Ort den Eindruck einer großen Stadt macht. — Franz Horn ist ein kleiner, dünner Mann, der ganz langsam und auch wohl langweilig spricht und sich sehr glücklich fühlte, wenn er wieder ein Buch herausgeben konnte. Chamisso hat sich einen altprovenzalischen Rock machen lassen, eine alte Mütze und trägt dazu einen Spitzbart, schämt sich aber, wenn er auf der Straße damit geht. Wunderlich ist, daß, während er so gewandt mit der deutschen Sprache in seinen Versen umgeht, er im Sprechen sehr genirt ist; er ist nämlich ein Franzose. Der Dichter Varnhagen ist in diesem Kriege blessirt und gefangen worden. Es ist vor kurzem ein Roman herausgekommen: Karls Hindernisse, woran der ganze Kreis dieser hiesigen Dichter gearbeitet und jeder ein Paar Kapitel geschrieben, es ist in der Manier des Wilhelm Meisters und einiges ist recht gut, z. B. was Fouqué geschrieben, ich nenne es Dir, weil es durch seine Anspielungen interessant ist. Der Reichardtische Garten kommt darin vor, Louise, über die es schlimm hergeht. Johannes Müller wird sehr gut parodirt und Voß. Du mußt es einmal lesen. Wen hab' ich noch gesehen? Einen Doctor Wolfhart aus Hanau, der auch Dichter ist und neulich ein Märchen herausgegeben hat mit Steinzeichnungen vom Hundeshagen, die das Schlechteste mit sind, das ich gesehen. Ferner Buttmann, der dem Brentano ähnlich sein soll, aber nicht ist und entsetzlich schreit.

Wir besuchten ihn nämlich auf die Bibliothek und diese, womit ich schicklich zur Literatur übergehe. Wir haben mancherlei gefunden und einen ganzen Arm voll Bücher mit nach Haus genommen, von denen ich das Nöthige mitbringen werde. Sei doch aufmerksam auf die Romane von Jean Rebhu, welche sehr vorzüglich und durchaus nach dem Simplicissimus zu nennen sind. Überhaupt bin ich hier nach den alten Romanen, das Fach ist sehr interessant und Hagen bekümmert sich darum gar nicht. — Bei dem Koch sind wir öfter gewesen, der nun von seiner Krankheit wieder genesen, aber wüste Streiche gemacht hat, z. B. ganze Nächte in den Bordellen gesteckt hat und einmal daraus hervorgeholt worden, um Kinder zu confirmiren. Ich habe für 12 Thlr. Bücher von ihm gekauft, darunter der Simplicissimus u. a. m. Von den nordischen Sagen habe ich nur eine genommen, die Eyrbyggia Saga, die andern scheinen mir nicht interessant: Sagan af Gunlaug ok Skald Rafni, die Orkneyinga Saga und Landmannabok [sic], wenn Du aber meinst, so sind sie noch immer zu haben, übrigens die

besten Suhmischen Editionen; ebenso verhält es sich mit einem
Band Fischartischer Schriften (das Ehzuchtbüchlein, podagramisch
Trostbüchlein und Spital unheilsamer Narren), wofür er 2 Thlr. haben
will, ich versichre Dich aber, daß es langweilig Zeug ist. Die Fabeln
aus den Zeiten der Minnesänger hab' ich auch gekauft, eh' ich den Meßkatalog gelesen, indes ist es mit der neuen Edition noch weit hin. —
Hagen hat die ganze Wilkinasage übersetzt und will sie herausgeben. Seine Druckereien sind übrigens durchaus keine Geldspeculation, er giebt alles billig an die Buchhändler, die seine Freunde
sind, aber sein Treiben und seine Wissenschaft besteht in diesem
Ediren. In dem neuen Heft wird auch eine Abhandlung von Büsching
über den Gral stehen, worin die gesammelten Stellen nützlich sein
können, was von ihm, ist sicher schlecht. Ich hätte bald vergessen
zu schreiben, daß uns Hagen zu ihm genöthigt, daß er uns mit
einem Frühstück und Wein traktirt hat und ein dummes Ansehn
und Wesen hat. — Bei dem Hitzig ist die Numancia mit einer Übersetzung (von Fouqué) herausgekommen, die Du wohl kaufst, die Übersetzung ist sehr geradbrecht. Hitzig will auch den Prometheus fortsetzen und hat sich an Goethe gewendet, wenn er aber selbst Redacteur
ist, so wird nichts daraus, er bleibt immer ein Jud.

Gottlob, daß ich die Menge literarischer Nachrichten vom Halse
habe, ich schrieb Dir lieber noch etwas von mir. Einen traurigen Tag
hab' ich wieder erlebt, daß ich mein Herzklopfen wieder hatte, zwar
nicht stark und lang, und jetzt bin ich auch wieder recht wohl, aber
es ist immer schlimm. Schuld war, daß ich mich für besser hielt,
als es nun doch gewesen und die Pillen ganz ausgesetzt hatte, gewiß,
bleibt es mir wieder ein Jahr aus, so will ich Gott danken, die Pillen
gebrauch' ich wieder regelmäßig.

Über Reichardts Buch willst Du Auskunft. Ich habe nichts
davon erfahren als hier: der Buchhändler hat ihm den Antrag gemacht
und ihm unsinnig 1500 Thlr. für zwei Bände geboten, da hat er
denn gleich zugegriffen und schreibt nun, zu Neujahr wird es erst
fertig. Wie er etwas Gescheidtes liefern kann, ist mir unbegreiflich.
Das Beste ist, daß die Familie dadurch auf einige Zeit aus ihrer
höchst bedrängten Lage gerissen wird. Louise geht oder ist vielleicht
jetzt schon auf dem Weg nach Hamburg, dort Unterricht zu geben.

Liebster, ich muß Dir noch den Empfang des Gelds melden und
meinen herzlichen Dank, es kam sehr zu rechter Zeit, und ich hatte
schon geborgt. Denk, Bethmann kommt hierher, wir passen auf,

kommt die Auguste mit, was immer möglich, so geht Brentano auf
eins von Arnims Gütern. Viele Grüße von beiden an Dich.

Ich bin Dein getreuer W.

Adresse: A monsieur Grimm etc. Empfangsstempel: 6. Octo 1809.

59.
Wilhelm an seine Tante.

Berlin, am 10. October 1809.

Liebste Tante! Ich konnte Ihnen in meinem letzten Brief nur
wenige Worte schreiben, und doch wollte ich Ihnen meine glückliche
Ankunft melden, Sie sind aber so gütig gewesen und haben mir dar
auf einen lieben Brief geschrieben, der mir viel Freude gemacht hat.

Unsere Reise war leicht, bei gutem Wetter und zum Theil mit
Extrapost, so daß wir in zwei Tagen schon hier waren. Von Arnim
wurden wir sehr gütig empfangen und wohnen bei ihm. Berlin ist
die schönste Stadt, die ich gesehen, denken Sie sich die Neustadt von
Cassel nur größer, die Häuser schöner und prächtiger und die Straßen
breiter, so werden Sie einen Begriff davon haben. Ebenso schön ist
Potsdam, das zum größten Theil aus lauter Palästen besteht. Aber
einen traurigen Eindruck machen die leeren Straßen und die vielen
leerstehenden, zugeschlossenen Häuser, ja, ich glaube nicht, daß Armuth
und Elend größer sein können wie hier. — Das Schloß ist groß und
prächtig, ebenso Sanssouci, wo Friedrich der Große gewohnt, aber in
all diesen ungeheuern Gebäuden hört man nichts als seinen eigenen
Fußtritt und seine eigene Stimme, so öd und verlassen stehn sie da,
ich kann Ihnen nicht sagen, wie wunderlich und betrübt einem das vor
kommt. Die Gegend selbst ist nicht schön, Berlin liegt ganz in einer
großen, flachen Sandebene und hat nur auf der einen Seite einen
großen ausgehauenen Wald, welcher der Thiergarten heißt und worin
es recht schön ist.

Der Brand war freilich recht groß, und es sah zum Erschrecken
aus, wie der ganze Himmel blutroth war und alle Straßen so hell
waren, daß man jeden Halm darauf sehen konnte. Von uns war es
eine Viertelstunde weit, und die Zimmer waren doch ganz erleuchtet.
Zwei Thürme sind abgebrannt und mehrere Häuser; die Ruinen von
der Kirche stehen noch und sind ausgebrannt, aber noch acht Tage

12*

lang glühte das Feuer darin. Ich ging nicht hinzu, aber Arnim hat die ganze Nacht pumpen helfen. Es ist gottlob kein Mensch um= gekommen und beschädigt worden; eine kranke Frau wurde durch das Einschlagen der Wände gerettet. Man collectirt für die Verunglückten, und es sollen hier bei den Reichen doch ein Paar Tausend Thaler zusammen gekommen sein. —

Wenn Sie Herrn Jacobs gesprochen, so wird er Ihnen haben viel erzählen können, was Brentano uns auch erzählt hat. In manchen Stücken wird es ihm doch in Gotha besser gefallen haben. Hamberger arbeitet dort wie ein Pferd an der Bibliothek und ist der einzige, der etwas schafft. — Der Louis ist freilich aufs beste versorgt, er hat vor kurzem an Arnim geschrieben, er sei wohl und werde bald wieder etwas fertig gemacht haben, das er dann ausschicken und das Sie natürlich auch erhalten werden. Es freut mich beständig, wenn ich daran denke, daß es so gut mit ihm gegangen, und daß er so still und fleißig lebt; wenigstens loben ihn alle darum. —

Wegen unserer Abreise ist noch nichts bestimmt, da Bren= tano nicht gern wieder hinunter reisen wollte, wenn der Krieg wieder anfängt, da es der Zeitung nach noch nicht ganz gewiß mit dem Frieden ist.

Zu Mlle. Wolf will ich gehn, wenn ich sie in dem großen Gebäude finden kann. Mit der Fräulein (ich kann eben ihren Namen nicht nennen, die bei Ihnen eine Schwester hat) bin ich vor ein Paar Tagen in Gesellschaft gewesen, ich hörte aber erst hernach, wer sie war, sonst hätte ich sie angeredet.

Am Tag über bleiben wir meist zu Haus und sind fleißig, am Abend aber gehn wir gewöhnlich in Gesellschaft, und ich habe viele Leute kennen lernen, wovon ich Ihnen mündlich noch erzählen kann, wenn es Ihnen angenehm ist.

Die Einlage an den Jacob lassen Sie wohl gütigst besorgen. Schenken Sie mir Ihre fernere Liebe.

Ihr getreuer Wilhelm.

Adresse wie bei Brief 56. Empfangsstempel: A 14. Oct. 9.

60.
Wilhelm an Jacob.

C. [sic] 10. October 9.

Heute nur ein Paar Worte an Dich, lieber Jacob, als Einlage an die liebe Tante. Nämlich eine Bitte: Erkundige Dich oder laß es thun auf der Post, was es kostet, meinen braunen wollenen Rock hier-herzuschicken, er könnte mir besonders auf der Reise sehr gute Dienste leisten, die fast nothwendig sind, und man versichert, es könne kaum über 1 Thlr. kommen, da es leicht sei, besonders wenn man mit den Post-officianten darüber reden ließ, von deren Willkür vieles abhange. Einen Thaler aber hängte ich wohl daran. Auch hast Du Dir etwa ein Paar neue schwarzseidene Hosen machen lassen und kannst mir die alten schicken? Ich habe nichts als meine wollenen und die nicht in den besten Umständen, wie leider all meine Kleider. — Savigny schreibt eben an Arnim und kauft eine Sammlung Juristenbildnisse, ein Paar Tausend für 21 Thlr. vom Koch, der mich neulich auch ver-sichert, Ostern werde die neue Auflage seines Handbuchs erscheinen, wenn es wahr ist.

Die Recension ist ja nun abgedruckt, wie ich von Arnim höre. - - Viele Grüße von beiden.

Ich bin Dein treuer W.

Adresse wie bei Brief 30.

61.
Jacob an Wilhelm.

Cassel, 18. October [1809.]

Liebster, Du verlangst in Deinem letzten Brief, den mir soeben die Tante schickt, Deinen schönen Polenrock, welcher hierbei folgt, ich hoffe nicht, daß er viel mehr Porto kostet, als Du mir sagst, aber die seidnen Hosen kann ich nicht mitschicken, sie sind längst so entzwei, daß sie Dir nichts mehr helfen würden. Laß Dir also lieber dort ein Paar neue machen, ich weiß nicht besser zu rathen.

Ich habe Dir eigentlich einen Posttag versäumt zu schreiben, auch eben nichts gehabt. Deine Meinung über den Sigurd habe ich nun gelesen, so wie auch das Buch beinahe, welches mir gar nicht

gefällt, so daß ich es noch viel härter verworfen hätte, als Du ge
than hast, dagegen mir Jean Pauls Lob unbegreiflich fällt (obgleich
er auch andere Sachen, wie den Octavian und jetzt wieder den Aladdin
viel zu viel gerühmt) und das von Hagen gleichgiltig ist. Ich seh an
der ganzen Arbeit doch nichts als poetische Gewandtheit, und warum
wird solches Zeug gedruckt, wie es aus vielen Menschen, wenn sie
gern sprechen, kommen könnte. Durchaus keine Näherbringung der
Sage an das menschliche Herz, und was ist das Drama anders, als
daß es die stille Sage aus der Weite ganz in unsere Nähe rückt, so
daß wir das Getreibe von Freud und Leid vor uns sehen; das Epos
läuft wie die Planeten ruhig hin. Hier ist aber die alte Sage, gegen
das Drama gehalten, viel kräftiger und lebendiger, wie Du auch
beim Gesang der Nornen richtig sagst, deren Nichteinmischung in das
Stück selbst mir sonst gerade recht wäre. Einiges andere in der Recen
sion möcht' ich Dir aber bestreiten, z. B. die Klage, daß sich in unserer
Poesie nichts auf Traulichkeit, Vaterländischheit anlasse, ich möchte
fragen: was Du eigentlich willst oder hoffst? Du erkennst die Herr
lichkeit der wenigen, wie Du sagst; und wenn es ihrer solcher zwanzig
mehr wären, was wäre besser! Und welche Zeit, welches Land ist besser
daran gewesen, weil sie mehr gehabt hätten? Ist Goethe weniger
deutsch, als Shakespeare englisch, und bestehst Du darauf, daß letzterer
letzteres mehr wäre? Und wie wird doch Shakespeare unter den Teutschen
geliebt und verstanden, ob er gleich nie rheinischen Wein getrunken,
kurz, ich begreife nicht, wie man von modernen, d. h. dramatischen
Dichtern ein besonderes Hinarbeiten auf Nationalität verlangen kann,
wogegen sich ein gewisses nationelles Wesen immer und unausbleiblich
von selber einstellt. -- Ferner, was Du gegen die nordische Poesieform
sagst, könnte höchstens nur auf zehn Jahre gelten, bis man sie ebenso
gewohnt würde, wie die Stanzen und Assonanzen, weswegen auch
Arnim am Ende einlenkt, den Dichter zu beruhigen, auf den über
haupt, der ganzen Art nach zu schließen, Recensionen wenig Eindruck
machen werden. Noch einiges wollte ich Dir gern sagen, wenn nicht
der Ferdinand die Recension gleich ausgegeben hätte, so daß ich mich
nicht mehr bestimmt erinnere.

Schlegels dramatische Vorlesungen sind gewiß sehr brav, und er ist
da recht an seiner Stelle, manches ist mir nicht recht, z. B. der Unter
schied zwischen antik und romantisch, den er etwas schwach erklärt;
aber sehr vortrefflich ist die Erläuterung der griechischen Tragödie, die von
der Komödie und dem davon unterschiedenen Lustspiel ist mir weniger

klar, vielleicht aber meine Schuld, auch kenne ich den Aristophanes
nicht. Der zweite Band muß nicht weniger interessant werden.

Dein Urtheil über Adam Müller finde ich sehr gut, und es ist vollkommen wahr, daß er einen guten Satz so lang drehet, bis er die
Gestalt verliert und man nicht mehr weiß, wie er war. Wie könnte
er auch sonst Vorlesungen halten, als jetzo in Berlin über Friedrich
den Großen. Es ist mir Angst, daß er sich endlich mit seinem Wesen
an historische Arbeiten macht, und dann sollen wir einmal von den
Folgen der Kreuzzüge hören, da wird Heeren und Villers verstummen.

Du hast mir nur noch nichts von Fichte geschrieben, was treibt
denn der jetzt und wie spricht man über ihn dort? Und was hält er
wohl von der Zueignung des schreibensfrohen Pilgrims? Ich kann
mir wohl denken, daß er die nordische noch die altdeutsche Poesie überhaupt gar nicht braucht.

Hat nicht Steffens ein Compendium geschrieben? Oder laß Dir
doch von ihm oder von Arnim sagen, welches Buch man über die
Physik oder Chemie am faßlichsten lesen kann? Ich möchte über
manches lesen.

Reichardt hat mir neulich geschrieben, bloß der Meubles wegen
und dabei, daß er mit seinen Lieben den Winter in Halle zuzubringen
gedächte, zugleich machte er mir Angst, indem er mir von dem unge-
hofften Wiederholen Deines Herzklopfens früher Nachricht gab, als
Dein Brief kam, welcher mich doch wieder sehr beruhigt hat, insofern
Du Dir selber einiges zur Last legen konntest, was Du versäumt hattest.
Hier hat sich vor etwa 14 Tagen eine scandalöse Geschichte in Bülows
Hause ereignet, doch zu seinem Vortheil, ich mag es jetzt nicht
schreiben, obgleich sie stadtkundig ist.

Mit dem Ferdinand wird es täglich ängstlicher, nicht an sich,
sondern durch die Dauer und den Mangel an Hoffnung, neulich sprach
ich mit ihm, er sollte sich doch besinnen, ob er außer Lands nichts
anzufangen Lust hätte, da ich wegen der Conscription mit Recht
besorgt wäre. Denn er hat sonst offenbar hier sein domicile de
droit, und für einen Stellvertreter fodert man über 1000 Thlr. jetzt,
wie schwer würde uns das fallen! Er meinte aber, das hätte noch
nichts zu bedeuten, und er weiß doch nichts davon. Wenn wir doch
auf irgend eine Art in der Welt einige Macht über ihn hätten, Gott
weiß, daß ich nicht kann, aus der Ferne könnte ich eher, willst Du
ihm etwa einmal schreiben, wenn ich je gewünscht, daß wir reich
wären, so wäre es, um ihn unabhängig zu wissen, denn es ist in

dem Zwang etwas Unrechtes und Rührendes, was ich so gern weg haben möchte.

Wir sind nun darauf gefaßt, Dich noch nicht sobald bei uns zu sehen, die Brüder meinen sogar, es würde noch Christtag daraus. Ich gebe mich damit zufrieden, daß, je länger Du wegbleibst, Du desto mehr mitbringst und Dich selbst desto gesünder. Auch für Geld kann etwa noch Rath geschafft werden, wenn Du darum schreibst. Gott sei mit Dir und die Gedanken an uns, so wie die unsern auch bei Dir sind. An Arnim und Clemens und Clemens und Arnim viel Grüße.   Jacob.

Ich weiß nicht, ob ich es Dir zu Gefallen mache, wenn ich auf Gerathezu [sic] ein Paar Casimirhosen beilege, sie sind noch fast neu, kannst Du sie brauchen, so laß ich mir ein Paar andre machen, sonst aber schreib es, daß Du sie wieder für mich mitbringst.

Was hat wohl Hagen Dir über die Recensionen geäußert?

Bartholdis Reise nach Griechenland wegen der Romanzen ist hier nicht aufzutreiben.

62.
Wilhelm an Jacob.

Berlin, 28. October 1809.

Liebster Jacob, ich habe das Packet richtig erhalten: Deinen Brief, den Rock und die Hosen, welche jetzt mein bestes Kleidungsstück ausmachen; ich bringe sie wieder mit, und Du kannst sie dann zurück nehmen oder mir lassen, wie Du willst. — Clemens wollte anfangs nur drei Wochen hier bleiben, nach fünf Wochen Unentschlossenheit hat er sich nun entschlossen, den Winter hier zu bleiben, ich werde also allein zurückkehren müssen, sobald ich mit meinen Arbeiten fertig bin, welches nicht lang mehr dauern kann. Schreib daher nicht weiter an mich hierher, oder nach Halle an Steffens, daß der Brief bei ihm liegen bleibt. Ich habe eben den Straßburger Codex vom Heldenbuch von Hagen, er ist materiell wenig vom Druck unterschieden, und es kommt nicht darauf an, daß wir ihn haben. — Meine Recension hast Du sehr verkannt und Du widerlegst Dinge, die ich dort auch bestritten habe, also sind wir in der Gesinnung einig. Goethes Wahlverwandschaften haben wir gelesen, die erste Hälfte des ersten Bands ist über alle Begriffe

langweilig, das andere aber herrlich, rührend und von einer seltenen
Gewalt der Darstellung, aber jenen Fehler vergißt man doch nicht.

An den Ferdinand kommt hier ein Brief. Wir hatten eine
Menge Vorschläge, auch einmal, ihn nach Bukowan zum Christian zu
bringen, wenn nicht Clemens Gott weiß warum so heftig sich dagegen
erklärt, aber viele andere gegeben, wovon aber immer einer den andern
nach seiner Art todtgeschlagen, und zu dem letzten ist er noch nicht
gekommen. Der Vorschlag, den ich dem Ferdinand gemacht, besteht darin,
die Buchhandlung beim Zimmer zu erlernen, ich wüßte keinen, der besser
seine Neigungen und sonstige Forderungen der Umstände befriedigte.
Arnim meint es auch. Ich bitte Dich, dazu zu thun, was Du kannst,
und ihn ohne Weiteres zu billigen, was auch dagegen wäre, es ist ja
schon ein Großes, wenn etwas geschieht. An Karl deshalb auch eine
Anlage.

Die Universität ist nun entschieden. Man glaubt, daß Savigny
berufen werde, und ich glaube, daß er es annehmen wird, da er hier
viel angenehmer leben kann. Wolf, der berühmte, laborirt an einer
Krankheit, von der er schwerlich genesen wird, und ist fast verloren,
da auch sein Geist abgestumpft ist. Hagen wird auch lesen und wahrscheinlich Professor werden, er läßt den reinen Text der Nibelungen dazu
abdrucken bei Hitzig, der schon zu Neujahr erscheinen wird. Die Recension, sagte er mir, habe er noch nicht gelesen. Er gab uns neulich ein
höchst kostbares Abendessen in seinen mehr als fürstlichen Zimmern,
wohin wir erst um 11 Uhr gingen nach der Vorstellung des Götz
von Berlichingen, welche die einzige ist, an der ich große Freude
gehabt. Ich muß eine Menge Dinge wieder ungeschrieben lassen, nur:
Auguste ist hier gewesen und glücklich wieder fort, sie ist in Manns-
kleidern herumgegangen und hat so an der öffentlichen Tafel gespeist.
Eine satyrische Zeichnung, die hier verfertigt ist, stellt vor, wie ihr der
Bethmann mit einem Wechsel von 1000 Thlr. die Hosen am Leib
abwischt. Von Arnim und Brentano tausend Grüße, von mir so viel
als Sterne am Himmel sind.

Eine Bitte, schreib doch dem Dieterich, aber gewiß, er solle sich
von der Buchhandlung in Hamburg, welche den Theateralmanach
von Costenobel herausgegeben, den Umschlag (aber auf weiß Papier)
dazu ausbitten. Es geht, wie es der Hitzig auch gethan hat. Es ist
eine herrliche Zeichnung von Runge.

Eben habe ich Hagen gesprochen und wegen der Recension. Er
sagt, daß Du mit dem Rother Recht habest, er selbst habe seine dort

aufgestellte Hypothese später hin aufgegeben. — Das Silbenmaß des Morolf könne zwar so sein, doch gebe er's nicht zu, und auf keinen Fall hätte es können restituirt werden. Probedruck von den Nibelungen habe ich auch gesehen, er ist enger als in der Bearbeitung und nett. — Die Fortsetzung der Recension soll auch da sein, ich habe sie aber nicht gesehen. Es ist eben eine sehr interessante nordische Sage: Niala Saga in Kopenhagen erschienen, die Du durch Dieterich bestellen mußt, und eine isländische Grammatik kommt bald oder ist schon heraus.

[ohne Unterschrift.]

Adresse: A Monsieur Grimm etc. Empfangsstempel: 7. Nove 1809.

63.

Jacob an Wilhelm.

[Cassel,] Sonntag, am 11. [12.] November [1809.

Lieber Wilhelm!

Dein langerwarteter Brief, worüber wir Dich sogar schon selbst erwartet hatten, ist endlich am 7. d. erst eingetroffen, da er doch noch von Ende Octobers war. Deswegen hast Du auch ziemlich lang keinen erhalten und dieser, den ich nach Halle adressire, ist wahrscheinlich der letzte, denn Du wirst in etwa 14 Tagen bei uns sein, oder eher, nachdem Du länger oder nicht in Halle und Gotha bleibst. Schreib uns aber dennoch das Nähere von Deiner Ankunft, damit die nöthigen Anstalten getroffen werden und wir zum wenigsten einen Braten bestellen.

Es ist mir lieb, daß Du nun bald kommst, denn manches liegt mir im Sinn, worüber Du Deine Meinung geben mußt. Dem Königreich steht gewiß eine Veränderung bevor, kein Mensch hier weiß freilich in wie fern, und am End ist mir wahrscheinlich, daß die Residenz sogar in Cassel bleibt. Allein wär das nun anders, so liegt mir freilich nichts daran, gegen Cassel Dresden zu erhalten, — aber nach Warschau, in das schmutzige Polen mitzugehen, das ist ein harter Biß, obgleich man den Krakauer Manuscripten nun auf einmal näher käme. Über alles soll mit Dir Rath gepflogen werden und überleg es einstweilen auf Deiner Reise.

Für Deinen Brief an den Ferdinand danke ich Dir, was ist möglich, noch anders zu thun; gegen den Vorschlag habe ich nichts, so wie gegen keinen, in den er eingeht. Er gab mir den Brief sogleich mit den Worten: da ist wieder ein Vorschlag. Ich sagte ihm, er würde Dir doch antworten, das verdienest Du gewiß, und eben erinnere ich ihn wieder daran, daß ich Dir schreibe. Äußerlich scheint es keinen Eindruck bei ihm gemacht zu haben und er treibt seine Sachen wie vorher. Das Zettelchen an Karl habe ich behalten, weil sie schon längst in keinem Lachverhältnis mehr stehen, so ist es besser, daß Karl gar nichts davon wisse. Übrigens geht nun der Karl bestimmt von Jordis weg, nach dem, was vorgefallen war, und gewiß nicht ohne des Karls meiste Schuld, muß ich es fast billigen, sonst dauert mich der Karl, weil er manchmal viel zu arbeiten hat und es leider nicht gern thut. — — — In das alles wirst Du nun wieder hineinkommen nach acht Monat Abwesenheit und aller dieser Fehler ungeachtet Dich doch freuen, daß wir uns noch recht lieb haben.

Neulich eines Abends kam der Ferdinand, er müsse mir doch etwas weisen, was er sich gekauft habe, ob er es gleich bereue, denn er habe kein Geld es zu bezahlen. Es waren Goethes Wahlverwandt schaften: ich sagte, daß ich es von Herzen gern bezahlte, wenn es ihm Freude machte, es rührte mich ordentlich, wie er hinzufügte, das wäre das erste Buch, was er neu erhalte, seine andern kommen fast alle schmutzig aus verauctionirten Lesebibliotheken und werden erst mit vieler Mühe von ihm etwas gereinigt. Nun hat er sich das Buch garstig einbinden lassen, grüner Schnitt, in pfirsichroth Papier, dunkel-rother Titel und darunter ein schwarzes zweites Schild, das er sogar blau gewollt hätte. Dergleichen Sachen weist er mir.

Von dem Buch bin ich sehr eingenommen worden und kann gar nicht in Deinen Tadel einstimmen. Es ist mir nämlich begreiflich, daß man in dergleichen Geschichten aus moderner Zeit recht leis in das eigentliche Leben, durch alle Convenienzen hindurch, durch alles förmliche Wesen einbrechen muß. Im Wilhelm Meister ist es nicht anders gemacht. Ohne diesen Eingang wäre die Charlotte sicher nicht interessant. Die Luciane hätte meinetwegen ganz wegbleiben mögen und auch der Mittler, der nichts Rechtes zu thun hat. Beim Architekten hat vielleicht Goethe wenigstens an die Gestalt des Engelhard gedacht. Auffallend ist, wie Goethe den Zufall und ein heimliches Schicksal gegen seine sonstige Art mannigfaltig hat walten lassen.

Ich habe zu schreiben vergessen, daß vor einiger Zeit Professor Böckh aus Heidelberg da war, mich aber nicht zu Haus getroffen und die längst bestellten Recensionen vom Buch der Liebe und dem ersten

Heft des Magazins verlangt hat. Ich hatte es auf Deine Rückkunft
verschoben und wollte manches mit Dir erst besprechen, weil ihm
aber nun daran zu liegen schien, so habe ich meine Gedanken aufgesetzt und abgeschickt. Zum Magazin gab es vielerlei Zusätze zu machen,
beim Buch der Liebe habe ich meine Ansicht über das Verhältnis der
Prosaromane zu den gereimten am Beispiel des Tristan auseinandergesetzt, ich halte beide Arten für gleich wichtig zum Studium der
Sagen. Zu recensiren war weniger dabei, außer an der Einleitung
einiges, doch hab' ich recht getadelt, daß die Abdrücke sämmtlich nach
schlechten Ausgaben geliefert worden sind, sowie daß die Herausgeber
manche nothwendige historische Erläuterung verspart haben.

Neulich habe ich in Kinderlings Auction, die im Ganzen viel
weniger enthielt, als ich erwartete, doch einige Commissionen gegeben.
Auf das Lied vom gehörnten Siegfried einige Thlr. sogar, aber da
wird gegen Hagens Aufträge nichts zu machen sein. An Dieterich
schreibe ich wegen des Umschlags und der isländischen Bücher, aber
hätte das Steffens nicht besser besorgen können? (Laß Dir doch von
Steffens ein Exemplar seiner Naturgeschichte schenken.) Weißt Du, daß
eine neue Umarbeitung des Simplicissimus erschienen ist, vermuthlich
doch schlecht.

Ich wollte, Du wärest jetzt hier, denn bis zu Deiner Ankunft ist
die Tischbeinische Auction vorbei, Du könntest mancherlei kaufen, ich
aber kann zu den Stunden nicht hingehen.

Gleich nach Deiner Ankunft sollst Du ganz neu gekleidet werden,
d. h. so wie wir andern alle sind. Ich muß dem Louis nothwendig
schicken, der hat in dem ganzen Jahr nur 100 Thlr. kriegt. Den
Suhm bringst Du doch richtig mit, er ist mir vielmal gefodert
worden.

Von Herzen Dein treuer Bruder Jacob.

Montag früh. [13. November]

Der Ferdinand hat doch nicht geschrieben. Es müßte denn sein,
daß er den Brief besonders auf die Post gäbe, woran ich zweifle.
Am End meint er, weil Du nun bald kämest, wäre das Schreiben
unnöthig.

Adresse: An Herrn Wilhelm Grimm, Halle a. d. Saale bei
Herrn Prof. Steffens, welcher gebeten wird, den Brief bis zu dessen
baldiger Ankunft aufzuheben.

61.
Wilhelm an Jacob.

Guten Tag, Liebster! Du erhältst doch noch einen Brief aus
Berlin, weil die verzweifelten Bücher nicht all werden wollen und
ich gern alle gut benutzen möchte, zuletzt war die Reihe an einem
Meistergesang Codex, dickleibig und langweilig, aus dem ich alle Töne
gezogen, und wie der fertig, kommt ein noch dickerer an, derselbe, auf
welchen sich Büsching bezieht, und der Arnim zugehört; den aber
nehme ich mit, weil's sonst kein End hätte und ich fort muß. Das
soll nun übermorgen geschehen, warum ich aber noch schreibe und
bitte, ist Geld, ich bin ganz leer und werde mit Mühe die Reise
machen. Du wirst selbst gestehn, daß es viel ist, mit 10 Thlr. zwei
Monat in Berlin leben, wovon 12 für Bücher abgehn rc.; es wäre
auch nicht möglich, wenn es hier nicht wegen des Geldmangels so
wohlfeil wäre. Ja, also mußt Du so gut sein und mir gleich nach
Empfang dieses nach Halle etwas schicken, daß ich nur in Ehren nach
Gotha komme, es soll gewiß das letzte sein und ich bring' auch
mancherlei mit. Wenn ein Wechsel nicht gut nach Halle sich findet,
so geht es eher nach Lauchstädt, wo ein italienisches Haus Namens
Predari & Compagnie ist, woher ich es leicht kann abholen lassen.

Mit Hagen lebe ich noch aufs beste, er giebt und theilt, was er
hat, recht liberal mit, was wir erwidern müssen, d. h. mit Büchern rc.
Gestern war er da und da haben wir vier einen merkwürdigen Streit
gehabt. Ich redete von meiner Ansicht über die Entstehung des
Nibelungenliebs, wie ich es in den Studien kurz, ja compendiarisch aus
geführt, da kam er mit seiner Meinung hervor, welche dies Resultat
giebt, daß das Nibelungenlied eine Übersetzung eines einzelnen Dichters, aus einem lateinischen Gedicht mit
künstlerischer Absicht und Überlegung gedichtet sei.
Der Hauptbeweis ist ihm die Stelle in der Klage, die er nun
einmal durchaus mit dem Nibelungenlied vereinigt. Arnim nahm
natürlich meine Partie, und der Streit mußte damit aufhören, daß wir
behaupteten, man fühle deutlich, wie in dem Nibelungenliede der Geist einer
ganzen Nation, die Sprache nicht aber eines einzelnen Menschen, der
nie mit solcher Allgewalt, in einem solchen Strom, der breit und
rauschend die ganze Welt durchzieht, reden könne, Hagen aber dieses
gänzlich läugnete. Brentano sprach stets dazwischen, ohne zu wissen,

wovon eigentlich die Rede, gab jedem Recht und Unrecht, und eigentlich
sei das Nibelungenlied Nachbildung des Homers. Merkwürdig ist mir
Hagens Äußerung darum, weil sie ihn charakterisirt; fleißig, verständig,
im Einzelnen scharfsinnig, hat er doch keine Ansicht von der Art, mit
welcher sich die Poesie geschichtlich äußert, oder von ihrem Leben. —
Der Tristan ist ihm übrigens ebenso lieb als das Nibelungenlied.

Büsching und Kannegießer, der Übersetzer, geben ein Journal
Pantheon heraus für Wissenschaft und Kunst, um zu sehn, ob jene
besser fortschiebt als diese, da es mit der Astischen Kunst und Wissen=
schaft nicht fort wollte. Wir sämmtlich haben eine Einladung dazu
erhalten, je eher wir was schickten, je besser und 5 Thlr. für den
Bogen. Ich habe ihm gesagt, ich hätte meine Brieftasche in
Treuenbrietzen liegen lassen, wenn ich zurück reiste und sie noch fände,
wollte ich flugs sehen, ob etwas Artiges für ihn darin wär, auf
jeden Fall hoffte ich Gelegenheit zu haben, Zusätze zu des seligen
Büsching Geographie liefern zu können. Das erste Stück wird
brillant, eine Probeübersetzung der Luisias von Fichte und über die
Sage von der goldnen Lanze von Raumer in Potsdam rc. Du
mußt es für unsere Gesellschaft doch bestellen, weil auch altdeutsche
Sachen hinein kommen werden. Der Büsching will sich gern einen
Namen machen und hat außer dem altdeutschen Studium noch eine
besondere Schriftstellerei und Kunsttreiberei. — Von Hagen wird
nächstens eine kritische Recension des Wunderhorns in der Jenaer
erscheinen.

Arnim arbeitet täglich und ich muß immermehr diesen herr
lichen Geist schätzen und ehren. In Zeit von vier Wochen hat er ein
Trauerspiel fertig gemacht, nach des Gryphius seinem Cardenio, doch
wenig beibehalten, voll unendlicher Schönheit, und alles hat, weil er
so ganz ohne Feile und Zwang niederschreibt, einen so zarten Duft
und eine seltene Frischheit, man sieht den Geist leis darüber schweben
und walten. Das seltsame Zusammenverbinden kann er freilich nicht
lassen und hat einen letzten Act noch daran gehängt voll wunderlicher
Abenteuer, aber vielleicht giebt er es als ein besonderes Nachspiel.
Es ist möglich, daß es bald gedruckt wird, und dann kommt das kleine
Bild vom Louis nach Holbein, wovon Arnim die Platte hat, davor.
Eine große Anzahl Erzählungen, Lustspiele und dergl. hat Arnim
noch vorräthig, daß glaub' ich kein Dichter von solcher Production
lebt. Clemens arbeitet an seinen Romanzen und, wenn sie fertig sind,
will er nach Hamburg und von Runge dazu Zeichnungen machen lassen.

Weißt Du, daß Louise Reichardt jetzt in Hamburg ist, Stunden giebt und sich recht glücklich fühlt.

Ich denke immer, ob mein Brief beim Ferdinand etwas gewirkt hat, vielleicht finde ich in Halle etwas von ihm, Gott wolle es geben! Gestern Nacht hatte ich einen wunderlichen Traum von ihm, wie er mit mir auf einer Brücke stand und mir drei harte Thaler als seine letzten zeigte und darnach einen nach dem andern fröhlich ins Wasser warf.

Wie freu' ich mich auf die Stunde, wo ich wieder bei Euch sein werde. Ich bringe Dir ein Buch mit, dessen Titel Du gewiß oft als eines schlechten überhört hast und das Dir Freude machen wird, wie wenige. Von Herzen gegrüßt!

Dein getreuer W.

Einlage an Karl.

Adresse: A monsieur Grimm etc. 13. November.

65.

Wilhelm an Jacob.

Halle, am 24. [Mittwoch, den 22.] November 9.

An der lieben Mutter ihrem Geburtstag [Montag, den 20. Nov.] Nachts um 4 Uhr reiste ich von Berlin ab. Arnim war wie immer noch sehr freundlich und gütig gegen mich, Brentano schlief, und ich wollte ihn nicht aufwecken. Die Reise, weil sie drei Nächte und zwei Tage ohne Ausruhn dauerte, war lästig, und wiewohl ich mich gegen Kälte hinlänglich geschützt hatte, wurde ich doch nach Postwagenmanier tüchtig zerstoßen. Indes bin ich gesund und wohl und ich bleibe dabei, daß mir alle äußere Erschütterung höchst zuträglich ist. Steffens fand ich krank an einem bösen Hals, womit es nicht gefährlich ist, aber ängstlich und höchst schmerzlich. Er kann kein Wort mehr reden und muß auf die verkehrte Art ernährt werden. Ich logire im Ring, einem wohlfeilen Gasthofe für Standespersonen, und esse bei Reichardts.

Einen lieben Brief von Dir fand ich vor, aber wie bin ich getäuscht worden mit dem Ferdinand. Ich weiß nicht, warum ich mir Hoffnung gemacht hatte, es werde diesmal gehn, ich hatte häufig daran gedacht und mir es recht gut vorgestellt. So weiß ich nicht mehr, was Eindruck auf ihn machen soll und wie er zu bewegen ist.

Könntest Du ihm denn nicht anbieten, Du wollest einmal an den Zimmer schreiben, ob er einwilligt, in der Ferne denkt man sich tausend Manieren, ihn anzugreifen, und wenn ich dort sein werde, werde ich so gut sehen wie Du, daß nichts zu machen ist. — Daß es mit dem Karl so kommen würde, habe ich wohl gedacht, wenn er nur recht glücklich ankommt: ich weiß nicht, ich meine immer, wenn es möglich wäre, ihm dort eine Anstellung in irgend einem kauf= männischen Fach zu verschaffen, Dir wär' es vielleicht möglich; ein Kaufmann wird er doch niemals, weil ihn nichts interessirt. Grüß ihn doch herzlich von mir. Man hat wohl von jedem Menschen einen Totaleindruck, und wiewohl ich mir nichts bewußt bin, so stehe ich doch in Gedanken immer vor ihm, als habe ich ihn womit beleidigt und müßte ihm Abbitte thun. Man kann gewiß nichts Unrechteres auf der Welt thun, als Liebe, wie sie sich auch äußert, nicht recht freudig und herzlich aufnehmen, und wo ich auch nur ein Geringes dagegen gesündigt, ist mir immer ein Vorwurf und quälender Gedanke.

Von Berlin aus habe ich Dich schon um Geld gebeten, welches ich sehnlich erwarte, da ich etwas habe borgen müssen. Nun komme ich mit einer andern, die Dir aber Vergnügen machen wird. Von Nyerup ist nämlich ein ungemein artiger, dienstfertiger Brief an Steffens angekommen, worin er meldet, daß er alle seine Kräfte auf= bieten werde, meine Wünsche zu befriedigen, daß er schon mehreres gethan und nun frage: 1) wohin er die Sachen adressiren solle? an Brummer in Leipzig, der mit dänischen Buchhändlern in Verbindung stehe? (N. b. bei ihm kann man, wie mir Hagen versichert, wahrschein= lich noch die Edda Saemundina haben); 2) wer die Auslagen bezahle, ob ich keinen namhaften Buchhändler kenne, an den sich Brummer halten könnte, oder auf welchen er assigniren könnte bei Brummer? Die letzte Frage sei die wichtigste. Du mußt nun beide erörtern, entweder geht es mit Dieterich, Thurneißen rc., welches insofern besser ist, daß wir die Sachen porto=wohlfeiler erhalten, oder Karl weiß in Hamburg Rath zu schaffen. Sei so gut, es geschwind auszumachen, und schreib es an mich, damit Steffens an Nyerup antworten kann. Nyerup hat meine Recension über Hagen gelesen og hundret saa megen erudition smag og critik, hvad mig tilforn ganske ubekjendt var: ich weiß nicht, warum die Sprache so lächerlich klingt. Seine Ausgabe der Kämpe Viser verlangt noch mehrere Jahre, weil er die Melodien sammelt, worin die Verbesserung besteht. Von meiner

Überjetzung wirft Du eine tolle Ankündigung in den Heidelbergern
lefen, woran wir alle drei gearbeitet und mancherlei Stil darin nachgeahmt haben. Der alte Bergriese, der Feuer ausathmet, ift von
mir und foll nach Görres fein. Es ift nicht gemeint, daß fie fobald
erfcheinen foll, ich will damit nur andern Überjetzungen, wozu
Fouquet und Hagen, der mir feine Mitgenoffenfchaft angetragen hat,
die ich aber abgelehnt, den Anfang gemacht, vorbeugen.

Du wirft gewiß die beiden Recenfionen recht fchön gemacht
haben, ich hatte die zum Buch der Liebe auch angefangen, es ift aber
fo gut, denn fie hätte wahrfcheinlich noch lang gelegen. Haft Du
wohl den Vorfchlag gethan, die Romane in Zukunft einzeln erfcheinen
zu laffen, damit fich jeder herauskaufe, was ihm beliebt, es wäre
noch in andern Hinfichten bequem, und ich habe es dem Hitzig auch
vorgeftellt. Du bift doch auch meiner Meinung, daß die profaifchen
Romane gar nicht alle fich direct von den poetifchen ableiten, fondern
aus andern Quellen, wie z. B. aus dem Lateinifchen der Herzog Ernft,
entftanden find. Das Unternehmen hat wieder den Fehler, daß es
zwifchen einer äfthetifchen und gelehrten Edition fchwankt, die letzte
war nicht nöthig, die erfte macht andere Forderungen. Das wäre
die Grundlage meiner Recenfion geworden. — Der Auszug aus dem
Simpliciffimus ift herzlich fchlecht, Arnim wird darüber, wie über ähnliche
Werke: die Auszüge aus den Robinfonen von dem grauen Mappen-
Mann, über Phantafus, eine Recenfion fchreiben. Creuzer hat wohl
die Redaction der Heidelberger wieder übernommen? Sein Verhältnis
mit Böckh foll indeffen nicht mehr das alte fein, wenigftens klagt
Böckh gegen Creuzer und wünfcht fort. Das hat uns Buttmann erzählt.

Das Urtheil über Goethes Buch ift mir intereffant gewefen.
Auch darin bewährt fich fein großer Geift, daß feine Werke fo ver-
fchiedenartige Urtheile erzeugen und unendliche Anfichten zulaffen.
Steffens, Reichardt haben wieder ganz abweichende, feltfame
Meinungen; aber noch jeder meint, es habe es doch nur Goethe
fchreiben können, und jeder hat etwas gefunden, das ihm befonders
werth gewefen, fo daß fchon jeder einzelne Charakter feinen Freund
und Feind gehabt hat und alles fchon gut und fchlecht gewefen.
Ich z. B. finde nun die Luciane (Jagemann) wieder fehr reizend
und ganz nothwendig, indem durch fie der Charakter der Ottilie erft
recht deutlich und entgegengeftellt wird. Dagegen ift mir der verfluchte
Gehülfe ganz unausftehlich. — Ich begreife auch, daß das ganze
Verhältnis fehr langfam und forgfältig mußte entwickelt werden,

nur nicht langweilig, wie es mir durchaus ist. Ich erkläre mir es aus der Art der Entstehung des Buchs, weil es durchaus dictirt ist, wo der Faden wohl nicht streng angehalten worden, sondern ganz gemächlich abgehaspelt worden und zuweilen auf die Lehne des Schlafsessels herabgefallen ist. Dann aber soll auch Goethe mehreres von Riemer haben ausarbeiten lassen und ihm nur den Entwurf gegeben haben, wie Rafael malte — wenn es wahr ist. — Wie unzulässig ein Urtheil über ein geistreiches Werk ist, [zeigt] auch das sonderbare Beispiel, das mir eben einfällt. Goethe, Arnim und Du ziehen die Andacht am Kreuz vor, Savigny, Bettine, Brentano und ich den standhaften Prinzen, und alle Urtheile sind doch hier gewiß unabhängig, und keine Partei erlaubt nicht einmal eine Gleichsetzung.

Nun muß ich von meinem Kommen schreiben. Hier muß ich abwarten Geld, Deinen Brief und Steffens' Gesundheit, weil ich seiner Freundschaft die Bitte nicht abschlagen konnte und weil er die dänischen Lieder mit mir durchgehn will. Sodann will ich einen oder zwei Tage in Weimar bleiben, weil, wie mir Hagen versichert, dort zwei alte Codices mit Minneliedern sind, die er nicht hat erhalten können. Arnim hat mir deshalb einen Brief an Goethe mitgegeben. Nun besinne ich mich, ob ich auch zwei oder drei Tage nach Jena gehe; entscheide einmal, die Bibliothek soll sehr wichtig sein, und ich habe mir deshalb auf jeden Fall eine Empfehlung mitgeben lassen. Ich denke, man muß die Gelegenheit benutzen, alles was möglich ist zu thun. Besinn Dich, ob Du dort etwas Besonderes weißt. Dann geh' ich nach Gotha, wohin ich auch ein Schreiben an Geisler mitnehme, wie lang — — — —

[Der Schluß fehlt.]

— — — — — —

16.

Jacob an Wilhelm.

[Cassel,] Freitags, 24. November 1809.

So eben erhalte ich Deinen lieben Brief, der auch vom 24. datirt, und dergleichen Dir angewohnte Unrichtigkeit ist mir diesmal ärgerlich, weil ich gern Deiner Reise nachgerechnet hätte, nun aber scheint Deine ganze Zeitrechnung um ein Paar Tage verwirrt. Der Aufenthalt in Weimar, so wie die Reise nach Jena scheinen mir vollkommen rathsam, allein wenn Dir dann nur die 32 Thlr., die am Montag abgegangen sind, bis nach Gotha schicken [?], wo die Tante weiter helfen kann. Ich hätte Dir also etwas mehr übermachen sollen.

Könntest Du nicht die Weimarer Codexe borgen und mitbringen und dann Deine Zeit auf der dortigen in modernen Büchern besonders reichen Bibliothek auf andere Sachen verwenden. Der Jenaische Codex ist zwar großentheils gedruckt, aber wie Du weißt, auf eine ganz mise- rable Art, nämlich an zehn oder zwanzig andern Orten, als Lücken- büßer, so daß alle Ordnung verloren ist. Unter dem Ungedruckten ist gewiß viel Merkwürdiges für die Geschichte des mittlern Meister- sangs, und wo ich nicht irre, ein Wettstreit zwischen Frauenlob und andern. Wenn nur die Lieder selber interessanter wären, so hätte man einen recht gescheidten Einfall, wenn man geradezu das Ganze abdrucken ließ. — Ich habe Dir vergessen, zu melden, daß ich wegen des Dresdener Codex in der jetzigen Zeit nicht an Dohm schreiben mögen, es hat auch noch Zeit, besonders da Du Arbeit mitbringst.

Die Nyerupische Nachricht ist ja sehr erwünscht und besonders, weil man in Zukunft die neuen Sachen so zu erhalten hoffen darf. Wenn sich in Dänemark und Schweden einer aufs Sammeln der Sagen und Lieder legte! Was müßte da nicht all noch stecken, was in Teutschland das vielartige Literaturwesen vertrieben hat. — Über die Zahlungsanweisung und Adresse will ich mich gleich morgen früh erkundigen und dann zum Schluß des Briefes Auskunft geben. Laß ihm doch schreiben, daß wir seine Symbolae schon haben. Der Besitz solcher angenehmen nordischen Bücher soll uns auch ihre Sprache schon geläufig machen.

Ich freu mich auf alles, was Du mitbringen wirst, erstaunlich und kann aus Ungeduld manche Arbeiten gar nicht angreifen. Du findest vielleicht, daß ich nicht so viel gearbeitet habe, und auch muß es gewiß wahr sein, daß ich mehr gethan hätte, wenn Du hier ge- wesen wärest. Indessen hab' ich viel durchgelesen, worunter das Elendeste der dritte Theil von Oranie war. Ziemlich viel Zeit hat das genaue Durch- gehn und nothwendige Abtheilen der Maneßischen Sammlung gekostet, ich dachte sogar, durch ein saueres alphabetisches Register über alle Stro- phen hinter viele Vortheile zu kommen, bin aber vorerst schlecht belohnt worden, wogegen es in Zukunft außerordentlich erleichtern wird. Das schon vor Deiner Abreise angefangene Verzeichnis aller Sagenelemente ist beträchtlich und vollständig genug geworden. Ich halte diese Arbeit zwar noch sehr weitaussehend, allein Du wirst sie mit mir für die

13*

allernothwendigste halten, und sie muß die Grundlage zu unserm
künftigen Studium geben: ich wüßte nicht, wie man auf andere Weise
in das innere Wesen der Geschichte der Poesie gelangen wollte. Sobald
Du kannst, mußt Du das Ganze Blatt für Blatt durchgehen und
alles, was Du weißt, eintragen. Wenn ich ferner vor etwas Respekt
und zu etwas Lust bekommen habe, so sind es etymologische Studien,
welche in die Geschichte der Poesie von allen Seiten leuchten.

Vom Buch der Liebe habe ich keine andere Ansicht und keine
andere durchgeführt, als wie Du schreibst. Die Prosaromane sind so
unabhängig von den gereimten, daß ich auch nicht ein Beispiel dagegen
wüßte (etwa den Georg in dem Sommertheil abgerechnet), und deswegen hat sich Hagen ganz unnöthig verwundert, (was ich zu tadeln
vergessen habe,) daß der Titurel und Parzival nicht in Prosa gekommen waren. Der prosaische Tristan steht in einer Menge Kleinigkeiten neben und über dem gereimten, welches Dein Unrecht beweist,
wenn Du mir früher schriebst, daß Du wolltest, der erste wäre aus
dem letzten bereichert worden. Aber um es recht zu fühlen, mußt
Du beide wiederlesen. Das Aeußere des Buches war mir ziemlich einerlei,
und ich kann den Wunsch noch in einem Zusatz nachschicken, daß man
die Romane einzeln drucken sollte, weil es bequem und gut ist. Auch
finde ich es treffend, ausdrücklich das Schwanken zwischen einer
ästhetischen und gelehrten Ausgabe zum größten Tadel des Buches zu
machen, nur mit der Abweichung von Dir, daß ich gerade die erste für
unnöthig halte, die letztere für mühsam, aber für gut. Und das Müh-
same ist es eben, was sich mit der Eilfertigkeit Hagens nicht bei
dieser Herausgabe zu vertragen geschienen hat. — Deine Recension über
Herzog Ernst ist nun gedruckt, es ist mir dabei ein kleiner Fehler aufgefallen, den ich damals nicht bemerkt hatte, daß Du die Stelle, wo
Conrad von Würzburg den Missener von den Greifen getragen werden läßt,
ihm als Ernst zurechnest. Es ist bei ihm bestimmt nur eine Redensart. —
Was ich an meinen Recensionen hernach bereut habe, ist, daß der Stil
daran wider meinen Willen zu . . . . geworden ist und der Hagen
manche Aeußerungen übelnehmen kann. Doch können wir in dieser
Rücksicht eine neue Zeitrechnung ab urbe visitata (Berlin) anzunehmen
anfangen.

Den Goethe wirst Du nun sehen. Ich wüßte soviel darüber, ob
ich ihn sehen möchte oder nicht, daß ich, wenn ich in Weimar wäre,
im Zweifel wider meinen Willen, aber doch hingehen würde. Ich
muß noch Platz für die Nyerupische Angelegenheit lassen, Deine Nach-

richt über all die Urtheile von den Wahlverwandtschaften und Cal
derone war mir aber recht lieb zu vernehmen. Adieu

Dein Jacob.

Von Gotha schreibst Du wenigstens noch.

Der Nyerup mag die Bücher nur an Brummer geben, welcher
sie in Leipzig für mich an Herrn Bession, Commissionär von Thurneißen
Sohn in Cassel, überliefert. Bession wird die Auslage vergüten.
Wegen der Edda Saemundina, so muß man erst wissen, ob sie nicht
schon Nyerup gekauft hat, ehe man sich nach Leipzig wendet.
Adresse: An Herrn W. Grimm, Halle a. d. Saale. Abr. H.
Prof. Steffens.

67.
Wilhelm an Jacob.

[Halle, Sonntag, den 3. Dezember 1809.]

In diesem Augenblick habe ich an Nyerup geschrieben und ihm
klar und weitläuftig auseinander gesetzt, was und wie er schicken solle,
so daß es gut gehn muß, und bekommen wir alles, was ich bestellt,
so erhalten wir wahre Schätze, auf die ich mich ungemein freue. Ein
Vortheil ist sein großer Respect vor Steffens, sodaß er alles sich zur
Ehre schätzt. Hagen hat ihn darum angegangen, nun wird sich zeigen,
wer vorgeht. Die Edda Saemundina habe ich übrigens nicht bestellt
bei ihm, und Du kannst es bei Brummer thun. Heute ist Sonntag,
übermorgen (Dienstag) werde ich weggehn von hier, wenn mich mein
fataler Schnupfen verlassen hat, den ich doch von der Berliner Reise
davon getragen und der mich immer so stark packt, sonst Freitag, wo
wieder die Post geht. Ich schreibe Dir lieber so mit Tagen wegen
des verfluchten Datums. Ich dachte, Du solltest Dich freuen, daß
meine Briefe so geschwinde ankommen und nur einen halben Tag
brauchen, so bist Du bös, aber laß Dir sagen, daß wir in Berlin keine
Idee mehr von einem Kalender hatten und nur in den blauen Tag
hinein angaben, worin besonders Arnim mich verstockt hat, dem oft
an einem Unterschied von 14 Tagen nichts lag und der mir auch
meinen Abschiedstag falsch angegeben hatte als den 20., das war Sonntag [19.], den Mittwoch schrieb ich an Dich, was der 23. [22.] nach der
Rechnung, wiewohl ich auch hier einen Tag gefehlt und den 21. geschrieben
habe. Daß ich voraus war, ist recht traurig, mein Herz ist es ja
auch und meine Uhr täglich auf 3 Stunden, und ich muß sie stets von

2 Uhr Nachts auf 11 Uhr stellen und am Morgen um 9 hat sie doch schon ihr ³⁄₄ auf 10 heraus, welche Nachricht von meinem Kasten den Ferdinand sehr ergötzen wird.

Unsere Sagensammlung wird auch durch einiges von mir vermehrt werden, und ich halte sie allerdings für das Wichtigste und ich habe auch immer in diesem Sinn gearbeitet, und diese Idee haben wir auch allein, Hagen arbeitet ganz anders und wird nur Ausgaben und gelehrte höchst fleißige Einzelheiten geben: aus solchen ist ja z. B. sein ganzer Anhang zum Nibelungenlied zusammengesetzt. Übelnehmen wird er gewiß nichts, wir stehn auf einem viel zu liberalen Fuß, ich glaube zwar gewiß, daß ihm nichts ärgerlicher ist als unser Auftreten, da er schon alles durch Bekanntschaften, Briefe bei Seite glaubte gesetzt zu haben, um ganz allein regieren zu können, und ein großer Antheil an seiner Freundlichkeit gegen mich hat sicherlich die Hoffnung gehabt, diesen Gegensatz auch zu ebnen. Er möchte um alles gern recht glänzend als Gelehrter erscheinen, er hat von dem Nibelungenlied keinen Heller genommen, damit es nur so splendid und jedes Exemplar auf Velin gedruckt werde. Zu der großen Edition, die er vorbereitet für die Zukunft mit allen möglichen Arten von Noten, hat er sich expreß holländische Lettern kommen lassen, weil die, wie es wahr ist, schöner und antiker sind.

Die Einlage ist eine Recension, die ich Clemens versprochen, was war da besonderes zu sagen? Du mußt noch das Beste thun und die Citate ausfüllen, auch waren wohl in Göttingen zwei Editionen, das könntest Du dazu setzen und, welche hier benutzt worden, dann sei so gut und sende sie an die Heidelberger Jahrbücher ab. — Die Stelle über Mißner kann ich unmöglich für Ernst angesehen haben, da Conrad recht gut wird gewußt haben, daß die Greifen nicht diesen wirklich gepackt; ich redete bloß von der leichten Anwendung der Sage, die wie jede am End eine Redensart oder ein Buchstabe ist, mit welchen die Nationalgedichte ausgesprochen werden.

Ich muß aufhören, weil mir der Kopf weh thut (sonst ist es auch nichts, kannst Du glauben), wiewohl ich, wenn ich nicht recht wohl bin, am besten Briefe schreiben kann, weil ich dann eine eigene contemplative Natur erhalte. Steffens war eben bei mir und hat mir ein köstliches Mittel für wehe Augen von jeder Art wieder empfohlen: nimm ganz einfache Opiumtinctur, wie man sie braucht, und fülle einen offnen Federkiel, der aber unten rund sein muß, mit einem Tropfen davon und laß Dir solchen in den Nasenwinkel des Augs

hinein fließen. Es hat Steffens' ganz böse Augen in einer Nacht
kurirt. Das Zeichen, daß es Dir zuträglich, ist, daß der geringe
Schmerz, den es im Anfang erregt, in Zeit einer Minute wieder ver
geht, dauert er länger, so kannst Du es nicht vertragen. Doch schadet
es nicht. Versuch es einen Abend, es stärkt die Augen ganz wunderbar. Ich muß auch danken für das Geld, das ich richtig empfangen,
geh' ich nach Jena, so brauch' ich mehr, und will es mir dann von
Barthels leihen, dem ich es von Gotha aus wieder zusende.

Über die Wahlverwandtschaften habe ich noch mehrere Stimmen
gehört, am originellsten ist die des Genialen, der in diesem Buch die
Studien zu den andern Theilen der Eugenie, die Goethe aufgegeben,
angewendet sieht. Steffens meint, das Kind sterbe wie ein Hund, und doch
ist die Scene so rührend und die Nacht darauf recht mit der Stille dargestellt, in welcher man vor oder nach einem großen Unglück angstvoll
und bang eine solche zubringt. — Leb wohl, lieber Jacob, in Gotha
hoffe ich einen Brief von Dir zu finden und grüß auch die andern
alle. Dein getreuer W.

Der Geniale spricht von einem Brief, den Du von ihm müssest
empfangen haben. — Schickt doch unsern alten Pelzrock mit Gelegenheit nach Gotha, er wird mir wohlthun auf der Reise.

Ich höre eben bestimmt, daß heute der 3. Dezember ist.

Adresse: A Monsieur Grimm etc. Empfangsstempel: 5. Dece 1809.

68.
Jacob an Wilhelm.
(Cassel,) am Freitag Abend, [8. Dezember 1809].

L. W.!

Deinen Brief vom Montag habe ich den Mittwochen bekommen;
es ist uns allen recht merklich, wie sich Deine Ankunft nach und nach
verschiebt, und wir haben vielerlei Unwahrheiten darüber ins Publikum
ausgestreut, die Lotte sogar ein Stück Kuchen gegen die Catharine
verwettet, denn in acht Tagen ist der Termin aus und Du wahrscheinlich noch nicht da. Übrigens hab' ich der Lotte so vielerlei
weiß gemacht von Sachen, die Du ihr von Berlin mitbringen würdest,
daß sie nunmehr bestimmt glaubt (wie sie überall sehr bestimmt ist
und niemand mehr als sich selber traut), Du bringest ihr gewiß nichts
mit, worin Du sie also recht gut Recht behalten lassen kannst.

Deine Recension hat mir wohlgefallen und ist gestern nach Heidelberg ab. Im Literärischen warst Du irr, Koch spricht nur einmal vom Goldfaden, aber von der spätern Ausgabe; das Buch, was er problematisch behandelt, ist das Gegenstück zu jenem, nämlich die Geschichte Wilibalds, des unsaubern Knaben. Ich habe das Nöthige abgeändert und zugesetzt. Zugleich habe ich noch von mir eine Anzeige der Judith mitgeschickt, Du weißt, welche dem Titel nach aus einer altdeutschen Handschrift herausgegeben sein sollte, und welche daher Böckh von uns verlangte. Das Buch ist gar nicht schlecht, aber auch gewiß nicht gut. Ich habe dabei die Meinung ausgeführt, daß sich doch das strophische Princip durchaus nicht mit dem Drama vertrage und dessen innerste dialogische Natur verderbe. Die Künstlichkeit hebt hier die Lebendigkeit aus dem Grund auf, weil der Dichter dabei völlig zurücktreten soll. Du hast die Numantia gelesen oder lies sie, ob nicht die Musik in den Stanzen wie eine Erzählung laute, und diesen undramatischen Eindruck hat mir das sonst gewiß vortreffliche Stück gemacht.

Ich fürchte, die dänischen Sachen werden den Winter nicht über die See kommen, die Edda Saemundina habe ich bei Krieger bestellt, und Du hast doch dem Dings geschrieben, daß er sie nicht schicken solle, damit sie nicht doppelt eingeht. Hast Du ihm denn dänisch oder deutsch geschrieben?

Eine andere Correspondenz, wovon mir das Verdienst gehört, die mit Monsieur Roquefort kann uns auch allerhand nützlich sein und wird seinerseits mit unerwartetem Eifer betrieben. Ich habe ihm nichts gethan, als einige Etymologien verbessert und die nicht schmeichelhafte Recension von Koppe (die bei alledem doch pedantisch einseitig ist) ausgezogen. Kürzlich hat er mir nicht nur ein fehlendes Blatt aus dem Roman du saint Gréal durch seine Frau sogar abschreiben lassen, sondern bietet mir an, sein Manuscript vom Roman de Garin de Loherens hierher zu schicken, welches ich sogleich um so lieber angenommen habe, da er doch in die rechte Ansicht nicht eingeht und dieser Roman, wenn er so wichtig ist, wie vermuthlich der deutsche, sehr interessant sein muß. Das giebt uns auch wieder eine ziemliche Arbeit, wenn man ihn allenfalls copiren müßte. Auch kann man nun einmal wirklich die französische Art mit Augen sehen.

Vergiß doch nicht im Gothaer Exemplar des gedruckten Morolf nachzusehen, ob die bewußte Lücke am Ende wirklich existirt oder gar nur in Breutanos Abschrift. Du kannst das leicht an den Signa-

turen. Etwa sind dort auch alte Drucke von andern deutschen Ro
manen. Ist die Simmernische von den Heimonskindern da, so such sie
mitzubringen, es ist mir, als ob sie vom deutschen Volksbuch ab
wiche. Und sollen sich denn einige alte Drucke, wie der von Karl
und Elegast und der von Dracole Waida, nirgends mehr finden?
Wie verstehe ich, was Du mir einmal schriebst, daß Hagen ein Exemplar
des Siegfrieds auch aus Leipzig bekäme? Ist es eine Abschrift, die er
von dem Auctionsbuch hat nehmen lassen, oder auf einmal ein zweites
Exemplar an demselben Ort aufgefunden?

An den Trott hab ich kürzlich wegen der holländischen Volks
bücher geschrieben, da nun schon vier andere Commissionen verun
glückt waren.

So eben war der alte Haase bei mir und hat mir die Geschichte
von seinem ungerathenen Sohn (der seine in Braunschweig ausge
peitschte Frau doch wieder in Gnaden angenommen) wenigstens zum
drittenmal erzählt, dabei auch vom Monsieur Wilhelm Culner ein Compli
ment an uns alle, mithin auch an Dich bestellt. Dieser hoffnungs
volle Jüngling ist jetzt nach Herforden avancirt und ließe, wie er
sagt, das Kätzchen laufen, d. h. er geht in die dortigen Kränzerchen.
Das ist der einzige Mensch, der des Ferdinands Feder in Bewegung
bringt.

Die ganze Stadt ist voller, als zur Meßzeit, an Musikanten,
besonders ist dahier wieder angelangt zu Ferdinands großer Freude
ein schändlicher Pauker, den Du auch noch kennen mußt, denn er
war's Frühjahr vier Monate alle Tage zweimal auf demselben Flecken
zu sehen, des Morgens geigig und des Abends paukig, zweigestaltig.
Dieser Mensch, welcher durchaus nichts zugelernt hat, wird wahrscheinlich
wieder ein Paar Monate bleiben und also Dich auch noch freuen und
ärgern. Dagegen ist ein ganz kleiner Jung da, der gelenk auf der
Straße tanzt und dabei immer spielt.

Du siehst, ich habe nichts mehr zu schreiben.

Dein treuer Jacob.

Vom Reichardt habe ich freilich einen Brief erhalten, ihn aber
für ein bloßes Compliment angesehen. Meint er, daß ich antworten
soll, so weiß ich weder was, noch warum er mir schreibt.

Das Opium hilft bis jetzt nicht, obgleich das Beißen sehr bald
aufhört.

Hiesiges Intelligenzblatt erhebt sich zum populären Leseblatt
unter Murhards Redaction, er hat von mir Aufsätze haben wollen,

ich habe ihm aber gesagt, für ein Blatt, das gleich Maculatur würde und doch einmal kein Honorar geben wollte, möchte ich gar nichts liefern, als Insertionen von zu kaufenden alten Büchern.

Die Jenaer hat sich durch eine schlechte Recension von Reinbecks Briefen und Arnims Wintergarten blamirt. Ich meinte, Goethe wollte den recensiren.

Adresse: An Wilhelm. [Einlage nach Gotha.]

69.
Wilhelm an Jacob.

Weimar, am 13. Dezember 1809.

Liebster Jacob! Nun bin ich Euch wieder ein Stück näher und hier in Weimar. Freitags am 8. Dezember reiste ich von Halle ab, der Abschied von Reichardts, von Steffens und besonders der Steffens und ihren Kindern that mir doch recht leid, denn sie ist eine gar liebenswürdige Frau. Auf einem offenen Wagen, von einem kalten Winde hart angeblasen, fuhr ich ganz allein ab und kam Abends um 9 Uhr in Naumburg, 5 Meilen von Halle, an. Hier mußte ich zwei Tage liegen bleiben und auf den bedeckten Postwagen warten, der erst in der Nacht auf den Montag ankommt. Ich besuchte unter der Zeit die Verfasserin der deutschen Volksmärchen, welche man sonst dem Milbiller zuschreibt, und welche auch Elisabeth von Toggenburg, Hermann von Unna und sonst bei dreißig Bücher geschrieben hat, deren Verzeichnis ich mitbringe. Ich hörte in Berlin vom Hitzig, daß sie in Naumburg sei, Naubarg [Naubert] heiße und die Frau eines wohlhabenden Kaufmanns sei. Ich fand eine kleine, bucklichte schwer sehende und hörende Frau mit einem blassen, guten und feinen Gesicht, die sich sehr über einen Besuch freute. Ich mußte ihr, so gut es ging, erzählen von Berlin und anderem, sie sprach wieder, recht verständig und ungeziert, sodaß ich einen angenehmen Eindruck von ihr habe. Ihr Mann nur kam mir sehr albern vor, er bedankte sich dreimal mitten im Gespräch für die Ehre des Besuchs und zuletzt noch ein paarmal, der ihm doch nicht gegolten hatte. — Nachts um 3 Uhr reiste ich von Naumburg ab, kam um 8 in Auerstädt an, wo ich die neuaufgebauten Häuser auf dem abgebrannten Theile des Orts sehen konnte, und Mittags um 3 Uhr

allhier an. Ich zog mich gleich an und ließ mich nach Goethes Haus
führen, das iehr nett und schön da steht. Er war aber krank, vor
her bedeutend gewesen und jetzt in der Besserung, daß er mich nicht
annehmen konnte, also gab ich Arnims Brief ab. Ich ging dann zu der
Dame Schoppenhauer, die hier die Honneurs macht, und überreichte
meinen Brief; wohin bald Goethes Bedienter kam und mir sagte,
Herr Doctor Riemer, Goethes Sekretär, werde mich in die Comödie
abholen. Das geschah denn und wir gingen in Goethes Loge, die unter
der fürstlichen ist, wie eine Nische, iehr bequem, wo ich auf seinem
Sessel gesessen. Es wurden die deutschen Kleinstädter gegeben, und
recht gut. Das Schauspielhaus ist ungemein zierlich und in schönen
Verhältnissen: es ist nur ein Rang, der aus lauter schönen
Säulen gebildet ist, dann das Parterre, das nicht eingeschlossen ist,
denn der Raum, der sonst zu Unterlogen verwendet wird, ist frei,
so daß das Parterre bloß durch Bogensäulen begrenzt wird. Decorationen,
Vorhang, wie die ganze Auszierung des Theaters macht einen sehr
schönen Eindruck. Goethes Bedienter bat mich, den andern Tag erst auf
die Bibliothek zu gehn und dann um 12 Uhr zu dem Herrn Geheimen Rath
zu kommen. Auf der Bibliothek wurd' ich artig genug empfangen
und um 12 Uhr ging ich dann hin. Der Hausehren in Goethes
Hause ist mit freistehenden Statuen und andern in Nischen schön
verziert. Über eine breite Treppe, die vornehm und bequem aussieht,
wurd' ich erst vor ein Zimmer geführt, wo am Eingang zu den
Füßen Salve mit schwarzen Buchstaben und an der Seite ein Candelaber
steht, und das voll Bilder hing, dann in ein Cabinet, das ebenfalls
mit Handzeichnungen, altdeutschen Holzschnitten ausgeziert war, und
alles eigen eingerichtet, z. B. die Thüren mit matter brauner Farbe
angestrichen und die Griffe aus goldnen Löwenköpfen bestehend, sehr
geordnet und reinlich. Hier mußt' ich einige Zeit warten, darauf
trat er selbst hinein, ganz schwarz angezogen mit den beiden Orden
und ein wenig gepudert. Ich hatte nun sein Bild oft gesehen und
wußte es auswendig, und dennoch, wie wurde ich überrascht über die
Hoheit, Vollendung, Einfachheit und Güte dieses Angesichts. Er hieß
mich sehr freundlich sitzen und fing freundlich an zu reden, was er
gesagt, sag' ich Dir mündlich wieder, aufschreiben kann ich es nicht,
er sprach von dem Nibelungenlied, von der nordischen Poesie, von einem
Isländer Ar[e]ndt, der eben dagewesen und ein vollständiges Manuscript
der Edda Saemundina gehabt, aber höchst bizarr und ungenießbar und
starr gewesen, vom Öhlenschläger, von den alten Romanen, er

lese eben den Simplicissimus, und dergleichen, und ich mußte ihm meine
Übersetzung der Kämpe Viser geben. Ich blieb fast eine Stunde da,
er sprach so freundlich und gut, daß ich dann immer nicht daran dachte,
welch ein großer Mann es sei, als ich aber weg war oder wenn er still
war, da fiel es [mir] immer ein, und wie gütig er sein müsse und
wenig stolz, daß er mit einem so geringen Menschen, dem er doch
eigentlich nichts zu sagen habe, reden möge. Tags darauf wurde ich
zum Mittagsessen bei ihm eingeladen. Seine Frau, die sehr gemein
aussieht, ein recht hübsches Mädchen, dessen Namen ich wieder vergessen, die er aber, däucht mir, als seine Nichte vorstellte, und
Riemer waren da. Es war ungemein splendid, Gänsleberpasteten, Hasen
und dergl. Gerichte. Er war noch freundlicher, sprach recht viel und
invitirte mich immer zum Trinken, indem er an die Bouteille zeigte und
leis brummte, was er überhaupt viel thut: es war sehr guter rother
Wein und er trank fleißig, besser noch die Frau. Er sagte unter
andern, daß er das Bild der Bettine von Louis erhalten, und lobte
es dabei sehr, es sei eine sehr zarte Nadel darin, recht ähnlich und
überhaupt schön componirt und gehalten und habe ihm viel Freude
gemacht. Ich sagte, daß Bettine selbst nach Berlin geschrieben, daß
es nicht ganz ähnlich. Er antwortete: „Ja, es ist ein liebes Kind,
wer kann sie wohl malen, wenn noch Lucas Kranach lebte, der war
auf so etwas eingerichtet." Der Tisch dauerte von 1 bis halb 4 Uhr,
wo er aufstand und ein Compliment machte, worauf ich mit Riemer
wegging, der mich Abends wieder in die Comödie abholte, wo ich
zwei artige kleine Stücke sah und den Thurner aus Cassel ein Concert
blasen hörte. Riemer ist ein recht verständiger sedater Mensch, der
bloß für Goethe arbeitet. Aus der Comödie ging ich nach Haus
und schrieb diesen Brief, es ist heute Mittwoch der 13., und etwa
übermorgen werde ich nach Jena reisen.

Auf der Bibliothek hab' ich an Büchern nichts gefunden, aber
zwei Manuscripte, eins mit Fabliaux und Erzählungen von Teich[n]er
u. a. und eine Sammlung Lieder, worin allerdings gute Minnelieder sind, ich hoffe beide durch Goethes Vermittlung mit nach Cassel
zu bekommen, sonst ist man hier so streng, daß ich sie nicht einmal
mit auf die Stube erhalten, und so lang kann ich unmöglich hier
bleiben, um sie auf der Bibliothek abzuschreiben, also müßte ich, falls
jenes nicht glückte, mit einer kleinen Notiz bloß zufrieden sein. — Der
Pulvius erzählte, er hätte viele Romane, ich bat mir die Erlaubnis
aus, ihn zu besuchen, er sagte darauf, sie lägen in Unordnung, viel-

leicht thu' ich's aber doch. Morgen Abend ist großer Thee bei der
Schoppenhauer, wo ich ganz Weimar sehn werde, den Wieland hab'
ich im französischen Puppenspiel, das hierher aus Petersburg gekommen
und sehr artig ist, gesehen, welches gestern Abend war. In Gotha
find' ich Briefe von Dir, vielleicht schreib' ich aus Jena noch einmal. —
[15. Dezember 1809.] Der Brief kam zu spät und geht erst heute Abend
ab, nämlich Freitags. Goethe ist so gütig gewesen und hat mir die Bettine
von Louis geschenkt, da er mehrere Exemplare besitzt, mit der Erlaubnis,
die Manuscripte mitnehmen zu dürfen, hält's aber sehr schwer und es
wär mir leid, wenn nichts daraus würde. Gestern Abend war ich
denn zum Thee, aber die Damen reden zu viel vom Tragischen,
wovon ich nichts weiß, Falk las gar eine langweilige medicinische
Abhandlung. St. Schütz war auch da. Auf heut Abend bin ich
zum Souper dahin geladen.

Morgen geht's nach Jena.

Adresse: A monsieur Grimm etc.

Leb wohl, lieber Jacob.

[Ohne Unterschrift.]

70.
Wilhelm an Jacob.

Gotha, den 27. Dezember 9.

Gestern, am Dienstag Morgen, um 4 Uhr bin ich glücklich und
gesund hier angekommen. Ich habe eine neue Kur mit dieser Reise
versucht: nämlich Reil hat mir angerathen, so viel wie möglich mich zu
strapaziren, und sie ist mir auch besser bekommen, als vorgekommen,
denn es war eine kalte, stürmische und windige Nacht und der Postwagen schlecht verschlossen. — Nach Jena war ich am Montag vor
acht Tagen abgegangen. Olen, an den ich Empfehlungen hatte, und
der ein scharfer, gescheidter Charakter ist, brachte mich gleich auf die
Bibliothek. Allein wie verdrießlich ward ich, das Manuscript lag an
einer Kette, ward abgeschnallt und mir aufgeschlagen. Es ist auf
Pergament schön geschrieben und von ungeheurem Format, wie ein
Tisch so groß. Darnach ward ein anderes Manuscript angelegt von
Papier, eine Kreuzzugsgeschichte, von der, wo ich nicht irre, einmal
im Morgenblatt gestanden. Wie ich das kürzlich angesehn, that sie
der Bibliothekar (Dr Walch) wieder weg und zeigte mir die auf-
gestellten Bücher. Es sind mehrere Bibliotheken, welche als Vermächt-

niſſe nicht dürfen vereinzelt werden, aneinander gerückt, und darnach
wollten wir wieder weggehn, denn er hatte ſie mir nur aus Gefälligkeit eröffnet und ſonſt konnte man nur zweimal in der Woche e i n e
Stunde lang hingehn. Ein Realkatalog war nicht vorhanden, und
in dem Nominalkatalog ſchlag ich, um doch etwas zu verſuchen,
intereſſante Namen auf und fand zwei noch unbekannte Romane von
Chr. Weiße, die ich mitnahm. Sie ſind nicht minder witzig und gut
als die bekannten und ich bringe Auszüge mit. So habe ich doch
etwas gewonnen und außerdem ein Paar intereſſante Bücher auf dem
Tröbel gekauft, z. B. Götz von Berlichingens Selbſtbiographie ꝛc.
Den Codex nach Caſſel zu bekommen war nicht die geringſte Aus-
ſicht, nur in das Gaſthaus, aber höchſt ſchwierig, ich mußte deshalb
mit einer Vorſtellung mich an Eichſtädt wenden, und dieſer mußte
mit dem ganzen Senat deshalb berathſchlagen. Und hätt' ich auch
Eichſtädt ſehr günſtig für mich geſtimmt vorausſetzen dürfen, ſo
gingen doch etliche Tage hin, ehe der Beſchluß zu Stande kam. So
war ich verdrießlich und benutzte eine Retourchaiſe und ging Mitt-
wochs nach Weimar zurück, wo ich bis den Montag Mittag auf den
verdeckten Wagen warten mußte. Ich ging zu Goethe, der mir endlich wegen der Weimariſchen Manuſcripte eine beſtimmte Antwort
gab. Sie iſt wie vieles in ſeinem Weſen auf ein formelles förmliches Verfahren eingerichtet. Du mögeſt nämlich in Deinem Charakter
und als Bibliothekar an ihn ſchreiben und förmlich darin um Mittheilung der zwei Manuſcripte bitten, auch der andern Herren,
welche darüber mit zu disponiren, erwähnen (d. h. Du brauchſt ſie nicht
zu nennen), dann wolle er davon reden, und ſie ſollten mit
der Poſt an Dich abgeſendet werden. Ich bitte Dich, ja es zu
thun, einmal weil ich mir doch viele Mühe deshalb gegeben
und mein Intereſſe vorgegeben, ſodaß Du mich compromittirteſt, dann
könnte es auch undankbar ausſehen, wenn man Goethes Anerbieten,
das gewiß recht gütig iſt, da er es manchem andern abgeſchlagen,
nicht annähme. Ich ſchreibe das, weil Du auch wegen des Tresdner
Manuſcripts nicht geſchrieben, welches ich doch für nöthig und darum
eilig halte, weil jetzt ſo manche Beziehungen darauf verloren gehn
können. Das mein' ich, daß wir alle nur mögliche Quellen zuſammen-
treiben müſſen. Du kannſt die Handſchriften ſo bezeichnen: 1) eine
Papierhandſchrift wahrſcheinlich aus dem fünfzehnten Jahrhundert,
mit Liedern in 4°; 2) eine Papierhandſchrift aus derſelben Zeit
mit Erzählungen und kleinern Gedichten, z. B. von einem Maler

und von dem Weine. — In Weimar sah ich noch Götz von
Berlichingen den ersten Theil und französische Marionetten aus Petersburg, recht artig. Bei Goethe hab' ich auch noch einmal gegessen und er
war freundlich, wie ich Abschied nahm. Den Abend hab' ich immer
bei der Madame Schoppenhauer zugebracht, wo es ganz gut und
ungenirt ist. An den ordentlichen Gesellschaftstagen hab' ich auch
beide Prinzen da gesehn, die wie jedermann mich auch anredeten
und ausfragten. Der zweite, Prinz Bernhard, sieht viel lebendiger
und tüchtiger aus als der andere. Ein guter, kleiner, gescheidter
Kerl ist der St. Schütze, mit dem ich am meisten geredet und dem
ich sein neues artiges Wiegenlied vorlesen mußte, d. h. den andern.

In Gotha kam ich um 9 Uhr, nachdem ich ein wenig geschlafen,
zur Tante und fand sie so lieb, gütig und herzlich wie immer. Sie
ist wohl und sieht recht gesund, und ich hoffe fast mit Gewißheit, daß
sie das Alter des Großvaters erreicht. Sie läßt Dich und alle
herzlich grüßen und schreibt weiter nicht. Sie war recht erfreut über
mein Bessersein und behauptet, daß es bedeutend sei. Ich fand einen
lieben Brief von Dir, alles, auch der kleine Zettel soll besorgt werden.
Auf die Bibliothek kann ich erst morgen der Festtage wegen. Wegen
der dänischen Sachen ist alles gewahrt und ich denke, es geht auch
eine Post über das Eis weg: es ist doch seltsam, wie von Deutschland aus das Eis von den alten nordischen Poesien losgehauen wird
und sie hier aufthauen. — Wie lang ich hier bleibe, hängt von der
Tante ab, doch thun wir uns nach einer Gelegenheit um, da mir
die Postwagentour bis Cassel bis jetzt allzustark vorkommt, die ich
nur im letzten Fall brauchen werde. — Wie manches fällt mir noch
ein, das ich schreiben könnte, aber erzählen will, z. B. was Goethe
vom Simplicissimus geredet und dem Nibelungenlied, und was die
Personen alle sind in den Wahlverwandtschaften, die ich zum Theil
gesehn und die's eben so viel auch nicht sind.

Ich freue mich von Herzen bei Euch bald und dort zu sein, der
Panker hat großen Theil an meiner Freude und ich mein', ich hörte
ihn schon. Seid tausendmal gegrüßt.

Euer W.

Der Bibliothekar Walch sagte mir, daß ein Graf Finkenstein
lang in Jena gewesen und fast den ganzen Codex copirt und damit
jetzt nach Berlin sei. Ich hoffe, das geräth in das Hagensche Journal
und das bestimmte mich noch mehr, meinen Versuch aufzugeben.

Der Brief muß ein Couvert haben und Du mußt noch von den dänischen Liedern hören. Nämlich mit der Vorrede von Goethe scheint's nichts zu sein. Er hat die Lieder genommen, sich vorlesen lassen, seinen Freunden mitgetheilt, und Riemer hat sie in Gesellschaft vorlesen müssen. Er hat mir gesagt: „Sie sind wunderbar und wir haben dergleichen nicht gemacht, wir müssen davor erstaunen." So hat er sie mir wieder gegeben, ohne ein Wort von der Vorrede zu sagen. Gewiß ist, daß er es vergessen, wie er aber von selbst sich anfangs gegen Arnim dazu erboten, so wäre es mir auch unmöglich gewesen, ihn daran zu erinnern und ihn dadurch gewissermaßen zu nöthigen. — Noch eins deshalb, Du wirst vielleicht lesen, es werde dabei ein zweiter Titel sein: Wunderhorn, vierter Theil. Damit verhält sich's so: unter vielen Vorschlägen, die Clemens stets parat hat, war auch dieser, dem besonders Arnim beifiel, nachher war Brentano auf einmal heftig dawider, ich wußte nicht warum und erklärte es mir hernach aus einer Eigenheit seines Charakters, die sich dadurch höchst seltsam äußerte. Arnim nahm das aber nicht an und war sehr dafür (nämlich alles bessern Abgangs halber), mir war es ganz gleich, und um Arnim nicht zu beleidigen, ließ ich es nun in der Ankündigung stehn, wie er geschrieben. Allein ich werde hernach an Zimmer schreiben, daß es nichts damit, eben um Brentano wieder zufrieden zu machen.

IV.

Jacobs Reise
mit dem Hauptquartier nach Paris

Januar bis Juni 1814.

Aus Jacobs Selbstbiographie.

„1813, als der Krieg dem Königreich drohend näher rückte, wurde Befehl ertheilt, die kostbaren Bücher zu Cassel und Wilhelmshöhe einzupacken, um sie nach Frankreich zu versenden. Ich fuhr mit Brugniere nach Wilhelmshöhe, der besonders auf die Kupferstichwerke drang, und suchte wenigstens die Sammlung von Handschriften, die sich auf hessische Kriegsgeschichte bezogen und dem dreißigjährigen Krieg an begannen (es war Eigenhändiges von Gustav Adolf, von Amalie Elisabeth u. s. w. darunter), als unwichtig darzustellen. Auch blieben sie uneingepackt. Die eingepackten aber bekam ich erst 1814 zu Paris wieder zu sehen, als sie mir derselbe Huissier (er hieß Lelong), der sie hatte packen helfen, dort für den Kurfürsten wieder ausliefern mußte. Der Mann machte große Augen, als er mich erblickte.

Die endliche, kaum gehoffte Rückkehr des alten Kurfürsten gegen Ende des Jahres 1813 war ein unbeschreiblicher Jubel und für mich war die Freude nicht kleiner, auch die geliebte Tante, die ich nur einmal in Gotha besucht hatte, im Gefolge der Kurfürstin wieder einziehen zu sehen. Wir liefen an dem einen Wagen durch die Straßen hin, die mit Blumengewinden behangen waren. In jenen Monaten war alles in aufgeregter Bewegung. Ich stand doch noch gut angeschrieben und kam in Vorschlag, als Legationssecretär den hessischen Gesandten zu begleiten, der ins große Hauptquartier der verbündeten Heere abgeschickt werden sollte. Meine Ernennung ist vom 23. Dezember 1813. Zwei meiner Brüder machten den Feldzug in der Landwehr mit, sie waren aus München und Hamburg, wo sie gelebt hatten, dazu ins Vaterland herbeigeeilt. Der gewählte Gesandte hieß Graf Keller, von Geburt kein Hesse, ein schon bejahrter und gutherziger, zuweilen eigensinniger, auffahrender Mann, dem der recht hessische Trieb fehlte, aber wer hätte in jener großartigen Zeit nicht jeden Anstoß übersehen? Ich reiste um Neujahr 1814 von Cassel ab über Frankfurt, Darmstadt, Karlsruhe, Freiburg, Basel, Mümpelgart, Befort, Langres, Chaumont, Troyes. Von da ging es wieder zum Theil in eilender Flucht rückwärts bis Dijon; dann nach vierzehntägiger Rast neuerdings vorwärts über Chatillon, Troyes, Nogent in das frisch eingenommene Paris (April 1814). Vor zehen Jahren kein Gedanke, sobald und auf diesem Wege nochmals dahin zu kommen. Unterwegs hatte ich nicht versäumt, alle Bibliotheken zu besuchen, und jeder freie Augenblick in Paris wurde benutzt, um in den Handschriften zu arbeiten. Mittlerweile war auch mein nachheriger College Völkel in Paris eingetroffen, um die aus Hessen weggeschleppten Antiken und Gemälde zurückzufordern; ich half die entführten Bücher wieder erlangen, wie ich schon erwähnt habe. Im Sommer trat ich die Rückreise nach Cassel an und rüstete mich bald von neuem zu der Fahrt nach dem Wiener Congreß.„

Aus Wilhelms Selbstbiographie.

„Die damaligen Ereignisse hatten auch auf meine Familie Einfluß. Zwei Brüder kamen nach langer Abwesenheit aus der Ferne zurück, um den Feldzug mitzumachen. Der Maler trat als Offizier in ein Regiment ein, und die Besorgnis, daß eine leichte Verwundung ihn für seinen Beruf unfähig machen könne, kam ihm doch kleinlich vor. Jacob ging bald zu der Gesandtschaft ins Hauptquartier ab, und ich blieb mit der Schwester allein zurück, ich könnte sagen, in dem mütterlichen Hause, denn es schien uns beiden Ältesten, als hätten wir die Pflicht, die Verbindung der ganzen Familie fortwährend zu erhalten.

Zu Anfang des Jahres 1814 bewarb ich mich um die zweite Bibliothekarstelle an der Bibliothek im Museum, die vacant war. Ich glaubte dazu nicht ungeschickt zu sein und, was mir fehlte, durch Fleiß und Neigung zu diesem Amte zu ersetzen. Der geheime Hofrath Strieder, der an der Spitze der Bibliothek und bei dem Kurfürsten sehr in Gunst stand, ein Mann von redlicher, aber finsterer und bitterer Gesinnung (er hatte aus Haß gegen die Franzosen während ihrer Anwesenheit sieben Jahre lang keinen Fuß aus seinem Hause gesetzt und konnte, ohne heftig zu werden, sie nicht nennen), rieth mir, um die Stelle bloß mit dem Titel eines Bibliotheksecretärs zu bitten, weil der Kurfürst der nöthigen Ersparnisse wegen den Bibliothekarsgehalt zu ertheilen nicht geneigt sei und sonst die ihm nicht sehr dringend erscheinende Besetzung der Stelle aufschieben möchte: in der Sache mache dies keinen Unterschied, und bei der ersten Gelegenheit werde sich meine Stellung verbessern. Dieser Rath war so gut als eine Entscheidung; meine Bitte ward nun schnell erfüllt, und am 15. Februar trat ich mein Amt an. Mit dem ersten Bibliothekar, Oberhofrath Völkel, stand ich von Anfange in dem besten Vernehmen, er war reich an Kenntnissen, von gemäßigtem, freundlichem Charakter, er hat mich niemals anders als collegialisch behandelt, alle Geschäfte der Bibliothek wurden ebenfalls gemeinschaftlich besorgt. Als Völkel, die Antikensammlung zu reklamiren, nach Paris gesendet wurde, blieb mir die Verwaltung der Bibliothek, selbst die Auswahl der anzukaufenden Bücher eine geraume Zeit allein überlassen.“

71.
Jacob an Wilhelm.

Frankfurt im Gasthaus zum Weidenhof,
am 4. Januar [1814], an meinem Geburtstag.

Liebster Wilhelm!

Die Reise hierher ging schnell, kalt und in eben nicht angenehmer Gesellschaft, den Samstag Mittag nach zwölf traf ich ein. Die Nacht hatte ich manche gegründete Sorge, daß die Kosacken meinen Koffer abschnitten (eben in dieser Nacht haben sie einem preußischen Commissär seine beiden Pferde aus dem Stall unseres Gasthofes mitten auf der Zeil gestohlen): aber es ging alles gut. In Marburg war ich Abends 11 Uhr und habe daher das Paquet dem Conradi lieber schicken lassen: ich bin eine halbe Stunde unter Neujahrsschießen in den bekannten Gassen herumgegangen, alles schien mir noch wie sonst, nur brennen jetzt Laternen. Ich mußte hernach noch die Allee bis zum Schwanenhof hinuntergehen, wo mir kein Mensch begegnete, so still war alles.

Hier habe ich viel freundliche Aufnahme gefunden, zumal bei allen Brentanos. Ich war zuerst bei der Meline, die sich weniger verändert hat, als ich dachte, und deren Mann (Guaita) auch ganz anders ist, als ich mir vorgestellt, er hat einige Ähnlichkeit mit Sieveking, nur etwas älter, ist aber angenehm und gefällt mir wohl. Sie haben zwei Kinder und bald wird sie mit dem dritten nieder kommen. Gegenüber wohnt Thomas, der überaus brav und gut ist und mir alle möglichen Freundschaftsdienste thut, so daß, wenn ich statt von Euch weg in ein Ungewisses zu reisen, etwa wieder heim zöge, die Paar Tage mir hier sehr angenehm sein würden. Er wird Dir die Stellen von dem Blutopfer in den sieben Weisen nach allen seinen Manuscripten und Drucken verglichen zusenden und es wird in allen diesen Häusern auch für die Pränumeration fleißig gesorgt. Des Thomas seine Frau, eine Würzburgerin, sieht etwas fein, aber still, bürgerlich und mit der Welt fremd aus, soll aber viel Lob verdienen, beide boten mir bei ihnen zu wohnen an, was aber sonst nicht ging.

Steins wohnen in einer elenden, schmutzigen Gasse, nicht weit von den Juden, sehr eng und unvergleichlich schlechter, als in Cassel, bei seiner Mutter, in einer Stube, wo Thüren und Wände groß grün angestrichen sind, übrigens noch ganz die alten und überaus freundschaftlich gegen mich. Es scheint, seiner Anstellung halber hätte er von heute an noch drei Wochen ruhig dortbleiben und abwarten können, ich hoffe und wünsche ihm aber, daß es ihm dennoch nicht fehlgeht. Der viel besprochene Alexander ist ein etwas emphatischer und candidatischer Prediger, dagegen hat Stein einen Vetter, Kaufmann Scharf, der einem gefällt, aufgeweckt und brav aussieht, durch den er auch mit Thomas bekannt geworden ist; beide letztere haben auf dem Römer in den zwei vergangenen stürmischen Monaten in einer Art von Verpflegungscommission gearbeitet und wissen von den Requisitionen und Leuten, die sich voraus nicht zu helfen wußten, vielerlei Lustiges zu verzählen. Den Cloos, der ein braver Arzt sein soll, habe ich der vielen Kranken wegen nicht gesehen.

Bei Brentano sah ich den preußischen Oberstlieutenant von Rühl, eine wichtige Person, aber melancholisch, ferner den berühmten Werner, den ich mir kaum erinnerte, und der, seit mehrern Monaten aus Rom zurück, hier wohnt. Er hat neben vielem Angenehmen und Gescheidten doch das, was ich bei den meisten gescheidten Leuten, die viel umher gereist sind, finde, etwas Anekdotenmäßiges und Allgemeinschwebendes (wie z. B. auch Constant), das unbeschadet ihrer eigentlichen deutschen Gesinnung doch einen gewissen Spaß und Spott darüber nicht lassen kann und vom ausländischen Wesen zu vielerlei angesehen hat, um nicht dadurch oft und am Ende, ohne es zu wissen, in dem, was sie eigentlich sein sollten, gestört zu werden. Eine ruhige Behaglichkeit muß allen diesen fremd sein. Die Weihe der Kraft hält er für sein mißlungenstes und soll eine Weihe der Unkraft gemacht haben.

Von politischen Dingen will ich Dir nur das schreiben, was Du nicht zugleich mit diesem Brief durch die Zeitungen erfahren kannst. Es ist in der Letzte wieder recht brav hergegangen und den Cabinettern, nämlich den alliirten, die mitunter alten Sauerteig bei sich führen, müssen die Begebenheiten über den Kopf wachsen: das ist schön, daß der wahre lebendige Geist des Volks, d. h. des großen Theils der Armee auch hierin durchzudringen hat und alles auf den rechten Ort bringt. Stein und Stadion, wie sie alliteriren, sollen in der Art eine recht tüchtige Opposition bilden und mit Hintansetzung alles andern auf das dringen, was uns allein mit Sicherheit helfen und festmachen kann. Ein zweites Glück ist, daß Napoleon aus seinen Stricken nicht mehr heraus darf und keinen Frieden will, denn sonst würde immer noch ein für uns schlechter zugestanden werden. Blüchers Übergang nimmt den Franzosen eine ungeheure Linie weg, Coblenz ist befreit, und wenn Görres nicht bald schreibt, so thu Du es doch, um zu hören, wie's ihm geht. Kaiser Franz wird hier am meisten gerühmt und soll durch treffende Antworten und Fragen die gescheidtesten Leute, die mit ganz anderer Meinung von als zu ihm gingen, beschämt haben, der König von Preußen ist verschlossen und still, der russische Kaiser schon darum, weil er kein Teutsch spricht und uns sonst weiter absteht, unwichtiger, Schwarzenberg ein sehr dicker, aber schlichter und einfacher Mann und zum Vereinigungs= punkt der drei Armeen gemacht; wäre z. B. Erzherzog Karl an seiner Stelle, so würde sich gegen dessen Anordnungen von den zwei andern Seiten viel weniger einwenden lassen u. s. w. Gelogen wird hier genug, vorgestern sollten die Franzosen aus Mainz gefallen sein und zwei preußische Bataillone zu Biberich zusammengehauen haben; an allem dem ist kein Wort wahr.

Nun etwas von mir. Ich reise morgen früh, als Mittwoch, über Darmstadt weiter, vermuthlich aber langsamer, und denke Dir daher öfter schreiben zu können. Der Graf gefällt mir eben nicht aus= nehmend, aber seine Frau, die in einigen Tagen nach Cassel reisen wird, noch weniger, auf den ihr mitgebrachten Brief hätte sie mir wenigstens einige Artigkeiten erzeigen können, woran mir freilich auch nichts liegt. Doch will ich nicht zu früh aburtheilen. Er bekommt vom Kurfürst sehr ansehnlichen Gehalt, 9000 Rthlr., worüber man sich hier wundert. Ich bekomme verschiedentliche Briefe ins Hauptquartier mit.

Hier ist's lebhaft, in unserm Gasthof sind noch gewöhnlich 70—80 an der table d'hôte, ich habe aber seit zwei Tagen auswärts gegessen. Außer Russen sind Preußen und Kaiserliche (1. vom Regiment Erbach, schöne Grenadiere, 2. von der Landwehr, schlecht aussehend) hier.

Tausend liebhabende Grüße an Dich, die Lotte und die Tante. Grüße an Tortchen, Bauer, Ramus. Ich sehe noch gar nicht ab, wann ich einen Brief von Dir erhalten werde, laß lieber die Tante diesen nicht ganz lesen, wegen des vorletzten Satzes, es machte ihr unnöthiges Bedenken. Von Herzen bin ich

Dein treuer J.

Goethes Leben 3. muß bald heraus sein. Herr Gnaita (nicht sie) hat beinah alles in Aushängebogen gelesen.

Adresse: Herrn Wilhelm Grimm, Cassel in Hessen.

72.
Jacob an Wilhelm.

Karlsruhe, Samstag, den 8. Januar 1811,
im goldenen Kreuz.

Lieber Wilhelm!

Die Fortreise ist langsam gegangen. Am Mittwoch nur bis
Darmstadt, wo es freundlich aussieht und die Schloßuhr ein an
genehmes Glockenspiel hat, Wagner mir aber eben nicht gefiel; den
Donnerstag in Weinheim, einem badischen Landstädtchen von Lange
weile; gestern in Heidelberg war es viel besser, ich wäre gern mehrere
Tage lang dageblieben. Boisserée, den ich schon aus Dresden kannte,
war mir recht freundlich, ich konnte seine Bilder aber lange nicht alle
sehen, weil die Nacht einbrach, es sind wunderschöne dabei, besonders
von den altflandrischen Meistern van Eyk und Hemmeling (Memling),
allein auch alle andern haben etwas Merkwürdiges an sich. Ein Theil
ist noch davon in Köln. Die altflandrische Schule unterscheidet sich darin
von der Dürerischen, daß sie (obwohl hundert Jahr älter) vollkommener
in Colorit und Farbe, wie auch in Perspectiv, runder in der Zeichnung
und doch wohl ebenso tiefsinnig in der Einfachheit und Bedeutung
ist. Das Detail ist fast immer bewunderungswürdig. Ich kann nur
jetzt nicht davon schreiben. Vom Prachtwerk des Kölner Doms sah
ich schon einige fertig gestochene Platten, eine einleitende Abhandlung
soll vorausgeschrieben werden, die eigentliche historische Untersuchung
der Baukunst aber in mehrern Octavbänden folgen, dann auch eine
Geschichte der alten Maler. Ich zweifle nicht, daß hier mehr geleistet
werden wird, als irgend andern möglich war, sowohl in Absicht der
gesammelten Materialien, als des dazu gebrachten Geistes. Es scheint,
daß ihr auf Reisen, Ankauf und das zugehörige freie Leben ver-
wandtes Vermögen zu schmelzen anfängt und sie sich um eine höhere
Unterstützung umsehen, wozu vielleicht bald ein Faden geknüpft werden
kann, das Werk über den Kölner Dom wird an 1000 Louisdor
Capital fordern. Über die Architektur im Titurel hat Boisserée fleißig
nachgedacht und dem Görres umständlich seine Irrthümer nachge-
wiesen, wiewohl dieser mitten dadurch auch Neues und Wahres gefunden habe. Auf einen berichtigten und sicheren Text komme es vor
allem an. Was Dir über alte Maurer, Steinmetzen und dergl.
aufstößt, notire doch, gelegentlich möchte er auch hinten aus den
Heimonskindern (dem Gedicht) die Stelle haben von Reinold, der zu

Köln baut, es hat aber damit Zeit. Wallraf in Köln soll unter
der großen Verwirrung seiner Sachen auch noch altdeutsche Manuscripte
haben können, man müßte aber selbst hinreisen und aufsuchen.

Nun war ich ferner bei dem sehr gütigen Creuzer, wo sich auch
Daub (ein geborener Casselaner) fand: bei Wilken, der nicht wie ein
Gelehrter, sondern wie ein Geschäftsmann mit rothen Backen aussieht;
ich trank bei ihm Thee, und er zeigte mir die vom General Helwig
der Heidelberger Bibliothek geschenkten Bücher, es sind nordische
Sagen, worunter die Kämpadater, die er uns gern einmal auf ein
Paar Monate schicken will, das übrige brauchen wir nicht. Zugleich
bat er uns um fernere Recensionen, wonach Du Dich richten kannst.

Zimmer gleicht des Meisterlins Fritz, nur etwas edler und
feiner, er meinte, Zimmermann (aus dem Harz) müßte uns Geld
bezahlt haben, ich hörte aber bei Creuzer, wie hinderlich es diesem
geht. Mit diesen Besuchen war 10½ Uhr Abends verstrichen, und
ich konnte niemand weiter besuchen. Der alte Voß soll viel arbeiten:
an einer bald fertigen Übersetzung des Aristophanes, an der vierten
Ausgabe seiner Übersetzung des Homers, an einem griechischen Text
des Homers. Bei Zimmer sah ich ein neues Stück der Musen von
Neumann, worin außer Uhlands altfranzösischen Übersetzungen mit
recht guten Parallelen aus den Nibelungen eine unbändig grobe
Erklärung des Rühs gegen uns steht, da sie aber angeblich schon
Dezember 1812 ausgelaufen ist, so wäre die Erscheinung seiner
Broschüre über isländische Poesie abzuwarten, dann wird sich's zeigen,
ob vielleicht auch eine ganz kurze Wiedererklärung von unserer Seite
entbehrt werden kann, umständliche Antwort verdient er nirgends;
zu jener könnte man ein Paar treffende Data aus Rasks letztem Brief
nehmen. Auch sah ich in der Haller Literaturzeitung neulich eine
ganz kurze Recension Deiner altschottischen Lieder.

In Heidelberg ist's so angenehm, daß ich für immer da wohnen
möchte, die alte Stadt hat doch lauter freundliche Häuser und die
Gegend ist so hübsch, auch ist alles viel größer, als in dem inwendig
so dorfmäßigen Marburg. Karlsruhe scheint mir, soweit ich beim
Durchfahren sehe, eigends anmuthig, wozu die neue zierliche Wein-
brennerische Bauart gewiß das meiste beiträgt, die Häuser sind nicht
hoch, aber ungemein wohnlich und nett; die Frankfurtische Bauart
ist fetter, solider und größer, aber nicht so gut vertheilt; in Cassel
ist nun gar, wie es mir vorkommt, in einem vagirenden und schlechten
Stil gebaut worden.

Am 9.

Die politischen Dinge stehen fort gut. Nach einem Gerücht sollen die Österreicher (hier Lichtreicher) schon bis nach Lyon ge drungen sein, wenigstens müssen sie nicht weit davon stehen. In der Schweiz leben die alten Formen wieder auf. Schwarzenbergs Hauptquartier soll von Basel nach Altkirch kommen. Straßburg wird bereits stark beschossen, und es heißt heut Morgen hier bestimmt, daß sich Hüningen aus Mangel an Munition ergeben hat. 500 Franzosen, die sich in Straßburg werfen wollten, sind unter den Kanonen der Festung von den Alliirten gefangen genommen worden. In Coblenz hatten sich die Schiffer gebalgt, wer die Freunde über fahren sollte, und alles war illuminirt. Hier in Baden, der alten Pfalz, Württemberg und Darmstadt ist der Geist lauer, als anderswo, aber wenn das von den Fürsten ausgeht, die wer weiß was Verkehrtes von ihrer Souveränetät sich einbilden, so wird diese einmal um so leichter zu Schanden werden. Flugschriften und Lieder erscheinen hier gar keine. Die Nachrichten aus Holland und dem Norden müssen dort frischer sein, ich erschrak aber, als ich hörte in Heidelberg sagen, daß der Kronprinz jetzt auf den Hansestädten bestehe, vielleicht um sie an Dänemark abzutreten. Das kann nun und nimmermehr ge schehen und das Ganze ist am Ende ein guter Anlaß, um ihn ganz abzuschaffen. Wie steht's mit Deiner Zeitung?

Eben war ich bei Hebel, der etwa so aussieht, wie er aussehen muß, und mit mir in seiner Stube, wo es aber recht ordentlich ist, eine halbe Stunde, die Pfeife rauchend, herumgegangen ist. Ein nicht ähnliches Bild der Händel hängt da. Die dänischen Lieder habe er dreimal ausgelesen, aber von den Kindermärchen wußte er nichts, ich sagte, daß wir ihm ein Exemplar hätten schicken wollen, aber hernach gefürchtet, zudringlich zu sein. Volkslieder im Dialekt, sagte er, gäb' es keine; ich fragte, ob er nicht über die Eigenthüm lichkeiten des Dialekts gesammelt zu einem lebendigeren Idiotikon, als die meisten sind? Er klagte über Mangel an Zeit.

Ich glaube, wir werden noch morgen den ganzen Tag hier bleiben, ich will auf der Bibliothek nach Handschriften suchen, viel leicht bekomm' ich auch hier von Dir eine zu lesen. Ist von den Münchener Brüdern und Karl nichts eingetroffen? Leb hiermit wohl.

Jacob.

Von Freiburg vermuthlich das Weitere. Es ist hier alles schneeweiß. Adresse wie bei Brief 71.

73.
Jacob an Wilhelm.

Rastadt, 12. Januar Abends [1844].

Lieber Wilhelm!

Den Namen Karlsruhe und Rastadt (pro Raststadt) gemäß geht es mit unserer Reise nur langsam hin, ich kann doch nichts Bessers thun, als Dir schreiben, und lasse es auf die Paar Groschen Porto ankommen. Den Hebel hab' ich darüber noch näher gesehen, vorgestern Abend kommt ein österreichischer Offizier zu mir ins Zimmer und lädt mich zu einer Gesellschaft aufs Museum, wo auch Hebel wäre. Er selbst nannte sich Sentler [Sinclair], war aus Homburg, nachher hörte ich, daß er der unter dem Namen Crisalin bekannte Dichter war, dessen Werke ich freilich nicht gelesen hatte, er mag brav gesinnt sein, sonst habe ich nichts Besonders an ihm gemerkt. Auch der preußische Dichter Schenkendorf aus Tilsit oder Königsberg war zugegen, ich saß zwischen ihm und Hebel, sprach aber viel lieber mit dem. Er (Hebel) ist mehr still, wie laut, und spricht lieber im Einzelnen, als im Ganzen, gewaltig wurde politisirt, Frankreich vertheilt und Deutschland constitutionirt, auch ein neuer deutscher Orden und Land dafür ausgemacht. Schenkendorf las ein Gedicht auf den gefallenen Prinz Homburg, worin in jeder Strophe: Cattenblut, heißes Blut, rothes Blut wiederkommt, und auch Hebel meinte den andern Morgen, es seien überflüssige Worte darin. Schenkendorf hält sich häufig bei der Frau von Krüdener auf, die jetzt zu Karlsruhe wohnt, Verfasserin des Romans Valerie, ich habe sie nicht gesehen. Hebel hat mir, als ich gestern zuletzt bei ihm war, noch vielerlei erzählt, unter andern ein Bild von Glöckle, in Öl von Jagemann gemalt, der es ihm geschenkt, gewiesen: Glöckle sieht der von Rhodenschen Zeichnung wirklich ähnlich, ist voller Narben und eingefressenen Schmutzes, im Aug liegt ein gutmüthiger Zug. Hebel selbst ist neulich von einem hiesigen geschickten Maler Agricola zum Sprechen ähnlich getroffen und in Stein gestochen worden, aber ein ungeschickter Abdrucker hat, nachdem vier Abzüge genommen waren, die ganze Platte verschmiert; es soll aber von neuem gemacht werden und dann bekomm' ich wohl ein Exemplar. Von Gräter erzählte er mir fast rührend, daß er vor sechs Jahren einmal hier gewesen, ein kleines Männchen, und leichenblaß und ärmlich zur Thür hereintrete, erstaunlich gelehrt in allerlei Sprachen. Die Eitelkeit, von etwas mehr mochte ich ihm nicht sagen, gab er mir gern zu. Er hat mir Empfehlungen nach Freiburg und Basel, auch nach Straßburg (so Gott will) geschrieben, mir den Hausfreund pro 1814 geschenkt und mich beim Abschied geküßt. Ich wollte ihm gern unsere Kindermärchen, wovon er noch nichts wußte, schenken, aber fand sie nirgends, hab' also dem Zimmer geschrieben, ihm ein Exemplar auf unsere Rechnung zu senden. Es fiel mir, während ich neben ihm stand, ein, wenn er von unsern Zänkereien mit Grüter, Rühs, Hagen hörte, würde es ihn an uns stören, und um solcher frommen Leute willen wollen wir uns von nun an vor dergleichen hüten, soviel es bestehen kann. Daran, daß uns einige in der Sache eine Schwäche zuschreiben könnten, liegt doch weniger, wir sind freilich unschuldig und durch die Ungerechtigkeit anderer hineingerathen.

Mit einer Gelegenheit schicke ich Dir: 1. den Hausfreund; 2. Dümge über altdeutsche Symbolik (einiges Material, aber schlecht und unvollständig verarbeitet); 3. Werners Weihe der Unkraft: eine höchst merkwürdige Erscheinung. Im Lied an die Teutschen sind einige herrliche Strophen, gerad und stark. Davon trennen muß man (denn die Verbindung ist mir gerade nicht lieb) die ohne allen Zweifel grundaufrichtigen Confessionen über ihn selbst, obgleich er noch wie ein Betrunkener mitunter spricht. Ich habe ihn darüber recht achten gelernt und Du kannst Dich im voraus auf das Büchelchen freuen.

Ich glaube, es steht noch zurück aus Frankfurt: dort hat ein Doctor Neb oder Nef (also Schnabel) unser Fragment aus dem altfranzösischen Reinhart in Hexametern bearbeitet und im Museum mit Beifall gelesen. Diese Ehre ist uns wohl hier zum ersten und letztenmal widerfahren. Aus Frankfurt müssen, denke ich, viel Pränumeranten zum armen Heinrich eingehen, ich theile allerwärts Zettel aus. Diesen Nef zu besuchen, bin ich aus Mangel an Zeit nicht gekommen, er hatte darum gebeten. Raumer aus Breslau war erst ein Paar Tage vor meiner Ankunft in Frankfurt dort aufgebrochen. Jetzt ist Blücher schon bis Saarbrück vorgerückt, und Mainz und Straßburg sind außer Verbindung mit den Franzosen, die um Metz sehr stark stehen sollen. Es ist doch immer noch eine Angst und nöthig, daß es noch einmal recht gut gehe. Wittgenstein mit einem Theil seines Corps ist noch diesseits und hat hier im Schloß Hauptquartier, der übergegangene Theil wird von dem geschickten Graf Pahlen commandirt und steht links mit Wrede, rechts mit Blücher in Verbindung. Man hat wichtige französische Papiere aufgefangen, wonach es in Straßburg an einigen Lebensartifeln fehlt. Vielleicht fällt es früher, als man denkt. Hüningen hält noch. Über Lyon weiß ich nichts Gewisses, man sagt zwar, Bubna sei dort, nach andern ist er in der Richtung von Dole. Schwarzenberg streckt sich bis Besoul aus, such erst auf der Karte. Das Monarchenhauptquartier ist in diesem Augenblick getheilt, Franz soll nach Basel, König von Preußen noch in Freiburg sein, Alexander macht einen Besuch in Schaffhausen.

Das jetzige Wetter ist den Rheinbrücken ungünstig. Mit dem Grafen steh' ich mich, wie es scheint, auf gutem Fuße. Morgen geht's hoffentlich weiter, es sind noch 30 Stunden bis Freiburg, wenn wir nicht eines großen Balls wegen bleiben, den Wittgenstein zu Ehren von des Kaisers Geburtstag oder des russischen Neujahrs giebt (ich weiß nicht gleich, welches von beiden auf den 13. fällt). Das hiesige Schloß ist groß, aber in Ungeschmack, auch roth angestrichen, einen Büchsenschuß von meinem Wirthshaus ist der berüchtigte Gesandten-mord geschehen. Straßburg liegt nur 10 Stunden weit.

Piautaz hat doch die Bücher an Savigny mitgenommen? Ich träume mich alle Nacht noch unter Euch und auch Tags in der Kutsche, wo ich gewöhnlich zehn Minuten schlafe und zehn wache und unge-achtet der wohlbewußten Entfernung dennoch in der elsten Minute wieder in Cassel bin. Grüß doch die liebe Tante und sag, daß mir ihr mitgegebener Beutel vom allergrößten Nutzen ist, die wollenen Überschuh habe ich leider in Frankfurt stehen lassen. Die Lotte hat mir auch die schlechten schwarzseidnen Hosen eingepackt und die guten dort gelassen, ungeachtet ich den letzten Abend sie noch wohlbedächtig aus-gelesen hatte. An die Münchener Brüder habe ich gestern geschrieben, auch an Docen. Vorgestern zuerst wieder eine Quida der Edda aus der mit-genommenen Hagen'schen Ausgabe gelesen. Wann werde ich wieder von Dir hören? Es sind morgen schon 14 Tage. Ich grüße also alles nochmals.   Dein Jacob.

Nicht zu vergessen. In Karlsruhe fand ich unter 500 Kloster-handschriften mitten in großer Kälte einen Titurel auf Pergament (leider von 1131, aber complett) und noch anderes von weniger Bedeutung. Die Karlsruher Handschrift liest beidemal klar: Ospirin.

Auch gesteh' ich, daß ich eine russische Kappe recht gut brauchen könnte, doch noch keine gekauft habe, weil ich nicht weiß mit dem Hut wohin und den ich doch auch nicht entbehren kann.

Hierbei ein armes Geldstückchen für die Lotte.

Adresse wie bei Brief 71.

74.

Wilhelm an Jacob.

Cassel, am Tage der Prisca, 18. Januar 1814.

Lieber Jacob, ich danke Dir herzlich für Deine drei Briefe aus Frankfurt, Karlsruhe und Rastadt und fange eine Antwort an, eh' ich weiß, wann sie zu Dir gelangen kann: es ist eben Morgen und ganz wie sonst, die Theemaschine kocht, die Zeitungen mit den merkwürdigen französischen Reden, wonach einer glauben könnte, es gäbe bald Frieden, habe ich gelesen, neben mir steht Dein Tisch mit seinen Papieren, auch ein Stuhl davor, und wenn Du hereinkommst, kannst Du Dich niedersetzen und um Dich greifen, bloß Deine flüchtigsten und mir unbrauchbaren Excerpta hab' ich in Deine Kommodenschublade gelegt. Nachdem ich Deiner Laterne, die wie ein Stern die Straße hinaufging, traurig nachgesehen, bis sie um die Ecke verschwunden war, haben wir beide still gesessen und dann habe ich die Briefe aus dem Schublädchen genommen und zu den übrigen gelegt; auch sie überhaupt noch geordnet; in der Lotte ihrem Pult, der für die Tante ausgeräumt worden ist, habe ich noch einige merkwürdige gefunden und zu unsern Familienbriefen gelegt, die ich einmal, wenn Zeit ist, recht genau ordnen will, es hat ein eigenes wunderbares Interesse und jede Familie sollte ihr Archiv haben. Dann habe ich der Sauerin und Vollbrechtin die Rechnung gemacht und, was ihnen zukam, etwa 30 Thlr., von dem Zeitungsgelde zugeschickt, es war mir damit ein Stein vom Herzen, denn in wenigen Tagen kam ein zweiter Jammerbrief: die Kurfürstin hat ihnen auch 5 Louis geschenkt, so sind sie doch auf ein halbes Jahr vor Noth gesichert: der Reise habe ich auch die Rechnung gestellt, jedoch noch nicht abgeliefert. Was mir nun weiter begegnet ist, will ich sehen in Ordnung vorzubringen.

(Erstlich) hätte es beinahe bei uns gebrannt. Ich kam an einem Morgen in die Stube und hörte den Ofen wunderlich knistern, also geh' ich hinaus und sehe in den Schornstein, da fahren die Funken ziemlich stark aus der Röhre. Ich laufe in die Küche, mache ein Tuch naß und stecke es mit aller Gewalt oben hinein, dadurch ward es gedämpft und hörte in einer Viertelstunde auf. Der Mann, der den Ofen wieder machte und reinigte, sagte, daß er inwendig schon ganz gebrannt hätte und bald gesprungen wäre, dann hätte er die Stube gezündet, und wie leicht hätte ich noch eine Viertelstunde länger schlafen können, aber seit Du weg bist, steh' ich früher auf, ich meine aber alle Morgen und alle Nächte, wenn ich wache, nicht anders, als Du lägst noch in Deinem Bett. Ein Paar Tage mußten wir also in die blaue Stube ziehen, und da kam auf einmal Einquartierung, „ein hessischer Artollerist", der nicht wanken und weichen wollte. Es wurde schon Anstalt gemacht, die blaue Kammer zu räumen, als ich auf den guten Gedanken kam, ihm Geld zu bieten, da ist er für acht Groschen zu unser aller größtem Vergnügen abgegangen.

Zweitens: Briefe von den Brüdern aus München. Beide sind schon vor unserer Aufforderung bereit gewesen mitzugehen: der Louis hat besonders schön und herzlich darüber geschrieben. Exerciren hatte er schon mit allen Akademikern (auf des Kronprinzen Befehl) früher gelernt und übt sich noch immer, er wünschte eine Offizierstelle, weil ihm sonst seine Hand schwer und unbrauchbar zum Radiren würde, Ferdinand wollte unter die Freiwilligen, allein nicht hierher, sondern nach Hanau. Ich wendete mich an Below, der sehr freundschaftlich schon am andern Tag mit dem Prinz gesprochen und es ausgemacht hatte. Louis wird also Offizier (Unterlieutenant) bei einem Land= wehrregiment und Ferdinand kann eintreten. Ich habe ihnen noch den= selben Tag deshalb geschrieben und erwarte den Louis nun jeden Tag hier. Er bekommt 25 Thlr. monatlich im Feld und 15 Thlr. und Einquartierung hier, so wird der Tante ihr alter Spaß: „die Einquartierung kommt!", den sie immer beim Louis vorbrachte, buch= stäblich wahr. Dem Ferdinand habe ich gleich in einem zweiten Brief nachgemeldet, daß in Hanau bloß reitende Jäger errichtet werden, sie auch bald hierher kommen (zum Theil sind sie schon da), da er nun durchaus nicht herwill, was ich auch billige, so wird er, wozu er Lust und er den Kronprinz gern hat, unter die Baiern gehen, vielleicht hilft ihm H[eß?] dort zu einem Grad; sind die Hessen erst im Feld, kann er immer noch zu ihnen kommen. Ich erwarte nun jeden Tag ihre Entscheidung, indessen ist auf dem Postwagen eine saubere Abschrift des Eraclius vom Ferdinand, eigentlich ein Geschenk zu Deinem Geburtstag, angekommen.

Drittens ein Brief vom Karl. Er ist aus Hamburg heraus, wohl nach Eckmühls Befehl, war zu Stade und ist gegenwärtig in Bremen. Ich habe ihm gleich geschrieben und gesagt, ich halte es für das Beste, daß er hierherkomme und Jäger werde; seine Ant= wort, die ich gestern bekommen, ist noch unbestimmt, er sagt auch, daß er nicht ganz wohl sei, es wird sich nun zeigen, was er thut.

Viertens ein Brief von Hagthausen aus dem schwedischen Haupt=

quartier. Sehr herzlich und treu; auf einer Vorpostenwacht in der
Nacht hat er sich ein Märchen von seinem Kameraden erzählen lassen,
der am andern Tag hinter ihm todt geschossen wurde; er hat es mit
geschickt, es ist eins von den besten, von den Vögeln, die ein Blinder
reden hört und die ihm Heilungsmittel verrathen (in der Braun-
schweiger Sammlung ist etwas davon). Ich habe diesen Haxthausen recht
lieb und er gefällt mir unter allen unsern jüngern Bekannten bei weitem
am besten. Werner ist Adjutant des Wallmoden. Ich hab' ihm noch
nicht geantwortet, schick mir ein Paar Worte von Dir, der Brief ist
auch an Dich; es freut ihn sehr.

Fünftens ein Brief von Gebauer aus Halle. Er will nach
Reimers Befehl anfangen, die Edda zu drucken. Ich denke noch einige
Tage zu warten, ob ein Brief von Arnim kommt (Piautaz hat alles
mit), und dann Reimer selber zu schreiben, wegen Deiner Abwesenheit
müsse es noch einige Zeit anstehen, dann will ich fragen, ob er die
Märchen zu künftigen Weihnachten liefern will, im Juni solle er das
Manuscript erhalten. (Kann ich den Zimmer nach der Bekanntschaft
mit Dir mahnen? oder denkt er von selbst daran?)

Sechstens Brief von Röwer. Lehnt die Commission des armen
Heinrich ab, weil er nie solche Geschäfte gemacht, will aber gern
drucken; hofft auch auf Fortsetzung der Wälder. Ich will auch deswegen,
d. h. der Commission, an Reimer schreiben, da unten die Buchhändler mögen doch die Nähe des Kriegs scheuen. Es geht mit der
Subicription leidlich, etwa 100 mögen sich hier eingestellt haben,
20 aus dem Umkreis sind angekündigt; der Wille hat sieben doch verschafft und sich selber auf Velin gesetzt.

Siebentens kommt plötzlich vorgestern der junge Meisterlin; er
will hier wirklicher Kriegssecretär werden, da Gottsched höher kommt,
wird es auch wohl werden durch Schmerfeld und Buderus, die er
kennt; also die Stelle, die auf Dich wartete, (am 24: ist Amtmann in
Sababurg geworden). Denk, der Teuhard ist am Nervenfieber gestorben,
es hat mir leid gethan, mehr als ich glaubte, so hängt man an Jugend-
bekannten; ich hatte an ihn doch geschrieben; es ist eine wunderliche
Empfindung, sich an einen Todten gewendet zu haben. Auch der
Pfarrer Koppen in Mecklar ist vorige Woche daran gestorben, der
Sohn war hier und wünscht die Stelle zu haben, er hat aber noch
nicht ausstudirt und, ich fürchte, auch nichts gelernt.

Achtens: was meine eigenen Angelegenheiten betrifft, so ist noch
nichts bestimmt. Ich war nur, wozu mir auch Strieder rieth, bei

Völkel, der sich sehr artig und freundschaftlich betrug und mir seine Stimme zusicherte, weiter wollte ich keinen Schritt thun und es ruhig abwarten; ich hörte nirgends her etwas, auch nicht vom Ritter, und fing schon an, es allmählich aufzugeben. Murhard hat dem Kurfürst eine Vorstellung eingereicht, wenn er ihm die Zeitung anvertraue, wolle er 10,000 Thlr. Einkünfte daraus schaffen, das hat Strieder mir erzählt; ob dies Anerbieten die Sache verzögert hat, weiß ich nicht, indessen sagte mir Strieder gestern, wo ich wieder einmal war, da er Sennes Leben geliehen wünschte, dem Murhard seien eben die Schlüssel zur Bibliothek abgenommen, vielleicht werde ich nun Secretarius, aber Strieder meinte wohl ohne Besoldung, das wär doch hart. Wigand hat mir freundschaftlich geschrieben, daß er mir alle Rechte abzutreten bereit sei; er hat hier noch kein Amt und versieht noch sein dortiges.

Ich habe neulich bei Harnier den Oberst Törnberg kennen lernen, er scheint mir ein braver Mann von sehr rechtschaffener Gesinnung; er scheint etwas unbeholfen im Ausdruck, aber es kam ihm von Herzen. Von Ansehen gefällt mir der General noch besser, ich sah ihn neulich, als die sächsischen Truppen, ganz prächtige Leute, in Parade durchzogen. Der Herzog von Weimar schien mir sehr gealtert zu haben seit vier Jahren; er stand mit dem Kurfürsten und L. Friedrich und vielen andern hohen Offizieren auf dem Königsplatz.

Die Tante ist jetzt endlich in der Stadt, das Haus ist sehr gut eingerichtet und die Kurfürstin überaus zufrieden. Die Tante hat jetzt ihre Lust, oben ihre Stube einzurichten, die auch ganz hübsch ist. Wie viel herrliche Flanelle zu Leiberchen, Binden für uns kommen jetzt zum Vorschein! und seidene Stoffe zu Westen, sie ist gar zu gut, wie sie immer an uns gedacht und gesorgt hat, ihr zu Lieb trag ich, wenn's nicht anders sein kann, atlassene blaue Westen mit Wolle gefüttert; Du hast gar zu ärmliche an, sagte sie. Ramus haben uns einen Neujahrskuchen geschickt und lassen Dich vielmals grüßen, auch das Dortchen, das uns neue Messer gekauft hat; es ist an einem starken Husten krank, vorgestern bis zur Bettlägrigkeit, und glaubte, es kriegte das Nervenfieber; Henschels erkundigen sich gleichfalls nach Dir. Die Marie soll noch getraut werden, eh' ihr Offizier ins Feld zieht, sie dauert mich und erschreckt mich, so oft ich sie sehe.

Ihren Neujahrstag haben die Russen auch hier gefeiert. Auf der Straße stellten sie sich in einen Kreis, einer in die Mitte, der

Vorsänger war, dann fingen sie hell an zu schreien, anfangs ganz wild untereinander, dann fügte es sich zusammen und war ein sehr eigenthümlicher Nationalgesang. Gegen das Ende fing der eine auch an zu tanzen mit regelmäßiger Bewegung, und das theilte sich auch nach und nach den andern mit, bis sie in der größten Fröhlichkeit waren. Es war aber alles sehr abgemessen, denn das Ende kam auf einmal, wo sie in Reih abzogen, um's an einem andern Platz wieder anzufangen. Dabei war es heftig kalt und ein Schneegestöber, wo jeder andere machte, daß er nach Haus kam; so was Mächtiges ist Nationalsitte.

Litteratur.

1) Hagens Übersetzung der Wilkinasage, drei Bändchen in 12., von diesem Jahr, dem Tieck zugeeignet. Nach der schwedischen Übersetzung und sehr entbehrlich; die schweren Stellen, die ich verglichen, waren umschrieben und vermieden; einige Noten, die Geographie betreffend, sind unbedeutend. Krieger habe ich es wieder geschickt, wenn es nicht bei D[ieterich?] bestellt ist, brauchen wir es nicht zu kaufen.

2) Büsching giebt heraus: Erzählungen, Dichtungen, Fastnachts spiele und Schwänke des Mittelalters. Breslau, 1814. 1. B. 1. Heft. Darin: altitalienische Märchen. Voluspa übersetzt von Majer (wird was Rechts sein!). Altdeutsche Erzählungen von Hagen. Flos und Blankeflos vom Büsching. Ich habe es für die Lesegesellschaft bestellt.

3) Hug hat das hohe Lied mit einer neuen Deutung heraus gegeben. Vielleicht bekommst Du es geschenkt, sonst will ich es für 12 Gr. kaufen.

5) [sic] Docen hat im 4. Heft der Zeitschrift von Schelling einen Leich des von Ru[g]ge abdrucken lassen, er verweist dabei auf Dein „treffliches Werk vom Meistergesang" und wünscht in den Wäldern nähere Auskunft über die Leiche im Weimarischen Codex. Ich glaube, daß wir mit Docen recht gut und freundschaftlich stehen werden, was ich immer gedacht habe; er ist gewiß rechtschaffen. — Dann steht darin eine größere Abhandlung, worin soll bewiesen werden, daß der ganze Phädrus eine Arbeit des Perott [sic] und kein echt römisches Werk. Vieles ist gut und scharf darin; rechte Untersuchung der Fabeln wird die Sache noch leichter und gewisser machen; in der Rücksicht fehlt es ihm aber.

Am 24. Januar.

Gestern ist ein Brief von München kommen, der Louis wird in
etwa zehn Tagen hier eintreffen, um seine Stelle anzutreten; der Prinz
hat der Tante selbst davon gesagt, auch, daß nach dem Krieg er hier
versorgt werden solle und bis dahin monatlich 10 Thlr. bekomme.
Der Ferdinand will dort bleiben, Näheres schreibt er nicht, auch
nicht, ob er schon wirklich etwas angeknüpft hat. Heute erhalte ich
auch nähere Antwort von Karl, er sei hergestellt und werde kommen,
er hofft auch auf eine Offizierstelle, indessen kann man, ohne unbe-
scheiden zu sein, das nicht verlangen. Es ist also noch ein Bett auf-
zuschlagen und wird eben vom Boden geholt. Sonst nichts Neues
als ein Brief von Reinwald, die Correspondenz thaut allmählich
wieder auf, auch sein altes Herz ist von der Zeit erwarmt und erfreut, dann ein Paar unbedeutende Bemerkungen zum Hildebrand.
Ich will sehen, daß ich den Brief fortbringe, damit Du endlich
etwas von uns hörst, Knatz hat versprochen der Tante, ihn zu besorgen, da will ich ihn selber hintragen. Sonst nichts Neues, das
Dortchen war krank an Husten, es geht aber besser, es läßt Dich
grüßen, wie die Engelhards, Henschels und die ganze Compagnie.
Leb wohl,   Dein treuer Wilhelm.

75.
Jacob an Wilhelm.

Basel, 20. Januar 1814.

Lieber Wilhelm!

Seit meinem letzten Brief aus Rastadt bin ich einige Tage
darauf in Freiburg angekommen, wo ich keine Ruhe fand, Dir zu
schreiben. Der Weg geht über Offenburg, eine ehmalige Reichsstadt
und halbe Festung, die man auch jetzt wieder zu verschanzen angefangen hat, wiewohl bei dem gegen alles Erwarten schnellen Vorrücken der Alliirten nicht allzu emsig, die Stadt ist breitstraßig wie
Friedberg und etwa bald so groß. Freiburg muß im Sommer ausnehmend schön liegen, ist aber nicht so gut gebaut, noch so groß wie
Heidelberg, doch freundlich und wohlhabend, aber der Münster ist
auswendig und inwendig sehr schön, geräumig und voll Glasmalereien,
ein Altargemälde von Hans Baldung, wenn ich den Namen recht
behalten habe. Übrigens Stadt und Land (das Breisgau) noch herz-

östreichisch, Kaiser Franz ist mit Wonne eingeholt worden, und als er sich das Ziehen verbat und deswegen aus dem Wagen auf ein Pferd gestiegen war, sollen sie sich an das Pferd gebunden haben; auch ist ihre einzige Hoffnung, daß sie wieder zu Österreich kommen, und die badische Regierung wird wie Druck und Tyrannei betrachtet, die Anflagen sind ungeheuer (d. h. noch ärger als sonst in West falen), und ich habe brave und vernünftige Leute ordentlich rührend flagen hören, wie stiefmütterlich man von Karlsruhe aus diese Provinz behandelt. Die beiden Kaiser mögen davon haben erzählen hören, und ich weiß nicht, ob dies den russischen so aufgebracht und er eine andere Kalendergeschichte nur zum Vorwand gebraucht hat, die in Freiburg allgemein erzählt worden. In einem fürs badische Land gedruckten hinkenden Boten ist nämlich der russische Krieg nach der französischen Ansicht vorgetragen worden, und es stehen einige Ausfälle und Albernheiten auf Kosten der Russen darin. Wie nun der Großherzog neulich nach Freiburg reist, um aufzuwarten, läßt ihn Alexander erst eine halbe Stunde im Vorzimmer stehen, hält ihm, als er endlich eingeführt wird, den Kalender vor, fragt, ob das in seinem Lande gedruckt werde? und auf Bejahen spricht er: das ist abscheulich, soll ihn zerrissen und dem Großherzog vor die Füße ge worfen haben, entfernt sich sogleich und hat ihn nachher nicht weiter mehr sprechen wollen, worüber dieser sehr mißmuthig heimgereist sein muß. Ich weiß nicht, ob Dir mit dieser Anekdote gedient ist, zu verbürgen ist sie auch nicht, sondern Erzählung des Volks, aber ich gönne doch den Rheinbundfürsten solche Demüthigungen, auf daß sie lernen, was sie sind, das Volk ist durchgehends besser, aber die Verwandtschaften werden den Höfen einigermaßen forthelfen. Um so schöner ist, daß Obiges und Ähnliches dennoch vorkommen kann und Alexanders reine und edle Gesinnung, die man allerwärts loben hört, durchbricht. In Freiburg war ich bloß bei Hug (Jacobi war einige Tage vorher begraben), dessen äußeres Wesen etwas für uns Fremdes hat, das man aber vielleicht unter Katholiken öfter finden muß, etwas sanft Schwärmendes und Wortreiches in Augen und Mund; dabei aber hat er ein gutes, feines Gesicht, scheint grundgelehrt und war sehr gefällig gegen mich, besonders erzählte er mir umständlich die Ge schichte der Universität und Bibliothek, wie sich alles seit Joseph und durch die große Einigkeit und Freude der Professoren unter einander gehoben habe, jetzt aber Heidelberg in allem begünstigt und vor gezogen werde, so daß auch einige von dort hierher gebrachte

15.*

Professoren, die man dort nicht gewollt oder leicht entbehrt, hier nichts Gutes gestiftet hätten: hart schien mir auch, daß die Bibliothek z. B. kein Buch kaufen kann, ohne dem Großherzog die Kaufsumme zu versteuern und so ihr sämmtliches, nicht einmal reales, sondern putatives Vermögen. Dieser Bibliothek will Hug einmal, da er keine Kinder hat, seine eigene sehr auserwählte und seine Münzsammlung, beide von ihm mit großer Mühe erworben, vermachen. Über das Politische redet er mir ganz nach meinem Sinn. – Die Bibliothek konnte ich den Sonntag nicht sehen und den Montag reisten wir zu früh ab, sie soll indessen, wie er mir sagt, bestimmt nichts Altdeutsches besitzen, wohl aber mehrere dergleichen Manuscripte aus den aufgehobenen Klöstern entwendet worden sein.

Zu Basel fuhren wir unter den Kanonen von Hüningen vorbei, die uns hätten bestreichen können, ruhig ein, der Rhein war blaugrün (heute schon wieder trüb), ist hier nicht viel breiter als der Main, fließt aber mächtiger. Die Stadt ist wohl sechsmal so groß wie Freiburg, hat aber wenig große Gebäude, krumme, steile und schmutzige Gassen, so daß ich, die Aussicht in die Gegend abgerechnet, nicht hier wohnen möchte, das spitze Pflaster thut einem an den Füßen weh; die häufigen Thore (an jedem ist eine Uhr mit großem Zifferblatt) machen, daß man sich in dem Gewirr noch ziemlich findet. Die Österreicher wohnen in der Mittenstadt, zwei entgegengesetzte Vorstädte haben Preußen und Russen ein. Die Russen aber mit dem Kaiser waren bei unserer Ankunft schon fort, der König von Preußen reist heute ab und Kaiser Franz folgt bis Samstag oder Sonntag. Wir sind sehr gut einquartiert (unterwegs einmal, als kein anderer Rath war, wurde ich militärisch einquartiert und bezahlte weder Logis noch Kost, die Leute waren aber mit mir zufrieden; dergleichen Freiheiten finden jetzt überall statt, z. B. an Chaussee bezahlen denkt kein Mensch mehr, man fährt den Schlagbäumen gerade vorbei; wir aber sind von Rechtswegen wenigstens halb Militär) in der Johannesvorstadt, wenn man an den heiligen drei Königen vorbei hinunter geht, im Hause eines reichen Fabrikkaufmanns Ryginer. Ich schreibe dergleichen umständlich, damit Du der Dortchen oder dem Herrn Wild erzählen kannst. Das ganze Haus ist beinah holländisch reinlich, Teppiche in den Stuben, Kieselsteine im Hof, Malereien und Bilder in allen Wänden und Ecken, im heimlichen Gemach hängt sogar ein großes, auf Pappe gezogenes, auf diesen Ort verfertigtes Lobgedicht, das mir noch unbekannt war und in der Art von miscuit utile dulci ist, nach Druck und Manier zu urtheilen, aus der Feder eines hiesigen oder Straßburger Sängers. Der Hausherr war so zuvorkommend, daß er uns Tisch und Frühstück anbot, was er nicht brauchte: am Tisch erschien seine Frau in Trauer, er und sie aßen wenig mit und, als ich fragte, weil ihnen vor einem Jahr ihre zwei einzigen Kinder, Sohn und Tochter, beide schon erwachsen, hinter einander gestorben waren. Im Staatszimmer hängen neben Morghens Cena von da Vinci die Porträte der Kinder und Landschaften steif aus ihren Haaren gebildet, welches, so schlecht es gemacht war, mich doch rührte, weil sie zu verschiedenen Zeiten, in der Kindheit und im Tode, abgeschnitten worden waren und so verschiedene Schattirung abgaben. Ich begreife nicht, wie so einfache Leute, die ihr erworbenes Gut doch nicht mehr vererben können, daran fortarbeiten mögen: es ist eine Indiennenfabrik. Die Sprache ist hier noch gut verständlich und wenig vom Schwäbischen verschieden: die Dienstmägde binden häufig oben vornen auf dem Kopf eine große schwarze Schlupfe. In Freiburg wie hier sind fast nur porzellanene Öfen, plump viereckig, obwohl sauber, schwer zu erheizen, aber dann länger dauernd und eine gesündere Wärme gebend, als die eisernen, man sieht sie bunt, blau und weiß, grün und roth. Mein Bett ist besser, als ich je in Cassel eins gehabt, und ich wünschte Dir's, aber ich habe vorige Nacht darauf Hüningen beschießen hören, und das liegt unserem Stadtviertel so nah, daß die Franzosen mich, wenn sie Basel beschießen wollten oder dürften, gut treffen könnten. Indessen geht's mit diesem Beschießen gegenseitig sehr schwach, und es wird alsdann durch Blocade fallen, wann der Proviant aufgezehrt ist. Der Fehler war, daß man es nicht acht Tage früher umzingelt, wo noch die Lebensmittel nicht eingebracht gewesen sein sollen.

Bei unserer Ankunft war der russische Kaiser schon abgereist und mit ihm viele, namentlich Stein: der König von Preußen ist heute früh weg, und gerade zwei Stunden nachher kam ein Offizier Blüchers mit den Schlüsseln von Nancy. Kaiser Franz bleibt noch bis zum Sonntag, gestern begegnete ich ihm in der Straße, wo er, bloß von zweien begleitet, in einem blaugrauen Oberrock, mit Hut ohne Feder, ausging, oft still stand, so daß ich ihn genau betrachtet habe, und die Leute grüßte; gut, deutsch, aber kränklich sieht er aus und wird auch hier von jedermann gelobt: vor seinem Hause steht eine gelbe Fahne, die jedesmal bei seinem Anstritt gesenkt und die Trommel gerührt wird. — Dem zu Folge werden wir auch in einigen

Tagen weiter müssen, was mir gar nicht lieb ist, 1) weil ich gehofft hatte, hier einmal ein wenig Ruhe zu schöpfen, 2) weil aus den Besuchen in Bern, St. Gallen, Zürich nichts werden kann, denn das Hauptquartier hat sich wieder rechts in Bourgogne gewendet, über Mümpelgard nach Besoul, und vermuthlich von da nach Langres, zwei mittelmäßigen französischen Städten, wo die Unterkunft schlecht, die Langeweile groß sein muß: es wäre aber unter den dermaligen guten Aussichten nicht unmöglich, daß es sehr bald selbst bis Nancy vorrückte, wo besser zu leben wäre. Ich bin über Blüchers Schnellig= keit sehr froh, und selbst daß er sich so linkshin gekehrt, wird ihn mit Wittgenstein und Schwarzenberg näher zusammen bringen: wie= wohl nun noch keine Schlacht gefochten und gewonnen ist und in dem Rückziehen des Feindes allerdings eine Art Plan liegt, so blickt doch noch deutlicher wirkliche Schwäche heraus, die auch durch alle eingehende Nachrichten bestätigt wird. Also steht's mit uns aufs allerbeste und es wäre nichts Sonderbares, wenn die Alliirten in Zeit von zwei Monaten in Paris einrückten, denn es braucht nur, daß Napoleon einmal aufs Haupt geschlagen werde, weil er seiner Art nach dieses letzte Mal alles auf die Spitze stellen muß. Der Geist in Frankreich soll gar nicht günstig für ihn sein, wenigstes in Nancy sind die Preußen freudig aufgenommen worden und die Pariser sollen mit dem Gedanken sich schon vertraut machen. Unter die Anekdoten der hiesigen Bürger gehört, Napoleon habe den Kriegs= minister erschossen, weil er die Festungen nicht versorgt. Das glaube ich nun nicht, aber es greift in Frankreich nicht mehr recht in seine Räder ein, und seine, sowie Fontanes und Lacepedes Worte sind auf allen Fall höchst merkwürdig. Man spricht von Frieden, ich wünsche nur, daß man rein an sich halte und zwar alles, was Deutschland ist, freimache, aber hernach die Franzosen für sich selbst gewähren läßt, sonst thäten wir an ihnen etwas Ähnliches von dem, was wir von ihnen gelitten haben. Arndts Flugschrift über die falsche Rhein= grenze sagt in der Hauptsache das Rechte und Wahre: in der Aus= führung hat mir manches flüchtig und nicht erschöpfend geschienen, unpassend der Auszug aus Julius Cäsar, auch der Vorschlag vom deutschen Orden gefällt mir so nicht. Kriegslieder von Sinclair (d. i. Crisalin, nicht Senkler) sind unbeholfen und ohne andere Gedanken, als die guten, allgemeinen. Hierherum erscheint wenig, die deutschen Blätter, redigirt von Pilat, Metternichs Secretär, werden jetzt in Freiburg gedruckt. Perthes und Sieveking habe ich noch nicht ausfindig machen können, sie müssen schon wieder fort sein. Einen Professor Huber, an den mir Wild einen Brief gegeben, habe ich besucht, er wohnt dicht am Rheinthor, hat eine nicht große Apotheke und schien sich, vielleicht auch aus Mangel an Zeit, um die Casseler Verwandten nicht außerordentlich zu bekümmern, die Frau sagte mir auch: es wäre sehr weitläufig, bei allem dem thaten sie mir die Ehre an, mir freizustellen, ob ich eines Abends mit ihnen vorlieb (sprich: vorli-e-b) nehmen wollte. Nach den beiden Laroches, die mit uns studirten, hab' ich mich erkundigt, der älteste ist gestorben, der andere Pfarrer in der Nähe. Auf der Bibliothek sind schöne Malereien, besonders von Holbein, auch Handzeichnungen; ein alt-deutsches Gedicht von einem ganz unbekannten Hug von Langenstein in mehr als 32,000 Reimen habe ich entdeckt und so gut ich konnte benutzt. Sonst ist wenig da, doch aus der Legende von Amicus schicke ich Dir nächstens die abgeschriebene Stelle vom Kinderblut. An Glöckle zu allem Überfluß habe ich der Abschrift wegen noch einen Brief über Mailand gesandt und bestellt, daß sie zu Dir mit der Post geschickt werde. Wie geht es dann mit den Pränumerationen? Jetzo kann ich nur wenig mehr dafür ausrichten, die Leute, die ich sehe, sind so, daß sie mir alles abnehmen, aber dann nicht wieder dran denken. Hat Vieweg geantwortet? Im Fall er druckt, sieh doch bei der Correctur darauf, daß die Linien der Lieder nicht gebrochen werden, auch keine Strophe von der andern durch Absatz noch durch Einsatz unterschieden, sondern bloß durch vorgesetzte Zahlen wird; die Vorrede hab' ich hier bei mir, weil ich einiges ändern will, und kann sie dann schicken. Du mußt überhaupt ernstlich machen, daß ich einmal Briefe bekomme, denn ich bin auf andere Dinge noch viel begieriger, sonderlich zu wissen: ob Karl aus Hamburg und vielleicht da ist? was die Münchener machen? ob Briefe aus Berlin eingetroffen sind? Eine Adresse kann ich Dir nicht geben, und wenn's nicht angeht, mir durch Einschluß zu schreiben, so kommt alles richtig an, wenn Du setzest: „zu Basel oder weiter im großen Hauptquartier der hohen verbündeten Mächte."

Mit der Zeitung ist's mir, als ob nichts daraus geworden sei, auf hier dem Casino fehlt sie; ich lese hier einige holländische, worin merkwürdige Sachen über die innern Verwaltungen sind, an deren Spitze ein Hogendorp mit steht, ein Bruder des schändlichen in Hamburg, also muß jener brav sein. Ich weiß von dort nichts, als durch Hörensagen die Ernennung der hessischen Generäle Engelhard u. s. w.,

was mich eigentlich nicht interessirt, allein die Soldaten sollten bald
marschiren, daß ihnen auch noch etwas zu thun übrig bleibt. Lenney
soll über Schmerfelds Ernennung zum Minister ungehalten sein, er
aber paßte doch viel weniger dazu in aller Hinsicht: auch mit Herrn
von Geiling soll es eine Scene gesetzt haben. Ich bin mit dem
Grafen zufrieden, er ist aufrichtig gegen mich und hat etwas Gut-
müthiges, erzählt gern viel und hat Conversation, die ich gar nicht
habe; überhaupt will mir die zerstreuende, zeitverschwenderische Lebensart ganz nicht in den Sinn und Gott helfe mir wieder heraus, ich
denke Abends, wann ich mich schlafen lege, immer mit Leidwesen
zurück. Von allem dem aber und, was noch Gutes und Böses daraus
kommen kann, ist's noch nicht Zeit zu urtheilen. Das elende, weiche
Wetter thut einem auch Ärger genug, man kann vielerlei nicht sehen,
im Theater war ich in Freiburg und hier, um meine Einsamkeit zu
vergessen, die mich Abends am meisten plagt, ob ich gleich weiß, daß
ich zu Cassel dieselben Stunden, ohne viel zu sprechen, gesessen hätte.
Schauspieler und Stücke waren immer herzlich schlecht, aber die Plätze
sind viel wohlfeiler, als in Norddeutschland; die russischen Offiziere
klatschen beständig dazu, entweder weil sie nichts davon verstehen
oder sich selbst damit Spaß machen wollen oder lieber (nach Weiß)
aus beiden Gründen zusammen: eine Decoration, die dreimal fehlerhaft war und zuletzt blieb, wurde ironisch behandelt, und dergleichen
dummes Zeug mehr.

Grüß die liebe Tante, die Lotte, Lortchen und alle gute Leute
von mir und das Weitere wollen wir Gott befehlen, der uns ja so
großen Beistand gegeben hat. Ich behalte Dich immer lieb, lieber
Wilhelm.   [Ohne Unterschrift.]

Nachschrift. Sieh doch einmal zu, ob in der vierten Dämesage
Nyerup und Rühs eitur kvika (Feuerfunken) durch Gift, Eiter
übersetzt haben. In der lateinischen Übersetzung lautet es schief
veneni mobilitas oder so etwas. Eitur ist ganz das altdeutsche eit
Feuer, wiewohl freilich Feuer und Gift eins sind. So wäre es
einerlei, ob die Drachen Gift oder Feuer speien, und es kommt auf
uns an, wie wir das in der Edda mehrmals stehende eitr übersetzen
wollen, durch Feuer oder Eiter, worunter man heut zu Tag nur
venenum, sanies sich denkt.

Was machen Harnier und Suabediffen? Mit den Neuigkeiten
werden sie sich bei mir verzählt haben. Doch kommt dies größtentheils
davon, daß Blüchers Thaten, der jetzt der eifrigste ist, Euch unmittel-

bar eher zukommen, auch die Frankfurter Zeitung die beste bleibt.
Zu Below gehst Du wohl mehrmals? Und schreibt Görres nicht?
Nachsatz.

Bei Chalons erwartet man die letzte Schlacht; nach einigen Nachrichten heute soll sie schon gewonnen worden sein. Viele wichtige
Briefe sind aufgefangen, woraus die Verwirrung in Frankreich sehr
anschaulich wird. Mit der allgemeinen Bewaffnung geht's nicht, weil
man fürchtet, das Volk würde sich herumschlagen. Gewehre fehlen,
ein Regiment Neuconscribirter ist Bubna gegenüber mit Hinwerfen
der Gewehre und Adler geflohen. Unser Hauptquartier rückt vielleicht
nach Troyes. Sieveking ist nicht mehr hier. Die Leute meinen, in
einem Monat könne man zu Paris sein.

Adresse: Herrn Bibliothekar Wilhelm Grimm, Cassel in Hessen.

76.
Jacob an Wilhelm.

Basel, 23. Januar [1814].

Lieber Wilhelm!

Ich will es einmal versuchen, ob Du dieses Bulletin so unmittelbar
etwas früher erhältst, als durch die Frankfurter Zeitung, wiewohl
gerade nichts Bedeutendes darin steht. Mit Neapel scheint man wirklich einig zu sein und der Vicekönig wird dadurch in böse Händel
kommen, zumal da ihn auch die österreichische Armee von den Alpen
des St. Bernhards und Simplons drängen kann. Gestern hat sich
der Friede mit Dänemark bestätigt, er ist sehr hart, zumal auch Holstein wieder in strengeren Reichnexus kommen dürfte. Schwedisch-
Pommern ist ein schwacher Ersatz, vielleicht tauscht es Preußen gern
gegen Ostfriesland, das den Dänen besser liegt. Morgen oder über
morgen reisen wir nach Vesoul ab oder wohl gleich bis Langres.
Belfort muß man unterwegs sehr meiden, weil sie greulich daraus
schießen sollen. Lepel ist heute nach Cassel zurückgereist, er bringt
etwas an Dich mit. Hast Du schon Talleyrands Bonmot von der
jetzigen Zeit in Frankreich gehört: c'est le commencement de la fin.
Umgedreht ist's auch wahr, aber schwächer. E. Smid aus Bremen
und D. Gildemeister daher hab' ich gestern wieder gesehen.

Viel Grüße.

J.

In Frankreich hat man zur Besänftigung des Volks ausgebreitet: mit Spanien sei Friede. **Eilig.**

Adresse: Herrn Wilhelm Grimm in Cassel.

· ·

77.
Jacob an Wilhelm.

Langres, am 2. Februar 14.

Lieber Wilhelm!

Von Basel aus bin ich in den gewöhnlichen kleinen Tagereisen über Mümpelgart und Besoul hierhergekommen, es fehlte mir durchaus an Ruhe, Alleinsein und an aller Bequemlichkeit, um Dir schreiben zu können, auch ist der sonstige Postenlauf mannigfach gestört und gehemmt, man muß Staffetten und Armeecouriere abwarten, und doch bin ich nicht sicher, ob dieser Brief nicht umkommt, obgleich ich ihn erst nach Basel adressiren will; von da aus läuft er sicher.

Ich bin also seit acht Tagen in Frankreich, aber in einem der langweiligsten Stücke davon; die deutsche Sprache geht acht Stunden von Basel hinter den Dörfern Fellbach und Sept plötzlich und, ohne daß Berg oder Fluß dazwischen läge, aus. Aber mehrere Stunden weiter in Mümpelgart (Montbeillard) war sonst wieder ein deutscher Punkt und selbst noch jetzt trifft man manche Teutschredende da an, diese Stadt ist nicht groß, etwa wie Gelnhausen, aber freundlich. Wir hatten den Umweg durch sie genommen, um der Festung Befort [sic] auszuweichen, deren Besatzung sehr unruhig ist; wir erstaunten aber, als wir uns durch ein Versehen der Kutscher auf einmal in dem ¼ Stunde von der Festung liegenden Dorf Essers befanden, wo österreichische Truppen aufgestellt waren, die uns sehr riethen, mit unserer Gesellschaft von drei Kutschen nicht zusammen, sondern in Distanzen zu fahren, damit nicht auf uns gefeuert würde. So kamen wir glücklich durch, es war um 12 Uhr und nach einer Stunde geschah gerade auf jener Seite ein Ausfall, wobei wir das Feuern sehr genau hörten.

Besoul ist von der Größe Marburgs, aber besser gebaut, doch alle Häuser in trauriger, grauer Steinfarbe, aus- und inwendig schmutzig. Langres nimmt sich viel besser aus, hat auch ein Drittel mehr Häuser und darunter bessere; es ist eine ziemlich alte Stadt, die aber jetzt bloß von Messer- und Hutfabriken zu leben scheint und ich weiß nicht!

warum von der kleineren Departementshauptstadt Chaumont ab-
hängig gemacht worden ist. Elend wohnt man aber allerwärts hier,
wegen der verwünschten Kamine, bei denen man auf einer Seite glüht,
auf der andern friert, und es ist hier wieder ziemlich kalt und die
ganze Gegend voll Schnee. Unterwegs blendet mich der blanke Schnee
auf den Feldern und in den Häusern schlägt mir die Hitze und Flamme
in die Augen, so daß sie mir weher thun, als je, und wenn dies
lang dauerte, fürchtete ich mich vor Blindwerden.

Die Franzosen in diesen Gegenden sind sehr demüthig, der Strich
ist arm und wird von den durchziehenden Soldaten genug mitgenommen,
allein von einer Widersetzlichkeit oder Insurrection ist nicht das Min-
deste zu fürchten, denn die große Stimmung ist gegen Napoleon und
besonders seine harten Beamten, die Präfecten. Von einer patriotischen
Entrüstung habe ich wenig Spuren gesehen, sie wollen nichts wie
Frieden und wissen wohl, daß ihr Kaiser auf keine andere Weise da
zu gebracht werden kann. Einzelne reden offen gegen ihn, und die
Bourbons sollten wohl auch ihre Anhänger finden. Der befohlene
Aufstand in Massen ist lächerlich und hierherum nirgends zu Stande
gebracht worden, selbst die letzte Conscription ist meistentheils ent-
laufen und zurückgekehrt und die Dörfer sind voll Männer und dienst-
fähiger Leute. Über Franche Comté und einige dazu geschlagene De-
partements haben die Alliirten einen Gouverneur ernannt, der zu
Besoul wohnt, sich Herr von Andlaw nennt und eine Proclamation
am 27. Januar erlassen hat, wo man wie in allen andern Erlassungen
das Teutsche als Original, das Französische als Übersetzung erblickt.
Dergleichen Kleinigkeiten thun einem immer wohl und selbst, daß
man in den Straßen häufig Teutsch reden hört, wo die Unverständ-
lichkeit Mißgriffe macht, die zum Nachtheil der Einwohner ausschlagen;
daß viele Läden verschlossen sind, nicht sowohl aus Traurigkeit, als
aus Furcht, und vieles solches, was man nicht beschreiben kann, erinnert einen an das ausgestandene Elend in Teutschland und die ge-
kommene Vergeltung und es liegt eine gewisse Freude darin. Rührend
war mir aber doch der Anblick einzelner ganz verlassener Häuser,
mit eingeschlagenen Thüren und Fenstern, was ich indessen nur einige
Stunden von hier zum erstenmal gefunden habe.

Am gemischtesten sind Freude und Mitleiden beim Durchziehen
der Kriegsgefangenen, die zerlumpt und bleich, aber oft in bessern
Kleidern noch, als ihre Begleitung hat, vorübergehen, und wobei
jeder Mann im Dorf vor der Hausthüre steht und guckt, während

die Neugier, unsere Soldaten anzusehn, bei den Leuten fast schon hinlänglich gestillt ist. Übrigens läßt man die meisten Kriegsgefangenen
heimlaufen.

Schwarzenbergs Hauptquartier ist zu Troyes, also sehr weit
vorwärts, es scheint, daß man die Marne ziemlich weit oben passiren
will, die Pontons sind uns schon vor mehrern Tagen begegnet, dadurch würde die französische Hauptarmee, die bei Chalons stehen und
verschanzt sein soll, entweder von Paris abgeschnitten oder zum Rückzug gezwungen. Vorige Woche hat Giulaj aber ein hartes Gefecht
bei Bar sur Aube, wie es heißt, mit großem Verlust bestanden, wobei indessen doch den Feinden 800 Gefangene abgenommen wurden.
Von Blücher weiß ich nichts, als daß er in der Gegend Metz, Thion-
ville, Verdun steht, also der Entfernung wegen nur in schwacher
Communication mit der großen österreichischen Armee sein kann; ich
wünsche sehr, daß sich beide mehr concentriren, welches etwa in der
Gegend von Chalons (campi Catalaunici) geschehen müßte. Ich glaube,
erst dann kann man mit Sicherheit auf einen großen Erfolg rechnen.
Die Franzosen sollen doch 150—200,000 Mann haben, worunter
aber nothwendig viel schlechte Soldaten sind. Die Nordarmee muß
aber jetzt auch bedeutend stark geworden und auf Brabant im Anzug
sein, davon könnt Ihr früher Nachricht haben. Werden dann die im
Rücken bleibenden vielen Festungen von den nachrückenden Sachsen,
Hessen (ich denke, daß sie jetzt anbrechen) und andern Reichstruppen
in Empfang genommen, so muß, meine ich, durch Verschieben des
letzten Schlags unsere Lage wie bei Leipzig mit jedem Tag besser
werden, je näher sich die großen Heere kommen.

In diesem Augenblick erhalte ich das Armeebulletin von Langres
26. Januar über die obige Begebenheit von Giulaj, wobei das Er-
freulichste, daß Blücher über Gondrecourt herzurückt. Ferner weiß
ich, daß Bülow bei Hoogstraten eine Schlacht geliefert und gewonnen,
aber seinen Zweck verfehlt hat, den Feind von Antwerpen abzu-
schneiden. Dennoch soll es nach einem Gerücht dort zum besten
stehen, nämlich in Brüssel Aufstand, dem das Einrücken fremder
Truppen bald folgen wird, und Gent durch eine Art Capitulation
übersein.

Zuweilen sehe ich hier den Bremischen Senator Smid und dessen
Legationssecretär Gildemeister, sehr eifrige Hanseaten; Eichhorn
(ehmals Justizcommissar in Berlin) erinnerte sich, Dich dort bei
Arnim gesehen zu haben; er arbeitet bei Stein, den ich noch nicht.

gesprochen, weil er stets voraus ist. Auch Schenkendorf ist wieder hier, er hat einige schöne Lieder, besonders an die Schweiz und Öster reich gedichtet, und will jetzt alles zusammen in Königsberg drucken lassen. In Karlsruhe hatte ich nicht des Abends an ihm bemerkt, daß ihm der rechte Arm fehlt (durch ein Duell), und er muß alles mit der Linken schreiben.

Übrigens steht es mit mir nicht zum besten und auch das Mäßige, was ich mir vorgestellt, will nicht eintreffen, mit einem Wort: ich komme nicht zu mir und habe meistens Langeweile dabei. Nicht bloß im Wagen sitze ich bei dem Gesandten, sondern auch meisten-theils in den Häusern, wo ich mit ihm, Mangel an Raum, in einem und demselben Zimmer zubringen muß. Nun ist er ein braver, sehr routinirter und in der alten Diplomatie bewanderter Geschäftsmann, auch für die neue Gestalt der Dinge nicht ohne den rechten Sinn, aber ich fühle doch, daß wir, so gütig er gegen mich ist, nicht zu einander passen. Er sehr gesprächig und fast geschwätzig und über voll an Hof- und Familienanekdoten, ich still und ganz leer an allem inneren Gefallen an dergleichen, und so geht zu meinem Leid das Bischen Raum und Zeit all verloren, was ich sonst haben könnte, alles muß ich zersplittern. Meine Mahlzeit dauert unter einer Stunde und nicht selten gehen drei, sage dreie darüber hin, worüber ich des Henkers werden möchte. In den eigenen Geschäften, so viel ich jetzt sehe, kann ich wenig Gutes thun. Dazu kommt endlich der böse Umstand, den wir auch anders erwartet hatten, es sieht so scheu mit dem Geldbeiseitelegen von meinem Gehalt aus, daß ich fürchte, am Ende noch mehr zu brauchen. Er führt nämlich keine eigene Küche, und nur dann würde ich freien Tisch haben: jetzt gehen wir fast täg-lich in Gasthäuser oder gar zu besonderen Traiteurs, wovon ich mich des Anstands halber nicht im mindesten ausschließen darf, wo jedermann öffentlich seine Portion zahlt, so daß ich des Tags häufig 1 Laub-thaler, oft 1½ oder 2 für Essen ausgebe, was allein meinen Gehalt aufzehrt; dazu ist noch für die sehr theure Wäsche, Trinkgeld an Bedienten ꝛc. nöthig. Mein Trost ist also rein bloß die schöne, große Zeit, und daß ich dem wichtigsten Punkt so nahe folge, woraus auch für mich wer weiß was hervorgehen kann. Denn sonst bin ich schon jetzo mit mir darüber einig, aus dieser ohne das für mich ganz unerträglichen Lebensart, es koste was es wolle, herauszugehen. Auch ist es ein Jammer, daß ich bis heute seit meiner Abreise noch keine Silbe von Euch höre, geschrieben hast Du gewiß, also sind die Briefe verloren oder liegen wo. Gestern haben wir von dorther Sachen bekommen, aber für mich war nichts da. Vermuthlich ist Herr Geheimer Regierungsrath von Lepel jetzt zurück, den bitte doch, daß er Dir auf die Zukunft beischließt. Zu gleicher Zeit haben wir die Casseler Zeitung bis zum 18., wiewohl mit fehlenden Nummern empfangen, woraus ich genugsam sehe, daß Du sie nicht zu schreiben erhalten hast, welche Aussicht auf Einkunft also auch fehlschlägt; die Paar eigenen Anmerkungen waren sehr steif und der Brief aus Berlin über die natürliche Grenze fatal. Wer ist es denn? Wigand scheint es auch nicht.

An literarischen Ausbeuten fehlt es seit Basel ganz. Bloß in Mümpelgart habe ich einige gute deutsche Volksbücher gekauft, unter andern ein viel besseres Räthselbuch, worin auch ein Stück für die Kindermärchen. In Besonl war gar nichts, hier soll zwar eine Bibliothek fürs Collège, aber das Beste daraus längst nach Chaumont geschafft worden sein. Gestern Abend war ich im hiesigen Theater, wo die Truppe höchst armselig, allein nicht durchaus schlecht spielte, aber merkwürdig dabei: 1) es war keine einzige Frau, kein weibliches Wesen im Schauspiel, d. h. unter den Zuschauern; 2) keine Musik im Anfang noch den Zwischenacten. Zum Vaudeville erschien eine Violine, wobei Arien gesungen wurden; höchst französisch. Die Zuschauer waren meist Deutsche und Russen, die ganz laut aus einer Loge in die gegenüberstehende sprachen und, da eine Verbindung der Logen über die Scene geht, ohne weiteres darüber hingingen.

Am 2ten Abends.

Frohe Siegesnachrichten. Blücher ist vorgerückt bis Brienne und hat am 29. ein Treffen bei Brienne (ich glaube, wo Napoleon in der Schule war,) geliefert, das Städtchen, das die Franzosen selbst in Brand gesteckt, genommen und 10 Kanonen außer den Gefangenen erbeutet. Der Kaiser von Frankreich soll persönlich dagewesen sein, es ist 25 Stunden von hier. Darauf hat Blücher Brienne wieder verlassen, um sich zusammenzuziehen. Den folgenden Tag sich mit der östreichischen Hauptarmee vereinigt, Brienne wieder besetzt, am 31. und 1. Februar allgemeiner Angriff und Sieg. Wir haben im Ganzen 56 Kanonen genommen. Auch Giulaj soll sich einmal sehr hervorgethan haben. Es scheint, daß sich die Franzosen des Abends ganz zurückgezogen, sonst geht's heut wieder los. Die Position bei Chalons müssen sie hiernach selbst aufgegeben haben.

78.
Jacob an Wilhelm.

Chaumont, am 4. Februar [1814.]

Es geht eine Gelegenheit über Karlsruhe und ich schreibe gern noch einmal, weil es sein kann, daß mein Langreser Brief verloren würde.

Die Schlacht bei Brienne wird immer bedeutender, man hat über 70 Kanonen genommen und es sollen auf beiden Seiten viele geblieben sein; heut Morgen hieß es aber gewiß übertrieben, 15000 auf der unsrigen. Dem Napoleon ist ein Pferd unterm Leibe erschossen, das ist wieder ein Glück mehr für uns, als für ihn, weil er zu etwas Schlimmern aufbehalten wird.

Aber das Haus der Kriegsschule, wo er gelernt hat, ist von Geschütz ganz zertrümmert worden, uns desto mehr zum bösen Zeichen, weil er gewißlich auf die Idee, daselbst zu siegen, etwas gehalten hat. Es hieß, ist aber nicht wahr, der Kronprinz von Württemberg wäre gefallen, er und auch Ginlaj sollen sich ausgezeichnet haben. Ein französischer Marschall ist verwundet, welcher weiß ich nicht. So eben trafen Kriegsgefangene ein, meistens blutjunge Leute, von Frost, denn es ist wieder viel kälter geworden, und Durst leidend zum Erbarmen. Der Feind soll in zwei Theilen fliehen, der Kaiser selbst über Arcis. Unsere Monarchen sind schon gestern und heute vorwärts, vermuthlich jetzo schon in Troyes, so daß das nicht lang entfernte Einrücken in Paris, selbst wenn noch eine Schlacht geliefert werden müßte, zu hoffen steht: dann wird das Herz Frankreichs von ihm abgeschnitten, und sobald er einmal förmlich abgedankt sein wird, fällt alles Übrige ab, unterm Volk hat er wenig Anhänger.

Dem Congreß zu Chatillon sur Seine, wo man den Caulaincourt endlich vorgelassen hat, wird diese Schlacht, so Gott will, auch den Hals brechen: es wäre indessen auch ohne das wenig von ihm Böses zu fürchten gewesen, ja es ist in diesem ganzen Krieg fortwährend der große Unterschied zu merken, daß Gott durch die Begebenheiten und die Stimme des Volks lenkt und leitet, was die Vorurtheile der Cabinette nicht verderben können. Die Schriftstellerei hat auch wohl nie so herrlich gewirkt, Arndts Schrift über die Rheingrenze ist von deutlichem Erfolg gewesen, und ohne Zweifel wird das, was vor vier Monaten nur ein Viertel gehofft und drei Viertel als überspannt betrachtet hatten, jetzt umgekehrt von drei Viertel freudig bekannt und

angenommen. Selbst der Kronprinz von Schweden soll über diesen
Punkt eingelenkt haben. Schenkendorfs Gedichte (worunter doch viele
recht schöne, so daß ich sie für die besten halte, die auf die Zeit erschienen sind; er ist sehr glücklich in Ausdrücken, und wiewohl nicht
so reich an Ideen wie Arnim, dafür einfacher und darum diesmal
eindringender. Er hat den rechten Arm verloren und schreibt alles
mit der Linken) läßt die Stadt Bremen drucken und Minister Stein
hat vierhundert Exemplare zur Vertheilung genommen. Senator
Smid aus Bremen, mit dem ich hier in einem Hause wohne, nimmt
zwei Exemplare vom armen Heinrich, Du mußt die 2 Thlr. bei der
Geldablieferung vorläufig auslegen. Wir sind hier endlich besser
logirt, bei wohlhabenden artigen Leuten, überhaupt ist diese Stadt,
wenn kleiner, viel freundlicher und vornehmer als Langres; ich denke,
daß wir so lange hier bleiben, um geradeswegs nach Troyes zu
kommen, weil in Bar sur Aube oder Brienne doch ein elendes Unterkommen sein würde.

Am 5. Februar.

Bei Brienne sollen bestimmt 73 Kanonen und 5000 oder 4000
Gefangene gemacht worden sein. Aber Napoleon steht annoch in
Troyes mit einem Theil seiner Armee. Der andere unter Macdonald
hat sich gegen Chalons sur Marne gewandt, Blücher folgt diesem.

Aufs russische Neujahr (13. Januar) zogen gerade die Russen
über die Baseler Rheinbrücke. Da sollen sie mitten auf der Brücke
ein so inniges starkes Hurrah gerufen haben, daß Leute, die zuhörten,
klar fühlten: diesen Männern kann niemand wehren, was sie wollen,
nach Paris zu kommen.

Adresse: Herrn Wilhelm Carl Grimm, Cassel in Hessen.

79.

Jacob an Wilhelm.

No. 8.   Chaumont in Bassigny, 8. Februar 1814.

Lieber Wilhelm!

Damit wir gewiß sind, welche Briefe verloren gehen, will ich
die meinen von jetzt an numeriren, indem ich Dir aus Frankfurt,
Karlsruh, Rastadt, Basel (zweimal), Langres und von hier aus schon
einmal geschrieben habe, wobei ich, glaub' ich, einige kleine nicht mit-
rechne. Thu Du das auch. Es soll noch eine kaum jetzt mehr glaub-

liche, schändliche Briefaufmacherei, namentlich im Badischen in Karlsruhe stattfinden, und falls auch diesen Brief gleiches Schicksal trifft, will
ich es hiermit wenigstens dem Schurken ins Gesicht sagen, was er ist.

Heute Morgen früh ist die erfreuliche Nachricht eingetroffen,
daß Troyes gestern, hoffentlich ohne vorgängiges Bombardiren, von
unsern Truppen genommen worden ist. Da die Stadt gegen die
sonstige Gewohnheit nur hölzerne Häuser hat, so wäre sie zumal bei
dem windigen Wetter gestern in große Gefahr gekommen. Napoleon
hat sich nach Nogent gezogen und will, wie es heißt, zwischen Paris
noch einmal die Sache wagen: unterliegt er, so scheint Paris verloren,
und mit Paris wird dem ganzen Reich das Haupt abgeschnitten.
Blücher zog nach den letzten Nachrichten über Arcis, dagegen war
Winzingerode in Rheims, und nach einem gestrigen Gerücht, das ich
aber nicht verbürgen will, soll von der flandrischen Seite Namur
und Philippeville genommen worden sein. Also könnte er auch bald
von dorther in die Dränge kommen. Wohin er sich von Paris aus
wenden will oder kann, ist schwer zu sagen. In Normandie hat er
nicht wie der König von Preußen in Memel Rußland, sondern das
Meer hinter sich. In die mittäglichen Provinzen flüchten wollen ist
schwer und fast ebenso rettungslos. Die Stimmen: ob man ihn ganz
absetzen oder mit den gestümpften Flügeln fortregieren lassen soll,
scheinen leider noch getheilt, allein das Erstere, wie es bei weitem das
Beste ist, wird, Gott gebe, noch durchdringen und hat vielleicht jetzt
schon die Oberhand gewonnen, selbst unter dem französischen Volk.
York und Winzingerode über Chalons und Rheims vordringend sollen
zum Rückzug der Franzosen viel beitragen.

Eichhorn, von dem ich Dir neulich schrieb, ist krank geworden,
(expost: ist wieder besser) liegt zu Bar sur Aube und man fürchtet
für sein Leben. Man hat ein Manuscript eines Aufsatzes von Hebel
über die Zeitereignisse, den Landsturm ꝛc., das ich noch nicht gesehen
habe, Gesprächsweise wie im Hausfreund. Hier hat sich nichts
Literarisches finden wollen, die öffentliche Bibliothek zählt 25,000
Bände, allein der Bibliothekar war krank, der Substitut konnte nichts
finden, wonach ich fragte. Ein gewisser Monsieur Gondrecourt besitzt
eine ansehnliche Privatbibliothek, beschäftigt sich, wiewohl nicht ernstlich
genug, mit celtischem Alterthum und Sprachen: ohnedem ist alles ein
wenig verstört.

Morgen früh werden wir über Bar sur Aube nach Troyes reisen
und dann vermuthlich eine geraume Zeit Rast halten. Gelangen

wir endlich nach Paris, wie niemand mehr zweifelt, so werde ich da nicht bloß bequemer leben, sondern auch mancherlei entdecken und arbeiten können, was viele der jetzigen und seitherigen Unannehmlichkeiten vergüten muß. Unter andern denke ich auf die lateinischen Gedichte des Mittelalters besonders zu sehen, etwa auch auf eine Bearbeitung des Stoffs im armen Heinrich. Hat Glöckle etwa geantwortet oder gar etwas geschickt? Es wäre nicht unmöglich, da die Correspondenz über Mailand so ziemlich freigeblieben sein muß.

Wenn ich in Troyes keine Briefe von Euch finde, weiß ich nicht mehr, was ich denken soll. Etwas Wichtiges mußt Du nie schicken, dessen Verlust nicht oder schwer zu ersetzen wäre.

Fortgesetzt zu Troyes am 18. Februar.

Der Brief fand zu Chaumont keine Gelegenheit und seitdem keinen Schluß, zum Theil aus Mißmuth, daß ich noch immer kein einziges Schreiben von Dir erhalten habe und nun fest überzeugt bin, daß wer weiß wie viele verloren sind. Seitdem hat sich mancherlei zugetragen und darunter einiges Ärgerliche.

Vor Bar sur Aube (d. i. Alba, Elbe, Fluß, wie Auberon und Elberich) war das erste Schlachtfeld zu sehen, Hunderte von todten Pferden auf Feldern und Straßen, manche Häuser leer, die meisten verschlossen, für uns schlechtes Quartier (zum Abstich gegen das sehr gute in Chaumont). Die Gegend ist schön, zwei hohe Berge gegenüber und der enge Fluß mit ganz gleich gefüllten Ufern, sanftes, heiteres Wetter, aber tiefer Koth. Vor den Thoren Plätze mit hohen prächtigen Ulmen, die aus Holznoth und schlechten Anstalten von den Bürgern unbarmherzig niedergehauen wurden, daß es ein Jammer war. Ein alter Mann von 90 Jahren erzählte, daß im Taumel der Revolution auch schon eine Reihe der Bäume hätte fallen müssen, da hätte man einen Altar des Jupiters errichtet und getanzt. Vermuthlich bleiben auch diesmal noch einige stehen und stehen als stumme Zeugen für die Zukunft da: ich stieg auf den einen Berg, wo eine Capelle der heiligen Germana oben ist und viele wallfahrten, jetzt war's aber so leer, daß zwei Leute, als sie mich kommen sahen, ob ich gleich allein war, erschraken und sich in ihre Hütte versperrten. — Wir blieben leider 2½ Tag, alles in einer kleinen Stube.

Zwischen Bar sur Aube und Troyes (12 Stunden) wurde das Elend immer größer, besonders von Vandoeuvre an (nicht weit von Brienne). Die meisten Dörfer stehen leer, man sah mitunter todte, ausgezogene Menschen an der Straße, Wachtfeuer und ein Dorf

brennen. In Troyes war wider Erwarten noch alles, die drei Monarchen und Schwarzenberg, so daß alles wimmelte und durchaus
kein Unterkommen zu finden war, als so, daß ich mit einem östreichischen Major in einem Zimmer schlafen und des Tags in dem des
Eigenthümers mitten unter den andern Leuten bleiben mußte, welches
das Gejammer und das alberne Räsonniren der Franzosen noch voller
machte. Mit dieser Nation ist durch Rede und Vernunft, insofern sie die
letzte nicht von selbst haben, rein nichts auszurichten; im Anfang klingt
ihr Geschwätz erträglich, weil es gutgesetzte Phrasen sind, aber bald
wird es überlangweilig, weil man nichts mit ihnen abthun kann und,
was man abgethan glaubt, immer als etwas Neues wiederkommt,
dabei sind sie stockunwissend in allem, was nicht in ihren Kreis schlägt,
und hängen an Kleinlichkeiten, Prahlen und Lügen. Dieser Umgang
war während fünf Tage die Grundlage meines Herumtreibens, erst
heute ist es gelungen, eine ordentliche Wohnung zu bekommen, wo ich
aber eine so große Stube bezogen habe, daß ich bei wieder eingetretener
fast harter Kälte gewaltig friere und um ein Stück Holz nach dem
andern rufen muß. Die Fußspitzen glühen mir und die Hände starren
bei diesen erbärmlichen Feuereinrichtungen, im September, October,
März und April mögen die Kamine taugen, sonst nicht.

Die Stadt ist ausgedehnt, zählt 26000 Einwohner, worunter
8000 Bettler, ist aber schlecht gebaut und aus Steinmangel fast ganz
in Holz und das sehr verschwenderisch, mit gerad neben einander stehenden
Balken. Ich erinnere mich, daß es in Chalons etwa eben so ist. Die
Leute sind beinahe sämmtlich Fabrikanten und Kaufleute. Gleich in
der ersten Nacht rief man Feuer, nicht weit von uns, aber die Bürger
rührten sich kaum, weil jeder in seinem Haus bei den einquartierten
Soldaten bleiben wollte, es wurde doch gelöscht. Vorgestern Nacht
wieder, der Himmel war ganz roth, der Brand aber in einem nahen
Dorf. Um die ganze Stadt führen wieder herrliche Ulmenalleen; das
Schönste aber ist die Kathedralkirche, fast so herrlich wie die Metzer,
alle Fenster voll Glasmalerei und, wenn die Abendsonne hindurch
scheint, von ausnehmender Wirkung. Ich gehe jeden Tagen ein paarmal hinein. Mit der ziemlich bedeutenden Bibliothek ist wenig zu
machen, da sie in greulicher Unordnung und weder zu suchen noch zu
finden ist, außer zufällig. Die besten Manuscripte sind nach Paris.
Dagegen war hier bekanntlich die Niederlage der französischen Volksbücher, davon ich uns manche fehlende gekauft habe.

Die Kriegssachen stehen seit den letzten 14 Tagen nicht so, wie

16 *

man wünschte und erwartet hatte. Napoleon war Anfang dieses
Monats zur Armee gereist und warf sich mit aller Macht auf Blücher,
der bis Ferté sous Jouars, nicht weit von Meaux, gedrungen war,
vielleicht zu weit und zu schnell. Am 10. und 11. erlitt Blücher
bedeutenden Verlust, worüber noch nichts Rechtes bekannt gemacht wird,
es wurde hier sogar hoch übertrieben, doch hat er Kanonen und mehrere
Tausende Gefangene verloren. Die zurückenden Österreicher sollen
einiges wieder gut gemacht haben, aber warum rückten sie anfangs
nicht einstimmig mit Blücher vor? In den letzten Tagen ist nun
Schwarzenberg bedeutend vorwärts gekommen, und sein Hauptquartier
zu Bray oder gar Nangis (14 Stunden von Paris), der linke Flügel
steht zu Fontainebleau, allein alles ohne vorgefallene Affaire, während
Napoleon sich zu Meaux concentrirt. Blücher zog sich den 11. nach
Vertus zurück, soll dann wieder in Montmirail gestanden haben,
neuerdings aber wieder hinterwärts in der Richtung von Chalons
zufolge einem kleinen Verlust gegangen sein.

Über das politische Wesen wäre aber noch mehr zu klagen. Man
soll in Chatillon zu ziemlich ernsthaften Basen gekommen sein und
nur auf die Einschränkung Frankreichs in die Grenzen vor der Revolution dringen, womit das schöne Elsaß als ein deutsches Land verloren ginge und Schlüsselfestungen wie Straßburg, Hüningen, Breisach
und Landau dem Feinde blieben, der dann gerad mit den alten Rhein-
bundsündern Baden und Württemberg nah zusammen käme und großen
Einfluß auf die Schweiz behielte. So scheinen Arndts Schriften und
die von einem gescheidten östreichischen Offizier geschriebene Brochüre:
Teutschlands Grenzen in politischer und militärischer Hinsicht, mit
einem Wahlspruch aus Tacitus, (welche Du Dir anschaffen mußt,
falls Du sie noch nicht kennst,) leider nicht gehörig durchgedrungen
zu haben. Einige hoffen wenigstens auf Abtretung vom Oberelsaß,
um die Schweiz mehr vor Frankreich einzuschließen, aber es bleibt
unbegreiflich und zu beweinen, daß die Mächte ihren Stand nicht
ganz fühlen, so wie das, was sie für unser ganzes Volk thun müssen.
Meinetwegen hätte man ein Stück von Piemont, Mailand oder Henne-
gau und Flandern dafür lassen mögen. Warum geschah aber im
Dezember v. J. die Erklärung: Frankreich solle größer bleiben als
unter seinen Königen. Solche Schritte waren wie im Schlaf geschehen
und voll Thorheit; bindend sind sie nicht, aber unnöthig, beunruhigend
und zu nichts Gutem führend, weil nur das mit Plan und Bewußtsein Gethane jetzt gut ist. Erfreulich scheint mir das Vereinigen von

ganz Brabant und Flamland mit Holland, was Sprache und Sitten
fordern, und wodurch das uns dankbar bleibende neue Niederland eine
feste Schutzwehr gegen Frankreich wird. Am vernünftigsten schiene
mir folgender Plan: Elsaß ganz unter Österreich zu geben und über
dem Rhein dazu Breisgau und Vorarlberg, wodurch directe Verbindung mit Tyrol, das schon jetzt heimlich cedirt sein soll, bewirkt
würde. Von Landau an würde ich alles Teutsche auf dem linken
Rheinufer und dazu noch Aachen mit den Ruhrgegenden an Preußen
geben. Es liegt daran, daß Starke an den Grenzen sind und so
würden die kleineren Fürsten Teutschlands gleichsam eingehegt, welches
mit meinen Gedanken, die ich mir von unserer künftigen Verfassung
mache, vortrefflich besteht. Darüber wäre viel zu schreiben, es steht
aber Epist. Joh. II, B. 12, was noch zu vielem andern paßt,
was ich vielleicht nicht so hätte schreiben sollen. —

Gehaust wird von den Soldaten schlimm genug, in Nogent sollen
zwölf Bürgerinnen massacrirt worden sein: in Bar sur Aube sah ich
mit eigenen Augen, daß am hellen Tag ein Soldat einem armen
Mann seine Pferde wegnahm unter lauten Klagen der Umstehenden,
und dies in einer nicht kleinen Stadt, und ohne daß ein Gefecht vorhergegangen wäre.

.   Treves, den 20ten Februar.

Gestern Morgen wurde ich erschreckt. Truppen gingen rückwärts
und es wurde unter übertriebenen Umständen erzählt, daß Wittgenstein
stark geschlagen worden sei, 40 Kanonen und 5000 Gefangene verloren habe. Der russische Kaiser traf wieder hier ein, des Abends
auch der König von Preußen und heute Schwarzenberg mit dem
großen Hauptquartier, alles wimmelt von Wagen und Bagage und
die Franzosen machen Augen. Allein heute versichert man, daß es
nicht so schlimm aussieht, sondern eigentlich nur Wittgensteins Avantgarde in die Enge gerathen ist, wobei der Feind 12 Kanonen eroberte. Kaiser Franz wollte rückwärts nach Chaumont, wie es hieß;
aber nun bleibt er wenigstens heute und vielleicht ganz. Erfahrene
Offiziere sagen: da die Verbindung zwischen unserm rechten und
linken Flügel durch Blüchers letzte nachtheilige Gefechte geschwächt
worden, sei eine Centralbewegung nöthig geworden, ein kühner Feld-
herr habe diese selbst vorwärts machen können, mit mehr Sicherheit
und gleichem Erfolge unternehme man sie rückwärts. Dabei mag
etwas Geschwätz sein; soviel ist gewiß: die Östreicher waren über
Melun und Fontainebleau hinaus, nah bei Paris, in den Straßen

von Fontainebleau soll Platoff ein wüthendes, aber für ihn vortheilhaftes Gefecht gehabt haben. Jetzt ist Fontainebleau, Provins und
alles, was in der Gegend über der Seine liegt, wieder von uns geräumt, selbst diesseits Sens, aber es geht die gute Nachricht ein,
daß der brave Bülow aus Holland oder vielmehr Brabant angelangt
ist und durch andere eingetroffene Verstärkung unser rechter Flügel
furchtbar anwächst, so daß vielleicht Blücher mehr in die Mitte oder
selbst den linken Flügel rücken wird. Das bisherige Terrain war
dem Napoleon sehr günstig und soll zur Rechten und diesseits der
Seine unserer Cavallerie gelegener sein, ich hoffe also, daß wir bald
die Offensive wieder ergreifen und einen entscheidenden Schlag gewinnen werden, ohne daß wir nöthig haben, selbst aus Troyes zu
weichen. Der Feind soll nicht 100000 Mann stark sein und wir
haben fast zwei Drittel mehr, ich verliere daher den Muth im geringsten nicht. Auch traf gestern der Trost ein, daß Czernitscheff
Soissons überfallen, 16 Kanonen, einen General und 3000 Mann
gefangen hat.

Jene Unfälle, wovon die Pariser Zeitungen jetzo prahlen werden,
können zweierlei wirken, was mir lieb ist: 1. daß die nachrückenden
Truppen und auch unsere Hessen, die ich fast schon angelangt glaube,
noch zur Ehre des Schlagens kommen, 2. daß der Chatillouer Congreß in seiner Basis gesprengt werde. Wirklich soll Napoleon schon
Übermuth geschöpft und jene Bedingungen geweigert haben.

Wir haben in diesem Krieg schon so oft gesehen, daß ein schein-
bares Unglück der Grund zu einem größeren Glück geworden ist, und
zur Zeit, wo Du diesen Brief erhältst, steht es vielleicht viel anders.

Ich schicke Dir hier ein merkwürdiges Stück, weil der Brief bis
Frankfurt frei läuft, und in der Hoffnung, daß es die Zeitungen
entweder nicht so früh habhaft werden oder nicht gleich aufzunehmen
wagen. Man hat es angetrieben und hier drucken lassen; es muß
unfehlbar auch unter dem Volk mächtig wirken und trägt in der ohne
Zweifel echten Antwort des Kaisers ganz die ihm eigene Mischung
von Stolz und Gemeinheit, Überlegenheit und Beschränkung an sich.
Redensarten wie von der schmutzigen Wäsche und dem hölzernen
Sammetthron sind durchaus unköniglich, zumal in einer so grausamen
Zeit, und doch durchaus treffend und beherrschend. Aber auch in des
Lainez Rede offenbart sich, daß Frankreich noch kühne und freie
Männer hat und wie hoch Schmach und Erbitterung gestiegen sind.
Und einen solchen Kaiser wollte man ihnen lassen, mit diesem Be-

wußtlein, und der so tief in seine Tyrannei gesunken ist? Raynouard ist der bekannte Verfasser der Templiers. Die Zeit fällt ins Ende Dezember oder Anfang Januar. Nun kann er's selbst im Moniteur mit seinen Noten drucken lassen, wenn er's erfährt.

Über dem Lärm dieser Tage vergesse ich mehr als sonst, wie mir die meinigen verstreichen, in Hoffen, Erwarten, Täuschung, Ausgehen nach Neuigkeiten, Formen, schlechtem Geschwätz und ohne Frohheit, und wenn ich an das Große und Erfreuliche denke, bin ich doch nur auf einer Seite angewärmt, auf der andern kalt; gerade wie mir's leiblich beim Kaminfeuer geht. Ich könnte mich, weil ich sieben Wochen vergeblich gewartet habe, nun selbst darein finden, daß ich noch einmal so lang nichts von Euch höre, gleichsam als dächte ich mir das Mittel zwischen uns unmöglich, und warte desto gieriger auf die Zeit, wo das Hindernis aufhören wird. Ich lese in einer Odyssee und einem neuen Testament, die ich hier um ein Paar Sols gekauft, täglich, alles andere ist im Koffer eingepackt, den ich aus Bequemlichkeit so stehen lasse und mir, was ich brauche, bloß herausziehe. Gott erhalte Euch und die liebe Tante, ich grüße jedermann schönstens.

Wenn Du schreibst, vermeide alles, was nicht in unrechte Hände fallen darf. Da ich bessere Wege, Dir zu schreiben, ausfinde, kann ich in dem Stück mehr wagen. Kannst Du die Briefe nicht auf die vorgemeldete Art als Einschluß fortbringen, so setz' auf die Adresse: abzugeben im Bureau Sr. Durchlaucht des Fürsten Metternich im österreichischen Hauptquartier.

[Ohne Unterschrift.]

80.
Wilhelm an Jacob.

No. 2.   [Cassel,] 1814 am 9. Februar, Abends 10 Uhr.

Lieber Jacob, endlich komme ich dazu, Dir wieder einmal zu schreiben; ich hoffe, daß Du meinen Brief, den ich am 21. Januar habe abgehen lassen, richtig erhalten hast. Am 29., Samstags, gegen 12 Uhr ist der liebe Louis angekommen, wir hatten ihn so früh nicht erwartet, aber er ist im Hessischen schon als Militär behandelt und frei auf Wagen mit anderen Offizieren gefahren worden. Er hat sich wenig verändert, nur daß er dem Karl etwas ähnlich geworden; jetzt bin ich schon so wieder an sein Gesicht gewöhnt, daß ich meine,

er habe niemals anders ausgesehen, gewachsen ist er noch sehr und
wohl noch ein wenig größer als ich. Er hat sich in diesen zwölf
ruhigen Tagen auch wieder völlig erholt, denn da er in den Gegenden,
wo die Krankheit herrschte, nichts essen durfte und er eine bittere
Wurzel im Munde haben mußte, war er ein Bischen mager; jetzt ist
er aber wieder frisch und gesund und es liegt bloß in der Natur des
Kupferstichs, daß er dort etwas älter, strenger und hagerer aussieht.
Mit seiner Anstellung hatte es doch noch allerlei Schwierigkeit, nicht
an sich, sondern weil es bei der großen Menge, die sich zudrängt,
schwer hält, vor den Prinzen zu kommen. Below war aber sehr
freundschaftlich und hat geholfen: am 7ten ist er Lieutenant beim
dritten Landwehrregiment geworden und steht heute (Nr. 40) in
der Zeitung und wird wohl bald nach Wolfhagen müssen, wo das
Regiment sich organisirt; er trägt übrigens Uniform wie ein Offizier
in der Linie, blau mit pfirsichblüthfarbigen Aufschlägen und einer
Schärpe, nur braucht er keinen theuern Tschako zu kaufen. Er hat
von seinen Arbeiten nicht viel mitgebracht und alles in München
gelassen; übrigens einmal ordentlich von seinem Leben und seinen
Verhältnissen dort erzählt, die recht angenehm und gut sind; er kann
sich leicht das Nöthige erwerben, zumal nach dem Frieden. In seinem
Wesen ist er noch ganz wie sonst, wir holen jetzt die alten Späße
vom Präceptor und Mängen und dergleichen hervor, die unverwüstlich
sind; mir spricht er entschieden im bairischen Dialekt. Der Ferdinand
war zwar entschlossen und könnte leicht Offizier werden, wenn er sich
ein wenig bemühte; aber der Louis meint auch, es würden noch ein
Paar Wochen hingehen, eh' er anfangen werde, etwas zu thun. —
Wegen des Karls bin ich in diesen Tagen sehr in Sorgen, ich glaube,
ich habe Dir von seinem Brief geschrieben, wornach er kommen und
freiwilliger Jäger werden wollte, nun ist er immer noch nicht da
und ich fürchte krank geworden.

Mit mir hat es sich am 6. auch entschieden. Die Zeitung behält
der Jude provisorisch noch ein halbes Jahr und zahlt ich weiß nicht
wie viel und ohne Rücksicht auf den Absatz. Hernach mag ich sie nicht,
wo die interessante Zeit herum ist, und wo man in ganz ordinärer
Weise fortfahren müßte, und habe das auch gesagt. Dagegen bin ich
bei der Bibliothek des Museums Secretarius geworden, aber nur
mit Einhundert Thaler, so wenig hatte ich mir doch nicht gedacht.
Strieder ist Director geworden, Völkel erster Bibliothekar, also stelle
ich eigentlich den zweiten vor und es wundert mich, daß ich den

Titel nicht bekommen. Am Montag habe ich mein Amt angetreten, es ist doch allerlei Arbeit da, erstlich die Revision, die in Hinsicht der Numismatik und Kupferwerke sogar jetzt in der Kälte muß vorgenommen werden, weil man hoffen kann, das Gestohlene in Paris jetzt wieder zu bekommen. Es sind schon die Verzeichnisse gemacht, auch von den Kunstsachen, wollte Gott, es fände sich auch alles. Sodann sind noch einige Kataloge in den Nominalkatalog einzutragen, womit ich auch angefangen habe. Wenn nur das Schwein und Branntweinsfaß, der Enzeroth, weg wäre, Völkel hat darauf angetragen, es ist aber noch nichts entschieden; er könnte ja bei einem Colleg, wo man doch Leute bedarf, ebenso gut abschreiben. Bis jetzt geht es noch gut, ich rede nichts mit ihm und er hält auch an sich, ich habe mir auch vorgenommen, ihn sogleich abzufertigen. Morgen früh werde ich verpflichtet und dann zum Kurfürst gehen: ich hoffe, bald eine Zulage zu bekommen, Strieder, der mir gleich in einem sehr freundschaftlichen Billet die Anstellung meldete, schrieb auch, ich müsse der Hoffnung leben. — Wie soll es mit Deiner Besoldung gehen, ziehst Du sie dort ein oder nur zum Theil? Soll ich es hier, mußt Du mir eine Vollmacht, die sehr einfach sein kann, schicken, dann sag mir auch, wieviel ich für uns davon nehmen kann. Es haben sich viele Rechnungen angehäuft. — — — Was die Tante giebt, ist für den Haushalt nöthig. Daß noch die Besoldungen nachbezahlt werden, wird immer unwahrscheinlicher.

Am Montag Abend, also vorgestern, hatten wir einen großen Schrecken. Um 11 Uhr kam ich mit Harnier von Suabedissen, als wir Feuer rufen hörten, oben an seinem Haus ging auch schon das Gedränge herab nach uns und unten kam uns schon der Rauch so dick entgegen, daß nichts mehr zu sehen war, als die dunkele Flamme hindurch. Vier Häuser von Wilds hinunter, dem D. Waldmann etwa gegenüber, brannte ein Brauhaus. Die Gefahr wuchs sehr schnell, wir packten in aller Geschwindigkeit, ich unsere Papiere und Bücher, die Lotte Hausrath und der Louis und Harnier schleppten es fort. Die Funken, die ein heftiger Wind, der sich glücklicherweise etwas legte, da vorher Sturm war, gerade herüber trieb, fielen vor unsern Fenstern stark nieder, und wäre es Sommer gewesen und hätte der dicke Schnee, der lag, nicht gleich getödtet, so hätten sie wahrscheinlich hüben irgendwo auch gezündet. Der ehrliche Proß mit den zwei Mädchen der Tante kam auch und half tragen, dann auch der Henschel. Um 1 Uhr war die Gefahr vorbei, man hatte gleich

neben die Häuser eingerissen und so geholfen, doch sollen außer dem
Brauhaus vier mit zu Grund gegangen sein. Die Apotheke war
durch den abwendenden Wind fürs erste etwas gesichert. Übrigens
mag auch das den Anblick furchtbarer gemacht haben, daß ein Boden
mit Frucht verbrennt ist, die so hoch in Funken aufsteigt: die Spitze
des Levisons Haus war von der gegenüberstehenden Flamme roth,
so hoch stand sie. Das hat in mir wieder den Gedanken an Ausziehen rege gemacht, ohnehin können wir nicht mehr als 50 Thlr.
geben.

Gestern den ganzen Tag habe ich mit Wiedereinrichtungen zugebracht, und da ich ohnehin in diesen Zeiten durch viele Besorgungen,
Besuche (zwei Tage hat die Base Koppen bei uns logirt), wie Du
leicht denken kannst, bin abgehalten worden, ist mir wenig Zeit zu
Arbeiten übrig geblieben. Ich habe nur den abgeschriebenen Text
des armen Heinrich (Benecke hat mir durch den Dr Bunsen, einen
ziemlich angenehmen, etwas redseligen jungen Gelehrten mit schönen
rothen Backen, 10 Pränumeranten zugeschickt) einmal durchcorrigirt und
die Sprachnoten zusammengebracht und überlegt: sobald ich Zeit habe,
schreibe ich Dir über einzelne Stellen. Falls Du nach Straßburg
kommst, könntest Du ja die Quelle des Müller'schen Drucks benutzen,
das würde viel Vortheil bringen. Den Erakliüs hat der Ferdinand
ziemlich fehlerhaft abgeschrieben, weil er doch die Sprache nicht versteht; sonst hat er sich gewiß Mühe gegeben. — Schlegel, erzählte
Bunsen (übrigens kein Sohn des Göttinger), habe Benecke gesagt,
er besitze ein noch ganz unbekanntes Manuscript der Nibelungen, das
er bei seiner Ausgabe benutzen werde; habe es aber nicht vorzeigen
wollen noch sagen, wo er es herbekommen.

Morgen, so Gott mir Zeit schenkt, von den Briefen; es ist schon
spät, die zwei Lichter haben das Papier angebrannt, der Louis liegt,
wie sonst zu Haus, auf dem Kanapee und schläft. Eine geruhsame
Nacht, sagte die Marie.

Am 12. Februar.

Ich konnte an den beiden Tagen nicht zum Schreiben kommen.
Am Donnerstag also, um halb elf Morgens, bin ich verpflichtet worden,
d. h. ich habe dem Hassenpflug einen Eid nachsprechen müssen, eine
nähere Instruction habe ich nicht erhalten. Darauf war ich bei der
Hoheit und um halb eins beim Kurfürsten, er sagte mir, ich hätte
gute Zeugnisse und sollte mich unter Strieder zu einem tüchtigen
Bibliothekar bilden, auch mich bald einschießen. Am Freitag, also

gestern, sind mir sämmtliche Schlüssel überliefert worden und bin ich also völlig installirt.

Louis hat heut Morgen seine Uniform erhalten, sieht recht frisch und gut darin aus, wird um 5 Uhr dem Kurfürst präsentirt und wahrscheinlich übermorgen nach Wolfhagen abgehen. Von Karl ist heute ein Brief gekommen, er wird morgen eintreffen und freiwilliger Jäger werden; es freut mich sehr, daß er bei seinem Entschluß bleibt, denn da er lang ausblieb und nichts von sich hören ließ, fürchtete ich, er hätte sich wieder zu bedenken angefangen; er ist aber durch Husten abgehalten worden, hat auch nicht gleich können gefahren werden. Die Lotte wird Dir vielleicht selber etwas schreiben, wenn's dazu kommt; wir haben das Paquet von Lepel richtig bekommen, das süße Zeug war besonders gut: die Bücher werden eingebunden, der Werner hat mir nur halb gefallen, weil in der darin geäußerten Demuth doch wieder eine halbe Eitelkeit ist, schrecklich hat sich in ihm das Todte des Systems gerächt, denn er übertreibt es nun auf der andern Seite und geräth am Ende nur in ein neues. Das Gedicht selbst hat gute Stellen.

Arnim hat einen wieder nur kurzen Brief geschrieben und ein Gelegenheitsgedicht von sich eingerückt; er entschuldigt sich mit Mangel an Zeit, welche ihm der Correspondent geraubt, indessen hat er ihn mit Ende des vorigen Monats an Niebuhr wieder abgegeben. Es ist eine sehr gute und merkwürdige Zeitung, an Werth und Eigenthümlichkeit gar mit den gewöhnlichen nicht zu vergleichen; manches schöne Detail, selbst deutsche Sitten, wird darin beschrieben; ich will Arnim bitten, uns den ersten Jahrgang zu schenken. Daß unsere Briefe darin müssen abgedruckt sein, schließe ich daraus, daß ich den Deinigen größtentheils mit Verwunderung in den eben erhaltenen Altenburgischen Teutschen Blättern finde, natürlich ohne Namen.

Was Rühs betrifft, so ist meine Meinung, ihm nicht zu antworten, die Anzeige, die ich vor einigen Tagen in den Musen gelesen, ist zu gemein und grob. Wilken hat in einem Brief wieder um Theilnahme gebeten und namentlich das angekündigte kleine Werk von Rühs angetragen; vielleicht läßt sich da etwas kurz und treffend sagen. Franz Horn hat sich für den zweiten Theil einen andern Recensenten erbeten, dagegen trägt Wilken den Bouterweck an, was ich aber ablehnen will, das Buch verdient nicht die Mühe, es ordentlich zu recensiren, und das müßte doch hier geschehen. Hebels Hausfreund hatte schon der Ferdinand geschickt und ein Exemplar ist jetzt

der Hanskalender. Was mir nicht gefällt, ist der Schluß von der
Erzählung der Zeitereignisse; das Ganze kann seiner Lage leicht
nachgegeben werden, aber es sollte kein Volksschriftsteller sagen: „ein
guter Kalbsbraten thut dann bessere Dienste, als eine Brust voll
Heldenmuth" (Louis hat einen Kupferstich von ihm mitgebracht),
und unsere Zwistigkeiten kommen mir viel erlaubter und unschuldiger
vor, als dergleichen Worte, die das Volk so gern als Wasser auf
seine Mühle herbeileitet.

Von Holland ist ein dicker Brief gekommen, den ich vielleicht
anlege, wenn's geht; vielleicht hast Du zu einer Antwort dort am
ersten Zeit. Die Sprachbemerkung des einen ist so, daß man sieht,
wenn er nicht ein Holländer wäre, der unser f wie z braucht, würde
er nicht darauf verfallen sein, und er hat gewiß gemeint, die
Emendation sei besonders gut und scharfsinnig. Dabei werd' ich unruhig über manche unserer isländischen Conjecturen. Von Wien ist
die Literaturzeitung und das Museum bis zu Ende des Jahres 13
angekommen, in jener stehen viele Recensionen von Büsching, auch
eine anpreisende von Hagens Edda und nordischen Sagen, was
die Sprache selbst betrifft: „bekennen wir gern, daß es uns an
Mitteln fehlt, darüber zu urtheilen," dagegen gießt er über die Einleitung Lob aus und tadelt rührend einiges im Ganzen. Wir werden
glücklicher Weise ganz mit Stillschweigen übergangen; Gräter und
Majer gerühmt. In dem Museum sind noch zwei Fortsetzungen von
Görres über Hunibald, wieder weit herum greifend, ich muß aber
gestehen, daß ich sie nur durchgeblättert und noch nicht ordentlich
gelesen habe; das Gute ist erwiesen, daß er schon vor Trithem da
war. Ferner ein kleiner Aufsatz von Büsching, worin etwas ganz
Unbedeutendes erläutert wird, hätte bei uns höchstens eine gute Note
gegeben, bei ihm ist es unglaublich breit; unsere Märchen werden
darin mit einer Art Zurückhaltung und einer Art Tadel citirt. Von
Kopitar ganz kurze Nachricht über das Manuscript von Gottfried
von Bouillon. Von Görres ein Stück aus den Heimonskindern mit
neuer Orthographie; ich habe es noch nicht verglichen, endlich aber
von Kovachich in Pest Anzeige eines großen Manuscripts in Colocza
in Ungarn, Sammlung von kleinen Erzählungen, unter dem Namen
Gesammtabenteuer dem Conrad von Würzburg zugeschrieben, darunter
befindet sich nun merkwürdig 1. der Reinhart Fuchs vom Heinrich
Glichsener, also dasselbe, was wir aus Rom haben, 2. der arme
Heinrich. Gut ist, daß die Anzeige noch zu rechter Zeit kommt, ich

will, sobald ich kann, an Kovachich schreiben und den Brief dem
Schlegel zuschicken mit der Bitte, ihn zu befördern. Es sind noch
allerlei Erzählungen (leider wird der Titel nur angegeben) von
Wölfen u. s. w. darin, deshalb müßte man sich hernach auch an ihn
wenden oder um Nachricht davon bitten.

Fichtes Tod wirst Du aus den Zeitungen wissen. Arnim hat
ihn in seinem vorletzten Zeitungsblatt noch angezeigt, er hatte an
der Gicht gelitten, war aber doch Landwehrmann gewesen. — Unerwartet wird Dir sein, daß C. Teuthold Heinze auch vorigen Herbst
gestorben ist, seine Krankheit mag auch mit schuld sein, daß die
Alterthumszeitung mit dem Juni geschlossen wurde.

Soeben ist Dein Brief von Langres, am 2. Februar abgegangen,
durch die Post angekommen, die Siegesnachricht haben wir vorgestern
schon ausführlich gehabt und uns herzlich gefreut, um so mehr, da wir
für Blücher besorgt waren. Wenn nur hier auch wäre geschossen
worden, damit einem das Knallen auch einmal Freude gemacht hätte!
Was Du von Deiner Lage schreibst, habe ich mir oft vorgestellt,
nur habe ich gedacht, bei einem bestimmten Ort in Zukunft werde
sie sich ändern; Strieder ist jetzt Director, Wölfel erster Bibliothekar,
da ist eigentlich die zweite Bibliothekarstelle vacant, wenn Du diese
bei Deiner Heimkehr bekämst (falls man Brüder neben einander setzt,
ich weiß aber nicht, warum nicht?) mit Deiner bisherigen Besoldung,
so wäre das gut und wir könnten zur Noth auskommen; es ist
nur die Frage, ob sie überhaupt soll besetzt werden. Übrigens meine
ich, könntest Du für Deine Unkosten wo nicht Diäten, doch Entschädigung und Ersatz der Unkosten fordern und würdest sie auch erhalten, doch das wirst Du selber am besten beurtheilen. In Noth
kommen wir nicht, da die Tante mir ihre Besoldung bisher gegeben
hat, es sind nur die Rechnungen, Hausmiethe, die in Verlegenheit
bringen, und von den rückständigen Besoldungen wird nichts bezahlt;
indessen ein Vierteljahr lassen sie sich noch ganz gut hinhalten und
wir wollen uns die fröhliche Zeit nicht schwer machen.

Meinen Brief wirst Du jetzt erhalten haben; ich will sehen,
ob ich diesen morgen fortbringe. Der alte Wild hat entschieden die
Wassersucht und läßt seinen Sohn kommen, schwerlich erlebt er noch
ein Jahr. Das Dortchen hat viel zu thun und doch alle Nacht bis
1—2 aufzubleiben; es läßt Dich grüßen, wie der Alte auch, es hat
mit dem Gretchen dem Louis sechs Paar Socken gestrickt. Wir bekommen jetzt regelmäßig Einquartierung, da es Sachsen und gute

Leute (Landwehr, schöne Menschen und vortrefflich gekleidet) sind, mag ich nichts machen: wiewohl auch Geld drauf geht. Man meint, die Miethen seien wohlfeiler geworden, daher auch wir müßten belastet werden. —

Eben kommt die Nachricht, Kunkel ist diese Nacht gestorben, noch vorgestern sah und sprach ich ihn bei der Hoheit. Kurze Zeit hat er nur seiner Ehren genossen. Leb wohl, Dein

treuer W.

Sonntag Morgen.

Der Brief geht erst jetzt fort (vielleicht bleibt er noch länger liegen), Karl ist bis auf diese Stunde, halb 11, noch nicht da.

Ha[rnier?] war eben da, er meint, es habe gar keine Schwierig-keiten, wenn Du Deine Auslagen hierher meldest, Erstattung derselben zu erhalten oder eine Zulage, so lange die Reise dauert; gar wenn der Graf ein Paar Worte dazu schreibe. Ich würde nichts davon erwähnen, wenn nicht die Verlegenheiten von allen Seiten kämen. Des Louis Ausrüstung kostet 50 Thlr. und er bekommt nur 17 ver-gütet, und seine auf einen Monat voraus empfangene Besoldung ist nicht einmal genug, während er auch etwas mitnehmen muß.

81.
Jacob an Wilhelm.

Troyes, am 24. Februar 1814.
Morgens früh 7 Uhr.

Lieber Wilhelm!

Zu Deinem heutigen Geburtstag wünsche ich Dir tausend Heil und Segen und vergnügte Zeit. Wann es in zwei Stunden auf meiner Uhr Punkt 9 Uhr sein wird, will ich die Hände zusammen-legen und an niemand anders als Dich denken. Und behalte mich lieb, ich bin ewig Dein treuer Bruder   Jacob.

Adresse: Herrn Wilhelm Grimm zu Cassel, Marktgasse bei Kaufmann Simon Wille.

. . .

82.
Jacob an Wilhelm.

Nr. 9.   Besoul, 1. März [1814.]

Meinen letzten Brief, lieber Wilhelm, vom 20. oder 21. mußt
Du sehr bald und sicher erhalten haben. . In Troyes noch sah ich
eine Nummer der Casseler Zeitung und darin Deine Ernennung zum
Bibliothekssecretär, wozu ich Dir Glück wünsche; in Chaumont einige
Tage später eine frühere Nummer, worin ich mit Rührung, Freude
und Bangheit den Louis als Secondelieutenant im dritten Landwehr
regiment finde. Dies schließt mir nun auf einmal auf, daß er von
München nach Cassel gekommen ist, und vermuthlich auch der
Ferdinand. Da ich nicht weiß, welche Regimenter zuerst marschirt
sind, so glaube ich fast, daß Louis seinen Geburtstag noch bei Euch
wird zubringen. Wie schickt er sich wohl zum Soldaten und hat er
das Formelle so schnell lernen können? Ich grüße Euch alle zusammen aufs Herzlichste, und ist vom armen Karl immer noch keine
Nachricht da?

Deinen Geburtstag hab' ich in Angst und Sorgen zugebracht. Wir
mußten schnell retiriren, bis hierher nah an fünfzig Stunden hinterwärts
und das durch eine mit zurückgehender Bagage eng angefüllte Heerstraße, alles in schönem, sonnenhellem, aber bitterkaltem Wetter, so
daß ich über jenes traurig, über dieses ärgerlich war. Zu mehrerer
Sicherheit bekamen wir eine Escorte von Palatinushusaren bei, die
aber nicht allerwärts aushalf, so mußte man sich durchwinden durch
Wagen und Artillerie; es ist unbeschreiblich, wie viel Gepäck die
Russen mitschleppen, mehr noch als die Östreicher, und ein Glück vom
Himmel war eben der gefrorene harte Weg, weil sonst vieles hätte
müssen stecken bleiben.

Das Schlimmste dabei war der Mangel an Aufschluß über den
eigentlichen Grund dieses Rückzugs und selbst die letzten Kriegsbegebenheiten. Seit dem 8. Februar kein Armeebülletin. Nun wußte
man zwar von den nachtheiligen Gefechten Blüchers, Wittgensteins
und des Kronprinzen von Würtemberg, allein es hieß doch zuversicht-
lich, daß sie nicht bedeutend genug waren, um in der Hauptsache
etwas auszuschlagen. Nach und nach verließ man Fontainebleau, Sens,
Bray, selbst Nogent und Pont sur Seine, aber vor Troyes hätten,
sagte man, unsere Truppen eine höchst vortheilhafte Position. Indessen kehrten die Hauptquartiere zurück und machten Anstalt, noch

weiter zurückzugehen, wir verließen Troyes; von Bar sur Aube gingen die Kaiser und Könige nach Chaumont, wo alles überfüllt und das Volk in Furcht vor Plünderung war. Wir mußten erst nach Langres und von da weiter, hinter Langres wurde mir wieder leichter und die Straße etwas leerer; auch trafen vom Rhein kommende Reserven an, die vorwärts gingen, was immer besser anzusehn ist. Es hieß, die Armee würde sich erst in der Position zu Chaumont halten und dann im schlimmen Fall die von Langres nehmen, woraus die Alliirten eine ordentliche Festung gemacht haben. Es sind da rings-herum hohe Mauern mit Zinnen und man kann rund herum gehen und wie von einer alten Burg heruntergucken: alle Thore bis auf eins waren vermauert, in das eine drängte sich alles den Berg hinauf, die Zinnen standen voll Weiber und Kinder: die Gegend ist wie bei Chaumont bergicht und gar nicht uneben, wiewohl dies Beiwort hier einen Widerspruch macht. Nun hörte man, der Feind habe Troyes aufgefordert, Wrede sich aber noch einen Tag gehalten und die ihn verfolgende Reiterei tüchtig zusammenhauen lassen. Die Franzosen drangen bis Bar sur Aube, Bar sur Seine und wie es heißt Chatillon; in Bar sur Aube zündeten Kriegsgefangene Nachts das Rathhaus an und es soll in diesem unglücklichen Städtchen bunt hergegangen sein.

Über den Grund des Rückzugs gingen manche Gerüchte: Mangel an Lebensmitteln für Mensch und Pferd; erlittene Nachtheile auf Punkten, die Napoleon mit Übermacht angegriffen: bedeutende Verstärkung, die er aus Spanien angezogen; unterbrochene Commu-nicationen zwischen der Hauptarmee und Blücher; letzteres war am unglaublichsten und die Alliirten für so stark gehalten worden, daß man sie noch immer dem Feind überlegen glauben konnte. Was auch daran ist, auf jeden Fall war die Bewegung ein Nachtheil in sich selbst und ein Verlust in den Augen des Volks, ein Gewinn für den Geist von Napoleons Armee, eine Abspannung in den Hoffnungen, die die Brienner Schlacht erregt hatte. Mein Trost war: der Himmel hat ihn doch zu sichtbar ins Fallen gebracht, und er muß fallen, selbst nach mechanischem Gesetz; dies ist bloß noch eine versuchte Schwingung, die ihn aber in die Länge nicht aufrecht halten kann. Bedeutende Verstärkungen rückten unseren Truppen zu und mußten bald eintreffen.

Im Volk waren schon Lügen und Übertreibungen genug: von einer Schlacht, wo der Kaiser uns um 50000 Mann gebracht; selbst lächerlich: wie er zu Epernay über die im Wein betrunkenen Teutschen hergefallen. Durch alle Orte standen Weiber und Männer vor der

Hausthüre und schauten, auf ihren Gesichtern heimliche Freude und Angst vor Plündern. Man kann nicht behaupten, daß sie den Napoleon liebhaben, aber sie fürchten ihn wegen seiner möglichen Rückkunft, dabei hassen sie uns, weil wirklich unsere Mannszucht, wenigstens auf dieser Seite schlecht ist. Die Kosacken plündern und verheeren voraus, die andern folgen nach. In den meisten Dörfern sind Fenster und Thüren zerschlagen oder verschlossen und die Bauern fortgelaufen. Dadurch wird selbst die feindliche Armee vermehrt, weil ihr dies Gesindel aus Noth und Rache zuläuft. Hinter Langres bis hierher wird es einigermaßen besser, aber es fehlt nicht an rührenden Geschichten. Vorgestern in einer Dorfküche saß ein gutes Mädchen und weinte um ihre Mutter, die fortgelaufen war, sie wußte nicht wohin; daneben ein spanischer Priester, der heimkehrte, einen Piaster aus der Tasche zog und Ferdinands sehr häßliches Brustbild entzückt küßte, daneben ein böhmischer Landsturm, der erzählte, er sei ein Weber seines Handwerks und wie er nach und nach zum Soldat werden müssen u. dgl. Nicht selten sieht man aber auch den bösen Willen oder die Verschlagenheit der Franzosen, womit sie verheimlichen und unerachtet des Geschreis ihr Bestes verstecken und behalten. Aber im Grund ist das Land ärmer wie Teutschland und wird sich viel schwerer erholen. In den Vorstädten von Troyes soll man auf die abziehenden Teutschen mit Steinen und Ziegeln geworfen haben.

Zwischen Langres und hier trafen Gott sei Dank mündliche bessere Nachrichten ein, die sich gestern und heute hier officiell bestätigten. Wir haben Bar sur Aube und Vandoeuvre, in diesem Augenblicke vielleicht schon Troyes wieder besetzt und den Victor bei ersterem Ort geschlagen, wobei Schwarzenberg und Wittgenstein leicht verwundet worden sind. Die nähern Umstände erwartet man stündlich, und was ich schon weiß, will ich nicht hier schreiben, weil Du das aus der Frankfurter Zeitung früher sehen wirst. Blücher hat Sezanne und Montmirail. Der Rückzug wird nun als eine Verabredung mit Blücher motivirt, um den Napoleon zwischen zwei Flanken zu kriegen.

Diesen Rückzug will ich preisen, wenn er uns zweierlei zu Wege bringt: 1. Die Aufhebung des Chatillouer Congresses, sowie überhaupt jedes andere mit ihm; 2. mehr Einigkeit und Vorsicht in den Bewegungen. Denn zu verachten ist weder er noch seine Armee und die deutschen Zeitungen haben sich den Einzug in Paris zu leicht gemacht. Jetzt soll er einen Waffenstillstand angeboten und nicht

erhalten haben; früher hieß es (was mir vor allem leid that), man
habe ihm einen geboten und er ihn aber ausgeschlagen. Keins von
beiden will ich für wahr ausgeben. Aber es wäre ein Schimpf für
unsere starke und muthige Armee, wenn wir Unterhandlungen an-
knüpften.

Augereau, der bis Dijon und selbst Gray vorgedrungen sein
soll, muß sich nun hoffentlich zurückziehen; Bianki ist mit 20000 Mann,
den Bubna zu verstärken, abgeschickt. Bianki ist einer der besten österreichischen Generale.

Ich schicke Dir hier Anweisung auf 100 Thlr. fällige Besoldung. Mit meinen Ausgaben geht es jetzt etwas gelinder, ich
wüßte aber nicht, wie ich jetzt das Geld, was ich brauche, von dort
sicher beziehen kann, und denke mir lieber mit Borgen auszuhelfen,
so lang's geht. Der Graf steht mit seinem Banquier Rothschild nicht
sonderlich, und darum mag ich diesen Weg nicht einschlagen.

Heute heißt's, Augereau sei geschlagen. Es fehlt an frischen
Nachrichten.

Da die Bibliothek dort jetzt viel besser steht, als die Legation
hier, so bist Du jetzt mehr als ich.

                                Dein treuer Bruder J.

Adresse: Herrn Bibliothekssecretär Wilhelm Grimm, Cassel,
Marktgasse bei Kaufmann Wille.

83.
Wilhelm an Jacob.

Cassel, am 8. März 1814.

Liebster Jacob! Nachdem endlich heute wieder gute Nachrichten
eingegangen und Ihr im Vorrücken seid, habe ich die nöthige Ruhe,
Dir zu schreiben, wie oft habe ich an Dich gedacht und seit Deinem
letzten Brief Sorgen und Zweifel gehabt, weil mir alles so unbegreiflich war. Man erzählt nun auch von einer durch Blücher neuerdings gewonnenen Schlacht, wollte Gott, daß es sich bestätigte. Deine
Briefe habe ich alle bekommen, Du mußt die meinigen auch haben,
ich weiß nicht drei oder zwei, da ich verschiedentlich an einem
geschrieben: wenigstens hat mir das Knatz aufs allerbestimmteste
gesagt. — — —

Am 17. Februar ging der Louis nach Wolfhagen, kam dann vom 25.—27. zum Besuch hierher und am 2. März ist er abmarschirt. Den 1. kam er schon mit dem Regiment Morgens herein, um in der Kirche zu schwören, wo die Fahnen geweiht worden und ordentlich Gottesdienst war. Ich hatte mich auch mit vieler Mühe hineingedrängt und Platz bei einem Soldaten seines Regiments gefunden, die Offiziere standen in einem näheren Kreis um den Altar, alle Herrschaften waren auch da. Wie es zum Schwur kam, sah ich, wie alle Bauern des Regiments ernsthaft und andächtig die Hand aufhoben, nur die feineren Leute thaten, als schämten sie sich. Es war mir so, als ging es ihm gewiß gut, könnt' ich ihn unter den vielen Menschen entdecken, und da sah ich auf einmal seinen Kopf von hinten, und wie er sich umdrehte, war er's auch; das war mir ordentlich ein Trost und eine Freude. Am andern Morgen, denn er durfte die Nacht nicht bei uns bleiben, ging ich um halb acht Uhr aus und gerade kam das Regiment zum Thor herein, da bin ich mit ihm gegangen und beim Ausmarsch mitten drin neben ihm und habe ihn begleitet bis an die Pappelallee, da haben wir uns noch einmal geküßt. Der Karl wollte noch zwei Tag hierbleiben, war zwar mit auf marschirt, sagte aber, er reite wieder zurück; das war auch seine Absicht, denn er hatte noch seinen Mantel bei uns liegen; Mittags aber kam sein Bedienter (er hat sich einen gemiethet) gelaufen und holte ihn ab, der Rittmeister habe es nicht erlaubt. Da ist mir's lieb, daß ich ihn doch noch gefunden und geküßt habe. Gott erhalte sie, heute sind sie in Weilburg oder Montabaur.

Dein Geschenk zu meinem Geburtstag, liebster Jacob, habe ich richtig erhalten, es ward mir, wie ich noch im Bett lag, um halb acht Uhr von der Post gebracht, ich dachte gleich, es wär von Dir. Den Kuchen habe ich und die Lotte und Tante verzehrt, dann hab ich Wilds und Ramus ein Stück geschenkt. Die Tante hat mir vier Louisd'or geschenkt, ich sollt mir einen schwarzen Rock dafür kaufen, was ich aber noch lassen will, die Lotte ein seiden Schnupftuch und das Dörtchen einen Kuchen und ein Paar Blumen. Das Geld, das Du mir geschickt, habe ich angewendet, den Erdmann zu bezahlen.

Von Görres habe ich endlich auf meinen Brief kurze Antwort bekommen vom 17. Februar. Er hat das Nervenfieber gehabt, ist um Neujahr noch sehr gefährlich gewesen, jetzt aber mit dem Rheinischen Merkur beschäftigt und steht sich gut mit Gruner, den er als einen sehr braven und verständigen Mann lobt. Hoffentlich geht es

17*

ihm von nun an besser. Den Gregor will er schicken, er glaubt nicht, daß Glöckle noch in Rom sei. An Schlegel habe ich längst wegen der ungarischen Handschrift des armen Heinrich geschrieben. Arnim hat auch einmal geschrieben, er will, um zu sparen, auf sein Gut Wiepersdorf ziehen. Niebuhr ist vom Könige nach Holland geschickt, wegen der gemeinschaftlichen Staatspapiere.

Ein unerwarteter Besuch war Jahn, der das Volksthum geschrieben und großen Antheil an dem Lützower Corps hat. Es ist ein verständiger Mann, der gut spricht; nur stört mich etwas das Anhaltende darin, denn er setzt auch in ein Paar Stunden nicht ab und hat darin wie in einigen Gesichtszügen Ähnlichkeit mit der alten Engelhardin. Er kennt die Sitten des Volks gut und weiß viele Sagen und hat Freude an unsern Märchen gehabt. Er will nach dem Frieden besonders Deutschland durchreisen, um eine Sagengeschichte fürs Volk zu schreiben. Kommt er in Deine Nähe, so wird er Dich besuchen.

In der Literatur giebt's nichts Neues. Rühs' Schrift gegen uns habe ich erhalten, sie ist von unglaublicher Niederträchtigkeit und Schändlichkeit; er schreibt uns geradezu die Jenaer Recension von Gräter zu. Willen hat mich um eine Recension gebeten, falls es mir nicht zuwider sei, und sonst eingeladen, auch den Bouterwek angetragen; ich habe nun, ohne im geringsten auf jene Schändlichkeit zu antworten, ihm nur so kurz als möglich widerlegt, denn er giebt wieder die ärgsten Blößen. Er hat natürlich in der Sache im Ganzen und gegen die einzelnen Beweise nichts einwenden können, wo er es thut, zeigt er Irrthümer. Dieses wird das Letzte sein und er mag in Zukunft anfangen, was er will, ich werde nicht darauf antworten.

Der Prinz hat auf unsere neuen Kanonen passende Inschriften gewünscht, Henschel war deswegen bei mir, wenn Du sie einmal siehst und liest, kannst Du an mich denken, denn ich habe sie heute Mittag gemacht. Es waren wunderliche vorgeschlagen worden, viele ganz gut gemeint, aber ohne alles Gefühl für das Passende und Volksmäßige; die lächerlichste, widrigste und sehr charakteristische war die: „Beitrag zur Ruhe Europas". Es hätte nichts gefehlt als: erstes Portiönchen.

Ich freue mich schon ganz unglaublich auf die Tage, wo Ihr alle wiederkommt, Gott gebe bald und lasse alles so geschehen, wie wir wünschen. Läßt er uns diese Zeit glücklich überstehen, so ist es hernach gut, daß zwischen ängstlichen Erwartungen unser Heil gekommen ist. Leb wohl und schreib bald und etwas Gutes.

Am 9ten Morgens.

Heut nur noch wenige Worte, weil der Brief gleich fort soll. Der Steuber hat mir von Luxemburg geschrieben, aber nur kurz, er ist Adjutant des Döruberg; nach neuern Nachrichten haben sie gestürmt, auch drei Thore gehabt, aber wieder zurück gemußt. Luxemburg soll auch nicht zu nehmen und die Stadt selbst, wenn sie erobert ist, nicht zu halten sein, weil das Fort inwendig herrscht. — Der Schwarzenberg, der mit Braunschweig ging, ist aus Spanien gesund mit fünf aber nicht gefährlichen Wunden gekommen.

Die Lotte läßt Dich vielmals grüßen, morgen ist ihr Geburtstag. Sonst ist es beim Alten. Auf der Bibliothek geht es mir ganz gut und stehe mit Völkel freundschaftlich, ich habe ihn bisher als rechtschaffen und überhaupt recht gut und liberal denkend gefunden. Strieder kommt gar nicht, auch weil er jetzt für eine Zeit lang ganz oben ist und Deine ehemalige Bibliothek wieder ordnet. Noch einmal leb herzlich wohl.   Dein treuer Wilhelm.

Der Bauer ist endlich heute erst fort und die ganze Zeit hier gewesen. Harthausen hat mir wieder geschrieben, er liegt vor Hamburg. Steffens, hab' ich gehört, ist lang in Coblenz bei Görres gewesen, hoffentlich siehst Du ihn noch.

84.
Jacob an Wilhelm.

Nr. 10.   Besoul, am 9. März 1811.

Liebster Bruder!

Wenn Ihr Euch recht herzlich vorstellt, wie sehr ich an Euch hänge, so könnt Ihr denken, wie mir war, als ich vorgestern, den 7., gegen 11 Uhr Deinen Brief vom 18. 24. Januar empfing. Das erste Zeichen seit 2¼ Monat, so allein bin ich nie gewesen, fast keine Seele, mit der ich sprechen kann, und diese Tage sind mir keineswegs in Zerstreuung, sondern in beständigem Nachsinnen und Sorgen hingegangen. Dein Brief hat mich getröstet, auf lange Zeit gestärkt, erfreut, gerührt und traurig gemacht, alles zusammen. Vor allen Dingen muß ich sagen, daß er eingeschlossen kam in einem vom 19. Februar, woraus folgt, daß, wenn Du bis dahin nicht auf andern Wegen geschrieben hast, ich durch jene Bestellung keinen mehr aus früherer Zeit zu erwarten habe, und ich sollte doch meinen, Du hättest

in Verlauf von fast einem Monat noch mehr als ein Schreiben abgehen lassen.

Wie reich war Dein Brief! Nachrichten von Karl, Ferdinand,
Louis: vor allem grüße mir jeden von ihnen recht tausendmal, so
weit Du noch zu ihnen reichen kannst, denn ich reiche jetzt zu nie-
manden. Alle miteinander sind doch herzbrav und wie lieb hab ich
sie, es geht doch nichts darüber, als zu sehen, daß alle, die einem zu-
gehören, in den Hauptstücken ungeachtet aller andern Verschieden-
heiten immer zusammentreffen, dergleichen liegt doch in einem und
ist uns durch unsere Erziehung von Haus her mitgegeben worden,
ohne daß es uns jemals gesagt worden wäre. In solchen Augenblicken
kann ich aufrichtig wünschen, der selige Vater und Mutter lebte noch,
ich wäre ihm in seinem Amt beigegeben und wüßte von nichts Weiterm,
damit die treue Erwartung, die er sich von uns gewiß in vielfachen
Gedanken gemacht hat, nicht zerstört würde durch etwas, das gegen
ein rechtschaffenes Leben betrachtet immer nur eine bloße Form und
jenes die Sache ist. Sein Schicksal, sein Wirken in der Welt mag
einer preisen, aber jener Zusammenhang, jene Liebe geht darüber
und muß einmal wieder erneuert werden und ewig fortwähren. Wenn
ich jetzt die Brüder einzeln betrachte, finde ich an jedem zu loben.
Am Karl, der nach mancherlei Arbeit und Mühseligkeit sich jetzt
wieder unten hinstellt und in der Ungewißheit schwebt, was ihm nach
dem Feldzug übrig bleibt; eine Offizierstelle gönnte ich ihm auch aus
Rücksicht seiner nicht starken Natur; schreibt mir doch, wie er sonst
an Gesundheit und Gemüth ist. Mit dem Ferdinand wirst Du auch
seiner unglücklichen Geschichte halben jetzt immer ausgesöhnter werden,
das mußt Du doch sagen, daß er thut, was er sollte, und ich freue
mich, daß ich im Grund meines Herzens stets an ihn geglaubt und
gefühlt habe, daß Du in einer Zeit zu hart gegen ihn warst. Das
ist weiß Gott kein Vorwurf oder mir ein Verdienst u. s. w., sondern
liegt in einem gewissen Stolz Deiner Natur, den Du Dir nicht nehmen
sollst, der mir nur manchmal ein Fehler geschienen hat. Wir andern
haben gewiß auch andere. Für Ferdinands schwache und kränkliche
Leibesbeschaffenheit fürchte ich aber sehr und Gott stehe bei seiner
Seite und beschütze ihn, daß er es aushalten kann. Es fällt mir
jetzt heiß aufs Herz, daß ich zu Vandoeuvre vor drei Wochen einen
kranken bairischen jungen Soldaten vor der Hausthüre sitzen sah,
wo wir still hielten, er forderte nur eine warme Suppe, die ihm
niemand geben konnte, Brot, das man ihm gab, aß er nicht, ich

schenkte ihm sechs Batzen und er reichte gleich das Geld den Wirths-
leuten für Suppe, die ihm keine gaben, und er mußte elendig und
wankend zu Fuß weiter fort. In Troyes sprach ich drei Preußen,
sein aussehend, aber gemeine Soldaten. Sie waren aus adlichen
Familien und klagten, daß ihr Leib schwächer sei als ihr Geist; sie
hatten lange Zeit im Spital müssen liegen. Der Umgang mit
andern rohen, schmutzigen, kranken Soldaten ist das Allerhärteste.
Der ehrliche, gute Louis giebt ohne Zweifel am meisten auf, dafür
hat er auch die meiste äußere Lust, der Himmel bewahre ihn und
seine rechte Hand. Schreib mir doch auch weitläufig, wie er sich in
allem geändert hat, seit wir ihn nicht sahen, ich hoffe von ihm und
Karl selbst ein Paar Zeilen in einem Deiner nächsten Briefe beigeschrieben zu lesen.

Dich selbst, lieber Wilhelm, sehe ich täglich im Geist von 10 bis
12 Uhr auf die Bibliothek auf dem Wege gehen, den ich sonst mehrmals für Dich gemacht habe, wenn Du Dich aus allerlei Anstand
scheutest. In der Arbeit und der Abhängigkeit von andern wird Dir
manches nicht gefallen, anderes ist vielleicht dabei angenehmer, als
Du erst denkst; auf einige Besoldung rechne ich doch, wiewohl die
Entfernung der Brüder uns für eine Zeit ihrer Versorgung entbindet
und ich weniger für mich zu brauchen hoffe, als es der Anschein des
ersten Monats gab. Der Graf hat sich aufrichtig und theilnehmend
über meinen Gehalt gewundert, ich lerne täglich mehr seine Recht-
schaffenheit kennen und vergesse darüber seine Eigenheiten.

Wenn ich jetzt auf mich kommen soll, so muß ich von Deutschland und den Aussichten, die wir Deutsche haben, sprechen, worüber
ich mit jedem Tage trauriger und betrübter im Sinn werde. Wie
viel reiner, heller stellt Ihr Euch dort und der größte Theil Deutschlands sich alles vor; ich möchte mich Dir recht darüber ausschütten
und darf Dir doch die Aufschlüsse nicht schwarz auf weiß schreiben,
die ich nach und nach bekommen habe. Das Heiligste, Einfachste,
das, was der größte und beste Theil unseres Volks klar will, wofür
Hunderttausende gestorben sind, steht so auf dem Spiel, daß uns nur
Gott rettet oder die finstere Verblendung unseres Widersachers.
Mündlich will ich Dir einmal nach dem Faden erzählen. Heute ist
aber die Nachricht verbreitet worden, daß morgen, als den 10. März,
Napoleon entweder die ihm vorgelegten Basen unterzeichnen müsse,
oder auf keine weitere Unterhandlung mit ihm selbst zählen dürfe.
Ob dieser Termin in Wahrheit gegründet ist, kann ich nicht behaupten,

ich wünsche aufrichtig das Gegentheil und, daß der lieben Lotte
Geburtstag nicht mit dem Tag zusammen falle, wo ein Frieden zu
Stand käme, der sündlicher wäre, als der fortgeführte Krieg, weil er
den Samen zu einem neuen Krieg in sich trüge und viel Unschuldige
durch die Ruhe von einem Jahr oder zweien in Betäubung löge,
andere in bange Sorgen stürzte. Der Herr lenke die Rathgeber unserer
Fürsten und bekehre die Schwachen; was vermag der einzelne zu
thun? Ich habe dieser Tage einige der dringendsten Punkte flüchtig
aufgesetzt und aus mehreren Gründen durchaus anonym an einen
Ort, wo es vielleicht etwas mitwirken kann. Bei längerer Weile
hätte ich es gewiß besser gemacht, ich dachte aber früher nicht an
mich, sondern an andere, und es liegt auch jetzt weniger dran, wie
das Schärflein gerändert ist. Hast Du Benjamin Constants Schrift
über Usurpation gelesen? Man kann sich hier gar nichts verschaffen.
Daß nur Könige und Minister einsehen und glauben könnten felsenfest,
wie treu wir sie lieben und für sie alles opfern, und daß alles andere
Bedenken klein, gemein, dumm, schlecht ist; bedenken sie aber jenes,
so wird ihnen das Aug offen stehen für den Weg, den sie zu unserm
und ihrem Glück und einigem Heil wandeln sollen.

Vielleicht hastu, eh dieser Brief bei Dir anlangt, schon die
Entscheidung gehört. Das Seltsamste ist, daß Teutschland eine so
große, überwiegende Menge braver, das Rechte glaubender und
wissender Leute hat und doch dieser Geist mit innerem und äußerem
Übergewicht verstummt oder gefangen wird vor und von dem Be=
schränkten. Gott gebe, die nahe Zeit beschäme meine Angst, so will
ich gern jedermann im Herzen abbitten und meinen Irrthum be=
kennen.

Am 10. März, Morgens.

Ich schreibe heute wenigstens ruhiger fort, Abends ist man ge=
spannter. Die letzten Kriegsbegebenheiten waren wieder günstig,
aber ich zweifle nicht, sie wären noch ganz anders, wenn die Unter=
handlungen nicht eine Hemmkette angehängt hätten. Es wurde an=
geschlagen, Blücher marschire gerades Wegs auf Paris los, nach den
neusten Nachrichten soll er in einer beharrlichen Stellung gestanden
haben; Schwarzenberg ist mit seinem Hauptquartier wieder in Nogent
und wird beinahe die alte Position inhaben. Troyes wurde den
4. 5. wieder genommen, auch sind Kanonen und Gefangene in unsere
Hände gerathen, aber der Gewinn ist wenig ausschlagend, da wir bei
dem mörderischen Gefecht von Bar sur Aube drei Oesterreicher auf

einen Franzosen verloren haben sollen. Durch das Beirücken der
Nordarmee hat aber Blücher und unser Ganzes eine so entschiedene
Überlegenheit, daß schon alles gut gehen müßte. Dazu rückt
Wellington seit dem 13. Februar heran. Soviel zeigt sich nun, daß
Mangel an Lebensmitteln doch nicht der Grund des Schwarzenbergischen
Rückzuges in der Mitte Februar war, das Hauptresultat der unglück-
lichen drei Gefechte mit Blüchers Vortrab unter Olsufief (am 10.,
wo 10 Kanonen und 6000 Mann, sieben russische Regimenter,), mit
Wittgenstein (wo 30—40 Kanonen verloren wurden), mit den
Württembergern bei Montereau, überwog die Vortheile der gewonnenen
Brienner Schlacht weit. Aber es war eine Warnung vom Himmel
und mußte uns eben stark und einfach machen. Man bedenke nur
das Beispiel der Schweiz, welche halbe Maßregeln gegen sie genommen
wurden, sie, die 40000 Mann für uns aufbringen müßte, hat rein
nichts gethan, als Böses, Genf allein verdient ein besseres Schicksal.
Die Waadtländer haben uns verweigert, was wir forderten, und
französische Gefangene durch ihre Rotten frei gemacht, die beste
Strafe wäre, sie an Frankreich abzutreten oder ihnen den König von
Württemberg zu geben, wiewohl Letztes ein Spaß ist. Bubna ist dadurch zum Rückzug genöthigt worden. Die Mannszucht der Russen,
hernach der Österreicher (besonders Böhmen und Ungarn) hat viel verdorben, hin und wieder laufen die Bauern zusammen und vergelten, was
und wo sie können. Gestern erzählte ein Courier, (die freilich lügen
oder zusetzen,) bei Dijon hätten die Bauern zwei österreichische Spitäler
angefallen, alle Kranke und neun Offiziere umgebracht, worauf ein
Dorf angesteckt und Schuldige sammt Unschuldigen verbrannt worden,
im zweiten der je neunte erschossen wäre. Die Bauern treibt Rache
und Hungersnoth, nicht allein Bosheit; auch falsche Kundschaft, die
Napoleon überall auszustreuen weiß, denn unsere Armeepolizei
taugt so viel wie nichts. Einige sagen sogar, daß jedermann das
Kreuz der Legion zugesagt worden sei, der einen Alliirten tödte, und
man hat hier in der Gegend in Dörfern Piken versteckt gefunden.
Allein den Aufstand des französischen Volks fürchte ich nicht ein
Zehntel so viel, als das andere. Der Graf Artois ist hier, wird aber
natürlich von den Verbündeten nicht recht unterstützt und eher thut
das Volk nichts: regierten die Bourbons wieder, so wäre uns Frankreich dankbar und beruhigt.

Du kannst Dir selber denken, wie mir in allem dem selbst zu Muthe
ist; morgen brechen wir auf über Langres und vermuthlich nach

Chaumont, Örter, die ich zum drittenmale sehen werde. Dauert der Krieg fort, was ich wünsche, so geht es noch weiter und meine Rück- kehr schiebt sich freilich auf. Giebt es jetzt Frieden, so würde auch ein Hauptaugenmerk für mich, die Hoffnung, in Paris vieles für unser Studium zu finden und zu arbeiten, wodurch ich mir alle Ver- säumnis zu vergüten dachte, untergehen. Dann aber ist es mein heißer Wunsch, bald nach Haus zu kommen und mich aus einer Lauf- bahn los zu machen, die mir desto mehr schadet, je länger ich darin bleibe; wenn mir dann die Tante nur ein halb Jahr Ruhe läßt, damit wir sehen können, was zu thun ist, und wenn ich nur nicht gleich wieder ein anderes noch lästigeres Amt nehmen soll.

Unsere Arbeiten, die mir so sehr zu Herzen gehen, leiden durch diesen Zufall gewaltig und ich fürchte, der Buchdrucker in Halle, der seine Zeit für die Edda gespart und eingerichtet hat, macht Schwierig- keiten; der Verleger wird ja vernünftig sein. Lassen sich denn Rask, Thorlacius und Nyerup nun nicht wieder hören? Hat Reinwald nichts über seine Evangelienharmonie geschrieben? Ist nichts aus Holland gekommen, besonders Bücher über Leipzig? Über den zweiten Band der Kindermärchen, woran Du so viel thust, freue ich mich; Ferdinand hat wohl seine Beiträge nicht geschickt? Dem guten August Haxthausen kann ich nun freilich kein Zettelchen antworten, da Du nicht auf mich gewartet haben wirst oder jetzt selber seine Adresse nicht mehr weißt.

Der Tod von Denhard hat mich betroffen und mir leid gethan. Unglücklicherweise gerathen auch die Geldangelegenheiten für uns in neue Verwirrung. — — — Unser Vermögen wird immer bedenklicher und das ist doch meine allergeringste Sorge jetzt; bei andern erstickt das leider Verstand und Herz. Pilat, der viel bedeutender sein könnte, hat im vorigen Jahr durch den österreichischen Beobachter, wie es heißt, 25000 Gulden erworben und wendet immer noch einen großen Theil seiner Zeit auf die Forterhaltung dieser Einkunft.

Von Savigny und Arnim hatte ich gehofft, einmal unmittelbar ein Paar Worte des Trostes zu hören, aber bisher vergebens. Melde mir's also gleich, was sie schreiben.

Mein liebster Umgang ist der Senator Smid aus Bremen, ein herzensguter und vernünftiger Mann, mit dem ich die Verbindung auch in Zukunft zu behalten hoffe. Sein Legationssecretär Doctor Gildemeister gehört ebenfalls zu den Gescheidten; auch der Senator Hach aus Lübeck, der den Villers in der Robbischen Concurssache freimüthig durch eine kleine Druckschrift widerlegt hat. Abends wird hier bei den Zusammenkünsten meistens Karte und Schach gespielt und über Tafel unausstehlich lang gesessen (unaussitzlich). Das Wetter ist rauh, Schneestöbern und großer Schmutz, so daß man nicht gern spazieren mag. Hier wohne ich bei einem Tribunalrichter, guten bürgerlichen und ärmlichen Leuten, die alles hergeben, was sie haben, sonst langweilig, complimentenvoll bis obenhin und sich ewig wiederholend. Das Kind, ein artiges Mädchen von 10 Jahren, das ich weiß nicht wie heißt, sie aber aus närrischer Sitte Mamsell Palmire nennen, kommt jeden Tag, hilft mein Bett machen, trägt mir Holz zu und erzählt von den famosen Kosackenbärten. Mährchen wissen sie wohl auch, aber doch lieber gereimte Fabeln von Lafontaine auswendig: es ist unmöglich, ihnen begreiflich zu machen, daß jene keine Dummheit wären. Auf den Dörfern braucht man kleinen Jungen, sobald man sie kirr gemacht hat, nur zu sagen, dis moi l'évangile, so sagen sie einem lange Gebete auf, wenigstens hab' ich einigemal die Probe gehabt. Die Leute sind mit uns immer sehr zufrieden, weil wir weniger begehren als Generäle und Offiziere.

Der lieben Tante liesest Du, denke ich, vor, was sie aus meinen Briefen brauchen kann; da ich mir Euch alle wie eins denke, so kann ich auch nicht besonders schreiben. Gott gebe ihr einen fröhlichen Geburtstag und sie möchte an das denken, was wir voriges Jahr dazu geschrieben. Ich bin nun doch wieder nicht dabei. Ich küsse ihr die Hand und grüße Euch alle nochmals. Dortchen, Ramus, Henschels grüße ich, Harnier und Suabedissen ja nicht zu vergessen. Gott verleihe, daß ich das nächste Mal aus vollvergnügter Seele schreiben könne. Ich bin Dein treuer

Bruder Jacob.

Büschings altitalienische Mährchen werden wohl die aus Straparola sein, die schon in Zeitungen einzeln standen. Eure Journalgesellschaft besteht also noch.

Den 10. Nachmittags.

Ich bin heute von 12 bis 2 Uhr bei schönem Wetter spazieren gegangen auf der Straße nach Besançon, von woher man kanonieren hörte. Der heutige Courier meldet, daß Napoleon sich auf die Friedensbasis scheine nicht wollen einzulassen; dies ist mein einziger Wunsch, vorausgesetzt, daß man sich mit ihm hernach endlich einmal nicht mehr einlasse. Er soll jetzt zu Ferté sous Jouarre sein, Blücher gegenüber, der sich also etwas zurück bewegt hat, vermuthlich, um den Kronprinz von Schweden zu erwarten. Kein Gefecht scheint gewesen zu sein. Man sagt, Napoleon habe jetzt 180--200000, aber sind wir nicht viel stärker und besser? Macht doch dort, daß die Hessen in einem Corps beisammen bleiben und vorrücken, damit sie nicht vor den Festungen einzeln verschwendet werden.

Morgen wollen wir bestimmt reisen. Es heißt, das Hoflager könne vielleicht nach Dijon kommen, weil Troyes ganz ausgehungert und zugerichtet sei. Bianki soll jetzt 20000 Mann anführen. Über die vorgelegten Friedensvorschläge wird viel geschwätzt (Frankreich wie vor der Revolution, Entsagung der Kaiserwürde, Aufhebung der Conscription, Reduction des Heers auf eine gewisse Zahl (!), Vergütung der Kriegskosten). In den holländischen Zeitungen sah ich heute einen Aufsatz, der besser lautete: die Junta habe zwei Briefe empfangen, einen von dem beminden Koning, den andern von dem verhaaten Korsikaan, den ersten mit Jubel gelesen, den zweiten unerbrochen terug gezonden an den verrätherischen Schreiber und Anstalt getroffen, daß zukünftig keine seiner Botschaften weiter Spanien besudele. Neulich standen auch Londoner Volkssagen darin, unter anderen, Bonaparte sei geschlagen „mit einer schimpflichen Wunde im Rücken" zu Paris angekommen.

Ich ärgere mich tausendmal, daß ich nicht einige Bücher zum Lesen des Abends mitgenommen habe, womit ich auch unsere Gesellschaften verbessern könnte. Namentlich den Schelmuffsky. Sollte dazu eine Gelegenheit sein, so schick mir ihn ja, es wäre mir eine wahre Wohlthat.

An die Lotte hab' ich heut mehr als eins gedacht, die wird Geschenke gesehen haben, aber keine so schöne Blumen wie vorem Jahr; vielleicht habt Ihr Kränzchen, obgleich Donnerstag ist.

Freitag, am 11.

Ein Zufall hält uns bis morgen auf. Man verbreitet soeben das gute Gerücht, Napoleon habe den ihm vorgelegten Frieden verworfen, wenigstens sei seine Antwort gestern Mittag 12 Uhr als der peremtorisch gesetzten Zeit nicht erfolgt.

Gott erhalte uns nun standhaft, bewahre uns vor allen weitern Schritten mit ihm und leite uns vorwärts. Von Chaumont aus hoffentlich mehr.

85.
Jacob an Wilhelm.

Nr. 11.   Chaumont, den 19. März [1814.]

Lieber Wilhelm, seit einigen Tagen bin ich wieder hier, auf dem
Punkt, wo ich schon vor fünf Wochen stand, jetzt nur mit unfrischeren
Aussichten und etwas gedämpften Hoffnungen. Übrigens ist Chaumont, die Hauptstadt vom alten Bassigny, ohne Vergleich für mich
der angenehmste Ort in Frankreich: seit vorgestern hat sich auch die
winterliche, noch zu Langres scharfschneidende Luft in ein mildes
und klares Frühlingswetter gelöst. In Langres erging es uns immer
schlecht; das erstemal wohnten wir bei alten Leuten, die ich nicht
gesehen habe, aber in einem unerwärmlichen Saal, das zweitemal bei
einem Seifensieder, bei dem eben alles krank gewesen war und Unschlitt und Lichter roch. Zum letzten (hoffentlich letzten) Mal bei
einem gewesenen Kriegscommissär und Ehrenlegionär, der ein sauer
Gesicht schnitt, wenn er an Landshut und Stettin erinnert wurde, wo
er die Teutschen einst geschoren hatte. Hier in Chaumont kamen wir
die beiden ersten Male bei einer und derselben freundlichen Familie unter
und fuhren auch diesmal da vor, fanden aber alles voll besetzt und sind
jetzt bei einer noch sehr betrübten, doch wohlhabenden, jungen Wittwe
unter, die jedesmal zum Dessert ihr rothbackichtes, schwarzgekleidetes
Louischen schickt, von zwei Jahren, aus dem aber kein Wort zu bringen
ist vor Blödigkeit, als stumme Complimente. Es scheint Sitte in
Frankreich, die Fremden einigemal des Tags von den jungen Kindern
besuchen zu lassen, denn ich habe es fast allerwärts gefunden.

Die Einwohner waren im Februar hier unnapoleonischer als in
Vesoul und Langres gestimmt und so sind sie noch, aber ich fand
sie diesmal viel klagender über unsere schlechte Mannszucht. Dadurch haben wir's dahin gebracht, daß das besetzte Land, das anfangs
für uns war, jetzo gegen uns ist oder wenigstens uns eben so wenig
Gutes wünscht, als dem Napoleon. Die Russen treiben es am ärgsten,
und wenn in vielen Dörfern alle Mädchen und Weiber genothzüchtigt
sind, wenn eine brave, schöne Tochter in Beisein des Vaters mit aller
Gewalt ihrer Stärke zwei Männer zurückwirft und dann zwanzig kommen
und ihrer Herr werden, so kann man solchen einzelnen Erzählungen
und Schmerzen nicht einmal mehr das allgemeine große Elend, was
uns die Franzosen gethan haben, zur Entschuldigung entgegensetzen,
denn die Leute fühlen ihr eignes nahes Leid viel mehr, als die Recht-

mäßigkeit oder Zulassung einer Vergeltung. Wir hätten unsere reine Sache auch in dem reinen Kleid erhalten sollen! Gott gebe, daß ihr innerer Kern dennoch siegt und diese Flecken mitverbrennt. Ich bin gestern um den Stadtwall gegangen, auf der einen Seite ist eine reizende Lage von der Höhe in ein tiefhohles, mit Reihen von Häusern und Wegen besetztes Thal, wird alles erst grün, so muß es noch schöner werden; aber ich sah mit eignen Augen, daß fast alle Häuser in den Vorstädten ausgebrennt, Fenster zerschlagen und Thüren ausgehoben sind, alles im bloßen Bivouak, ohne ein Gefecht; man erzählte, daß selbst auf dem Kirchhof Särge ausgegraben worden wären, um das Holz beim Wachtfeuer zu brennen. Obgleich keine Festung, hat auch diese Stadt ringsum Zinnen, Mauern mit Wachtthürmen, aber alles zerfällt in sich selbst und contrastirt mit dem ziemlich wohl= habenden Innern.

Ich werde das Umherziehen in dem von Natur aus doch weit ärmlicher als Deutschland aussehenden Frankreich täglich müder; rechnet man die zuweilen anmuthiger liegenden Städte ab, so haben alle Dörfer eine ermüdende, einförmige Mauerfarbe. Meine Zeit verdirbt und verzehrt sich in Sorgen und Gedanken, deren viele durch eine eingehende neue Nachricht plötzlich vernichtet werden können, die man sich aber darum nicht ersparen kann. Das Reisen selbst macht körperlich träg, eine Menge von Kleinlichkeiten, Packereien und Plackereien hören nicht auf, mein elender Koffer muß geflickt und verbessert werden an allen Ecken, Wäsche gewaschen und ist hernach beim Fortreisen nicht fertig u. s. w.; dazu gehörte mir ein Bedienter. Ruhe, etwas zu thun und zu arbeiten, habe ich selbst dann nicht in mir, wann ich von außen nicht gestört und gehindert bin.

Womit will das endigen? Kommt ein Friede zu Stand, eh' wir nach Paris gelangen, so geht der Vortheil für mich verloren. Und die deutschen Angelegenheiten, heißt es, sollen hernach in einem Congreß zu Wien auseinandergesetzt werden. Vorher kann ich mich doch schwerlich losmachen und dann könnten wir doch sicherer und also leichter einander schreiben. Ich mag aber vor dem Nahen gar nicht an das Weitere denken.

Der 10. März war zwar für Chatillon ein entscheidender Termin, aber, wie es sich nun zeigt, doch kein so peremtorischer, daß er die un= seligen Unterhandlungen gebrochen hätte, denn sie dauern noch fort und die Leute sprechen bald von Krieg, bald von Frieden; unsere Sache ist so einfach, daß uns Einfachen die vielerlei Verwickelungen unbegreiflich vorkommen, aber es ist so, und ich darf darüber nicht schreiben. Bei Schwarzenberg ist seit zehn Tagen nichts vorgewesen, daß Bianchi den Feind bei Macon geschlagen hat und wohl in Lyon sein muß, bestätigt sich; Wellington hat gegen Soult zwischen Orthes und S. Severn eine Schlacht gewonnen, 40 Kanonen, 4 Generäle und 3000 Gefangene genommen. Ich dachte mir ihn aber in der Richtung von Toulose und Clermont. Man muß gestehen, daß es in Italien langsam geht; mit unbegreiflicher Langsamkeit rückt der Kronprinz von Schweden, der schon Mitte Februar in Koln war, an und soll jetzt Antwerpen oder Mastricht belagern wollen. Blücher und Bülow sind rührig, aber statt direct nach Paris zu marschiren, wie man Anfangs des Monats ankündigte, stehen sie in guten Stellungen zwischen Laon, Soissons, Rheims und Chalons, am 9. wurde bei Coucy ein glänzender Sieg gewonnen, allein erst durch dieses Bulletin hörte ich, daß Franzosen wieder Soissons und Rheims besetzt hatten, und Rheims, das hinter Soissons liegt, wurde von S. Priest erst den 12. erstürmt. Die ungünstigen Vorfälle hört man also nicht. Wir haben ohne Zweifel auf beiden Seiten eine Übermacht, warum wird nicht heftiger gedrängt, daß wir aus dem uns nachtheiligen, armseligen Boden von Champagne, wo alles ausgefressen ist, erlöst werden! Man vergleicht unsere Stellung wohl mit der in Sachsen, aber hier hat Napoleon nicht feindliches Land, sondern sein eigenes hinter sich. Unsere guten Hessen werden hoffentlich, sobald der zweite Zug mit dem Prinzen anlangt, von den Festungen abgelöst und marschiren alle heran; ich denke täglich an die Brüder, von denen der Louis wenigstens jetzt der Gefahr im Gesicht stehen kann, und bitte Gott doppelt um Sieg und Segen.

Was der Soldat auszustehen hat, muß man auch selbst näher sehen. Krankheit, Spital und Gefangenschaft ist das Schrecklichste. Hinter Combeau-Fontaine sah ich dieser Tage einen jungen Östreicher mitten auf der Heerstraße liegen, so daß man ausweichen mußte, welcher eben im Sterbenszug war. Andere gingen gleichgültig vorbei und so starb er unter offenem Himmel, ohne daß man wußte, ob er würde begraben werden. In Bar sur Aube sollen die unbeerdigten Leichen eine pestartige Seuche hervorgebracht haben; in dieser unglücklichen Stadt bleiben jetzt nur 30 bis 40 wohnbare Häuser.

Teutsche Zeitungen bekommt man hier in Frankreich nur mit Mühe und einzeln, so daß viele Defecte sind. Nicht recht ist, daß sie alle tüchtig lügen oder wenigstens nicht Gerüchte von den wahr einlaufenden Nachrichten trennen, in der Casseler fand ich viel äußere Widersprüche und Nachlässigkeiten; aber neulich eine Ankündigung von einem zu Coblenz erscheinenden Rheinischen Merkur, die von Görres sein könnte, dieses Blatt wirst Du dann auf jeden Fall bestellen.

Hörst Du weiter nichts von ihm? Keine Recensionen unserer Märchen? Wie weit bist Du mit dem armen Heinrich? Schreiben Rask, Nyerup, Thorlacius, der Schwede nicht? Wie viel stehet in Deinen verlorenen Briefen darüber? Melde mir doch das ungefähr Wichtigste daraus, denn bis heute ist erst Dein ältester und erster vom 25. Januar in meinen Händen. Wir haben sonst Briefe aus Cassel vom 29. Februar ohne Einschluß von Dir. Du solltest wenigstens alle diese Gelegenheiten benutzen. Schreibst Du mir aber unmittelbar mit Post (unter der angegebenen Beifügung: im Bureau Sr. Durchlaucht des Fürsten von Metternich abzugeben), so mach doch lieber ein zweites Couvert darum: an Herrn Ryhiner Iselin, Handelshaus zu Basel, Johannisvorstadt Nr. 30; wiewohl Basel Umweg ist und ich nicht begreife, warum Briefe unter meiner Adresse über Frankfurt und Nancy mit der Briefpost verloren gehen sollten.

In diesem Augenblick frohe Botschaft: der Congreß zu Chatillon sei gebrochen. Darüber soll man vor Freude springen. In Vendée Insurrection. Sonst durch seine schlechte Mannszucht soll auch das Land gegen sich erregt haben, der Kronprinz von Schweden anrücken. Man schreibt diesem ein ziemlich freundschaftliches Verhältnis mit den Bourbons und sogar Anerbieten zu, daß er mit seinem Einfluß auf das französische Volk ihnen beitreten wolle, wenn sie ihn zu einer Art von Majordomus oder Connetable auf einige Jahre machten. Ich gebe dies als ein bloßes Gerücht. Dann würde er doch immer geheime Absicht auf Frankreich behalten und daran denken, Schweden aufzugeben. Dem werde, wie ihm will; wenn wir Teutsche nur einmal in Ruh und Frieden kommen, und der vermag mit Napoleons Persönlichkeit nicht zu bestehen. —

Tausend Grüße an Tante, Geschwister, die gute Person u. s. w.

[Ohne Unterschrift.]

86.

Wilhelm an Jacob.

Caſſel, am 22. März 1814.

Lieber Jacob, wenn ich nicht ſo oft an Dich ſchreibe, als meine Gedanken bei Dir ſind, ſo iſt eigentlich nichts ſchuld daran, als die Ungewißheit, in der ich über das Schickſal meiner Briefe war. Auf der einen Seite verſicherte mich Knatz, ſie wären längſt in Deinen Händen und von ihm ſelbſt beſorgt, auf der andern hörte ich doch jedesmal von Dir, daß es nicht wahr ſei. Ich wollte etlichemal gerade durch die Poſt ſchreiben, da hielten mich aber die Erzählungen von allen Orten, daß zwar von dorther Briefe ziemlich richtig ankämen, dagegen dorthin geſchickte faſt niemals, dazu kam die Ungewißheit Deines Aufenthalts und endlich die Sorge über den Zuſtand der Dinge. Indeſſen da nun der erſte Brief angekommen iſt, werden die andern ja folgen.

Vom Ferdinand habe ich nach langem Stillſchweigen vom 3. März etwas erhalten, er iſt krank geweſen, in naſſen Stiefeln gegangen und hat ein Katarrhfieber gehabt, das heftig geweſen ſein muß, da es ihn drei Wochen im Bett gehalten. Ich habe ihm ſogleich ge-ſchrieben, bei dieſen Umſtänden ja nicht mitzugehen, weil bei ſolchen Dingen der Rückfall leicht und eine Krankheit im Feld das Aller-ſchwerſte; auf keinen Fall ſolle er anders als Offizier mitgehen; auch habe ich Harnier um Geld für ihn gebeten. Ich werde nun ſehen, was er thun will, in dem Brief ſelbſt bedauert er die Zeit, wo er indeſſen leicht eine Offiziersſtelle durch Amman, den Dichter, einen guten Freund, der auch mitmachen will, hätte erhalten können; auch ſagte mir Lonis, es könne ihm, ſobald er ernſtlich wolle, nicht leicht fehlen. Ich bin daher gewiß, daß er nicht Gemeiner oder Unter-ofizier wird, und ein Offizier hat ſchon manche Bequemlichkeit voraus, ſchon die große Erleichterung, daß er nichts auf dem Rücken trägt und ein beſſer Quartier bekommt.

Der arme Franz hat ſchon allerlei Ungemach erduldet. Bei dem Sturm von Luxemburg in der Nacht (man wollte es durch Hilfe der Einwohner überrumpeln, aber es war nicht ſtill genug, einige Ge-wehre gingen los, und ſo wurden die Franzoſen aufmerkſam, und die Heſſen mußten, nachdem ſie ſchon ein Paar Thore hatten, wieder zurück und da gab's Gedränge) hat er Czako und Torniſter verloren. Dar-nach bekam der kleine Bruder Georg das Nervenfieber und, um ihn nicht in ein Hospital bringen zu lassen, hat er ihn nach Trier fahren lassen und ihn dort versorgt. Er ist jetzt auch schon wieder besser.

Vom Karl und Louis habe ich noch keine Zeile, so sehr ich sie auch gebeten habe: in Coblenz haben sie, wie der August Engelhard schrieb, zwei Rasttage gehabt und sind am 14. abgezogen. Der Prinz ist mit dieser Abtheilung sehr feierlich in Coblenz empfangen worden, alle Glocken sind geläutet und weißgekleidete Jungfrauen sind entgegen gegangen. Jetzt können sie bald vor Luxemburg sein, wo der Prinz so lang bleiben wird, bis die russische Reservearmee, die schon in Schlesien ist, ihn ablöst; dann geht er mit dem ganzen Corps nach Blücher. Ich schreibe Dir noch einmal genau: der Karl ist bei der ersten Escadron freiwilliger Jäger zu Pferd, der Louis beim 1. Bataillon des ersten Landwehrregiments (blau mit pfirsichrothen Kragen und Aufschlägen); sobald sie in Deine Nähe kommen, wollen sie um Urlaub anhalten; Karl zu Pferd kann noch leichter fort. Karl hat sich hier einen Bedienten angenommen, wird also ziemlich erleichtert sein, er folgt ihm zu Fuß und ist ein verarmter sächsischer Strumpfwirker.

Von Savigny habe ich bisher nichts erhalten; Arnim hat zweimal geschrieben, jedesmal sehr kurz. Es ist mir so, als sei er nicht recht zufrieden, er scheut alle Äußerungen über die Gegenwart, und ich stelle mir vor, es ist ihm in seinen persönlichen Verhältnissen nicht recht; vielleicht irre ich mich auch; daß er auf sein Gut will, werd' ich Dir schon geschrieben haben.

———

Reimer steht vor Wesel und hat von da aus meinen Brief beantwortet. Mit der Edda sollen wir es ganz nach unserm Gutdünken einrichten und es aufschieben, so lang wir für nöthig finden. Wegen der Märchen könne er bei der gehemmten Verbindung noch von dem allgemeinen Erfolg nichts sagen, in der Gegend von Preußen, die offen geblieben, sei der Absatz immer reichlich gewesen: zu dem zweiten Band sei er aber sehr geneigt, und er könne schon zu Michaelis erscheinen. So sehr will ich indes nicht eilen, theils, damit die Beiträge von Haxthausen, Goldmann und dem Ferdinand — den ich bisher nicht daran erinnern wollte, weil ich dachte, er wolle uns bei einer besondern Gelegenheit etwa eine Freude damit machen, — noch einkommen, theils, weil ich hoffe, daß Du selbst erst wiederkommst. Den armen Heinrich will Reimer auch gern befördern, indessen habe ich an Zimmer gedacht, der uns in mancher Hinsicht bequemer wäre;

vielleicht könnte es auch bei dem gedruckt werden und ich die Correctur doch besorgen. Thomas ist wohl nicht für alles dazu hinlänglich unterrichtet, sonst könnte man den ersuchen.

Aus Dänemark habe ich von niemand etwas gehört, ich mag nicht eher schreiben, bis man dort allgemein beruhigter ist, ohnehin bei dem durch Hamburg noch immer gestörten Postenlauf könnte, was sie uns schickten, verloren gehen oder wenigstens sich verlaufen. Reinwalds Brief enthält von der Evangelienharmonie gar nichts, er wird auch ruhigere Zeiten abwarten. Röwer hat wegen der altdeutschen Wälder angefragt, ob er die Presse dafür sollte offen erhalten; ich habe ihm aber sagen lassen, er könnte einstweilen andere Arbeit vornehmen. Ohne Noth will ich nichts anfangen, wenn Du nicht hier bist, und dann müssen wir auch erst mit Thurneissen Rechnung halten, der nun seinen Laden geschlossen hat. — Der Architekt Engelhard will mir zu einem schönen Logis in den kurfürstlichen Häusern, deren Verpachtung er mitbesorgt, um billigen Preis helfen, denn er ist seit einiger Zeit äußerst freundschaftlich wieder geworden: ich mag aber auch, wenn Du nicht da bist, keine Veränderung vornehmen und denke, der Wille läßt mir das unsrige von Ostern an auch für den alten Preis.

Villers hat wie Constant den Nordsternorden bekommen, das ist auch alles, was ich von ihm weiß. Des letztern Schrift habe ich noch nicht gesehen, mich auch in Wahrheit zu sagen nicht darnach gesehnt, weil er mir, so oft ich an ihn denke, immer etwas Unangenehmes hat, wie der Kampfergeruch, der immer um ihn war.

Auch den Meßkatalog habe ich noch nicht gesehen. Jean Pauls Levana erscheint gewiß, weil Proben daraus schon sechs bis sieben Morgenblätter füllen, welche die Speisung der Kinder betreffen. Auch der Staël Werk über Teutschland kommt jetzt aus allen Ecken deutsch und französisch hervor; Villers hat in einer Göttinger Recension einiges recht Gute darüber gesagt. — In Lübeck ist eine Zeitschrift Irmensul angekündigt, die, wie es scheint, eine bessere werden soll; Suabedissen, der Dich bestens grüßen läßt, hat eine Einladung auch auf uns ausgedehnt. Wir haben verabredet, um Zeit zu sparen und bessere Gelegenheit zu haben, alle Montag zusammenzukommen, und das ist auch schon etlichemal in Ausführung gebracht. Also ein neues Kränzchen, es geht aber erst nach acht Uhr an und sind unserer nur vier, nämlich der kleine Doctor Gerling ist der vierte; es wird etwas mäßig Wein getrunken, discurirt und vorgelesen. Suabedissen hat etwas aus einem Werk über die Affecten zum besten gegeben,

18*

es ist recht fein, nur liegt es uns etwas entfernter. — Wigand wird wahrscheinlich als Stadtrichter hierherkommen, da will ich ihn dazuthun. Über den Sanften muß ich oft lachen, er will gern bedeutend, wichtig, tief und geschichtlich sein, ist aber alles gar nicht, nur recht gut gesinnt und rechtschaffen: er kann sein Blut dem ohngeachtet nicht verläugnen und bei vieler Gewandtheit für alle äußere Dinge und Verhältnisse kann er über einen gewissen Grad nicht hinaus und wird da leicht abgeschmackt. Gott weiß, wie er es angefangen hat, denn aus freien Stücken ist es nicht geschehen, genug in der Hallischen Literaturzeitung steht eine ungemein lobpreisende Anzeige seines unbedeutenden Dings über die Rheingrenze. Gestern erzählte er, wie er „eine Menge Titel" zu kleinen Abhandlungen aufgezeichnet, was mir auch ungemein lächerlich vorgekommen ist.

Deine Anweisung auf die Kriegskasse ist mir, doch wie sie sagten, nur aus Gefälligkeit ausbezahlt worden (die auf die Kammer noch nicht): sie sagten, es sei nicht Sitte, solche Anweisungen zu schicken, viel leichter solltest Du mir nur die bloßen Quittungen ohne weiteres zuschicken, wogegen sie auszahlten, und Du möchtest doch für beide Monate (Februar und März) solche nachsenden. Ich will den anderen Monat beim Kurfürst um eine Vergrößerung meines Gehalts bitten: es geht sonst wirklich nicht. Hätte ich nur 300 Thaler, so wollte ich damit einstweilen zufrieden sein. Wollte Gott, ich hätte soviel, daß Du nach der Rückkehr wenigstens ein Paar Jahre ohne Amt davon leben könntest und ich Dir einmal thun könnte, was Du so lange an mir gethan. Ein halb Jahr sollst Du das auf alle Fälle haben, Gott macht es vielleicht besser, als wir denken. — Mir geht es sonst in meiner Stelle gut: eben bin ich beschäftigt, einen Haufen Bücher einzutragen, welche der Kurfürst von Prag mitgebracht und uns geschenkt hat, die antiquitates Danicae von Bartholin sind auch darunter. Überhaupt ist eine schöne Sammlung von schwedischen Dissertationen da, worunter manches Seltene steckt, auch die Ausgabe der jüngeren Edda von Göransson, sowie seine Ausgabe der Voluspa habe ich gefunden. Neulich ließ mich Leney sehr artig bitten, bei Dir anzufragen, ob Du die Stelle eines wirklichen Kriegssecretärs nicht nach Deiner Rückkehr wünschest; er wolle früher keinen Antrag zu ihrer Besetzung machen, wenigstens habe er Anstand genommen. Ich ging also selber hin, dankte ihm und versicherte, daß es Deine Absicht nicht sei, in diese Bahn wieder zu treten, er möge also ohne Bedenken einen andern wählen.

Bauer ist vor acht Tagen endlich nach Göttingen abgegangen, um zu promoviren und so bald als möglich wiederzukommen und hier unterzuhocken. Er hat noch ein Stipendium von 100 Thaler erhalten. Zwei Briefe an Dich will er schon zerrissen haben.

Ich schreibe alles untereinander: Der Tante haben wir zum Geburtstag einen Kanarienvogel mit dem Käfig und die Lotte noch etwas Gesticktes geschenkt, was sie recht gefreut hat. Sie ist eigentlich recht glücklich jetzt, wo sie uns alle gut versorgt oder auf dem Weg dazu glaubt. Ich gehe alle zwei Tage zu ihr, weil sie das freut, und da wiederholt sie mir beständig dasselbe, es sei denn, daß sie in fürstliche Genealogie geräth, worüber sie förmlich unterrichten könnte. — — —

Benecke hat gestern geschrieben: ich soll ihm einmal ausführlich Meldung thun, wie es Dir und unsern Studien geht, das will ich nun thun, aber Deine ganze Correspondenz, die allmählich aufthaut, kann ich unmöglich fortsetzen, da fehlt mir Dein Geschick.

Nun lebe wohl, lieber Jacob, Gott schenke ferner seinen Segen, die Nachrichten, die wir jetzt haben, sind herrlich und die Freude darüber wirst Du diesem Brief auch ansehen, wiewohl sonst kein Wort davon vorkommt. Die Lotte grüßt Dich und das Tortchen auch. Der alte Wild wird wahrscheinlich bald sterben, der Sohn ist mit Frau und Kind gekommen, ich habe sie noch nicht gesehen. So wird also dies Haus in kurzem ein ganz anderes werden und das haben wir so allmählich erlebt. Die Lotte dankt Dir vielmals für einen Hut, welcher zu ihrem Geburtstag richtig angekommen ist, es war wieder gerade das Kränzchen, aber keine Festlichkeit. Ramus allein haben ihr eine schöne Blume und eine recht gute Apfeltorte geschenkt, die Tante ein weiß Kleid, ich einen schwarzen Hut, das Tortchen ein Halstuch. Noch einmal leb wohl.

                                        Dein treuer Wilhelm.

Kannst Du jetzt nicht durch österreichische Bekanntschaft einen Brief an Glöckle fortbringen, damit das Manuscript noch kommt?

Deine Briefe 1—9 habe ich nun alle richtig erhalten.

87.
Jacob an Wilhelm.

Nr. 12.   Dijon, 26. März 1814.

Lieber Wilhelm!

Mittwoch den 23. Abends gegen 6 Uhr saß ich ganz ruhig zu
Chaumont auf der Stube, als es plötzlich Lärm gab und hieß, die
Franzosen wären 2½ Stunde davon in der Richtung von Joinville
und die Bauern, von deren Aufstand schon einige Tage allerhand
Gerede ging, dabei oder nicht weit. Der österreichische Kaiser, den
wir den 22. und 23. erwarteten, war vorwärts in Bar sur Aube,
Schwarzenberg sollte in der Richtung von Arcis stehen und nach den
jüngsten Nachrichten einen bedeutenden Vortheil gehabt, namentlich
von der alten Garde 1000 Mann gefangen und 11 Kanonen ge
nommen haben. Der Congreß war gebrochen und für die rückkehrenden
Minister Quartier bestellt; jenes französische Streifcorps, hieß es,
hätte 5000 Mann, aber viel Cavallerie und suche sich durchzuschlagen,
als gleichsam abgeschnitten. Indessen weil Chaumont voll Diplomaten,
aber leer an Truppen war, einige hundert Badische ausgenommen,
die den Großherzog begleiten, so wurde über Hals und Kopf eingepackt, es war ein unbeschreibliches Gewirr auf den Straßen, die Nacht
kam und die Lichter leuchteten an den vielen Mauern, denn fast jedes
Haus hat nach der dortigen Bauart vor sich einen Hof mit großen
Thüren oder Thoren, woran man schellen muß. Viele reisten sogleich
ab, andere hatten keine Pferde, etwas Gescheidtes und Wahres hörte
man durchaus nicht und die Feuerglocke fing an zu läuten, welches
einige Furchtsame sogar für ein den Bauern gegebenes Signal hielten.
Endlich, da es auch bedenklich war, im Dunkeln den Weg nach
Langres zu machen und das Streifcorps, falls es wirklich so nah
existirte, leicht einen Theil auf jene Straße hätte schicken können,
so beschlossen wir und die meisten, vorerst zu bleiben. Einige andere
beruhigende Gerüchte und, weil es ganz still wurde, machten, daß ich
zu Bett ging und einschlief. Kaum aber brach der Tag an, so hieß
es: gleich fort! wir stiegen ein, fuhren in einer langen Kutschenreihe
sehr ruhig bis nach Langres und von da denselben Tag seitwärts
nach Dijon, wo wir Freitag Mittag bei guter Zeit anlangten. Diese
Straße nach Burgund that mir einmal wieder wohl, so friedfertig
sah sie aus, weder todte Pferde, noch verbrannte Häuser, noch Ko-
saken, sondern neugierige Dörfer mit strickenden und spinnenden

Leuten, einer Menge Weiber und Kinder und ackernden Bauern auf den Feldern. Sonst war es mir, abgesehen von der Ursache, auch ganz recht, einmal in eine ansehnliche, wohlhabende Stadt wie Dijon zu kommen.

Den Kaiser fanden wir schon da, der Nachts über Chatillon eingetroffen war. Aus dem, was hier angeschlagen und sonst bekannt geworden ist, erhellt, daß der Kriegsschauplatz eine eigene, sonderbare Wendung nimmt. Nichts ist widriger, als die Reticenz über die neusten Vorfälle, und Ihr irrt, wenn Ihr glaubt, daß man hier an der Quelle der Nachrichten stehe, welches nur zuweilen der Fall ist. Offenbar sollte man alles sagen, selbst das Ungünstige oder ungünstig Aussehende, ohnedem hat der Feind allerwärts Spione und seine Vortheile laufen wie der Blitz unter dem Volk herum. Wir müssen uns trösten mit der officiellen Versicherung, daß nichts Nachtheiliges vorgefallen ist, aber über die Gefechte seit dem 20. mit Gerüchten vorlieb nehmen, die von Kanonen und Gefangenen reden, aber einräumen, daß Napoleon in der Mitte über die Marne gegen Metz zu vordringt. Rajewsky, der statt des verwundeten Wittgenstein dessen Corps anführt, soll gesiegt, 5000 Mann und 20 Kanonen erobert haben; allein ich zweifle daran, weil noch nichts publicirt worden ist. Blücher steht in Chalons sur Marne und weiter nach Paris vor, Schwarzenberg scheint über Arcis sich gleichfalls nach Chalons sur Marne gewendet zu haben und Napoleon soll sein Hauptquartier in Saint Dizier halten. Wahrscheinlich gelangt er dann nach Metz und entsetzt dies, sowie andere belagerte Festungen in der Gegend, aus denen er gute Soldaten ziehen, andere junge hineinwerfen und Lebensmittel zuführen kann, vielleicht auch unsern Belagerungscorps schaden. Eine abenteuerliche Sage ist, daß er gegen den Rhein zu operiren, unserer Armee die Zufuhr abschneiden und, was Gott verhüten wird, in Teutschland einfallen will. Bis dahin könnten unsere Leute und früher in Paris eintreffen, welches ein eignes Gegenspiel wäre, ja einige meinen, er sei schon jetzt von Paris abgeschnitten und wage jetzt als ein Verzweifelnder. Das Wahre scheint mir: seit den letzten vierzehn Tagen bis drei Wochen hat er den Vortheil der Offensive; die einzelnen Gefechte waren nirgends entschieden, sondern mit beiderseitigem Verlust und Gewinn, auf unserer Seite steht es bis jetzt noch gut und ich hoffe noch stark den glücklichsten Ausgang. Troyes, wohl Bar sur Aube und jetzt auch Chaumont vielleicht sind in Feindeshänden, Langres könnte angegriffen werden und würde kaum lange halten; wir selbst sind, wie ich beinahe denken muß, von der großen Armee ziemlich getrennt und werden uns, falls Franzosen über Chatillon vorrücken, was man gleichwohl bezweifelt, eher gegen Süden hin wenden, wo alles seit einiger Zeit ausgemacht gut steht. Lyon ist am 21. besetzt worden, Wellington nach dem Sieg bei Agen soll auf Toulose los gehen, Augereau in Grenoble stehen; Lyon ist von hier aus 40 Stunden, Chalons zur Saone nur 16; dadurch komme ich immer weiter von Euch und die Briefe müssen über Genf laufen. Die Straße von Besoul bis Troyes sehe ich gern nie mehr.

Zu wünschen und zu erwarten ist unter allen diesen Umständen: 1.) daß unsere Hauptmacht endlich einmal schlägt oder vorrückt: in Massen. Der Prinz von Schweden soll leider noch in Lüttich sein, also seit fünf Wochen nur von Köln bis dahin. 2.) daß man sich für die Bourbons offen erklärt. Das einzige Mittel, das Volk zu be sänftigen und zu trösten. An dem Aufstand der Bauern hin und wieder ist wirklich was, obgleich ich nicht glaube, daß sie uns anders als im unglücklichen Fall einer Niederlage schaden würden. Vielleicht öffnet unsern Cabinettern diese Wirkung unserer Mannszucht auch noch einmal die Augen zu rechter Zeit. Der Congreß ist Gottlob gebrochen und davon das Beste zu erwarten, denn man sieht wohl, wie er ihn für sich genutzt hat.

Hier herrscht nicht die beste Stimmung, vorhin sah ich unter das Bulletin mit der Einnahme von Lyon beigeschrieben: mensonge, Lyon n'est pas pris; am 16. hatte der gemeinste Pöbel Kriegsgefangene befreien wollen, deren viele durchgehen, weil man sie, ich weiß nicht warum, schwächer escortirt, als die Franzosen sonst wenigstens zu thun pflegten. Dijon ist fast wie eine deutsche Stadt gebaut und hat lauter massive, mehrere große Gebäude und 21,000 Einwohner, was nicht viel ist. Ich kann mich immer leicht in die Straßen der Städte finden. Auch eine Bibliothek ist da, deren Vorsteher Monsieur Vaillant heißt und mir heute einige interessante altfranzösische Manuscripte gezeigt hat.

In der letzten Zeit habe ich Constants Schrift über das système de conquête et d'usurpation zu lesen bekommen und halte es ohne Be denken für das geistreichste Buch über Napoleons historische Er scheinung, was bisher erschienen ist. An den einleitenden allgemeinen Sätzen über Krieg und Handel wäre mir einiges unrecht, und im Einzelnen ist einiges übertrieben und einseitig, aber sehr vieles ganz meine Meinung und vortrefflich auseinander gesetzt, z. B. der Grund, warum das, woran sich die Zeit gesetzt, das Ehrwürdigste und Beste ist und selbst ein schwacher König, aus altem Stamm gewachsen, zugleich diesen mit darstellt und sich dadurch fest stützt. Wie dies von der Verfassung gilt, gilt es von allem, was sich unmerklich selbst macht und aus dem Volk erhebt, alte Gesetze und das Epos. Darum haben diese in den entstellten Überresten noch Gewalt über das Neugemachte, und das feine, scharfe römische Recht verhält sich zu unserem alt deutschen in Sitten und Formen noch genug durchscheinenden (zumeist im Norden und in England) doch, wie das Epos zu der neuen Dicht kunst. Die Unseligkeit der Einförmigmachung hat er auch gut ge zeigt (selbst am Beispiel der Knöpfe mit Nummern statt der alten Regimenternamen, woran eine moralische Idee haftete), sowie das Unding von einer in der Grenze liegen sollenden Schutzwehr. (Wir brauchen das linke Rheinufer wieder, aber nicht, um uns damit zu schützen, oder der Festungen wegen, die darin liegen, sondern weil es deutsch ist und spricht. Neulich stand in den Teutschen Blättern ein alberner Aufsatz über ein Königreich Burgund.) Ich habe diese Ab handlung von Constant erst halb gelesen und Du kennst vermuthlich das Ganze.

Vorige Nacht hatte ich so viel schwere Träume, daß ich gar nicht herauskommen konnte und oft vor Angst aufwachte, vom Karl, vom verstorbenen Tenhard, mit dem ich eine Fußreise machte durch Steinau, wo viel Häuser mit glänzender grüner Ölfarbe angestrichen waren. Nicht er war gestorben, sondern seine Frau, aber ich habe schon wieder vergessen, was es eigentlich war, worüber ich mich quälte.

In Langres war das vorletztemal ein gescheidt aussehender, dem Christian gleichender Tyroler Jäger, der in der Schlacht von Brienne im Handgemeng mit dem Flintenkolben einen Streich auf den Kopf erhalten hatte, wo es noch ganz mit Blut unterlaufen war. Den Franzos hatte er mit seinem Stutzen darauf erschossen, worauf ihm wiederum mehrere Kugeln nachgeschickt worden waren. Sein Hut kam weg und den Tag nach der Schlacht nahm er den von seinem Unteroffizier, den eine Kugel vornen ins Hirn getroffen hatte, diesen Hut mit dem Loch auf der Stirn und dem Blut inwendig trägt er jetzt. Ein an der Festung arbeitender, rothgesichtiger, gewaltig male dettirender, lumpiger Italiener tractirte mich und diesen Tyroler, der auch Italienisch verstand, mit Liqueur, den er durchaus bezahlen wollte, ungeachtet wir höchst zufällig zusammenkamen.

Ihr müßt im Norden Deutschlands jetzo bessere Nachrichten als wir hier bei der Südarmee haben, denn wir sind gewissermaßen von der Hauptmacht abgeschnitten und nur auf Umwegen in Communication. Gleichwohl bin ich gutes Muths und es soll wohl bald Luft geben, sobald der Feind zu einer großen Schlacht gebracht wird: er scheint wie ein festgemachter Ritter nicht der Schärfe noch Spitze, sondern dem Knopf des Schwerts zu unterliegen. In den Gefechten vom 19.—24., wo er durchdrang, war er zu keiner allgemeinen Schlacht zu bringen, 40000 Mann soll er bei Paris gelassen und 60000 mit auf seinen Zug genommen haben. Es heißt wieder, der russische Kaiser werde das Hauptcommando nehmen, und der Prinz von Schweden soll sich endlich vereinigt haben. Sobald unsere große Armee Paris nimmt und das kann bald sein (nach einigen wäre Blücher selbst in Melun), so scheint mir ein Großes gewonnen und er schwebt dann schon mehr ein bloßer Abenteurer im Reich herum und kann klein gemacht werden. Von Saint-Dizier aus soll er Cavallerie nach Chaumont geschickt haben, uns wegzufangen, sie kam aber 2 Stunden zu spät. Indessen soll selbst die Straße bis Besoul nicht ganz rein sein, und ich weiß nicht, wie Dir dieser Brief zukommen wird, vielleicht muß er über Neufchatel und Genf. Von Dir habe ich seit dem 25. Januar weiter keinen und nur manchmal treffen Casseler Zeitungen an. Hast Du in der letzten Zeit geschrieben, so kann der Brief leicht auf dem Weg von Nancy aufgefangen worden sein. Man sagt den Napoleon heute in der Richtung von Toul, und seine Partei sprengt sogar lächerlich aus, er sei in Metz, habe daraus 30000 (!) gezogen und werde dadurch überlegen.

Unsere Südarmee führt sich gut auf. Dieser Tage ist Vienne genommen. Der uns bekannte Allix führt in hiesiger Gegend Bauern und Streifer an, in Troyes hatte er einmal den Landsturm wüthend aufgefordert. Wellington ist in Bordeaux und sein letzter Sieg war sehr bedeutend.

Ich habe doch aus einem französischen Manuscript Excerpte gemacht. In Court de Gebelins Monde primitif (das auf Deiner Bibliothek sein wird) stehen brauchbare Materialien über Sprache; sind neun Quartanten.

Wann ich einmal wieder nach Haus komme, will ich die altdeutschen, nordischen und englischen Gesetze und alte Statuten studiren, nicht nur ist darin Neues zu thun, sondern es könnte auch äußerlich

zu einer Anstellung beförderlicher werden, als die Geschichte der Poesie,
mit der das alte Recht am Ende doch nah zusammenhängt. Auch
glaube ich, daß bei einer dereinstigen Erfrischung unserer deutschen
Rechtsverfassung man aus diesen Quellen manches brauchen sollte.

Wie steht es jetzt um die Brüder wohl? Du kannst denken, wie
ich mich allein deshalb über den Mangel an Nachricht bekümmere.
Der Krieg naht sich jetzt dem Stand der Hessen. Falls Ferdinand
unter den Baiern ist, möchte ich gern die Nummer des Regiments
wissen, um mich erkundigen zu können. Ausgerückt wird er noch nicht
sein, doch betrachte ich alle bairischen Soldaten im Gesicht.

Gott helfe uns allen zum guten Ausgang. Mach tausend Grüße
und behaltet lieb   Euern treuen J.

Ist Dir mein Gehalt auf die letzten Anweisungen bezahlt worden?

Ich hab zu schreiben vergessen, daß ich einmal den Overbeck bei
Bülow gesehen und nach seiner Braut Lenchen gefragt habe.

Schreib mir doch.

Notire den wichtigsten Inhalt Deiner Briefe, daß man weiß,
was verloren geht.

Hier ist jetzt jeden Morgen schön und Abends Regen.

. . .   . .

88.
Jacob an Wilhelm.

Nr. 14.   Wien, 30. März 14.

Die Nachrichten und Aussichten haben sich seit gestern sehr gehoben. Ein Courier aus London bringt, daß Wellington Pau und
Bordeaux besetzt hat, Beresford ist vom Volk mit Jubel aufgenommen, die weiße Cocarde allgemein aufgesteckt und die Adler abgerissen worden. Das Beispiel dieser großen Stadt wird mächtig
auf das schon an sich bourbonisch gesinnte Lyon wirken und so weiter.
Über den Congreß und dessen Bruch ist gestern eine officielle Declaration
der Alliirten erschienen, die Du bald in allen Zeitungen lesen wirst;
Gott hat diese Unterhandlungen vernichtet, damit wir einen wahren
Frieden erhalten. Der Schluß ist das Beste: cette cause triomphera du
seul obstacle, qui lui reste à vaincre, d. h. verblümt: über Napoleons
Person. Dazu hat man nun den ganzen Inhalt der Bordeaurer
Nachricht förmlich hier abdrucken und anschlagen lassen und die be-
kannte Flugschrift: Tableau politique de l'Europe depuis la bataille de

Leipzig wird absichtlich verbreitet. Darin liegt schon eine leise Anerkennung der Bourbons, für welche sich auch Nancy froh erklärt haben soll. Heute stehen alle Leute auf den Gasseneden und lesen, und vielleicht erleben wir bald hier auch ähnliche Scenen. Denn heute trifft auch ein Siegesbote mit der frohen Kundschaft ein, daß Schwarzenberg und Blücher den Feind bei Meaux aufs Haupt geschlagen, 60 Kanonen, 6 Generale und 6000 Gefangene genommen haben. Selbst wenn dieser Sieg halb so groß wäre, würde er unter den heutigen Umständen doch sehr entscheidend sein und endlich einmal darf man vernünftig und gesund einem guten Ende entgegenbliden.

Wo Napoleon jetzt ist, bezweifelt man. Vielleicht war die ganze Diversion gegen Metz und Tull nicht gegründet, wenigstens nicht in der Masse, wie man Anfangs dachte, und er hat sich wieder nach Paris geworfen. In Bar sur Aube soll er den 25. oder 26. geschlafen haben.

Den 31.

Der Sieg, den die österreichische Cavallerie hauptsächlich gewonnen haben soll, war nicht bei Meaux, sondern bei La Fère-Champenoise, also wiewohl weiter rückwärts, doch ohne Zweifel sehr bedeutend. Die Zahl der Kanonen soll über 100 steigen, und die andern Umstände wirst Du durch den Armeebericht viel eher als durch diesen Brief erfahren. Den 26. war wieder ein günstiges Gefecht bei La-Ferté-Gaucher, den 27. aber soll Winzingerode einen, doch mit jenem Vortheil unverhältnismäßigen Verlust gelitten haben: er war zur Beobachtung von Napoleons eigener Armee zurück geblieben, denn die geschlagenen Abtheilungen waren die von Napoleon zur Deckung von Paris zurückgelassenen. Man hofft jetzt zuverlässig bald nach Paris zu kommen, und es heißt, Napoleon werde sich selbst abwärts nach der Loire ziehen, um mit Augereau und Suchet vereinigt noch einmal mit der ganzen Masse einen Schlag zu versuchen. Thut er das, so liegt er in Todeszudungen und wird, weil Wellington und die Südarmee auch heran ziehen können, seinem Ende nah sein. Es scheint, daß man Stand halten und alle weitere Anknüpfung mit ihm aufgeben wird, wiewohl eben durch die Ankunft des aus England kehrenden österreichischen Gesandten von Wessenberg, den die Bauern aufgefangen und zum französischen Kaiser geschleppt hatten, und der mit ihm eine Unterredung gehabt haben soll, Gerüchte veranlaßt sind, die zum Theil so albern und unwahrscheinlich lauten, daß ich sie nicht schreiben mag. Man wird sich ja vor einem zweiten Saint-Aignan hüten.

Sinclair und Hammerstein sind heute von der Südarmee hier ins Hauptquartier gekommen, werden aber morgen wieder zurückgehen.

Ich habe hier den Geheimen Rath Gärtner kennen gelernt, der eine dicke und geschmacklose Flugschrift für die mediatisirten Fürsten herausgegeben hat, wiewohl er in der Sache selbst größtentheils Recht behält.

Arndts Commentar der Reden von Fontanes ist doch, einige gute und kräftige Redensarten abgerechnet, unbedeutend. Doch bleibt diesen Schriften ihre populäre, gute Wirkung, welche Constants Abhandlung ihrer Natur nach nicht hervorbringen kann.

Dijon ist größer, als ich in den ersten Tagen dachte, ansehnlicher, solider und ausgedehnter wie Cassel und wird Frankfurt wenig nachgeben, außer daß es niedrigere Häuser hat und lange nicht so schön ist. Angenehme Spaziergänge sind hier wie fast in allen französischen Provinzialstädten um die Stadtmauer auf dem Wall und die Luft äußerst mild.

Ein sonderbares Spiel des Zufalls ist folgendes: der Dupré aus Hanau, der mit uns studirte und ohne Hut in die Ferien ging, ist schon mehrere Jahre hier, welches ich so erfuhr: einer unserer Bekannten fragte mich: ob ich diesen Dupré nicht kennte, er hätte mich erkannt, als ich mich vor einigen Tagen in irgend einer Gasse gerade an ihn gewandt, um Bescheid zu fragen. Dies geschieht mir oft, aber ich habe nicht an ihn gedacht. Nun hat er sich bei den Teutschen danach erkundigt.

Sind auswärtige Pränumerationen auf den armen Heinrich eingegangen, namentlich aus Frankfurt, Heidelberg, Karlsruhe und Basel? Hat Glöckle noch nicht geschrieben, so mußt Du ihm lieber einen Mahnbrief über Tyrol, Verona ꝛc. schicken. Es ist mir neulich eingefallen, daß der Name Amelius vermuthlich aus Omelius, Homelius entstellt worden ist, wie man später Miles daraus gemacht hat. Schlag im Schneider ὁμιλία, ὁμιλικός nach, es heißt familiaritas, conversatio und familiaris, cum quo conversamur, also Freund, Redegeselle. Amicus und Amelicus bedeuten also schon in den Namen die Freunde, Gesellen. Sonst könnte man auch an Am.. Amelei denken, aber die Legende ist wohl in Frankreich lateinisch entsprungen und beide sind heilige Märtyrer.

Dieser Tage wird vielleicht erst das Paquet nach England an Walter Scott abgehen können.

Es ist unglaublich, wie wenig ich für mich Zeit behalte, die Zerstreuungen, Besuche und das Essen schaden am meisten. Manchmal muß ich auch ganze Tage sitzen und schreiben, meistens an kleinen Tischen, unbequem.

Wie ist das Buch der Staël über Teutschland?

Am 1. April.

Napoleon mit einem Theil seiner Truppen soll zu Troyes oder der Gegend, Schwarzenberg nach einem Gerücht zu Charenton, Blücher zu Saint-Denis sein. Ich zweifle indessen hieran: binnen vierzehn Tagen muß es sich zeigen, ob wir nach Paris oder nicht kommen.

Ich sehe aus Casseler Zeitung, daß ein preußischer (?) Major Haxthausen dort war. Gott erhalte Euch.

J.

Das Beste ist, Du giebst Deine Briefe an Lepel. Adresse: Herrn Bibliothekar Grimm zu Cassel.

89.

Jacob an Wilhelm.

Nr. 15.   Dijon, 5. April, Morgens [1814].

Wie war Dir gestern Mittag um 12 Uhr? Hier traf endlich die erlösende Nachricht ein, daß Paris den 31. März besetzt und Napoleon abgesetzt worden ist. Ich bin vor Freude und Dank den ganzen Tag nicht zu mir gekommen und heut Morgen ist es mir als nach einem durchbrachten Ball. Rechne ich recht, so trifft morgen oder übermorgen die Botschaft bei Euch ein, Du wirst dann lesen, daß alles gut ist, außer der Anerkennung der Integrität des alten Frankreichs, so wäre Elsaß aus der Hand gelassen oder man müßte deuten, was besser klar gesagt gewesen wäre. Doch gebe ich dieses Land nicht auf und es wäre Sünde und Schwachheit, wenn es die Fürsten thäten.

Hier war alles gleich in der Stadt erregt und voll weißer Cocarden, die Gassenjungen klebten Papier mit Speichel auf die Stirne und balgten sich in zahlloser Menge um ausgeworfenes Geld. Das Schnelle und Leichtsinnige des Auftritts wird mir nie vergessen und ergriff mich tief; wie manches unschuldige, junge Herz mag doch unter dem Haufen gepocht haben, das rein an den Kaiser glaubte und nun alles plötzlich niedergerissen sieht.

Noch vorgestern hatte man unterm Volk große Siegesnachrichten, daß unsere Truppen total geschlagen, 100 Kanonen genommen und der Kaiser und König gefangen wären. Wir waren zehn Tage abgeschnitten und ohne directe Nachricht, vom König von Preußen wußten die Preußen selbst hier seit dem 23. nichts.

Daher kannst Du Dir unsern Jubel denken, Gott sei Lob und Dank. Du siehst, wie ich eile, der Brief soll eben fort. Ewig Dein

treuer Bruder Jacob Grimm.

Adresse: Monsieur Grimm, Bibliothécaire à Cassel, Allemagne, par Bâle en Suisse.

90.
Jacob an Wilhelm.

Nr. 16.   Dijon, 5. April [1814].

Ich will Dir einige Umstände von hier näher beschreiben. Was in Paris selbst vorgeht, erfährst Du aus den Zeitungen doch früher, die Einnahme dieser Stadt gehörte ohne Zweifel zur Genugthuung und ich möchte dabei gewesen sein; jetzt werden wir erst höchstens in acht Tagen nachkommen, weil wir mit eigenen Pferden reisen und Tags nur 8—10 Stunden machen können. Wenn ich bedenke, an welchem Abgrund wir noch vor einem Monat am 10. März standen, leuchtet recht klar ein, was Gott dabei gethan hat, der Kern des Volks, gleichsam instinctmäßig, wußte und begehrte die wahre und rechte Arznei, während die Unterhändler seine Recepte thöricht vorschreiben wollten, auch des Feindes eigner finsterer und starrer Geist, der noch immer in Stolz auffuhr und, was ihm helfen konnte, selbst zerbrach, hat uns dazu dienen müssen. Die letzte Demüthigung war ihm doch nicht gespart, Caulaincourt erschien noch einmal und erklärte, daß er auf jede vorgeschriebene Bedingung den Frieden zeichnen würde, und krönte den Antrag mit der groben Lüge, daß Metternich bei ihm wäre. Dennoch erzählt man, was ich kaum glaube, daß dieser Mensch einer der ersten wäre, der die weiße Cocarde aufgesteckt. Napoleon war nur drei Stunden vom letzten Schlachtfeld und kam zu spät, so daß sein letztes verunglücktes Manoeuvre, in der Mitte durchzubrechen und unsere große Armee hinter sich zu lassen, die unmittelbare Ursache seines Falls geworden ist. Beim Einzug in Paris soll er in Fontainebleau, die Kaiserin in Blois gewesen sein, ich bin nun begierig, bis wie weit über Orleans er sich noch wird halten können und wie er endigen wird. Den Suchet und Augereau an sich zu ziehen ist nicht leicht; in der Gegend von Tours könnte der Ausgang stattfinden und ein Heer von 50—60000 Mann ihn nicht mehr retten; man hofft aber, daß der Ausschlag des Volks ihm die meisten Soldaten abtrünnig machen wird; es wäre umsonst vergossenes Blut, das er längst nicht mehr verdient. Der Kaiser von Rußland und König von Preußen sollen wirklich schon Paris wieder verlassen haben und ihm nachsetzen. Es heißt heute, daß der Papst in Rom angelangt ist.

Ein Umstand hat mich unter den frohen Nachrichten betrübt: daß Blücher seit acht Tagen krank sein soll und vielleicht nicht wieder aufkommen wird. Als ob ihn ein Zauber kurz vor der Thüre zurückwiese, auf deren Eingang er sich so sehnlich gefreut hat.

Gestern gegen ein Uhr wurde die Botschaft hier in der Stadt bekannt; nicht lange, so erschienen einzelne weiße Cocarden, aber auch sah ich, daß einer sie einem Lumpen, der sie aufgesteckt hatte, mit dem Wort coquin! abriß. Allein die Zahl wurde immer größer und alle Modehändlerinnen nähten. Um vier Uhr gingen wir in ein Gasthaus essen, dessen Fenster auf den großen Platz und den Palast gehen, und hatten einen nicht zu bezahlenden Anblick. Der Menschen wurden immer mehr, die Bettler und Gassenjungen legten in Ermangelung des Bands weiße Papiercocarden an, unser Aufwärter erschien plötzlich mit einem ungeheuern Lappen auf dem Herz. Da man Geldstücke auswarf, fing ein unendliches Balgen und Ringen darum an, Klumpen von dreißig bis vierzig Jungen fielen bei jedem mal über und auf einander, daß man nichts wie wogende Arme und Köpfe sah und das unaufhörliche Geschrei hörte: vive le Roi, vive l'Empereur d'Allemagne oder auch: roi d'Autriche, dann aber: jetez ici, vivent les pièces blanches und les gros sous! Ein Bub schrie: vive le Roi Louis, da er aber nichts bekam, gleich hinterdrein: vive Napoléon; andere kletterten die Fenster hinauf; ich habe nie in meinem Leben solches Lumpengesindel gesehen und fühlte doch auch, daß es unmöglich sei, den zahlreichen Samen eines solchen schreienden, unruhigen, flatternden Volkes, nicht zu vertilgen, sondern nur bedeutend zu verändern. Bald erschien eine Deputation der Municipalität mit den weißen Farben und nicht lang, so stand die Thurmspitze des Palastes voll Menschen (ein österreichischer Grenadier darunter, der einmal zu Haus davon erzählen wird), die das Wappen abrissen und eine weiße Fahne aufpflanzten. Dies war alles das Werk von zwei, drei Stunden und geschah alles aus eigener Regung von denselben Leuten, die uns des Morgens vielleicht mitleidig ansahen und meinten, daß wir geschlagen wären und abziehen müßten. Als es dunkel wurde, waren viele Häuser erleuchtet, aber alle Kaffeehäuser voll Menschen, die ihr Domino spielten wie Tags vorher, als ob nichts vorgefallen wäre. Unglücklicherweise hat der Kaiser Franz das Theater diese Palmwoche schließen lassen, sonst wäre gestern ein wahrer Jubel gewesen und eine unzählige Menge Vivats ausgebracht worden. (Vorgestern am Palmsonntag waren alle Kirchen übervoll, und jede Frau und jedes Mädchen trägt ein langes Büschel Buchsbaum in der Hand, das sie an diesem Tage weihen lassen und an Thür oder Thore hängen zur Abwehr des Bösen. Auch Wolle und Knochen hab' ich mehrmals in Frankreich inwendig an den Thüren hängen sehen.)

Am 6.

Das Schauspiel wurde gestern Abend doch noch erlaubt und fiel lärmender aus, als ich gedacht hatte. Alles war übervoll und auch einländische Damen da, die bisher immer fehlten. Wir fingen an, öffentlich über den Adler zu sprechen, der noch am Vorhange war, bald erhoben sich laute Stimmen im Parterre: à bas les armes du tyran, der Director erschien und versprach auf das nächste Mal das Lilienwappen. Darauf wurden altfranzösische Volkslieder begehrt (oh mon Roi etc.) und unter Vivat gesungen. Beide Stücke, die man aufführte, gaben genug Anspielungen, die beklatscht wurden, Rufen und Jubel stiegen immer. Endlich bei einem Zwischenact hob sich der Vorhang und ein Banner mit der großen Inschrift: vivent les alliés! wurde vorgehalten, während der Sänger ein neugemachtes Gedicht absang, jedermann erhob sich in Logen und allerwärts, alle Minister und Gesandtschaften standen auf und klatschten, eine Dame hatte Witz und Geistesgegenwart genug, um eine Stelle des Lieds durch eine laut zugerufene Abänderung zu erhöhen, Mützen und Hüte flogen auf und wurden auf Stöcken gehalten, und mit beständigen Unterbrechungen wurde das Stück fertig gespielt und wieder mit den vorigen Liedern geschlossen; eine geschminkte, gepuderte Dame fächerte sich sehr rührend, die alten Musikanten im Orchester waren am Weinen, und ich bin fest überzeugt, daß die anwesenden jungen Leute, die der Napoleonischen Verfassung am meisten anhängen, weil sie keine Erinnerung vom Alten haben, von diesem Theaterwesen mehr mitgenommen und belehrt werden, als von zehn Proclamationen.

Mitten unter diesem Geräusch fand und erkannte ich plötzlich neben mir meinen ehemaligen Collegen Graf Flemming, der hier bei Bülow angestellt ist oder bei Wartenberg. Er wußte mir doch einiges von Cassel zu erzählen. Dieser Tage hab' ich auch den Professor Kastner (aus Heidelberg und Halle), einen recht brav aussehenden Mann, der jetzt freiwilliger Offizier ist, mehrmals gesehen, auch einen Professor Latomus aus Karlsruhe (Mathematiker beide). Die meisten Preußen, die ich über Arnim gesprochen habe, nehmen es ihm übel, daß er nicht mitgegangen ist.

Einer hiesigen Buchhändlerin, die sich gestern dadurch als Bonapartistin zeigte, daß sie seine Bilder und Schlachten von Marengo zc. aushing, wurden die Kupferstiche bespieen und zerrissen.

Ich habe einen Torsäus (series) und eine italienische Ausgabe von Petrarchs Werken zusammen für einen Sechsbätzner (17 sols) gekauft, es ist nur um den Transport mit dergleichen, sonst würde ich mehr suchen. Was ich mir hierin wohlfeil zu erwerben meine, geht mir über andere unvermeidliche Ausgaben bei Restaurateurs außer allen Vergleich; ich suche mich auf alle Weise durchzuschlagen und denke oft dran, wie nöthig es uns thut. Andere sind soviel besser dran, daß sie alle und jede Ausgabe, selbst Theater, in Anschlag bringen können.

Man glaubt, daß Napoleon höchstens 30 bis 40000 Mann zusammenbringen werde und unvermeidlich untergehe. Die Östreicher sind etwas empfindlich, daß Alexander die Declaration allein unterzeichnet hat, und sagen dabei: daß sie die Integrität des alten Frankreichs jetzo nicht so ausgesprochen haben würden. Indessen hofft man allgemein für die Herausgabe des Elsasses, dem man freilich eine undeutsche Stimmung beilegt (ich kann dies nicht glauben, sondern glaube, daß die freigewordenen Elsässer aus einer gewissen Beschränktheit, worin sie stecken, bald aufkommen werden), im schlimmsten Fall würden die Festungen Straßburg, Landau, Befort zc. geschleift werden. Aber die Sprache als Grenze muß durchdringen und lieber ein Stück von Französisch-Flandern oder Italien den Franzosen bleiben. Die Holländer bekommen ohnedem genug. — Der Graf Artois soll aus Nancy hier eintreffen und darum wird die Abreise nach Paris nicht so schnell erfolgen, was mir gar nicht lieb ist.

Es ist unbarmherzig, daß ich nichts von Euch höre und alle Deine Briefe verloren gehen, die Du gewiß schreibst. Sogar unbegreiflich, denn ich sehe, daß jedermann sonst regelmäßige Nachrichten hat, z. B. aus Berlin und weiter. Die Zeitungen habe ich bis zum 26. März gelesen. Gärtner sagte mir gestern, der alte Kunkel wäre gestorben.

Welch eine Freude in Teutschland sein muß! Ich wäre viel lieber dabei als hier und fürchte, daß ich selbst in Paris vor Lärmen, Zerstreuung und Arbeit wenig Nachforschungen werde halten können.

Am 7. April.

Bonaparte ist von der Commission des Senats förmlich entsetzt sammt seiner Descendenz, und die Bourbons werden ohne Zweifel erwählt. Marmont ist mit 10000 abgefallen, Mortier, Ney und Berthier haben sich gegen ihn erklärt. Nach einigen ist er gefangen, nach andern vogelfrei, am wahrscheinlichsten ist die dritte Meinung, daß er selbst abdicirt hat. Er ist auf immer zu Ende, Gott sei Dank, wir sehen Freiheit, Glück und Frieden vor uns liegen. Hier sind alle Einwohner bekehrt und stimmen ein. Ich sehne mich aus diesem Leichtsinn, diesem Geschrei zu Haus nach Euch. Morgen oder übermorgen reisen wir nach Paris, brauchen aber sieben Tage wegen der eigenen Pferde. Ich habe eine Einleitung wegen der Vaticanischen und Pariser Manuscripte gemacht. In Paris werde ich viele Leute sehen. Gott sei mit Dir und Euch. Dies ist mein sechzehnter Brief und von Dir habe ich erst einen einzigen.

Dein treuer Bruder Jacob.
In größter Eile.

Adresse wie auf Brief 88.

91.
Wilhelm an Jacob.

Nr. 6.   [Cassel, den 15. April 1814.]

Lieber Jacob, ich habe Deine Briefe alle bis auf No. 11 richtig erhalten, Du kannst denken, wie viel Freude sie mir gemacht haben, wir hatten ausgerechnet, daß gewöhnlich den neunten Tag einer kam. Dagegen thut es mir so leid, daß Du von den meinigen nur den ersten bekommen, wie es zugegangen ist, begreife ich immer noch nicht recht, selbst wenn auch einer von den Feinden aufgefangen wäre. Ich hatte Dir darin geschrieben, was sich seither bei uns zugetragen, von dem Hiersein und dem Abschied der Brüder. Seit

19*

vier bis fünf Wochen lebe ich in besonderer Unruhe und wache jeden
Morgen mit Sorgen und Gedanken auf. Von den Brüdern habe ich
seit ihrem Ausmarsch keine Nachricht, nur von Louis' Aufenthalt in
Marburg hat mir Conradi geschrieben, aber seitdem kein Wort, selbst
von Coblenz, wo sie ein Paar Tage gelegen und ich so gewiß einen
Brief erwartet hatte, kam keiner, ich habe deshalb an Görres geschrieben, er ist mir aber auch die Antwort schuldig. Es gehen fast
alle Briefe von dorther verloren; sie sind ein paarmal schon im Feuer
gewesen; was mich aber beruhigt, ist eine danach vom Böttger am
2. April hierher geschickte Nachricht, wornach alle Bekannte (er war
mit ihnen ausgezogen) sich noch fänden und vergnügt wären, Mangel
litten sie in keinem Stück. Der Prinz soll bei dem einen Ausfall
aus den Festungen mit 6000 Mann einmal ganz umringt gewesen
sein, allein die Leibdragoner haben ihn frei gehauen, sich überhaupt
herrlich betragen, so wie die Freiwilligen zu Fuß und Pferd, die eine
dreifache Übermacht aufgehalten; am Ende sind die Franzosen auch
geschlagen worden. Es wird hier nur nichts Rechtes bekannt gemacht
und in einem Bericht, was so viele kränkt, hat man unter denen,
die sich ausgezeichnet bei den Freiwilligen, nur die Adlichen genannt.
Der Steinhart ist als Tirailleur, als sein Gewehr in Unordnung
war, einen Augenblick bei Seite gegangen, um es einzurichten; ein
anderer drängt sich an seinen Platz und gleich kommt eine Kugel und
reißt ihm den Kopf ab; es ist der Sohn des Maurers Feist von hier
gewesen. Nur soll sich das Regiment Solms und auch ein Landwehrregiment nicht gut betragen haben, wie man sagt, aus Schuld
der Anführer. Ich habe Dir in jedem Brief geschrieben und will es
auch hier thun: der Louis ist Lieutenant beim dritten Landwehrregiment im 1. Bataillon, hat Blau mit Pfirsichblüthe Aufschlägen,
der Karl ist bei der ersten Escadron freiwilliger Jäger zu Pferd.
Vielleicht führt Euch das Glück zusammen, was für eine Freude für
Euch alle, der Karl zu Pferd kann noch leichter kommen, wenn er in
Deiner Nähe wäre. Ich habe mich angehalten und nicht geweint,
wie sie weggegangen sind und ich sie zum Abschied küßte, aber wenn
sie wiederkommen, da kann ich's nicht lassen, die Thränen sind mir
jetzt schon in den Augen, wenn ich daran denke. Gott lasse es bald
geschehen, wenn sich bestätigt, was seit gestern als Privatnachricht
hier herum geht, Napoleon sei von seiner Armee verlassen und habe
sich ergeben. — Das muß ich noch sagen, daß unser Prinz sich
überall sehr gut und muthig benimmt, er soll die Leute zum Feuern

selbst angemuntert und ihnen die Patronen abgebissen haben, daß er
schwarz wie ein Mohr mit weißen Haaren im Gesicht ausgesehen.

Vom Ferdinand erhielt ich wenige Tage nach dem Ausmarsch
des Louis, also vom Anfang März, einen Brief, er sei krank gewesen
an einem Katarrhfieber, so daß er vierzehn im Bett habe liegen
müssen, er sei aber wieder hergestellt und wolle jetzt mit den Baiern
gehen. Ich schrieb ihm den Augenblick, er solle es ja nicht thun,
weil eine Krankheit im Feld das Allerschwerste und er ohnehin
schwächlich sei: auf keinen Fall solle er als Gemeiner mit gehen.
Vor vierzehn Tagen, als Heß einige Sachen vom Louis schickte, schrieb
er, er hoffe bald Näheres zu melden, und ein Wechsel vom 22. März,
den Harnier schickte, wonach er dort 100 fl. geliehen, läßt mich
vermuthen, daß er seine Ausrüstung besorgt hat, und ich erwarte
jeden Tag einen Brief. Der Louis hat uns sein Portrait geschickt,
das er selbst gemacht, es ist vortrefflich in Ähnlichkeit, Ausdruck
und freier Arbeit, so daß ich es ihm wirklich nicht zugetraut hatte;
auch zwei schöne Handzeichnungen sind dabei nach Gemälden, die er
der Prinzessin schenken wollte, die ich aber noch zurückhalte.

Angenehme Briefe sind sonst nicht gekommen, nichts von Berlin,
einen von Tydemann hatte ich Dir zugeschickt, er wünscht, daß Du
mit dem holländischen Legationssecretär in Verkehr treten und
durch ihn schreiben möchtest. Carové von Aachen als Secretär bei
dem Gouvernement hat geschrieben und ein Paar altschottische Melodien
aus einem Buche copirt mitgetheilt: die Bücher hat er nicht bekommen.
Von Steinau noch immer nichts, ohngeachtet ich an den Teuhard
nun selber geschrieben. Deine Besoldung auf die beiden Monate
ist mir gegen die Anweisung mit einiger Schwierigkeit ausbezahlt,
man verlangt bloße Quittungen von Dir, wogegen man den In-
haber sogleich befriedigen werde. Sei also so gut, in Zukunft mir
diese, jedoch nur mit sicherer Gelegenheit, wegen Mißbrauchs, zuzuschicken. Ich habe die nöthigsten Schulden bezahlt, doch bleiben noch
einige dringende. Ich bekomme nur hundert Thlr. jährlich, also acht
Thlr. monatlich, so wenig wir brauchen und, so viel die Tante giebt,
reicht das kaum zu Leibesunterhalt. Der Louis hat mir acht Thlr.
angewiesen, die ich einmal bekommen, ich habe aber auch noch für
seine Ausrüstung zu zahlen, doch Gott wird forthelfen, in Noth
komme ich eigentlich nicht, da die Tante gern aushilft, wenn ich nur
ein leises Wort sage; nur dauert mich's wieder, daß die arme Louise

vielleicht darum nicht so viel bekommt; es ist sündlich von dem
Pfarrer, daß er sie so darben läßt.

Solche Kleinigkeiten stören mich ohne Aufhören, dazu Besuche,
wie vom Meisterlin, der Base Koppen aus Großallmerode, der ich
Bittschriften machen muß, vom Wigand, der hier Amtsactuarius
werden sollte und es ausgeschlagen hat. Ferner hatten wir eine
neue Magd zu suchen, da die alte zu ihrer vorigen Herrschaft zurück
gegangen ist. Ich bin seit vierzehn Tagen kränklich und nehme ein, ich
glaube eben dieser Unruhe wegen, die mich jeden Morgen früh aus
dem Bett treibt. Das Allergrößte kommt aber zuletzt: ich habe den
Wille eben Ostern gebeten, die Miethe, wie allgemein geschieht, herab-
zusetzen; er will aber nicht, weil, wie er sagt, die Lasten noch nicht
aufhören und ich soll noch 120 Thlr. geben, wofür man jetzt eine
Etage auf der Neustadt bekommt; also müssen wir ausziehen. Es
thut mir leid, weil wir an die Wohnung wie an ein Eigenthum
Anhänglichkeit haben und die Mutter darin gestorben ist: es war
auch alles gut und angenehm eingerichtet; auch die Nachbarschaft mit
Wilds geben wir von beiden Seiten ungern auf, und der Alte hat
geweint darüber, wie er überhaupt jetzt leicht gerührt wird. — — —
Der Auszug selbst wird mir schwer genug fallen, der Transport
und die Wiederaufstellung der Bücher, die Aufräumung unseres alten
Haus(un)raths, vierzehn Tage gehen gewiß darauf. Ein bestimmtes
Logis habe ich noch nicht, wahrscheinlich aber bekomme ich noch
in dem letzten Haus an der Wilhelmshöher Allee die zweite Etage.
Es ist herrschaftlich und hat eine sehr angenehme Lage und viel Be-
quemliches in der Einrichtung, ich nehme es besonders in der Hoffnung, daß es Dir gefällt; gelingt es, so geben wir nur 40 Thlr.,
wodurch auch etwas Bedeutendes gespart würde. Die erste Etage
bekommt der Baumeister Engelhard, sonst wohnen wir ganz allein
und so viel ist gewiß, daß wir aller Feuersangst frei werden. Es
muß in diesen Tagen bestimmt werden, da ich mit Anfang des folgenden Monats muß hier geräumt haben. Leid ist mir übrigens der
Gedanke, daß Du nicht in unserer alten Stube wieder ankommst.

Daß ich in dieser Unruhe wenig gethan habe, kannst Du Dir
vorstellen, den Text vom armen Heinrich habe ich durchgearbeitet,
unsere Noten dazu ein paarmal und zusammen geschrieben; in den
Abtheilungen der Einleitung Materialien gesammelt und etwas wenig
verarbeitet (Deine Bemerkungen über die Namen Amicus und Amelins
sind gewiß richtig und mir auch eingefallen, vielleicht kannst Du in

Paris über den französischen Roman etwas in Handschriften finden). Ich weiß nicht, ob Du den Brief hast, worin ich Dir gemeldet, daß zu Colocza in Ungarn sich ein Manuscript vom armen Heinrich sowohl als von unserm Reinhart Fuchs des Glichiener entdeckt: ich habe schon längst deshalb an Schlegel geschrieben und erwarte die Antwort in diesen Tagen. Was Glöckle betrifft, so mein' ich, es wär' am leichtesten, Du schicktest ihm durch die österreichische Gesandtschaft einen Brief, ohne einen Commissionär zu Wien würde er von hier aus schwerlich ankommen. Wäre das Glück gut, so kämst Du vielleicht noch nach Straßburg und könntest das Original des Müller'schen Textes benutzen. Pränumeranten sind bis jetzt 120, die bezahlt haben: andere haben bloß den Namen geschickt, was ein unbequemes Verhältnis ist, indessen fehlen noch von vielen Orten die Sammlungen, ich rechne auf etwa 220. Hagen hat im Juni 1813 die Alterthumszeitung geschlossen, er hat darin das sog. dritte Helgelied (Hiorvard und Sigerlin) übersetzt in Alliteration (schlecht und leicht wie etwa bei Fr. Majer), sonst aber richtig und er muß Hülfe dabei gehabt haben: ob Rask ihm etwas mitgetheilt, weiß ich nicht, sobald die Communication frei ist, werde ich an ihn schreiben. Ich glaube aber nicht, daß er mehr als das eine hat. Sollte er auch das Ganze drucken lassen, so läg' mir nicht viel daran; daß es nicht aus seinem Text gekommen ist, ließ sich leicht zeigen. Übrigens ist auch dieses Lied eines der leichtesten. — Merkwürdig ist die Nachricht im Anzeiger, daß der Dr Zimmermann ein Bruchstück des Reinecke Voß von 1474 hat, das wahrscheinlich zum flamländischen gehört. Hagen hat eben die Edda in den Jenaer Ergänzungsblättern recensirt; ohne uns zu erwähnen, bringt er außer den alten weitläuftigen Literarnotizen auch dieses wieder vor und er hoffe bald näher Auskunft zu geben. Zimmermann scheint mit ihm in Verkehr, ich weiß nicht wo er ist, kennt ihn aber nicht auch Thomas? So könntest Du den bitten, an ihn zu schreiben. Ich bilde mir ein, Du wirst in Paris für den Reinecke noch manches finden.

Nachmittag 1 Uhr (am 15. April).

Gottlob, liebster Jacob, eben habe ich die den Morgen eingegangenen Listen gesehen, es steht keiner darunter, sie sind noch beide gesund, auch kein bekannter Namen ist mir vorgekommen. Am 4. April war der Louis noch im Feuer, etwa 15 von seinem Bataillon sind blessirt worden. Die Liste war auf das Kriegscollegium gekommen und ich hörte es auf der Bibliothek, da bin ich gleich hin-

gelaufen; wie mir angst war auf dem Weg, kannst Du denken, der
Schuppert aber sagte mir im voraus, unser Namen sei nicht darauf,
also hat mich diese Bekanntschaft doch noch erfreut, ich war aber
damit nicht zufrieden und wartete, bis sie selber kam, um mit eigenen
Augen zu sehen. Von Landgraf Karl sind die meisten geblieben.
Man erzählt hier auch, Bonaparte sei gefangen und schon alles beendigt, indessen glaub' ich noch nicht daran, wiewohl ich denke, daß
es bald dahin kommen wird.

Diesen Brief wird Völkel mitnehmen, der heut Abend abreist,
und Du wirst ihn auf diese Weise doch einmal gewiß bekommen.
Es ist ein rechtschaffener Mann, der liberal denkt und der nicht
anders als freundschaftlich gegen mich gesinnt sich gezeigt hat, so
daß mein Verhältnis recht angenehm ist. Nur habe ich gesehen, als
Strieder neulich einmal kam, daß beide äußerst gespannt sind, kämen
sie oft zusammen, so würde das meine Lage unangenehm machen, so
brauche ich mich nicht darum zu bekümmern. Mit Suabedissen ist
es noch ungewiß, ob er hier bleibt, Goldmann wird wohl seinen
Abschied erhalten, ich habe ihn eben nicht öfter gesehen, doch hat er
mir noch Märchen versprochen. Bauer hat noch nicht promovirt, ob
er gleich hier ist; nach Ostern soll's gewiß sein; von Stein habe ich
gar lange nichts gehört, in der Frankfurter Zeitung stand neulich
der Tod eines Arztes Rudio in Weilburg. Das mag wohl ihr Bruder
gewesen sein und vielleicht schreiben sie auch aus Betrübnis nicht.

Die Schrift des Constant habe ich gelesen, sie ist geistreich und
fein, vieles ist richtig, über die Hauptsache, versteht sich, ist kein Streit,
und es fehlt ihm doch eine gewisse sinnliche oder poetische Wahrheit,
es sind hin und wieder deutsche tiefe und einfältige Gedanken französisch
spitz und witzig aufgestellt. Z. B. viermal hunderttausend Egoisten,
gut gekleidet und exercirt, würde kein Teutscher die französische Armee
genannt haben, denn das ist Unmöglichkeit und es muß ein gewisser
lebendiger Geist sie zur Einheit erhoben haben (ob ich ihnen gleich
Schlechtigkeit genug zugestehen will), so etwas würde die Natur nicht
gestatten und sie könnten so wenig beisammen sein, als so viel
Menschen zusammen gesperrt, weil die Luft ihnen ausgehen würde.

Es lassen Dich alle herzlich grüßen, der alte Wild und das
Dortchen und die Lisette. Die Tante denkt beständig an uns, wir
können es ihr nie vergelten. Ich soll ja nicht vergessen, von der
Hoheit Dir zu sagen, daß Du auf Zurückgabe ihrer Goldtoilette dringst,
oder falls sie vermünzt wäre, auf ihren Werth von 24000 Thalern.

Ich habe gesagt, daß das ohnehin mit allem betrieben werde, allein ich soll es doch noch besonders schreiben.

Leb wohl, lieber Jacob, übermorgen geht Lepel dorthin ab, wenn's geht, schreib' ich Dir da wieder, wenn auch nur ein Paar Worte, die Lotte grüßt Dich auch. Dein treuer

Wilhelm.

92.
Jacob an Wilhelm.

Nr. 17. Paris, 19. April 1814.

Lieber Bruder!

Nach einer in ihren kleinen Absätzen langweiligen und bei der fast sommerigen Witterung drückenden Reise von acht Tagen bin ich endlich vorgestern Morgen hier eingetroffen. Der Weg ging über Chatillon (ganz angenehm, aber doch geringer wie Chaumont), Bar sur Seine (schlechter als Bar sur Aube), Troyes (schon bekannt), Nogent (jämmerlich verheert, ganze Straßen in Trümmern und das andere meist verlassen), Provins (wo die zwei Kaufleute im Fabliau her waren: die Stadt sieht alt genug aus, in einer Kirche mit gothischem Portal war eben eine Leichenfeier und dabei große Räucherei mit Buchsbaumlaub, weil Kranke darin gelegen hatten) und Charenton (1½ Stunde von hier, allein wir mußten doch des Samstags dort übernachten, es war ein Gewitter und in dem eleganten und reichen Haus doch kein Bett für mich zu finden). Straße und Örter waren mir also, Troyes ausgenommen, neu; im größten Theil aber, nämlich hinter Chatillon bis hinter Nogent, hatte der Krieg gehaust; von den Häusermauern bleiben die Rauchfänge, weil sie fester gebaut sind, am ersten übrig und stehen häßlich wie Pfeiler da. Nichtverbrennte Bäume in Hausgärten fingen unter dem Schutt und Stroh zu blühen an. So sehr besonders der ganze Strich von Champagne gelitten und ausgestanden hat, fange ich doch nach und nach an, von meiner Meinung, daß ein Theil der verbündeten Truppen zu schlechte Mannszucht gehalten hat, abzukommen. Schlecht ist sie mitunter gewesen, allein vieles ist auch bei dem jetzigen Soldatenwesen unvermeidlich und, wo Heere zwei Monate stehen und sich schlagen, kann vieles im besten Fall nicht anders sein. Der Bauernaufstand ist daher weit mehr durch Bonapartes Anstiftung und Kunstgriffe, als durch übermäßige Verzweiflung der ohnehin listigen, böswilligen Franzosen entstanden gewesen; die Soldaten, sobald sie einmal Lüge und Bosheit merken, haben ein Recht, gereizt und hart zu sein, und damit wird viel gerechtfertigt. Auch liegt etwas im Räsonnement unserer gemeinen Soldaten Wahres: warum sollen wir das nicht auch thun dürfen, was uns die Franzosen so lange gethan haben? Am schrecklichsten waren mir auf diesem Weg wieder mehrere ausgegrabene Menschen mitten auf der Chaussee, einer lag nackend wie eine Mumie mit zurückausgestreckten Armen, und Hunderte gehen vorüber und werfen keine Erde drauf. Reinlicher und treuer waren die alten, sonst grausameren Völker, wie sorgfältig werden im Homer nach der Schlacht die Todten verbrannt und die Beine gesammelt, um mit nach Haus gebracht zu werden. Von jenem Menschen erhalten seine Angehörigen, die ihm noch am Leben glauben, vielleicht erst spät Nachricht und erfahren nie, wie elendig er auf dem Feld liegen geblieben ist.

Wie es jetzo hier und folglich in ganz Frankreich hergeht und aussieht, brauche ich nicht zu schreiben, Du kannst ja die Zeitungen lesen und, wenn die deutschen nicht alles abdrucken, Dir leicht eine der hiesigen verschaffen. Es sind merkwürdige und starke Artikel darunter, ja, die einen von jedem andern Volk erstaunen würden, das Meiste ist fad, gemein und ungerecht und das Ganze in seinem Detail ekelt mich an, ich möchte in keinem Land weniger leben, als in Frankreich, sie mögen ihre Verfassung ändern, wie sie wollen. Graf Artois hat durch seine verbindlichen, französischen Manieren hier die meisten Herzen gewonnen und damit im Grund, was das Innere betrifft, mehr gewirkt, als die vorhergehenden Begebenheiten; der König soll nicht so einnehmend sein, ist auch älter und dick; sein Porträt hat nichts Angenehmes, vermuthlich sind die meisten, die man hier in Menge sieht, aber unähnlich. Bis Sonntag heißt es, soll er einziehen. Die geputzte, nett aussehende Nationalgarde trommelt täglich in allen Gassen. Diese Kerls bilden sich vermuthlich ein und bestärken sich und andere ohne Zweifel immer mehr in dieser Meinung, daß sie die Alliirten aus bloßer Gefälligkeit und Überdruß an Bonaparte herein gelassen hätten. Die wenigsten Franzosen werden fühlen, was sie uns verdanken, die meisten glauben, daß sie das so selbst eingerichtet hätten. Um so sündlicher ist es, daß man dieses Volk es nicht genug fühlen läßt, was es verbrochen hat. Lädt man dem Bonaparte die Hälfte auf, so gebührt doch die andere Hälfte ihrem Leichtsinn, ihrer Eitelkeit und Gewandtheit, wodurch sie ihn allein in Stand gesetzt, solche Dinge zu thun; bei den langsamen, gutmüthigen Deutschen wär' er längst stecken geblieben: sie aber haben ihm bis aufs aller letzte beigestanden nicht aus Liebe, sondern Furcht und Stolz und jetzt nach 14 Tagen thun sie so, als ob sie nie Theil an ihm gehabt hätten. Recht, über ihn loszuziehen, wie sie jetzt thun, hätten sie dann, wenn sie unsere Sache durch frühern Abfall und Aufstand unterstützten, was gegen einen solchen Pflicht gewesen wäre; so aber haben sie gewartet, bis es auf der Spitze stand, und hätte er gesiegt, wären sie ohne weiteres sein treustes Volk geblieben. Es scheint mir überhaupt, als ob ein Franzos für eine große, heilige Sache nie etwas wagen kann, für seine Persönlichkeit kann und thut er's oft und hat stets seine Rechnung im Hinterhalt. Bonaparte sinkt in der Geschichte durch sein letztes Betragen gewaltig zusammen; er hätte den Tod nicht scheuen müssen (in Schlachten hat er das nie gethan, auch zuletzt nicht), denn wie kann er jetzt anders als mit Schande leben, in Lüge, Unbußfertigkeit und Tücke. Die arme Marie Louise erregt Mitleiden, so mager und alt soll sie geworden sein, aber das Volk bemitleidet sie wenig, weil sie nie beliebt war, nämlich gegen ihre schöne Dame, die Herzogin Montebello, gewaltig abstach. Man erzählt: Bonaparte habe ihr sagen lassen, wenn sie nicht mehr Kaiserin sein wolle, könne er sie nicht mehr brauchen; als sie sich endlich aus der saubern Gesellschaft los machen wollen, habe Joseph und Jerome sie am Arm gezogen und nöthigen wollen, ihrem Mann zu folgen, um noch länger mit dem armen Geschöpf zu intriguiren; da habe sie Hülfe gerufen und sei so befreit worden. Der rechtschaffene Kaiser Franz dauert mich noch mehr, als die Tochter, die sich doch anfangs in dem französischen Wesen gefallen haben soll; ihm ist seine verdiente Freude um ein Gutes verbittert worden. Vorige Woche war die Königin von Westfalen hier, hat geflennt und geheult und soll bei Alexander gewesen sein und um ein kleines Land für sie und ihren Mann angehalten haben. Sie soll jetzt schwanger sein, nach einigen sich so anstellen, um rührender auszusehn; dem sei wie ihm will, eine solche, die sich so undeutsch gezeigt hat, verdiente kein Bedauern, geschweige ein Stück Land.

Jeder Teutsche, der in diesem Krieg gestorben ist, sollte eine viel theurere Rücksicht sein, als alle solche Auftritte und Unterhandlungen mit den Franzosen, die in der gewöhnlichen Mitte, wohin sich der Geist der Geschäfte versteigt, unendlich gewandter und gescheidter sind, als die Teutschen. Warum sollen durch Kunstgriffe und Ge-

schwätz wir und unsere Sache um das gebracht werden, was wir mit
klarem Bewußtsein wollten! Elsaß wird nun wohl französisch bleiben
(es giebt Franzosen, die sich einbilden, selbst das linke Rheinufer, und
meinen, es verlangen zu können) und warum? weil man aus einer
kläglichen Bescheidenheit das, was uns gehört und wieder erobert
worden ist, zurückgeben will, zu einer Zeit, wo man ohne Schwierigkeit doppelt so viel behalten könnte, oder über unbedacht hingeworfene
Aussprüche das Gefühl und die tiefer empfundene Gerechtigkeit des
Volks nicht siegen lassen will. Dieses Unglück aber liegt in zweierlei: 1) weil Russen und Engländer, die hier mitsprechen, das eigentliche deutsche Wesen nicht verstehen. Die Russen haben ein volles
Maß von Ruhm und Sieg erlangt und sind im Ganzen weder
moralisch noch historisch hellsehend genug, um sich noch für unser
Wohl lebhaft zu interessiren. Was die Engländer betrifft, glaube ich,
werden sie taub und ohne Salz, sobald sie über ihr Meer hinaus
sind und an andere denken sollen. Sie bilden sich wohl ein: Europa
sei nun im Großen zu Ruhe und Frieden gearbeitet und das weitere
Detail ist ihnen gleichgültig; 2) weil Östreich und Preußen die
Sache nicht deutsch genug nehmen und unbegreiflicher Weise nur
wenige einzelne, recht herzlich deutsch anfassende und durchgreifende
Menschen an Ort und Stelle sind. So weit meine Bekanntschaften
reichen, habe ich gewöhnliche, brave, aber in unserm Sinn beschränkte
Leute vielmehr als solche angetroffen, die ich hier wünschte. — Gut
ist, daß weder am Frieden mit Frankreich noch der inneren Verfassung Deutschlands geschwind gearbeitet zu werden scheint; durch
Verzug wird dermalen immer gewonnen, ich wollte sogar, daß man
den ersten Schritt für den zweiten Punkt damit anfinge, zu erklären:
daß binnen einem Jahr und, ehe man alle Stimmen im Volk gehört
und genutzt, nichts definitiv entschieden sein solle, als die Einheit und
Einigkeit Deutschlands. Das Fahrenlassen der deutschen Kaiserwürde und
die Eintheilung in drei oder vier Föderativstaaten wäre die traurigste
Idee, die man haben könnte. Einige sprechen von einem Congreß zu
Wien, andere gar zu London, was curios und unpassend wäre. Denn
auf Neugierde und Besuche der Fürsten kommt es wahrlich nicht an.

Endlich habe ich gestern Deinen Brief vom 22. März hier aus
der österreichischen Kanzlei (ohne daß er eingeschlossen gewesen wäre)
empfangen. Dies ist erst der zweite und ich wußte die ganze Zeit
nicht, was mit Euch seit dem 24. Januar vorgegangen war. Alle Deine
Briefe (zwei oder einer?) zwischen dem 24. Januar und 22. März

und folglich verloren. Ich kann jedoch sehen, daß Du zwischen dem 10. März und 22. nicht geschrieben hattest, und glaube daher kaum, daß in der großen Schwierigkeit der Communication Ende März etwas zu Grund gegangen ist.

Über Louis' und Karls Persönlichkeit sind im verlorenen Brief gewiß Nachrichten, sowie über Deine Anstellung bei der Bibliothek. Schwerlich werden die Brüder von Luxemburg hierher gelangen können und ich die Freude haben, sie zu sehen; vielmehr müßt Ihr zu bewerkstelligen suchen, daß sie, nun der Krieg doch vorbei ist, bald wieder vom Soldatenleben loskommen und aufs schnellste zurückkehren, um wieder in ihre künftige Lebensart einzutreten. Was ich gehofft hatte, ist nicht geschehen, daß die Hessen Gelegenheit bekommen würden, sich in offener Schlacht auszuzeichnen, was dem ganzen Land groß hätte nützen können und was Baiern und Würtemberger voraus haben. Über unsern Prinz habe ich dieser Tage einen Trierer, der mich nicht kannte, greulich losziehen hören; er hätte dort Stockprügel austheilen lassen und übermäßig requirirt. Ich gab mich gleich als einen Hessen an und vertheidigte aus allen Kräften. Etwas muß gleichwohl daran sein, wie ich aus andern Dingen schließe; es thut mir leid, daß Unglück und der Anblick unserer Zeit nicht tiefer auf ihn gewirkt haben sollten.

Mit dem Ferdinand hast Du unter diesen Umständen ganz recht gethan, zumal jetzt der Frieden hinzukommt. Die Tante erhält freilich neue Sorgen und vielleicht auch bald über mich, wovor mir ängster ist, als vor der Sache selbst. Es ist sonderbar, daß der von uns, dem diese Umwälzung persönlich am heilsamsten hätte werden können, ihr allein entgangen ist. Meine Dienstarbeiten werden mir täglich unrechter, zumal hier, wo ich soviel Zeit für mich haben möchte und sie sich nun natürlich vermehren. Nicht darin, sondern in der individuellen Eigenheit des Grafen lag die Ursache zu einem ziemlich heftigen Vorfall, den ich neulich mit ihm gehabt habe; sein braver Charakter hat dadurch bei mir sogar gewonnen und er wird mir darum gewiß nicht ungeneigt; allein es hat sich deutlich gezeigt, daß unsere Lebensart nicht zusammenpaßt. Das Nähere läßt sich nicht schreiben. Ich spare, wie ich nur kann, allein in dem theueren Paris, wo ich kaum Logis frei habe, in einem besonderen Haus wohne und mir Essen, Frühstück und alles selbst stelle, läßt sich menschenunmöglich mit dem, was ich erhalte, ausreichen. Daher werde ich nothgedrungen dieser Tage den Kurfürst nicht bloß um eine Erhöhung, sondern um eine Verdoppelung meines Gehalts schriftlich angehen.

Hier in der Stadt war es mir erst wie ein Traum, mich plötzlich an so vieles zu erinnern, was ich 1805 genau gesehen und gekannt hatte; ich wohne sogar nicht weit von dem vorigen Haus. Damals war ich viel angenehmer und freier; jetzt könnte ich mehr Vortheile für meine Arbeiten ziehen. Das Gewirr und der Lärm der Stadt mißfällt mir noch viel mehr, als sonst, die neuen Veränderungen scheinen mir unbedeutender, als sie gemacht wurden; ich möchte um alles nicht immerfort hier leben oder gar sterben, denn ich wüßte nicht einmal, wo hinaus ich getragen würde, oder ob der Dr Gall und andere Aerzte einen Todtengräber bezahlten, der mich zerschnitte, wie sie's haben wollten, was hier sehr oft geschehen soll. Bloß Christ- und Geburtstage möchte ich hier sein, weil man an keinem Ort der Welt so wohl versteht, angenehme Waaren angenehm auszustellen, man wäre dann recht glücklich, schöne Geschenke auszusuchen, und könnte das Geld kaum halten. Abends, wann ich schlafen gehe (meist 10 Uhr), rollen die Wagen noch unaufhörlich bis 1 Uhr und man muß sich wie an eine Mühle erst dran gewöhnen. Im Museum war ich zufällig schon ½ Stunde nach meiner Ankunft. Auf der Bibliothek gestern und heute, beidemal glücklich. Gestern fand ich eine Handschrift des Waltharius mit einer noch unedirten Vorrede. Sonst habe ich bloß die Eigennamen verglichen, weil der Druck nicht da war; willst Du mir schwierige Stellen daraus excerpiren, so könnte ich sie vergleichen, vielleicht zu einer künftigen Ausgabe. Heute finde ich, rathe, wovon noch keine Seele wußte — einen lateinischen Isengrinus und Reinardus in elegischen Versen; was soll ich nun machen? abschreiben? 1) sind es 127 Blätter in 8°, die Zeit würde mir hingehen und ich sonst nichts suchen können; 2) ist die Handschrift (Pergament, 14. Jahrhundert) so erstaunend fein, daß mir meine Augen, wenn ich zu viel darüber säße, gewaltig leiden müßten. Dagegen könnte das Aufschieben und spätere Leihen mißlich werden. Wer weiß auch, wie lang ich hier bleibe.

Deine Vorschläge über unsere Bücher sind mir alle recht. An Glöckle will ich hieraus schreiben, thu es doch an Rohden und laß durch den anfragen. Da in der Ankündigung der Handschrift erwähnt wird, ist es nun fast unentbehrlich, sie zu haben.

Hammersteins Adresse hab' ich endlich heute ausgefunden und will ihn womöglich morgen aufsuchen; bei ihm werde ich auch die der Jordis erfragen können.

Schreib mir doch, wohin der Philippsthaler Prinz, der in Gaeta war, gekommen ist? und wie es dem andern geht, der sonst in westfälischen Diensten war?

Am 20.

Ich habe den Hammerstein, der beim Jordis wohnt, heute gesehen: er hat mir erzählt, daß der König noch bis zuletzt schlecht an ihm gehandelt, öffentlich zwar versprochen, ihn frei zu schaffen, heimlich aber den Polizeiminister gewarnt habe, ihn loszulassen. Eine Flucht, die schon bis zu den Strickleitern gediehen war, wurde vereitelt. Jordis hat ihm große Dienste und Gefälligkeiten gethan. Während seiner Gefangenschaft hat er alle lateinischen Classiker über die germanischen Sachen durchgelesen und hält, wie es mir scheint, zu viel auf die Idee, die römischen Antiquitäten in Teutschland hervorzusuchen. Über sein jetziges Verhältniß scheint er besorgt und sich am liebsten in hannöversche und englische Dienste zu wünschen. Er sagt mir, daß Werner und Fritz Haxthausen hier in Paris sind. Der Jordis war wieder gegen mich äußerst artig.

Seine Frau wohnt in einer andern nicht weit abliegenden Straße. Wie ich hinkam, war sie so erfreut und gerührt, jemanden Bekanntes aus Teutschland zu sehen, daß ich sie selbst küßte, der sie doch in Cassel so sehr vernachläßigt und so wenig gesehen hatte. — — Hammerstein, der schon mehrere Tage hier frei ist, war noch nicht zu ihr gekommen, was sie betrübte, vermuthlich bin ich Schuld, daß er es noch heute thun wird, weil ich dort gesagt hatte, daß ich hinginge. Sie hat Spanisch gelernt und ist es müd geworden, zeichnet jetzt und lebt in Lebensmüdigkeit; nach Berlin zu gehen, ist sie unschlüssig, die Idee von Scheidung brachte sie selbst auf die Bahn und meinte: jetzt könnte sie wohl daran denken. Nach Dir hat sie sich sehr erkundigt, leg doch in Deinen nächsten Brief ein Paar Zeilen für sie ein, ich müßte eine Menge schreiben, wenn ich alles erzählen wollte, was sie mit mir gesprochen hat, und habe keine Ruhe und Zeit dafür. Der Clemens sei in Wien und mache zweien die Cour, einer schönen Wienerin und einer Lappländerin, er schreibe: letzterer zupfe er Haare aus der Nase und werde davon eigens gerührt. Von Arnim und Savigny wußte sie nichts, daß Niebuhr nach Holland ist, war mir lange bekannt; ich höre, daß er mit Stein nicht mehr so gut wie sonst stehen solle.

Auch Constant ist hier. Der Kronprinz von Schweden spielt nicht die beste Rolle hier und soll bald wieder abreisen. Man hat

hier sogar die Proclamation Christians an die Norweger in die Zeitungen
aufnehmen lassen. Ich gönne dem Bernadotte nicht viel Gutes, er soll
ein gutmüthiger, aber flatterhafter Gascogner sein und hat uns in dem
letzten Feldzug schlechte Dienste gethan, worüber hier viel Anekdoten sind.
Die hiesigen zahllosen Flugschriften möchte ich zum Theil gelesen
haben, aber lesen mag ich sie nicht. Bloß die von Chateaubriand
ist mir ein wenig bekannt und drückt manches sehr gut aus; er geht
mit einer hohen Feder auf dem Hut auf den Boulevards spazieren.
Das ganze Volk ist nicht im mindesten gedemüthigt, sondern wie vor;
außerhalb der Stadt spazieren sie wenig, wo noch demontirte Kanonen
in den Gräben herumliegen, wohin sie beim Sturm gerathen sind,
ohne daß sich die alliirten Truppen die Mühe nähmen, sie wegzu-
führen. Der König von Preußen wohnt sogar in der rue de Jena
und schmähliche Säulen und Monumente, die man den ersten Tag
hätte zusammenschlagen sollen, stehen noch da und werden nun bleiben.
Aus Dijon her trage ich noch zwei Cocarden, eine hessische und
weiße darunter, will aber diese nun wieder abschneiden.

Am 21.

Roquefort war nicht zu Haus, dafür habe ich Johanneau besucht,
einen kränklichen, ausgezehrten, noch nicht alten Mann, der mich
dauerte, wie er mir seine Kasten mit fertigen Manuscripten und
Papieren zeigte, wofür er keinen Verleger finden könne, und da er
wohl fühle, bald sterben zu müssen, unpflegsame, unverständige Hände
des fremden Besitzers fürchte. Er weiß mancherlei, was mit ihm
untergehen wird, scheint aber ängstlich und nicht mittheilend, denn
ich war begierig, seine Sammlung über mündliche Volkstradition und
Märchen, die er auf seinen Reisen durch Frankreich gesammelt, durchzusehen; er wich mit den gewöhnlichen Entschuldigungen immer aus;
dergleichen Dinge, meinte er, wage er nicht dem Publikum in Frankreich roh drucken zu lassen, bloß als Appendix zu einem großen gelehrten Werk ginge es an. Er hat eine gälische Grammatik bloß aus
dem Ossian zusammen gearbeitet. In seiner Methode ist etwas Todtes
und Ungewisses, in einigem aber war er auf rechten Wegen. Er
besitzt eine ausgesuchte Bibliothek von den seltensten Werken über
Grammatik, Sprache ꝛc.
Gley (sonst in Bamberg) war hier und hat eine altfränkische
Grammatik nebst noch andern aus der Evangelienharmonie fertig; das
Manuscript liegt beim Verleger, der es nicht drucken läßt. Er ist
bei einem Lycée in Lothringen oder Flandern angestellt worden.

Raynouard, der Verfasser der Templiers, ein gescheibter und braver Mann (seine letzte Rede beim corps législatif), soll sich sehr lange mit den Dialekten der französischen Sprache und Grammatik beschäftigt haben und außer einem großen Wörterbuch noch andere ausgezeichnete Arbeiten darüber bekannt machen wollen. Ich will sehen, ob ich ihn zu sprechen kriege.

In die Sitzung des Instituts mochte ich, um die ekelhaften Schmeicheleien nicht anzuhören, nicht gehen. Dafür war ich bei Frau „Herr von Grimm" und wurde sehr gütig empfangen, von den bisherigen Schicksalen unterrichtet und über das, was ich wußte, ausgefragt, auch sogleich zu Mittag gebeten. Er war in der Sitzung gewesen, war diesmal viel herzlicher als je und gefiel mir so sehr wohl. Über die letzten hiesigen politischen Vorfälle sprach er vernünftig und merkwürdig; gewiß könnte er interessante Memoiren herausgeben und will es vielleicht. Die beiden Kinder sind erstaunend gewachsen. Auf diesem Fuß werde ich ihn lieber besuchen als in Cassel. Dabei sagte sie mir, Wolfradt wünsche mich gern einmal zu sprechen. Den Laville fand ich zufällig und er that ausnehmend freundschaftlich, hat die weiße Cocarde aufgesteckt u. s. w. Er hat mir eine Menge Adressen von andern Westfalen gesagt; wenn ich Zeit habe, suche ich einige davon auf. Der brave Bruguiere folgt dem Jerome aus übertriebener Anhänglichkeit, die meisten andern sind losgekommen.

Steffens soll hier sein. Das Manuscript vom lateinischen Reinardus hab' ich nach einigen Umständen schon geliehen bekommen und will zusehen, ob ich es mir mit Vergrößerungsgläsern erleichtern kann. Schreib mir doch die vaticanische Nummer der Handschrift des Jornandes, von der Glöckle meldete, sie sei hierher gebracht. Ich könnte nun die befragte Stelle vergleichen. Überhaupt was Dir sonst von hier beifällt. Über den armen Heinrich finde ich aber noch nichts. Kann denn Bauer in Göttingen (durch Blumenbach 2c.) nichts Medicinisches über die alte Heilung der lepra durch Blut ausmitteln, ich meine aus Büchern Spuren?

Der Graf will so gut sein und von dem Kurfürst für mich täglich 12 Franken Diäten außer meiner eigentlichen Besoldung verlangen. Dies wird, weil da keine Consequenz ist, leichter zugestanden und es liegt mir doch an der Analogie für meine künftige Anstellung nichts. Was ich nun sparen kann, sollt Ihr haben. Morgen mehr.

Am 25.

Ich habe theils aus einer Ahnung, noch erst mehr von Dir zu hören, theils aus Ungewißheit, ob die Posten ordentlich gehen, diesen Brief einige Tage liegen lassen. Seitdem habe ich nun Deinen Brief, worin der an Herrn von Bloch eingeschlossen war, und gestern den neuesten durch Völkel bekommen. Dieser ist Nr. 6, also sind nur zwei verloren, nämlich einer, womit Du mir den holländischen von Tydeman zusandtest, dem ich nun nicht antworten kann, und noch ein anderer. Die ohne meine Schuld alt gewordene Einlage an Bloch habe ich nach vergeblicher Bemühung, seine Adresse auszufragen, endlich glücklich an einen Offizier von seinem Bataillon, den ich zufällig auf der Straße ansprach, angebracht.

Die Nachrichten von den Brüdern haben mich herzlich gefreut und gerührt. Ich dachte mir die Garnison von Luxemburg weit ruhiger und, daß bei der bloßen Blocade wenig Blut fließen würde. Hoffentlich hat Gott auch in den letzten Tagen über sie gewacht, denn ungefähr mit dem 10. werden die Feindseligkeiten aufgehört haben. Des Jacobs Sohn, der erste Freiwillige, der sich in Gotha einschrieb, ist todt geblieben, wie mir Lindenau erzählt. Der Kurprinz sollte nach einem Gerücht herkommen, der Kurfürst aber scheint es nicht gern zu sehen, und selbst in jenem Fall würde der Kosten wegen sein Gefolge sehr beschränkt ausfallen, so daß ich weder Karl noch Louis zu sehen hoffen darf.

Völkel habe ich gestern, da man sich hier so leicht fehlt, auf dem Museum gesucht und nebst dem Professor Robert gefunden und gesprochen.

Der Auszug thut mir leid, zumal wenn Du Dir durch körperliche Anstrengung dabei schaden könntest, war aber unter diesen Umständen unvermeidlich. Die Hartnäckigkeit des Wille begreife ich eigentlich nicht, weil er ja nimmer andere Miethsleute, die so viel zahlen, bekommt. Die alten, unbrauchbaren Geräthe verkauft doch ja bei dieser Gelegenheit. Schreib mir auch näher, wohin Ihr zu wohnen kommt, das letzte Haus in der Wilhelmshöher Allee ist mir zwei- oder dreideutig; der Zug wird ebenfalls kosten, weil es entlegen ist.

Roquefort ist so, wie ich mir ihn gedacht habe, beschränkt in Ansicht, Plan und Arbeit, aber fleißig und gefällig. Er hat mir seine Abhandlung über Parthenopex de Blois gegeben, und sein bald fertiges gekröntes Buch (über 400 Seiten) soll ich die andere Woche haben. Seine Marie de France und andere Bearbeitungen von Manuscripten sind im Manuscript fertig und ich habe sie gesehen.

De la Rue läßt zu Caen eine Dissertation über die Jongleurs und eine Geschichte der normannisch englischen Troubadours drucken. Roquefort hat noch viel andere sehr französisch zugeschnittene Werke im Sinn: eine vermehrte Ausgabe des Legrand in Prosa mit Noten und Bildern — ein alphabetisches Wörterbuch über Chevalerie — ein Werk über Sitten und Lebensart der alten Zeit, eigentlich auch eine Erweiterung des andern von Legrand. Er arbeitet viel am Moniteur, Mercur, für die Biographie universelle und die académie celtique (will sich jetzt société des antiquités nennen).

Über den armen Heinrich finde ich noch nichts, wiewohl das vollständige gründliche Nachsuchen unmöglich ist. Woher hast Du denn die ungarischen Notizen, von Docen etwau? An Glöckle habe ich vor einigen Tagen direct mit der Post unter dem Ort: Cassel geschrieben und ihn gebeten, die Abschrift in einem Brief ebenfalls unmittelbar zu senden. Warum sollte der Umweg über Wien nöthig sein? Kommt einmal ein Gesandter des Papstes an, so kann ich, im Fall nichts erfolgt, nochmals schreiben. Görres hat dem Roquefort durch Lassaulx mehrmals eine Menge Copieen altfranzösischer Gedichte abgefodert, aber die Franzosen sind stets ungefällig, sobald man mehr wie Kleinigkeiten verlangt.

Den lateinischen Reinhart habe ich, so verwünscht er sich ließt, durchgeblättert, es sind zum Theil ganz neue Fabeln, einige aus dem Altfranzösischen; mit dem gewöhnlichen ist gar keine Ähnlichkeit. Wenn ich mir je einen geschickten Copisten gewünscht habe! — Zimmermanns Notiz über den flamländischen Reinaert von 1474 muß aus van Wyns Abendstunden geschöpft sein und nichts anders, Du kannst gleich sehn, was ich nicht auswendig weiß, ob die Jahreszahl des van Wyn'schen Fragments paßt. Also liegt gar nichts an Hagens und Zimmermanns Bemühungen, man müßte bloß an Tydeman schreiben, daß ja wohl van Wyn nicht noch an einen zweiten sein Fragment abgeben werde. Thomas kennt nicht den Zimmermann, sondern den D. Julius.

Über unserer Edda waltet ein eigenes Unglück; ich fürchte doch, daß uns Hagen noch dabei schadet. In dem von ihm übersetzten Lied waren doch manche schwere Stellen, z. B. hórum fóra emfimtogo. Ich will hier sehen, ob nicht der Druck von Rigsmal da ist, auch bei Maltebrun nachfragen, was aus Arendt geworden ist.

Constants Buch wird hier neu aufgelegt. Du hast wohl über die französische Form Recht, die konnte eigentlich nicht anders sein,

20*

daher ich längst dem Smid abgerathen, es roh ins Teutsche zu übersetzen. So etwas verlangt Umarbeitung und besonders Zusammen-
ziehung und mehr Ordnung für uns. Die Wahrheit der Sache hat
es mir in der ängstlichen Zeit, wo ich es las, sehr werth gemacht:
andere sonst gescheidte Teutsche haben unbegreiflich albern darüber
geurtheilt, z. B. Wilhelm Humboldt, und einige meinten, es sei für
den Kronprinz von Schweden geschrieben, was ebenfalls, gelind zu
sagen, einseitig ist, denn die besten Gedanken dazu hat Constant gewiß
schon lang mit sich herum getragen und die ganze Stelle über jenen
kann ohne Schaden ausgelassen werden.

Nun grüß vieltausendmal die Tante, die Lotte und alle andern,
Tortchen, Herrn Wild, Bauer, Harnier, Snabedissen, Henschels,
Ramus, Engelhards und wen ich sonst vergesse. Schreib mir gerade
mit der Post: Secrétaire de la Légation Electorale de Hesse, hôtel de
S. E. le Comte de Keller Ministre plénipotentiaire et Envoyé extra-
ordinaire de S. A. E., rue grange batelière no. 4.

Dein treuer Bruder

Jacob Grimm.

Einlage von einem württembergischen Offizier aus Rinteln, den
ich in Troyes gesehen, Namens Casselmann, einem Bekannten von
Tnisung.

Es ist hier so viel Regenwetter.

Den Waffenstillstand (als Friedensbasis) wirst Du gelesen haben.
Elsaß verloren.

93.

Wilhelm an Jacob.

Liebster Jacob, ich hoffe, daß Du gesund und wohl bist, ob ich
gleich schon seit einer Woche einen Brief von Dir erwartet habe, ich
schreibe Dir hier mit fremder Tinte und an einem unbequemen Sitz
im neuen Logis, wo wir nun drei Nächte geschlafen haben, aber noch
nicht alles in Ordnung ist. Ich habe seit 14 Tagen von Morgen
früh bis Abend daran gearbeitet, Du stellst Dir nicht vor, welche un-
sägliche Menge von alten Sachen wir haben, die ganz untereinander
gelegen und die, wenn es noch eine Zeit lang gedauert, verdorben
wären. Wenigstens sieben Centner habe ich zum Feuer verurtheilt
und nun ist alles wenigstens getrennt und leicht zu finden. Ich

wünsche nur, daß Dir meine Einrichtungen gefallen. — Zu diesen Paar Zeilen habe ich nur ¼ Stunde Zeit, weil die sichere Gelegenheit da schon abgeht, ich kann daher nicht eigentlich schreiben. Gesund sind wir beide bis auf starken Katarrh; von den zwei Brüdern im Feld keine Silbe, doch bin ich neuerdings wieder beruhigt, da der Franz geschrieben, daß er den Louis öfter gesehen, und ein reitender Freiwilliger, daß alle Casselaner gesund und wohlauf wären. In diesen Sonntagen werden ihre Namen auf Tafeln in der Kirche aufgehängt und die Lotte soll für einen schönen Eichen- und Lorbeerkranz mit einem heffischen Purpurband sorgen. Hab' ich Dir schon gesagt, daß des Louis Regiment sich sehr ausgezeichnet und einmal entschieden hat, wahrscheinlich am 4. April, wo 15 Mann von seinem Bataillon geblieben, Gott hat also seine Hand über ihn gehalten. Es freut mich um so mehr, da die andern Landwehrregimenter es nicht gethan. Vom Ferdinand erhalte ich keine Zeile und habe deshalb mich an Heß durch einen Maler, der hin gereist ist, gewandt. Die Tante und alle Bekannte sind gesund.

Ich mache meinen Brief noch wichtig durch die Einlage von Arnim, die ich vorgestern bekommen habe, Du wirst allerlei Neuigkeiten darin finden. Von Savigny habe ich nichts bekommen, hoffentlich ist er wieder hergestellt. Nun muß ich schließen, die Lotte grüßt Dich auch vielmals, Wilds Nachbarschaft thut ihr und mir leid. Cassel, am 30. April 1814.

Dein treuer Wilhelm.

94.
Jacob an Wilhelm.

Nr. 18.   Paris, 1. Mai 1814.

Lieber Wilhelm!

Ich hätte Dir jetzt viel mehr zu schreiben, als aus den andern Orten, wenn mir nicht die Zeit zu einer Menge anderer Dinge aufginge, und schon das Umherlaufen in den unendlichen Gassen kostet so viele. Der Karl ist hier, wie er Dir selbst wird geschrieben haben, schon seit dem 7. April, und erst den 26. haben wir uns einander ausgemacht, denn ich hatte keine Ahnung davon und erfuhr es am 25. spät und bin bei Regenwetter herumgelaufen, um die Spur seiner Adresse zu verfolgen. Nunmehr kommt er alle Tage zu mir, obgleich er weit wohnt (im Marais), da er aber einquartiert ist und verköstigt

werden muß, ißt er nicht mit mir; dies wäre mir sonst die liebste
und freieste Zeit am Tage und vielmals trifft er mich gar nicht an.
Ich finde ihn noch ebenso wie sonst (die Uniform abgerechnet, die
ihm besser steht, als ich dachte), auch in der Aussprache, doch hört
man zuweilen das niederdeutsche st statt unsers st an ihm; wenn
ich bedenke, daß man an seiner braven und ehrlichen Gesinnung nicht
zu zweifeln hat, kann es mir leid thun, daß er durch sein Schicksal
und ohne seine Schuld am meisten von uns verlassen geblieben ist
und bei einer andern Lebensart in viel Stücken anders geworden
wäre. Wie wird es ihm in der Zukunft gehen? Das Herumtreiben
hier, denn zu thun hat er gar nichts und hängt von niemand ab,
gefällt ihm so wohl, daß er noch 8—14 Tage zu bleiben gedenkt,
wovon Du aber gerade nichts zu sagen brauchst, er kann dann dem
nächst beim Regiment, wenn er wieder dazu müssen sollte, leicht eine
Ausrede machen. Vom guten Louis mußt Du längst Nachricht haben
und namentlich, daß er bald zurück kommt, denn die Landwehren
sollen vorzugsweise zuerst abziehen; andere Bekannte von den Hessen
werde ich schwerlich hier sehen, und selbst die Offiziere dem Karl den
außerordentlichen Vorzug beneiden, wobei seine gute Kenntnis des
Französischen mit angeschlagen worden sein mag; dem Louis hätte ich
es wegen der Gemälde sehr gegönnt.

Die hiesigen Friedens- und Landaustheilungsgeschäfte werden,
wie es heißt, in vierzehn Tagen bis drei Wochen zu Ende sein, dann
gehen Alexander und wohl auch der König von Preußen auf kurze
Zeit nach London, vermuthlich auch einige Gesandten, wir aber nicht,
was mir auch fast lieber ist, wenn ich die Zwischenzeit in Straßburg
zubringen könnte. Alsdann bricht der ganze Troß nach Wien zum
deutschen Congreß auf (einige haben auch von Augsburg gesprochen,
was der Himmel verhüte). Mein sehnlichster Wunsch ist es zwar,
los und nach Haus zu kommen; ich sehe aber nicht, wie es gehn
wird, und werde alsdann mit nach Wien müssen, wo es freilich auch
viel zu arbeiten und zu entdecken giebt, aber warum kann ich nicht
erst ein Jahr zu Haus arbeiten. Freilich werden wir uns von dort
aus leichter schreiben und selbst Aufsätze zuschicken können und auch
sonst hoffe ich da ruhiger zu leben; die Reise selbst ist ein saurer
Apfel, dazu im Sommer. Ich will erst das Nähere absehen, eh' ich
mich in zu viel Sorgen und Pläne, wie ihnen auszuweichen ist, ein
lasse. Wegen meiner Besoldung, so glaube ich Dir schon gemeldet
zu haben, daß der Graf in mich sehr empfehlenden Ausdrücken dem

Kurfürsten 12 Franken tägliche Zulage abgefodert hat, erst dann,
wann sie bewilligt werden, ist es mir möglich, Dir davon anzuweisen,
denn ich habe hier wegen der großen Auslage, die ich machen muß,
mir den Gehalt für April und Mai auf Anweisung zahlen lassen
und lebe dabei sehr lumpig. Dazu hat mich der Karl um 60 Franken
angesprochen, welches das Wenigste ist, was ich ihm geben kann.
Wären wir nur einmal aus der elenden Geldnoth, die immer hinter
einem her ist; ich sehe aber jetzt weniger Hoffnung als je dazu.

Ich schreibe täglich, wann und so viel ich kann, aus dem
lateinischen Reinardus ab, weil aus dem Leihen später nichts werden
würde, wie ich deutlich abnehme. Das Manuscript ist ganz verwünscht sein, mit Abbreviaturen und Fehlern geschrieben, daß es
platterdings unthunlich ist, den Zusammenhang zu übersehen, ohne
das Detail Schritt vor Schritt zu verfolgen, sonst würde ich viele
moralische Nutzanwendungen gerade auslassen: darüber fürchte ich
einiges aus der Fabel im Stich lassen zu müssen. Das Gedicht ist
wenigstens aus dem 13. Jahrhundert und es enthält eine ganz neue
Anordnung der Fabel mit vielen neuen Namen. Daher ist es fürs
Ganze gar wichtig und bestimmt ein Vortheil für unser Werk, der
ohne das Opfer meiner jetzigen Reise nicht erlangt worden wäre.
Denn kein Mensch weiß davon. Für den armen Heinrich will sich
dagegen nichts finden lassen; indirect allenfalls für die Fabel von
Amicus und Amilius, die auch provençalisch existirt hat. Wenn nur
über die lateinischen Handschriften ordentliche, genaue Kataloge da
wären, auch ist meine Zeit zu kurz.

Roquefort ist von großer Gefälligkeit, aber ohne große Kenntnis,
durchaus französisch im Umgang, flatterhaft und lärmmachend, schnupft
viel Tabak und thut eine Menge Leute und Dinge ab, die er nicht
versteht. Eine andere interessantere Bekanntschaft habe ich durch Hase,
der mir sehr nützlich geworden ist, gemacht an einem fleißigen, stillen
und gelehrten Mann Namens Fauriel, welcher gründlich Provençalisch
und dabei Arabisch ꝛc. versteht und für die Troubadours gewiß etwas
Rechtes und Gutes leisten wird, deren Literargeschichte er bearbeitet
und von denen er eine bedeutende Zahl erzählender Gedichte entdeckt
und wiedergefunden hat. Dabei liest er Teutsch und Altdeutsch, besitzt
die Manessische und Müllerische Sammlung, Hagens und Docens
Werke, Deine dänischen Lieder, unser Hildebrandslied ꝛc. Dieser hat
mir für die Folge alle mögliche Mittheilungen versprochen und mir
schon jetzt die provençalischen Citate, worin Reinart, Isengrin und

Belin vorkommen, um deren einige ich längst den Roquefort vergebens ersucht hatte, aufgespürt und abschreiben helfen. Aus diesen
Troubadours läßt sich für Sprache und Poesie viel lernen.

Werner Hagthausen habe ich mehrmals gesehen und finde ihn etwas
verbrannter und älter. — — — Er sagte mir aus England, daß dort
ein romancero (mit englischer Übersetzung) gedruckt worden sei: mach
doch in meinem Namen, daß mein Manuscript aus Braunschweig
wiederkommt, und verschenk es an Reimer auf Christtag. Laß doch
den Harnier, der den Vieweg kennt, bestimmt darum schreiben. —
Henry Weber in England ist ein gebürtiger Deutscher.

Am 29. war ich in einer Sitzung der celtischen Akademie, die
ihren Namen wieder ändern will. Es ging daselbst erbärmlich her.
Man saß um eine lange Marmortafel von Abends 7 bis 9½ Uhr,
es wurden schlechte Aufsätze gelesen und nicht über ihren Inhalt,
sondern, was ich doch hier nicht erwartete, über die Wahl der
französischen Wörter hin und wieder nach dem Stil des Akademie-
Wörterbuchs discutirt. Ich saß neben Legonidec, der die bretagnische
Grammatik geschrieben hat und ein unterrichteter Mann scheint.
Der Präsident schellte, sobald jemand heimlich sprach, was aber doch
nicht aufhörte. Die halbe Feierlichkeit bei der entschiedenen Lang-
weiligkeit des Actus war mir höchst merkwürdig und letztere fühlten
auch gewiß die Mitglieder, meinen aber doch, das gehöre sich so.
Pougens war da, ein fast ganz blinder Mann, der mir von Hickesius,
sonst aber gar nicht sprach.

— — —

Dem Gourlow bin ich neulich mit seiner Mamsell Wäsch am
Arm begegnet, deren Unterhaltung ihm, wie er gesagt hat, zur
Ökonomie gereicht, indem sie ihm flicken und nähen müsse. Auch das
Gesicht von Kinson hab' ich heute in einer Straße angetroffen, sonst
aber wenig Westfalen, den Rittmeister Malsburg ausgenommen,
den ich aber nicht wieder erkannte, so verändert ist er, seit ich ihn nicht
gesehen, was aber auch lang her; er wird vielleicht diesen Brief und
ein Paar Bücher mitnehmen.

Bei Pilat fand ich den Raßmann, der den Maneßischen Codex
verglichen, sonst aber nicht viel weiß. Er kennt Hagen persönlich
von Berlin aus und will mich besuchen. Boisserée aus Heidelberg
hat mir geschrieben und geht wieder nach Köln. Wilken soll hierher
kommen dieser Tage. Villers' Entlassung thut mir recht leid.
Harnier, nach einem Brief, den ich bei Reinhard gelesen, scheint mit

Euern dortigen Einrichtungen mißvergnügt und schreibt etwas bitter, anmuthig doch: sonderbar auch, daß man ihn für einen Französisch-gesinnten hält.

Um das hiesige französische Wesen fange ich an mich nicht mehr zu bekümmern und denke selbst bis Donnerstag den Einzug des Königs gar nicht einmal zu sehen, sondern am Reinardus zu copiren. Sparens wegen war ich nur einmal im Theater (aux variétés). Viele Orgeln in den Straßen spielen das alte Lied von Henri IV. mit seiner alten Nationalmelodie, die etwas Eignes hat, besonders im Eingang, und dazu gesungen klagend lautet.

Aus der preußischen Feldpost empfange ich in diesem Augenblick Deinen zweiten Brief vom 12. Februar mit einem Blättchen von der Lotte und Tydemans Brief. Der Inhalt war mir sehr lieb, und zur Zeit der Feuersnoth am 7. Februar war ich in Chaumont. Du hast doch schon viel seitdem ausgestanden. Auf das andere steht jetzt nichts zu antworten. Nun fehlt, glaube ich, bloß noch ein Brief von Deinen. Des uns so wichtigen Manuscripts zu Pesth hat sich vielleicht schon Hagen, um uns entgegen zu sein, früher versichert, denn Raßmann erzählt, daß er ihn sehr treibt, hier einen holländischen Reynaert aufzuspüren.

Der Lotte antworte ich ein nächstes Mal. Jetzt viel Grüße an sie und die Taute. (Die befragte und natürlich verwandelte Toilette ist höchstwahrscheinlich weder in specie noch genere wieder zu erlangen. Doch ist es besser, nichts davon zu sagen.) Gott erhalte Dich und ich bin sehr auf frische Nachrichten von Euch begierig, wozu es jetzt doch nur zehn Tage braucht.   J.

Die Bücher kommen nicht mit.

Der Kurprinz kommt her.

95.
Wilhelm an Jacob.

Cassel, am 5. Mai 1814.

Lieber Jacob!

Endlich ist Dein langerwarteter Brief von Paris heute Morgen angekommen, ich habe ihn gleich, eh' ich ihn ordentlich las, durchgelaufen, ob von Karl nichts darin steht, aber leider nichts gefunden. Welch ein unglücklicher Zufall, den ich immer noch nicht recht begreife,

ist Schuld, daß Ihr Euch dort nicht getroffen habt, ich hatte mir schon
oft in Gedanken vorgestellt, was das für eine Freude für Euch beide
sein werde. Karl war in Begleitung eines hessischen Offiziers aus
dem Hauptquartier des Prinzen mit Depeschen an Blücher abgeschickt
und schrieb mir vom 17. April von dort: er habe bei Metternich
nach Dir gefragt, Du würdest bald ankommen. Nun muß er plötzlich
Befehl bekommen haben, den 18. oder 19. wieder zurückzugehen, sonst
begreife ich es nicht, dabei bleibt aber noch immer unerklärbar, daß
Karl den Jordis und sie auch gesehen und, wie ich glauben muß,
gesprochen hat, den Gourlot u. s. w., und keiner sollte Dir dies gesagt haben? Daß Ihr Euch nach dem 25., wo Dein Brief schließt,
noch solltet gefunden haben, darf ich nicht hoffen, und so seid Ihr wohl
einen Tag zusammengewesen oder Karl ist Dir wohl gar auf seinem
Heimweg begegnet. — Karl schreibt mir, daß er von Nancy schon
einen Brief mit guten Nachrichten vom Louis abgeschickt, den ich
zwar nicht erhalten, doch bin ich froh, weil es mir wahrscheinlich ist,
daß späterhin noch Gefechte gegen die Insurgenten waren, die noch
nicht ganz auseinander sein mögen. Vom Ferdinand fortwährend noch
keine Zeile, doch hoffe ich bald auf Aufklärung. Wir beide sind
ziemlich wohl.

Am 11. oder zweiten Ostertage habe ich droben angefangen auszuziehen. Die Bücher von Brentano, Blanc, Karl, Ferdinand, die
Zeichnungen von Louis waren zu trennen und in besondere Kasten zu
packen. Dann wurden von dem Boden wenigstens 12—16 Mahnen
alter Bücher und Schriften getragen, die habe ich gleichfalls gesondert,
was von Großvater und Urgroßvater war, ausgesucht und eine ganze
Schublade als Familienarchiv eingerichtet. Dann kamen alte geistliche
Sachen, Adreßkalender, Rechnungen u. s. w., das mußte auch ausgelesen werden u. s. w. Dann habe ich unsere Bücher sämmtlich eingepackt und auf Wagen in Tüchern hierher transportiren lassen.
Hierauf mußten die Schränke wieder aufgeschlagen und reparirt werden.
Damit sind allein 14 Tage von Morgen bis Abend hingegangen,
das Ausstauben war das Schwerste für mich, ein Glück, daß mir der
neue Pedell bei der Bibliothek etwas half und Bauer, dieser aber nur
im Rohen und zu viel fragend. Die Lotte hat dagegen mit ihrem
Theil auch ihre schwere Last gehabt. So sind nach und nach drei
Wagen voll hierher gefahren worden. Am 27. und 28. ging dann
der große Auszug vor sich mit 4 Trägern, ein Paar Gehülfen und
einem Wagen, der noch dreimal fahren mußte. Das Verlaufen der

alten Möbel ging nicht, weil das Verschenken in dieser Zeit, wo die
kostbarsten nicht auf den geringsten Preis gekauft werden, wohlfeiler
gewesen wäre. Ein Glück, daß wir der Tante ihre Sachen zurück
schicken konnten, sonst hätten wir noch einen Tag nöthig gehabt. In
der Nacht auf den Freitag (28 29.) haben wir zuerst hier geschlafen,
oder ich eigentlich bloß im Bett gelegen, denn ich konnte nicht schlafen,
weil ich es stark auf der Brust hatte; es hat sich aber bald wieder
gegeben. Dabei mußte ich unumgänglich täglich auf der Bibliothek
sein, weil sonst niemand da ist.

Das Haus ist das letzte in der Stadt nach der Wilhelmshöher
Allee, wo die Kurfürstin erst wohnt, dadrüber, es stehen Säulen da
vor und ist der Wache gerad gegenüber; es ist still und ländlich mit
einer freien, in der Abendsonne prächtigen Aussicht. Geräumig ist es,
wenigstens ist so viel Platz als im alten, eher mehr, und da jetzt
überall Ordnung ist, habe ich vieles gewonnen, z. B. eine Kammer
habe ich bloß für alte Bücher, Paquete, unser Hildebrandslied u. s. w.
eingerichtet. Ich freue mich, wenn Dir alles gefällt, freilich hatte
das andere auch seine eigenen Vorzüge und in unserer Stube war
alles so paßlich und darnach besonders eingefügt. Ich mache Dir hier
einen Plan, damit Du Dich gleich finden kannst. A ist unsere Stube,
das schwarz Angestrichene sind die Bücherschränke, 1. 2. 3 die großen,
4. 5 die kleinen, auf 5 steht der Goethe. Zwischen den Fenstern
die Commode b und Spiegel, a ist das Kanapee, ☐ sind Öfen. Da ich
alle fremden Bücher aufgehoben, ist viel Platz gewonnen. In B sind
6. 7. 8 die Bücherschränke aus dem gelben Cabinet, 9 der große
offene Schrank, der sonst hinten in der gelben Stube stand. In D
schlafe ich, welches mit B von einem Ofen soll geheizt werden können,
††† ist eine Gitterwand, die Thüren sind überall bequem aus einer
Stube in die andere. E ist eine große saalähnliche Stube, die ich
der Lotte gegeben, theils weil sie die Stadtaussicht gern hat, theils
weil er uns zu weitläuftig und unbequem wäre, F ist ein dunkles
Kämmerchen. C ist noch neutral, kann aber im Winter geheizt werden
und zu uns gezogen. Es sind lauter Windöfen, d. h. mit Röhren,
wo das Feuer in der Stube muß angemacht werden, was seine gute
und schlimme Seite hat. Außer Boden, dunkelm Raum für Küchen-
geräthe sind noch zwei Dachstübchen da, tapezirt und mit Ofen, sehr
schön, so daß ich einmal Lust hatte, eins mit der schönsten Aussicht
zur Arbeitsstube zu machen, wenn es sonst gegangen wäre. Nun
hat die Lotte eins zum Schlafen, das andere die Magd inne.

Nun weißt Du unsere Gelegenheit genau. Am Dienstag Morgen (3. Mai) war ich endlich fertig geworden und hatte das Letzte eingeräumt. Darnach ging ich auf die Bibliothek und um ein Uhr zur Tante, um zu fragen, ob sie heute nun kommen und unsere Wohnung sehen wollte. Wie ich in die Stube trete, sitzt eine fremde Dame bei ihr auf dem Sopha, die ich wie gewöhnlich nicht näher ansehe und mich zu ihr wende. Sie sagte aber, ich sollte sie einmal näher betrachten, und wie ich das that, da glich sie so sehr der seligen Mutter und da sah ich, daß es die Tante von Hochstädt war. Ich mußte recht weinen und habe sie herzlich geküßt: sie hat so viel von der seligen Mutter, nun sie auch älter und magerer geworden ist, dann im Ton und in ihren Ausdrücken, daß ich beständig an sie erinnert werde. Ich habe sie gleich gebeten, bei uns zu wohnen, und ist sie nun schon drei Tag in der großen blauen Stube; Abends holte ich auch die Karoline (Hopf) mit ihrem 11jährigen Buben, sie ist noch ganz wie sonst und mag das Ökonomische und Weltliche vorherrschen, wie bei dem Jungen, der altklug spricht in lauter Redensarten des Pfarrers Höhne, während er körperlich dem Küchenmeister Hopf gleicht und gerad ein solches Brotmaul hat. Die Tante ist gewiß von Natur gut und ich wollte sie gern hier haben; sie ist auch so still und für sich wie die Mutter, geht so und bewegt die Lippen, wenn sie sachte liest. Vierzehn Tage werden sie doch hier bleiben, die Kosten achte ich nicht, auch wird sie uns die Tante gewiß reichlich ersetzen, aber die Zeitverschwendung ist gar schwer. Hier bei uns ging es noch, aber die Einladungen, die nicht abzuwenden sind, gestern Abend bei der Tante Thee, heut da gegessen und dann Kaffee bei der Baumännin, ich bin zwar weggegangen, um den Brief zu schreiben, aber ich muß sie doch wieder abholen; es geht mir alle Geduld am Ende drauf. Die Cousine steht auch noch wie ein schwer Gewitter da. Seit drei Wochen habe ich auch nicht das Allergeringste arbeiten können und keine drei Seiten gelesen, ausgenommen die zwei Stunden auf der Bibliothek, wo's doch auch Störungen giebt. (Ich lese die Weltchronik nach unserm Manuscript; die biblische Geschichte ist darin merkwürdig voll wahrscheinlich jüdischer Sagen z. B. Nach der Sünde im Paradies sagt Adam, sie wollten büßen, er wolle sich dreißig Tage bis an die Knie in den Jordan stellen, Eva solle ebenso lang im Tigris stehen. Als er ins Wasser steigt, bittet er die Fische, Vögel und alle Thiere, mit ihm zu weinen, die es auch thun. Wie in der Sage, die Reinwald aus der Evangelienharmonie bekannt gemacht hat,

wird dem Teufel angst und er will die Sühne vernichten. Also geht
er in Engelsgestalt, als fünfzehn Tage herum sind, zur Eva und sagt:
Gott ist versöhnt, du hast genug gebüßt. Eva läßt sich verleiten und
steigt heraus, er führt sie zum Adam, der aber die Verblendung ein-
sieht und darüber klagt, und beharrt, bis vierzig Tage herum sind. Eva
fern von ihm sagt dem Mond und den Sternen (wie in den Kindermärchen), wann ihr in den Orient kommt, so sagt dem Adam meine
Noth, das thun sie auch u. s. w.) — Was den armen Heinrich betrifft, so habe ich Dir in einem verlorenen Briefe geschrieben, daß
die Nachricht von dem ungarischen Manuscript aus Schlegels Museum
(das Museum ist für 1814 suspendirt) gekommen ist, bis jetzt habe
ich noch keine Antwort, meine Meinung ist, daß beide Manuscripte
nothwendig müssen benutzt werden. Kannst Du das Straßburger
nicht bekommen oder eine neue Abschrift, denn die bei Müller
war gewiß schlecht? Wegen der Heilung durch Blut will ich schon
selbst in medicinischen Büchern nachsuchen, wenn ich nur erst Zeit
habe; mit dem Bauer ist nichts Ernsthaftes anzufangen; ich bin
ihm und Ramus recht geneigt und wäre auch sonst undankbar
wegen ihrer besonderen Freundschaft für uns und ihrer recht-
schaffenen Gesinnung, aber sein Umgang ist mir nicht angenehm
und störend wegen seines gewaltigen Fragens, er spürt und schnup-
pert beständig in allen Ecken herum, will alles auf den letzten
Heller ausgezahlt haben, ist ohne eigenes Urtheil und bildet sich doch
eigentlich auf das seinige wieder etwas ein; wirklich tyrannisch be-
herrscht er die Frauensleute im Haus, von der Alten an, daß ich's
oft nicht ertragen kann. Beim Auszug haben sie uns so viel geholfen,
Kaffee geschickt, am Sonntag sind sie mit Chokolade in Procession
gekommen, daß es gewiß sehr unrecht wäre, wenn wir nicht freundlich
dafür wären, aber ich fürchte nur, sie fühlen, daß das meine Absicht
ist, und das ist ein gewisses Häkchen, was sie finden und weshalb
sie mich doch eigentlich nicht so gern haben; ich weiß aber nicht, wie
ich es anders machen soll. —

Wilken verlangte eine Recension von dem niederträchtigen Buche
des Rühs gegen uns; ich habe also ganz ruhig sein Verfahren und
seine Unwissenheit dargelegt und nur wenige Worte am Schluß über
seine Weise bemerkt, sonst sie gar nicht berührt; sie ist in den neusten
Blättern abgedruckt. In dem letzten Anzeiger der Idunna hat er auch
meine Fehler bei der Übersetzung der Paar Stücke aus der Edda in
den Studien dargelegt mit gemeinen und boshaften Bemerkungen;

sie sind freilich ganz klar, nur daß er das Recht nicht hat, sie mir vorzuwerfen, ist auch hier ganz klar, denn er begeht dabei wieder andere. Nach dem Morgenblatt wird die Alterthumszeitung bei Walter in Schillingsfürst (im Hohenlohe) fortgesetzt, also wahrscheinlich unter Gräters directer Aufsicht.

Den Brief von Arnim hast Du vor wenigen Tagen durch den oldenburgischen Legationssecretär Mützenberger (?) erhalten; hier schicke ich Dir den von Savigny.

Am 6.

Er ist vorgestern gekommen, gottlob, daß er wieder hergestellt ist. Er schreibt in meinem Brief noch, daß dort aus unserm Märchen buch der Fischer un sine Fru besonders abgedruckt sei unter dem Titel: Bonapartes Biographie. Sobald ich vermuthe, daß Reimer wieder zu Haus ist, welches noch ein Paar Monate dauern kann, will ich ihm wegen des zweiten Bandes wieder schreiben; es gehen indessen wohl die Beiträge von Haxthausen und München ein und eine Möglichkeit wär' es doch auch, daß Du in drei Monaten hier wärst.

Zimmermanns Bruchstück soll von 1474 sein, das van Wyn ist von 1475, hier ist aber wahrscheinlich von Zimmermann bloß ein Schreibfehler begangen und es ist dasselbe; was mich irr machte, war bloß der Umstand, daß Hagen bemerkte, Zimmermann werde nächstens über diese Manuscripte seine Arbeiten bekannt machen, also jetzte ich voraus, daß er das Fragment wirklich vor sich habe. Jene Äußerung bezieht sich wahrscheinlich nur auf die andere.

Docen hat über Hagens Nibelungen eine recht gute Recension in der Jenaer Literaturzeitung geliefert, sein Haupttadel besteht darin, daß Hagen alle Handschriften unter einander gemengt und keine zu Grund gelegt habe, so daß für äußere Annehmlichkeit im Lesen zuweilen (nicht immer) etwas gewonnen, aber für die Originale Wahrheit verloren sei.

Sieh dort, ob Du keine alte Recension von Miles und Amiens, wie der französische Roman heißt, auffindest, besonders gut wär' eine, welche sich der englischen näherte und worin Child Ouey vorkäme. Das Gedicht, das Ritson citirt, von Hildebrant und Herebrant, wirst Du auch aufsuchen.

Die Nummer der Handschrift des Jornandes ist 1890 bei Peringskjöld und Glöckle. (Geht es, so vergleiche c. 14. die Genealogie mit dem Text bei Muratori.

Den Walther schick' ich Dir bei erster Gelegenheit, die sich wohl bald findet, ganz; eine neue Ausgabe wär was recht Gutes. Außer den Namen vergleiche V. 553 Franci nebulones, cultores regionis. V. 961 et nisi duratis Vuelandia fabrica giris obstaret, spisso penetravit ilia ligno. V. 261. loricam fabrorum insigne ferentem diripe.

Möuntest Du den Roman von der Biane (Nr. 7535a) durchgehen, so wären allerlei merkwürdige Stellen zu excerpiren; er ist überhaupt gar ausgezeichnet. Folgende aber mußt Du durchaus nachsehen: in der Mitte des Gedichts etwa (bei Uhland Abent. 16., wo Olivier und Roland mit einander streiten) kommt vor:

> Auf der Bianer Insel, auf dem Sand
> Bekampfen sich die Herren beidesammt,
> Da fechten sie nach rechter Kämpen Art,
> Keiner den andern schont oder spart,
> Weil wilder sie als Leu und Leopard;
> Und keiner wär dem andern sporenlang
> Gewichen um des Samsens ganzen Schatz.

Ermenrichs Sohn heißt Samson und nach Saxo und Reinecke Voß hat Ermenrich einen Schatz. Das Gedicht bei Uhland selbst giebt keinen weiteren Aufschluß.

Wäre es möglich für Dich außer dem Reinhardus ein Gedicht abzuschreiben oder abschreiben zu lassen, so würden doch die Heimonskinder und der damit zusammenhängende Roman von Mangis (Nr. 7183) den Vorzug verdienen; zumal wenn uns Görres die Herausgabe überläßt.

Nachmittags.

Thomas schickt eben durch Harnier, der in Frankfurt war, die Varianten aus den sieben weisen Meistern und 14 Pränumeranten auf den armen Heinrich. Guaita hat gleichfalls noch eine Liste. Bange bei Marburg hat auch einige gesammelt, Meisterlin in Hanau 15. Stein schickt ein Paar alte Pergamentdeckel, wie es auf den ersten Anblick scheint, aus einer guten Handschrift des Parzival, übrigens ohne ein Wort zu schreiben, ich fürchte, es geht ihm schlecht.

Gestern Abend ist jemand Fremdes hier gewesen, wie ich die Tante abholte, ich dachte, es könnte August Haxthausen gewesen sein: frag doch ja die beiden Brüder nach ihm, wo er steht und ob er bald zurückkommt.

Der Prinz von Philippsthal, der Gaeta vertheidigte, ist vor wenig Tagen hier angekommen; ich habe ihn mit seinem grauen Kopf schon

vorbeifahren sehen; er ist trepanirt worden. Er hat den Kurfürst
gebeten, er möge seinem Bruder Ernst wieder gnädig werden.

Ich habe Dir schon in einem Brief geschrieben, der wohl verloren ist, daß Lenep bei mir anfragen ließ, ob Du die wirkliche
Kriegssecretärstelle, die Dir zukomme, offen erhalten haben wolltest,
er nehme Anstand, eh Du Dich erklärt hättest, sie zu besetzen. Ich
ging hin, dankte für seine Aufmerksamkeit und versicherte in Deinem
Namen, er könne einen andern ernennen. Willst Du um Gehaltsvermehrung anhalten, so wird Dir's nicht fehlen, wenn Du anführst,
so viel als ein wirklicher Kriegssecretär (ich glaube etwa 800 Thlr.)
könntest Du verlangen, weil Dir das von selbst würde zugefallen sein;
das leuchtet dem Kurfürst ein und hierin ist er gerecht; mehr freilich
wirst Du nicht bekommen: aber jeder meinte, Du hättest längst Diäten
fordern können und auch erhalten. Ich halte, wozu mir Strieder
rieth, um eine Vermehrung des Gehalts angetragen (ich bekomme nur
100), es ist aber abgeschlagen: so weiß ich nichts mehr zu thun. —
Du kannst mir jetzt oft schreiben, aber schone Papier und Siegellack,
im habe 1 Thlr. Porto müssen geben, vielleicht kannst Du die Briefe
jetzt auch gut einschließen. Wilds grüßen Dich alle, der Alte hat über
unsern Auszug geweint, er hätte gar dem Wille das Geld gegeben,
das Dortchen ist noch nicht hoben gewesen. Es ist ein Gewitter und
warmer Tag. Gott sei mit Dir und uns allen.   W.

96.
Wilhelm an Jacob.

No. 9.   [Cassel,] Sonntag, 15. Mai [1814].

Lieber Jacob!

In dem Augenblick, wo ich an einen Brief von Dir dachte,
kam Dein letzter vom 1. Mai, gerade vierzehn Tage alt. Du wirst den
meinen vom 6. d. M. wahrscheinlich zu derselben Zeit empfangen
haben; nun Mainz offen ist, kommen die Briefe, hoffe ich, in fünf
Tagen an; wenigstens hat mir Harnier das versichert. Gestern
Mittag ist die Tante von Hochstäbl wieder abgegangen, sie hat geweint und wohl gesehen, daß wir anders sind, als sie dachte. Die
Karoline ist so 14 Tage zu ertragen, aber für länger gefiel mir's
nicht, wiewohl wir über nichts klagen können; ihre Gedanken und
Worte zeigen sich in den nöthigen Schranken, es ist aber bloß Welt-

liches dahinter. Ihr Bub ist mir aber von Anfang bis zu End un=
leidlich gewesen; ich glaube, ich war als Kind ziemlich einfältig, ich
hätte mich aber doch lieber gehabt, als dieses unerträglich altkluge,
eine Mischung von der alten Küchenmeistern und dem Pfarrer Höhne.
Die Tante hätte ich noch hier behalten, sie erinnerte mich so tausend=
mal an die selige Mutter, ebenso setzte sie sich auch allein zum Fenster,
guckte hinaus und strickte mit Vergnügen an dieser halben Einsam=
keit. Lieb ist mir's indessen auch, nur etwas zur Ruhe zu kommen;
am vorigen Mittwoch gab die Tante hier einen Besuch, wo dann
Wilds waren, nur das Dortchen konnte nicht kommen, Ramus, der
Hans Engelhard und Goldmann. Der alte Wild nähert sich langsam
seinem Ende und dauert vielleicht noch den Sommer aus.

Vom Louis und Ferdinand habe ich noch nichts gehört, so sehr
ich täglich darauf warte. Ich bin nur froh und beruhigt, daß Ihr
beide Euch gefunden habt. Ich denke, in vier Wochen ist der Louis
hier, die Princeß hat durch den Hummel, der sehr in Gnaden bei
ihr steht und Unterricht giebt, neuerdings fragen lassen, ob der Louis
wohl ein Ölbild von Bury, wie Berliner Frauen und Mädchen die
Russen pflegen, radiren wolle. Ich habe geantwortet, der Louis
würde alles gern thun, was die Princeß wünsche. Das könnte ihn
dann dieses Jahr hier halten, würde ihm aber gewiß sehr förderlich
sein und ihm auch wohl seinen Unterhalt verschaffen. Den Karl
grüß herzlich, sag ihm, daß der Marc Andre Sucket in Lübeck ge=
storben ist, was ihn betrüben wird; daß der Handel in Lübeck schon
ganz lebendig geworden, Travemünde voll Schiffe und die Straßen
voll Lastwagen. Ich zweifle nicht, daß er bald eine gute Condition
finden würde, indessen mein' ich, da es ihm ohnehin in Paris zu
gefallen scheint, könnte er nirgends besser ankommen als dort, weil
dort sein Deutsches und Englisches viel werth sein muß.

Ich war heute von 9 bis ¹⁄₂12 in der Kirche wegen der Feier=
lichkeit der goldenen Tafeln. Nach der Predigt war Musik und
dabei wurden die fünf großen schildförmigen Tafeln abgedeckt. Oben
in einem Goldkranz steht: „Cassels Söhne im heiligen Krieg 1814.
Welche sich dem Vaterland und geliebten Fürsten unter des Kurprinzen
tapferer Führung weihten." Auf der Mitte eines jeden Schilds ein
goldenes laubumwundenes Schwert und auf sämmtliche alphabetisch
die Namen vertheilt. Sie hängen an den Säulen und diese sind
durch die Gewinde aus den Kränzen, welche die Verwandten gebracht,
verbunden. An jedem Kranz hängt ein Band noch einmal mit dem

Namen; wir haben zwei sehr schöne Eichelkränze mit weißem Band,
worauf die Namen von Karl und Louis und was sie sind mit
goldenen Buchstaben stehen, hingeschickt und der Erdmann hat sie sehr
gut aufgehängt, so daß sie nicht unter den andern versteckt sind. Der
Louis hat noch das Landwehrkreuz in Gold und der Karl sein
Jägerhorn darauf bekommen. Ihre Namen stehen auf der dritten
Tafel in der Mitte, die drei Engelhards fangen sie an; sie hängt
nicht weit vom fürstlichen Stuhl. Nach der Musik wurden die Namen
sämmtlich von der Kanzel abgelesen: in der darauf folgenden kurzen
Rede von Schnakenberg hat mich gefreut, daß er gerade sagte, ein
Volk, „das wir zu allen Zeiten verachten werden", hatte uns unter=
drückt. Das Ganze ist recht gut und hat gewiß auf viele Eindruck
gemacht, ich stand an derselben Stelle, als der Louis in der Kirche
den Schwur ablegte; rührend waren die schwarzen Kränze der Ge=
bliebenen. — Da auch Juden mitgegangen sind, so waren die Ver=
wandten gleichfalls da, ich glaube meist nur, um ihr Recht zu be=
wachen; so sah ich mit großer Verwunderung den Gottbewahre mit
seinem Mädchen nicht weit von mir stehen; er hatte mit einem
Christen das Gesangbuch gefaßt und sang mit, als gehörte er dazu.
Ich glaube, ein Vetter von ihm ist Lieutenant, der bei den Westfalen
Garde du Corps war.

Den Leipziger Meßkatalog habe ich in diesen Tagen (für die
Bibliothek) empfangen; es stehen meist philologische Sachen darin,
die bestimmt vorherrschen, und was man sonst erwartete, Goethes
Leben 3., Levana und eine Zeitschrift (wie ich vermuthe): Museum
von Jean Paul; ich habe es zur Ansicht bestellt. Von Hagen, Büsching
und Docen nichts, überhaupt von keinem Bekannten etwas. Die
große Ausgabe der Heimskringla, die in vier Bänden fertig an=
gekündigt ist, habe ich für die Bibliothek bestellt, aber bei Griesbach
dauert es etwas lang und der hat doch als Hofbuchhändler ein altes
Recht auf Besorgung der Bibliotheksbücher. Was unsere Edda be=
trifft, so hab' ich Folgendes Dir vorzuschlagen. Ich hatte geglaubt,
Du würdest den Sommer wiederkommen, so daß sie im Herbste er=
scheinen könnte, wenigstens noch in diesem Jahr: bleibst Du aber so
lange aus, so müßte sie noch ein Jahr wenigstens, wahrscheinlich
anderthalb, warten, und das scheint mir zu lang. Einmal wird
Hagen alles thun, um uns entgegen zu sein, und hat er das eine
Lied bekommen, treibt er endlich auch noch das andere heraus, sodann
aber steht soeben in einem Correspondenzschreiben aus Kopenhagen

vom 11. April, daß Nyerups Kämpe-Biser heraus seien und man der baldigen Herausgabe des 2. Theils der Edda entgegensehe. Ich glaube nun zwar, daß es sich damit verhält, wie Rask schrieb, aber noch anderthalb Jahre Verzug könnte doch machen, daß man uns zuvorkommt; ist endlich dem Rask zu trauen? wie Du selber überlegen wirst; ich wenigstens glaube, daß Hagen das Helgelied von ihm hat. Alles demnach erwogen, scheint es mir am besten, den Druck in Gottesnamen anzufangen. Die Volundarquida und Helgelieder haben wir ja vielfach besprochen und diese kommen zuerst, die folgenden will ich jetzt vornehmen und über die schwierigen Stellen sammt allem, was dazu gehört, Dir schreiben. Das ist gewiß, Schwierig-keiten werden zurückbleiben, auch manches noch in der Folge und nach und nach sich aufklären, dafür scheint mir nun die beste Aus-kunft, daß das Glossar, wie wir auch schon verabredet, in einem besondern Bande kommt, dieses könnte dann erst in einem Jahr, erst nach nochmaliger Umarbeitung von uns beiden gedruckt werden, und zu Nachholungen und kritischen Bemerkungen in der Vorrede desselben wäre schicklicher Platz. Sei so gut, mir mit nächster Post Deinen Entschluß zu schreiben, ich will dann mich an den Drucker wenden; bis alles zu Stande kommt, gehen doch noch sechs Wochen darauf. Wie leid thut es mir, daß wir zu diesem Werk nicht die langsame Ruhe haben, die ihm und uns so zuträglich wäre; wo es nicht höchste Noth ist, sollte man sich durch keine Ankündigung binden. Ich halte darum mit den Märchen noch zurück und schreibe jetzt an die Haxthausen, auch die im Münsterland, damit sie mir erst ihre Bei-träge schicken, ein Paar Bilder vom Louis, die ich hinzulegen will, werden sie noch bereitwilliger machen. August hat mir vor kurzem geschrieben, er liegt bei Bielefeld und ist Cornet bei den Bremen- und Verdenschen Husaren, nicht nur hat Werner seinen Brief an mich, sondern auch einen von mir an August verloren. — Ich habe hier in die Zeitung setzen lassen, daß der arme Heinrich erst in ein Paar Monaten erscheinen werde, da viele sich deshalb erkundigten. Willst Du nicht einmal an Schlegel schreiben und ihn bitten, die Sache in Ungarn in Erinnerung zu bringen; sobald der Hummel einen Brief abgehen läßt, will ich einen an Glödle einlegen. Ich habe auch Görres gebeten, ihn zu erinnern. Görres schreibt den Rheinischen Merkur in schöner, freier Gesinnung und das Blatt macht viel Auf-sehen, kannst Du es dort kriegen, so lies es ja, schön ist die Proclamation Napoleons an die Völker Europas vor seinem Abzug,

die gewiß mancher besonders im Anfang für echt gehalten: es ist
vielleicht der erste Versuch, in Deutschland eine Zeitung im englischen
Geiste zu schreiben. Seine beständige Arbeit daran wird Schuld sein,
daß er auch gar nichts von sich hören läßt.

Ich bekomme auf so wenige Briefe Antwort und das zwingt
mich zu der lästigen Arbeit, sie nach einiger Zeit zu wiederholen.
— — — Der alte Meisterlin in Hanau ist vor kurzem gestorben
und die Mutter wird wohl zum Sohne gehen, ich hoffe zu Gott, an
uns vorbei.

Thu mir einen Gefallen. Völkel sagte mir beim Abschied, wir
hätten ein Musée Napoléon, ein Kupferwerk, davon wären einige
Hefte verloren, ich möchte sie ihm aufzeichnen, damit er sie dort anschaffen könnte. Ich kann das aber weder bei den Antiquitäten, noch
bei der historia Gallica finden (wo nur der kleine elende Katalog
unter diesem Titel steht), noch auch in einem Schrank; eingetragen ist
das Werk auch in keinen Katalog. Bitt' ihn nun in meinem Namen,
zu sagen, wo es zu suchen ist (der Enzeroth weiß auch nichts davon).
Da Du ihn auf der Bibliothek treffen kannst, wird es Dir auch
weiter keine Zeit rauben.

Such doch ja Steffens auf, es wird Dich nicht gereuen, er hat
eine fremde, aber auch treue und herzliche Seite. Einige behaupten
hier für gewiß, Blücher sei zurück nach Preußen und habe mit dem
König einen Wortwechsel gehabt.

Die Einlage an die Jordis ist das vorige Mal liegen geblieben,
wart' also nicht zu lange, bis Du sie abgiebst. Leb wohl, lieber
Jacob.   Dein treuer Wilhelm.
     Die Lotte läßt Dich grüßen.

Adresse: A monsieur Grimm Secrétaire de la Légation de Hesse
à Paris, Hôtel de S. E. le Comte de Keller, Ministre plénipotentiaire et
Envoyé extraordinaire de S. A. E. Rue grange batelière No. 4.

Empfangsstempel und Präsentationsvermerk: 21. Mai 1814.

97.
Jacob an Wilhelm.

Nr. 19.   [Paris,] am 18. Mai 1814.

Lieber Wilhelm! Nr. 18 wirst Du doch richtig durch des Mals-
burgs Bruder erhalten haben. Diesmal sind vierzehn Tage hin

gegangen, ohne Dir zu schreiben; die Hauptursache war, weil ich seit
s. vergebens auf Brief von Dir wartete und dachte, daß es da etwas
Nöthiges zu beantworten gäbe. Endlich ist vorgestern Dein Schreiben
durch Herrn Mutzenbecher abgegeben worden und gestern Dein Brief
vom 5. und 6. Mai angelangt. Was mich jener über Savigny
beunruhigte, hat dieser wieder gut gemacht. Ich werde, sobald ich
seine Aufträge besorgt habe, ihm unmittelbar nach Berlin schreiben.
In Arnims Brief scheinen mir die Bemerkungen über die Stickluft
der Literatur zumeist aus seiner jetzigen Unbehaglichkeit zu entspringen
und wenn nicht falsch, doch unzeitig zu sein, denn vor sechs Jahren
geschahen dieselben Dinge auch und waren wir nicht mit der deutschen
Literatur alle zufrieden? frage ich. Ich denke, daß Du keine Lust
hast, an Clemens' projectirter Zeitung mitzuarbeiten; dieses Zeitungs-
wesen wird mir jedes Jahr widerlicher. Politische Blätter sind nothwendig und gut, aber nur eine gewisse Zeit lang; kaum über ein
Jahr hinaus. Du mußt wirklich Görres' Rheinischen Merkur nicht
lesen, weil Du seiner nicht erwähnst; es sollen höchst freie und merkwürdige Sachen drin sein (unter anderen auch einmal stark über den
Kurprinzen losgehauen werden. Das macht doch jetzt in Cassel kein
Verbieten). Ich bin auch froh, daß aus der Casseler Zeitung nichts
geworden ist, gleichwohl ist es eine eigentliche Schändlichkeit, daß
man sie dem Juden gelassen hat, vermuthlich wird sie nach dem
Frieden schnell auf ein sehr kleines Publicum herabfallen.   .

Der Frieden zieht sich in die Länge und wird nach einigen nicht
vor Anfang Juni fertig, weil er erst dem Corps législatif vor soll
gelegt werden.

Alles dies reicht zu der Franzosen alleinigem Vortheil, die jetzt
schon ganz vollkommen brutal und abgeschmackt räsonniren, von der
Ungerechtigkeit, ihnen die Niederlande und das linke Rheinufer zu
nehmen u. dergl. Vermuthlich werden sie noch gute Stücke in Belgien
abzwacken und in Savoyen, wie es heißt. Die Art zu unterhandeln
und der Erfolg davon werden unsern sogenannten Staatsmännern
einmal wenig Ehre machen, ich mag aber lieber nicht davon schreiben,
denn der Einzelne bringt durch alle diese Erbärmlichkeiten nicht durch.

Daß wir damit etwas länger hier bleiben, ist sonst für meine
Arbeiten auf der Bibliothek äußerst willkommen. Ich bin vor einigen
Tagen, Gott sei Dank, mit dem lateinischen Isengrinus abzuschreiben
fertig worden, es hat 28 seine Bogen gegeben, so daß, da ich das
Manuscript nur etwas über drei Wochen hatte, auf den Tag mehr

als ein Bogen kommt, wobei gleichwohl noch manches andere geschehen
ist. Ich habe heute ein altes, wiewohl kleines sehr wichtiges
lombardisch-deutsches Glossenverzeichnis entdeckt und bin einigen
anderen merkwürdigen Dingen auf der Spur, morgen ist Himmelfahrt
und verschlossen. Das Altfranzösische steht dem nach, aber ich thue
auch da, soviel ich kann. Fauriels Bekanntschaft wird, denke ich, von
dauerndem Nutzen werden.

Ich war neulich bei Maltebrun, der dänisch aussieht, redselig ist
(auch in deutscher Sprache), jetzt in äußere schlechtere Umstände kommt
und mir im Ganzen nicht gefällt. Im Februar und März war er
in Bonapartes Hauptquartier mit. Er sprach von seinen Plänen
1. über Norwegen, wobei ihm vermuthlich weniger zukommt als er
sagt; 2. über eine jetzt unnöthig gewordene und aufgegebene allgemeine Auswanderung der Europäer in eine freie Colonie, wobei eine
aus Dänisch und Schwedisch componirte Sprache und sogar odinischer
Gottesdienst hätte eingeführt werden sollen. Das ist natürlich abgeschmackt, beweist aber doch, in welcher Art er rechtlich zu denken
scheint. Interessantes erzählte er mir von Arendt, der hier vor
einigen Jahren lumpig und schändlich brutal wie allerwärts erschienen
ist, z. B. zu Maltebrun ist er gekommen, hat sich in Gegenwart der
Madame Maltebrun vors Kamin gesetzt, seine Strümpfe ausgezogen
und so die bloßen Beine am Feuer gewärmt. Vor einem halben
Jahr soll er in Mailand oder Turin sich in einer Kirche an einer
Weibsperson vergriffen haben und eingesteckt worden sein. Wie froh
waren wir damals, als dieser Mensch unser Haus verließ.

Es ist nicht gut, daß weder Nyerup noch Rask schreiben. Hat
denn Sjöborg nichts geschickt? nicht Hänel ihre schwedischen ver-
sprochenen Lieder? Hier auf den Bibliotheken frage ich vergebens
nach seltenen isländischen Werken. Die sogenannte Wolfenbüttler
Edda ist nichts weniger als das, sondern eine Gesetzsammlung.

Oberlins hinterlassene zahlreiche, nicht geistreiche, aber fleißige
Excerpte in vielen Pappdeckeln habe ich vorgestern Abend mit Weh-
muth betrachtet, bei seinem verarmten Sohn, der sich meistens durch
lateinische Privatstunden das Leben erhält. Stirbt er einmal, was
leicht bald geschieht, so fällt alles unvermeidlich einem Krämer in
die Hände. Es ist eine Abschrift des trojanischen Krieges von
Conrad darunter, die aber nicht viel weiter als der Druck geht; ganz
interessante Collectaneen über Patois; auch hat er sonst noch altdeutsche
Manuscripte, einen Tristan Gottfrieds von Straßburg auf Papier,

aber nicht uneben, einen Band Meisterlieder von Muscatplut. Alles zu verkaufen. Vielleicht nähme es die Göttinger Bibliothek? Auch ein Manuscript des Renners. Das durchschossene Exemplar des Wörterbuchs mit handschriftlichen Zusätzen hat die hiesige große Bibliothek an sich gekauft, wodurch es so gut wie verloren ist, denn die Fremden hier haben selten Zeit zur Durchsicht. Ich fragte nach einem billigen Exemplare für uns, und er will mir einige wenige und noch vorhandene in Straßburg angeben. Räthst Du nicht dazu? Es wäre schon eben des Dazutragens wegen sehr nützlich.

Nach Straßburg komme ich gewiß, wenn ich aber nur wenigstens acht Tage dableiben kann, es sind sehr wichtige Sachen zu benutzen: 1. der graue Rock; 2. der Morolf: vermuthlich nicht die altercatio, sondern das Epos. Dann wegen des armen Heinrich; ein pauper Heinricus ist auch dort, vermuthlich das Gedicht des Mönchs von Settimello. An Glöckle habe ich zu allem Ueberfluß nochmals geschrieben; wäre er abgesetzt und abgereist, erführe man das wohl durch Görres. Da man über die Quelle des speciellen Hartmann'schen Gedichts so gar nichts Ähnliches auffindet, so glaube ich, liegt eine wirkliche in Schwaben einheimische Tradition zum Grunde; Göttingen hat wohl specielle Bücher über die alte Geschichte von der Au (Reichenau, Ortenau), wo nachzuspüren wäre. Von Amicus und Amilius habe ich hier nicht bloß ein altfranzösisches Gedicht, sondern auch ein altlateinisches entdeckt, allein diese Grund- und Urlegende ist sich immer ähnlich und nichts erläuternd für die Abzweige der Sage. Über Ladrerie, Léproserie habe ich Verschiedenes gesammelt und Anlaß genommen, deshalb an Prunelle nach Montpellier zu schreiben, mit der Bitte, seine Antwort direct nach Cassel unter der alten auf uns beide passenden, in dergleichen Fällen am nützlichsten Bibliothekarfirma zu senden. Ich habe mich bei Dacier hier, um die Manuscripte leichter zu bekommen, auf gut Glück noch stets so gerirt.

Ich fürchte, Hagen hat das für uns so auffallend wichtige ungarische Manuscript weggeschnappt, und ich wollte, Du hättest mir die näheren Umstände davon gleich gemeldet und mich in Stand gesetzt, hier etwa durch Pilat unmittelbare Vorschritte in Wien zu machen. Raßmann, den ich seitdem nicht wieder gesehn, erzählte mir, ohne daß er unser Verhältnis mit Hagen zu wissen schien, dieser habe ihm neulich vor allem aufgetragen, sich nach den Manuscripten von Reinhard Fuchs und vielleicht nach einem flamländischen hierher gebrachten umzusehen. Ich hütete mich wohl, ihm von meinem ent-

deckten lateinischen zu sagen, und fände er diesen selbst, so stehe ich
dafür, daß er ihn nicht liest, geschweige abschreibt. Und mit dem
französischen etwas zu machen, ist er auch zu faul. Geliehen ins
Ausland wird kaum etwas werden; meine Lage war damals ganz
außerordentlich günstig. Heute habe ich an Tydeman nach Holland
geschrieben und gefragt: ob etwa van Wyn sein Fragment auch noch
dem Zimmermann mitgetheilt habe, was zu unserm Nachtheil sein
könne. Wir werden also über diesen Punkt hoffentlich bald beruhigt werden.

Du mußt dem Thurneißen sagen, falls die längst erwarteten, für
uns sehr interessanten holländischen Bücher diese Ostermesse wieder
nicht eingetroffen sind, daß er seinem Leipziger Commissionär aufträgt,
das Packet an uns durch Dieterich oder Krieger befördern zu lassen.
Wie rechnest Du dann mit Thurneißen ab? und was kommt da heraus?
Ich hatte auch noch einige andere Punkte zu gut geschrieben bei ihm,
namentlich ein verkauftes westfälisches Gesetzbulletin. Den Mercure
étranger muß er Dir noch ausliefern für 1813.

In Wien wird es wieder eine Menge zu suchen und zu finden
geben, aber alles dies mir nur halb lieb sein, wenn nicht unsere
Arbeiten mit der Edda ꝛc. dann wieder in eine nähere Communication kommen könnten. Ich dachte als etwa im August wieder
nach Cassel zu kommen und dann wenigstens ein Vierteljahr Urlaub
zu unsern Arbeiten zu nehmen unter irgend dem besten Vorwand.
Ich wollte, der Clemens wäre nicht mehr in Wien, er würde mich
in der Zeit oder im Gemüth stören. Den Varnhagen, der hier war
oder noch ist, habe ich zu sehen gemieden. Adam Müller war in
Tyrol und hat dort am süddeutschen Boten Theil gehabt.

Für die umständliche Nachricht von unserm neuen Haus danke
ich Dir, und es scheint mir durchaus, daß wir dabei gewonnen haben.
Hat sich der Wille zuletzt doch noch gut genommen? Und ist nichts
von Büchern und Papieren verloren? Wie viel hat der Auszug im
Ganzen gekostet, da es ein weiter Weg ist? Wie herzlich gern hätte
ich Deine vielerlei Mühe und Arbeit dabei getheilt. Die Hochstädter
Tante hätte ich auch zu sehen gewünscht, ihre Ähnlichkeit mit der
seligen Mutter war mir jederzeit auch rührend, sonst, weil ich sie
wie eine von der Mutter und Casseler Tante gewissermaßen aufgegebene Schwester bedauerte; jetzt aber ist sie lebendig und die
Mutter todt. Der Louis hat mir nicht hierher geschrieben, wie ich
wohl wünschte. Die Idee des Prinzen, die Landwehren so lang als

die übrigen Regimenter beisammen zurückzuhalten, ist mir für ihn gar nicht lieb, allenfalls insofern, als ich ihn dann desto gewisser noch in Cassel finde. Auf jeden Fall aber muß er mich dort abwarten und sich eine Zeit lang bei uns ausruhen. Der Karl hat derweil mancherlei Schicksale gehabt, wurde als Courier von Jordis und Bülow nach Brüssel, Löwen und Aachen in einer Finanzangelegenheit gesandt und ist sogar bis nach Burtscheid hinter Aachen gewesen, also Euch näher wie mir. Hoffentlich hat er damit nicht allein etwas verdient und die Reise selbst war ihm nicht unangenehm, sondern er wird auch nun hier dem Jordis in seinen Geschäften helfen, noch drei oder vier Wochen hier bleiben und dafür bezahlt werden. Da er freiwillig eingetreten ist, kann ihm dieser Schritt bei seinem militärischen Verhältnis schwerlich schaden, welches doch nun so gut wie aufgelöst anzusehen ist.

– – –

Hammerstein treibt sich wie Haxthausen hier im Geräusch herum unter Offizieren und Engländern und sind wenig habhaft zu werden. Hammersteins Bruder, der Husar, hat dem Malchus neulich aufgepaßt und ihn öffentlich einen Schurken geheißen und mit ähnlichen Complimenten begabt und versehen. Der ist ganz bleich zurückgefahren, ohne zu antworten.

Hierbei Quittungen über 50 Thlr. Besoldung und 90 Thlr. Diäten, wegen letzterer aber mußt Du dich bei Knatz zuvor erkundigen, auf welche Kasse sie gewiesen sind, oder daß er das Nöthige auswirkt. Den Kassenzahlmeistern sag doch, wenn sie wieder unvernünftige Schwierigkeiten machen, meinetwegen: sie möchten bedenken, wie viel Irregularitäten ich hier erlebe und in der Campagne erlebt habe, bei meiner Rückkunft wolle ich ihnen alle Quittungen umschreiben, jetzt fände ich es nöthig, den Namen des angewiesenen Empfängers mit hineinzusetzen, weil sonst die Quittung verloren gehen und sie jeder einziehen könne. Dies ist nämlich von Beispiel.

Deine Antwort auf diesen Brief wird mich schwerlich hier treffen, adressire aber dennoch hierher (am besten durch Einschluß mit Knatz), es wird dann nachgeschickt. Besonders eilige Vorfälle könntest Du versuchen, poste restante nach Straßburg zu schicken, doch ist das immer ungewiß. Den Waltharius aber wollte ich nicht, daß Du schicktest: er ist auch hier aufzutreiben, wenn ich noch daran komme. Hierbei ein Brief von Avenel nach Braunschweig mit der Post; geh' doch zu Hofrath Ritter (oder schreib diesem billetsweise), er möge doch Dir oder dem Avenel direct Auskunft über seine Sachen, Bücher und Papiere schicken (Avenel, rue Chabannais no. 9). Es sind alle seine Arbeiten darunter, und er war mir sonst auch gefällig, wie Du weißt. Brugniere ist auch hier und ganz los vom König, es war mir lieb, ihn wieder zu sehen, und er ist mir wie sonst freundschaftlich gewesen.

Es thut mir leid, daß der Antrag zu einem Besuch bei Arnim für Dich in diese Umstände gefallen ist; grüß ihn doch herzlich von mir. Siehst Du dann den Malsburg öfter? und den Lotz, der, wie ich aus der Zeitung sehe, jetzo wieder (gepuderter?) Auditor bei den Garden ist. Völkel zeigt sich hier ausnehmend artig, er hatte ich weiß nicht welche Angabe eines Bibliotheksdefects von Dir er- wartet, bleibt aber wohl länger hier wie ich. Es geht auch in seinem Punkt lange nicht, wie es sollte. Leb tausendmal wohl.

J.

98.
Wilhelm an Jacob.
Cassel, am 18. Mai 1814.   praes. 25. Mai.

Liebster Jacob, seit dem 15., wo ich Dir geschrieben, ist weiter nichts Neues bei uns vorgefallen; ich erhalte aber so eben die Ein- lage und eile sie Dir zuzuschicken. Außerdem schick ich Dir ein Paar Noten aus Volundarquiba zur Betrachtung und zu Anmerkungen, ich werde auf diese Weise fortfahren, Du hast den Hagen'schen Text, wo der unbrauchbar ist, will ich Dir den andern auch abschreiben. Die Edda Saemundina wird ja dort auf der Bibliothek sein. Hast Du Malte- brun nicht gesprochen und über Arendt? Dem Glöckle habe ich gestern noch einmal in Einlage an Rohden geschrieben. Vorgestern habe ich mich nach der langen Unterbrechung zum ersten Mal wieder zum Arbeiten nieder- gesetzt, bin aber durch Besuche und den Schreiner ziemlich gestört; ich hoffe, daß es nun bald ordentlich wird. Jahn hat mir eine Flug- schrift geschickt: Runenblätter, vieles gut, wahr und eigenthümlich in seiner Sprache; ich wollte, der Mann wäre hier, der würde in vielen Stücken in unsre Absichten und Arbeiten eingehen. — Dein Urtheil über Haxthausen und Hammerstein ist ganz meines, weshalb sie mir immer etwas Fremdartiges haben; der August ist mir viel lieber. Ich habe nun der Märchen halber an seine Schwestern und Bäschen geschrieben und Bilder geschickt, da wird ja wohl etwas kommen. Nun leb wohl, ich hoffe bald etwas von Dir zu sehen. W.

Grüß den Karl von uns allen, wir heißen ihn hier, weil er so frisch aussieht: Frischkorn. Sein st hört man ziemlich stark und ist bei ihm doch nun endlich wohl vergessene Absicht.

Adresse wie auf Brief 96. Empfangsstempel: 25. Mai 1814.

99.
Wilhelm an Jacob.

Cassel, am 20. Mai 1814. praes. 7. Juni 1814.

Einen vor zwei Stunden aus England angekommenen theuern Brief kann ich Dir durch eine gute Gelegenheit gleich zuschicken, schrieb der Scott so deutlich wie der Weber, so würde ich ihn ganz gelesen haben, Du wirst dort besser darauf antworten können. Bei uns ist nichts Neues vorgefallen, gehört habe ich von allen Brüdern noch immer nichts; wenn es wahr ist, was man sagt, so kommen sie bald selber; heute ist sächsische Landwehr auf dem Rückmarsch angelangt, preußische Regimenter sind aber nach Mainz, es ist gut, daß man die neuen Grenzen wieder ordentlich besetzt. Kannst Du die gesta Romanorum gelegentlich kaufen, der Clemens könnte sein Exemplar zurück= fordern, so thue es. Die Nibelungen von Zeune scheinen mir unbedeutend und haben viel verloren, in gelehrter Hinsicht sind sie gar nichts werth. Der Hagen hat isländische Grammatik und Literatur als öffentliche Vorlesung im Katalog zu Breslau angekündet, wahrscheinlich bloß eine leere Form. Ich hoffe, es ist ein Brief von Dir unterwegs, die Post geht jetzt nach der Frankfurter Anzeige über Mainz und Metz. Leb wohl, liebster Bruder, Grüße von allen Seiten.

Dein treuer Wilhelm.

100.
Jacob an Wilhelm.

Nr. 20. Paris, 22. Mai 14.

Lieber Wilhelm! Die Edda laß in Gottes Namen zu drucken anfangen, vor August komme ich auf keinen Fall heim, von hier reisen wir in 8 oder 10 Tagen ab, dann bleibt der Graf in Rastadt (ich in Straßburg, so gut es geht) und hernach wird er vermuthlich über Cassel nach Wien reisen. Allein ich vermeide es, Euch auf ein Paar Tage zu sehen, was mich gewaltig stören und selbst in eine Menge lästiger Dienstbesuche wickeln würde; in Straßburg und München, wo ich den Ferdinand zu sehen hoffe, ist manches Angenehme. Von Wien aus selbst werde ich erst die längere oder kürzere Dauer des dortigen Aufenthalts bestimmen können.

Es muß endlich ein Anfang gemacht werden, weil durch die frühere Erscheinung der Kopenhagener Ausgabe unserer Arbeit in den Augen der Leute und zum Schaden des Verlegers ihr Verdienst ge= schmälert werden würde. Über zweifelhafte Dinge schreib mir dann, wenn ich auch unter zehn Antworten, die ich in Cassel haben könnte, neun verlieren oder schlechter geben muß. Den Schluß (oder die Hälfte) kann ich zu Cassel wohl noch mit corrigiren, sowie die Vor= rede machen helfen. Ich bin übrigens auch für die sofortige Er= scheinung des Glossars; schon aus obigen Gründen.

Vielleicht hat Wien doch auch Hilfsmittel. Sjöborgs Erichs= lied habe ich hier ganz vergeblich gesucht. Dagegen bin ich Arendts Völuspa sonderbar auf die Spur gerathen, habe sein Original gehabt, excerpirt und abgeschrieben. Das kann ich Dir mit Gelegen= heit zuschicken.

Dem Boisserée habe ich neulich geschrieben und ihn ersucht, den Fr. Schlegel zu treiben. Sonst muß ich es selbst in Wien thun.

So beantworte ich Deinen gestern Abend erhaltenen Brief gleich heute Morgen in Eile mitten unter verhaßter Zifferschrift, die ich zusammen würfeln muß. Nächstens von hier aus mehr. Ich finde vielerlei. Gott sei mit Euch.   Dein treuer Jacob.

Es ist mir eingefallen: ob Ihr jetzt nicht viel schöne Blumen vor den Fenstern ziehen könnt. Das müßt Ihr thun.

Nachschrift:

Soeben läßt ein Herr Godillot seinen Paß nach Cassel visiren. Ich gebe ihm nicht diesen Brief, aber Walter Scotts Tristrem mit, den ich gestern Mittag kaufte und Abends durchblätterte. Es ist vielerlei Interessantes darin, die eigentliche historische und poetische Kritik mangelt gleichwohl.

Adresse: Herrn Bibliotheks=Secretarius Grimm, zu Cassel am Wilhelmshöher Thor wohnhaft.

101.

Wilhelm an Jacob.

Caffel, am 23. Mai 1814. praes. 1. Juni.

Lieber Jacob, meine Briefe folgen sich sehr schnell, indessen wirst Du aus den Einlagen die Nothwendigkeit ersehen; wie sehr fühle ich jetzt den Nachtheil Deiner Abwesenheit. Heute Morgen habe ich bei kommenden Brief von Göttingen geschickt bekommen, eingeschlossen waren die darin genannten Stücke Gunnarslag (kaum 3 Str.) und Grougalldr (etwa 16). Zugleich schickte Nyerup mit wenigen, doch freundschaftlichen Worten Rigsmal von Sjöborg. Wie die Sachen jetzt stehen, glaube ich:

1) daß auf Rask nicht weiter zu rechnen ist, wenigstens fürs erste;

2) daß man dort aufgereizt wirklich an der Edda druckt. Ich glaube zwar nicht, daß man schon so weit ist, als Thorlacius angiebt, und es geht auf jeden Fall noch ein halb Jahr hin, eh das Buch erscheint. Selbst die im Leipziger Meßkatalog fertigen Kämpe-Viser sind doch noch nicht, wie Nyerup schreibt, ausgegeben.

Es fragt sich nun, was wir zu thun haben: sollen wir diese Ausgabe erst abwarten, um sie für unsere noch zu benutzen, oder nicht. Ich glaube, daß wir letzteres thun müssen, denn

1) in der Zeit, wo wir sie durcharbeiteten, würde Hagen sogleich eine alliterirende Übersetzung in seiner Art fertig machen, vielleicht noch früher, welches dem Verkauf unserer Ausgabe schaden, ja sie unmöglich machen könnte. Ich vermuthe sogar, daß er seine Uebersetzung des einen Helgelieds in der Alterthumszeitung durch Hülfe einer Mittheilung von dorther gemacht hat, einige kühne Varianten lassen mich das vermuthen;

2) sind wir uns selber schuldig, zu zeigen, was wir unabhängig gearbeitet haben;

3) würde die spätere Erscheinung dem Reimer sehr nachtheilig sein.

Wie man aus den Worten des Briefs schließen kann, so ist es eine ältere Arbeit (Arendt hatte also doch Recht, wenn er sagte, sie sei vorhanden), nicht von Thorlacius. Ich vermuthe, daß Rask sie auch schon benutzt hat und wir schwerlich etwas Bedeutendes gewinnen. Ich hoffe auch, daß unsere ihr Eigenthümliches haben wird.

Müssen wir demnach jetzt drucken lassen, so scheint mir folgender schon früher überlegter Plan der beste. Wir theilen äußerlich diesen ersten Band in zwei Abtheilungen, welche übrigens bloß auf dem

broschirten Umschlag angegeben werden und beim Einband völlig verschwinden. Dadurch gewinnen wir:

1) daß sogleich oder sehr bald etwas erscheint, welches unsere
unabhängige Arbeit beweist.

2) Die erste Abtheilung schließt etwa mit der Sigurþarquiþa,
dadurch bleiben die schweren Stücke noch zurück, wie das grönländische
Atlilied und diejenigen, welche uns Rask noch nicht geliefert.

3) Für diese zweite Abtheilung können wir die Kopenhagener
Ausgabe abwarten und sie benutzen, was eben für den Text von
Hampismal u. s. w. gut sein wird. Sollte die Kopenhagener Aus-
gabe noch Jahre lang ausbleiben, gewinnen wir auf jeden Fall
Ruhe und Zeit zur ferneren Bearbeitung und können ja drucken
lassen, wann wir wollen.

4) Die Bemerkungen, welche uns die Kopenhagener Ausgabe für
die erste Abtheilung gewährte, könnten wir dann in einem Anhang
geben oder auch, wie schon gesagt, in der Vorrede des Glossars.
Auch dieses würden wir noch einmal mit Ruhe und Gewinn durcharbeiten.

5) Für den Absatz sind solche einzelne Abtheilungen endlich
in jetziger Zeit viel vortheilhafter, Hitzig läßt der Staël Buch so
erscheinen.

Schreib mir doch mit nächstem Deine Meinung und ob Dir das
gefällt. Ich schreibe heute noch nach Halle wegen der Buchstaben in
Notenformat. — Sonst ist nichts Neues bei uns, an Vieweg habe
ich geschrieben, da Harnier den Auftrag ablehnte, er kennt ihn nur
von zweimal sehen. Goldmann geht Morgen oder bis Mittwochen
nach Göttingen, wo er ein Jahr zu bleiben gedenkt.

Dein treuer Wilhelm.

Adresse wie bei Brief 96. Empfangsstempel: 31. Mai 1814.

102.
Jacob an Wilhelm.

Paris, 1. Juni 1814.

Vor einer Stunde, lieber Wilhelm, empfange ich Dein Schreiben
vom 23. Mai, das mich sehr gefreut hat, und ich bin ganz in
Deiner Meinung von der Nothwendigkeit, unsere Edda gleich zu

drucken, überzeugt. Hab' ich damals nicht auch gut gethan, den Thorlacius um die beiden Stücke zu bitten, aus denen gewiß manche Erläuterung fließen wird? Könnte ich Dir nur alsogleich dabei helfen. Gar lieb ist mir endlich Rigsmal zu haben.

Du arbeitest jetzt sicher brav daran; nur daß Du Dir nicht schadest. (Karl.)

Der Friede ist eben gestern geschlossen. Von politischen Dingen habe ich schon seit einigen Briefen nichts berührt und will's auf mündlich versparen. Denn ich denke vielleicht bald zu Euch zu kommen, setz mir immer Stuhl und Tisch zurecht; der Wiener Congreß soll erst August angehen und so lang mag ich mich nicht herumtreiben in Süddeutschland.

An Savigny habe ich vorgestern geantwortet. Von der Jordis wirst Du dieser Tage einen Brief mit zwei (etwas interpolirten, wie ich glaube) Märchen erhalten, den ich gestern Abends bei ihr liegen sah. Auch sie reist in acht Tagen nach Frankfurt ab.

Den Steffens habe ich versäumt; ich war vor fünf Tagen in seiner Wohnung expreß und da hieß es, daß er schon fort wäre. Den A. W. Schlegel sehe ich desto öfter.

Mehr davon in meinem nächsten Brief, noch einmal von hier, denn ich schreibe diesen aufs Allergeschwindeste.   J.

Ich bin dafür, auch mit der zweiten Abtheilung gar nicht zu warten, sondern alles zu geben, aber die Idee von Abtheilung selbst ist gut.

Adresse: Herrn Bibliothekssecretär Grimm in Cassel.

103.
Jacob an Wilhelm.

Paris, am 7. Juni, Dienstags.

Liebster Wilhelm!

Seit Deinem letzten Briefchen vom 23. habe ich weiter nichts von Euch gehört und glaube fast, daß Du mir deswegen nicht mehr hierher schreibst, weil Du mich bereits abgereist vermuthest. Auch würde ich entweder heute oder morgen schon Paris verlassen haben, wenn es möglich gewesen wäre, auf der Diligence einen Platz zu erlangen, wo alles auf acht oder vierzehn Tage vorausbestellt war.

Mit genauer Noth habe ich einen auf bis Sonntag Morgen bekommen und reise also da bestimmt ab, nämlich allein und nicht mit
dem Grafen, der erst einige Tage später folgen wird. Diese Einrichtung ist ihm und mir lieb; ihm, weil er dabei spart, mir, weil
ich damit frei werde und machen kann, was ich will, und mir der
Kurfürst doch die Kosten (der Reise) vergüten muß. Lepel und
Völkel hätten allenfalls auch einen Platz gehabt, dem ich gleichfalls
ausgewichen bin, weil sie erst in acht Tagen oder später fortzugehen
gedenken und dennoch vor mir ankommen werden. Es liegt mir, wie
Du weißt, daran, in Straßburg mehrere Tage zu verweilen, nun
aber sollten in Metz altdeutsche Handschriften liegen, wie Villers
mehrmals bestimmt versichert hat; wer weiß, ob ich sonst je wieder
dahin gelange; ich wage also geradezu den Umweg, reise vorerst nach
Metz, sehe dort zu und gehe von da über Nancy nach Straßburg.
Von Straßburg aus schreibe ich Dir aus den Zwanzigern dieses Monats
weiter, wie es mir gegangen hat und ob ich über Mainz oder auf
der Bergstraße heim komme. Schwerlich wird dies vor Ende Juni
oder Anfang Juli geschehen können, in diesem Betracht bin ich über
die Verzögerung unzufrieden, besonders weil bei Dir so viel zu thun
ist. Allein auf der andern Seite ist es noch nicht so gewiß, ob ich
schon zu Ende Juli wieder nach Wien fortbrauche; entweder geht der
Congreß später an oder ich komme ganz aus diesem Verhältnis los.
Unserer Arbeiten wegen wäre mir das ganz recht und geschieht es
nicht, so ist Wien selbst ein Trost, wohin wir uns schon so oft gewünscht hatten. Das Nähere mündlich, der Graf sieht es vermuthlich gern, daß ich bleibe; vorerst laß Dir von nichts, auch nicht von
meinem Reiseplan, etwas merken.

Es ist hier die ganze Zeit her das erbärmlichste Regenwetter,
wobei ich besonders an den Louis denke, insofern Ihr ihn nicht los-
gemacht habt. Dies muß aufs Ernstlichste betrieben werden. Unter
den Hessen sollen nämlich viel Krankheiten herrschen wegen ihrer
ausnehmend schlechten Kleidung, die sie vermuthlich dem schlechten
Zipf et Cons. verdanken; eines Menschen Leben ist doch in dieser
Zeit mehr werth, als das ersparte Geld. Der Prinz ist bereits acht
Tage fort und hat hier nicht das Geringste gewirkt noch bedeutet,
er weiß sich aber auch gar nicht zu nehmen. Hierbei folgt ein
Schreiben von Karl. Er wird sich auch bald auf den Rückweg geben
und wohl noch vor mir eintreffen. Hammerstein will nach England,
ich habe ihm Bücher aufnotirt. Jordis und seine Frau gehen in

kurzem nach Frankfurt und dann bald nach Berlin. Ich bin
genöthigt, ihr und dem Völkel, falls es noch angeht, kleine Packete
mitzugeben, weil mein alter Koffer längst nicht mehr das
erforderliche Zutrauen erweckt und ich mir einen neuen (kleineren)
kaufen muß.

Indessen habe ich meine Zeit hier nicht verloren und mancherlei
Gutes excerpirt; es wäre ein halbes Jahr hier zu bleiben, wofern
man die Quellen der Romane von Karl dem Großen durcharbeiten
wollte. Vom Jornandes habe ich die Namen in drei Manuscripten
verglichen, zumal in 1830. Dabei ist mir klar geworden, daß Paul
Diaconus und Procop vollständig excerpirt und ihre nomina propria
registrirt werden müssen. Wie wichtig in jenem z. B. die Stelle von
Gambara und den Longobarden, so klar, mythisch und etymologisch,
daß Adelungs lange Börde einfältiger Unsinn wird.

Die Stelle im Girart von Viane über Samson (Simson), einen
bekannten karlingischen Helden, beweist nichts für die altdeutsche Sage.
Ich werde ein neues Heft von der celtischen Akademie mitbringen,
worin eine Trierische Tradition vom Kriemhildenstein verkannt wird.
Dort in Cassel will ich aber, und wenn ich nur vierzehn Tage
bleiben kann, aufs Fleißigste hinter die Edda, hierbei schicke ich Dir
einige Anmerkungen, die mir beim letzten Durchlesen eingefallen sind;
alles ist flüchtig gemacht und vielleicht schon dort von mir selbst
niedergeschrieben; es bedeutet also zum Theil gar nichts oder paßt
nicht in die Noten, sondern ins Wörterbuch. Ich wollte, daß Du
mir etwas Näheres über Gunnarslag und Gronjangr, sowie den Text
von Rigsmal gemeldet hättest: ich bin voll Begierde und alles muß
sehr wichtig sein. Ärgerlich ist aber des Thorlacs Clausel mit seinem
sibi habere in Ansehung der beiden ersteren: was meinstu, könnten
wir sie nicht dennoch geben? Gronjangr schlägt freilich nicht direct
ein, ist aber vermuthlich sehr schön. Wenigstens auf die Paar Zeilen
Gunnarslag kommt ja nichts an und man kann sich in der Vorrede
darüber drehen und wenden.

Ich habe Dir schon gemeldet, daß der Wilhelm Schlegel mit der
Staël hier ist und sich gegen mich sehr zuvorkommend betragen hat.
Sein Äußeres ist ganz anders, als ich mir dachte. Vor allem: viel
älter sieht er aus, thut auch müde und bequem und geht engländisch
gekleidet, d. h. mit langem Überrock bis auf die Füße schleppend
und hohen weiten Kamaschen. Er hat etwa meine Größe und schnupft

Tabak oder hat davon das Ansehen, sonst etwas Professorartiges; auf seinem Tisch und in seiner Brieftasche lag alles zierlich und ordentlich, durchsichtige Horndosen mit Zuckererbsen, Marmorbirnen auf den Papieren, die meiste Zeit wird ihm hier, wie in England und Belgien, woher er gar nichts mitgebracht und gefunden hat, in Gesellschaften verzehrt. Doch fehlt es gar nicht, daß er eine Menge interessanter Dinge weiß und in der Ruhe und Überlegung etwas Angenehmes zusammenstellen könnte über die ganze altdeutsche Literatur und selbst Neues in manchem Einzelnen. Zu seinen Nibelungen hat er jedoch keine unbekannte Handschrift, nur vollständige Vergleichungen der bisherigen; er möchte sie in Quart und gern in englischen black letters drucken lassen, Text und eine Übersetzung daneben, unter den Text auch alle Varianten, ferner wo thunlich Bilder. Der Commentar könnte einen eigenen dicken Band bilden. Die Zeugnisse in den alt deutschen Wäldern habe er gelesen und die meisten davon schon selbst gehabt. Vom deutschen gehörnten Siegfried in Prosa hat er folgende, wie mir vorkommt, sehr glaubliche Ansicht: es ist aus dem Französischen übersetzt, die ausdrückliche Angabe besagt und hinten der Spaß mit Jorcus und Civilles beweist es, dieser Jorcus nämlich ist kein anderer als der französische volksmäßige Jocrisse, Jorcisse; das Buch muß also in französischer Prosa existirt haben, literarisch ist keine Spur davon da, aber in Frankreich gehen gleichwohl Sprich wörter um von Sifroi le cornu. Nun erklärt sich auch der steife, schlechte Stil dieser Prosa und die Abweichung in den Namen. Am Wichtigsten bliebe jetzt auszumachen: woraus ist die französische Prosa geflossen? aus dem altdeutschen Gedicht oder etwa mündlicher Sage? Nämlich das Buch könnte im 16. 17. Jahrhundert in den französischen Niederlanden gemacht worden sein, bloß als Volksbuch existirt und darum sich auch so verloren haben.

Wenn der Louis hier wäre, sollte er mir eine Zahl schöner und sehr merkwürdiger Bilder aus dem Manessischen Codex copiren, wozu eine ganze Abhandlung geschrieben werden müßte, denn es ist eine eigene, noch rein unbekannte Bewandtnis damit.

Ich empfange eben den Brief von Scott und Weber und werde, falls dazu Zeit ist, von hier antworten. Hat Dir ein Mr. Godillot den Tristrem gebracht nebst einer Dose für die Tante, die mir durch Lepel hatte sagen lassen, ich möchte ihr ein Andenken von Paris schicken? Ich wußte also nichts anderes. In Dresden soll aus politischem Anlaß eine Schrift über die Geographie des alten Deutsch

lands erschienen sein von einem Namens Weber und einige gelehrte
Ausführungen enthalten.

Seid tausendmal gegrüßt.   Dein treuer Jacob.

Die von dort weggeschafften Bücher, die mich so viel geplagt
haben (und hier vielleicht hauptsächlich durch meinen Einfluß, was
aber schwerlich erkannt werden wird, meistens wieder herbeikommen),
plagen mich wieder mehrere Tage und kosten mir Zeit. Wenn ich
sie dann endlich nur nie mehr zu sehen bekomme!

Scott verspricht ja, seine Sachen übersenden zu wollen, die wir
noch nicht haben, (Northern antiquities, Edinburgh annual register 8 vol.),
und von seinen Sachen mehr. Bekommen wir den Tristrem nochmals, so nimmt Benecke wohl das gekaufte Exemplar ab, dem schreib
das doch. Scott hat in der Einsiedlerzeitung eine Übersetzung der
schottischen Romanzen gelesen. Owen ist halb toll geworden, Ritson
wahnsinnig gestorben, nachdem er alle Papiere vernichtet, Jamieson
arm, Douce bloß sammelnd und nicht zum Herausgeben geneigt.

101.
Jacob an Wilhelm.
Straßburg, den 21. Junius 1814.

Wie gemeldet, bin ich am Sonntag den 12. Morgens fünf Uhr
von Paris abgereist über Meaux, Chateauthierri, Epernay, Chalons,
Verdun nach Metz, wo ich erst den Mittwoch Morgen eintraf. Den
ganzen Tag war der Bibliothekar Jaubert nicht anzutreffen und ich
verlor die Zeit, den andern Tag wieder nicht, ungeachtet ich ihm geschrieben hatte; diese Unhöflichkeit weiß ich mir an einem Franzosen,
und da ich ihn früher schon aus Cassel brieflich angegangen hatte,
nicht anders als aus einer andern häuslichen Unglücksperiode zu
erklären, worin er geschwebt haben muß und wovon ich einiges gemerkt zu haben glaube. Ärgerlich über alles dies und meinen Umweg versuchte ich doch mein Heil noch mit dem Portier oder Aufwärter und ging die etwa 600 Bände Handschriften, worüber nicht
der geringste Katalog da ist und keine Spur von Ordnung waltet,
freilich etwas flüchtig Band vor Band in Hand nehmend durch. Ich
habe aber durchaus nichts für uns gefunden.

Also reiste ich Freitags früh mit der Diligence über Pont
à Mousson nach Nancy, wo ich um 1 Uhr anlangte, mitten unter heim-

ziehenden Russen, so daß in keinem Gasthof Unterkommen war; die Post ging nämlich erst den Sonntag weiter nach Straßburg. Ich miethete mich daher vor allen Dingen in eine Patache ein, ein sogenanntes cabriolet acceleré, worin sechs Leute und Conducteur mit ihrer Packerei sitzen, und was doch von einem einzigen Pferd gezogen wird und dabei schneller als die Post fährt. Hierauf bekam ich endlich in einer entlegenenen Gasthausküche zu essen und ein Bett versprochen, besah die, wie alles in Nancy, vom König Stanislaus angelegte ganz hübsche Bibliothek, ging in der Stadt herum, die auf Mannheimer und Casseler - Neustadt - Manier langweilig regelmäßig gebaut, aber ziemlich ausgedehnt ist, und gerieth in eine Kirche, wo katholisch geprebigt wurde und ich aus Müdigkeit bis zu End aushielt; alle Kinder brachten Blumensträuße auf den Altar, ungeachtet sie vom Schweizer angebrummt wurden, damit die Messe drüber gelesen wurde; beim Ausgang suchte sich jedwedes wieder seine Blumen aus. Wie ich ins Wirthshaus zurückkam, fing der Wirth, wiewohl bescheiden, an, mir zu eröffnen, daß ihm ein silberner Löffel fehle, den er mir glaubte gegeben zu haben. Du kannst denken, wie einem so was vorkommt, wenn mich gleich kein Mensch kannte. Ich antwortete ihm indessen so, daß alles wieder gut war und ich ein Bett bekam, worin ich besser geschlafen hätte, wenn nicht die Furcht gewesen wäre, zu verschlafen, ohne geweckt zu werden; denn um halb vier Uhr mußte ich zur Stelle sein. Ich wachte doch zurecht auf, kam zur Hausthüre hinaus, indem ich mein Gepäck selber schleppte, und als wenn ich in dem Ort lauter Verdruß haben müßte, das Haus, von wo die Patache abreisen sollte, war verschlossen, es schlug vier Uhr und nichts war zu sehen und zu hören, so daß ich nicht wußte, was zu denken, und ein mörderliches Poltern anfing. Nun kam der Hausherr, der sich verschlafen hatte, und schimpfte über den Lärmen, die Reiseanstalt wurde allmählich in Stand gesetzt, und die Mitreisenden, die sich in ihrer Wohnung hatten abholen lassen, waren an dem Ausbleiben der Kutscher Schuld. In diesem Haus hab ich zu schlechter Letzt meinen die ganze Zeit mühsam fortgebrachten runden Hut in der Verwirrung liegen lassen und es zu spät gemerkt.

Die Reisegesellschaft war wo möglich noch schlechter wie von Paris nach Metz und von Metz nach Nancy, lauter gemeine Franzosen, unaufhörlich bereit zu politisiren nach ihrer Art und zu Grobheiten gegen Teutsche, so daß man sich ohne Händel zu kriegen gar nicht einmischen darf und mag. Dies ist die Seele aller unzähligen Cafés und Gasthäuser in ganz Frankreich.

Der Weg führt über Lüneville, Saarburg (Sarrebourg). Pfalz-
burg nach Straßburg. Das Deutsche hat bald hinter Blamont die
Oberhand, und so durch ein Stück von Lothringen: im Elsaß entschieden. Nicht bloß in Sprache, sondern in Kleidern, Manieren
und Bauart der Häuser. Wie wohl that es mir, wieder die höheren
Dächer, kleineren Fenster und verschiedenartig gestellten, bemalten
Häuser zu erblicken. So ein kleines Fenster ist doch zum Hinaus-
gucken gemacht und ladt dazu ein, während man bei den großen immer
ganz im Fenster steht und nicht in der Stube sein kann, ohne alles
draußen zu sehen, es ist keine Ruhe dabei. Die Gassen und Häuser
werden an ihrer krummen und abwechselnden Stellung in gleicher
Maße erkenntlicher und vertraulicher; in Frankreich ist meistens alles
auf eins hinaus geschnitten und angestrichen. Im Wirthshaus am
Sonntag auf einem Dorf sechs Stunden von hier war gleich Gutmüthigkeit, die Wirthin verstand und sprach nur einige Worte Französisch und hörte nicht, wie sich die Franzosen über ihr Sauerkraut und
weißen Wein aufhielten, dieselben, die sich hernach über die geringe
Bezahlung wunderten, und daß sie für einen mitreisenden Knaben, der
tüchtig gefressen hatte, der Mutter gar nichts anrechnen wollte. Der
Wirth und seine Tochter kamen aus der Kirche mit Gesangbüchern
unterm Arm und halfen gleich mit aufwarten; man saß wieder auf
Bänken um die Tische. Ein elsässischer Husar, der mich für einen
deutschen Militär nahm, fragte nach unsern Regimentern und lobte
ihre Art; das Volk nennt die Franzosen nicht anders wie Welsche. Das
Land und Feld ist ausnehmend schön und fruchtbar angebant, voll
Wälder und Burgruinen, namentlich liegt Zabern (Saverne) ganz
herrlich; die Heerstraße ist wieder schmal, wie in Deutschland; in
Frankreich sind sie doppelt so breit. In den Dörfern sieht man die
Männer ruhig und still vor den Thüren auf der Bank sitzen oder
stehen.

Dergleichen noch viel andere angenehme Eindrücke sind mir hier
in der Stadt recht bestärkt worden, hauptsächlich weil ich auf den
guten Gedanken fiel, mich nicht in ein Gasthaus zu quartieren, sondern
bei Bürgersleuten eine Stube zu nehmen, was man allerwärts, wo
Studenten und Jahrmessen sind, leicht kann. Dabei spare ich gewiß
drei Viertel der sonstigen Ausgaben und lebe ruhiger und bequemer. Ich
habe eine schlecht möblirte altmodische Stube mit groben leinenen Vor-
hängen und einer Aussicht in einen alten Klostergarten, die mich an
unser Marburger Stübchen erinnert, und es ist dabei ein merkwürdiger

Zufall für mich gewesen, daß ich mich gerade mit meiner ersten Anfrage auf gut Glück an den Universitätspedell und Bibliotheksaufwärter wendete, was ich erst, nachdem ich mich eingemiethet hatte, erfahre. Also wohne ich unter dem nämlichen Dach, wo die Handschriften stehen, derentwegen ich hier bin, und aus diesem Grund werden sie mir ohne besondere Umstände auf die Stube gegeben.

Noch den Sonntag besuchte ich Professor Bleiffig, an den mir Türkheim eine Empfehlung mitgegeben hatte, weil ich zu meinen andern Adressen Straße und Haus nicht wußte. Bleffig hatte gerade Abends ein Gastmahl und lud mich dazu ein, allwo ich die beiden Bibliothekare Schweighäuser und Herrnschneider fand und gleich das Weitere verabreden konnte. Es wurde, wie hier überall, sehr reichlich und gründlich gespeist und getrunken (ein ganz localer Wein ist der Strohwein), und bloß Teutsch ist gesprochen worden. Auch den Arnold fand ich da, der voller Freundschaft und Gefälligkeit und viel mehr werth ist, als was er über das französische Recht geschrieben hat; namentlich versteht er den Straßburger Dialekt sehr genau und will einmal, was er darüber gesammelt hat, herausgeben.

Die Stadt sieht durchaus deutsch aus, etwas alterthümlicher wie Frankfurt, aber beträchtlich größer; französisch sind bloß die Garnison, die Publicate und Anschläge und einige Kaffeehäuser und Restaurationen. Der Münster ist einzig wunderbar und nicht genug zu betrachten. Ich komme mir hier vor, als wenn ich in Göttingen und Frankfurt zu gleicher Zeit wäre, und ich möchte sehr gern länger da bleiben und namentlich nach Colmar und aufs Land reisen können, wo schriftlich und mündlich zu sammeln wäre. Auf der andern Seite treibt es mich auch nach Euch, und ich bin ungewiß, ob ich nach Wien soll oder nicht. Wüßte ich ersteres gewiß, so wäre es leicht gescheidter, wenn ich acht Tage länger hier geblieben und durch die Schweiz, besonders wegen St. Gallen, weiter gereist wäre. Die vierzehn Tage in Cassel werden uns doch wenig bathen.

Gestern Abend war ich bei Schweighäuser zum Abendessen, seine eine Tochter declamirte die hiesigen Basengespräche ganz vortrefflich; sie ist an den Engelhard verheirathet, von welchem uns schon Arnim gesprochen hatte, und der das altdeutsche Fach eifrig betreibt. Er hat eine schöne Arbeit mit viel Zeichnungen über die Costüme des 12. Jahrhunderts fertig, und ich habe ihm zu Subscribenten gerathen, da ihn ebenfalls Cotta damit lange Zeit hingehalten und hintergangen hat. Er gefällt mir in allen Stücken wohl. Einige Adressen, die mir Hebel damals mitgegeben, will ich erst in den nächsten Tagen anbringen.

Überhaupt nach allem, was ich sehe und höre, scheint mir der Elsaß und das Volk darin von tüchtigem, kerngutem deutschem Schlag, der sich hier der langen Zeit ungeachtet kräftiger und eigenthümlicher erhalten hat, als in Ländern wie Baden, Württemberg 2c., d. h. ihrem engeren eigentlichen Bestandtheil nach, ohne Rücksicht auf das Bessere, was sie zu sich gerissen haben. Ich fühle bei diesem allem deutlich, daß in Deutschland die uralten in Sprache, Sitte und anderem noch jetzt nicht erloschenen Abtheilungen in Schwaben, Baiern, Franken, Sachsen, Hessen, Thüringer u. s. w. wieder hergestellt werden sollten. Alles andere ist schlechter, und es hängt viel weniger daran, und man irrt, wenn man verkennt, wie viel gutes Jetziges an jenem Alten hängt. In dieser guten Sache stehen beschränkte und schlechte Ansichten der preußischen wie der österreichischen Staatsmänner am meisten im Weg, und schwerlich ist sie jetzt durchzusetzen, vor allem aber nicht aufzugeben.

Ich gehe sobald von hier ab, als ich das Wichtigste abgethan haben werde, denn ich kann lange nicht alles. Zwei Heldenbücher sind hier, in dem zweiten mitten zwischen Etnit und Rosengarten ein Morolf (ohne die altercatio), vom ersten hat Hagen Abschrift. So dann ein grauer Rock; wären abzuschreiben allein 16 Bogen, und ich weiß zum Unglück nur vag die Lücke in unserer Abschrift aus dem Druck. Den armen Heinrich hab' ich schon halb genau verglichen, die zweite Hälfte wird morgen vorgenommen. In dieser Handschrift sind noch andere unedirte gute Sachen. Dann sind noch einige lateinische Gedichte da, ein Asinarius und Luparius; ein Gregor vom Stein, den ich aber ganz liegen lassen werde, weil ihn ja Görres versprochen hat. Unterwegs werde ich mich nirgends aufhalten und vermuthlich auf dem rechten Ufer reisen, wie wohl in Mainz auch nachzusuchen wäre; in Worms, Speier ist schwerlich etwas. Wann Du also diesen Brief erhalten haben wirst, werde ich in den acht darauf folgenden Tagen vermuthlich eintreffen; es müßten denn auf den Postwägen keine Plätze zu haben und keine andere Gelegenheit da sein. Ohne Zweifel kommt Karl eher an; ich sehe leider, daß ich seinen endlich beifolgenden Brief vom 25. Mai einigemal beizuschließen vergessen hatte. Allein der Louis, fürchte ich, ist noch nicht los; in Metz war ich nur zwölf Stunden von seinem Hauptquartier, scheute aber Zeit und Geld, um ihn aufzusuchen. Meine Reisegefährten, worunter ein Luxemburger, lobten wieder die Hessen nicht. Völler muß ebenfalls früher in Caffel anlangen. Mein Graf ist, vermuthe ich, hier durchgereist dieser Tage, ohne mich natürlich auszumachen, was ich auch so wollte. Morgen früh will ich auf der Post fragen, ob Du poste restante hierher an mich geschrieben hast, wie ich Dir vorgeschlagen habe; ich weiß nichts von dem, was Euch seit den letzten vier Wochen zugestoßen ist.

Ich habe Oberlins Glossar für 20 Francs (nicht gar 5 Thlr) funkelneu gekauft, was nicht theuer ist, und noch andere Sachen. Mein Hauswirth ist zugleich noch Buchbinder und Bücherantiquar. Von der Edda werde ich wohl noch keinen gedruckten Bogen antreffen und befürchte neue Druckereiumstände. Schweighäuser erzählte, daß Gräter sich in einer Literaturzeitung mit dem Heidelberger Recensenten herumgezankt habe; was wird das sein? Und Büsching, recensirt der gar nicht mehr?

Wenn ich kein Schreibens von Dir finde, das eine Antwort nöthig macht, so soll dies mein letzter Brief seit meiner Ausfahrt sein; Du hast doch meine letzten erhalten? Ich habe sie seit Paris nicht mehr gezählt, aber an dreißigen wird im Ganzen wenig fehlen.

Tausend Grüße. Dein treuer Bruder

Jacob.

Ich habe jetzt noch gegen 90 Stunden zu machen.

V.

Jacobs Aufenthalt in Wien.

September 1814 — Juni 1815.

Aus Jacobs Selbstbiographie.

„In Wien brachte ich zu von October 1814 bis Juni 1815, eine Zeit, die auch für meine Privatarbeiten nicht nutzlos verstrich und mir Bekanntschaft mehrerer gelehrter Männer verschaffte. Von besonderem Vortheil für meine Studien war, daß ich mich damals auch mit der slavischen Sprache anfing bekannt zu machen. Aus Cassel empfing ich aber die Trauerbotschaft von dem Tod der lieben Tante Zimmer (15. April 1815), der einzigen älteren Verwandtin, die uns übrig geblieben war und der ich so viel zu danken habe."

—

105.
Jacob an Wilhelm.

Regensburg, 22. September 1814.
Gasthof zum Lamm an der Donau.

Liebster Bruder!

In Marburg traf ich sehr spät an, Conrabi war schon ab
gezogen und Wachler schlief schon, seine Wunden eiterten, doch war
er außer Gefahr, welches mir seine Tochter mit einem hübschen,
guten Gesicht erzählte. Ich wußte nicht, wohin gehen, da wir außer
der Stadt in der Post über Nacht herbergten, war jedoch im Vorbei-
gehn bei Heckmann, der erzählte als Philister einseitig und schob
den Studenten alle Schuld bei, welche vor Thielemanns Thüre Tabak
geraucht, um die schöne sächsische Musik mit anzuhören, darüber sei
es zu Worten und Händeln gekommen, zuletzt habe der Commandant
den (unsinnigen) Befehl gegeben, seine Grenadiere sollten alles, was
sie von Student erwischen könnten, weichprügeln. So seien auch
solche von der Überzahl mißhandelt werden, die sich gar nicht in jene
Händel gemischt hatten: Wachler, gerade von des jungen Weiß Doctor
schmaus zurückkommend, habe das mit angesehn und den dastehenden
Studenten laut gesagt: „Dies Betragen der Herrn Sachsen verdient
eine Bekanntmachung." Drauf die Sachsen über ihn her: schlagt den
Hund todt! wobei er den Hieb in den Schenkel empfangen. — In
Frankfurt hörte ich die Sache studentisch erzählen und auch, daß die
Studenten dem Görres einen Aufsatz zugesandt hätten, wo Du viel-
leicht schon alles wirst gelesen haben.

In Frankfurt war ich Sonntag Morgens. Bei Thomas, der
jetzt schön am Main wohnt, fand ich Boisserée und Windischmann,
der mir wie schon ein Vierziger vorkam und von einem jungen
Aschaffenburger Namens Poppe [Bopp] erzählte, welcher mit großem
Glück und Eifer Sanskrit treibt. Mongelas fange an zu wanken,
und der brave Wrede werde ihn wohl einmal ausstechen. An Gruner
und Görres tadelten die Herren einiges, namentlich die Absetzung
Bodmanns, Bibliothekars in Mainz. Boisserée meint aus guten
Gründen, die neue Universität gehöre sich in die Stadt Köln, nicht
nach Bonn oder Coblenz. Sein Werk über den Kölner Dom ist bald
fertig und zu haben; Ihr solltet für Eure Bibliothek drauf unter-

zeichnen, oder autorisire mich dazu, weil Boisserée vermuthlich nach Wien kommen und die Liste eröffnen wird. Nicht zu vergessen, Windischmann hat, ihm für die Aschaffenburger Bibliothek alsogleich ein Exemplar unserer Edda zu besorgen. Mit Thomas habe ich der altdeutschen Wälder halben geredet und er wird es mit Wilmans u. a. thun, schreibt er Dir nicht bald, so mahne ihn drum. Von Brentanos war ich bloß bei Meline in einem Garten weit vor dem Gallenthor, sie erzählte mir von Goethe, der noch in der Stadt Frankfurt ist und sich wohlgefällt, auch in den Brentanoischen Häusern zu Mittag bespeist worden ist. „Nun sie (die Frankfurter) wieder frei geworden, hat er gesagt, habe er sie auch wieder besuchen wollen." — Steins waren von der größten Freundschaftlichkeit und ziehen endlich bald in ein eigenes Haus; er arbeitet bei einem vornehmen Banquier und hat sehr viel zu sitzen. Deine bewußte Anweisung an den Sauer hat er damals ganz ausgezahlt, ohne Stegmanns Beitrag empfangen zu haben, der ihm gesagt, daß er's selbst an Dich übersandt. Ich versicherte, dem wäre nun nicht so, und bat ihn, mit Stegmann und Dir die Sache ins Reine zu bringen; geschieht's nicht bald, so mußt Du doch lieber selbst die Feder ansetzen. Den Franz Engelhard traf ich auf der Gasse und nachher bei Steins auch. Die Messe war beispiellos voll und gut gewesen und somit: aus von dem Frankfurt.

(Ich habe ausgelassen, den Samstag, wo uns zu Langenginst im Darmstädtischen ein Reif am Rad brach, war ich auf dem Kirchhof und half ein Grab machen. Die Bauern scherzten hart mit dem Gerippe, das noch ganz ausgegraben wurde, und der Kirchhof war in keiner schönen Ordnung gehalten. In katholischen Dörfern hab' ich hernach viel stille und saubere gesehen, alle Gräber mit Steinen bedeckt.)

Der Weg geht über Seligenstadt (Babenhausen bleibt rechts liegen) nach Aschaffenburg, unterwegs sah man deutlich die Thürme von Hanau, wo ich nun in neun Jahren nicht war. Aschaffenburg liegt in einer sehr ähnlichen Gegend, die Stadt ist freundlich, aber nicht reich. Würzburg dagegen ist wohlgenährt mit hohen Steinhäusern und eine von den Städten, wo ich auch lieber wohnte als in Cassel. Die alte Bauart verhält sich zu der modernen fast wie ein Volkslied mit ungewußtem und doch gewissem Rhythmus zu einem neuen steif und regelrechten Vossischen Gedicht. Nürnberg, das ich fast nur im Dämmerlicht Abends und Morgens sah, muß in der Art noch angenehmer sein, wie es auch viel noch größer ist, und nun auch das Unkatholische, das einem natürlich vertrauter sein muß, dazu genommen, wünschte ich Nürnberg in Hessen stehen, um drin zu leben und zu sterben. Die hohen Steinhäuser sind wie die langen Zeilen (Straße heißt selbst Zeile) im Lied, mit großer Mannigfaltigkeit; auch hat die Stadt gerade die rechte Größe einer deutschen Stadt, und das zu Große, das Wien und Berlin neuerdings gewonnen haben, stammt schon aus der Verderbnis und es wird einem vermuthlich fast so unwohl dabei, wie in Paris und London, wo es noch ärger. Eine übergroße Stadt zieht eine Menge Laster nach sich und bekommt Anmaßungen, wie eine kaiserliche Garde.

Zu Würzburg ist ein Prachtschloß, mit der berühmten Treppe, gefällig und in der italienischen Art imponirend, der Garten hübsch und reinlich ausnehmend. Das Theater war elend und Holbeins Fridolin, ein über die Maßen schlechtes Stück, wurde gar zu schlecht gegeben, dennoch aber zwei alberne Schauspieler beim Schluß heraus gerufen, der eine mußte aus Niederdeutschland sein und sprach immer Stück, Stag, während der andere Fihse (Füße) u. dergl.

Regensburg, obwohl älter, ist nicht so gut gebaut als Nürnberg, hat aber einen schönen Dom und die breite Donau (doch nicht so breit, wie der Rhein). Wie der Graf in allem die Gabe hat zu zaudern, so fahren wir nun erst morgen Mittag zu Schiffe nach Wien ab, in fürstlich reußischer und gräflich Leiningen'scher Gesellschaft, und werden nicht vor dem 28. eintreffen. Ich fürchte schlechtes Wetter, denn heute ist der Himmel zuerst bedeckt, der die ganze Zeit über der reinste und mildeste war, mit herrlichen Morgen und noch herrlichern Abenbröthen.

Am 23.

Ich habe an Savigny geschrieben von hieraus, auch dem Ferdinand das Geld geschickt gegen Postschein. Louis' Freund Amman fand ich endlich auf der Commandoschaft, wo er Adjutant ist und mitten in Geschäften war, er versprach mich zu besuchen, muß aber noch kommen. In der Kirche hab' ich des Louis Heiligenbild gesehen. (Im Wald zwischen Nürnberg und Neumarkt war an einem Tannenbaum ein Ölbild angeschlagen, das hatte eine Frau verordnet, die da auf einer Reise gestorben war; Vorbeigehende schreiben die Namen dran, was ich auch that.)

Die Wege hierherum sind fast kreideweiß von Staub. Die bairischen Postillons haben bessere Kleider, hellblau mit Schwarz und Silber und hohe Federbüsche.

Viele hundert Grüße an Euch alle, schreib mir vorläufig gleich unter der Adresse: bei Graf Keller, Alleegasse Nr. 79 an der St. Karlskirche zu Wien. Du wirst jetzt Deine Noth mit Correcturen haben.   Dein treuer Bruder J.

106.
Wilhelm an Jacob.
[Cassel] Freitags, den 23. September 1814, um 1 Uhr.

Liebster Jacob, die Tante läßt mir eben sagen, daß der Kur-fürst morgen früh nach Wien abreise, ich sollte die Gelegenheit be-nutzen und Dir ein Dutzend gelbe Knöpfe für Deinen Rock schicken. Du erhälst hier einen albernen theuern Brief aus Paris und einen kurzen von Glöckle, Du findest vielleicht eine Antwort nöthiger als ich und übernimmst sie. Haxthausen ist sehr krank gewesen und schickt eben einige Märchen, sein Brief ist noch aus dem Bett datirt, doch ist er außer Gefahr wieder. — Du siehst also, daß mir keine Zeit zu einem langen Brief bleibt.

Im Meßkatalog hat Hagen ein Heft Übersetzung der Eddischen Lieder angezeigt, das werden die Helgilieder sein, die er, wie ich schon früher vermuthete, besitzt und womit er nun doch zuerst will zur Thüre eingehen. Mir ist's recht, daß wir so zusammenkommen. Dagegen ist die Kopenhagener Ausgabe noch nicht angezeigt, also noch nicht fertig, wohl aber Haldersons Lexikon cura Raskii. Er hat auch die Volsunga Saga übersetzt, doch Du hast den Katalog wohl selber. Nun leb wohl, wir haben Dich alle von Herzen lieb, morgen kommt wohl der Regensburger Brief von Dir.

Dein treuer Wilhelm.

Falls, wie zu erwarten ist, Büsching sogleich Hagens Heft recensirt, so bitte doch die Redaction, alles uns Betreffende darin zu streichen, wie es laute, und seinen Namen deutlicher darunter zu setzen.

107.
Jacob an Wilhelm.
Wien, am 2. October [1814].

Lieber Wilhelm!

Ich hätte Dir gar viel zu schreiben. Zu Regensburg setzten wir uns Freitag Mittags auf ein Schiff. Das Schiff war nicht sehr

groß, bestand aus Vorder- und Hintertheil, einem Kämmerlein mit
einem festen Tisch und zu beiden Wänden Bänken und mit zwei
Fensterchen, wenn wir vier nun darin saßen (der Graf, ich, der Erbprinz von Reuß-Groiz [sic] und der Graf von Leiningen), war fast aller
Raum erfüllt. Nebenan ein halb so großes Kämmerchen für drei
Bedienten; außerdem war bloß noch der Schiffmeister und sein Unter-
schiffer und gewöhnlich vier bis sechs Handwerksburschen, welche
rudern halfen und dafür nichts bezahlten. Es waren vier Ruder,
wovon aber die zwei in die Länge gewöhnlich ruhten; oben auf dem
Dach eine Stange mit der blau und weißen bairischen Fahne.
Provision war genug da und gekocht wurde auf einem hölzernen mit
Asche bedeckten Herd. Insoweit alles gut, aber die Fahrt hat auch
ihr Langweiliges und ich wäre lieber zu Land im Wagen gefahren.
Einmal ging es langsam, wir brauchten fast fünf Tage und eine
ganze Nacht, in der ich vor Frost über und über den Schnupfen bekam, weil keine Betten, nicht einmal Decken da waren und ich keinen
Mantel hatte, dazu auf einer harten Brettkante lag und nichts als das
Wimmern des Ruderkranzes hörte. Zweitens war mir die Gesellschaft und das Meiste, wovon gesprochen wurde, unrecht; mit dem
Prinzen, der auf Jacobiner mit der gewöhnlichen Dummheit loszog,
bekam ich fast Händel, nicht sowohl seinetwegen, als weil man sieht,
wie die Oberhäupter in Teutschland noch denken. Auf dem Verdeck
saß und lag ich oft, aber wenn die Ufer einförmig sind, müdet das
Unmerkliche der Bewegung sehr ab. Die Donau ist grünlich, aber
fast nirgends so breit als der Rhein, dagegen manchmal nicht viel
größer wie der Main. Die Ufer sind bald hinter Regensburg schön,
werden aber allmählich unbedeutender bis in die Gegend von Passau,
das gar schön liegt. Da hielten wir zuerst an, die Stadt ist in der
altbairischen Art mit hohen, reinlichen, aber einförmigen (grau und
weißen) Häusern, die weder alt noch modern gebaut sind. Der Dom
ist neu und prächtig, doch mit beibehaltenen Stücken vom alten; die
Wände des Kirchhofs sind rund um mit merkwürdigen alten Grab-
steinen besetzt. Bei den Weibern hören hier herum die Bandhauben
auf und sie binden Tücher um, welches in Österreich fortwährt, außer
daß da auch die Goldhauben häufig werden, die manchmal gar zierlich stehen und gemacht sind (nicht in der jüdischen Art, sondern
überall Goldbraht.) Von Passau aus bleiben die Ufer immer schön
und reizend bis hinter Linz hinaus, was eine gute Strecke heißt.
Das hätten wir freilich nicht so zu Lande recht gesehen. Auch war

das Wasser in der Abendröthe, während hinten der Mond aufging, unbeschreiblich hübsch, wie schmelzendes Silber, und in solcher Dämmerung schifften wir gerade an dem berühmten Donaustrudel vorbei, einzelne hervorragende Felsen, woran sich die Wellen bäumen. Die Dorfschaften haben ihr eignes Ansehen; die Häuser und Fenster sind niedrig, aber breit und mit kleinen, fast viereckigen Fenstern, alle grau und weiß und auch bleiche Schindeldächer darauf. Linz ist schon viel größer wie Passau und sehr freundlich, die Steinbauart hat indessen etwas Leichtes und Dünnes hier, was mir nicht gefällt. Eine Holzbrücke geht über die Donau, überhaupt sind an vielen Orten solche Brücken, aber schlechter gebaut wie die Rheinbrücken. Die Gegend um Linz ist eine der schönsten, die ich gesehen habe, und zumal sind die fernen Gebirge schön gefärbt und die nahen so mannigfaltig anmuthig bewachsen und ausgetheilt, wie Ihr dort gar kein Beispiel habt und ich auch sonst nicht, weder am Rhein noch in Sachsen, gesehen habe. Von Linz aus fing der Wind an stärker zu werden und war uns entgegen. Doch ging's so fort, den Montag wären wir noch nach Wien gekommen, mußten aber des Winds halben vier Stunden anlegen und kamen dann nur bis Tuln, einer kleinen Stadt, wo wir die letzte Nacht schliefen. Gegen Wien zu sind die Ufer wieder flacher und langweilig. Ich kann Dir die merkwürdigen Orte nicht alle nennen, wo wir vorbei gekommen, namentlich auch den Dürstein, Richard Löwenherz' Gefängnis.

In Wien war ich also den 27. um 1 Uhr, und seit der Zeit haben sich meine Füße noch nicht ausruhen können. Denn zu meinem großen Leidwesen wohnen wir in einer Vorstadt, wo man 10 Minuten bis in die Stadt zu laufen hat durch Staub und Wind; nun aber ist alles, was einem angeht, gänzlich in der Stadt und an allem ist bloß die Sonderbarkeit des Grafen Schuld, der da meint, er müsse eine Art Sommerwohnung mit Garten haben, oder vermuthlich auch dabei sparen will. Ich wohne noch fünfzig Schritte abseits in einem andern Haus, was für mein Geld sein Schlimmes, für meine Zeit aber sein sehr Gutes hat und mich unabhängiger macht. Wien mit den Vorstädten ist von großer Ausdehnung und mir, um gern da zu wohnen, schon zu weitläufig und nicht recht zu handhaben. Sonst bleibt die Stadt selbst der älteste, aber auch reichste und schönste Theil, alle Häuser sind hoch, im Ganzen höher als zu Paris, die Gassen oft zu eng und mit Menschen und Wagen angefüllt. Die Vorstädte haben einmal kein Pflaster und viel neue, große, aber auch schlechtere

Wohnungen darunter. Übrigens ist die Bauart in Wien schon nicht
so eigenthümlich wie in Linz und den Dörfern, sondern der in
andern großen Städten als Dresden, Frankfurt mehr näher kommend,
und das gilt auch von der Sprache, die ich mir viel abweichender
vorgestellt hatte. Die Luft war so mild, daß am Freitag Abend der
Himmel von Blitzen leuchtete, darauf hat es geregnet und ist viel
kälter geworden. Es ist wohlfeiler zu essen als in Paris, dafür aber
lebt man schlechter und das Papier sowohl als das Verhältnis der
Preise hat sich gegen sonst geändert; unter 3 Gulden kann ich kaum
essen und etwa 2 Gulden 20 Kr. machen jetzt einen Frankfurter
Gulden. Einiger Gewinn ist immer noch mit dem guten Geld, das
wir mitbringen, aber ich kann vorläufig noch nicht ausrechnen, wie
ich mich zuletzt dabei stehn werde.

Vom Congreß will ich Dir diesmal auch noch nichts schreiben;
denn die Größten handeln erst unter einander ab, eh wir recht dran
dürfen, somit besteht jetzt alle Kunst in Hören und Anempfehlen, was
freilich nicht so sein sollte. An Festen und Aufzügen fehlt's nicht;
wäre alles gut beendigt, so würde man mit leichterm Herzen dabei
sein; zur heutigen Redoute von 10000 Masken bin ich mit meinem
Billet auch schon darum nicht gegangen. Du kannst Dir denken, wie
unerwartet und widerwärtig mir die Ankunft des Kurfürsten war;
der Sache wird dadurch gewiß nicht genutzt, vielleicht aber geschadet
und alles das beruht auf politischem Unverstand; was es mich persönlich genirt, wäre dagegen gering zu rechnen, und ich kann mich
bis heute eben nicht beklagen, ärgerlicher sind schon die Kosten des
Aufwandes. Du hättest den gescheidten Gedanken haben sollen, mir
Uniform, d. h. Rock und Schnallen mitzuschicken, die ich bloß unter
jener Voraussetzung dort ließ, jetzo komme ich vielleicht in Verlegenheit dadurch, will aber schon sehen, wie ich mir aushelfe. Von
Zeitungen sieht man hier bloß österreichische, der Merkur ist zwar nicht
verboten, allein wird wenig gehalten. Metternich und Hardenberg
sollen ihm nicht geneigt sein, wie mir jemand erzählte. Man muß
das Blatt auf alle Art zu halten suchen. Schlegel meinte, der Aufsatz über Sachsen hätte seinem Geist sehr geschadet und seitdem sei
er weniger frei. Die besten Sachsen sind entschieden gegen die Einverleibung, die auch noch viel bezweifelt wird, und sogar die Franzosen
sollen ihnen Hülfe und Fürsprache anbieten, wodurch es einem umgekehrt erwünscht werden könnte. Indessen soll Talleyrand noch
keine sonderlich angenehme Rolle spielen und der ehemalige Vicekönig

von Italien hat lang in Metternichs Vorzimmer warten müssen.
Sonst weiß ich von den hier anwesenden hohen Häuptern wenig Be-
sonderheiten. Unsere preußische Executionsgeschichte hat ziemlich
Sensation gemacht und wird meistentheils gemißbilligt.

Durch Gottsched habe ich heute Deinen Brief vom 23. empfangen
und war zufällig heute auch bei Collin, der mir den Meßkatalog
und Büschings Erzählungen in einem Prachtvelinexemplar geliehen
hat. In diesem Buch stehen S. 273—360 Hn. [um Hnikar = VII.
Sigurths Rache an den Hundingen], R. [um Regin oc Otrsgiolld =
VI. Der Niflungen Hort], F. [Fafnismal = VIII. Fafnirs Tod], SM.
[Sigurdrifumal = IX. Sigurth und Brynhild], von Hagen übersetzt; also irrst Du in Deiner Muthmaßung und ich glaube, daß
das angekündigte oder fertige erste Heft nichts anders als ein
besondrer Abdruck ist. Grund genug, um mit unserm Buch auf alle
Art zu eilen. Obgleich dieser Artikel von Hagen der beste im ganzen
Büsching'schen Buch ist (denn Majers Voluspa ist elend und alles
Übrige bekannt und gewöhnlich), so kommt mir doch manches bei
schneller Durchsicht in Übersetzung und Noten nicht sonderlich vor und
ich bin wenigstens überzeugt, daß er dabei nicht mit Rail gepflügt
hat. Das Helgilied war ungleich besser, fester und feiner übersetzt. So
kommt hier äiscauld durch eiskalt, lindarvaþi durch: Lanze Wimpel,
á gumna heillom an der Männer Gute! vor. Indessen sind mir
folgende Stellen aufgefallen, die ich Dir herschreibe, falls Du das
Buch noch nicht hast, das wir schon längst hätten haben sollen: sinn
mer linar loga schaffe mir Sühnungslohe (Gold). ef þeir hauggvaz
orþom á wenn sie wanken in Worten. í megin þarfar in schwerer
Armuth. Seine Übersetzung von þrymr um aull lond órlog simo
führte etwa auf sino (sinu)? at hrotta meiþi Schwerterverstümmlung,
also Krieg. Das wäre im Sinn gut. meida heißt wohl schneiden,
aber giebt es ein Substantiv meidi? Sieh doch diesen Punkt nach.
illt er fyr heill (ein Zeichen) at hrapa (straucheln). aboruno scior á sceiþ
wird mir unbegreiflich: „ungeboren schon sagt' er der Furcht
ab" übersetzt. Ist das durchgegriffen? Er bezieht dann den bittern
Vater auf Sigurths Großvater Wolsung, der im Mutterleib (óborinn)
seine Mutter beschwerte, daß sie ihn nicht zur Welt bringen konnte. Das
skior könnte sich auf sein Ausschneiden aus Mutterleib beziehen.
Denk einmal drüber nach. Sollte skeid den Mutterleib (Scheide)
bedeuten? fyr nesiom vor der Nase (ohne Erklärung darüber). ägis-
hialm bergr einugi niemandem. Haben wir so? fiör segi Lebens-

ſtück. vingskornir bie ſtreitbare. ſaulvar nauþr Todesnöthe (nicht übel). hrafns hrälundir Raben Leichenſpender = Held. Dem Sinn nach ſehr paſſend und lundir könnte ein Baumname für Mann ſein, der durch hra näher beſtimmt würde. á vetrinom am Gehänge. á valhaustom an der Spitze. leggia eld í ar in ein Ruder einbrennen. á berki in die Borke, beſſer als Birke, wiewohl beides Rinde. í víni oc virtri (Würze, Bier). vara vargr der Schwüre Wolf. mart er þat er þarf þiar manches iſt, deſſen bedarf die Maid. þiar iſt der genitiv. singularis. ſár mun syſtir, haben wir: die kleine Schweſter? was mir recht ſcheint. Wenn Du nur von Periþes Raſts isländiſches Wörterbuch bald bekommſt! Wir müſſen recht unabläſſig an dieſem Werk thun und arbeiten und womöglich die zweite Hälfte und das Wörterbuch, auch zu des Verlegers Deckung, bald folgen laſſen. Es iſt nun recht ärgerlich, daß ich jetzt in ſo manchem gehindert werde, ſei es ſelbſt noch zu unterſuchen, oder Dir in der äußeren Beſchwerde beizuſtehen. Du weißt nicht, wie viel plagende Gedanken mir in dieſen letzten vierzehn Tagen durch den Kopf gegangen ſind; wie wenig ich hier eigentliches Gutes und Rechtes thue; welche widrige, dumme Arbeit ich verrichten und welche Zeit verlieren muß. Wenn die Tante nicht wäre, ſo nähme ich gleich den Abſchied und wäre ein Jahr lang frei; ſo lang würde Gott helfen und hernach auch weiter. Gegen die Langzeilen hat ſich der Hagen vorläufig auch ſchon erklärt und das offenbar, weil wir ſie verſucht, obgleich er die Anführung des Hildebrandsliedes gefliſſentlich meidet.

Collin, welcher jetzt Redacteur der Wiener Literaturzeitung iſt, hat mir gut gefallen und ein aufrichtiger, braver Mann geſchienen; über die Ausfälle Büſchings ſprach er zuvorkommender, als ich nur erwarten konnte, und erbot ſich, eine Erklärung dagegen ins nächſte Intelligenzblatt zu rücken. Von Hagen, verſicherte er, rühre die An- zeige der Rühsiſchen Schrift nicht her. Da es nun allerdings mög- lich iſt, daß Rühs ſelbſt dieſe Recenſion inſpirirt hat, ſo habe ich die Erklärung ſo gefaßt, daß ſie, ohne den Hagen zu nennen, dennoch auf ihn bezogen werden wird, und will ſie morgen an Collin, der mich eben zum Eſſen bittet, abgeben, da ich aus Gründen ſie nicht ſo lange verſchieben darf, bis Du mir wieder darüber eine andere Meinung geſagt haben würdeſt. Ich glaube beſtimmt, daß in Zu- kunft keine ſolche Recenſionen mehr erſcheinen werden.

Im Meßkatalog ſtand auch: Henneberg hvad er Edda? Kjöbenhavn, Schubothe [?]. Dies und folgende andere Schriften wären anzuſehn

und vielleicht zu kaufen: Feldbuch, Waldeshorn, Frankfurt bei Herman.
Hug, hohes Lied. Wyß, Volksjagen aus der Schweiz, Bern bei
Burgdorfer. Gemälde altdeutscher Vorzeit, Leipzig bei Schiegg.
Gottschalk, Volksjagen, Halle bei Hemmerde. Es kommt wirklich
eine Mode in die Volksjagen, das Schlechtgesammelte wird guten
Sammlungen sowohl günstig als ungünstig werden. Die Büschingische
neue enthält doch, von Hagens Eddaliedern abgesehn (die aber nicht
recht hinein gehören), entweder schlechte oder schon bekannte Dinge
und nichts eigentlich Frisches, von Leben. Unsere Kindermärchen
werden aber schwerlich diesen Monat fertig, da sie auch unter die
künftigen Schriften gebracht sind und Reimer also wohl absichtlich
bis zur Neujahrsmesse warten will. Hier hat sie der fertige Nachdrucker Haas neu besorgen wollen und wird es, wie ich höre, etwa
noch thun, mit Auslassung einiger Märchen. Friedrich Schlegel, bei
dem ich zweimal war, sprach gut vom Buch und lobte den Stil im
Gegensatz zum Büschingischen, nur meinte er, hätten die 80 besser
auf 60 sollen gebracht werden, wiewohl er anerkannte, daß man die
zwei Zwecke, den eines Kinderbuchs und einer altdeutschen Sammlung,
nicht völlig vereinigen könne. Ich halte gerade das für den Irrthum, daß man so was wolle, und denke, man muß schreiben, wie es
an der Sache ist, und nicht über die Wirkungen rechnen. Was ich
heute vergessen habe oder nicht schreiben kann, künftig. Ich grüße Euch
alle von Herzen und von Seele.
　　　　　　　　　　　　Dein treuer Bruder Jacob.
　　Hat der Ferdinand geschrieben und das Geld empfangen? Sonst
hätte ich einen Schein von der Regensburger Post. Am 3. Oktober.
　　Die schwere Stelle F. 5 und das óbornu scheint sich, man mag
das skíor á skeip erklären, wie es geht, freilich auf die Stelle der
Wolsunga Saga cap. 8 at ek mälta eitt ord óborino etc. zu beziehen,
welches in einer Note zu sagen ist. Denn saupr kann wohl auch
Großvater heißen.
　　Adresse: An Herrn Bibliothekar Grimm zu Hessen-Cassel.
Empfangsstempel: 10. October 1814.

　　　　　　　　　　　　　108.
　　　　　　　　　Jacob an Wilhelm.
　　　　　　　　　　Wien, den 8. October [1814.]
　　Ich glaube, daß die Briefe von hier länger laufen, als von
Paris, nämlich zehn Tage, und erkläre mir daher, daß ich noch keinen

von Dir erhalten. Es gefällt mir hier nicht sonderlich, ich bin sehr unbequem wohnend und muß besonders meines Mittagessens wegen immer eine halbe Stunde laufen, wobei man dennoch gar schlecht bedient wird. Ich brauche täglich für Essen und Kaffee vier Gulden Wiener Währung; dies ist wohlfeiler als zu Paris, aber auch viel schlechter. Bei dem Kurfürst bin ich glücklich mit braunen Stiefeln, Frack und rundem Hut durchpassirt, ohne daß er mir ein Wort gesagt hätte: gestern war er unpaß und zu Bett, er und seine Leute sehnen sich nach Cassel zurück, wo sie hätten bleiben sollen, wenigstens ich stehe dafür, daß sie über unser künftiges Schicksal so gescheidt wieder hinkommen, als sie weggegangen sind. Vermuthlich halten die Feste, welche um den 15., 16. herum angesagt sind, noch die fremden Fürsten auf, alsdann wird alles heimreisen, der König von Preußen, heißt es, soll den 22., der Kaiser von Rußland den 26. oder 27. abgehen.

Vom Congreß ist nicht viel zu rühmen: 1) geschieht noch nichts, 2) was geschieht, heimlich, kleinlich, gewöhnlich und unlebendig, als wenn keine große Zeit nahe vorherstünde. Auf diesem Weg entspringt aus jeder Frage wieder eine Vorfrage und aus der Vorfrage noch eine andere, worüber sie verzweifeln und sich immer mehr hineinwickeln, während daß die Grundlage von unserer Noth und Nothwendigkeit so klar daliegt, daß ordentlich die Stimme eines unschuldigen Kinds auftreten und das Rechte aussprechen sollte. Aber wie viel ist den schwachen und beschränkten Menschen, die obenan stehen, in den Wind geredet worden. Wie die Preußen sind, kannst Du schon abnehmen, wenn ich Dir sage, daß sie einen förmlichen, reiflichen Vorschlag zu Markt gebracht haben, der von Österreich sogleich verworfen worden ist, worin die Hauptsätze waren: Österreich und Preußen gehören nicht zu Deutschland, außer Preußen für alle Länder, die über der Elbe liegen, Österreich nur für Tyrol, Salzburg und Vorarlberg. Also der Berliner ist kein Deutscher, wohl aber der Magdeburger und Münsterer u. s. w. So etwas zu sondern und förmlich auszusprechen ist in der That die unverschämteste Undeutschheit, die ich mir denken kann, und selbst, wenn es bloß für die Verwaltung eingerichtet werden soll, entweder albern oder gefährlich, denn es heißt mit andern Worten: wenn Deutschland und Österreichisch-Deutschland und Preußisch-Deutschland etwas wollen, so dürfen Preußen oder Österreich dennoch anderer Meinung sein, wollen aber diese etwas Undeutsches, so sind wir übermannt. Jenes Deutschland

sollte sodann in Kreise fallen, die nach den Ländern sehr sonderbar
ausgetheilt wurden, z. B. zum thüringischen Kreis gehört Hessen und
Darmstadt, also Main und Rheinland! In diesem thüringischen
Kreis sollte Preußen und Hessen dirigiren und nun auch die andern
Stimmen führen. Die Eintheilung in Kreise ist gut an sich, kann
aber mit jener Abscheidung von Österreich und Preußen nicht bestehen und wird erdrückt, denn das übrige Deutschland will und
muß durchaus so frei und berechtigt bastehen, wie ein Kreis in
Preußen, und die Mächtigen müssen sich der Idee von einer un-
gemeinschaftlichen Macht durchaus und aufrichtig entledigen. Der
herzliche, freie deutsche Sinn soll herrschen, und dieser wohnt im zu-
sammengenommenen Baiern, Schwaben, Franken, Thüringen, Sachsen,
Hessen, Rhein, Westfalen, Braunschweig, Brandenburg, Schlesien
und Österreich ohne alle Frage reiner und gründlicher, als in preußischen
und österreichischen Ministern, und auf welche Menschenmassen also
von Rechts wegen das Übergewicht fallen sollte, ist ebenso klar. Aus
diesem Grund und jedem andern wäre Bedürfnis, daß alle Vorschläge
und Meinungen laut und öffentlich geschähen, der Kleine ist bloß
ein Theil des Ganzen, z. B. $\frac{1}{20}$ und hat so viel Stimme als ein
Zwanziger aus den $\frac{5}{20}$ oder $\frac{8}{20}$. So aber treiben die drei Großen
für sich und ziehen höchstens zu einigen Dingen noch ein Paar Mittlere
zu; dadurch verliert auch alles an Großheit und Würde, und offen-
bar hätten wir $\frac{1}{20}$ oder $\frac{1}{40}$ nicht bloß für uns, sondern auch die
übrigen $\frac{39}{40}$ ein Wort mit zu sprechen.

Auch ist es ganz unerlaubt, daß Rußland über Deutschland mit
entscheiden soll, und unglücklich, daß sich der König von Preußen
persönlich mehr zu Rußland als zu Österreich neigt. Das muß
diesem weh thun. Über die Kaiserwürde ist noch nichts entschieden,
überhaupt noch über eigentlich nichts, und der Himmel muß diese
Faulheit und falsche Arbeit wie ein Eis brechen, dann wird es
freilich holterpolter hergehen. Nach einigen wird nun wieder über
Deutschland gar nicht hier, wo bloß die europäischen Angelegenheiten
vorkommen sollen, sondern erst in Frankfurt entschieden werden. Mir
recht und vielleicht besser, aber dann hätte man nicht so viel vom
Wiener Congreß schwatzen sollen, und diese Verleugnung und dies
Schwanken bleibt immer verhaßt. Ich habe mir zwar die Mittelmäßigkeit so mancher Dinge, die auf dieser Versammlung sein
würden, oft vorgestellt und hatte doch geglaubt, daß schon mehr im
Reinen wäre. Nicht einmal über Polen und Sachsen ist man fertig.

Die Franzosen führen eine bloß halb consequente Sprache von Gewalt und Recht, mit jener wollten sie nichts zu thun haben, erbieten
sich Sachsen beizustehn u. dergl. mehr, was in ihrem Mund wie ein
abgedroschener Spaß lautet und das sehr Gute beweist, daß sie sich
mit Rußland und Österreich schlecht stehen, wie denn auch die beiden
letzten gegen Frankreich einig und fest miteinander halten. In diesem
Gewirr von Grobheiten, Welthöflichkeiten, Intrigue, Verschlossenheit
und Leichtsinn kannst Du leicht abnehmen, was sich der Kurfürst, der
vom Kaiser sehr freundlich, vom König sehr kalt aufgenommen worden
sein soll, nützt oder schadet. Man kann mehr wie einen Fall setzen
und kommt immer auf: tunc nihil agitur, wie Robert sagte, in thesi
et in hypothesi.

Der Rheinische Merkur muß an Gewicht abnehmen, wenigstens
stelle ich mir's vor, denn ich habe ihn noch nicht gesehen. Verschiedene rechtliche und verständige Leute tadeln den Gruner so sehr,
daß etwas dran sein muß, er hat eine Französin geheirathet und soll
(unglaublich) viel Franzosen anstellen und in seiner rheinischen
Verwaltung großer Mißbrauch sein. Frag doch den Görres darüber;
wann der Congreß nach Frankfurt käme, könnte man ihm auch zuweilen etwas einsenden, jetzt ist's weit, außer Zusammenhang, und
vielleicht kommt auch Briefaufbrechen vor.

Professor Schmidt aus Dillingen liest hier über eine allgemeine
Congreßsprache; ich zweifle aber an vielen Zuhörern. Die österreichische
Mundart liegt uns in der Aussprache (nicht in einzelnen ab-
weichenden Wörtern) viel näher, als die schwäbische und schweizerische,
aber der hohe Adel schämt sich so vor ihr und kann so wenig Ge-
sellschaftsdeutsch, daß er lauter Französisch redet. Leider werden in
der Diplomatik die meisten Noten fort wie nach französisch abgethan
und selbst die unschuldigsten Billete. Glücklicherweise geräth aber
diese Sprache mehr und mehr in den Ruf einer bloßen Scheidemünze
zum Behuf der Ausgleichung und kann alsdann ganz sinken.

Bei Friedrich Schlegel, der übrigens im Dienst von Österreich
steht und gut bezahlt wird, aber nichts zu arbeiten bekommt, sah ich
mehrerlei Leute. Einen Arzt Koreff (aus Breslau), der wie alle getauften
Juden etwas Vorlautes, Widriges hat; den Dänen Graf Baudissin u. a.
Schlegels Frau hat natürlich auch ihr jüdisches Gesicht noch. Er
gleicht dem Göttinger Kronenwirth Bethmann und sieht älter und
uneitler, als sein Bruder aus. Collin ist mir sehr aufrichtig und
gutmüthig vorgekommen und gehört zu den fließenden, braven Dichtern,

die man nicht beleidigen möchte und doch nicht liest: solche Leute mit ihrer Zufriedenheit haben etwas besonders Rührendes. Zur Pichler soll ich auch einen Abend gehen.

Auf der Bibliothek finde ich weniger, als ich dachte; bin aber da, so wie ich abkomme: leider verleihen sie nichts mit heim, nicht einmal ein Buch, geschweige eine Handschrift. Bloß einen Titurel finde ich: den andern Dietrichsteinischen hat Büsching durch Collin erhalten auf ein Jahr lang, was mir zumal wegen der Bilder leid thut, die bloß darin sind. Collin versicherte, daß, wenn er meine Ankunft einen Monat früher gewußt, er ihn zurückgehalten haben würde.

Werner ist hier in der Nähe in einem Kloster und soll als predigen, weshalb Neugierige Sonntags dahin fahren, aber bisher noch immer angeführt wurden. Nicht zu vergessen, der Raimar Freimund ist aus Schweinfurt in Franken und heißt Rückert, 27 Jahr alt. Hatte ich Dir gemeldet, daß die Jordis in Paris krank geworden und darum zurückgeblieben war? Hummels Brief an Emden bringt Gottsched wieder mit, da Emden von hier weg ist.

Gott stehe uns in allen Angelegenheiten bei: ich grüße Euch sämmtlich zu tausendmal und wünsche mich aus diesen staubigen und windigen Gassen wieder zu Euch in Ruhe nach Haus. Ich weiß nicht, warum ich nur zehn Chemisetten, worunter einige selbst schlechte sind, mitbekommen habe, da ich ihrer in Paris mehr hatte.

J.

109.
Wilhelm an Jacob.

Cassel, am 13. October 1814.

Lieber Jacob, vielen Dank für Deine beiden sehnlich erwarteten Briefe. Es geht mir zwar ein wenig besser wie Dir, doch bin ich auch gequält und geplagt und suche mir ordentlich mit Anstrengung und Sinnen darauf Ruhe und Zeit zu gewinnen. Von meinen Bibliotheksstunden geht doch, eine in die andere gerechnet, täglich anderthalbe verloren, dann die Besuche bei der Tante, die ich, weil es die Übrigen eher thun und der Karl meist nur Essens halber zu ihr geht, nicht vernachlässigen will, der Engelhard, Harnier u. s. w. rauben auch so viel: dazu kommt der kleine Haushalt, weil ich gern rathe

und helfe, fragt mich alles um Rath, wo ich's auch am Schlechtesten
wissen muß, und der Karl kommt, wann ich arbeite und sagt: „darf
ich dieses Stückchen Papier nehmen?" Ich hoffe, er nimmt's, und schweige
still, er aber wiederholt die Frage ruhig weiter, bis ich endlich antworte und die Ungeduld kriege. Dennoch bin ich recht fleißig gewesen
und habe nicht nur die Umschreibung der Edda schon vollendet, die
Noten im Reinen ein paarmal durchgesehen und allerlei noch bemerkt,
endlich zwei Stücke der Umschreibung umgearbeitet, sondern ich habe
auch die Märchen ganz fertig gemacht, Anhang und Nachtrag, und
den Text des armen Heinrichs und bis zu 180 die Noten, womit ich
heute um 1 Uhr aufgehört habe. So lang Du da warst, habe ich
mir eher Ruhe und Abwechslung erlaubt.

Von der Edda habe ich erst den ersten Druckbogen nach der Abänderung erhalten, morgen wird wohl der zweite kommen, indessen
geht das allzu langsam, und ich habe dem Gebauer deswegen sowie
dem Reimer selbst Vorstellungen gemacht, und es wird sich bessern.
Gebauer verlangt Entschädigung, und da es billig ist, habe ich sie
ihm zugesagt. Die Noten sind noch eingerückt und das Äußere ist
sehr vortheilhaft. Hagens Übersetzung habe ich schon vor acht Tagen
erhalten und bin darüber Deiner Meinung: ich finde dieses Verhältnis, wo die Kopenhagener Ausgabe noch nicht erschienen ist, uns sehr
günstig, denn ich glaube nicht, daß wir den Hagen zu scheuen haben.
Die Noten sind nach seiner Art mühsam, doch tragen sie geschmacklos
alles zusammen, was nur aufzutreiben ist, und ganz Ungehöriges, wie
das viele Mythologische aus den Damisagen. Sein Durchgreifen bei
einigen schweren Stellen zu berücksichtigen ist mir durchaus zuwider;
er wär gerad im Stand, so ein Beispiel hernach auf eine Weise zweideutig aufzustellen, als hätten wir nach ihm gearbeitet.

Von den Märchen hat Vogel sieben Aushängebogen geschickt; es
ist correct gedruckt und gefällt mir ganz wohl. Er scheint jetzt ein
wenig langsamer zu sein, was ich zufrieden bin, denn vielleicht kommt
noch einiges aus der Fremde: den Goldmann habe ich nun auch deshalb wieder erinnert, da er mit einem unerwartet freundschaftlichen
Brief einen Briefwechsel angefangen hat. Die Beiträge von Hagt-
hausens werden Dich freuen, besonders ein neues Fuchsmärchen. Zu
dem Straßburger von der Rübe habe ich zufällig noch eine sehr merkwürdige Stelle gefunden. Ich sehe immer mehr ein, wie unglaublich
vortheilhaft es ist, eine fertige Handschrift in Übersicht und Ruhe
lesen zu können; darum so ist es mir auf der andern Seite immer

auch recht, daß die Edda langsam gedruckt wird. Vom Wigand habe ich einige, aber sehr unbedeutende Beiträge erhalten.

Zum armen Heinrich vermisse ich stark Deine Bemerkungen aus der Straßburger Handschrift, hast Du die mitgenommen? Ich begreife z. B. nicht, warum Du gotte, mitte, hette des Drucks in gote, mite, hete abgeändert hast, ich halte das für unerlaubt und jenes für völlig recht, wo es sich findet. Ich wünsche sehr, daß Du mir die Abhand- lung über die Sprache schickst, damit ich Deine Grundsätze daraus sehe. Du sagst nichts, ob du wegen des ungarischen Manuscripts angefragt hast, könnten wir es noch bekommen, bin ich immer von Nutzen überzeugt, und die Varianten zu bemerken könnte Dir keine große Arbeit sein.

Thomas hat heute geschrieben, daß Körner die altdeutschen Wälder nehmen will (ohne Honorar und auch noch alle die vorigen Hefte dazu), ich habe ihn daher heute gebeten, das Nähere zu verabreden, und bitte Dich, einliegende Anzeige dort in die Literaturzeitung ebenso (wie ich sie Körner zugeschickt) oder mit beliebigen Abänderungen ein- rücken zu lassen. Könntest Du nicht auch an Tiedemann sie von dort aus leicht senden.

Bei einem Abendschmaus, den Harnier gab, habe ich Daub von Heidelberg, so gut das dabei geht, kennen lernen; er hat mir sehr wohl gefallen, er hat etwas recht Würdiges und Sicheres. Creuzer und Wilken kamen einen Abend zu mir, als sie durchreisten, jener hat sehr gealtert und diesen habe ich an Deiner Beschreibung erkannt; er bat wieder um Beiträge zu den Jahrbüchern, ich sagte ihm, daß er uns vielleicht nicht unparteiisch halten könne, indessen sollten die Namen darunter stehen, falls ich einmal dazu gelangte; fürs erste mag ich mich nicht damit abgeben. Den Kohlrausch aus Düsseldorf habe ich einen Abend bei Suabediffen gesehen, und er hat mir wohl gefallen; er hat doch in seinem Wesen ein Bischen den Schulmann. Der Trost, der Meisterlings Mine ihr Mann, ist oft hier und wird ganz her- ziehen; es ist ein guter, braver, etwas heftiger Soldat. Villers' Schicksal ist entschieden, er hat ein sehr artiges Schreiben vom Prinz Regent erhalten, worin er für alles dankt, was er Gutes gethan und seinen Gehalt auf viertausend Francs erhöht, die er verzehren kann, wo er will, jedoch ist er nicht als Professor bestätigt; ich glaube, daß ihm diese Auflösung doch nicht übel gefällt, und er schreibt auch, daß er damit zufrieden sei.

Von Arnim ist gleichfalls heute ein Brief gekommen, Brentano ist bei ihm und seine poetischen Werke müssen bald ans Tageslicht kommen. Die Einlage für Dich wird Dir zeigen, was es für würdige, wahrhaft edle Menschen dort giebt; merkwürdig ist auf jeden Fall der Hohenemser Codex (?), wo es nicht gar eine bloße Abschrift ist.

Ich habe mit Völkel gesprochen und Du kannst bei Boisserée für unsere Bibliothek subscribiren: ich habe nämlich vorausgesetzt, daß drei bis vier Louisdor das Höchste sind, was es kosten wird.

Das Feuer kommt hier recht schön zu Stand. Um 5 Uhr wird mit der großen Glocke das Zeichen gegeben, worauf sich die ganze Stadt auf dem Friedrichsplatz versammelt und hinaus auf die Anhöhe vor den Tannenwald zieht, wo „Eine feste Burg ist unser Gott" gesungen wird. Die Chorschüler unter des (freilich schlechten) Grosheims Anführung singen vor. Mit Anbruch der Nacht steigen wie bei der Leipziger Schlacht drei Raketen (ich wollte, sie blieben weg), dann wird das Holz angezündet, drei Haufen, deren Mitte mit Stroh und Laub ausgefüllt ist, damit das Feuer und die Lohe recht hoch aufsteigt. Auf dem Meißner, Habichtswald und Hirschberg ist's auch schon angestiftet. Der Henschel besorgt alles, das Geld wird von den Einwohnern dazu gegeben. Ich wollte, daß ein kolossaler Bonaparte, eine Puppe von Heu, förmlich ins Feuer geworfen und verbrannt würde.

Der Louis ist fleißig und wird in vierzehn Tagen fertig sein, er bittet Dich, dem Artaria, der dort sein wird, zu sagen und ihn zu erinnern, daß er ihm die bedungenen Abdrücke seiner Sachen schickt. Der Karl will in kurzem nach Hamburg. Der Ferdinand hat mir endlich geantwortet, früher hat er es nicht gethan, weil er ausgezogen ist und dergleichen, ich soll ihm doch eine Stelle im Preußischen ausmachen: ich habe also, wiewohl ich ungern daran gegangen bin, dem Reimer geschrieben; das Geld hat er bekommen, doch wär' es beinah zurückgeschickt, weil Du keine Adresse darauf geschrieben und der Briefträger nur auf der Polizei ihn hat ausfindig machen können.

Wenn Hagen die Recension von Rühs nicht eingeschickt hat, so thust Du recht, die Sache vorsichtig zu stellen, denn er könnte uns öffentlich widerlegen, und doch bin ich überzeugt, daß er Unrecht hat, und sie von ihm rührt. Frag doch Collin, ob denn Büsching sie nicht eingeschickt, und bitte ihn, daß er einem Unparteiischen, z. B. Docen die Recension der Wälder auftrage, damit sie einigermaßen bekannt werden; ebenso die Recension von unserer und Hagens Edda, denn Büsching wird sich wahrscheinlich schon zum Anpreisen der letztern bereit halten. Es ist doch ein schlechtes Wesen, das er treibt.

Nun leb wohl, lieber Jacob, ich wünsche Dich oft recht herzlich herbei,   Dein treuer Wilhelm.

Der Bauer macht alles nach, und wir verabreden jetzt vor Spaß, was er annehmen soll. Nun hat er auch eine Zeitschriftengesellschaft gestiftet und spricht zu allem „bäten wer muß? pater noster.“

Couvertaufschrift: An den kurhessischen Legationssecretär Herrn Grimm bei Sr. Excellenz dem Grafen Keller, kurhessischen Minister und Gesandten bei den hohen Mächten zu

                               Wien

Franco.   Alleegasse Nr. 79

                    an der S. Karlskirche.

110.
Jacob an Wilhelm.
                     Wien, 21. October 1814.

       Liebster Wilhelm!

Ich mache mir nun schon eine Woche lang allerhand Gedanken, warum Du mir nicht schreibst und die letzt hierher abgegangene Staffette nicht benutzt hast; ich dachte Dir auf recht vieles zu ant= worten zu haben und dies ist der Grund, warum ich Dir heut vor acht Tagen keinen Brief zugeschickt. Wärest Du krank, so hätte mir Karl oder Louis schreiben können, so hoffe ich, daß Du vor lauter Correcturen nicht an mich hast kommen können; Ihr glaubt nicht, wie nöthig es einem in der Ferne thut, Nachricht von Euch und wie es geht zu haben, zumal mir in meiner Lage und in meinem Sinn, und jetzt laufen ja die Posten und Gelegenheiten sicherer und richtiger als vorigen Winter. Erhalte ich nun dieser Tage, wie ich erwarte, noch Dein Schreiben, so will ich Dir, was darauf nöthig ist, durch Gottsched oder Horst antworten, welche bis Montag abreisen, aber nicht vor dem 6. 7. November eintreffen werden.

Ich bin, so viel ich kann, auf der Bibliothek und recht fleißig, finde aber nur Sachen vom mittlen Werth, weder erwartete noch unerwartete, einzelne Kleinigkeiten aus der älteren Zeit, die noch ungedruckt sind und in unser Journal, wenn es wieder zurecht kommt, paſſen werden. Die Handſchrift von den Fabliaux iſt auf Papier und ſchlecht: das gilt faſt auch von dem Fragment des Wolfdieterichs, davon ich einen Bogen abgeſchrieben habe und Dir ſchicke. Vergleich ihn alſo mit dem Druck und ſieh zu, ob ich weiter ſchreiben ſoll, d. h. ob etwas ſo Beſſeres heraus kommt, daß man es ediren könnte, wie ich mir erinnere, daß wir vor einigen Jahren vorhatten. Den hieſigen Titurel mag ich natürlich noch weniger abſchreiben, es käme mir jetzt blos auf Vergleichung einzelner Stellen an, worauf ich nicht vorbereitet bin; überhaupt habe ich zu Herausgabe ſo großer Gedichte keine Luſt, weil ſoviel Äußerliches dazu hört, wie hierzu die Benutzung aller Handſchriften, und das wäre am End' ein mühſeliges Ding, lange nicht ſo fruchtbar als ein Commentar eines ſchon gedruckten Gedichts.

Über Kovachich (ſpr. Kovatſchitſch) und die Coloczer Handſchriften können wir ruhig ſein und hatten uns geirrt. Er iſt ein alter, grauer, überſiebzigjähriger Mann, der vorige Woche hierher kam und mich gleich mehrmals aufſuchte. Ein äußerſt gutmüthiger Ungar, ſprachſam und etwas eitel, aber mit Grund, weil er in hiſtoriſcher und juriſtiſcher Gelehrſamkeit ſeines Vaterlands jetzt gewiß oben anſteht. Er hat an dreißig Bücher herausgegeben, wovon er mir den größten Theil zum Geſchenk ſenden will. Er reiſt auf Befehl der ungariſchen Regierung ſchon ſeit 1810 in Ungarn, Slavonien und Dalmatien herum und ſtöbert in allen Archiven nach Diplomen und Handſchriften, auf dieſe Weiſe iſt er auch hinter das Coloczer Manuſcript gekommen und hat es, unerachtet er erſt ſeit ſeinem vierzigſten Jahre Teutſch kann und das altdeutſche Fach nie beſonders getrieben hat, gleich ſo extrahirt und beſchrieben. Seines unſtäten Aufenthalts wegen wußte der träge Friedrich Schlegel ſeine Adreſſe nicht und erſt dieſer Tage hat er ihm hier Deinen erſten Brief eingehändigt, wogegen ihm der meinige vor ſechs Wochen richtig in Ofen zugekommen iſt. Büſching hatte ihm auch drei Briefe geſchrieben und um Abſchrift von fünf Stücken gebeten (er wußte nicht welcher), allein ich würde durch den Vortheil der näheren perſönlichen Bekanntſchaft ohne Frage eher dazu gelangen, wenn er jetzt nicht gerade nach Agram reiſte, wo er ein halb Jahr bleibt, und von da nächſten Spätſommer und Herbſt Italien bereiste, ſo daß er in Zeit eines Jahres nicht wieder nach Colocza kommt: außer ihm ſelbſt kann aber im tiefen Ungarn keiner die Abſchrift eines alten deutſchen Gedichts auf ſich nehmen, und das Manuſcript hierher zu bekommen geht, wie er

mir weit und breit erklärt hat, noch viel weniger an, weil darüber
ein ganzes erzbischöfliches Capitel zusammen kommen müßte. Ich
habe ihm nochmals alles besonders zu Papier gebracht und andere
Bitten zugefügt; auch in Agram sollen altdeutsche Manuscripte sein
(aus Valvassors Verlassenschaft oder Sammlung), worüber ich die erste
Auskunft bekommen soll. Eine andere Nachricht von Karlstädter
Manuscripten war er im Begriff an Büsching zu senden, so bin ich
zuvorgekommen und habe schon darum nach Ungarn geschrieben, um
sie dem, in dessen Händen sie ist, für mich abzufordern.

So lange kann nun der arme Heinrich nicht warten, wohl aber
der Reinhart. Ich bitte Dich nur endlich einmal die Pränumerations-
gelber abzuliefern, weil es sonst zu sehr auffiele.

Eine zweite wichtige Meldung ist, daß sich das zweite verlorene
Hohenemser Manuscript der Nibelungen gegenwärtig hier in den
Händen eines Franzosen befindet, der es aber wie ein Drache bewahrt
und dreihundert Ducaten oder mehr fordert. A. W. Schlegel hat
es hier im Haus gehabt und vermuthlich aus Faulheit schlecht benutzt;
durch seine Geheimniskrämerei damit aber hat er die Sache verdorben
und den Kerl auf die Wichtigkeit und Kostbarkeit des Besitzes erst
gebracht. Könnte ich es auf acht oder vierzehn Tage leihen, so würde ich
alles abschreiben, aber Hartmann, der mir alles das erzählt, bezweifelt
völlig, daß der Besitzer es zulassen werde. Dies ist nun auch die
Spur, die Büsching hat, wovon er einmal an Benecke schrieb.

Das Manuscript war mit dem andern Hohenemser, das sie nach
München gekauft haben, zu Prag in einer und derselben Bibliothek.
Was ich nun weiter in dieser Sache thun kann, sollstu in Zu-
kunft hören.

Hartmann will hier das (schlechte) Gedicht von Gottfried von
Bouillon, das man fälschlich dem Eschenbach beigelegt hatte, herausgeben, und es sind schon ein Paar Bogen gedruckt. Er sprach bescheiden darüber und erkennt den geringen Werth des Werks, ich weiß
nicht recht, welche andre Gründe ihn aber dazu gebracht haben.

Kopitar ist leider nicht hier, sondern in Paris der abzugebenden
Manuscripte wegen. Seine Sammlung slavischer Volkslieder stockt
auch daran. Von Höfer kommt zu Linz ein österreichisches Idiotikon
heraus, worauf ich subscribirt habe. Mit dem Druck meiner spanischen
Romanzen geht es hier wiederum nicht, vielleicht nimmt sie der Reimer
auch, da die frühern Hindernisse wohl weggefallen sind und ich kein
Honorar verlange, sondern sie auf die Bedingung gebe wie die Märchen.

Neulich Abends bei Schlegel war ich allein da, so ging die Thüre auf und traten zwei Herrn ein und wir machten uns gegenseitig Complimente. Erst nach fünf Minuten stellte uns Schlegel einander namentlich vor, weil er anfangs geglaubt hatte, daß wir uns schon kennten. Siehe, es war Cotta und Bertuch; das Ding kam mir recht innerlich lächerlich vor, doch wurde der Anstand nicht verletzt und Cotta that hernach im Gespräch selbst einige artige Fragen, die ich natürlich aufs Trockenste beantwortete. Bertuch war desto redseliger und gerade in der Weise, wie Du ihn nachmachst, bloß noch langweiliger: „Sie erlauben, daß wir uns entfernen, wir haben noch eine andere Genußpartie diesen Abend zu erwarten, den Apollosaal; der Fremde, welcher zum ersten Mal die reiche Donaustadt betritt, wünscht allem zu huldigen; — ja, die Madame Schopenhauer macht noch immer in unserm Weimar ein anmuthiges, interessantes Haus, worin jeder gebildete Reisende liberal aufgenommen zu werden sicher ist 2c.", alles mit rothen Backen und ich wette demnächst im Modejournal nach der Ausführlichkeit zu lesen. Bertuch hofft mich noch mehr zu sehen; auch ist der Major hier.

In der Nachdrucksangelegenheit werden diese beiden Abgeordneten des Buchhandels schwerlich etwas ausrichten. Cotta erzählte, wie er heute auf einer einzigen Buchhandlungsliste zwölf seiner Eigenthumsartikel gefunden (so kann man Goethes Leben im Nachdruck sehr wohlfeil haben); er setzte, ordentlich außer sich, hinzu, wenn er durchfalle, wolle er einen andern Plan ausführen, nämlich selbst nachzudrucken zu noch wohlfeileren Preisen. Eine Hauptschwierigkeit ist jetzt hier gerade das Papiergeld; es würde unleugbar eine Menge baares Geld aus dem Land gehen müssen, um die Bücher zu bezahlen, die man nicht mehr nachdrucken dürfte.

Was ich Dir diesmal von dem Congreß selbst melden soll und kann, weiß ich nicht. Theils ist noch das Meiste so wenig im klaren, theils sind die guten Fäden, die sich hier und da anknüpfen, noch so jung und geheim, daß sich nicht wohl drüber schreiben läßt. Man trennt die europäischen von den deutschen Angelegenheiten, welches an sich gut ist und, je reiner es geschähe, desto besser wäre. Frankreich steht fortwährend nicht grün, und vorige Woche stand es so, daß man von Einfaden und Krieg redete. Sachsen scheint nun ausgemacht für sich verloren und nächstens öffentlich von Preußen besetzt zu werden. Fünfe, nämlich Österreich, Preußen, Baiern, Hannover und Württemberg, kommen in der deutschen Angelegenheit zusammen, sprechen

aber sehr beruhigend und vertraulich in Ansehung der Übrigen, es
solle keinem geschadet und nichts gewaltsam gethan werden. Die
Übrigen aber regen sich und wollen auch mitsprechen. Die Meisten
wünschen die Kaiserwürde für Österreich, das aber thut, als wäre
die Sache sehr schwer. Einige schlagen den albernen und schändlichen
Titel Protector vor, und umgekehrt ginge mit dem Wort Kaiser eine
unleugbare sittliche Idee unter und verloren. Überhaupt sind wir in
den Titeln blind und plump, König von Hannover lautet wie König
von London oder Wien, und das rechte alte Wort König von Sachsen
(oder Niedersachsen) lag doch so nah. Denn hier steckt das eigentliche
Sachsen. Aus Hessen wird auch noch ein Großherzogthum werden;
ich hasse freilich dies undeutsche und bei schlechtem Anlaß eingeführte
Wort und wählte lieber: Oberherzog, Hauptherzog, Landherzog,
Reichsherzog. Am Allerwürdigsten wäre vielleicht, sich bloß Graf von
Hessen zu nennen, wie die alte Kleidertracht doch in ihrer bloßen
Einfachheit wieder über dem neuen Putz steht, allein zu dergleichen
Vorschlägen hat der Kurfürst natürlich die wenigste Lust. Erfreulicher
ist die immer mehr durchdringende Festsetzung der Landstände, denn
da im Volk die besten und reinsten Stimmen stecken, so müssen, sobald diese nur einmal Sitz und Laut gewinnen, auch zukünftig die
obern Angelegenheiten besser werden, dieser Congreß mag sie ver-
pfuschen oder verkrüppeln, wie er will. —

Du schreibst mir nicht, ob Du meine Aprildiäten ausgezahlt
bekommen hast? und mußt es betreiben, falls nicht. Ich brauche hier
täglich für Essen, Trinken und Frühstück im Durchschnitt fünf Papiergulden und kann es nicht anders einrichten, werde aber nun sehn,
ob mir die Pariser Diäten durchgehen. Selbst die kleinern Lebensmittel sind schon ziemlich hoch angeschlagen, so viel Obst es hier giebt,
kostet eine Birne doch drei, vier Groschen (nach dem Nominalwerth
des freilich herabgesetzten Kupfergeldes gehn fünfzehn Kreuzer auf
den Groschen, und vier Groschen sind gleich sechzig Kreuzer in Papier),
bloß die Theater sind wohlfeil. Der erste Parterreplatz macht
fünfundvierzig Kreuzer, das sind zwischen vier und fünf gute Groschen
hessisch. Ich bin indessen seit jenem ersten Mal nur noch einmal hinein-
gegangen, nämlich ins Leopoldstädter oder Kasperle, wo man eine Panto-
mime gab, die mir sehr gut gefallen hat; der Hanswurst und der
dumme Hausknecht waren vortrefflich, und ich finde es auch recht, daß
man noch einige moderne Charakter, wie den dicken Liebhaber mit
Puderperrücke, den Schneider rc. zu stehenden Masken erhoben hat,

wiewohl bloß Hanswurst eine wirkliche Maske trägt. Dieser Hanswurst war von einer unbeschreiblichen Behendigkeit und Nettigkeit
und ich erinnere mich lange nicht so etwas Angenehmes gesehen zu
haben. Die Häuser sind aber stets so gefüllt und die meisten Sitze
im Parterre gesperrt, daß man meistens zu stehn kommt.

Ich habe schon mancherlei wohlfeile Bücher gekauft, die ich Dir
schicken möchte, weil aber die Abreisenden nur sehr wenig wollen mitnehmen, so beschränke ich mich auf das Interessanteste, das ich gestern
gefunden habe, rath einmal! — des Clemens Libussa, die soeben
fertig geworden ist. Wegen der guten Gelegenheit, dem Bauer ein
Gegengeschenk zu machen, so habe ich ihm das Exemplar bestimmt,
was Du erhältst, das unsere behalte ich noch hier, um es erst selbst
zu lesen, und bringe es nachher mit. Bis jetzt hab' ich nur hinein-
geguckt und Vorrede und Anmerkungen gelesen, die mich gerührt haben,
weil man so ganz des Clemens sein Wesen, seine Kramerei in Selten-
heiten, seine scharfsinnige Ungelehrsamkeit darin sieht und findet; ich
bin aufs Lebhafteste an ihn erinnert worden; von Arnim oder unsern
Büchern ist nichts berührt. Wie kostbar muß der Jordis z. B. die
Geschichte von der Katze und dem thé dansant sein! Man meint sie
erzählen zu hören. So viel ich an dem Buch selbst sehe, ist es höchst
ausgezeichnet und merkwürdig und vermuthlich des Clemens beste
Arbeit; wahrscheinlich wird mir das Ganze weniger recht sein. Auf
die versprochene Chronika eines fahrenden Schülers wirst Du mit
mir am Allerbegierigsten sein. Der Clemens ist gewiß ein guter
Mensch, der mir seines Lebens wegen herzlich leid thut.

Mit dem Werner Haxthausen bin ich mich gleich den Tag nach
seiner Ankunft auf der Straße begegnet; was er hier zu thun hat,
weiß ich nicht und vermuthlich er selber nicht. Auch Varnhagen (hat
eine schöne Jüdin Robert aus Berlin geheirathet) befindet sich ebenfalls hier. Zufällig finde ich in Bartholdys Reise nach Griechenland
(die ich seit Jahren nicht zu sehen bekommen konnte) ein merkwürdiges
griechisches Volkslied mit der ganzen Fabel von den zwei Kaufmännern, dem Fingerabschneiden u. s. w. Ebenso zufällig in einem
ungarischen Buch ein Fragment aus einem alten ungarischen Gedicht
von Attilas Tod, worüber mir Kovachich nichts zu sagen wußte.
Bei dem Anlaß las ich in den altdeutschen Wäldern durch, was Du
über Ungarn sagst; bei Tulna und Kesmawr (S. 255) ist mir beigefallen, hätte wohl Tuln und Zißelmauer bemerkt werden sollen. —
Sieh doch, wenn Du auf der Casseler Bibliothek Zeit hast, alle

Pergament-Manuscripte vom 8. bis 12. Jahrhundert der deutschen
Interlinearglossen wegen durch, besonders die theologischen. Im
Taschenbuch für Liebe und Freundschaft steht eine zu bemerkende
Riesensage aus der Gegend von Jena. Zu den Märchen könnte ich
noch einiges mittheilen, es wird aber zu spät dazu sein; vielleicht hast
Du jetzt schon das fertige Buch unter den Händen.

Samstag Morgen, den 22.

Endlich hat mich heut in aller Frühe Dein Brief vom 13. aus
den Sorgen gerissen, die mich heunt Nacht um Dich quälten, als ich
aufwachte und dem starken Regnen zuhörte. Wie hab' ich mich an
seinem Inhalt gefreut, und wie wunderbar reihen sich die Sachen im
Leben zusammen, seit vorgestern habe ich oft an Clemens gedacht und
finde nun heute den Brief von ihm, der uns in Jahren nicht geschrieben hatte. Ich schicke Dir auch noch von ihm ein Lied auf den
Rheinübergang und Abschrift eines vom seligen Runge (aus einem
Musenalmanach, worin Gedichte von Malsburg und Docen stehn), das
angenehm ist, aber doch nicht außerordentlich. Den gegebenen Adressen
will ich nun bald folgen; den Nibelungen war ich, wie Du siehst,
schon auf dem Wege.

Die Nachricht von den altdeutschen Wäldern war mir unerwartet
und lieb, doch möchte ich nun das Nähere gleich wissen, ob der Druck
in Göttingen oder Frankfurt geschieht, wann damit angefangen wird,
ob Lettern für die Diphthonge geschnitten werden, und was Du fürs
erste Heft vorhast? Des Thomas wohlbekannter Aufsatz muß nun
aber befördert werden, wie ich ihm selbst gesagt, doch möchte ich
meinen Zusatz nochmals umarbeiten; schon deswegen, weil der Thomas
ein grundbraver Mensch ist, den jedermann gern hat, und der der
Stadt Frankfurt sehr wesentlich hilft und nützt. Vermuthlich wird
er bald Senator werden. Die Insertion der Ankündigung will ich
hier gleich besorgen. Ich glaube, die Recension rührt von Hagen her,
ist aber von Büsching eingesandt, und danach hab' ich die Erklärung
gestellt. Collin bittet mich um Recensionen, allein ich lehne es ab. —
Der Druck der Edda muß freilich emsiger gehn und ich möchte besonders wissen, wie die Umschreibung wird, besonders wegen der zu
verdeutschenden Eigennamen. Nämlich die meisten können es mit
Sicherheit werden, und es schadet gar nichts, ein Paar darunter zu
wagen. Ohne das behält das Ganze einen fremden Eindruck.

Zu einer Stelle: þann qveþ ec vera oblau þastan etc. bemerke
doch die ganz genaue Parallele aus Homer: ὃν φημὶ γενέσθαι,

nämlich qveþ und φημί heißen hier nicht fage, fondern meine, halte
dafür, wie das lateinifche putatur und dicitur fich mifcht und in allen
Sprachen diefe Wörter. Zu cauld ero raþ þin (kalt, bös) im alt=
englifchen tale of Gamelyn (ich hatte den Chaucer mit auf die Reife
genommen) 1053. 1503. genau fo: colde rede. — Zu springa af
harmi cf. Dàmisaga 43. — zu: nu mun þu seyqvaz den Schluß der
Voluspa.

Kommt Folgendes zu den Märchencorrecturen noch recht? Zum
Märchen vom Großvater hören mehre alte Schwänke der Wiener
Handfchrift Nr. 119 Nr. 5. Daz mer von dem chotzen. Nr. 32
von dem schlegel. Zu den drei Wünfchen Nr. 37. die Frau wünfcht
ein fchön Gewand, der Mann es ihr in den Leib und mit dem dritten
Wunfch wieder heraus. Nr. 44. von den Wachteln hört fehr merk=
würdig zu dem Lügenmärchen und Schlaraffenland und müßte ganz
eingerückt werden (ich fchicke Dir's mit, aber vor dem 6. 7. November
treffen fie dort nicht ein). Darin Str. 7. heißt's: „ein Eichenpfaff
eine bücherne Meffe fingt, wer da zu Ablaß bringt, dem wird eine
Meffe gegeben, daß ihm der Rücken fchwirrt, da fegnet man mit
Kolben." Alfo fchon im 14. Jahrhundert wie in der heutigen Pader=
borner Recenfion. Aber auch im altenglifchen Gamelyn 996.
„Gamelyn sprenith holi water all with an okin spire" d. h. er
prügelt. — Ich fchreibe noch an Meinert um Märchen nach Prag.

Sind über Leipzig keine Bücher aus Holland und England ein=
getroffen? Ich weiß nicht wo fie bleiben. Sollte man nicht einmal
nach Schweden an Sjöbring fchreiben? Deine Briefe gieb doch an
Minifter Schmerfeld und bitt' ihn um Einfchluß. Nun leb wohl und
grüß mir Euch alle.   Dein getreuer J.

Zu dem Märchen von Falada gehört Clemens' Note 45. Zu
dem vom Aufhängen und Wind (ad Raparium) feine Note 46, doch
ift diefer Punkt eine eigene Abhandlung werth.

111.
Jacob an Wilhelm.

Wien, den 1. November 1814.

Liebe Seele! Du wirft von Savigny feine Schrift über Ge=
fetzgebung erhalten haben, die mir gar wohl gefallen hat, in unfere
Meinungen ftimmt und fie beftätigt. Ich habe ihm umftändlich ge=

24 *

antwortet, weil er es verlangte. Er erwähnt eines noch nicht ganz
gewissen Plans zu einer juristischen Zeitschrift und spricht um altdeutsche Beiträge an, welches mir in jeder Absicht erwünscht ist, da
ich, wie Du weißt, schon manches für altgermanisches Recht angelegt
habe. Da ich zufällig die meisten Papiere hierher mitgenommen,
könnte ich, wenn wir länger bleiben, als es scheint, zur Noth hier
etwas ausarbeiten, z. B. über das Mordgeld nach der Edda, deutschen
und orientalischen Gesetzen und über die Poesie unsers alten Rechts
insgemein. Es ist mir gar lieb, daß Savigny diese Abhandlung
geschrieben hat, sie ist auch ganz wie er. Strebe doch Eisenharts
Recht der Sprüchwörter nach, aber der neusten Ausgabe, Herts
Parömien sind wohl dort zur Bibliothek angeschafft.

Ich thue zu Zeit gute Bücherkäufe, u. a. das treffliche Wörterbuch von Frisch, in zwei Quartanten gebunden, habe ich für drei
Papiergulden gekauft. Jean Pauls Ästhetik (der neuen Ausgabe)
wird hier nachgedruckt und da bin ich doch einmal in Versuchung.
Unsere Märchen, 2. Theil, werd' ich schwerlich hier fertig zu sehen
bekommen; neulich fiel mir Gullivers Lilliputian Library in die
Hand (des bekannten Verfassers der Reise ins Zwerg- und Riesen-
land). Darin stehen auch sechs Kindermärchen, wie es scheint, meistens
nach Perrault und d'Aulnoy. In dem Aschputtel (Cinderbreech)
ist der Umstand gut, daß die Fee Mäuse aus der Mausfalle holen
läßt und sie zu Pferden verwandelt. Das Märchen von prince Chery
and Princesse Fair Star (wohl: belle étoile) hat den Eingang von
den drei Schwestern, die sich Männer wünschen (sie heißen merkwürdig:
die rothe, schwarze und weiße, rosette, brunette und blondine), und
da hebt die erste an: ich wünsche mir den Admiral, hätt' ich den,
so wollt' ich Faden spinnen, daß man Segeltuch für seine ganze
Flotte draus weben könnte! Die zweite des Königs Bruder und
will mit der Nadel so viel nähen, daß man sein Schloß umhängen
könnte (? to hang his palace). Die jüngste den König selbst und
will ihm zwei Knaben und ein Mädchen gebären mit Sternstirnen
und Goldhalsketten und Edelsteinen aus den Haaren ꝛc.

In einem andern steht folgender hübsche Umstand: ein Mädchen
geht in den Wald mit ihrem Lamm, dem ein Wolf nachstrebt, ein
Riese fängt Wolf und Lamm und stopft beide in seinen Sack, dann
begegnet er dem Mädchen und auch in den Sack und so des Wegs
weiter, daß es Nacht wird. Da seufzt das Mädchen, das Lamm
blödt, der Wolf heult, sie wecken den Hund, Hahn, parrot (? Papagei

ober Spaß) und Katze im Vorübergehen aus dem Schlaf, die heben auch ihre Stimmen an und der Riese fängt sie alle miteinander und auch in den Sack. Endlich hat er anderswo Geschäft, hängt den Sack an einen Baum. Das Mädchen kriegt ihr Scheerchen und schneidet einen Riß, läßt die Thiere nach der Reih heraus (bis auf den Wolf, der muß bleiben), zuletzt steigt sie selbst aus. Nun helfen ihr die Thiere aus Dankbarkeit, die Katze leuchtet mit ihren Augen auf dem finstern Weg, der Hahn kräht die reißenden Thiere weg 2c. Ich möchte das Ganze deutsch und echt erzählen hören.

Bei der Aulnoy ist auch gut das Märchen von Prinz Einbein, von dem alten König Seidenspinner (was Dir einmal bei Haxthausens erzählt wurde und Dir natürlich schlecht vorkam), vom Schneckentanz 2c., kurz, es ist das, was Langbein erzählt vom alten König mit der Peitsche 2c. Vermuthlich also auch in Teutschland und, wenn wir's echt bekommen, gewiß ein schönes.

La belle aux cheveux d'or oder Allbeliebt ist unser Fitzunbfertig. Dann ist vorzüglich das von den drei Schwestern, der Faulen, dem Plappermaul und der Gescheidten, der alte König verreist und läßt sie mit gläsernen Spindeln daheim.

Ich habe zufällig in einem alten Manuscript den Indiculus superstitionum gefunden und ausgezogen. Er ist fast wie bei Burcard von Worms und enthält die wichtigsten Dinge für die alte Mythologie, die drei Nornen ganz klar 2c.

Schlegel hat mir einen Bogen Abdruck des angelsächsischen Lieds von Beowulf gezeigt, den Thorkelin in Kopenhagen herausgiebt. Für die Sprache und poetischen Figuren sehr merkwürdig.

Den Nibelungencodex werd' ich dieser Tage, schwerlich aber auf lang, bekommen. Schlegel hat die Varianten noch nicht daraus. Bloße Faulheit. Die Münchner Bibliothek soll 600 Dukaten geboten haben. Der hiesigen forderte der Eigenthümer 1000. Er will auch gar mit den Engländern darum handeln. Ich kann auf alle Fälle genug zu einem interessanten Aufsatz für unser Journal daraus nehmen. Wenn Du mir jetzt helfen könntest! Ich habe dieser Tage eine Note von zehn Seiten fünfmal zu copiren gehabt und möchte des Kuckucks werden. Setz Dich auf den Postwagen und komm noch nach.

Am 2. November.

Es geht mir heut bunt und toll, also nur allerhand unter-einander. Grüß mir alle die Geschwister. Des Louis wegen war

ich zweimal bei Artaria, ohne ihn zu Haus zu finden, am besten er
schreibt ihm einige Zeilen, so kann ich die Exemplare doch mitnehmen.

Clemens' Libussa habe ich erst halb aus, das Buch ist durchweg
gescheidt und nirgends leer, vieles ausnehmend schön; im Ganzen
fehlt ihm wohl eine gewisse Gesundheit und Gerabheit. S. 7 das
Zeitgespenst geht auf Varnhagen. S. 6 wohl die Auguste. Das
Compliment für Netzer und seine Versification zu verstehn, muß man
wissen, daß dies ein ganz gemeiner, höchst eitler Kerl ist, der aber
Censor war und damit zum Imprimatur gebracht wurde.

Gries übersetzt jetzt den Calderon à la Schlegel. Von Goethes
Leben erscheint zunächst ein überspringender Band aus der etwas
späteren Zeit. Diesmal nichts von Politik.

[Ohne Unterschrift.]

Den 20. November soll alles heim reisen und der Congreß
aus sein.

Eine Mamsell Trautwieser ist hier verstorben, in die der Malsburg sterblich, aber unglücklich soll verliebt gewesen sein.

Adresse: Herrn Bibliotheksecretarius Grimm zu Cassel.

112.
Wilhelm an Jacob.

Cassel, am 3. November 1814.

Liebster Bruder, am 24. Mittags ist der Louis von hier abgegangen nach Karlshafen, wo jetzt sein Regiment liegt, er hatte noch
einmal acht Tage Aufschub erhalten, länger wollte es aber nicht gehen;
ich habe ihm das Gesuch um Abschied aufgesetzt und bei der Rückkehr
des Kurfürsten wird es auch bald entschieden sein. Von seinem Bild
ist ein Probeabbruck gemacht, der Hauptkopf ist noch gar nicht gemacht und dem Ganzen fehlt noch die Harmonie, manches Einzelne
ist aber wohl gerathen und er mag leicht noch vier bis fünf Wochen
daran zu arbeiten haben. Die Blätter von Kusscheweih sind auch bei
Frauenholz unbekannt, sieh doch dort bei Artaria nach, ob er sie hat,
bei welcher Gelegenheit Dir auch die weiße Farbe für die Princeß
einfallen wird, wenn Du sie nicht schon gekauft und mit Gottsched
geschickt hast. — Karl ist heute Mittag um halb ein Uhr abgefahren,
er hat eine Marschroute als russischer Volontär erhalten, wodurch er
einen guten Wagen bekommt und seinen Bedienten mitnehmen kann.

Er saß in seiner Uniform, die er sich neu mit blauem, schwarz-gesticktem Kragen und goldnen Schnüren hat machen lassen, recht gut aus. Der Louis hat ihn noch so gezeichnet,*) Du hast ihm doch ein wenig Leid angethan, daß Du Dein Bild wieder ausgewischt, er sagte mir, daß er die Schatten absichtlich so stark gemacht, und daß das bei dem Ganzen, das er vorgehabt, wieder weggefallen wäre, und nun ist es leider nicht zu brauchen. Es hatte doch viel Ähnliches, wiewohl etwas Fremdes, was aber jedes Bild haben wird, vielleicht muß, am meisten in den eigenen Augen; allein wenn man in den Spiegel sieht, kommt das ebenso gut, weil unser Angesicht niemals so äußerlich ist, wie wir's innerlich fühlen. — Ich weiß nicht, ob der Karl schon eine Stelle hat, indes wird's ihm nicht fehlen, ich glaube aber, er sucht sich eine bequeme und will nicht bei Licht arbeiten; am Allerliebsten möchte er reisen. Er ist in letzter Zeit viel mit der Principalstochter gequält worden, was die Tante jedesmal ihm anrieth.

Die Feier des 18. war hier im Ganzen schön und gut, wiewohl sie etwas an ihrer Anstalt gelitten, Harnier hatte sich ihrer sehr an-genommen, auch wohl mit kleiner Eitelkeit, auch die Gedichte dazu gemacht. Der schönste Anblick war, wie mit der Nacht auf allen Seiten und von allen Bergspitzen her die Feuer aufgingen, und hat mich innerlich gerührt. Es war wie eine Fortsetzung des Himmels auf der Erde, wo die Sterne nun auch aufgingen. Die Unterneustädter hatten bei den Erschossenen auf dem Forst ihr Feuer angezündet, um sie zugleich zu ehren. Schön war es auch, wie darauf alle Glocken läuteten und die feierliche große darunter und auf dem Friedrichs-platz bei hundert Fackeln ein Gotteslied gesungen ward. Nur war die Musik dabei zu concertmäßig gedämpft, so daß sie nicht durch-drang und zu sehr verhallte; ich hätte Posaunen dazu genommen, daß es durch die ganze Stadt gedrungen wäre. Der Zug hinaus war bei der feierlichen Stimmung ganz still, und das von der türkischen Musik angestimmte Reiterlied wurde nicht recht mitgesungen, der Kur-prinzessin, die auf dem Balcon stand, aber ein Vivat gebracht. Von zwei Haufen, die auf dem Kratzenberg aufgerichtet waren, und wobei der brave Henschel besonders thätig war (er erzählte mir hernach, er sei den Abend selbst ganz allein auf und ab gegangen mit be-ständigen Thränen in den Augen, was mich von ihm recht rührte, da es ihm nicht um Worte zu thun ist), war der eine schon ziemlich

---

*) Und später radiert.

abgebrannt, doch war es noch ein gewaltiges Feuer; wie nun die
Kurprinceß kam zu Fuß, vom Landgraf Friedrich geführt und auch
mehrmals von uns mit einem Vivat empfangen, ward der zweite mit
Pechtonnen, Stroh und Reisig noch kräftiger gemachte Haufen an=
gesteckt, er brannte mit ungeheurer Schnelligkeit und gab das größte
Feuer, das ich je gesehen, die Tausende, die auf dem Feld standen,
waren auf einmal wie von einer wunderbaren Sonne hell beleuchtet.
Schade war's, daß es nicht ganz windstill war; hätte die Flamme
gerad aufsteigen können, so wäre sie noch viel herrlicher geworden.
Wir hatten noch einen besondern Spaß ausgedacht, der aber leider
verdorben wurde.   Nämlich nach einer Caricatur, die der Louis
zeichnen mußte, wurde der Napoleon, wie er friert und sich duckt, in
Pappdeckel ganz kolossal, so hoch wie unsere Wände, ausgeschnitten
und mit Tapetenfarben hauptsächlich vom jungen Arnold unten beim
Engelhard gemalt, es war wohl gelungen und hätte großen Effect
gemacht.   Der Bischof war nun gedungen und sollte es auf einer
Stange mit zwei Jungen, die Fackeln hatten, durch die Stadt und
dann hinaus in den Scheiterhaufen tragen.   Wie er es aber zum
Fenster hinaus gereicht bekommen hat, wird ihm angst, wir freuen
uns indes und denken, wenn er es einmal hätte, müßte er es wohl
hinbringen, da er es nicht verstecken konnte, allein er läuft mit fort
ins dunkle Feld nach Welheiden, so daß der Engelhard ihm nachsetzen
muß und ihn bei der Wachsbleiche wieder kriegt und das Ungeheuer
zurückbringen läßt.

                                                                    Abends.

    Auf der Bibliothek hat sich eine große Veränderung zugetragen,
nämlich der Enzeroth ist vorgestern gestorben, bei einem andern als
ihm auf eine rührende Weise.   Nämlich vor acht Tagen etwa starb sein
Bruder, den er beerbte und damit seine Umstände etwas verbesserte.
Wie er nun von der Leiche kommt, legt er sich und ist nicht wieder
aufgestanden.   Auf Völkels und Strieders Anrathen, die schon früher
berichtet haben, daß die Stelle entbehrlich sei, will ich morgen eine
Vorstellung einreichen und um seinen Gehalt als Zulage bitten, das
sind zweihundert Thaler; indessen kann ich schwerlich darauf rechnen,
sie ganz zu erhalten, und wahrscheinlich wird man mich mit der Hälfte
abweisen.   Das würde uns in unserer Noth wenig helfen, wichtiger
aber ist, daß nun die zweite Bibliothekarsstelle gänzlich offen wird,
und ich denke wohl, es sollte Dir gelingen nach Deiner Rückkehr und
einem halbjährigen Urlaub zur Erholung, sie zu erhalten, zumal

wenn Du Dich zu einzelnen Sendungen, die doch unter allem Lästigen das Geringste wären und immer einige Ausbeute für unsere Arbeiten gewährten, da doch an jedem größeren Ort die Bibliothek ihre eigenen Schätze hat, erbötest.

Vom Ferdinand hab' ich in diesen Tagen einen kurzen Brief erhalten, er wünscht Geld, um damit nach Wien zu reisen, um wie er meint, dort sein Auskommen zu suchen. Ich erwarte nur die Antwort von Reimer und will ihm dann von diesem unglücklichen Gedanken abrathen.

Ich erhalte Deinen Brief vom 21. October durch Schmerfeld, und vor zwei Stunden gegen sechs Uhr ist auch der Kurfürst gesund angekommen, also früher, als Du gedacht. Was Du mir mit Gottsched geschickt, werd' ich wohl morgen bekommen und will heute noch einiges beantworten.

Mit der Edda hab' ich noch viel Noth. Ich hatte Dir geschrieben, daß ich die zweite Correctur vom A Bogen zurückgeschickt; als der B Bogen über vierzehn Tagen ausblieb, ließ ich einen Brief an Reimer deshalb abgehen und wartete noch acht Tage; als noch nichts kam, schrieb ich wieder an Gebauer so eindringlich als möglich, endlich ist vorgestern, also nach fünf Wochen, der B Bogen angelangt und auch schon wieder zurück, er geht bis Nr. 5 im Lied vom Helgi und Svava. Ich vermuthe, daß Gebauer selbst corrigirt und der Druck durch seine Abwesenheit zur Meßzeit aufgehalten worden. Antworten muß er mir auf meinen Brief noch nothwendig, und ich hoffe, daß es nun besser geht. Die Umschreibung such' ich so lebendig als möglich zu erhalten, was die Namen dabei betrifft, so habe ich darüber nachgedacht, und das ist erstlich außer Zweifel, daß, wo entsprechende deutsche da sind, wie Wieland, Siegfried, Günther, diese genommen werden, dagegen bin ich entschieden abgeneigt, die andern zu übersetzen, d. h. zu machen, der Name ist zu seinem Menschen kein todter, sondern lebendiger Klang, und wie ich fühle, daß es abgeschmackt wäre, Karl durch Kerl, Benecke durch Beinchen hochdeutsch zu geben, so kann auch Helge nicht durch Heilig übersetzt werden. Hierzu kommt: 1) Die Namen sind bei uns ja so alt, daß die Trennung der Dialekte darin nicht vorkommt, d. h. sie sich zusammenfinden, niemand wird unsern Hilgenberg Heiligenberg schreiben wollen oder Mönchen statt München, ja, wir zogen Sneewitchen als lebendiger dem Schneeweißchen vor in einem hochdeutschen Märchen. 2) Einige Namen sind gar schwer zu erklären und erfordern eigene Untersuchungen, am

Ende bleiben gewiß ganz unerklärbare (für uns) zurück. Wie soll ich Aegir übersetzen, Eylimi, Eymobr, Fenrir, Franmarr, Gungnir, Andvari, Sinfiotli u. a., ich schreibe sie nur so aus dem Gedächtniß auf, es könnte leicht einer gut zu ersetzen sein, es fällt mir aber nicht ein. 3) Einige werden geradezu lächerlich, z. B. Hälfr soll ich setzen: Halber. 4) Es liegt ein feiner Unterschied in der dialektmäßigen Verschiedenheit, und mir ist's gar nicht recht, wenn ich Citill auch wie Alli soll durch Etzel übersetzen. 5) Forderst Du auch, daß in einem Gedicht die Namen nach der einen Mundart gleichförmig sollen geändert werden? Ich übersetze Haugni durch Hagen, weil dieser der deutsche Namen der Dichtung ist, warum soll ich nicht Hacken sagen, das wäre eine vielleicht richtige Übersetzung, denn ich will es nur als Beispiel anführen. 6) Was wird mit der Consequenz, die alles übersetzen will, gewonnen? Nach meiner Meinung gar nichts, denn sie geht über die natürliche Grenze hinaus, und ein solcher Namen ist gar nichts besser, als ein Radlofisch gebildetes Wort, dem auch nichts fehlt, als das Leben, und das man vertheidigen kann gegen alle Gründe, nur nicht gegen das lebendige Gefühl, weshalb ich auch diesen Grund als den ersten obenan gesetzt habe. —

Das Lexikon von Biörn Halborsen ist kürzlich von Perthes angekommen, zwei Quartbände nicht sehr stark für den hohen Preis von neun Thalern. Es nutzt uns unmittelbar wenig, da es sich auf poetische Worte nicht einläßt, so daß ich bis jetzt noch keins von unsern schwierigen gefunden; auch giebt es keine Wurzelerklärungen, sondern ist zuerst für den allgemeinen Gebrauch bestimmt, scheint aber hierin genau und gut, und wir dürfen es auf keinen Fall entbehren.

4. Morgens.

Mit den Märchen ist zufälliger Weise eine Verzögerung entstanden, nämlich ich warte, eh ich weiter Manuscript sende, auf die Correctur der plattdeutschen, wie sie aber gar nicht kommt, schreibe ich hin und erhalte umgehend die Aushängebogen bis O., worin alles abgedruckt ist, was wir zuletzt sendeten, mit der Bemerkung, daß der Druck habe aufhören müssen, weil das Manuscript all gewesen, und man nichts davon gewußt, daß ich auch die übrigen plattdeutschen habe sehen wollen, zugleich bitten sie inständig nur um etwas zur Fortsetzung. Ich habe das sämmtliche Manuscript, das ganz fertig war, gleich abgeschickt und in etwa vier Wochen kann das Buch vollendet sein; die Correctur des Anhangs habe ich auch verlangt, ich werde nun sehen, was sie thun, dann kann ich Deine Bemerkungen noch einfügen. Die Verzögerung hat den Nutzen gehabt, daß ich eine hessische Erzählung von dem Siegfriedsmärchen, die einige merkwürdige Züge hat, und die ich zufällig von Henschels kleiner Schwester gehört, und die er mir dann ganz hat aufschreiben müssen, noch in den Anhang habe bringen können. Er hat sieben Jahre an seiner Mutter getrunken, wovon er so riesenhaft geworden, er heißt Kürdchen Bingeling, die Gemeinde will ihn greifen, er setzt sich aber ins Thor und versperrt es, wie Gargantua den Berg Gargan schafft, so daß niemand hinauskann, dann der Mühlstein, der ihm auf den Kopf geworfen wird, womit er sich aber in der Höhe zeigt, als habe er einen schönen Dütenkragen, endlich sehr merkwürdig wie beim Scharmack, werfen sie die Kirchenglocke auf ihn herab, er aber kommt herauf, hat sie auf dem Kopf und ruft: „ach! was eine schöne Bingelmütze." — Im Ganzen habe ich vierzehn Bogen hier; die plattdeutschen sind so correct, als es unter den Umständen möglich ist.

Wegen der Wälder ist auch schon das Nähere mit Körner abgethan, und heute sende ich ihm durch einen Marburger Fuhrmann drei Ballen; die zwanzig Exemplare, die Thurneißen in Leipzig noch hatte, werden an Mittler für Körner abgeliefert. Röwer hat abgeschlagen, die Buchstaben sowohl für die Wälder als den armen Heinrich anzuschaffen, und da Körner ohnehin seine frühere Rechnung, die ich ihm einschickte, übersetzt fand und dort die Buchstaben glaubt geschnitten zu bekommen, so wird wohl der Druck auch dort vor sich gehen; wo ich denn auch denke, daß wir den armen Heinrich drucken lassen. Zugleich habe ich dem Körner unsere 77 fertigen Exemplare von Hildebrandslied in Commission gegeben, es wird dieses bei der Anzeige der Wälder bemerkt, und falls sie dort noch nicht abgedruckt ist, könntest Du das auch noch hinzufügen lassen. Dem Thomas muß ich schreiben, daß Dein Zusatz noch seine Abhandlung aufhält, denn daß das Opfer nöthig ist, sehe ich wohl, sonst stimme ich mit Dir ein und sehe aus seinen Briefen, daß es ein sehr braver und guter Mensch ist.

An dem armen Heinrich arbeite ich so fleißig, als ich kann, und Du brauchst mich nicht zu treiben. Schon das bloße Anordnen, Abschreiben und Nachsehen von 37 Quartseiten eng beschrieben, als welchen Raum die Noten ausmachen, ist gar keine ganz kleine Arbeit, und Du stellst Dir die noch übrige zu gering vor, da auch alles noch zu überlegen war. Beikommend erhältst Du so bequem als möglich aufgeschrieben, wozu noch Deine Antwort und

Meinung Noth thut. Auf die früheren Anfragen werde ich ja wohl
heute in dem Packet von Gottsched Antwort finden. In Deiner Abhandlung hat mir vieles außerordentlich gefallen, wiewohl ich einiges
gern anders gewendet hätte, indessen gebührt Dir hier der Vorzug;
nur einen Punkt werd' ich ändern oder zusetzen, nämlich wenn es
freilich zerstörend und ungeschickt ist, daß nach der V[aticana] sie sich
nach der Verheirathung in ein Kloster begeben, so sehe ich den Gedanken selber nicht für einen Zusatz des Überarbeiters an, sondern
als erhalten aus der geistlichen Bildung der Sage, wornach die durch
ein Wunder Genesenden dem irdischen Leben entrückt sind, wie dies
ja so häufig ausgedrückt und tief begründet ist, z. B. wer Geister
gesehen, mit ihnen gekämpft, aus dem Unterirdischen erlöst worden,
wer das gelobte Land gesehen u. s. w. Also widmen sie sich in der
ursprünglichen Legende gleich nach der Heilung einem geistlichen Leben.
Auch die dem Opferbeil entrückte Iphigenie wird eine Priesterin.

In das zweite Heft der Wälder denke ich einige Erzählungen
aus der Gothaischen Handschrift zu nehmen; ich kann dann auch
bemerken, was sich aus der Handschrift für Verbesserungen für die
Erzählung von zwei Kaufmann ergeben, und Du schicktest ja wohl
die Bemerkung aus Bartholdy dazu, in dem Buch mußte was Merkwürdiges sein, sonst wär' es mir nicht auf eine seltsame Weise immer
in Berlin entgangen und Dir in Göttingen, denn ich hörte dort schon
von diesem Liede sprechen.

Göttling über das Historische im Nibelungenliede ist unbedeutend,
vielleicht eine Verbesserung zu dem lateinischen Gedicht von Attila
gut, das übrige leichtsinnig in Art des Bouterwek vorgetragen, wie
es die angehängte freie Übersetzung von Biarkamal auch ist. Die Erklärungen von Nibelungen und die Gibellinen werden Dir auch herrlich vorkommen. Auf das Fragment des ungarischen Attila bin ich
sehr neugierig, Du schreibst aber nicht einmal, zu wem sich die Erzählung von seinem Tode neigt, oder ob es wieder eine ganz neue
Sage ist. Wie lieb wär' es mir, wenn Du den Nibelungencodex erhalten könntest, wir sollten diese eigenthümliche Recension dann nach
unserer Art und mit Noten herausgeben. Dabei fällt mir Clemens
ein und eine seltsame Erfahrung, nämlich gerade wie Du, habe ich
ein Paar Tage, eh sein Brief kam, lebhaft an ihn gedacht und über
sein Schicksal, so daß er mich, wie er ankam, ebenso überraschte;
wahrscheinlich ist es also zu selbiger Zeit geschehen, wo der Arnim
ihn an uns erinnert hat. Die Lullu ist vor kurzem in Frankfurt

angekommen, und er wird bald hierher reisen, vielleicht geht sie mit.
— Blanc hat aus Bonn geschrieben und will einige Tage hier bei
mir zubringen, ich erwarte ihn heut oder morgen, und werde dann
auch mich im Arbeiten unterbrechen müssen.

Am 6.

Gestern ist mir Dein Packet richtig zugekommen und war alles
Erwartete darin, nur nicht die Antworten über die früheren Anfragen
wegen des armen Heinrichs. In Brentanos Buch habe ich auch ge-
blättert, es ist mir dabei Arnims Meinung eingefallen, wornach die
erste verlorene Bearbeitung besser gewesen. Das Märchen ist merkwürdig, weil es auch zeigt, wie sie überhaupt in seiner Bearbeitung
ausfallen; es ist mehr Stil darin, als in den unsrigen, lesen sich dagegen zu wiederholten Malen schlechter, weil man dann den Witz weg
hat oder auswendig weiß, daher eine solche Art nur aufkommen, d. h.
absichtlich gewählt werden kann, wenn man wie jetzt etwas nur einmal liest.

Das Fragment aus dem Heldenbuch habe ich verglichen, es ist
im Verhältniß zum Druck viel reiner und besser, auch natürlich, da
die Reime noch nicht eingezwängt sind, sehr abweichend; dagegen bleibt
dieser Text an sich immer schlecht. Demohngeachtet halte ich bei der
inneren Wichtigkeit der Sache doch für sehr gut, wenn Du es abschreiben könntest; ich glaube, daß es im Einzelnen viel Aufklärungen
gewähren und in Erläuterung der andern Gedichte nutzen würde.

Von dem Wachtelmärchen will ich das Entsprechende noch in die
Anmerkungen bringen. — Die Epilbauer [?] Briefe haben mir ungemein
gefallen, bring doch, wenn etwas Besonderes wieder beschrieben wird,
die Hefte mit, es könnte mich sehr freuen, wenn Du auch einmal
darin vorkämst.

Die Diäten hab' ich nicht bekommen und Harnier gebeten, den
R[ivalier] zu erinnern, so sauer geht's einem überall. Der Culner hat
indessen abgetragen und da hab' ich Schulden mit abgetragen, ich hoffe,
daß er schickt, indessen kommen die Neujahrsrechnungen. Karl hat
sich auch erst etwas ausgerüstet. — Meisterlins Mine ist mit ihrem
Mann, der Dienste sucht, hier; ich habe sie aber noch nicht gesehen.

Der Döring hat schon seinen dichterischen Jungen zum Registrator
sich melden lassen, wo mir doch der elende Enzeroth lieber war, auch
der Schuppert schickte gestern einen Brief auf Velin, worin er einen
Vetter Conrad Winkel stark empfiehlt.

Suabedissen versteht Englisch gut, spricht aber schlecht und ängstlich, wie Gerling mir sagt und Harnier.

Nun weißt Du alles, was sich hier zugetragen hat, als wärst
Du selber da gewesen. Die Tante läßt Dich tausendmal grüßen, sie
fragt mich tausend Dinge von Dir, die ich natürlich nicht weiß, und
verrath mich nur, ernstlich gemeint, niemals wegen den Knöpfen und
der Uniform, sonst traut sie mir ihr Lebtag nicht; ich habe mich so
bestimmt hinein gerennt, daß gar kein Ausweg mehr ist. Ramus
haben Dich in beständigem Andenken, wir stehen uns freundschaftlich,
kommen aber nicht viel zusammen, dafür hat mir der E[ngelhard?] gestern
eine Stunde geschenkt. Nun leb wohl und behalt mich lieb, ich schicke
heute den Brief ab und wünsche, daß er nicht lang liegen bleibt.

Dein treuer Wilhelm.

113.

Jacob an Wilhelm.

Wien, am 12. November 1814.

Lieber Wilhelm!

Dein letzter Brief ist vom 13. October; sollten spätere verloren
oder unterschlagen worden sein?

Um die Nibelungen geht es mir herzensschwer und ich habe schon
zwanzig vergebliche Gänge gemacht. Für heut Nachmittag aber sind
sie mir gewiß versprochen.

Thomas hat hierher von Körners Verlag der altdeutschen
Wälder als einer noch nicht ganz ausgemachten Sache geschrieben;
ich hatte aber im Sinn Deines Briefes das Inserat an die hiesige
Literaturzeitung abgegeben, wo es schon gedruckt steht. Auch Eckstein
lobt den Körner nicht. Ein halb Jahr kann man's freilich damit
probiren.

Wunderlich ist es mit dem Inserat gegen Büsching gegangen.
Collin hat es angenommen und es war schon gesetzt (ich habe das
Exemplar mit meinen Augen gesehen), so streicht es der Censor. Nun
ist gar nichts anders zu thun, als Du schickst sogleich die beikommende
Erklärung ins Heidelberger oder Haller Intelligenzblatt ab. Collin
ist gewiß außer aller Schuld dabei; die Unterschrift Wien und die
unbestimmte Unterschrift hatten ihre Ursachen. Um das Drückende
und Jämmerliche der Büchercensuren und, wie sich das in die un-

schuldigsten Dinge bald gutmüthig, bald lächerlich mischt, recht zu spüren, muß man hier sein und darüber reden hören. Dem Collin werden oft ganze Seiten ausgestrichen, weil sie dem Censor nicht in seine logica, ars moralis und politica eingehen. Du wirst leicht sehen, daß ich den Umständen nach die nothwendige Zweideutigkeit in das Wort: o d e r legen mußte, wonach Büsching entweder gar nicht der Recensent oder der Verfasser oder der Einsender sein kann. Höchst wahrscheinlich ist er letzteres und wird auf jeden Fall erreicht. Übrigens darfst Du des hiesigen Vorgangs wegen kein Wort am Aufsatz ändern.

Mittags 5 Uhr.

Dies ist ein einfältiger Brief, aber ich kann heute nicht anders. Gott erhalte Dich gesund und denk meiner an der seligen Mutter Geburtstag. Die Geschwister grüß vielmals von mir, die gute Tante nicht zu vergessen. Leb wohl.

Dein Bruder Jacob.

Künftig die Adresse: auf der Wieden, Pannikelgasse Nr. 80, unweit der S. Karlskirche.

Mit meinen spanischen Liedern kommt's wohl doch noch zu Stande. Es heißt, der Congreß werde zu Nürnberg, nicht zu Frankfurt fortgesetzt. Der Druck des armen Heinrich ist doch auf keinen Fall nah, denn ich habe Dir dafür zu schicken, was aber bald fertig sein kann, sobald es muß. Den Eisenhart hab' ich zufällig ganz neu gekauft, auch eine kleine Schrift von Göttling über die Nibelungen, diese aber noch nicht gelesen.

Mit Sachsen stand's vor acht Tagen günstig, seit einigen aber wieder schlecht. Gott befohlen.

Adresse wie bei Brief 111. Durch Beischluß.

—

114.
Wilhelm an Jacob.
C[assel], am 12. November 1814.

Deinen lieben Brief vom 1. November habe ich erst gestern erhalten, meinen letzten hat der Minister etwas zu dick gefunden, diesen wird er wohl ohne Anstoß nehmen.

Körner und Thomas sind rasch, die Buchstaben werden geschnitten, und dann soll gleich gedruckt werden, so daß ich in acht Tagen

Manuscript absenden muß. Ich habe Thomas geschrieben, daß sein
Aufsatz noch zurück bleibe, weil Du das Deinige erst umarbeiten
wolltest, und werde also für dies zweite Heft die Gothaischen Manuscripte
senden, kannst Du fürs dritte den Aufsatz über den Nibelungencodex
fertig machen und hast Du sonst allerlei Einzelnes, z. B. aus den
Glossen dort?

Der arme Heinrich wird nun auch dort gedruckt, da Körner
brav und patriotisch denkt, wahrscheinlich wohlfeiler als bei Röwer.
Die Correctur besorg' ich natürlich auch hier, wie bei den Wäldern.

Von der Edda sind drei Bogen fertig. — Zu den Märchen habe
ich noch einiges, auch aus Deinen Briefen nachgeschickt; den französischen
ist so gewiß nicht im Einzelnen zu trauen, als das Ganze echt ist,
und wohl am besten gut Glück abzuwarten. Daß der Sagen-Gott-
schalk ist mit der Fürstin von Bernburg ein Paar Wochen unser
Nachbar gewesen, habe ich erst erfahren, als er weg war, ich habe
ihn auch auf der Bibliothek gesprochen, ohne an ihn zu denken, er
schien ein guter, dicklicher Mann und läßt sich gelehrtes Arbeiten
wahrscheinlich nicht zu nah rücken.

Meine Angelegenheit hat sich gut geendigt, wahrscheinlich hat
auch Strieder sich für mich verwendet, gestern habe ich ein Rescript
bekommen für 200 Thlr. Zulage; diese Hülfe kommt recht gut und
thut auch Noth, da der Louis nun zurückkommt und ich nicht mit
dem Culnerschen Geld alle Schulden bezahlen kann.

X. hat mir im Vertrauen gesagt und als Merkmal seiner Freundschaft, daß jemand dem Kurfürsten bemerklich gemacht, daß Du die
Zeit, die Du in Gesellschaft zubringen solltest, um so
viel als möglich zu erfahren ꝛc., für Deine Arbeit auf
der Bibliothek zubrächtest. Ich sagte ihm, daß Du durch diese
Lebensweise wichtigere und bessere Bekanntschaften erwürbest, als durch
fruchtloses Herumlaufen in den großen Gesellschaften, daß Du wahrscheinlich so viel wüßtest, als einer erfahren könnte, und daß diese
Nebenarbeiten auf etwas auch Förderliches, z. B. das alte Recht,
hinausgingen, und daß Dir ja die deutschen Angelegenheiten von selber
schon so am Herzen lägen. Er gab mir völlig Recht und sagte nur,
solche Menschen könnten es nicht begreifen, daß jemand neben seinem
Amte noch für sich arbeite. Du wirst am besten wissen, wer die
Bemerkung gemacht hat, ob einer vom Gefolge (Gottsched nicht, der
ist schon zu brav, auch kam er neulich und sagte mir, er habe Dich
auf der Bibliothek gesucht, wo Du fast immer seist, und damit hat

er mir, wie X. versicherte, einen (vorsichtigen) Wink geben wollen, den ich natürlich nicht gemerkt habe; im Gegentheil glaube ich, hat er eben den X. davon benachrichtigt) oder nicht, ob sie zu achten ist (versteht sich, nenne nur nicht den X.) und der Graf gelegentlich sich darüber äußern und für Dich sprechen kann; mir ist es nur unlieb, weil der Kurfürst uns geneigt und wohlwollend ist und in solchen Privatverhältnissen etwas Natürlichgutes zeigt, das gestört zu sehen einem leid thut; ich denke dabei wahrhaftig nicht an Nutzen oder Schaden, aber er sollte doch eigentlich wissen, daß Dir unter allen die Sache vielleicht am meisten am Herzen liegt.

Hast Du das Buch gelesen von einem Anonymus über die Centralverwaltung von Stein? Es scheint ziemlich nah an der Quelle geschöpft zu sein und seine Urtheile leuchten durch. Bei Hessen ist eine Bitterkeit sichtbar und geärgert hat es mich, daß, was zuletzt mit einem nur bemerkt ist, gewiß die Hauptsache war, die schnelle und starke Aufstellung des Contingents; schlecht ist auch der Ausdruck, daß mit Roheit hier verfahren worden, was doch nie geschehen ist. Sonst ist im ganzen Buch die freie Sprache sehr zu achten und wird viel Wahres gesagt.

Savignys Buch habe ich nicht bekommen, vielleicht ist's unterwegs, die Libussa habe ich erst zur Hälfte aus oder noch nicht einmal, so wenig Zeit ist mir übrig, die schwarze Kunst darin gefällt mir bis jetzt noch besser als die weiße, die Hexe ist trefflich, auch schreitet, so wie sie kommt, die Handlung fort, die sonst leicht stockt, viel Sorgfalt ist überall sichtbar bis in jedes Einzelne. Wenn Arnim einmal schrieb, daß ihm der Stil in Brentanos Märchen nicht gefiel, so kann ich mir das wohl denken, wenn sie so sind, wie das vom schwarzen Kater im Anhang, das mir auch nicht in der Art gefällt. Hast Du bemerkt, wie die Alliteration angewendet ist, z. B. S. 47.

Nun leb wohl und vergnügt.

Dein treuer Wilhelm.

Wie ich dem Minister diesen Brief schicke, sendet er mir den ersten, den ich bald in Deinen Händen glaube, zurück, ich solle Oblaten nehmen, sie wären etwas zu dick, also sende ich Dir lieber alles mit der Post, die Nachrichten bald zu haben, wird Dir lieber sein als die Ersparnis eines Guldens.

115.

Jacob an Wilhelm.

Wien, am 23. November 1813.

Lieber Wilhelm!

Endlich ist Dein vierzehn Tage lang mit Sehnen und Schmerzen
erwarteter Brief gestern angelangt, nachdem ich einen Monat ohne
Nachricht geblieben war. Morgen geht ein Courier über Frankfurt
und ich schreibe Dir, so viel ich kann, damit Du meine Antwort
wenigstens ein Paar Tage früher bekommst.

Deine Besoldungszulage freut mich recht und, wenn ich die mir
gebührenden Diäten unverweigerlich erhalte, könnten wir dies Jahr
schon haushalten, in dem folgenden wird der Herr auch helfen. Ich
kann unmöglich Pläne machen, wo so vieles von Zufälligkeiten ab-
hängt. Savigny, von dem ich seither einige liebe Briefe bei Gelegenheit seines neuen Buchs und seiner Zeitschrift erhalten, spricht
auch von Köln, wo vermuthlich eine Universität gebildet werden soll.
Allein bei Lebzeiten der Tante, welche Gott uns erhalte, ist nun
ein und für allemal kein Gedanken an eine Auswanderung, wodurch
sie in ihrem Wesen und Vertrauen in uns gestört werden würde.
Übrigens sei meinetwegen ruhig; jene Äußerung bei dem Kurfürsten
ist dumm und falsch und schadet sie mir, so thut sie's als eine solche
und kann dann weder noch mag es hindern. Einmal ist jetzo gar
nicht mehr die Diplomatik, wo es auf Anekdoten und dergleichen
Albernheiten (wie dieser Tage der prince de Ligne sagte: le congrès
danse beaucoup, mais il ne marche pas) im geringsten ankommt, und
den Vortheil haben wir offenbar schon erlangt: daß wir die schlechten
Sachen, die geschehen, nicht auf schlechtem Wege gut zu machen hoffen
dürfen, sondern einzig auf gutem; durch und in diesem Regewerden
der Verachtung aller gewöhnlichen diplomatischen Formen und Griffe
schimmert aber der Tag des Bessern tröstlich hervor; Geheimnisse
giebt es hier eigentlich gar keine, und was Unrechtes geschieht (leider
das Meiste), das erscheint auch jedermann so, so daß die elenden
Politiker rath- und trostlos dastehen, sie mögen machen und sich geberden, wie sie wollen. Zweitens und aus diesem Grund weiß ich
wahrhaftig so viel als einer und, wenn es aufs bald ankommt, da
ich einige sehr thätige und rührige Bekannte habe, früher als einer.
Schreibereien nehme ich mehr auf mich als irgend einer meiner
Collegen, ich, der ihre Unnützlichkeit und Verkehrtheit bei jeder Blatt-

seite fühle und dieses Leben nicht in die Länge von mehrern Monaten ertragen möchte. Alle Woche berichten wir zweimal und unser letzter Bericht war achtzehn Folioseiten, der heutige gar vierundzwanzig von meiner Schrift stark und von allen Beilagen werden Copien behalten. In den letzten vierzehn Tagen habe ich wirklich nur dreimal auf die Bibliothek gehen können. Fast nie auch werden diese Arbeiten ununterbrochen vorgenommen, sondern die Störungen, Aufenthälte und Plackereien dazwischen nehmen ebensoviel Zeit weg. Das Allerschlimmste und Betrübendste ist das aber, daß man so deutlich sieht, wie das Rechte und Reine nicht geschieht, das ich und jeder, der die Sache recht ansieht, ohne alles Bedenken und im zehnten Theil der verschwendeten Zeit rathen, thun und schreiben wollte. In diesem Sinn hab' ich schon Aufsätze gemacht und würde es gern immer thun, allein diesen Leuten ist alles zu ungewöhnlich und sie verfallen mit dem besten Willen wieder am End' in die gangbare Mittelmäßigkeit zurück. Offenbar können die Gesandten jetzt alles oder das Meiste thun; aber selbst die wenigen, von denen man es erwartet, hängen an Eitelkeiten und Vorurtheilen. Bei Stein z. B. ist stets die unselige Idee im Hinterhalt, daß Teutschland zuletzt in zwei Hälften, die nördliche und südliche, fallen müsse. Gagern ist historischer, aber lärmend, eitler. Unser Graf meint es herzlich gut und ist empfänglich, allein es fehlt ihm an Einfluß und Gewandtheit und er hat ein langes, in der alten Politik vergnügt zugebrachtes Leben hinter sich. Ich stehe mich sonst gut mit ihm und habe in solchen äußerlichen Fällen, z. B. wenn es einer Bezeugung meines Betragens bedürfte, mich auf ihn zu verlassen; weniger stehe ich mich mit Lepel, der vielleicht jene Worte gesagt haben mag. Er ist ein leibhafter, hessischer Geschäftsmann, an dem mich auch keine Seite berührt und der vielleicht meine Gleichgültigkeit übelgenommen hat, wozu sich auch noch einige äußere Umstände finden mögen.

Doch wie Noth um mich! Dies mag ergehen, wie es will, ich verlange und muß bestimmt aus diesem Leben heraus, sobald der Congreß endigt. Von ihm schreibe ich Dir nichts lieber im Besondern: es wird so elend und schwach unterhandelt, daß der Erfolg ein klarer Erweis der Undeutschheit und Unzulänglichkeit der Staatsmänner sein und die gute Sache um so nothwendiger sich aus sich selbst helfen wird. Baiern und besonders Württemberg stellen sich am Plumpsten und Rohsten dar, verdienen aber darum mehr Dank als die Mittelmäßigen, weil sie ihren Gegensatz lebhaft anreizen, die

25*

Mittelmäßigen aber nichts reizen, sondern alles beschwichtigen wollen. Polen ist jetzt der Hauptstreit und so schwört einmal geschehenes Unrecht gleich einer schlecht geheilten Wunde immer wieder auf. Mit Sachsen steht es eben deswegen und, so lange jenes unentschieden bleibt, zweifelhaft; ich habe seine Preußischwerdung von Anfang an für bös gehalten und bleibe dabei. Jede Sucht eines Teutschen, sich im Innern Teutschlands (außer wo herrenloses Land liegt) zu vergrößern, ist reiner Unsinn und führt zu nichts Gutem. In Preußen ist auch eine stockpreußische, darum undeutsche Partei (aus dem natürlichen Grunde, weil das Land größtentheils kein alt-, ur- und kerndeutsches Reich); gegen diese sollen sich die rechten, braven Teutschen aus dem Herz unseres Vaterlands auflehnen und stark halten und das Volk (nicht aber die schlechten Regierungen) in Baiern, Schwaben, Sachsen 2c. müssen das thun. Wollen Preußen (in falschem Bündnis mit Rußland) und Österreich sich bekriegen (ich glaube aber an keinen Ausbruch), so müssen wir Übrige sie beide verlassen und beide schelten, denn die leiseste Idee eines solchen Kriegs verletzt alles, was wir wollen und allein wollen dürfen; auch entstünde der Krieg nicht nach dem Willen der Völker, sondern bloß aus der Sünde der Staatsmänner. — Ich sehe mehr als eine Möglichkeit, wie es gehn kann, aber am Ende jeder den großen Trost, daß die deutsche Sache in keinem Fall verloren werden, sondern zuletzt allerwärts hervorbrechen und siegen wird. An dem wollen wir halten und somit genug von diesen Dingen für diesmal. Nur noch das: im Urtheil über das Buch von der Steinischen Centralverwaltung (von Eichhorn, wie's heißt) bin ich mit Dir einverstanden. Arndts Buch an den Wiener Congreß von X.Y.Z. enthält auch viel Braves und Gerades, mitunter in falschem Ton, und ist hier verboten. Der Rheinische Merkur ist nicht verboten, man kriegt ihn aber nicht zu sehen.

Die Nachrichten von Karl und Louis sind in der Ordnung, aber des Ferdinands Idee, hierher zu kommen, wo er am allerwenigsten Hülfe findet, macht mir zu sorgen, und die weite Reise hält ihn hoffentlich ab. Ich wollte, daß er in Baiern selbst, etwa in Landshut, Versuche machte, sich zu irgend einem Geschäft zu geben.

Den Codex hab' ich endlich auf drei Tage geliehen erhalten. Zur Hälfte ist er völlig ungedruckt und unbenutzt, die zweite hat Bodmer in seiner Chriemhilden Rache gegeben. Es geht mir durch diesen Fund die Nothwendigkeit, drei bis vier Nibelungentexte (nämlich den S. Gallener, die beiden Hohenemser und allenfalls auch den

Münchener) besonders und rein für sich abdrucken zu lassen, immer deutlicher vor. Das Zuschmelzen der Varianten ist unthunlich. Du wirst erstaunen und hören, daß in dieser Hälfte des Ganzen 48 neue Strophen zu vier Zeilen waren, worunter sehr wichtige; wahrscheinlich liefert der zweite Hohenemser Codex (der schon zu München ist) für die zweite Hälfte der Nibelungen gleichfalls Neues. Also: Hagens Ausgabe als völliger Mischmasch ist unbrauchbar, zu dem er vom Gallener Codex nur wenige Varianten hatte.

Ich durfte ehrlicher Weise den ganzen ungedruckten Theil dieses Codexes nicht abschreiben, wenn ich auch hätte machen können, ihn sechs oder acht Tage zu behalten; denn er würde durch correcte Herausgabe desselben fast allen Werth verlieren, den der Besitzer so überhoch anschlägt, daß er 1000 Dukaten in Gold fordert und behauptet, die Münchner hätten ihm 600 geboten. Zudem würde uns die Herausgabe dieser Handschrift mehr Arbeit und Sorge als Vortheil bringen; ich habe dem Benecke geschrieben, ob er nicht ein Gebot thun kann oder in Hannover auswirkt.

Aber drei ganze Abenteuer hab' ich abgeschrieben, sowie alle Strophen nachgesehn und die 48 neuen copirt, außerdem einzelne mir auffallende Stellen. Das zusammen giebt einen oder mehr wichtige Aufsätze für die Wälder, wozu mir bloß Zeit und das Heft von Hagens Sammlung gerade fehlt. Ich will aber, sobald ich kann, dazu thun. Unterdessen schreib mir sogleich wichtige Stellen auf, die Du bis zu Zeile 6584 verglichen haben willst, ich kann hingehen und das auch noch thun. Es wär' freilich gut, daß wir die ersten Hefte des neuen Versuchs so interessant als möglich machten; ich habe auch noch viel anderer Dinge vorzuschlagen. Glossen und alte Fragmente wären satt vorhanden.

Der Verzug mit dem Druck der Edda ist mir höchst zuwider; weniger kommt's darauf bei den Märchen an, wiewohl es ihnen auch schadet, daß sie so nicht auf Christtag zu Ort und Stelle sein werden. Das Märchen vom Hans, der sieben Jahre an der Riesenbrust sog, erinnert sich Eckstein (ein gar freundschaftlicher, behülflicher Mensch) aus seiner Kindheit auch noch, seine Großmutter hatte es ihm im Magdeburgischen, seinem Geburtslande, erzählt; ein anderes von einem Königssohn, welcher Stiefelstoß hieß, erinnerte ihm auch noch. Dieser ist in einen Bären verwandelt, liegt unter der Treppe, und wer ins Haus geht, stößt und tritt ihn und putzt sich die Stiefel an seinem Fell ab. Ein Deutsch-Ungar (aus dem an Steiermark grenzenden

Theil) erzählte mir, wie dort alles voll von Märchen stecke, und wußte
fast ganz übereinstimmig die Geschichte vom Prinz Igel, der auf dem
Baum sitzt und seinen Hahn sporustreichs reitet. Da kann man die
große Ausbreitung sehn. Ich stelle jedermann zu Beiträgen für den
dritten Band an, zu dem es doch auch noch kommen wird. Märchen-
reich soll auch Deutschböhmen sein; einer besann sich einer wunderbaren Localsage von Seelen, die einer in Töpfen hielt und zudeckte.
Zu dem halb geritten und halb gegangen kommen hätten die Schild-
bürger, wie sie dem Kaiser entgegengehn, citirt werden sollen und zu
dem Curdchen, das dem Gänsmädchen den Hut im Wind holen muß,
Nibelungen 6631. 32.

Es freut mich auch, daß der arme Heinrich rückt, und ich will
Dir heute noch, wenn's geht, oder das nächste Mal alles zusenden, was
ich noch dafür habe. Die Noten aus dem Straßburger Original
müssen dort auf zwei kleinen Octavblättern unter dem Übrigen liegen.

Aus dem Heldenbuch denke ich nicht weiter zu schreiben, höre
auch, daß Hagen bereits lange Copie davon haben soll. So ist mir
auch der Wolkensteiner zu weitläufig und einförmig: er fordert viel
mehr Arbeit, als er vergelten kann, und ich lasse ihn lieber ganz
liegen.

Savigny will Beiträge zu seiner Zeitschrift mit zwei Friedrichs-
d'or honoriren. Vermuthlich wirst Du nun Buch und Plan selbst erhalten haben; es gehört zu unsern Zufällen, daß ich seit einem Jahr,
ohne alle Gedanken hierauf, fürs alte Recht gesammelt habe; doch
weiß ich noch nicht, ob ich hier zu einer Ausarbeitung kommen kann;
einstweilen bestell doch Hugos Übersetzung des einen Buches aus
Gibbons großem Werk (wird nur 6 gr. kosten) und Bruns Beiträge
zum Rechten des Mittelalters, Helmstädt bei Fleckeisen 1799, damit
ich diese beiden Bücher vorfinde.

Folgende Buchstaben sind zu schneiden [es sind ihrer vierzehn;
sie sind hier ausgelassen], welche alle in verschiedenen Handschriften
vorkommen können, auch å wegen des Schwedischen.

Mit Übersetzung der Eddanamen hast Du halb Recht, halb Unrecht. Jenes, weil Du die Steifheit und Macherei einiger fühlst;
dieses, weil in Übersetzung eines fremden Gedichts nothwendig etwas
Steifes und Fremdes bleiben muß, nicht bloß in den Namen.

Die Frage ist nach der Grenze. Wo sollen die bekannten Namen
aufhören und anfangen? Welche sind in Teutschland bekannt und

gangbar? Reicht es hin, sie einmal in Diplomen ꝛc. gefunden zu haben oder nicht? Sollen heutige Eigennamen nicht auch beweisen?

So ist Egill gewiß das altdeutsche Egel, Eichel (ein bekannter fulbischer Abt), Pakrader gewiß Dankrat.

Aber Hervör Herware (nach der Analogie von Gundware, Kunneware im Parzival), Jdmunder Edmund, Svavaland Schwabenland, darum Svafnir Schwabner, Sigar Sieger, Alfr Elb, Budli Botel, Hati Hazzi, Hiorvardr Jorwart (analog Hiorunde Jorant, Jorund im Lohengrin ꝛc. Hiordis Jordis), Helgi Heilig oder Heiliger (so hieß in Steinau eine Familie), Hedin Heid oder Heiden, Anlrun Alrune, Hlandwer Chlodower.

Halfr wäre gar nicht, wie Du sagst, vielleicht Halber, sondern Helfer, wie Halfretr Helferich, Helperich, Chilperich.

Jafnir würde in der deutschen Form Jabner heißen. Der Versuch, nach der Analogie durchzugreifen, hat etwas gegen sich, bringt aber auf der andern Seite einen nicht zu übersehenden deutschen Ton in das Ganze.

In Localsagen mögen dialektische Namen auch für Übersetzungen bleiben, in andern aber wäre mir Hilgenberg, Hilgenstadt für Heiligenstadt so zuwider, wie in einem hochdeutschen Buch Brunswik für Braunschweig.

Kurz, es wäre meine Art, hier eher etwas zu viel als zu wenig zu thun; bei Dir ist es umgedreht, und da Du die meiste Arbeit hier thust, magst Du's nach Dir halten. Es wird in beiden Fällen eine Art Mischmasch unvermeidlich bleiben. Man kann in einem Anhang Namensuntersuchungen beifügen, die auch überall in den Commentar greifen.

Scheint es, daß wir die Wohnung auch künftig Jahr behalten? Und wie geht's mit dem Heizen im Winter? Du bist mit der Lotte jetzt wieder zwei und zwei gewesen.

Auf das Napoleonsfest habe ich Euch gefehlt, so wäre der Spaß nicht verdorben worden, denn ich hätte ihn selbst zum Feuer getragen.

Vom Minister ist die unnöthige Schwierigkeit mit den Briefen sehr unartig. Was man überhaupt an mir in Hellern spart, geht anderwärts in Thalern verloren. Wegen der Diäten warte ich nun noch auf Deinen nächsten Brief und will dann selbst darum schreiben.

Von Boisserée habe ich einen Brief, wonach er den berühmten Domriß gefunden hat. Savigny schreibt, Goethe war von den Bildern in Heidelberg so entzückt und verstaunt, daß er gesagt: „das ist doch

etwas anders, als was so ein Gedicht von einem Gemälde sagt"; will
darüber schreiben, und sein ganz System von Malerei hat einen Stoß
bekommen.

Hast Du Nyerups Kämpe Viser noch nicht? Ein gewisser gebildeter Däne hier, Hr. Fürst, behauptet die Erscheinung derselben
für jeden Käufer. Erinnere bei Benecke, daß Heeren das indische
Buch herausgiebt.

Den sächsischen Breuer hab' ich dieser Tage gesprochen. Der
Hagthausen und ich suchen uns eben nicht auf.

Genug für heute.

[Ohne Unterschrift.]

116.
Wilhelm an Jacob.

Cassel, am 5. Dezember 1811.

Lieber Jacob, einen dicken Brief wirst Du mit der Post erhalten
haben und vielleicht bekomme ich schon bald Deine Antwort. Heute
benutze ich bloß die Gelegenheit, Dich zu bitten, in den drei Wiener
Manuscripten der goldenen Schmiede die bemerkten Stellen b a l d zu
vergleichen, es kann Dir nicht sehr große Mühe machen, da das
Ganze klein ist, sie also leicht zu finden sind. Vorgestern ist das
Manuscript zum ersten Heft der Wälder abgegangen, die Buchstaben
sind geschnitten und ziemlich gut. Den armen Heinrich will ich nun
auch anfangen lassen, sende mir ja bald, was Du noch dafür hast.
Die Märchen sind bis auf die letzten Blätter des Anhangs, wovon die
Correctur noch kommen muß, fertig. Von der Edda dagegen alles
Treibens ohngeachtet erst vier Bogen, ich habe nun noch einmal, d. h.
zum dritten Mal an Reimer deshalb geschrieben, es kann leicht nachtheilig sein, wiewohl es auf der andern Seite auch sichern Nutzen hat.
Wie will ich mich freuen, wenn die Sachen erst fertig sind, damit
ich Ruhe habe und für mich und die Vollständigkeit unserer Sammlungen
arbeiten kann; das Übrige kann nun warten. Gottschalks Sagen sind
gestern gekommen, ziemlich dürftig, meist hin und her aus Zeitschriften ꝛc.
gesammelt; das Gute darin hatten wir fast alles, und er hat auch
Dinge wie das Märchen von Goldner in Körners Taschenbuch aufgenommen; dann ist auch der Ritterromanenstil darin bös. Einiges
ist indes aus mündlicher Überlieferung. Denk, unsere Märchenfrau
ist sehr krank gewesen und kam neulich blaß und zitternd, der Kummer

hatte sie niedergeworfen, da ihre Tochter mit sechs Kindern kam,
welchen der Vater gestorben war. Ich will sehen, ob ich ein Paar
zum Waisenhaus helfe, und gäbe ihr gern selber mehr. — Louis hat
nun den Abschied und schreibt selbst ein Paar Worte. Arnim hat
mir geschrieben, daß keine Aussicht ist, den Ferdinand bei einen Buchhändler zu bringen; dem Arnim geht's selber nicht sonderlich, wie er
schreibt, Jordis sagte mir, recht schlimm und bedrängt (er ging hier
durch nach Berlin ohne sie und hat Deine Bücher mitgebracht): der
Clemens studirt in Berlin unter Schinkel Architektur, um damit sein
Brot zu verdienen (wenn's anhält). Bauer macht ungeheuern unbe-
holfenenen Wortspectakel über die Libussa und ist höchst dankbar.

Görres hat der altdeutschen Literatur gedacht im Rheinischen
Merkur und da sind wir auch besonders heraus gestrichen, vielleicht
nach Thomas' Anleitung, es war eine Art Übersicht; die nordischen
Forschungen eines Sydow werden erwähnt? Dabei waren die Wälder
angezeigt, es kann etwas helfen. Ich darf keinen dickern Brief schicken,
also für heute aus. Dein treuer Wilhelm.

Adresse: An Herrn Legations Secretär Grimm zu Wien.
praes. 15. Dezember 1814.

117.
Jacob an Wilhelm.
Wien, am 10. Dezember [1814.]

Ich kann ein Paar Zeilen beischließen, aber keinen großen Brief
schreiben. Ich habe ein schönes Märchen vom Krauteisel bekommen,
das uns gänzlich fehlt, und mehrere versprechen mir zum dritten Band
zu sammeln. Auch mancherlei Stücke und Varianten sind mir erzählt
worden.

Ist denn das Heft von Hagens Edda heraus? Eine Recension
seiner Textausgabe steht in der Dänske Literatur-Tidende (wohl zu
Göttingen) Anfangs 1814. Ich sehe das flüchtig aus dem ersten
Heft von Gräters Idunna 1814, die Du kaufen mußt, da mancherlei
brauchbares Sammelsurium drin steckt.

Habt Ihr auf der Bibliothek Dornau oder Dornavii amphitheatrum etc. Hanoviae, Anfangs 17. Jahrhunderts, ein merkwürdiger
Foliant, worin selten deutsche und lateinische Gedichte über Thiere
stehen, z. B. Fischarts Flohhatz. Nimm das Buch zum Lesvertreib

mit nach Haus. — Da man die Briefe hierher freimachen muß, so gieb Deine doch an Rivalier, ich ließe ihn um Beischluß bitten. Gott sei mit Euch.   J.

Adresse wie bei Brief 111.

. .   . .

118.
Jacob an Wilhelm.
Wien, 16. Dezember 1814.

Lieber Wilhelm! Aus Deinem gestern eingetroffenen Briefe vom 5. sehe ich, daß Du einen dicken meinigen, den gegen den 26. oder 27. November ein holländischer Courier mitnahm, noch nicht erhalten hattest, was mich wundert. Hoffentlich ist er seitdem angelangt; es wäre mir nicht bloß wegen der darin enthaltenen verlangten Sachen für den armen Heinrich ärgerlich, wenn er verloren gegangen sein sollte. Von Dir hatte ich außer Deinem Schreiben vom 5. bis 13. November seitdem nichts empfangen. Du schreibst mir über manche Dinge nicht; sollte auch ein früherer Brief von mir, worin ich Dir das Inserat gegen Büsching zugesandt hatte, verkommen sein? Dem Hänlein hatte ich gleichfalls ein Packet an Dich mitgegeben, dessentwegen Du Dich bei ihm erkundigen mußt.

Ich dagegen kann Dir aus Mangel an Zeit nur weniges melden. Der Congreß steht seit 10—8 Tagen in einer traurigen Spannung Sachsens halber, worüber das Bischen Eintracht in den deutschen Angelegenheiten völlig verschwunden ist, und man kann sagen, daß diese zwei Monate Arbeit und Faulheit die Hauptsache, nämlich unsre Verfassung, um nichts weiter gebracht haben und noch alles zu thun ist. Ich habe darüber seit vierzehn Tagen an Görres umständlich geschrieben und hoffe, daß er einiges davon brauchen wird, denn ohne alle Frage ist seine Zeitung zuletzt der preußischen Centralansicht zu sehr zugethan gewesen; ihm selber unbewußt, aber zum Nachtheil der guten Wirkung. (Ich habe die meisten Blätter nicht gelesen, glaube aber, daß er den ihm übersandten Artikel über das Einrücken der Preußen in Hessen nicht eingerückt hat? Das war unrecht.) Jetzt nur soviel: das preußische Cabinet hat gefehlt und seine Sache verdorben 1) als stockpreußisches, daß es die sächsische Angelegenheit nicht längst sicher ausgemacht; 2) als deutsches, darin, daß es ein stockpreußisches sein wollte, nirgends Vertrauen und Liebe erregte. Sein Schluß: Preußen muß wieder so stark sein, als es vor 1806 war, folglich, weil es in Polen verliert, deutsche Länder zu sich nehmen, ist falsch. Einmal: warum habt ihr euch Polen nehmen lassen? warum euch nicht mit Österreich und England stark gegen die russische Habsucht erklärt, welche dann sicher hätte weichen müssen? Vielmehr liegt in euerm hartnäckigen Anschließen an Rußland der ewige Grund, daß euch Österreich nicht trauen kann. Das Gute, Gerechte und allein Rechte über Polen wäre gewesen: dieses schmählich und schändlich getheilte und gekränkte Volk soll jetzt, wo wir alle auf Gerechtigkeit dringen, wieder frei und ständig werden; es liegt heilsam zwischen Teutschland und Rußland. Ein Paar Millionen Polen, worunter Fremde und Judenseelen genug, machten Preußen nie stark; durch Gerechtigkeit und Milde allein kann es stark sein in Teutschland. Was haben die Sachsen gethan, daß sie wider ihren Willen ihre Eigenthümlichkeit aufgeben sollen? Das Volk hat gelitten und gestritten. War der König schuldig, so ächtet ihn und laßt das Reich über den Erfolg des Reichsbannes entscheiden. Ein König von Württemberg, Großherzog von Baden ꝛc. scheinen mir persönlich viel sträflicher und gehen frei und belohnt aus. Wie, wenn der König von Sachsen vor der Leipziger Schlacht beigetreten und ohne Zweifel bestätigt worden wäre, was wollte Preußen dann für ein Land nehmen? Der Grund dazu wäre ebenso da. Jetzt aber ist es verrucht, daß Preußen oder im Gegensatz Baiern ꝛc. den Gedanken an Krieg in Sinn und Wort nehmen, daß sie sich gegenseitig drohen, über eine im Innern eines Vaterlands sinnlose Vergrößerungssucht die Waffen wider einander zu kehren, durch deren Gemeinschaft sie bloß den wahren Feind besiegt haben. — Zu solch einem Krieg wird es unser Geist nicht kommen lassen, sondern das Ende wird sein:

Es ist den Preußen ein Anstoß und Ärger, daß sie jetzo, nachdem sie noch öffentlichen Besitz genommen, wieder aus Sachsen weichen sollen, aber sie werden es doch thun; sie sollen bedenken, daß man Unrecht und Versehen nie mit neuem Unrecht gut machen kann, daß sie in Teutschland stärker und ehrenvoller stehen werden, wenn sie blutlos und ehrlich dastehen können, daß wir den Bürgerkrieg unter Teutschen durchaus als unmöglich und das erste Verbot betrachten und im Krieg gegen die zwei möglichen Feinde, Franzosen oder Russen, sich alle Teutsche nebeneinander stellen werden, seien sie Sachsen oder Preußen, weswegen die Meinung von der nothwendigen Rundung Preußens eine Albernheit oder Sünde, weil sie den sündlichen Gedanken schon im Herzen trägt.

Dieses Geschwür muß nun zur Heilung des ganzen Congresses bald aufbrechen, Gott gebe zum Leben, nicht zum Tod. Ein Tod wäre es auch, wenn man der Welt zum Spott auseinander ginge, ohne Krieg zu erklären und ohne Frieden zu machen. Das Volk hat ein Recht, von solchen Anstalten ein ernstliches Resultat zu begehren, und dieser Volksgeist darf durchaus nicht verletzt werden. Legt er sich, so ist es ein Verderben, regt er sich dawider, so ist es recht und nöthig, aber ein Unglück und neuer Streit statt der gehofften Ruhe. Am widersten sind mir jetzt unter allen die frechen Lügner und Spötter, z. B. die preußischen Artikel des Hamburger Correspondenten, die hier Varnhagen zusammendreht. Wollte Gott, daß die wahre deutsche Partei in Preußen, die einträchtige und gütige, hier durchgedrungen wäre, so hätte man von dieser unwiederbringlichen Zeit, den Zwistsamen zwischen Österreich und Preußen auszurotten, heilsamen Erfolg gesehn und alles wäre dann gegangen.

Du stellst Dir nicht vor, wie sie überall, allerseits gerade die feigen, krummen und linken Mittel ergreifen statt der rechten.

Hierbei sende ich noch einen merkwürdigen Beitrag zum Mythus von dem Baden in Blut. Der Zusammenhang mit dem Blaubart wird dadurch sehr bestätigt. Sollten die Sagen vom unschuldigen Kindermord nicht überhaupt zwei Seiten haben: 1) die Vertilgung des verheißenen, wahren Königs; 2) die Lebensverlängerung für den alten König. Im Evangelium wird bei Herodes' Geschichte zwar nur jenes ausgedrückt, und so auch in der indischen Fabel. Allein das zweite Motiv bricht doch nicht undeutlich durch, darin, daß Herodes alt ist und nachher wirklich aussätzig stirbt. Die altnordische Sage vom uralten König, der seine Söhne nacheinander zur Lebensfristung opfert, habe ich doch in meiner Abhandlung angeführt? Merkwürdig sind dabei die Stufen, wonach dann doch dies gewaltsame Mittel immer unkräftiger wird. Der letzte Sohn giebt dem Vater viel weniger Jahre als der erste, und so kann es wie aller Zauber bloß fristen, nie am End aushelfen. Dies Verhältnis liegt auch starken Mitteln, wie dem Opium, zu Grund, die Natur gewöhnt sich stufenweise dran und zuletzt taugt es nicht mehr; ja, es ist dasjenige aller Arzneien überhaupt, die den Tod nur aufschieben, zuletzt nicht hindern. Schlag doch in Plouquet nach, ob er auf nichts Gelehrtes wegen der Blutheilung verweist?

Kommt nicht bei Erklärung des Wortes Aue (Gau) vor, daß dabei die Idee eines bewässerten, Insellandes vorherrscht, außer der

Verwandtschaft von eane Wasser ist zum Beweis anzuführen, daß schon Festus v. pagi anmerkt: pagi dicti a fontibus; aquae lingua dorica παγαί, nämlich im Gemeingriechischen ist πηγή ein Brunnen. Im Lateinischen werden pagani den montanis entgegengesetzt. Da nun von pagus das französische pays (Land) kommt, so wird an diesen Beispielen die ursprüngliche Gemeinschaft der Wörter: Wasser und Land (Erde) bewiesen, wie denn auch γαῖα oder αἶα (Erde) genau unser Au und Gau sind.

Ich fürchte immer, Hagen steckt vielleicht durch Bekanntschaften mit Factoren der Realschulbuchhandlung oder in Halle hinter der fatalen Zögerung des Drucks unsrer Edda. Oder sollte der Drucker meinen, wegen seiner geschnittenen Buchstaben müsse man nun von ihm abhangen? Hat denn Weller nichts aus Kopenhagen gemeldet?

Thomas sendet mir Körners Ankündigung, worin mir auffällt, daß außer den fünf schlenden Heften noch zwölf neue im Jahr 1815 geliefert werden sollen. War denn das Dein Wille? Sobald ich abkommen kann, will ich Dir aus der goldenen Schmiede die Stellen vergleichen; alle hiesigen Handschriften schienen mir aber schlecht.

Du schreibst nicht, ob Du dem Jordis meine Schuld bezahlt hast und er den Monat Mai meiner Besoldung gezogen hat?

Mir geht's mit dem Geld hinderlich und meine Kleider und Schuh zerreißen nach der Reise. Tausend Grüße, auch danke ich dem Louis für den Brief. J. G.

119.

Wilhelm an Jacob.

[Cassel], am 29. Dezember 1814.

Lieber Jacob, den 4. Januar erlebst Du auch diesmal nicht bei uns, kann ich Dir auch nichts schicken, so sollst Du doch einen Brief haben. Gott erhalte Dich gesund und geb Dir so viel vergnügte Stunden, daß Du die lästigen nicht zu schwer erträgst, das ist in wenig Worten mein großer Wunsch. Einige Zeit habe ich gedacht, Dich bald wieder hier zu sehen: nun aber verschwindet die Hoffnung gänzlich, wolle Gott, daß es dem Ganzen gedeihlich ist, daß man so zögert, die Nachrichten kommen abwechselnd gut und bös, wie Ebbe und Fluth, ich habe das Vertrauen, daß das Gute das Letzte ist und der schwarze Engel vom weißen besiegt wird. Ich glaube, ich habe

Dir in meinen vorigen Briefen schon ausgedrückt, welch ein großes
Bedürfnis ich nach Ruhe fühle, in einem kurzen Zwischenraum habe
ich viermal das traurige Herzklopfen gehabt, was gewiß von diesem
Zustand gekommen ist. Mit dem Ferdinand ist nun gottlob so weit
ein Ende, daß ich ihm bei Reimer in Berlin eine Stelle ausgemacht,
er will ihn zur Correspondenz und Correctur und ihm monatlich
zwanzig Thaler geben, davon kann er leben, und die Arbeiten selbst
werden doch wohl von ihm geleistet werden können, sowie ihm nicht
gerade zuwider sein. Dazu kommt, daß er Savignys Trost und Hülfe
haben kann, wenn er sich dessen werth macht; nun wünsche ich nur,
daß er es annimmt und nicht Grillen halber ausschlägt. Ob Karl
eine Stelle schon hat, weiß ich nicht, doch kann's ihm nicht fehlen.
Der Louis sitzt wieder neben in der Stube und Abends bei mir,
sein Umgang ist mir angenehm, er denkt sehr brav und dabei sehr
zart im Zusammenleben, so daß er alles meidet, was mich z. B.
stören könnte. Die zwischen alles eindrängenden Correcturen haben
auch geholfen, mich in aller Ordnung zu stören, die Märchen sind nun
fertig, ich hörte das von Suabedissen, der sie sich vom Krieger gekauft, unsere Freiexemplare sind noch nicht gekommen und gestern
erst die letzten Aushängebogen, so daß ich auf diese Weise nun e i n
Exemplar habe. Die Zusätze zum ersten Band, wovon sie mir übrigens
die Correctur nicht geschickt, machen einen ganzen Bogen aus. Von
den Wäldern habe ich bis heute noch keinen Bogen gehabt, wiewohl
Manuscript schon abgeschickt. Von der Edda sind erst fünf Bogen
gedruckt, so langsam geht es, und hilft keine Erinnerung und Bitte.
Beim armen Heinrich hält mich auf, daß Du mir nicht beantwortest,
weshalb ich Dich gefragt, überhaupt ist Dein letzter Brief vom
10. Dezember so kurz, daß ich nicht einmal daraus ersehen kann, ob
Du meinen dicken und einen andern mit Anfragen, die goldene Schmiede
betreffend, erhalten hast, ich will es doch hoffen, oder sollte eine Antwort von Dir verloren gegangen sein? Ich begreife nicht, warum
Du hier, wo doch Eile gut und förderlich wäre, so lang mich warten
lässest.

Savignys Buch habe ich vor kurzem bekommen, es ist sehr lebendig
und eindringlich. Thibaut hat in den Jahrbüchern verneinend ge-
antwortet. Arnim ist noch nicht dort in Berlin, wohl aber Clemens.
— — — Hagens Edda habe ich noch nicht erhalten, wegen der
Recension schreibe ich an Benecke, wiewohl ich zweifle, daß sie die
Dänische Literaturzeitung halten. Gottschalks Buch ist schlecht, der

kleinste Theil aus mündlicher Überlieferung, unter dem aus der Badischen Wochenschrift u. dergl. Gesammelten einiges ganz ohne Kritik aufgenommen, wie Körners Märchen vom Goldner. Über alles breitet sich ein sehr widerwärtiger Romanenstil mit eingemischten spaßhaft ironischen Ausdrücken, die mir ungemein zuwider sind.

Die Diäten hab' ich aller Bemühungen ungeachtet nicht bekommen können. Einer schickt mich zum andern; Rivalier sagt, aus der Zeit wisse er nichts, also habe ich mich zum letzten noch einmal an Knatz gewendet. Schick mir doch eine Hauptquittung, zwei für beide Collegien, für 1814. Wie soll ich es mit dem Januar u. s. w. halten? Willst Du mir wieder Quittungen schicken, mit dem Dezember sind die Du mir gegeben zu Ende? — Hierbei schickt Dir die Tante einen Zinsabschnitt zum Frühstück, sieh nun, wie viel Du dafür bekommen kannst. Das Gretchen wünscht gern den Nachdruck von der Übersetzung des Tasso durch Gries zu haben; Du bringst das wohl mit.

Nun weiß ich Dir nichts mehr zu schreiben. So oft wir West-wind haben, raucht's in unserer Stube ohne Barmherzigkeit, da sitze ich also bei der Lotte im kleinen gelben, das ist auch ein Nachtheil, indessen will ich mich doch freuen, wenn ich fürs folgende Jahr wieder es behalte, was sich in acht Tagen zeigen muß. Manche meiner Blumen gehen mir leider zu Grund, Du kannst wohl leicht Samen von einigen recht schönen, wunderlichen, südlichen oder asiatischen mit-bringen. Doch will ich Dir, weil Du doch mit vielem geplagt wirst, es auch nicht übel nehmen, wenn Du es vergissest. Der Malsburg hat auf einmal sehr freundschaftlich geschrieben, mich besucht und zu einem großen Essen eingeladen, von dem ich aber weggegangen bin, weil es mir zu lange dauerte. Nun leb wohl,

Dein treuer Wilhelm.

120.
Jacob an Wilhelm.
[Wien, 27. Dezember 1814].

In Eile.

Lieber Wilhelm, mit dieser Gelegenheit sende ich Dir beifolgende neue Bemerkungen zum Hildebrandslied, welche ich Dich fleißig durch-zusehn und baldigst ins nächste Heft rücken zu lassen gebeten haben will. Ich hatte den Aufsatz schon einmal vorigen Sommer in Cassel gemacht, hier aber neulich nochmal durchgearbeitet. Ist Dir der am Schluß beigegebene Versuch überhaupt nicht recht, so laß ihn ganz weg.

Nächstens mehr. Ich habe wieder lang keinen Brief von Dir und warte alle Tage. Jeden geht mir's hier schlimmer mit verfluchten Abschreibereien, so daß, wenn der Congreß noch lange anhalten will, ich ernstlich denke meinen Abschied zu nehmen.

Am 3. Christtag.   Jacob.

121.
Jacob an Wilhelm.

Wien, 31. Dezember 1814.

Liebster Wilhelm, in diesem Augenblick empfange ich Deinen Brief vom 20., der mir mein Herz schwer und betrübt macht; nachdem ich am 15. Dezember die wenigen Zeilen vom 5. bekommen hatte und nun täglich mehr erwartet, sehe ich zu meinem Erstaunen, daß Du von der Wenigkeit und Kürze meiner Briefe schreibst, der ich Dir so viel und oft schreibe, als ich nur Zeit und Gelegenheit finden kann. Es beunruhigt mich aber sonderbar und ist den Umständen nach mir völlig unerklärbar, daß Du meinen dicken Brief vom 20. — 25. November ungefähr, worin ich Dir alle meine Collectaneen über den armen Heinrich zugesandt, so daß mich Deine Vorwürfe gar nicht treffen, nicht erhalten haben solltest. Erkundige Dich nach dem Schicksal dieses Briefs, den wohl gar ein Bedienter Witzlebens verloren hat, alsogleich, wie ich Dir auf beikommendem Zettel angebe. Ich kann nicht glauben, daß sie mir in Cassel den Brief erbrochen hätten. Schreib mir lieber direct mit der Post, was liegt an den Paar Thalern Porto, daß man dafür in Gedanken und Noth sein soll? Ich könnte heute diesen Brief leicht beischließen, thue es aber mit Fleiß nicht. Über die Geldgeschichten kann ich heute weder schreiben, noch etwas thun; es ist ein Elend, daß die Leute an mir sparen wollen, was bei andern im Großen fortgeht, während ich an der Sache unseres Vaterlands und Hessens so herzliche Sorge trage, das weiß Gott, während ich Zeug schreiben muß, daß mir die Finger weh thun, und was dazu überall in der Mitte schwebt und rein nichts hilft, als vielleicht ein Paar neugierige Fragen zu stillen. Wie verkehrt ist all dieses Leben und Geschäft, taubes Stroh dreschen sie und sehen das am Ende ein, lassen sich aber augenblicks ein neu Gebund derselben Art unterlegen und arbeiten eben so tapfer drauf los. Ich habe dem Görres seit

einem Monat wenigstens dreißig bis vierzig seine Quartseiten voll zugesandt, will aber nun damit aufhören.

Der Graf ist seiner Geldumstände wegen so geizig gegen mich,
daß ich mir alles selbst kaufen müssen bis auf Kaffeekasten und Brett,
geschweige den Kaffee drein, und noch nicht einmal, so lange wir hier
sind, habe ich mit ihm gegessen oder gefrühstückt. Da er nun die
meisten Tage zu essen gebeten wird, z. B. die ganze Zeit während
des Kurfürsts Anwesenheit an dessen Tafel speiste, so kann man sagen,
daß ich für meine Person viel mehr ausgebe, als er; denn ich kann
Anstands wegen nicht anderswo essen, als wo nur ordentliche Leute
hingehen, sitze jeden Mittag allein an einem Tischchen, wohin ich eine
halbe Stunde Wegs zu laufen habe, und mir allen und jeden Bissen
nach der schändlichen Restaurationsmanier erst bestellen muß, sonst
kriegt man nichts. Übrigens bin ich sonst genirt, wohne in einer
Stube, die von der des Grafen nur durch eine ganz dünne Wand
geschieden wird, so daß er alles hört, wenn mich jemand besuchen
will, oder ich von seinen Besuchen das Geräusch habe. Außerdem
stört er mich mit seiner unendlichen schlemmerischen Geschwätzigkeit
täglich vielmal, singt und dudelt vor sich ganz offiziermäßig, was
schon an sich einem alten Mann lächerlich ansteht, mich aber in eine
elendere Lage versetzt, als den Siebenkäs das Kehren und Scheuern
der Lenette. Alle solche Dinge hast Du noch gar nicht erlebt, und ich
thu es ungern, daß ich davon schreibe und Dich mitleidig mache;
allein es tröstet mich etwas. Es geht mir schlimmer und schwerer
als 1806 und 1807, da ich doch jetzt viel ungeduldiger wie damals
bin und weniger vertrage; ich verrichte eigentlich die Arbeit eines
ganz ordinären Privatsecretärs, obgleich der Minister gutmüthig ist
und ich mir nichts gefallen lasse; aber einen, zwei Monat geht das
mit, nicht in die Länge. Ich suche nur mit Ehre davon zu kommen
und möchte deshalb gern das Ende des Congresses abwarten, um mich
nicht gerade für die Zukunft aller Enden loszuschneiden. Aber nun
sprechen sie gar von bis Ende Februar, wobei man versauern könnte.

Was ich in Paris und hier für unsere Sammlungen gewonnen
habe, ist freilich gut, aber dagegen habe ich eine Menge von seelen-
ruhigen Arbeiten eingebüßt und ich bin nun einmal so, daß mich alle
Zerstreuungen und Störungen aus meiner ganzen Ordnung schieben.
Dafür kann ich auch leicht wieder über Schmerz und Ärger hinaus-
gehen und bin freilich ganze Tage zufrieden und hoffnungsvoll. Ich
habe endlich noch meine spanischen Lieder untergebracht, unter Be-

dingungen wie bei Vieweg, und sehe bei den Druckcorrecturen ihre
Schönheit und ihren Werth neuerdings, so daß in Aufsätzen für unser
Journal mancherlei drüber zu sagen gedenke. Außerdem hoffe ich
etwas Gutes für die Sammlung der Volkspoesie zu thun und eine
förmliche Gesellschaft, die sich allerwärts in Teutschland verbreiten
soll, hier zu stiften. Von diesem allen sollst Du näher hören, vor
läufig eine Probe Correctur, damit Du den Druck sehen kannst.

Es freut mich, daß es dem Ferdinand noch in Berlin gelingen
kann, wenn er nur zum Briefschreiben Geschick hat, zum Corrigiren
eher, aber nicht im Lateinischen und Griechischen! Ich hatte ihm zu
seinem Geburtstag am 18. einen Wunsch geschickt, und weil ich in
Berlin die Sache für verloren hielt, in anderm Sinn geschrieben, nun
werd' ich vielleicht unmittelbar Antwort und seinen Entschluß hören.
Solche Correctoren haben den ganzen Tag über zu sitzen, das wird
ihm schwer ankommen. Ich weiß nicht, warum ich wünsche, er versuchte es erst an jedem andern Ort außer Berlin.

Ich wünsche Euch allen fröhlich Neujahr und danke für die drei
Geburtstagswünsche herzlich, stehe jedoch nicht davor, daß den 4. Januar
eine Überraschung hier abgegeben wird, weil mir die Nachricht vom
noch nicht erhaltenen Märchenbuch etwas verdächtig ist, da es schon
Suabedissen bei Krieger gekauft haben soll. Irr' ich mich, so ist die
Schuld Euer, denn das Buch wird auch mit einem preußischen Courier
aus Leipzig erwartet dieser Tage. Sollte der Körner mit den Wäldern
erst auf eine gewisse Zahl Subscribenten warten? Ich hab's hier
inseriren lassen. Die Hauptquittung kann ich nicht senden, bevor ich
weiß, ob Jordis den Monat Mai erhoben hat. Denn sonst können
sie keine Quittung darüber haben. Gott behüt' uns. Jacob.

Ich danke der Tante herzlich für den Coupon. Macht hier
zehn bis elf Gulden Wiener Währung, gegen drei Thaler.

Am 27. November hat ein gräflich Bentinkscher Courier ein Packet
nach Cassel mitgenommen, worin unter andern ein Schreiben des
Grafen Keller an Se. Excellenz den Herrn Staatsminister von Wit-
leben befindlich, in diesem Schreiben aber ein dicker Brief an die Adresse
des Herrn Bibliotheksecretarius Grimm zu Cassel beigeschlossen war.
Dieser Courier hätte schon am 1. Dezember in Frankfurt eintreffen
können, ist aber Aufenthalts halben erst den 5. daselbst, das Packet
aber in Cassel zwischen dem 7. und 10. bestimmt angelangt. Da
nun jener Beischluß den 20. noch nicht zu Händen der Behörde ge-

kommen war, bittet man gehorsamst, nachforschen zu lassen, durch welches Bestellers Nachlässigkeit der Verschub, wo nicht gar der Verlust dieses Briefes verursacht worden.   (Grimm.

122.
Jacob an Wilhelm.

Wien, 4. Januar 1815.

Lieber Wilhelm!

Es liegt mir beständig im Sinn, daß mein Brief vom November in Cassel selbst, wohin er ohne Zweifel gelangt ist, verloren gegangen sein sollte. Außer andern Dingen, die einem Dritten nicht zu Gesicht kommen durften, namentlich der Antwort auf Deinen Brief, daß ich meine Stelle nicht ordentlich versähe und zu viel Zeit auf Bibliotheken säße, war darin alles, was ich Dir noch zum armen Heinrich schuldig war, das Kapitel von der Sprache und die Beantwortung der mir von Dir damals übersandten zweifelhaften Stellen. Letztere kann ich gar nicht ersetzen, da ich Deine eignen Zettel zurückgesandt, und Du müßtest mir sie neuerdings senden, da die Punkte richtig waren und ich Dich durch meine Erläuterung von Deiner Meinung darüber abzubringen gehofft hatte; jenen Abschnitt könnte ich nur mühsam aus meinen Papieren zusammen bringen, da ich zu dergleichen nicht pflege ordentliche Concepte zu schreiben. Weil es mir auch schwer fallen würde, die Zeit dazu zu gewinnen, so will ich lieber abwarten, ob sich, wie ich noch immer hoffe, auf mein Dir sogleich mit der Post den 31. Dezember geschicktes Schreiben der Brief nicht noch findet, vielleicht unter Witzlebens Papieren.

Es thut mir leid, daß ich nicht von Anfang an alle Briefe beziffert habe, so wüßte man bestimmt, was verloren gegangen. Der kleinen erinnere ich mich nicht mehr, aber im Dezember habe ich Dir (außer jenem vom 31.) noch zwei bedeutendere geschrieben. Einen in der ersten Hälfte oder um die Mitte Monats, worin ein gedrucktes Volksblatt und noch andere Dinge, zum armen Heinrich gehörend. Den zweiten vom 26. — 28. Dezember, worin ein Aufsatz über das Hildebrandslied.

Ich muthmaße aber, daß auch kleinere, meistens doch ins Casseler Packet beigeschlossene, abhanden gekommen sind, z. B. der mit der zurückgewiesenen Erklärung gegen Büsching, weil Du mir doch darauf geantwortet haben würdest.

26 *

Ich kann mir nicht denken, daß man in Cassel meine Briefe auf-
gemacht und einbehalten habe, vermuthlich erinnert sich auch Minister
Witzleben der für Dich empfangenen Beischlüsse und man müßte seinen
Bedienten oder Besorger zur Rechenschaft ziehen: wem er sie abgeliefert? Vielleicht solltest Du in der Zeitung den Dritten auffordern,
welchem der Brief zufällig in die Hände gerathen wäre? Aber warum
hätte der nicht von selbst so viel Ehrlichkeit gehabt?

Dieses ganze Blatt sammt allen Sorgen darüber wäre mir
schon erspart worden, wenn die Leute ordentlich und redlich wären;
so muß man außer dem Schreiben und Aufsuchen der Gelegenheit
auch noch über das Schreiben und die Sicherheit der Gelegenheit
schreiben und sich bedenken. Nun noch ein und das andere.

Von meiner heutigen Erwartung ist noch nichts (10 Uhr früh)
eingetroffen und es wird nicht gegangen sein.

Ich habe mir, weil ich täglich ein paarmal den langen Weg
über das Glacis in die Stadt thun muß, wo mich bitterkalt fror,
einen warmen Wintermantel machen lassen von sogenanntem Azor,
den ich auch auf der Rückreise im Winter nöthig hätte. Er ist theuer
und mir zu gut ausgefallen, so daß ich ihn bloß so lange tragen
und Dir mitbringen will. Denn dergleichen Zeug ist Dir besser und
reicht der englischen Mode nach bis auf die Schuhe herab, welches
gleichwohl ungemein wärmt.

Aus des Louis Brief habe ich zu spät gesehn, daß ein Maß
der gewünschten Anatomie beiliegen sollte, hat aber nicht beigelegen.

Die Lesarten zur goldenen Schmiede konnte ich nicht besorgen,
weil der Feiertage wegen über vierzehn Tag Ferien auf der Bibliothek waren; erst bis Montag geht sie wiederum auf. Wenn ich doch
nur dazu kommen könnte, zu den neuen Nibelungenstrophen ein Paar
Worte zu schreiben! Wenn aber die unterweges auch verloren gingen!

Sieveking ist nach Berlin gereist, um dort bei der Universität
zu bleiben. Ich höre ja, daß die Jordis nicht dahin, sondern nach
Paris zurückgegangen ist, wo sich ihr Mann beständig fest einrichten
will.

Was hörst Du von Hammerstein? (Unser erstes Heft wird ja
nur 8—10 Bogen stark, daß nur endlich einmal die Dedication angebracht wird; ich denke, er schickt dann Bücher.) Ist August Harthausen nach Breslau oder Göttingen? Was macht der alte kranke
Wild die ganze Zeit?

An Arnim und Clemens hab' ich vor vierzehn Tagen ganz kurz geschrieben. Die Libussa bin ich noch nicht zu Ende aus. Fouqués Corona mag ich nicht anlesen; bloß Schaumburgs Handlung hat davon in kurzer Zeit dreißig Exemplare abgesetzt, wiewohl die Verse den Österreichern lang nicht so eingehen, als die Prosa im Zauberring und der Undine, wodurch Fouqué überhaupt in Teutschland sein Leseglück gemacht hat. Die Libussa verkauft sich äußerst schlecht und fast gar nicht.

Will denn Harnier nicht nach hierher kommen und dem Congreß den Rest geben?

Hierauf nach allerhand Sammelsurium zum armen Heinrich. Bei dem Namen kann auch das Volkslied von Hennele Knecht citirt werden, wo es nicht schon geschehen. Sehr merkwürdig bleibt auch, daß im hiesigen Codex theolog. 615 VIII. D. 25 apud Denis Vol. I, col. 2343 in einer Handschrift zwar des 15. Jahrhunderts ein psalmus sive Miserere (für miseros, elende, kranke Leute) so anhebt:

> dum Henricus aegrotaret
>
> et aegrotans cogitaret,
>
> quod ad vitae terminum
>
> vocaretur a potente,   (Gott? der Tod? heißt
>
> metu mortis imminente,   der Mächtige, Grausame.)
>
> invocavit dominum.

Nun folgt das Miserere selbst. Denis vermuthet beim Henricus einen König oder Kaiser Heinrich (paßte vielleicht auf Heinrich IV., der 1106 starb), dies gründet sich anf die vor dem Manuscript stehende, damit gleichzeitige Inhaltsanzeige „Nr. 11. carmen rigmicum (sic) heinrici imperatoris invocans divinam clementiam." — Ad voc. Königskinder (si ziemte dem riche zum kinde.) Freilich hießen auch unehrliche Leute, Juden ꝛc. so, weil sie allein unter dem Schutz des Königs (Kaisers) standen. — Ad voc. Riegel vorwerfen. Die Anmerkung über obices von obiicere wird bestätigt durch Ennius, der subices pro subiectis hat. — Ad voc. Gesellen, commensales, Tischgenossen. Schon Festus v. sodales quod una sedent. So die griechischen Wörter auf Zusammenessen: αὐτόδαιτοι, αὐτόδειπνοι und concoenae. Mir scheint damit in den Märchen der Zug bedeutend zusammen zu hangen, daß die treuen Gesellen gleiche Becher, Messer und Gabeln haben und bei sich führen. So im Pentameron ein Messer und im deutschen Märchen selbst die Namen, der eine Freund hieß Messerlein, der andere Gäbelein. Mythisch sind Becher, Tisch und Stuhl genau

verwandt (z. B. meine Recension des Lohengrin). — Zum holländischen
Lied vom Lazaruskranken. Über den wirklich bestandenen Lazarus
orden siehe Münters Statutenbuch der Tempelherrn, S. 206.

Trag das noch hübsch ein. Eben höre zu meinem Verdruß, daß
der Courier, der meinen Brief vom 26. oder 27. Dezember hat, erst
heute abgehet. Es ist schön blau Wetter und tiefer Schnee, ich will
sehen, ob ich ein wenig spazieren gehen kann, um doch etwas Festliches
in mich zu bringen. Dein treuer Bruder Jacob.

Kauf doch den zweiten Theil von Eichhorns Rechtsgeschichte, davon wir schon den ersten haben.

123.
Wilhelm an Jacob.
Caffel, am 8. Januar 1815.

Liebster Jacob! Acht Tage, die ich mit bloßen Haushalts-
geschäften, Rechnungen und neuen Einrichtungen zubringen mußte,
und acht Tage Kränklichkeit, die mich zu allen Arbeiten untauglich
machten, haben mich abgehalten, Dir sogleich zu schreiben, daß Dein
dicker Brief endlich angelangt ist, worin so mancherlei enthalten war.
— Der Ferdinand befindet sich wahrscheinlich jetzt in Böhmen auf
der Reise nach Berlin, wo er wohl zu Ende dieses Monats ankommen
muß. Ich habe dies dorthin gemeldet, auch Savigny seinetwegen
geschrieben; wenn er sich nur ein wenig ordentlich zusammenhält, so
muß es ihm dort gut gehen. Bekannte findet er auch, denn der
Franz Engelhard ist, wie ich eben höre, Kriegs- und Domänenrath
daselbst geworden und die Lenchen mit ihrem Mann kommt auch
hin. Der Karl schreibt, daß er mit seiner Lage zufrieden sei und
sich eine Reisegelegenheit aussuche; weil er selbst Aufträge gut besorgt, so hat er kein Mitleid und schreibt mir fast nicht, als wenn
er Beischlüsse zu besorgen hat, hierbei folgt auch einer, wahrscheinlich
ist aber bloß die Adresse von ihm. Der Louis hat nun eine Vorstellung beim Kurfürst eingereicht, um die Künstlerpension zum
Reisen zu erhalten; ich höre, daß sie der Zeiten wegen soll getheilt
und statt 200 jährlich nur 100 gegeben werden. Unterstützt ihn also
die Prinzessin nicht noch, so ist die Frage, ob er dieses, was ihn
gewissermaßen zum Reisen verpflichtet, annehmen kann? Die
hannöverische Regierung giebt jährlich 800. — Wegen der neuen

Hausmiethe noch nichts Gewisses, ich glaube, der Buderus hat den
jüdischen Ausweg gefunden, die Wohnungen aussteigern zu lassen,
welches sich bald zeigen muß: ich bin entschlossen, so hart es ankommt, lieber noch einmal so viel zu geben, als auszuziehen. Da
endlich kein einziger Stuhl mehr ganz war und sich niemand ohne
Warnung niedersetzen durfte, so habe ich in der Vergantung des
Generals Thabert sechs Stühle und zwei Sessel, stark und mit schwarzem
Plüsch überzogen, sehr wohlfeil gekauft, wenn Du also wiederkommst,
findest Du einen schönen neuen Arbeitssessel an Deinem Tische. Die
Diäten habe ich nicht bekommen, Knatz ist so unhöflich gewesen, auf
meinen Brief nicht einmal zu antworten, sei also so gut zu schreiben;
es fehlt mir stark an Geld, da die eingelaufenen Rechnungen zu bezahlen sind und Erdmann allein 86 Thlr. haben muß. Dieterich ist
völlig herunter, ich habe für dieses Jahr mit dem alten Sünder
Krieger, der sich in des Collignon Nest am Platz gesetzt hat, einen
Versuch gemacht. Dem Ferdinand habe ich doch auch angeboten, sich,
was er nöthig habe zur Reise, dort zu borgen, wir wollten es bezahlen, also könnte von dorther eine Forderung kommen. Jordis
ließ im Herbst durch Pfeiffer das Geld einziehen, vor kurzem aber
schreibt sie mir, ihr Mann habe in den Rechnungen gesehen, daß
Binder dies ohne sein Wissen gethan; da es mir lieb sein könnte,
das Geld noch in Händen zu behalten, so habe er Pfeiffer aufgetragen,
mir es und weiter bis zu 500 Francs zu zahlen, wenn ich es verlange;
dieser zeigte auch seine Bereitwilligkeit an. Ich habe bis jetzt noch
keinen Gebrauch davon gemacht, ohne es abgewiesen zu haben. Meine
Antwort hat sie schon nicht mehr in Frankfurt getroffen, sie ist, wie
Thomas schreibt, wieder in Paris. Reimer hat mir wegen seiner
politischen Zeitung: Geschichtsblatt geschrieben, welches an die Stelle
des Correspondenten tritt und für dessen Äußerlichkeiten er eben den
Ferdinand zu gebrauchen denkt, ob ich die Nachrichten von hier besorgen wollte; so lästig dergleichen regelmäßig ist, so würde ich es
doch wohl zu unserm Besten unternommen haben, wenn nicht Rühs
unter den Mitarbeitern genannt wäre. Ich habe ihm also in Rücksicht auf den Ferdinand geantwortet, daß ich ihm nur dann und
wann etwas zusenden würde und fürs Erste den Steinhart vorgeschlagen, der doch mit dem Bauer und Böttger sich mit historischen
und politischen Gedanken abmartert und Neuigkeiten aufpaßt. Wenn
einmal der Rheinische Merkur ausbleibt, so ist alle Ruhe dahin, neulich kam einer auf die Bibliothek, um sich über das Ausbleiben zu

erkundigen. Ich habe Reimer Deine Adresse geschickt, damit er Dir die Anzeige der Zeitung senden kann, schreibt er dabei und Du antwortest, so hast Du Gelegenheit, ihm eins und das andere, z. B. den Druck der Edda, aus Herz zu legen. Er will zu Ostern „ein kleines vorläufiges Honorar" für die Märchen zahlen.

Du wirst Die Märchen dort wohl gesehen haben, unsere Exemplare sind noch immer nicht gekommen und ich habe nun deshalb den Reimer erinnert. Von der Edda sind sieben Bogen fertig. Die Kämpeviser sind noch nicht zu haben, außer vielleicht in Kopenhagen, überhaupt ist es sehr schwer, dänische Bücher zu erhalten, weshalb auch die Kopenhagener Edda schwerlich in den deutschen Buchladen kommt. Nach Kopenhagen mag ich nicht schreiben, bis unsere Edda fertig ist, ohnehin schickt wohl Nyerup das Buch. Welcker hat nichts gemeldet, ein Bruder von ihm (?) ist Professor zu Kiel geworden. Von den Wäldern sind zwei Bogen fertig, ich erwarte in diesen Tagen den dritten und Papierproben für den armen Heinrich, dann soll dieser auch gleich angefangen werden. Ich wiederhole meine Bitte, daß Du mir des Thomas Aufsatz zusendest mit dem Deinigen dazu; dann auch, was Du sonst für die Wälder fertig machen kannst, sonst will ich mich auf neues Manuscript schicken. Die Lesarten zur goldenen Schmiede hätt' ich gerne bald. Einen Brief von Benecke lege ich der Vollständigkeit wegen bei, ich glaube, daß er ganz über= flüssig ist.

Deinen Aufsatz über die Sprache habe ich mit Vergnügen gelesen, es ist manches gut und scharf bemerkte darin, über die Verwandt= schaft der Mundarten und weiter herabgehenden Eigenthümlichkeiten habe ich ähnlich, fast mit denselben Vergleichungen, in der Recension von Rühs' Edda einiges gesagt. In dem Leben jeder Sprache zeigt sich, wie in jeglichem etwas, das man immerhin etwas Zufälliges nennen kann, wiewohl es seine Nothwendigkeit wieder hat wie das Böse. Dieses zu finden, hat die Sprachlehre zur Absicht und hat darin einen herrlichen Grund; falsch und dagegen zu streiten ist die Anmaßung, daß aus ihr und nach ihren Gesetzen die Sprache zu bilden sei, das habe ich damals auch schon angemerkt, auch wird es wahr sein, daß sie in den feinen Übergangspunkten in den Dämmerworten nach ihrer Unwissenheit fehlt (wie oft bei Adelung), dagegen aber würden die Gründe, die Du anführst, sie fast ganz zu Boden werfen. Die Frage ist, sollen wir, was wir als zufällig erkannt, bei der Be= handlung des Gedichts auswerfen? Du sagst nein, es soll z. B., wenn einmal wesen, genésen, süze, süze dasteht, das andermal wesen, genesen, süze, süze 2c. auch in dem Druck wiedergegeben werden. Daß wir hier noch einen lebendigen Grund der Verschiedenheit finden, denkst Du selber nicht zu behaupten, man braucht auch nur natürlich und einfach das Gedicht zu lesen, um zu fühlen, daß es bloße Zufälligkeit ist, wenn bald so bald so geschrieben ist, Du fragst nur: was schadet es, daß wir es so lassen? Hier in vielen Fällen nichts, so wenig als wenn der Vollbrecht schreibt: libe Jungver Tante: dagegen stört es hier an ein Paar Stellen das augenblickliche Verstehen sehr, daß ut manchmal daz, manchmal das geschrieben worden (ich würde schreiben: waz ut, was quod, swaz, indem das s vornen wirkt, und was erat). Wir hören, was gemeint ist, wenn jemand einen falschen Ton singt oder pfeift (welches Gleichnis recht gut, wenn man es so nehmen will, wie ich meine, die Ansicht, die ich habe, ausdrückt), welches auch eine mundartige innere Nothwendigkeit hat, was ich aber doch zufällig und bös nenne und ausstoßen würde. Hätte er einen halben Ton anders gesungen, so wäre vielleicht eine lebendige Verschiedenheit entsprungen. Überhaupt aber ist die ganze Frage unstatthaft, da sie nicht nach der zufälligen Wirkung, sondern von Grund aus muß entschieden werden. Indem Du also aus Furcht gar nichts anrühren willst und in jeder Verschiedenheit ein Zeichen der Eigenthümlichkeit siehst, wirst Du nothwendig (folgerecht) darauf geführt werden, die Handschriften mit allen Zeichen der Verkürzungen u. s. w. wiederzugeben. Auf der andern Seite hat Dich Deine Ansicht von Folgerichtigkeit doch zu dieser Meinung gebracht, weil nämlich, wenn man Lebendiges und Zufälliges (Böses) sondern will, so werden Dämmerpunkte übrig bleiben, wo nicht zu sagen ist, ob Nacht oder Tag das Übergewicht habe (wo nämlich unsere Augen zu stumpf sind, es zu unterscheiden, denn es muß da sein), und da werden wir nicht nach den erlangten Grundsätzen, sondern nach andern (vielleicht zufälligen) Bestimmungen entscheiden.

Am 11. Januar.

Ungeachtet es also meine bestimmte Meinung ist, in allen sichern Fällen eine Schreibart anzunehmen, hier nach einer vergleichenden Übersicht, die ich gleich anfangs von den verschieden geschriebenen Worten gemacht, demnach allzeit nch, daz (ut) wür, türe, zü, müt u. s. w. so habe ich doch Dir aus Gefälligkeit und, weil in dem kleinen Gedicht nicht viel darauf ankommt, alles nach dem Manuscript eingerichtet, die Schärfe der Ansicht hast Du dort unter der Ausarbeitung erst

angenommen, denn Du kannst einmal hier selbst sehen, wie Du nicht
nur, gerade als stände es so im Manuscript, in der Lotte ihrer
Abschrift die tt zu einfachen ausgestrichen, ferner ss in zz verändert
und dergleichen.

Diese Folgerungen ausgenommen bin ich mit den Grundsätzen
in Deiner Abhandlung, wie ich schon bemerkt habe, einverstanden.
Vieles kann ich nicht in der Ausführung widerlegen, aber es scheint
mir doch zu gewagt hingestellt, es müßten lange Studien vorausgehen, um hier mit Sicherheit zu sprechen. Wie leicht in solchen
Dingen ein Irrthum ist, kannst Du daran sehen, daß Du mir bei
einer andern Gelegenheit ausführst, nuwent sei durchaus gegen die
Sprache des Gedichts, es müsse niwan heißen, während nuwent drei
bis viermal darin vorkommt. Das Ausziehen und Verkürzen ist eine
sehr schwere Sache, und ich wollte lieber selber etwas neu aufsetzen,
weil ich immer daran denke, wie leicht ich etwas, was Dir werth
und wichtig ist, auslassen könnte, so daß ich keine rechte Freiheit habe.
Die Einleitung über das Verhältnis der beiden Manuscripte hast Du
schon hier geschrieben, theils übereinstimmend, theils abweichend, bei
der Vaticana scheinst Du in Gedanken zu haben, daß sich beide gleich
nach der Genesung in ein Kloster begeben, es geschieht aber erst, nachdem sie schon miteinander gelebt, Kinder gezeugt, welches freilich die
unschicklichste Verbindung beider Sagen ist. Ich will es indessen so
gut machen, als ich kann, nur mit den drei letzten Blättern kann ich
nicht zu Ende kommen. Nämlich Du setzest voraus darin, daß beinah
ein halbes Alphabet mit neuen Zeichen vorhanden sei; ich bin froh,
daß Körner das ŏ û ú ü é hat scheiden lassen, wie sparsam er verfahren, ist daraus klar, daß er nur für einen halben Bogen angeschafft hat, und wenn mehr alte Sprache vorkommt, dann die Stelle
so lange gesperrt wird, bis die eine Hälfte gedruckt ist. Ich kann
ihm also nicht zumuthen, so viel Neues anzuschaffen (Thurneißen, den
ich befragte, sagte mir, daß in Frankreich jeder neue Buchstabe
6 Frank zu schneiden koste, zu gießen hernach noch viel und weniger
nach der Menge), noch dürfen wir sie aus den Geldern des armen
Heinrich schneiden lassen. Sieh also, wie Du Dich in dieser Beschränkung ausdrücken kannst, und schicke mir dann das Abgeänderte
so bald als möglich, denn ich will den Druck betreiben: wäre es mir
möglich, nach Frankfurt zu reisen, so würde ich es thun, denn ich
sehe, daß hier mit dem Schicken doch fast eine Woche auf den Bogen
geht. Auch den Zettel über die noch zu berührenden Partikeln lege

ich bei, ich bin nicht im Staube, etwas darüber zu sagen, was ich für sicher und wahrhaftig halte.

Noch eins wollte ich bemerken, was ich gestern vergessen hatte. Du redest von dem Landschaftlichen, weiter dem Städtischen, Häuslichen, endlich Persönlichen der Sprache und scheinst die Meinung zu haben, als müsse das alles beibehalten werden für die allgemeine Sprache, ja selbst die Verschiedenheit in der Schreibung der Buchstaben. Was Du eigentlich meinst, ließe sich leicht bei einem wirklichen Beispiel entscheiden, da Du ganz nothwendig eine Grenze annehmen mußt, so wünschte ich zu wissen, wo sie liege. Ich glaube, daß eine allgemeine Sprache sich alles dessen enthalten muß, was bloß landschaftlich sein kann, nun gar das Persönliche dürfte nie heraustreten, außer wo einer mit sich selber spräche. Die allgemeine Sprache ist so gut etwas Künstlerisches, als ein Werk der Malerei oder Bildhauerkunst, sie muß edler und tragisch-würdiger sein als die landschaftliche, und das bloß Häusliche hineinzudrängen würde als ein Flecken erscheinen oder aussehen, als wenn man sie mit einer besondern Farbe getränkt hätte. Du scheinst mir irgend eine erkannte oder besonders betrachtete Wahrheit sogleich wie aufdrängend und im Übermaß einzumischen, als müßte sie durchgesetzt werden, und erst später tritt sie in ein natürliches Verhältnis zum übrigen zurück. So hast Du jetzt z. B. eine besondere Neigung zu den poetischen Tautologien und diese führen Dich zu den unpoetischen, Dir ehedem so widerwärtigen Hagen'schen Ein-, Aus- und Quergangswendungen. Ich weiß nicht, ob sie Schriftsteller von anerkannter Klarheit wie Goethe, Tieck, A. W. Schlegel, Savigny je einmal gebraucht, darauf käm nichts an, sie sind an ihrer Stelle gewiß gut und anzuwenden, etwa wo eine Art Auszug oder Übersicht zu geben ist (daher sind sie mir unpoetisch, in einem epischen Gedicht nicht anwendbar und schwerlich in den Nibelungenvolksliedern u. s. w.), aber zu häufig angewendet (so hast Du auf nicht einer Seite: zu- und gegeneinander, an- und auslaufend, reg- und bewegsam) reizen sie unnöthig, denn, indem sie gleichsam nicht voll ausstreichen, sondern anschlagen und wieder neu ausholen, haben sie etwas von dem Pizzicato der Violine. Auch Fügungen wie: „allein wir scheinen nach und nach in freier Zulassung der Mundarten für gedruckte Bücher, noch mehr aber der mundartig ebenfalls viel-fältig sein müssenden Schreibung der Wörter zu streng geworden sein," sind mir zu nachlässig gesucht. Was die Sache betrifft, so glaube ich, setzt man diese Ansicht streng durch, nicht halb, so geht die all-

gemeine Sprache nothwendig unter und wäre ein Band der deutschen
Völker dahin. Unrecht wäre so etwas zu bemerken, wenn Du so
angefangen und Du Dich herausgearbeitet, aber vergleiche einmal den
Stil in der Vorrede zu dem Meistergesang, der doch völlig Deine
Eigenthümlichkeit hat, mit dem späteren, so wirst Du sehen, daß Du
Dich hineingearbeitet.

In dem Barlaam und Josaphat steht eine merkwürdige Stelle
für den armen Heinrich, nämlich Blindheit und Aussatz kommen vor,
als das menschliche Elend, das aus völliger Zerstörung der Säfte
entsteht. Ich habe vergessen, aus der Gothaer Handschrift die Stelle
abzuschreiben, sei so gut aus der dortigen sie zu nehmen oder genau
auszuziehen. Sie steht bald vornen, als nämlich Josaphat auszieht,
der Welt Herrlichkeit zu schauen, kommen ihm zwei mit dieser Krankheit Behaftete entgegen. In dem Vincentius speculum historiale
kommt die Legende auch vor, (L. XVI) daselbst c. 8 das Hierher-
gehörige. Auf diese Blindheit finden sich noch mehr Beziehungen,
wie in dem Märchen u. s. w., und muß daher erläutert werden.

Zur Vergleichung mit dem Hohenemser Codex habe ich nur zu
bemerken, V. 89—92. Hagen kennt Etzels Reich 337. 4834. 4733.
6643. — Über Theilung des Horts 5692. 4509. Wünschel-
ruthe 6110.

Der alte Wild ist am Christtagmorgen gestorben, nachdem er
noch viel ausgestanden; es ist noch nicht bestimmt, wie es werden
wird und wohin das Dortchen geht. Es war ganz abgemagert und
ist in letzter Zeit, in vierzehn Tagen oft nicht zum Schlaf gekommen;
einen Winter länger hätt' es das nicht ausgehalten. Es hat mich
oft von ganzem Herzen gedauert, es ist eine gar treue redliche Seele,
durchaus wahrhaftig.

Leb wohl, liebster Bruder, ich hoffe bald etwas von Dir zu hören.

Wilhelm.

Am 14. Januar.

Der Brief geht erst heute fort. Ich habe Dir noch nicht gesagt,
daß wir Deinen Geburtstag ordentlich gefeiert, die Tante war da,
Snabediffen und die dazu Gehörigen, und wurde Punsch getrunken
und auf Deine Gesundheit angestoßen. Harnier brachte lauter Fein-
heiten vor. Der Hummel sprach tausendsakerlot aus, ohne die Lippen
zu bewegen. Auch den Lotz hatte ich eingeladen, der hier wieder
Auditor bei den Garden ist und freundschaftlich uns besuchen wollte.
Zur Neujahrsnacht war ich ganz allein, der Louis mit der Lotte zu

einem Ball, ich machte mir auf unserm Ofen sehr guten Glühwein,
aber er schmeckte mir doch allein nicht, daß ich ihn nicht all trank.
Wie hast Du ihn zugebracht, auch wohl allein, ich habe an Dich
gedacht. Die Tante hatte Dir zu Ehren ihre Brillantringe angethan
und die Dose mit der seligen Mutter Bild genommen. Sie freut
sich gar zu sehr, daß es doch so gut mit uns allen gegangen, die
Hummeln hat mir erzählt, daß sie von nichts als davon gesprochen.
Mit der einstweiligen Versorgung des Ferdinand ist ihr auch ein Stein
vom Herzen genommen, sie will ihm nun Hemden, Strümpfe u. s. w.
schicken. Gott woll' es ihr belohnen.

Görres hat allerdings Deine Briefe eingerückt, sie haben mir
durchaus gefallen und die Wahrheit und Gerechtigkeit ist klar darin,
sowie ich solche Unparteilichkeit immer wünsche, für und gegen
jeden kräftig.

Des Louis Platte ist gestern nach Nürnberg zum Probeabbruck.

Ich lasse den Brief Karls für den Grafen noch heraus, weil er
zu viel Platz wegnimmt.

124.
Jacob an Wilhelm.

Wien, 18. Januar 1815.

Lieber Bruder!

Meine letzten Briefe an Dich sind folgende: Am 26. oder
27. Dezember ein dicker Brief mit einem aber erst Anfang Januar
abgegangenen Courier, an Witzleben beigeschlossen, enthaltend einen
Aufsatz übers Hildebrandslied. — Am 31. Dezember mit der Post.
Am 4. Januar durch Einschluß an Starkloff oder die Kriegskanzlei,
enthaltend Nachträge zum armen Heinrich.

Von Dir höre ich seit dem 21. Dezember nichts und habe ver=
geblich Nachricht, daß das verlorene Schreiben vom Ende November
sich noch wiedergefunden, zu erhalten gehofft.

In einigen Tagen geht mit einem hannöverischen Courier, wie=
wohl eingeschlossen in unser Gesandtschaftspacket, doch adressirt an
Rivalier, ein starker Brief an Dich ab, worin Du den Anfang meiner
wichtigen Excerpte aus den Hohenemser Codex finden wirst, daran
aber mancherlei durchsehen, ändern und bessern mußt, weil mir hier
die Hülfsmittel dazu fehlen oder nur durch langweilige Umstände zu
erhalten sehen.

Der Ferdinand hat mir kürzlich ganz vernünftig geschrieben, er wolle bald abreisen, wenn er sich einiges aus seinen verkauften Sachen zu Reisegeld gemacht; ich wollte ihm gern schicken, wenn ich selbst hätte; es begegnet mir hier öfters, daß ich nur so viel im Eigenthum habe, als ich den Tag nothwendig zum Essen brauche; und einige Mal nicht das, daß ich andre mußte für mich bezahlen lassen. Dies kommt, weil der Graf sehr vergessen ist und ich ihn höchst ärgerlicherweise zwei bis drei Mal anzusprechen habe, bis er mir vorschießt.

Docen meldet mir, daß er in einiger Zeit einen Beitrag zum Hildebrandslied mit etwas Lateinischen für die Wälder einsenden wolle, übrigens auch eine eigene Zeitschrift vorhabe, die sich vermuthlich nicht an Tageslicht bringen wird. Es scheint mir für den Erfolg wichtig, daß wir die ersten Hefte so interessant als thunlich machen. Auch Görres hatte etwas über Herzog Ernst versprochen, woran man ihn erinnern könnte. Wäre ich nur einmal zu Haus und in Ruhe. Jetzt heißt's aber, daß es noch in März hinein dauern werde.

Mit sicherer Gelegenheit sende mir doch den Schelmuffsky. Aber im nächsten Brief entweder abgeschrieben oder ausgeschnitten Reinwalds Ankündigung der Evangelienharmonie aus der Haller Literaturzeitung, Mai Nr. 117. Ich rechne darauf.

Schreibst Du nach Heidelberg an Creuzer oder Zimmer oder Wilken, so entledige mich eines wiederholten Auftrags von Hammer, welcher letztern um die Recension der Fundgruben inständig bittet, welche er ihm zugesagt.

Neulich hab' ich bedacht, wie es um die Correctheit unserer Edda stehen werde? Du hast Dir doch Aushängebogen lassen senden und kannst es beurtheilen. Mir ist angst, daß wir unschuldig zu mehr Fehlern kommen, wie Hagen.

Die Märchen hab ich endlich erhalten. Papier und Druck sind viel schlechter, das Buch dünner und doch der dem Absatz hier sehr hinderliche hohe Preis von 1 Thlr. 18 Gr. (hier über 7 Gulden Papier). Die plattdeutschen freuen mich; im Ganzen steht der Band auch der Unneuheit wegen doch unterm ersten. In den Noten hast Du nicht ganz alles angebracht, was Du dem Raum nach aus meinen letzten Bemerkungen hättest einschalten können. Dem Stein in Frankfurt mußt Du doch deswegen ein Exemplar schicken, weil es ihn besonders freuen und sonst besonders kränken würde. Vermuthlich hast Du ihrer sonst übrig.

Ich freue mich nun auf den dritten Band, wozu ich bereits drei oder vier große und neue gute Märchen, außer mancherlei Fragmenten habe. Meine Gesellschaft ist glücklich und aufs Förmlichste zu Stand, und ich erwarte davon auf den schlechtesten Fall selbst mehr wichtige Beiträge, als wir sonst je zusammengebracht hätten. Jetzt werden Briefe gedruckt und dann an wenigstens hundert Orte und Bekannt- schaften versandt. Mit der ersten Gelegenheit sollst Du Exemplare zur Austheilung erhalten. Hagthausen seh' ich seitdem öfter und seine rege Theilnahme und Versprechungen gefallen mir doch wieder. Es sind hier sonst noch brave Leute; die Majersche Buchhandlung, welche mein spanisches Buch verlegt, hat uns neulich um Überlassung unserer Localsagen (gegen Honorar) gebeten. Steht aber noch billig im weiten Feld.

Hiermit sei schönstens gegrüßt.   Jacob.

Baber will den ganzen Jacob Böhme neu lassen auflegen, ver- muthlich bei Rau in Nürnberg, einer frommen Stillingsbuchhand- lung, die Brentano große Lust hat, einmal zu kaufen. — Die ver- langten Quittungen kommen nächstens auch mit.

Ich will Dir die hiesigen Friedensblätter für die Lesegesellschaft senden, es steht ein Aufsatz von Clemens und sonst einiges darin.

Adresse wie bei Brief 111.

125.
Wilhelm an Jacob.

Cassel, am 18. [Januar] 1815.

Lieber Jacob, Dein dicker Brief scheint ordentlich den übrigen Bahn gemacht zu haben, sie sind nachher häufig angekommen, gegen viere meist kleinere, sie wurden gebracht, während ich auf der Biblio- thek war, daher weiß ich nicht, woher sie kamen, bis auf den vom Jtzig, doch schien mir jeder unversehrt. Der indessen mit der An- zeige gegen Büsching war früher angelangt, und sie ist schon ab- gedruckt; die Redaction hat eigenmächtig, ich weiß nicht aus welchem Grunde, noch Deinen Namen Jacob beigefügt; ich hatte bloß ein Wort, übrigens ganz unbedeutend, abgeändert.

Zum Theil habe ich mir Deine Lage so gedacht, wie Du mir schreibst, doch nimmermehr so schlimm, und Du kannst mir glauben, daß es mich niedergeschlagen hat; ich wünsche so herzlich, Dich nur in einer etwas zufriedenen zu sehen. Der Tante habe ich nichts davon

fagen mögen, um fie nicht in ihrer Freude zu ftören. Wäre der
Congreß nur in Frankfurt, fo könnte ich Dich einmal befuchen:
hoffentlich geht er bald und gütlich auseinander, denn was man auch
fagen mag, ich habe noch nicht eine Minute geglaubt, daß es wirklich zum Krieg ausbrechen werde, obgleich heute unfere Hufaren,
Artillerie und ein Paar Regimenter nach Hanau marfchiren, um den
Baiern die Luft, es zu befetzen und nicht herauszugeben, zu benehmen.

Ferdinand war nach Briefen vom Heß am 4. Januar noch nicht
abgereift, was mich nicht verwundert, aber mir der Koften wegen
nicht lieb ift. Reimer hat mir wiederum fehr freundfchaftlich gefchrieben, daß er ihm zu einer Anftellung dort, wenn er es wünfche,
behülflich fein wolle, da er fchwerlich Buchhändler bleiben wolle; da
er fehr viele Verbindungen hat, wird es ihm leicht fallen, wenn fich
Ferdinand zu etwas Natürlichem entfchließen kann. Seine Abfichten,
wovon er mir gefchrieben, entweder Hofmeifter zu werden (wozu er
nichts verfteht) oder aufs Theater (alfo ins Gemeine) zu gehen find
es gar nicht. Ich freue mich, daß diefer Platz fie abgefchnitten; er
foll hauptfächlich das Äußere der politifchen Zeitung (Gefchichtsblatt)
und Correfpondenz beforgen, an lateinifche Correcturen wird es nicht
kommen, und griechifche beforgt ein Verfaffer felber, wo er nicht einen
gelehrten Corrector kennt. Von Ferdinand fteht ein Gedicht über
Ernft Wagners Grab in Zfchokkes Erheiterungen, drittes Bändchen
1814, es ift ganz gewöhnlich; ich fürchte aber, nachdem es gleichfam
zum Durchbruch gekommen, es erfcheint nun mehr der Art. Wie Gutes
hätte er in Sagen und Märchen fammeln können! Von Karl kommt
nun der mir läftige dick verfiegelte Brief. Über den Louis ift auf
keine Weife etwas entfchieden, die Rufcheweihs find bloß bei Wenner
in Frankfurt zu haben, Thomas und Stein aber haben fie, da Wenner
gerade verreift ift, nicht erlangen können.

Mit dem armen Heinrich habe ich meine Noth. Wegen der
Rückftände waren erft Briefe zu fchreiben, dem Stein fchicke ich eine
vergleichende Überficht der Frankfurter Theilnehmer, um fie zu reinigen,
und aus Höflichkeit verwirrt er noch mehr und fagt nicht, was er
bezahlt u. f. w. Das ließ fich beendigen, aber nun fchreibt mir
Körner, daß kein Papier zu haben fei, und fchickt mir elendes, ob ich
das brauchen könne. Statt der Handfchrift, wie ich dachte, ift nun
ein neu Schreiben abgegangen, ob in Offenbach, woher es alle Welt
kommen läßt, nicht fo viel fei, als man nur wünfche, und ich verlange folches, wie in den Heidelberger Jahrbüchern. — Von den

Wäldern ist ein Heft (die zwölf Hefte von Körner ist ein Irrthum von diesem) fertig, ins zweite sollen die fortgesetzten Hildebrands= bemerkungen und dann Thomas' Aufsatz, der eine Ehrensache ist; ich erwarte ihn daher von Dir. Von der Edda seither kein Bogen, und Reimer schreibt, ich würde nun mit Gebauer zufrieden sein! Ich habe alle Hoffnung zur Besserung aufgegeben, denn ich sehe, es liegt an den Buchstaben, er hat nur für zwei Bogen, diese folgen sich jedesmal rasch und werden hinter einander gesetzt. Bis nun beide corrigirt sind, abgedruckt, die Buchstaben gereinigt und ein neuer gesetzt, gehen die drei Wochen darauf, wo nichts ankommt. Die Märchen habe ich bis auf die Stunde noch nicht; Reimer hatte ge= meint, wie er sich entschuldigt, ich hätte sie von Vogel selbst gefordert; nun werden sie aber bald kommen.

Wegen des Kupfers zum armen Heinrich habe ich den Louis schon mehrmals erinnert, ich glaube wohl, daß er es thun wird, ich mag ihm aber nichts weiter darum sagen.

Das Buch von Bruns habe ich schon erhalten, den zweiten Theil von Eichhorn bestellt. Für die Bibliothek habe ich Beck über die Fehmgerichte gekauft, wie es scheint, ein gutes historisches Buch; auch Montag, Geschichte des deutschen Adels.

Franz Engelhart soll Kriegs= und Domänenrath in Halber= stadt geworden sein; der Procurator wird wohl am Ende auch ab= und dem Gelde nachziehen. Dazu kommt, daß man in Preußen sehr die Juristen sucht, der Wigand wird wohl auch gut in Höxter an= gestellt werden. Der Steuber ist vor etwa acht Tagen mit Abschied zurückgekommen; da der Wille, der häßliche, der Dehns Schwester hatte, plötzlich gestorben ist, so könnte er wohl an dessen Stelle Assessor werden, aber er will nicht beis Stierkollegium, wie er sich ausdrückte. Lenchen ist zwischen Silbergeschenken und Gedichten zum Altar ge= schritten.

Mit dem Haus ist es, wie ich gemeldet: es ist aufgesagt und soll neu verpachtet werden. Wenn man nur dieses etwa nicht aus= schließt oder zu spät Termin ansetzt, wo ich dies erst erfahre, dann ist alles vermiethet. Bei den hellen Wintertagen ist es auch schön hier, die weiße Erde, die schwarzen Bäume und der blaue Himmel. Dazu habe ich die Blumen in der Stube, und wenn die von der Sonne beschienen werden, ist's ordentlich wie ein Sommer. Außer unserer Montagsgesellschaft gehe ich fast zu niemand, als etwa zu Below, der ein recht braver Mann ist.

Nachmittags. Soeben kommt Bogen 8 und 9 der Edda auf einmal; nun sind noch 8 übrig außer der Übersetzung. Leb wohl, lieber Jacob, mit treuer Liebe Dein   Wilhelm.

Die spanischen Romanzen sehen recht Wienerisch aus. Du wirst bald damit fertig sein.

126.
Jacob an Wilhelm.

Ich habe nun endlich heute nach monatlangem Warten (denn Dein letzter Brief traf am 31. Dezember ein) Dein Schreiben vom 8.—14. Januar erhalten. Es fehlt aber darin durchaus eine ordentliche und gründliche Ausweisung über den Empfang meiner vielen Briefe. Der vom Ende November ist Dir nun freilich zu Hand, allein mir unbegreiflich: warum er erst so spät (und von wem?) an Dich abgegeben worden, da er bereits zwischen 7.—10. Dezember eingetroffen sein mußte? Solltest Du einen andern (aus Dezember), den ich durch ein darin eingeschlossenes Volksblatt von einer ungarischen Gräfin näher bezeichne, wiederum nicht erhalten haben? Endlich am Allerundeutlichsten ist mir, daß ein Brief, den ich am 31. Dezember unter Itzigs Couvert hier auf die Post legte, und der um den 10., 11. Januar hätte dort müssen sein, Dir offenbar noch am 14. gefehlt hat. Wogegen Du meinen vom 4. Januar scheinst richtig empfangen zu haben. Ferner, ein schon Ende Dezember geschriebenes, allein erst Anfang Januars couriersweise hier abgereistes Packet mit einem Aufsatz über das Hildebrandslied hätte Dir auch schon den 14. müssen zugestellt worden sein.

Was Du damals (den 14.) noch nicht haben konntest, sind: mein Brief vom 18.; ein Packet (mit einem Aufsatz über die Nibelungen), das Bodenhausen als hannöverscher Courier am 21. mitgenommen hat.

Ich bitte mir über alles dies zukünftig genaue Nachrichten aus. —

Wie Du mir des Thomas Aufsatz fodern kannst, verstehe ich nicht, denn er muß zu Haus im Schublädchen liegen.

Lieber Wilhelm, mit dem, was Du zu meinem Aufsatz über die Sprache im armen Heinrich sagst und einwendest, quälst Du mich recht und ohne Noth. Ich habe jetzt weder Lust noch wahrhaftig Zeit, es umzuschreiben, und muß es Dir geradeso zurückschicken, wobei ich Dir völlig und ohne alles Arg frei gebe, nach Deiner Weise

das Kapitel abzuhandeln und drucken zu lassen. Zugegeben und von
mir selbst gefühlt, daß ich zu gern positive Behauptungen ins Allgemeine dehne, aus Eifer, die Sache so fest ich kann zu halten: so
hast Du offenbar an Dir, viel zu allgemein aufzuheben und zu ver-
neinen. Ich kann Dir das Meiste zugestehen und glaube es selbst,
was Du über Sprache und Grammatik sagst, ohne zu sehen, wie dadurch eigentlich meine Sätze angegriffen werden. Ich leugne ja nicht
die Nothwendigkeit und also das Befugnis einer allgemeinen Bildungs-
sprache, die sich aus den unterschiedenen Mundarten eines Volks mitten
ein zusammengiebt, auf ähnliche Weise, wie jede Mundart ihrerseits
über den Häusern und Familien schwebt, was und wie darin gesprochen werden mag. Es kam mir hier auf eine historische Untersuchung zum Behuf eines so alten Gedichts an, daß wir über die
Mittelsprache seiner Zeit jetzt nicht entscheiden können, wenigstens erst
nach spätern vielen fortgesetzten Studien. Was ich insgemein geschrieben habe, ist mir, wenn ich es wieder lese, oft selbst nicht recht;
ohne daß ich eigentlich weiß, ob es am Stil oder an der Sache
hapert. Es gehört zu einer bösen Nothwendigkeit unserer Zeit für
uns, daß wir unsere meisten Arbeiten immer drucken lassen müssen,
wenn sie eigentlich erst halb reif geworden sind. Dies fühlst Du so
gut wie ich, und es soll mir höchst angelegen sein, was wir künftig
thun wollen, langsam und still fortzupflegen. Dazu bedarf es aber
auch der Ruhe und eines vergnügteren Zustandes im Leben, als mir
seit zehn Jahren, wo ich mancherlei Dienst und Geschäft (sechserlei
sehr Verschiedenes) thue, zum Loos gefallen ist. Den Stil soll
man lassen gehen, wie er geht und kann; was thut's, wenn
ich jetzo nicht mehr so schreibe, wie vor ein Paar Jahren; wenn
man sich mit Sprache, Sprachgebrauch, Poesie und Erkenntnis
der alten poetischen Wendungen und damit, daß ihnen die bisher
versagte Gerechtigkeit widerfahren soll, abgiebt, wie wir seit der
ganzen Zeit beständig und täglich thun: so scheint es mir zu
entschuldigen, geschweige natürlich, daß man sich mancherlei Wörter
und Formen im eigenen Stil angewöhnt, die einem geläufig werden
und das Publicum, das an solchen Studien theilnimmt, auch wohl
gerade da leichter ertragen kann. Ich bin meistentheils unbefangen
dabei und suche selten darnach; anders zu schreiben würde mich unstreitig mehr zwängen.

Es ist nicht meine Schuld, daß Du bei dem Buchstabenschneiden
in Frankfurt nicht vorbedächtig genug gewesen bist: es kann das

27 *

unmöglich soviel für einen einzelnen Buchstaben zu kosten kommen, als Du meinst, (entweder gar keine Tiphthongen oder alle), und wenn Körner das Journal behält, wollen wir lieber die Kleinigkeit anwenden und das Benöthigte selbst schneiden lassen auf unsere Kosten. Frag' ihn doch selbst einmal, wie viel ein solcher einzelner Buchstab kostet? Als ich hier eines ñ bedurfte für den spanischen Druck, hat es der Drucker sogleich ohne Anstand schneiden lassen.

Thut mir der Reimer einen Antrag zu seiner Zeitung, so sei versichert, daß ich ihn völlig ablehnen werde. Es ist dabei kein Vergnügen einzulegen. So gut Du meine Gedanken und Schreibart weißt, wirst Du doch im Rheinischen Merkur nicht alles herausfinden, was von mir ist; (Görres hat namentlich in dem Gespräch, das durch viel Nummern geht, (ich habe die erste Hälfte vom Januar gelesen) allerhand unter einander geworfen und zersetzt; am meisten spreche ich aus dem Orla und dem Fürsten. Ich halte Sachsens Einverleibung zwar für ein Unrecht, aber der Idee mehr als der Sache nach und in dieser für gar kein großes Unglück. Vermuthlich behaupten es die Preußen auch noch am End. Nur durfte darüber kein Krieg ausbrechen und sie es nicht mit ihren Gründen fordern. Die ganze Sache ist jetzo unstreitig in ein milderes, gerechteres Licht gesetzt. Der Fehler steckt in Polen und den Russen. Deutschland ist diesen gegenüber geschwächt worden und wird dadurch nicht stärker, daß Preußen Sachsen bekommt, welches ja ohnedem deutsch war. Gute und vernünftige Preußen sehen dies zum Theil anders an; es giebt aber auch noch viel stockichte und französisch glatte und harte darunter, die mir die Fatalsten sind. Der General im Merkur redet unschuldig, aber meistens ungründlich. Kurzum, alles wird noch gut; aber ich bin müd und satt drin zu arbeiten und sehne mich darnach, ein Paar Jahre gar keine Zeitung anzurühren.

Was dort in Hessen für die Landstände geschehn ist, gefällt mir nicht vollkommen. Namentlich sollte man laut dagegen sprechen, daß den Hanauern keine landständische Verfassung eingeräumt worden ist. Ich fechte und rede für Hessen bei aller Gelegenheit (Görres hat sich mir hier einige Mal nicht so unparteiisch bewiesen, als ich wünschte; vermuthlich liegt's an seiner Censur mit) als für das beste Volk, wenn ich nicht zu Haus bin; komme ich nach Cassel, so wird mich wieder vieles ärgern. Das geht natürlich zu, in der Ferne hat man sich viel reiner lieb; daheim ist manches Kleine ein Anstoßstein und man scheut sich gleichsam, die rechte Liebe auszulassen. Gott will aber diese Sparsamkeit mit der rechten Liebe, daß sie nicht ohne Noth gezeigt werde. Also Euch ebenfalls hab' ich zwar zu Haus im Grunde eben so lieb, aber ich bin in der Ferne viel weicher gegen Euch gesinnt und gäbe Euch viel leichter alles nach; die Lotte ist mir zu Haus wie eine sich sträubende, widerspenstige Provinz; aber hier könnte ich unmöglich etwas gegen sie haben.

— — — Bei Artaria war ich, welcher versichert, ihm [Louis] die Abdrücke von Mannheim aus besorgt zu haben.

Zu Deinem Geburtstag wird etwas gewiß nicht fertig, was ich mir ausgedacht hatte; dies will ich hiermit gleich gestehen und denken, ob ich auf etwas andres verfalle. Leb wohl.　　　　Jacob.

Grüß die Dortchen von mir.

Noch allerhand unter einander: ich habe mir zwei Westen machen lassen von gelbem und grauem Kasimir mit Perlenmutterknöpfen.

Weißt Du etwa, von wem der Aufsatz über Innungen im Rheinischen Merkur war? Doch nicht von Thomas? Es war unbedeutend.

Hat Dir Clemens seither nicht geschrieben? Auf jenen ersten Brief hatte ich ihm wenige Worte, doch freundliche erwidert.

Ich denke, an Savigny bald einige versprochene Artikel, z. B. über die Poesie im Recht für seine Zeitschrift zu senden, weil es mir doch zu lange dauert, bis ich heim komme, um eins und das andere aus unsern Excerpten zu nutzen, zu vergleichen und einzuschalten.

Hastu wegen des Dornau nachgesehen? Währt Deine Lesegesellschaft noch fort? Ich habe die zwei ersten Quartanten des Mascov für etwa sechs Groschen zusammen gekauft; gewiß das gelehrteste Buch von der deutschen Geschichte. Sieveking sendet mir eine kleine Abhandlung, die er über einen auf dem Leipziger Schlachtfeld zu bauenden Dom hat drucken lassen. Ist mir in der Hauptsache eben nicht recht.

Hastu den Zinserling in den Heidelbergern recensirt? Ferdinand meint's. Ich fürchte nur, daß dieser sich in Berlin nicht zur Arbeit schickt.

An Schmerfeld schreibe ich heute der Diäten (für April 1814, betragen 360 Franken) halber. Die Besoldungsquittungen liegen im Pack von den Nibelungen.

Ich bin hier Schuld, daß Meinerts Mährische Lieder bald gedruckt werden sollen, und habe eine Subscription zur Deckung der

Koften schnell zusammen gebracht. Haxthausen sagte, sein Bruder
August wolle die plattdeutschen Volkslieder baldig herausgeben, uns
aber erst über manches fragen.

Höchst sonderbar, daß weder aus Holland noch England die erwarteten Bücher kommen.

Varnhagen hat Tettenborns Feldzüge beschrieben. Auch sind
bei Cotta Schenkendorfs Gedichte heraus, die Du lesen mußt: ich
halte sie mit für die besten unsrer Zeit. Sie haben etwas Schillerisches,
sind nur etwas schwächer, aber auch zierlicher; jedoch immer treu und
brav. Nach zwei hundert Jahren wird man sie vielleicht höher achten,
als wie jetzt die Opitzischen.

127.

Wilhelm an Jacob.

Cassel, am 30. Januar 1815.

Lieber Jacob, Deinen Brief vom 18. habe ich richtig erhalten,
Du kündigst darin einen großen an, der aber noch nicht gekommen
ist, dagegen müssen zwei von mir, einer vom 13. Januar, der andere
vom 20. bei Dir angelangt sein. — Wegen der Hausmiethe noch
nichts Gewisses, doch hat's den Anschein, daß wir wohnen bleiben,
aus einem lustigen Grund. Auch der Louis hat noch keine Entscheidung bekommen, seine Platte wandert nach Nürnberg und wieder
zurück der vielen nöthigen Probeabdrücke halber. Ich hatte dem
Ferdinand am 12. Dezember die Entscheidung Reimers gemeldet und
ihn aufgefordert, in acht bis vierzehn Tagen abzureisen; sollte ihm
Geld nöthig sein, könne er's ja nur bei Heß oder Harnier borgen,
wie mehr geschehen, da der erstere hat es mehrmals angeboten; er
antwortete auch bald und sagte, daß er nur einiges verkaufen wolle,
wie er Dir auch geschrieben. Ich denke mir auf jeden Fall, daß er
um Neujahr abgereist ist, und war auch darauf gefaßt, daß eine Ver-
schreibung von ihm ankommen werde, wiewohl er schon an 600 Gulden
dieses Jahr empfangen: wer thät nicht gern etwas, wenn es endlich
zum Ziel käme; auch wünschte ich, daß er sich warme Kleider auf
den Weg machen ließ. Wie sehr erstaune ich aber, als am 24. d. Mts.
ein Brief von ihm kommt, daß er einige (Ungenannte) um Geld gebeten, die es ihm aber nicht gegeben, weshalb er ihnen auch derb
geschrieben, nun möchte ich ihm doch noch 70 Gulden zukommen lassen.
Ich habe gleich auf den Credit von Jordis bei Pfeiffer sie geborgt

und hingeschickt, indessen wird er nun vor Mitte Februar nicht abreisen, und vierzig Thaler sind aufs Neue verschleudert; außerdem
wird es in Berlin einen schlechten Eindruck machen, denn ich habe
Reimer geschrieben, daß er Ende Januar anlangen wird. (Ich glaube,
dieser hat den Ferdinand Trömmler [Dümmler] nicht mehr, welcher dort
die Hitzig'sche Buchhandlung soll übernommen haben.) Der Ferdinand
hat aber, wie mir der Louis sagt, keine andere Absicht dabei, als den
Carneval dort noch zu genießen. —

Mit der Edda geht's im langsamen Gang fort, neun Bogen
sind heraus. Ich habe die Aushängebogen davon und erst vier unbedeutende Druckfehler bemerkt; da ich auf jeden Bogen vier bis fünf
Stunden wende, so scheint mir Dein Gedanke von solcher Menge
Druckfehler zu besorgt. Das fertige Heft der Wälder muß diese
Woche ankommen. Von den Märchen hat mir Vogel nur 20 Exemplare
geschickt, dagegen sind zwei auf sehr prächtigem geglättetem Velin.
Ich will dem Stein eins schicken, wiewohl keine übrig bleiben werden;
den Wigand mag ich nicht übergehen, ob er uns gleich sein neustes
politisch-historisches Werk über Franzosenthum, das Krieger verlegt
hat, vorenthalten; er schämt sich dessen immer selbst ein wenig und
hat nur ein P. W. auf den Titel gesetzt. Dem Louis hat er ein
Paar Trauerspiele aus dem Mittelalter vorgelesen; ich erinnere mich
wieder lebhaft, was er auch auf der Schule für ein Kritzler und
Alles-Schmierer war.

Beikommende Briefe hat Doctor Bunsen, ein gescheidter und wohl-
gewandter Mann, der schon im Frühjahr bei mir war, sowie die
darin angegebenen Bücher (zwei Bände Maerlant und eine Sprachlehre) und Dein Diplom auf Pergament mitgebracht. Er hat mir
viel von Holland, wo er fünf Monate war, erzählt. Bilderdyk hat
ungemeine Gelehrsamkeit, aber einen ängstlichen, sehr unglücklichen
und äußerlich zweideutigen Charakter, so daß Bunsen mit einem
traurigen Eindruck ihn verlassen. Bilderdyk ist eben in einer dürf-
tigen Lage, fast in Armuth, da er aus Seltsamkeit seiner Stelle ent-
sagt und man ihn nicht leicht wohin bringt, weil er überall um sich
beißt. Sehr freundschaftlich und herzlich schildert er dagegen den
Tydeman und Hoefstra; letzterer arbeite mit ungemeinem Fleiß in
der altdeutschen und holländischen Literatur. Von seinen literarischen
Nachrichten war die wichtigste, daß van Wyn, der eben die Nibelungen
gelesen, ihm gesagt, er habe sich dabei wieder erinnert, daß er vor
langer Zeit, noch in seiner Jugend, auf der Bibliothek zu Brüssel

ein altholländisches Gedicht ähnlichen Inhalts gelesen. Ist nun auch
hier ein Irrthum oder Verwirrung und vielleicht nur der hörnen
Siegfried oder ein anderes Gedicht aus dem Kreis, so bleibt doch
die Nachricht sehr wichtig. Sieh doch, ob Du dort niemand bei der
Gesandtschaft ausmachen kannst, der eine sichere Nachricht verschafft.
Ich habe Tydeman den Empfang gemeldet, eine Ankündigung der
Wälder geschickt und ihn dringend gebeten, sich oder uns Zugang in
Brüssel zu machen. Sodann hat Bunsen gehört, Walraff in Köln
selbst besitze einen Titurel, Tristan und Parzival oder ein anderer
dort, der diesem bekannt sei; das würde Fr. Schlegel am besten aus=
fragen können.

Die Bitte des Hammer will ich besorgen, wann ich Conradi
schreibe. Reinwalds Ankündigung folgt hierbei. Carovés Adresse ist:
Einnehmer der Rheinschifffahrtsgebühren zu Gernsheim im Groß=
herzogthum Darmstadt.

Am 31.

Endlich hat sich noch Papier und zwar recht gutes gefunden,
wenn das Ganze der Probe entspricht, die Körner heute geschickt; ich
habe gleich Manuscript des armen Heinrich abgehen lassen. Thomas
zeigt sich überall recht freundschaftlich und hülfreich. Er will eine
juristische Zeitschrift herausgeben, doch das wirst Du von ihm selbst
wissen, da er, wie ich abnehme, an Dich schreibt. Ich habe Hebel
auch ein Exemplar der Märchen mit ein Paar Worten geschickt:
Körner ist ein alter Bekannter von ihm und verlegt jetzt den Haus=
freund. Börsch aus Hanau, welcher die Pränumeration des armen
Heinrich besorgt, kommt nach Hanau, er schreibt, daß Dir Pilat ein
neugriechisches Buch für ihn geben werde. — Körner möchte gern alle
sechs Hefte der Wälder vor der Ostermesse fertig haben, weil das dem
Absatz sehr förderlich sei; da mußt Du mich rasch unterstützen. Benecke
will Bonerii gemma neu ediren (was ich eigentlich keine sehr nöthige
Arbeit finde) und bittet Dich, aufzumerken, wenn sich ein altes und
gutes Manuscript davon zeige; auch sagte Bunsen, daß er Nachträge
zum Oberlin vorhabe.

Am 1. Februar.

Mehr weiß ich Dir jetzt nicht zu sagen und will dieses wenige
nicht länger liegen lassen. Büschings Geschäftsreise ist das lang=
weiligste und unbedeutendste Buch von der Welt und keinen Kreuzer
werth; das Beste hat schon im Pantheon gestanden.

Nun leb wohl.   Dein treuer Wilhelm.

128.
Jacob an Wilhelm.

Wien, 10. Februar 1815.

Lieber Wilhelm!

Es geht mir seit einiger Zeit ruhiger und zufriedener, besonders wenn sich die Aussicht auf ein baldiges Ende erhält.

Für den armen Heinrich ist mir unter der Hand noch einiges aufgefallen:

1) zur Heilung der Blindheit durch Wasser und Blut die Legende von Longinus. Vergl. Fierabras pag. 163.

2) zur Heilung des Aussatzes eine Stelle aus Carpentier v. miselli, wo aus einer Urkunde von 1408 ein todtgeborenes Kind als bienliches leprae curandae remedium angeführt wird. Immer die Idee des Unschuldigen, Unbefleckten. Das Blut im Abendmahl, das Wasser in der Taufe erscheinen auch so.

3) Sobald ich kann, will ich die mir bemerkte Stelle aus Barlaam schreiben.

Deinen letzten Brief vom 18. Januar habe ich am 1. dieses mit herzlicher Freude empfangen und bin nur über den Schluß betroffen worden, wonach der Druck des ersten Hefts der Edda 17 Bogen betragen soll. Ich hatte auf 11—12 Bogen gezählt!

Meine spanischen Romanzen bekommen über 300 Seiten, werden recht gut auf schön Papier und correct gedruckt; ich habe überhaupt wohl gethan, sie mitzunehmen, in Braunschweig hätte ich die Correctur nicht so genau selber besorgen können und es lassen sich bei den vielen Fremden hier vielleicht Exemplare nach England und Spanien senden. Bald hätte ich noch einen speciellen Vortheil hier erlangt, es befindet sich nämlich auf der Bibliothek ein Codex spanischer Lieder, ist aber leider alles Suchens uneracht nicht aufzufinden gewesen.

Endlich hat auch der gedruckte Circularbrief, welcher aus der hier von mir gestifteten Gesellschaft ausgeht, die Presse verlassen und es werden dieser Wochen bereits gegen fünfzig in alle Theile des Reichs ausgesandt. Aus den beifolgenden an August Haxthausen, Bauer und Wigand (weil so etwas aus der Ferne kommend besser aussieht, bereits von mir ausgefüllten) kannst Du das Nähere sehen, mit erster Gelegenheit sollst Du dann noch mehr Exemplare zum eigenen Aussenden empfangen.

Ich bitte doch dabei überhaupt zu bedenken:

1) Das Circular ist darauf berechnet, daß jedes Mal den besonderen näheren Umständen angemessen dazu noch geschrieben werde. Jedes Mitglied unterzeichnet bloß seinen Namen, giebt dem Correspondenten Adressen an, durch welche die Beiträge an es gelegentlich gelangen.

2) In jeder Landschaft muß ein Hauptsammler sein, der die Untersammlungen einzieht und sie sodann wieder an uns gelangen läßt. Ich halte ein ordentliches Buch, worin Name, Wohnort und Zeit der Einladung eines jeden Sammlers eingetragen werden.

3) Es ist gar nicht einmal nöthig, daß entfernte Sammler den Ursprung und Zusammenhang der Gesellschaft überhaupt wissen, und dazu scheint jenes vielfältige Unterzeichnen ein treffliches Mittel. Das Ganze gewinnt dadurch allenthalben Nähe und Vertraulichkeit.

4) Bloß an einfache, thätige Menschen muß man sich wenden und nicht einmal allen darunter die Unteraustheilung der Briefe auftragen. Sie mögen in ihrem Umkreis Privatbriefe ausschreiben.

5) Es wird gut sein, in jedem Schreiben auf Muster und Beispiele zu weisen, z. B. Otmars Volkssagen, unsre Kindermärchen rc. Auch kann man einen oder den andern Umstand, z. B. die überwiegende Wichtigkeit von Nr. 2, unter den sechs Punkten hervorheben. Andere kann man dadurch gewinnen, daß man auch auf Wörtersammlungen und Idiotismen bringt.

6) Ich freue mich zumal auf Beiträge aus Tyrol, Teutschböhmen, Steiermark, der Schweiz und Schwaben. Die Leute, wenn sie schwarz auf weiß gedruckt sehen, werden schon ernstlicher gesinnt. Die schöne Gelegenheit zur Ausbreitung hätten wir nirgends so erlangt, als durch meine Anwesenheit hier. Ein gewisser von Laßberg aus dem Breisgau nimmt sich der Sache gut an; er hat mir auch eine noch ganz unbekannte Handschrift Minnelieder aus Donaueschingen zugesagt. Ich habe vorgestern an Arnim einige Exemplare mit Bitte um Unterstützung versandt und Savigny gebeten, sich bei Sailer dafür zu verwenden, der durch seine ihm anhangenden Schüler gewiß viel thun kann. Auch an Thomas und Stein in Frankfurt sende ich Briefe. Du mußt Dich nun auch besinnen, unter andern dem Siebert in Treysa einen zukommen lassen. Görres wird ihrer gern in den Rheinländern anbringen und für den Elsaß sende ich an Arnold, Stöber und Engelhard in Straßburg. Könnten wir nur auch in Schweden, Norwegen und Dänemark Unterstützung erlangen. Mittlerweile erkundige Dich doch in Göttingen nach Sjöbrings gegenwärtigem

Aufenthalt; in Kopenhagen wäre mit Bech am ersten etwas auszurichten und ihm Circulare zu weiterem Gebrauch zu senden. Dem Hammerstein mußt Du auf allen Fall die Sache ans Herz legen.

Ich habe neulich Gottschalks Compilation angesehen: so ärgerlich sie im Ganzen ist und uns manche längst schon gesammelte Localsage wegnimmt (z. B. die hübsche hannöverische von der Seeburg), so können wir bei unserm künftigen Buch auch geradezu wieder Einzelnes, was sie mündlich aufgenommen hat, vortheilhaft brauchen.

Noch etwas zum armen Heinrich. Ich habe Dir schon einmal geschrieben, daß in der Volkspoesie Messer und Gabel darum zwei gleiche Freunde ausdrückt, weil diese als Zusammenessende (commensales) wie auch Zusammenwohnende und -schlafende (contubernales), -sitzende ꝛc. vorgestellt werden. Alle diese Namen gehen tief in Sprache ein, Tisch, Bett, Stuhl ꝛc. sind immer ein Wort. Ich wollte nur noch bemerken, daß die Idee von der runden Tafel ebenfalls diese Gesellschaft und Genossenschaft besagt. Nicht bloß in den Romanen von Artus, sondern auch in denen von Karl; die douze pairs (pares, gleiche Freunde und Gefährten) heißen im Altdeutschen bedeutend die zwölf Vetter (Verwandten, Brüder) und werden in den spanischen Romanzen meistens schön umschrieben: „die, welche an einem runden Tische Brot zusammen essen."

Trag dies noch ins Kapitel von den zwei gleichen Freunden ein. Neulich ist mir zum kalkar iva allerhand beigefallen. Ich vermuthe, es sind Pferdehufe, womit die Pferde, wenn es Geräusch giebt, sonderlich Nachts laut zu treten pflegen (ich höre dies hier oft in unserer Wohnung), vergl. das spanische calcañar, der untere Theil des Fußes, Ferse, lateinisch calx und calcare treten, stoßen.

Am 14. Februar. Eben trifft Dein Brief vom 30. Januar ein, der meinige geht heute mit einem Courier.

Zu Deinem Geburtstag hab' ich diesmal wahrlich nichts als herzlichen Wunsch; über ein Jahr will ich's einbringen.

129.

Wilhelm an Jacob.

Cassel, am 13. Februar [1815].

Liebster Jacob! Den Empfang Deiner früheren Briefe habe ich das vorige Mal gemeldet, seitdem habe ich erhalten: den mit dem

Nibelungenaufsatz, einen zweiten mit dem zurückgeschickten aus dem armen Heinrich und heute die Recension von Göttling und den Schluß von Deinem Aufsatz über das Lied von Frau Alba. Ich danke Dir für alles herzlich, warum hast Du nicht auch den Anfang und das Lied selbst mitgeschickt, Du willst mich wohl neugierig machen? Mich hält jetzt Dein Versprechen, diese Friedensblätter zu schicken, ab, sie für die Lesegesellschaft, die noch fort besteht, zu bestellen; schreib mir das nächste Mal, ob ich darauf rechnen kann oder das andere besser wäre. Göttling ist ein feiner Mensch von einnehmender Gesichtsbildung, er hat mich dies Frühjahr, als die sächsisch-weimarischen freiwilligen Jäger durchkamen, besucht, daß er es gewesen, sagte mir Bunsen, denn ich hatte seinen Namen nicht recht verstanden und, als er von altdeutscher Literatur sprach oder anfing, gedacht, er habe nur ungefähre und allgemeine Theilnahme dafür. Er wollte, sagte Bunsen auch, als Student nach Berlin oder ist schon dort. Den Aufsatz über die Nibelungen will ich ins nächste, d. h. zehnte Heft (am neunten wird eben gedruckt) der Wälder voransetzen. Den Aufsatz von Thomas kann ich nicht finden, meinst Du unter Schublädchen das in dem kleinen Tisch, so irrst Du: ich habe sonst noch in Deinem Kasten nachgesehen, aber nichts angetroffen, als den ersten Entwurf Deiner Zusätze zu Thomas' Abhandlung. Ich dachte darum, Du hättest sie mitgenommen, weil Du von der Wiederauslebung der Wälder wußtest oder sie wenigstens zu Stand bringen wolltest, und da selbst Deine Meinung war, daß man sich dem Thomas gefällig erweisen müsse, sie für die ersten Hefte bestimmt. Sei so gut, ihm etwas darüber zu schreiben und aus Ursachen die Arbeit bis zu Deiner Rückkehr aufzuschieben, ich muß sonst etwas anderes, einen Auszug aus dem gedruckten Schaffhäuser Adolphus über Barbarossa aufnehmen, der ganz gut ist, aber nicht hierher, sondern ins Morgenblatt gehört. Der Druck des armen Heinrich muß nun anfangen, ich erwartete schon vor acht Tagen die erste Correctur.

Bei Perthes in Hamburg habe ich die Kämpeviser, das dänische Wörterbuch der Gesellschaft der Wissenschaften und alles Neuere für die Bibliothek bestellt, wir können uns hernach kaufen, was wir wollen. Mit der Edda geht es so fort, ich habe nun die Übersetzung hingeschickt, die daneben gedruckt werden soll, was wenigstens um zwei Monate hilft: so kann das Buch zur Ostermesse fertig werden. Gebauer hat mir endlich gestanden, daß er nur für zwei Bogen isländische Buchstaben hat.

Ich erinnere Dich an die Vergleichungen für die goldene Schmiede, auch wäre mir lieb, wenn Du mir im Windhagischen Manuscript der Weltchronik, auf welches nach Deiner Bemerkung in dem Dresdener verwiesen wird, die auf den Fabelkreis sich beziehenden Stellen des H[einrich] von München abschreiben oder, wo Dir das zu viel Zeit kostet, nur die Hauptsachen und Namen vergleichen wolltest. Ich gedachte das Stück in den Wäldern abdrucken zu lassen.

Nach dem Morgenblatt wird in Berlin eine ganz wohlfeile Ausgabe der Nibelungen für Schulen veranstaltet. Dort hat sich eine Gesellschaft für die Reinigung der deutschen Sprache unter Jahn, Arndt, Zeune, Heinsius gebildet.

Über die Märchengesellschaft freue ich mich sehr und dachte schon in dem letzten Brief den gedruckten zu finden; ich habe mir an verschiedenen Orten Adressen versprechen lassen. An Hammerstein habe ich unser Buch nun auch geschickt; der Siebert bloß muß es noch haben und der Wigand wird fürs Erste leer ausgehen, da mir Vogel nur zwanzig Exemplare geschickt, so geht wieder alles auf, obgleich ich hier nur fünf ausgetheilt.

Einige Fragen will ich hier gleich beantworten, damit ich nichts vergesse. Der Cornavius ist hier und schon bei uns; es ist mancherlei darin zusammengetragen, unter den Gedichten ist die erneute Flohklage gar nicht schlecht, sondern sehr gewandt und witzig. Aber Koch führt das Buch schon an. Über die Trauer der Turteltaube aus Albrobandi, der auch auf der Bibliothek ist, u. s. w., ich habe keine Zeit gehabt, es genauer zu lesen. — Reimer wird Dir keinen Antrag thun, ich hatte ihm nur Deine Adresse gegeben, damit er Dir die gedruckte Anzeige zum Vertheilen zuschicken könne. — Der Aufsatz über die Innungen ist (wie ich glaube) vom Juden Steinhart, ich habe ihn schon früher durch Bauer bitten lassen, dergleichen auszulassen. — Clemens und Arnim haben mir nicht geschrieben. — Die Recension von Zinserling ist nicht von mir. — Haxthausen will freilich die Lieder herausgeben, doch wird's noch Zeit kosten. Theilnehmen können wir nicht gut, denn dann wäre nöthig, das Ganze zu bearbeiten und, was er hat, als bloßen Stoff zu betrachten, aber dazu haben wir jetzt keine Zeit, wiewohl es in Zukunft einmal geschehen muß.

Die Sache des Louis ist noch unentschieden, dagegen behalten wir das Haus für das zweite Jahr, was Dir so lieb sein wird, als es mir ist, vielleicht aus einem lächerlichen Grund. Ich muß der

Tante zu Lieb ein Geländer um die Altane machen lassen, denn sie
hat mir noch neulich erzählt, daß sie als davon träume und in
Schrecken erwache; es wäre ihr darum lieb gewesen, wenn wir hätten
ausziehen müssen. Der Ferdinand hat mir vom 2. noch aus
München geschrieben, ich hatte ihn nicht verstanden, er braucht noch
70 Gulden und hat sie dort auf mich bezogen, also 140. Das Geld
aus den verkauften Sachen scheint daher nicht viel gewesen zu sein.
Vergiß ja nicht, mir die Hauptquittung für das Jahr 1814 zu
schicken, auf dem Kriegscollegium wollen sie sonst den Februar nicht
auszahlen, und das brächte mich in Verlegenheit. Wegen der Diäten
hat mir Schmerfeld noch nichts sagen lassen. — — —

Zu meinem Geburtstag wünschest Du mir im voraus Glück,
ich danke Dir herzlich, liebster Jacob; ich hatte wohl daran gedacht,
Dir zu dem Deinigen die Märchen zu schicken, hernach hielt ich's für
unmöglich, daß das Buch um die Zeit nicht schon in allen Läden
dort wäre, so hast Du bloß einen Brief erhalten, in dem nicht einmal viel stehen konnte. Das Längste wirst Du wohl ausgeblieben
sein, mach nur, daß Du gesund bleibst.

                              Dein treuer Wilhelm.
                                         Am 14.
Folgendes hatte ich gestern doch vergessen: Im 2. Band der
Nemesis von Luden steht ein Aufsatz von Docen über Selbständigkeit
der deutschen Literatur und Sprache in seiner Art. — Aus Bartholdys
Reise nach Griechenland brauchst Du keine Auszüge zu machen, sie
ist hier. — Bruns über deutsche Rechte und Eichhorns Rechts-
Geschichte, 2. Band, sind schon gebunden aufgestellt.

Eben ist ein Brief von Arnim angekommen, worin er für die
Märchen dankt, er meint einigen glücklich nachgeholfen, was ich Dir
aber nicht sagen würde und hätte es öfter thun sollen. Er antwortet
Dir nicht, weil er glaubt, sein Brief würde Dich nicht mehr treffen.
„Grüß ihn herzlich, wenn Du schreibst, und versichere ihn dabei, daß
das eigentliche Preußen, d. h. das alte ritterliche keine Polen ent-
halte, sondern außer den Teutschen nur aus Litthauern bestehe, die
weder in Sprache noch Sitten einige Ähnlichkeit mit Polen hätten;
er spricht öfters davon, als wäre Preußen ein germanisirtes Polen."
Am 9. Februar ist ihm wieder ein Söhnlein geboren worden.

Hummel bittet Dich, die Einlage abgeben zu lassen, ist der
Herr nicht mehr da, sie nur zu behalten und nicht wieder zurücklaufen
zu lassen.

Heute Mittag sind wieder zwei Briefe angekommen, einer vom Karl aus Münster, wornach er auf einer Reise nach Bordeaux begriffen ist, er hat also seinen Wunsch erreicht; hoffentlich wird er des französischen Wesens, sowie des Herumziehens bald müd. Er soll dann auch in Teutschland reisen und wird wohl jetzt mit Wein zu thun haben; er sagt, daß er 2000 Francs fürs erste Jahr Gehalt habe, versteht sich Reisekosten dabei.

Sodann ein Brief von Hoekstra, den ich wegen seiner verständlichen Schrift lobe. Ich schicke ihn wegen des wichtigen Anerbietens, das er macht und welches zu überlegen ist. Einmal wird es der Sache gewiß nützen, wenn er das Holländische mit herausgiebt, hernach aber wird der holländische Überfluß seiner Anmerkungen auch drücken. Übrigens hat mir ihn Bunsen als einen sehr braven, stillen und fleißigen Mann geschildert, und daher bin ich geneigt, ihm dennoch bejahend zu antworten, man müßte nur auf deutsche Sprache in den Anmerkungen halten, und das würde schon eine Art Abfassung und kürzere Anordnung von unserer Seite zulassen; man kann nur den ganz wahren Grund anführen, daß das Buch sonst in Teutschland keinen Käufer und Leser finden werde, es auch die Gleichförmigkeit verlange. Auch Zeit muß man sich anshalten, doch habe ich ausdrücklich schon dem Tydeman geschrieben, daß wir erst in einem Jahr oder später an diese Arbeit gehen könnten. Ich bitte Dich nun, mir Deine Meinung zu schreiben, da ich diesmal selbst antworten muß. Seine Nachricht über die Brüsseler Handschriften fördert nicht weiter oder ist gar keine.

130.

Jacob an Wilhelm.

Dienstag, den 21. [Februar 1815], Abends.

Lieber Wilhelm!

Ich schicke Dir hierbei:

1) die verlangten Vergleichungen aus der goldnen Schmiede. Einiges wird wohl dadurch zurecht kommen. Das ganze Gedicht ist eins der merkwürdigsten und schönsten seiner Art; ich könnte vielerlei dazu anmerken, wovon Du aber das Meiste schon selbst gefunden haben wirst. Die älteste und reinste Handschrift liegt wohl zu München

und es ist Schade, daß wir sie nicht dazu gehabt. Aus der Coloczer lege ich, so viel ich habhaft geworden, bei;

2) das schon besprochene neugriechische Lied, damit Du es bei den Zusätzen zu den zwei Kaufmännern benutzen kannst. Die Neugriechen haben echte und treffliche Volkslieder. Vielleicht erscheint eine Sammlung davon;

3) von mir für die Wälber den Aufsatz über die Turteltaube. Unter meinen Papieren fand ich von Deiner Hand das Citat: Gallische Alterthümer I, p. 12. Sieh es doch nach und trag es nöthigenfalls ein.

Mit der Zeit mehr.

Es ist hiesiger Volksglaube, daß durch Auflegung einer todten Hand bösartiges Geschwür heile. Faden aus Todtentüchern oder -hemden haben schon ähnliche Kraft.

Ich wünsche Dir auf den Freitag schönes Wetter, Spazierengehen und Kaffee oder Chocolade mit dem bekannten Kuchen. Am Sonntag und Montag war hier Maiwetter, mild und rein: gestern Abend aber brach Sturmwind ein, der noch immer fortwährt und alles unfreundlich umgekehrt hat. Ich möchte wissen, ob das bei Euch ziemlich ebenso ist?

Leb wohl.   Jacob.

An Hammerstein mußt Du Briefformular schicken. Er könnte es auch bei andern anregen. Sein Steckenpferd ist die Wiederauffindung der römischen Spuren in Teutschland.

Die Spur von den niederländischen Nibelungen ist sehr wichtig, ich werde noch selbst an Tydeman schreiben und die Sache bringend machen. Was ich Dir voriges Jahr von Paris aus meldete über den hörnen Siegfried, stimmt auch dazu.

Da mein Aufenthalt sich verzögert und ich schwerlich sobald zurückkehre, so wäre mir lieb, wenn Du den Schelmuffsky, das Heft von den Wäldern, worin die Handwerksbräuche, und Thomas' Abhandlung in einem Packet an Thomas schicktest, mit der Bitte, es mit Reisegelegenheit, die es in Frankfurt viel häufiger giebt, hierher zu senden. Leg dann auch meine Pariser Excerpte aus altfranzösischen Romanen bei. Ich brauche sie, um zu den spanischen einiges auszuarbeiten.

Adresse: bei Graf Keller auf der Wieden, Panigelgasse Nr. 80.

131.

Wilhelm an Jacob.

Caffel, am 28. Februar 1815.

Liebster Jacob, Dein letzter Brief mit den gedruckten Send
schreiben ist richtig angekommen, ich habe die überschriebenen fort
gesendet und andere von meinetwegen abgehen lassen an Siebert und
Hammerstein. Ich eile mich, daß Du noch etwas bekommst, denn in
drei Wochen machst Du Dich vielleicht reisefertig.

Von Brentano habe ich einen etwas ängstlichen Brief bekommen,
er scheint sich umgeändert zu haben und in völliger Reue zu leben,
doch ist er noch in der Art, die Dinge auszuschmücken, so wie im
Planmachen und Vorlegen ganz der Alte und Du und ich und der
Louis werden damit versorgt. Er wollte eigentlich seine Bücher haben,
da sich eine gute Gelegenheit ergab, sie frei wegzuschaffen; die Aus
wahl in unserer kalten Bodenkammer war mir auch keine angenehme
Arbeit. Er schreibt, daß ihm Deine wenigen Worte sehr theuer ge
wesen, und ich solle Dir mittheilen, „Dich mit dem Fürst Moriz
Diedrichstein in Wien, einem sehr zugänglichen Mann, bekannt zu
machen, um womöglich an die altdeutschen Handschriften in der
Diederichsteinischen Bibliothek zu Nikolsburg in Mähren zu kommen.
Auch in Horschowitz in Böhmen auf der Wrbnaschen Bibliothek
liegt ein altes Manuscript. In Prag den Doctor Schultes (Schuster?)
aufzusuchen, der alte Sachen hat. In Wien durch Eckstein eine
ungarische Bekanntschaft suchen, um einen alten Trauergesang der
Zigeuner zu erhalten, den sie aus großer Trauer nicht anders, als
durch Gewalt unter heftigem Leidwesen zu singen bewogen werden
können. Eine gewisse Mademoiselle Caspers wird vielleicht erbötig
sein, sich darum zu bemühen, sie ist halb literarisch und sehr in
Ungarn zu Haus, auch recht gutmüthig. Er soll sie grüßen. Der
Gesang soll eine Schlachterzählung enthalten, wie sie ganz vernichtet
worden.“ — Gedruckte Briefe sollst Du senden: nach München an
den Oberpostmeister Baron von Pfetten und auf Ringseis Dich be
rufen (diesem denk' ich auch). Nach Weinheim bei Heidelberg an
Herrn Batt bei Herrn von Babo. Nach Innsbruck an Herrn von
Eichendorf bei Hofrath Adam Müller. —

Eine Neuigkeit ist, daß Arendt sich gegenwärtig zu Frankfurt
befindet. Thomas schreibt mir auf einmal und bittet um Nachricht
über ihn; sie meinen alles von ihm erlangen zu können, so bereit

willig zeigt er sich auch dort im Eingang. Er will nach Wien zum Fr. Schlegel, der soll ihm zur Herausgabe seiner Grammatik und Edda verhelfen; Du kannst ihn also benachrichtigen, was ihm bevorsteht. Auf uns ist er dort, wie zu erwarten war, nicht wohl zu sprechen, er bringt nach seiner Art Lügen vor; wie wir keins seiner Anerbieten angenommen. Ich habe dem Thomas ein unverhehlendes Urtheil geschrieben. Für halbverrückt und zwar aus Hochmuth halte ich diesen Menschen noch immer. Mit der Edda klärt sich's allmählich auf, Hagen hat von Rask eine Übersetzung der Helgelieder bekommen und, um öffentlich damit Eindruck zu machen, Gräters Bruchstück in den Jenaer Ergänzungsblättern Nr. 32 1814 recensirt mit der Unterschrift Rsk. und v. d. H. Ich habe dies Blatt eben erst bekommen, da es bisher fehlte, denn es ist alles bei Dieterich in der größten Unordnung gewesen und die Administration arbeitet sich nur mählich heraus. Neues ist außer einigen Kleinigkeiten nicht darin, doch einiges Unverstandene. Wenn nur unser Buch zu Ostern fertig wird, kaum glaub' ich es; es kann der Text allein an achtzehn Bogen betragen. Körner hat so etwas von einem Krautkräftigen und nun in vier Wochen einer Vergantung wegen nichts gedruckt, weder an den Wäldern noch am armen Heinrich; jetzt sind auch erst die von Dir verlangten verschiedenen Diphthongformen zu schneiden. Ich sehe, daß nichts mehr täuscht, als die Zeitberechnungen beim Drucken.

Was die Diäten betrifft, so hat man mir vom Kriegskollegium einen Zettel geschickt, wonach sie vom 18.—30. April an sollen ausbezahlt werden, also doch erst seit Deiner Anwesenheit in Paris, ich sollte dafür in Deinem Namen Quittung ausstellen, allein ich habe es abgeschlagen und will erst Deinen Entschluß wissen und also auch dieses noch nicht annehmen. Knatz hat sich durch Engelhard entschuldigen lassen, daß er mir nicht geantwortet, Schmerfeld habe die aufgestellte Rechnung verloren gehabt. Wahrscheinlich ist sie noch verloren und dieses also nach dem ersten Entwurf wieder aufgestellt.

Villers ist sehr krank gewesen und ist noch nicht außer Gefahr, er hat drei Tage lang ordentlich gerast. Es sollte mir leid sein, wenn er stürbe, die Krankheit ist doch wohl eine Folge von Ärger und Kränkung, die ihm widerfahren.

Seit vierzehn Tagen haben wir kein Holz mehr auf der Bibliothek, weil man uns die Hälfte weggenommen, ob wir gleich nur anderthalb Stunde da sind, so frier' ich doch oft gar sehr und an Arbeiten ist nicht zu denken. Wenn viele Leser kämen, hätt' ich den

Vorschlag eingereicht, daß ein jeder ein Scheit Holz mitbrächte, wie
die Schuljungen. Zu meinem Geburtstag hat mir die Lotte kleine
Hemden und die Tante 10 Thaler geschenkt, dafür will ich mir einen
neuen Hut kaufen. Ein Unbekannter, wahrscheinlich der Jhig, hat
mir eine prächtige Brodtorte und zwei schöne Blumenstöcke geschickt. —
Es sind jetzt öfter schöne warme Tage. Gott sei mit Dir.

Dein treuer Wilhelm.

132.

Jacob an Wilhelm.

Wien, am 6. März 1815.

Lieber Wilhelm, ich habe soeben Deinen Brief vom 13. und 14.
v. M. empfangen, der also dort liegen geblieben sein muß. Mittler=
weile wirst Du die begehrten Varianten zu der goldenen Schmiede
auch erhalten haben. Ich danke Dir für mancherlei Nachrichten, doch
schreibst Du über vieles nicht ordentlich, wie ich gern hätte, als z. B.
was Dir von meiner Recension von Göttling recht oder unrecht ist,
oder an den Bemerkungen zu den Nibelungen, was Du dabei zu=
setzen, weglassen oder ändern willst, denn allem, das ich hier aus=
arbeite, gebricht es an vielem, Bequemlichkeit und Hülfsmitteln, und
Dein guter Rath sollte dazu kommen. Gerathe nur nicht immer mehr
in die Meinung, die sich schon lange bei Dir angesetzt hat, daß ich
Einwürfe nicht vertrüge, oder verwechsele nicht damit, wenn ich das
Meinige eifrig vertheidige. Es thut mir leid, daß Du jetzt mit so
vielem die Last und die Correcturen der Edda, der Wälder und des
armen Heinrich allein zu tragen hast; ich denke oft daran, wie es
Dir geht, und möchte Dir herzensgern helfen; so muß ich meine Zeit
an die Copirfrohnden wenden und vorige Woche sind von meiner
Hand 21 volle Bogen abgegangen, alles taub, eitel und nutzloses
Werk. Mein spanisches Buch ist fertig und hat mich mit der dop=
pelten Correctur genug geplagt, kommt Gelegenheit, so will ich Dir's
schicken. Die Friedensblätter bring' ich wohl besser selber mit, Du
mußt aber nichts als etwas ganz Gewöhnliches davon erwarten, unter
andern stehen Sonette und Lieder von Sydow darin, der jetzo hier
seine dummen declamatorischen Unterhaltungen vorhat. Ich habe
bloß auf viele Bitten des braven Mitherausgebers Fischer einige
Aufsätze dazu gegeben, mit auch in der Absicht, um die Romanzen

28*

anzuzeigen. Brentano hat seine Erzählung von der Friedenspuppe, die ich noch nicht gelesen habe, nur gegen Bezahlung eines Honorars verabfolgt, welches bei dem geringen Abwurf die Herausgeber vermuthlich aus ihrer Tasche zahlen. Von Fischer selbst rührt das Beste: eine Ankündigung seines Wiener Idiotikons. Ich höre, daß auch Schlegels Museum scheinbar unter seinem Namen fortgesetzt werden soll, aber ohne daß er selbst dazu thun, sondern Hartmann (der mir persönlich gefällt) alles zu besorgen haben wird.

Wenn Dir des Hoefstra Antrag gefällt, so nimm ihn an auf die Weise, wie Du geschrieben hast. Der Vortheil, den ich allenfalls davon sehe, ist freundschaftliche Verbindung mit ihm, die auch zu anderm führen kann, und Aussicht, daß er zur Ausgabe des Reinefe einen Theil der Kosten übernimmt; vielleicht könnte das Ganze in Holland gedruckt werden und wird sich wenigstens besser verbreiten. Mit den Fauten des Gräterschen Abdrucks übertreibt er, ich glaube die wirklichen meistens aufs Reine gebracht zu haben, auf die Orthographie und Kleinigkeitskrämerei kommt nichts an; seine Abschrift des Goudaer Drucks ist zwar gut, führt aber schwerlich zu etwas Bedeutenderm, als Suhls Abdruck des nicht viel späteren Delfter Drucks, wovon er gar nichts zu wissen scheint.

Wenn nur der arme Heinrich noch zur Messe heraus kommt (Du hast das Geld wohl längst abgeliefert zum Frauenverein?): mit Hablhaftwerdung des Barlaam und Josaphat geht es mir so schwer, daß Du etwa nicht darauf warten mußt, sondern wohl das Nöthige aus dem Gedächtnis bemerken kannst. Schon ein halb Dutzend vergebene Gänge darum hab' ich mir's nicht verdrießen lassen; indessen ist's ja eine bloße Kleinigkeit. Ich freue mich drauf, diese Sachen fertig zu sehen und zu erfahren, was Du in die Hefte der Wälder von Dir hast einrücken lassen; wenn Körner soviel fertig haben will, als zum Schluß des 2. Bands nöthig ist, so muß er fleißiger drucken lassen. Ich sende Dir beifolgend noch die Abschrift der neuen Nibelungenstrophen und lasse alle Noten weg; ferner zwei Aufsätze zum Ausfüllen: 1) über Bertha mit dem Schwanenfuß; 2) über die Boten. Noch hatte ich vorige Wochen meine alte Abhandlung über die Irmenstraße und Irmensäule wieder vorgenommen und ins Reine gebracht; da sie aber sich auf 60 Seiten beläuft und ich fürchte, daß Dir ihr ganzer Inhalt fürs Journal nicht recht lieb gewesen wäre, wie ich denn selbst der Meinung bin, daß sie ihm vielleicht mehr schaden als nützen könne, so habe ich dieser Tage einen

andern Plan dazu bei mir umgetragen, von dem Du, wenn er reif
wird, im nächsten Schreiben hören sollst. Damit ich das Ding einmal vom Hals kriege. Für die Wälder hätte ich noch allerhand anderes auszuarbeiten. Daß sich des Thomas Abhandlung nicht finden
will, begreife ich nicht und kann ihm kaum etwas zur Entschuldigung
schreiben, da ich ihm sowohl mündlich als von hier aus schriftlich den
Abdruck versichert hatte. Das Beste scheint mir, Du forderst von ihm,
da er wohl sein Concept aufgehoben, eine nochmalige Abschrift: an
meinen Zusätzen liegt nichts, die laß ganz weg. Und vielleicht bessert
oder ändert er dann auch noch daran.

Schreib doch als Bibliothekar ohne Vornamen einen Brief nach
Hannover an Feder (Hofrath): ob die geliehenen Handschriften durch
Constant voriges Jahr abgeliefert worden? in welchem Fall man den
ausgestellten Schein zurück bitte. Auch muß Thomas endlich einmal
mit dem Leipziger Manuscript machen; es ist eine Schande, die Gefälligkeit der Leute so zu mißbrauchen, da sie mir im Jahre 1811
nur aus besonderer Güte die Bücher auf ein Paar Monate liehen.

Es kann mich ordentlich betrüben, daß der Arnim immer etwas
mit mir vorhat. Ich habe nirgends gesagt noch geschrieben, daß
das (ritterliche) Preußen polnisch wäre, und das, was er bemerkt,
sind die bekanntesten Dinge. Sondern ich habe bloß die gerade, rechte
und gerechte Behauptung gelegentlich gemacht, daß Preußen (überhaupt) sehr wenig lerndeutsche Stämme, sondern viele mit Slaven
und Wenden vermischte Teutsche, wie offenbar in Schlesien, Pommern und selbst der Mark, begreife. In diesem Gesichtspunkt sind
die Litthauer ebenfalls weder besser noch schlechter als die Slaven.

Ich habe Dir die Zeit über nichts mehr schreiben mögen von
diesen politischen Dingen; Niebuhrs Abhandlung wirst Du gelesen
haben; sie ist geistreich und tugendhaft, allein parteiisch; entweder
sind wir alle aus der Begeisterung von 1813 herausgekommen (und
daran haben die Preußen auch ihr Theil Schuld), oder wir sollen
allem bösen Schein zum Trotz festhalten an dem Reinen. Das Letztere glaube ich. Alsdann sollen wir sämmtlich gegen einander mild
und gerecht sein, bloß auf das gute Volk sehen, nicht einseitig auf
das Bessere oder Schlechtere in der jetzigen Verwaltung. Die meisten
Verhandlungen sind wie von Anfang an immer noch gemein und
schlecht, über einige geheime Triebfedern selbst der besseren Menschen
mag ich hier nichts sagen, weil der Brief vermuthlich wie meistentheils doch erbrochen wird. Niemand kann bestimmt sagen, wann

wir von hier wegkommen, weil in allem Langsamkeit, Falschheit und
Schwäche herrschen, die nur scheu auftreten; indessen fühlt man instinctmäßig, daß man etwa noch 4—6 Wochen zusammenbleiben wird,
worauf, wie es heißt, ein Ausschuß nach Frankfurt abgesandt werden
soll. Das arme Hanau fechten uns die Baiern noch beständig an,
sie sollen aber hoffentlich abgetrieben werden; unsere Hoffnungen sind
von einer Woche zur andern eingesunken.

Die Nachricht von Ferdinand macht mich traurig und auch von
des Karls Reisen hör' ich ungerne, denn das wird ihn am End nicht
glücklicher machen. Zu den Geburtstagen vom 10., 14. und 18. d.
richte doch meine treuen Wünsche aus. Gut, daß wir wohnen bleiben;
den lustigen Grund hättest Du schreiben sollen, anstatt ihn zweimal,
wie Du thust, bloß so zu nennen; mir ist das Geländer auf dem
Erker fast noch ängstlicher, denn man kann sich ihm vertrauen und
es hernach brechen.

Den Brief an Mutzenbecher will ich abgeben, dem Leibchirurg
Mann, der ein Braver scheint, sag gelegentlich, ich hätte seinen an
Greineisen zu recht bestellt. Hierbei Quittungen für März benebst
der verlangten Hauptquittung.

Gott sei mit uns.   Dein treuer Jacob.

Die Formulare werden bei Dir eingetroffen sein? zu den Brief-
ausschreiben.

Zu bryniur nezldar folgende Stelle aus den Hohenemser Nibelungen Zeile 5189 [1294 1—2 C.]

          hundert vnt vier die trugen pfawen chleit
          von genagelten riehen pfellen vil der schilde breit.

Ich sende an sechs Briefformulare zur Austheilung dort herum.
Den Goldmann darfst Du nicht vergessen; auch nicht den Bech in
Kopenhagen und den andern Norweger, den einmal Münter empfahl.

Falls bei Empfang dieses Du den Schelmuffsky ꝛc. noch nicht
nach Frankfurt abgesandt, so gieb ihn sogleich direct auf den Postwagen hierher, so wenig als möglich frankirt.

                              Am 7. Abends.

In diesem Augenblick trifft über Livorno Nachricht, daß der
eingethane Wolf aus Elba entronnen sei und mit einer Fregatte und
Soldaten nach einer Landung steure. Vermuthlich nach Neapel zu
seinem saubern Schwager. Das Ganze ist zwar bedenklich, kann aber
auch sehr gute Folgen haben, namentlich für den Congreß.

Hierbei in größter Eile ein interessantes Stück, das ich gestern entdeckt, sogleich copirt und flüchtig einige Noten zugesetzt habe.
Den 11. März.   J.
[Auf einem abgerissenen, angeklebten Zettel.]
Napoleon ist bei Antibes abgewiesen, bei Cannes gelandet und marschirt gegen Graße und Grenoble. Hoffentlich wird er gepackt und expedirt.

133.
Jacob an Wilhelm.
Wien, am 18. März 1815.
Liebster Wilhelm!
Zu ihrem heutigen Geburtstag wünsche ich der guten Tante tausend Segen und Freude.

Dein Brief vom 28. Februar ist erst am 7. dort abgegangen und gestern angelangt: damals wußtet ihr die Neuigkeit von Napoleon noch nicht, die uns vorige Woche in mancherlei Sorgen setzte, allein nach den guten aus Frankreich seit vorigem Mittwoch eingetroffenen Nachrichten hat man sich fast völlig beruhigt und zweifelt nicht, daß er sein Ende nehmen wird. Ich hatte mir schon wegen Karls, der auf seiner Reise mitten in den Aufruhr hätte fallen müssen, Gedanken gemacht.

Unsere Abreise von hier ist noch nicht so nahe, als Du glaubst, es kann noch sechs Wochen bis zwei Monate dauern; meiner fortgehenden Diäten halber ist's gut, allein ein Theil meiner Kleidungsstücke, besonders Strümpfe und Chemisetten, woran ich zu schlecht versorgt war, reißt mir beinahe ganz auf. Die Diäten vom 18. April bis zu Ende des Monats nimm nur in Empfang, denn es ist mir unmöglich, wegen der ersten Hälfte des Monats meine neuliche Vorstellung bei Schmerfeld zu wiederholen. An mir sparen sie gern $^1/_{30}$, während sie andern $^{50}/_{30}$ ohne Weiteres zugestehen müssen.

Seit vierzehn Tagen liegt für Dich ein Exemplar meiner spanischen Lieder auf Gelegenheit bereit, dem Görres habe ich das seinige mit einem Reisenden zugesandt. Neulich hat er mir auch einen Brief geschrieben, worin jedoch nichts Bedeutendes stand. Ich wollte ihn nicht an seinen früher einmal für die Wälder verheißenen Beitrag von Herzog Ernst mahnen, weil wir doch mehr Material als er und der Verleger Zeit haben. Weil dieser so schlecht seinem eigenen An-

trag, bis zu Ostern einen Band fertig zu liefern, entspricht, so halte
ich auch mit meinen Sendungen ein.   Ich könnte Dir viel Merkwürdiges schicken, besonders aus der hiesigen, trefflichen Handschrift
von Schwänken und Fabeln, deren Untersuchung ich mit Unrecht auf-
gespart hatte, denn sie verdient ganz gedruckt zu werden, jetzo kann
ich bloß das Wichtigste abschreiben.   Die verwischte Stelle am Schluß
des Dir neulich gesandten Trinkliebs habe ich an einem hellen Tage
wieder näher besehen und besser herausgebracht.   Es muß heißen:

> Ich chan wol wafen mich
> Er zog einen hirzhals (?) an sich
> Den hiez er taste . . . isen
> Darzv von gvtem isen
> Ein vestez banzir enge
> Er sprach des wines gedrenge
> Lat mich nv vagelerret
> Ich han mich so versperret etc.

Des Villers Tod, den Du den 28. noch nicht wußtest, habe ich
vorige Woche aus den Zeitungen gesehen und es hat mir recht leid
gethan; es war ein guter Mann, der sich's in vielem hat schwer und
sauer werden lassen.

Die Adressen hatte Clemens theils schon früher geschickt, von
seinen Plänen ist er auch hier für sich und andere immer voll gewesen, am Ende hat er damit gute Leute, wie Ecksteins, aufs Ärgste
geplagt.   Ringseis hält sich schon lange in Berlin auf und könnte
wohl einmal aus dem Katholik Protestant werden im Gegensatz zu
den hiesigen Bekehrungen ins Katholische.   Dies ist ein Grund, warum
ich weniger hier zu Schlegel gehe, als er mich bittet; auch quält er
einen mit politischen Fragen.

Gegenwärtig soll Jahn hier angelangt sein, den ich aber noch
nicht gesehen.   Von der Berliner Sprachreinigungsgesellschaft, an
deren Spitze Wolke, den sie den Alten nennen, stehet, wirst Du gehört haben; Docens Aufsatz in der Nemesis hat mir schlecht gefallen.

Mit Arendt wollen wir nichts gemein haben.   Wenn nur einmal unsere Edda zu erscheinen anfinge, hätten wir uns selbst vor
drei Jahren dergleichen eingebildet?   Im zweiten Theil der Märchen
ist offenbar Nr. 44 vom Soldat und Schreiner das schlechteste Stück,
das ich wegwünschte, wie aus dem ersten das von den drei Schwestern;
auch 43 ist nicht sonderlich; Nr. 58 hätte in eine bloße Anmerkung
besser gepaßt.   Für die Folge erwarte ich vielerlei Gutes und will

auch an den Schwietzer Wyß schreiben: sind denn dessen Volkssagen noch nicht zu haben?

Dieser Tage höre ich von einem traurigen Gerücht, daß Hebel gestorben wäre.

Nachmittags.

So eben treffen die leidigsten Nachrichten aus Frankreich ein, Bonaparte ist in Grenoble, Lyon: die ganze Armee nach einander fällt ihm zu: der König muß aus Paris flüchten oder ist es schon. Wellington soll gegen ihn Hauptanführer werden, also bricht es unvermeidlich los. Für Karl ist mir bang. Gott helfe aus diesem Elend. Du wirst diesen Brief bald bekommen. Wellington ist heute schon abgegangen.

134.

Wilhelm an Jacob.

Cassel, 19. März 1815.

Liebster Jacob! Vorgestern habe ich Deinen schon am Mittwoch abend angekommenen Brief vom 6. März erhalten und früher den vom 21. Februar, beide mit den bezeichneten Anlagen. Diese Aufsätze für die Wälder sind recht gut und angenehm: vor allem wichtig sind die über die Nibelungen, Du wirst den größten Theil davon in diesem zweiten Bande abgedruckt finden. Du irrst aber, wenn Du glaubst, die Abhandlung über die Irmenstraße sei mir etwa nicht recht, im Gegentheil ist mir das Zusammenhalten lieber und scheint mir besser, daß sie den dritten Band eröffnet (wozu Du sechs bis sieben, ja neun bis zehn Bogen Platz hast), als daß sie wo anders abgedruckt wird, falls Du nicht ein besonderes Buch damit vorhast. Körner hat jetzt erst fortgedruckt, nachdem sechs Wochen verflossen waren, und scheint mir, wie ich Dir schon gesagt, etwas ein Schwätzer, doch scheint Thomas viel auf ihn zu halten. Mit dem armen Heinrich zögert er gleichfalls und beruft sich auf die neu zu schneidenden Diphthonge; Geld kann ich, so ärgerlich es mir ist, nicht eher abliefern, bis er mir einen längst erbetenen Überschlag der Druckkosten macht. Meine Arbeiten für die Wälder sind unbedeutend, ich habe vor beständiger Ausfüllungsarbeit noch nicht recht zu etwas kommen können, ich hielt sie für gering und doch kommt man nie zu Ende. Die Bibliothek nimmt mir täglich drei Stunden weg, die

nicht viel ausmachten, wo es nicht die besten des Tages wären. Auch
unser Hauswesen erfordert einiges, Du hast doch nichts dagegen, daß
ich die Baakischen Grundstücke zu 120 Thlr. verkaufe, wir verlieren
dann etwa 100 Thlr.? Reimer hat mir den Vorschlag gethan, um
die Edda zur Messe fertig zu haben, möchte ich die letzten Bogen
dort corrigiren und nöthigenfalls Cartons drucken lassen; ich habe
mich endlich dazu entschlossen, weil es doch sehr wichtig ist, daß das
Buch nicht länger ausbleibt, etwa fünf Bogen Text werde ich also
nicht durchsehen; glücklicherweise hat sich der Corrector dort ein-
gelernt und die zwei letzten Bogen waren ziemlich fehlerfrei, während
die ersten ganz davon wimmelten. Ich habe alle Vorsicht gebraucht
und, so langweilig die Arbeit war, die Handschrift durchgesehen und
alle Zweideutigkeiten in den Schriftzügen ausgethan.

Ar[se]ndt ist von Frankfurt weggegangen, indem sie ihm ein Reisegeld gegeben, er hat denselben Geruch, wie bei uns, hinterlassen:
gewärtige Dich also, ihn bald dort zu erblicken. Thomas hat den
Schelmuffsky, vielleicht ist er schon auf dem Wege zu Dir. Ich habe
ihn von selbst gebeten, eine Abschrift seiner Abhandlung, die er
wohl besitze, mitzusenden.

Ich danke für die Vergleichungen zur goldenen Schmiede. Schade,
daß die Coloczer Handschrift nicht ganz zu haben war, sie hätte am
meisten Auskunft gegeben. Die Märchenbriefe habe ich bis auf zwei
ausgetheilt. Goldmann ist nicht mehr in Göttingen, sondern wahrscheinlich Pfarrherr in der Nähe von Hannover, und ich habe seine
Adresse noch nicht. Suabedissen hat einen Brief an Arendt in
Ratzebüttel geschickt, denselben, der ein Wörterbuch und eine Grammatik
zum Nibelungenlied angekündigt, er ist sein Freund und soll ein sehr
sinniger und gelehrter Mann sein. Siebert zeigt sich bereitwillig,
hat aber nach seiner Art geantwortet. Er verbittet sich ein Exemplar
der Schrift, weil er das durch seine geringen Beiträge nicht verdiene,
ihn also ein solches Geschenk betrübe.

In den Anmerkungen zu dem Nibelungentext habe ich das
Bemerkte nachgesehen und was mir klar aus den hiesigen Hülfsmitteln hervorzugehen schien, abgeändert, z. B. rûre ist ein bei
Oberlin vorkommender deutlicher Jägerausdruck für den zur Jagd
bestimmten Platz (wo man sich rührt), demnach habe ich die Hypothese,
daß mit Vögeln vielleicht gejagt worden, weggenommen; bleibst Du
dennoch dabei, so kannst Du das leicht nachbemerken. Eigene Vermuthungen kann ich indessen in das Deinige nicht hineinarbeiten, Du

würdest sie, so lange es anging, anfechten, was bei Vermuthungen immer angeht, während Du die Deinigen, so lang es angeht, vertheidigst. Das ist überhaupt der Unterschied beim Streiten, ob man das Ungewisse als etwas ansieht, das ein dritter, der zwischen uns steht, in Händen hat, oder ob wir es uns gegenseitig nach Kräften aus den Händen zu reißen suchen. Ich vermuthe z. B., daß ludemes hut [895, 1] auf keinen Fall Luchs heißen kann, das Thier hat weder ein schönes Fell, noch, da es kaum größer ist als eine Katze, so groß wie ein Fuchs, würde es zu einem Kleid paßlich sein. Es scheint mir loden, lodem, Tuch, loþ, darin zu liegen, es war eine zottig zubereitete Haut, wie sie Ragnar zu Beinkleidern trug und wie wir sie etwa an den Kalmücken gesehen. — Die Recension von Göttling hat mir im Lesen sehr wohl gefallen, über das Einzelne habe ich noch nicht ordentlich nachdenken können, das ist Schuld, daß ich Dir nicht darüber geschrieben, allerdings auch, weil ich glaube, daß es nicht gut mit Dir streiten ist, zumal in Briefen. Was Du mir über meine Anmerkungen über schwere Stellen im armen Heinrich und über meine gut gemeinten zu Deiner Sprachabhandlung gesagt, hat mich zuletzt noch abgehalten.

Nun noch etwas von den Brüdern: Ferdinand ist zu Anfang des Monats in Berlin angekommen und ist freundschaftlich empfangen worden. Zu Baireuth hat er den Jean Paul besucht, von Wittenberg an hat er kein Geld mehr gehabt und zu Fuß gehen müssen. Ich begreife alles nicht recht, weil er 110 Gulden baar bekommen, indessen mag er mehr Schulden, als ich wohl gedacht, in München gehabt haben. Die Tante hat ihm eben Linnenzeug aller Art, sowie 20 Thlr. Geld geschickt, so daß er sich wohl einrichten kann. Der Karl hat vom 24.—26. aus Paris geschrieben, wo er Jordis gefunden, jetzt wird er hoffentlich in Bordeaux sein und also am weitesten von den Unruhen entfernt, auch kann er leicht zu Wasser fort. Diese neue Geschichte von Bonaparte läßt vielerlei Ansichten zu, je nachdem die Umstände sind, die meisten scheinen mir vortheilhaft für uns. Bleibt man oder wird man nur dort einig: Preußen wird sich gewiß lebendig und thätig zeigen.

Der Tante haben wir zu ihrem Geburtstag den Kupferstich des Louis nach den ersten Probeplatten in einem goldenen Rahmen geschenkt, sie war nicht ganz wohl und mit Schnupfen und rothen Augen geplagt. Sie ist jetzt sehr froh über den Ferdinand; über sein Zögern habe ich allerlei aushalten müssen. „Glaubst Du denn, daß er noch hingeht,

sag? Ich glaub's nicht." Worauf dann folgte: „Ganz gewiß noch."
„Also glaubst Du's?" — Der Louise Bratfisch scheint es noch kümmer-
lich zu gehen, ich habe ihr neulich einen Haufen Kleider für ihren
Jungen geschickt und die Lotte Kleider für das Mädchen, und eigentlich
könnte sie uns geben, denn der Alte ist wenigstens an 40000 Gulden
reich. Die alte Meisterlin war neulich hier, sie wohnt beim Fritz in
Biderhagen, sie sieht zum Erschrecken aus und wird wohl nicht lang
leben. Das kleine Friederikchen ist groß und kann vor Fett kaum
aus seinen kleinen Augen sehen. —

Villers' Tod hat mich betrübt; auch die Reinhardin zu Paris ist
gestorben und Schulze in Hanau, der den Winckelmann herausgegeben.
Er soll als Schuldirector viel Gutes gestiftet haben und ein geistreicher, lebendiger Mensch gewesen sein. Reinhard ist Willens gewesen,
wieder einen Gesandtschaftsposten zu übernehmen, vielleicht hättest
Du ihn wieder getroffen, jetzt wird das freilich auch müssen aufgeschoben werden.

Am 25. März.

Ich habe den Brief liegen lassen, um Dir noch einiges schreiben
zu können. Die Bonapartische Geschichte wird doch ernsthafter und
es hängt an einem einzigen zweifelhaften Gefecht zwischen Lyon und
Paris, ob er wieder über die Bourbons die Oberhand gewinnt. Die
Armee ist ihm so gewiß geneigt, als das Volk abgeneigt, indessen
fürchte ich doch nichts, wenn er auch wieder als Kaiser sich proclamirt,
weil sein Anhang wieder in sich selbst zerfallen wird, wenn er ihn
nicht mehr durch Kriege warm, gleichsam überm Feuer kochend erhalten kann. Görres hat herrlich und feurig geredet, und die Erklärung der Mächte ist auch gut, und wird sie ausgeführt, kann noch
viel Böses niedergeworfen werden. Doch ich will Dir dergleichen nicht
schreiben, Du wirst solche einfache und natürliche Gedanken selbst
haben.

Von Steinau kam ein weitläufiger Brief vom Denhard, worin
er eine Anlage des Müllers, unseres ehemaligen Kutschers, empfiehlt,
der eine Pension von uns fordert, weil er alt und nicht mehr dienst-
fähig sei. Aber betrübt hat mich, was er nur in drei Worten meldet,
daß unsere gute Marie vor drei Wochen gestorben ist, seltsam, daß
wir hier etwa gerade um die Zeit einen Abend von ihr sprachen
und der Louis auf seiner Rückreise zeichnen wollte. Es freut mich
recht, daß sie noch im Sommer die Unterstützung erhalten.

Körner schreibt mir nun, daß sein Setzer den Heinrich nicht drucken könne, Brede es aber in Offenbach übernommen, wodurch die Arbeit zwar schöner, aber auch theurer geliefert wird. Ich soll ihm 150 Gulden vorschießen, da wird wenig abzuliefern bleiben, indessen kann ich es jetzt thun.

Perthes hat uns eben die bestellten dänischen Bücher geschickt, darunter auch die Kämpeviser und die Vatnsdœla Saga. Jene machen fünf Bände aus und, so viel ich in der Eile gesehen, ist es eine sorgfältige Arbeit und viel Neues darin, es wird sich nun zeigen, wie die innere Kritik verfahren hat. Auch Nyerups Antiquarische Reise, Müller über isländische Sprache und Grundvigs Mythologie dabei sind.

Die Diäten vom 15. bis Ende April habe ich mir doch aus-zahlen lassen, weil ich Geld brauchte und Knatz mich versicherte, das Übrige stehe auch auf einer Rechnung des Grafen, die aber verlegt worden, doch bleibe es sicher.

Thomas will Dir das Packet auf der Post senden, Du mußt aber auf die Mauth dort eine Nachricht davon abgeben, damit es keinen Aufenthalt und Aufpacken giebt, das nur Unordnung verursacht.

Der Weinzweig ist eben angekommen, Näheres kann ich noch nicht schreiben, bestätigt sich das Zeugnis, so ist's freilich wichtig.

Nun Gott befohlen.

Dein herzlich treuer Wilhelm.

Gestern Abend 1/49 habe ich die durch eine Staffette geschickte Nachricht gehört, daß am 20. Bonaparte in Paris eingerückt ist. Nur nicht gezögert und rasch hinein, denn mit eigener Lust und Wuth werden seine Soldaten sich in den Krieg werfen. Ich meine, ich müsse sagen, treib dort, was Du kannst, und doch kann Deine Stimme nicht an den rechten Ort dringen. Der König von Frank-reich dauert mich allein, er scheint gut und verständig.

135.

Jacob an Wilhelm.

Wien, am 22. März [1815.]

Lieber Wilhelm!

Seit Deinem Brief vom 28. v. M. habe ich nichts weiter von Dir. Man hat heute etwas leidlichere Nachrichten aus Paris, die bis zum 14. gehen. Der König war noch dort, Bonaparte aber in Lyon mit 8000 Mann, welche andere Gerüchte schon auf 40000 erhöhen wollten. Ohne den verfluchten Militärkastengeist wär' all der Unfug nicht möglich gewesen, man muß ihn mit Stumpf und Stiel ausrotten, sonst sind die Gardisten im Stand, nach Napoleons Tod einen Davoust oder Vandamme zu wählen. Hier ist dieser Tage ein wirklicher Versuch, das Kind zu entführen, glücklich entdeckt worden.

Man hält es für möglich, daß der Congreß in Cassel fortgesetzt werde, weil Frankfurt zu geräuschvoll ist. Ich wünsche es aber nicht und aus Ursachen.

Die Frau von Grimm ist neulich in Paris verstorben, Herr Grimm aber schwedischer Botschafter in Lübeck geworden. Ich warte auf Nachricht von Karl und Ferdinand in Deinem nächsten Brief.

Jacob.

Als Probe eines Wiener Witzes von voriger Woche bei der ersten Nachricht:

Antibes.　Cannes.　Grasse.

An Dib　kan　Grace

ein Dieb　keine　Gnade.

In dergleichen sind sie hier nicht unstark. Hier ist das gemeine Volk witzig, der Adel meidet den Witz, in Preußen ist der vornehme Stand witzig, der niedrige aber nicht. Dies läßt sich noch auf viel anderes wenden. Merkwürdig lautet das Evangelium von Sonntag, dem 26. Februar: Jesus treibt einen Teufel aus.

Vermuthlich werde ich hier, wo es sich nicht bald anders ausweist, höchstens noch einen Monat bleiben.

In Eile.

Adresse: Herrn B.-S. Grimm.

136.

Wilhelm an Jacob.

[Cassel,] Sonnabend am 15. April 1815 ½12 Uhr.

Ach Gott, liebster Jacob, in welcher Herzenstraurigkeit schreibe ich Dir! Heute Morgen nach neun Uhr, um drei Viertel auf zehn, hat der liebe Gott unsere liebste, beste Tante zu sich genommen. Drei Tage hat sie zu Bett gelegen an einem ganz unbedeutenden Katarrhfieber, noch gestern Abend sprach sie so gut mit mir und gestern

Morgen schien sie aufstehen zu können; auch die Nacht über ist sie
wohl gewesen und ließ uns heut Morgen um acht Uhr auch sagen,
es gehe gut, um sieben ist sie noch aufgewesen, aber nach acht Uhr ist
ein Stickfluß gekommen und hat sie gleich gelegen und nicht mehr gehört. Eben in dem Augenblick war sie gestorben, wie ich kam, sie
war noch ganz warm und hatte die Hände auf der Decke liegen, aber
das Gesicht war schon leichenblaß. Heute Abend wird sie zu uns gebracht und aus unserm Haus begraben; es ist so viel schöner. Gestern
Abend war sie noch vergnügt über uns und freute sich, daß es uns
im Ganzen doch wohl gehe und sie nur Gutes von uns höre. Gott
sei immer bei uns gewesen.   Dein treuer Wilhelm.

Adresse: An Herrn Jacob Grimm, kurhessischen Legationssecretär
bei Sr. Excellenz des Herrn Grafen von Keller, kurheißischem Minister,
zu Wien, auf der Wieden, Paunikelgasse Nr. 80, unweit der St.
Karlskirche.

Praes. Sonntag 23. April zu Wien, Nachmittag nach sieben Uhr.

137.
Jacob an Wilhelm.
[Wien,] Montag, den 24. April 1815.
Liebster Wilhelm!

Gestern Abend nach sieben Uhr, als ich aus der Stadt kam, fand
ich zu Haus Deine Trauerbotschaft von dem Tode der liebsten Tante.
Die weite Entfernung und, daß ich so lange über alles Erwarten hier
bleiben mußte, denn sonst hätte ich sie noch gesehen, der Gedanke,
daß seit ihrer Rückkunft nach Cassel ich unter uns eigentlich am
wenigsten um sie gewesen, selbst daß ich ihr zu ihrem neulichen letzten
Geburtstag, wie sonst immer, nicht ausdrücklich geschrieben, alles das
macht mich noch betrübter. Auf der andern Seite sind mir in der
Fremde, unter den andern Menschen, Zerstreuungen und Arbeiten
manche traurige Bilder und Vorstellungen nicht so frisch als Euch;
allein gerade das wird mich desto mehr ängstigen, sobald ich zu mir
allein komme, und mancher Trost, den Ihr habt, wird mir auch fehlen.
Ich sehne mich recht nach Deinen nächsten Briefen, Du wirst mir
noch vielerlei schreiben, wie sie zuletzt gewesen. Sie war so gut und
bestand bloß in der Liebe zu uns. Sie ist doch der seligen Mutter
zur Rechten gelegt worden? So muß es sein. Der Raum zur linken

Seite neben dem Herzen wird, so es Gott will, einem von uns Geschwistern aufgehoben sein. Wir sterben immer mehr zusammen und
haben gar keine Verwandten mehr: in wie wenig Jahren können wir
alle mit all unsrer Liebe, Sorge und Mühe in ein Häufchen Erde
zusammensinken. Ich bin jetzo so hauptsächlich an Dich gebunden,
daß ich nicht aus noch ein wüßte, wenn Du mir mangeltest. Der
Himmel will uns aber vielleicht noch eine Zeit lang zusammen fristen.
Ich fühle wohl, daß ich seit einigen Jahren viel nachdenklicher und
schwermüthiger geworden bin, und diese unordentliche, verlassene, mir
auf alle Weise verleidete Lebensart würde mich am End aufreiben
und zu Grund richten, wenn sie noch lange anhielte. Ich bin also
fest Willens, mich daraus zu reißen und Gott zu vertrauen, daß er
weiter helfe. Welch ein rein wohlthätiges Leben hat die selige Tante
von Anfang bis zu Ende geführt und behauptet, ich glaube, es ist
ihr niemand jemals bös gewesen, sondern jeder hat sie lieb gehabt.
Die gute Zeise wird nun auch jammern, bietet ihr an, sie zu Euch
ins Haus zu nehmen, wenn's besser ist. Bei dem Leichengeschäft wird
Dir Gott beigestanden haben, vermuthlich heute vor acht Tagen, wo
ich noch nichts davon ahnte. Den Louis und die Lotte grüß vielmal,
ich schreibe Dir ehster Tage wieder.   Dein treuer Jacob.
Adresse: Herrn Bibliotheksecretär Grimm.

138.
Jacob an Wilhelm.
Wien, den 2. Mai 1815.

Lieber Wilhelm!

In den zwei letzten Briefen aus Cassel war nichts von Dir
beigeschlossen, so sehr ich zu meiner Beruhigung auf weitere Nachrichten gehofft hatte. Ich sehe nun leider voraus, daß ich nicht vor
Mitte Juni oder gar Ende nach Haus kommen werde, ich habe den
Kurfürsten in einer neulichen Bittschrift gebeten, mich meines Amtes,
sobald hier der Congreß auseinander geht, zu entbinden, denn daß
er noch einen Nachfolger für die vier oder sechs Wochen hierher gesandt hätte, wäre doch nimmermehr geschehen. Wird nun die Versammlung in Frankfurt fortgesetzt, so würde ich dort zwar weniger
zu arbeiten haben, auch sonst angenehmer leben, selbst das Briefschreiben wäre sich näher; allein ich kann und mag durchaus nicht

länger in meinem dermaligen Verhältnis bestehen. Ob mir der Kurfürst die Besoldung noch eine Zeit lang lassen wird, stehet dahin, so
nöthig wir's hätten, will ich's jetzt nicht darauf ankommen lassen;
natürlich konnte ich nicht um eine bestimmte Wiederanstellung bitten,
weil ich augenblicklich keine passende weiß; die Zeit wird's ergeben.
Übrigens ist es ordentlich ein Trost für mich, daß ich mit meinem
längst mit mir herumgetragenen Gesuch vor etwa sechs Wochen, wo
es bereits fertig und geschrieben war, eines dazwischen getretenen
Umstands halben eingehalten hatte, sonst wäre gerade die selige
Tante mit neuen Sorgen um mich gestorben, da sie schwerlich die
Gründe, warum ich es thun muß, völlig anerkannt haben würde.

Was soll ich Dir noch schreiben? Ich schreibe mir fast die Finger
ab, so vielerlei ist des unnützen Zeugs, das mir unter die Hände
muß. Der Oberst Engelhard soll zum anführenden General der
Hessen ernannt sein, worüber ich erstaune. Hier haben mir die beinahe eine ganze Woche angehaltenen öffentlichen Bittgänge einen recht
lebhaften Eindruck gegeben von dem, was alle öffentlichen Handlungen
sein und wirken können, es ist etwas Ergreifendes und Gewaltiges
dabei und eben gerade nichts so Katholisches, daß es dem Protestantischen
widerstritte. Waren nicht vor kurzem bei den Protestanten die langen
Leichenzüge, wo singende Kinder vorausgehen und die Leidtragenden
hinterher, allgemeiner; jetzo sieht man sie fast nur in Dörfern. Jetzt
begräbt man zu ungewissen Stunden, schnell mit ein Paar Kutschen;
schon das Hinausgetragenwerden ist doch weit schöner, in allen alten
Zügen und Festen herrscht eine männliche Gemüthlichkeit, ich sage
nicht, daß man sich im Innern der Familie selbst nicht mehr so herzlich betrübe und freue, wie sonst, denn die Herzen bleiben noch immer
frisch und gut, aber es ist, als schäme man sich seiner Sache, weil
man Freunde, Nachbarn und die Stadt nicht mehr ordentlich Theil
nehmen läßt.

Ich erkenne auch in diesem Stück die Unseligkeit, welche in den
über einen gewissen natürlich gegebenen Umfang aufwachsenden Städten
ruht; sie vermögen sich nicht mehr zu übersehen und nicht mehr warm
zu halten; der zunächst, vielleicht auf derselben Treppe Wohnende ist
kein Nachbar mehr, sondern es wird sich alles gleichgültig. Auf dem
Land sollen auch daher diese Bittgänge viel rührender und andächtiger
sein, um wieder auf sie zu sprechen zu kommen. An jedem Tag
zogen hier nach der Reihe die verschiedenen Pfarrkirchenleute aus den
großen Vorstädten in die Stephanskirche, die im Mittelpunkt der

Stadt liegt, alles geht zwei und zwei und im Schritt langsam, voraus die Kinder, aber Buben und Mädchen getrennt und erst die ganz kleinen, und so immer steigend bis zu den alten Greisen; alle diese sangen laut eine Litanei für den Segen der Waffen und gegen den Feind und so singen sie vom Ausgang aus ihrer Gemeine bis wieder zurück, welches drei bis vier Stunden währen konnte. Der Zug von den meisten Gemeinden war gewiß eine viertelstundenlange Reihe mit vielen vorgetragenen Fahnen; dieser Gang bewegte sich nun mitten durch das gewöhnliche Getümmel und Hantieren der übrigen Stadt, die sich meistens nicht daran zu kehren schien. Meistens gehen auch Kinder und Erwachsene aus den verschiedensten Ständen unter einander, wenigstens soll es so sein, allein die aus den höheren fehlten meistens, wiewohl auch Kaiser und Kaiserin nebst dem Hof eine solche Procession gethan haben, die ich nicht sehen konnte.

So oft ich kann, besuche ich noch die Bibliothek und schreibe mehrentheils aus dem wichtigen Fabelbuch. Die mitgetheilte Stelle von Nordian und Ytam hat sich mir in ihrer [....?] gleich auswendig vorgestellt, dieser Tage habe ich die drei Bände der Hagen'schen Übersetzung der Wilkinasaga für etwa 1½ Thlr. zusammen gekauft und also gesehen, daß ich mich nicht geirrt. Die Variante Jron statt Jtam (wie klar dasteht) wird bedeutend und ist an sich nur eine leise, weil auch Jron ein undeutscher Name; englisch iron, Eisen, dänisch jern, vielleicht also Jsam, Jsan die rechte deutsche Lesart, welches ein gewöhnlicher deutscher Eigennahme, wie in den Compositis Jsambert, Jsangrim ꝛc. — In einem andern Bispel (Fablian) kommen auch der Frau Helchen Söhne vor, worüber es schon mehr Citate giebt. Schreib mir doch in Deiner nächsten Antwort die Titel und Anfangszeilen der von Glöckle aus der vaticanischen Handschrift für uns copirten kleinern Gedichte; ich glaube, daß viele auch hier stehen, und brauchte entweder diese nicht vorzunehmen, oder könnte schwere Stellen vergleichen.

Vorgestern ist hier Sinclair, der Homburger, plötzlich am Schlag gestorben; noch nicht vierzig Jahr alt. —

Schreib mir ja recht ordentlich und grüß die Lotte und den Louis, ich habe nun auch einen Gruß weniger zu bestellen.

Dein treuer Jacob.

Denk, das längst von Dir abgesandte Päckchen hat Thomas noch nicht hierher besorgt.

139.

Wilhelm an Jacob.

[Cassel,] am 4. Mai 1815.

Lieber Jacob! Heute erhalte ich Deinen Brief vom 24. und
setze mich gleich hin, Dir, so gut ich kann, zu antworten, ein langer
Brief wird mir aber bei den vielen allseitigen Arbeiten nicht möglich
sein. Von der Krankheit und dem Tod der lieben Tante habe ich
alles, was ich wußte, für uns aufgeschrieben, ich mag es keinem
Briefe, der verloren gehen könnte, anvertrauen und Du mußt es
dann, wenn Du hier bist, lesen; wiederholen kann ich es auch nicht.
Die Leiche war Dienstags Morgen, um 7 Uhr wurde sie schön ausgestellt, mit Blumen geschmückt und von einer herrlichen Morgen-
sonne beleuchtet. Viele Menschen waren da, um sie noch einmal
zu sehen, um halb acht wurde der Sarg zugemacht, auf welchem
noch sehr schöne Kränze lagen. Ich und der Louis waren in dem
ersten Wagen, auch der Münscher und Burchardi, dann kamen noch
zwei andere mit dem Pfarrer Grimm, dem Hofintendant, dem Proll
und dem Engelhard. Ich habe mit dem Louis die erste Erde auf
ihren Sarg geworfen und habe mich dann an der Mutter Grab aus-
geweint. Das Grab ist nicht weit davon, aber nicht daneben, Du
hast Recht, daß es so hätte sein sollen, aber sie bleiben in der
Reihe und ich habe in der Traurigkeit nicht daran gedacht. Der
Hofintendant hat das Meiste bei der Feierlichkeit besorgt und die
Kurfürstin hat die Kosten bezahlt. Sie hat uns oft kommen lassen
und ist so gut, wie ich es nicht erwartet habe, sie hat mir gesagt,
daß wir sie als unsere Tante betrachten sollen, und hat dem Louis
600 Thlr. zu seinem fernern Studium geschenkt. Sie hat auch das
Bild der Tante von Hochstädt kommen lassen, wornach die Tante
wirklich schön gewesen ist. Den andern Tag nach der Leiche, am
Mittwochen, bekam ich einen ziemlich heftigen Anfall von dem Katarrhfieber, es legte sich aber bald, so daß ich schon am folgenden Dienstag
wieder ausgegangen bin. — —

Der Karl hat vom 10. bis 15. April von Bordeaux geschrieben,
die Hälfte des früher Geschriebenen war ausgestrichen, das Letzte nach
Einzug der Bonapartisten kurz und vorsichtig. Es scheint ihm ganz
wohl zu gehen, meine Antwort ist nur bis Frankfurt gekommen.
Seine Adresse ist: Messieurs Derrives Guilhou et Gouilhou aîné, falls
Du ihm schreiben willst; gerade als hätte er Ahnung gehabt, bittet

29*

er dringend um Nachricht von der Tante. Ich habe nun den Brief nach Hamburg geschickt, ob er vielleicht durchgebracht wird.

Der Louis denkt nun, da er doch schwerlich als Offizier wieder angestellt wird und sein Regiment nur noch in einem sehr geringen Stamm besteht, nach München zu gehen und weiter zu lernen; das Geld sollte ihm wohl, wenn er noch etwas dazu verdient und die Geschenke für das Kosackenbild, das nun fertig und versendet ist, dazu kommen, auf drei Jahre ausreichen, ein Jahr will er noch in München und zwei in Rom zubringen, dann hofft er ausgelernt zu haben. Übrigens hat er den größten und besten Eifer gehabt, wieder mitzugehen, und Du kannst denken, daß ich ihm nichts in den Weg gelegt, aber von obenher wird nicht darauf geachtet; die Tante hätte es nicht zugegeben und sagte noch einen Tag vor ihrem Ende, es sei ihr Tod, wenn er mitgehe, die Kurfürstin besteht nun auch darauf. Indes zweifle ich nicht, daß er, wenn Noth kommt, doch mit gehen wird.

Den 1. Mai habe ich unsere 26 Exemplare der Edda bekommen, vier sind an Arnim, Savigny und Ferdinand angewiesen. Ich habe noch nicht Zeit gehabt, die letzten Bogen durchzusehen, aber ich glaube, im Ganzen können wir mit dem Druck und Äußern des Buchs zufrieden sein. Von dem armen Heinrich sind erst ein Paar Bogen fertig, da giebt's alle Augenblick Aufenthalt und kostet mich so viel verlorenes Schreiben. In den Wäldern wird jetzt Dein Nibelungenaufsatz gedruckt. Der Ferdinand schreibt mir, daß die 900 Exemplare des ersten Bandes der Märchen bald vergriffen wären und dann eine neue Auflage nöthig sei, daran ist also zu denken und darüber allerlei zu besprechen, doch hoffe ich, daß Du dann hier bist. Die Kämpeviser habe ich für uns gekauft, Thorlacius hat durch Welcker den 4. Band der Heimskringla geschickt, von der Edda sind dort allerdings eine Anzahl Bogen gedruckt, doch scheint's wieder, wie Welcker meint, etwas zu stocken, er hätte sie uns mitgebracht, wenn man sie gegeben hatte. Den Tod des alten Thorlacius wirst Du in der Zeitung gelesen haben.

Deine Abhandlung über die Irmenstraße habe ich erhalten, sie ist kühn und scharfsinnig und hat mir wohlgefallen. Was ich zu bemerken habe, ist bei anderer Gelegenheit schon dagewesen, und da bei der schon viel bestimmter zusammenhängenden Mythologie Du ein Gefühl für Absonderung und eigenthümliches Leben (S. 35) hast, so kann es Dir leicht auch bei der Sprachverwandtschaft sich regen. Allerlei Einzelheiten werden sich noch zutragen oder abändern lassen.

Es ist heute an Himmelfahrtstag sehr herrlich, die Lotte ist mit der gewöhnlichen Gesellschaft, der Louis mit einer andern nach Wilhelms-höhe gegangen; ich freue mich, bald einen Brief von Dir zu erhalten, da Du mir eigentlich lang nicht geschrieben, Gott erhalte Dich gesund, liebster Jacob, mit treuer Liebe

Dein Wilhelm.

Adresse: An Herrn Grimm, kurhessischen Legations-Secretär zu Wien.

Praes. 11. Mai 1815.

140.
Jacob an Wilhelm.

Wien, den 11. Mai 1815.

Lieber Wilhelm! Deinen Brief vom vierten Mai habe ich heute schon erhalten und danke Dir für alle Nachrichten; weil die selige Tante nicht bei der Mutter begraben worden ist, so muß ihr ein eigener Grabstein gesetzt werden; die Gutthätigkeit der Hoheit hat mich gerührt und ich sollte ihr wohl meinestheils schriftlich danken, wenn Du's so meinst. Es betrübt mich nur, daß es sogleich und bald an die Theilung der Erbschaft gehen soll, ich glaubte, damit wäre noch in ein Paar Monaten Zeit, und Du thust mir leid, daß Du das alles auf Dir haben sollst. Einmal wollte die Tante einen letzten Willen hinterlegen, ich glaube, sie hat ihn aber nachher wieder zurück-genommen oder es überhaupt nicht gethan, ich weiß nicht recht mehr. — — — Was die Geräthschaften betrifft, so theilt lieber so, daß die Hochstädter im Zweifel das Bessere bekommen, damit kein Streit ent-steht, und weil doch die Tante die ganze Zeit über viel mehr an uns gethan hat. Wie traurig sind die Gedanken über das Zergehen und Zertheilen ihres Habs und Guts, woran sie ihr Lebelang so treu und haushälterisch gespart hatte, denn an sich wandte sie fast gar nichts und wir wissen, wie ihr jede Spur von Geiz fremd gewesen; alles war bei ihr reine Uneigennützigkeit und Gutmüthigkeit, zu der es keiner von uns bringen wird, weil wir nicht in diese Lage kommen können.

Die fremden Gäste werden vermuthlich auch bei Euch wohnen? Gott stehe Dir bei allen diesen Geschäften bei und auch der Lotte, die manche böse Stunde haben wird. Es ist nicht meine Schuld, daß ich Euch nicht helfen kann. Jetzt muß mein Abschiedsgesuch dort vorgekommen sein und ich warte begierig auf die Entscheidung. Die Arbeiten haben in der Letzte durch vielfache Conferenzen über das Armee= verpflegungswesen dermaßen zugenommen, daß ich täglich Etappen= rationen und Portionensachen zu schreiben habe, die ich auf dem Kriegscolleg doch den Expedienten auftragen konnte. Die Sorge, Hanau zu verlieren, hat sich gottlob wieder entfernt, und Zeit gewonnen, alles gewonnen; ich glaube also, daß der Kurfürst nichts davon ein= büßen wird. Das hat er aber weder Österreich noch Preußen, sondern bloß dem Drang des Kriegs zu danken.

In Geldnoth werdet Ihr jetzt hoffentlich nicht sein und Ferdinand kann sich wohl selbst helfen. Ich habe mit meinem Geld hier nicht allein eingekaufte Bücher bezahlt, sondern auch neulich einen Wechsel von 50 fl. holländisch an Tydeman geschickt, um die alten Schulden abzutragen, so daß nun eher noch eine Kleinigkeit für Artikel übrig bleiben wird, die er uns zukünftig ankauft.

Die Nachricht von dem fertigen Theil der Edda freut mich und ich möchte sie gerne sehen, welches vielleicht geht, wenn sie Schaum= burg oder Camesina zeitig zugesandt erhalten. Nach Dänemark wären doch baldmöglich drei Exemplare an Rask, Nyerup und Thorlacius zu senden; nach Holland zwei oder drei an Tydeman, Bilderdyk und's Institut, oder die beiden letzten zusammen. Thomas verdient auch eins. Die Göttinger Bibliothek darf aus Dankbarkeit nicht ver= gessen werden, doch hat's damit länger Zeit. Thomas meldet mir, daß er allein den armen Heinrich corrigire, ohne die Bogen nach Cassel zu senden; ich fürchte nur mancherlei Fehler. Übrigens will er seinen Aufsatz über die Sprache erst wieder umarbeiten. Lieb wäre mir, wenn auch der alte Reinwald ein Exemplar der Edda be= kommen könnte.

Bei meinem Aufsatz über die Nibelungen fällt mir zweierlei jetzt ein: 1) die Erklärung der Varianten aus abweichender Recitation ist doch wohl zu scharf genommen. Es muß einmal ganz eigends untersucht werden, wodurch die verschiedenen selbst guten, alten Manuscripte des Parzival, Tristan rc. fast beständig Varianten er= geben, beim armen Heinrich haben wir ein so auffallendes Beispiel. Es scheint fast nöthig anzunehmen, die Merker und Schreiber haben meistentheils leise Änderungen nach Gutdünken vorgenommen. In= zwischen ist die Verschiedenheit in den Nibelungen zu bedeutend, als daß jenes sie zu erklären ausreichte und also der Satz der mehreren volksmäßigen Recensionen nicht eben damit umgestoßen wird; 2) zum Wort ludemes hut. Du bemerktest in einem Brief, daß darin wohl lod, Loden liege, das nordische Wort. Ich kann das unmöglich glauben, denn warum stünde dann noch Haut dabei; dies wäre un passend. Dagegen finde ich in Höfers österreichischem Idiotou ganz willkommen: der Loder, in den Salzburger Alpen der Stier. Also glaube ich: der Loden, Lode, Loder ist der Stier und Lodemshaut Stierhaut. Luchseshaut wäre zu klein und für einen Helden viel zu schwach.

Wegen der neuen Auflage des ersten Theils der Kindermärchen ist sich erst miteinander vielfach zu besprechen. Ich denke nicht, daß er ebenso darf wieder gedruckt werden, sondern vieles ist zu bessern und zu vermehren; welches auch dem Absatz günstig sein muß, indem wenigstens viele Besitzer die zweite Auflage nochmals kaufen werden. Ich bringe allerhand gute Sammlung mit dazu von hier aus.

Hat denn der Louis kein Bild zum armen Heinrich radirt? Ich grüße ihn tausendmal, und er soll mir schreiben, ob ich ihm die bis jetzt noch nicht angekaufte Fischer'sche Anatomie noch mitbringen soll. Wenn ich nur einmal bestimmt meine Wiederkunft zu Euch absehen könnte! Gott befohlen und alle gegrüßt.   Jacob.

Du hast mir den Empfang der spanischen Romanzen nicht an- gezeigt, die ich im März dem Legationssecretär Daiser von hier mitgegeben. Schreib mir doch auch über die neue Ausgabe der Kämpe- viser.

Den 13.

Erst heute habe ich das Packet von Thomas mit dem Schelmuffsky empfangen, er hätte aber wenigstens auch die neuen Hefte der alt- deutschen Wälder beilegen sollen, die ich noch nicht gesehen. — Es kann hier noch länger dauern und ich komme im besten Fall wohl nicht früher heim, als vorig Jahr. Man glaubt, der Krieg werde den 20. Mai losbrechen, vermuthlich zuerst am heftigsten in Brabant und Flandern. Die Russen kommen erst im Lauf des Juni beim Rhein an.

141.
Wilhelm an Jacob.
[Cassel,] am 14. Mai. Ersten Pfingsttag.

Lieber Jacob, gestern Abend sind die beiden Hochstädter, die Louise und Karoline, angekommen, und da nun das Erbschaftsgeschäft

anheben wird, so suche ich heute noch etwas Zeit zum Schreiben zu
gewinnen, da sie mir hernach fehlen könnte. Ehe Dein letzter Brief
vom 2. Mai ankam, war ich in Ungewißheit und Verwunderung,
weil mir der Knatz sagte, daß Du Deinen Abschied gefordert, ich erwartete Dich demnach in wenigen Tagen hier, doch konnte ich nicht
begreifen, daß Du mir in dem Brief, der mit der Vorstellung gekommen war, nichts davon gesagt. Du hast gewiß Deine Gründe
dazu gehabt, und ich habe um so weniger etwas dagegen zu erinnern,
als mir alles, was jemand für seine Lage will und thut, wie heilig
ist; nur, da es sich so verhält, wie Du schreibst, begreife ich nicht,
warum Du dort schon forderst, was sich hier von selbst bei Deiner
Rückkehr ergeben hätte, und das Dir keinen weiteren Vortheil, nur
ein unbequemes Verhältnis und am Ende die Reisekosten verschafft.
Lieb ist mir, daß Du hier nun eine Zeit lang nach Wunsch leben
und zu ordentlicher Ruhe gelangen kannst; um die Zukunft ist mir
nicht bang, Gott wird da schon helfen.

Du mußt für die Wälder allerlei fertig zu machen denken, wozu
Du dort Vorrath genug wirst gesammelt haben. Den Aufsatz über
die Turteltaube, wozu ich einige Zusätze machte, mußte ich wieder
zurücklegen, weil ich fand, daß beim Aristoteles und Aelian die Sage
schon vorkommt (s. Crenzer II, 163), weshalb die ganze Einleitung
verändert werden müßte. Die Anfänge aus den vaticanischen
Schwänken sind folgende:

Ditz buchel heizet des hundes not etc.   Ditz ist von dem wolfe ein mer etc.

Ditz ist von einem reiger ein mer etc.   Hie ist wie ein wolf waz

Ditz ist wie ein man   der einen esel vur einen krebz nz etc.
einen wolf jagen began etc.
                                                Ditz ist ein hubsch mere
Ditz ist von der katzen etc.   von einem wolfe zu here etc.

Vier Bogen vom armen Heinrich sind gedruckt, ich werde das
Geld, weil Du es so wünschest, ganz abliefern, womit ich aus Gründen, die ich Dir mündlich sagen will, noch gezögert habe; das andere
schien mir natürlicher, weil uns diese neue Ausgabe (= 80 Thlr.)
schwer fällt und wir gar nicht aus den Schulden herauskommen; ich
habe nie anders geglaubt, als den nachherigen allenfallsigen Erlös
mitzutheilen. — In dem 10. Heft der Wälder steht Deine Nibelungen-
abhandlung, welche unstreitig die wichtigste im ganzen 2. Band ist.
Im 11. und 12. denke ich die goldne Schmiede sammt dem Wein
schwelg abdrucken zu lassen, dieses Zeugnis ist beides richtig und
wichtig und ich habe das Nöthige schon dazu bemerkt.

Eben war Harnier da und sagte mir, daß man Deine Bitte als ein ordentliches Abschiedsgesuch ansehe. —

Mit dem Louis wird sich's bald entscheiden, triffst Du ihn nicht mehr hier, so gehst Du ja wohl über München. Nun leb wohl, von Herzen Dein treuer Wilhelm.

Adresse wie bei Brief 139.

Praes. 5. Juni.

112.
Wilhelm an Jacob.

Cassel, am 2. Juni 1815.

Liebster Jacob! Gestern um ein Uhr sind die Hochstädter nun wieder abgereist und die Erbschaftstheilung wäre beendigt. Ich habe es so einrichten lassen, daß alles in drei Theile getheilt worden, wovon uns sechsen zwei, ihnen einer nach dem Loos zugefallen ist, so daß unmöglich Streit entstehen konnte. Sie machten anfangs von Hanau aus den Versuch, die Hälfte zu erhalten, ließen sich aber wahrscheinlich von Rechtsgelehrten leicht belehren und sprachen hier nichts darüber: ich würde ihnen gern, wenn wir in einer etwas bessern Lage wären, die Hälfte geschenkt haben, da es aber der seligen Tante Wissen und Willen war, denn die Kurfürstin erzählte mir von selbst, daß sie vor nicht langem gesagt, was ich noch übrig habe, wird nun nach meinem Tode in neun Theile getheilt, außerdem die Hochstädter reich sind, so habe ich es nicht gethan. — — —

Mehreres, was wir gewünscht, ist uns zugefallen, die Bilder von Großvater und Großmutter, der schöne Kupferstich nach Claude Lorrain, das Petschaft und dergl. — Ich habe dem Proll die Dose mit den drei Monarchen, andere Tassen, Kleider ꝛc. geschenkt, damit jeder zufrieden wäre. Die Dose mit der Mutter Bildnis, die wir gegeben, hatte die Kurfürstin zu sich genommen und mir zugestellt, ich habe sie aber doch in die Theilung gebracht.

Der Louis hat die Reisepension erhalten, aber statt 200 nur 50 Thlr., also im Ganzen nur 150. Indessen mit dem, was er wohl von dem Kupferstich erhält und was ihm die Kurfürstin geschenkt, wird er sich drei Jahre ohne uns forthelfen können, ich mag deshalb von diesem Gelde nichts anrühren. Mit dem, was wir baar erhalten aus der Erbschaft, können wir unsere Schulden nicht bezahlen,

indessen, hoffe ich, sendet der Reimer auch etwas für die Märchen.
Auch der Baake hätte für die verkauften Grundstücke 120 Thlr. bezahlen müssen, er ist aber nicht gekommen, nun will ich einmal dahin
schreiben und nur suchen die Sache zu beendigen. Auch in Gudens-
berg habe ich wegen Heppe und Müller nach den Erkundigungen, die
Burchardi einzog, Klage anstellen müssen. Käme das Geld ein, so
könnten wir uns einmal rein machen. Louis gedenkt in drei Wochen
zu reisen, er wird Dir noch selbst schreiben; nur kämst Du etwa
um die Zeit hier an, so würde er Dich erst erwarten.

Ich hatte selbst schon an einen Grabstein für die Tante gedacht,
nun habe ich den Gedanken, ihr ein großes eisernes Kreuz gießen zu
lassen, worauf zugleich die Inschrift käme, es würde schöner sein und
länger dauern, als solche platte Steine. Ich habe schon mit dem
Henschel deshalb gesprochen und wollte nur nicht gern ohne Deine
Zustimmung etwas anfangen. Es ist ein glücklicher Zufall, daß der
Tante ihr Grab gerade dahin gekommen ist, wo die Boppoische Familie
sonst begraben wurde, zwei Leichensteine, die aufgehoben worden, sollen
von dem Kitz sein, von welchem die Cousine noch einen Teller hat.

Den armen Heinrich mußte ich von Thomas corrigiren lassen,
sollte nicht ein Vierteljahr über dem Druck hingehen, sieben Bogen
sind fertig und ziemlich gut. Jetzt hat der plötzliche Tod von der
Marie Brentano, wo Thomas gut bekannt war, einige Stockung hervorgebracht. Die Edda habe ich an Tydeman, Bilderdyk und Hoel-
stra geschickt, auch an Reinwald, nach Kopenhagen werd' ich warten,
bis der arme Heinrich fertig ist, um den auch mitgeben zu können.
Benecke hat um einen Entwurf zu einer Anzeige der Edda gebeten,
darnach er sie abfassen will; ich muß es also thun, so ungern ich
dergleichen Zeug schreibe. Die neuen Kämpeviser habe ich noch nicht
einmal ganz durchlesen können; zu viel ist aufgenommen, ob auch in
anderer Hinsicht zu wenig, habe ich noch nicht untersuchen können.
Ich habe geglaubt, Dir geschrieben zu haben, daß ich Deine spanischen
Lieder durch den Legationssecretär, der sie mir auf die Bibliothek
brachte, erhalten habe; sie sind schön gedruckt, gelesen habe ich außer
der Vorrede nichts. Ich bemühe mich immer, Dir alles zu schreiben,
und vergesse dadurch am ersten, ob ich schon etwas gesagt oder nicht.
So weiß ich nicht mehr, ob ich schon Dir Nachricht gegeben, daß Karl
vom 25. April über England geschrieben nach seiner Art kurz oder
eigentlich weiter gar nichts, als daß er gesund ist und man dort
unruhig lebt.

Das 11. und 12. Heft der Wälder wird die goldne Schmiede und noch einige Aufsätze von Dir enthalten. Ich habe seit diesen sieben Wochen nicht Zeit und Beruhigung gehabt, etwas Ordentliches zu arbeiten, ist es Dir möglich, so sorge doch für den dritten Band, welchen die weiteren Mittheilungen aus der Nibelungenhandschrift eröffnen sollen; ich setze nämlich voraus, daß Körner weiter drucken will. Ich weiß nicht, wie es kommt, daß je älter je empfindlicher ich gegen Kleinigkeiten werde und je ruhiger bei allem größeren Widerwärtigen, das ich Gott vertrauen kann. Nichts stört mich mehr im Arbeiten und Tenken, als solche Dinge, die mir gleichsam in das Eingeweide schlagen, während ich äußere Störungen leicht vertrage und unmittelbar darnach fortarbeiten kann. Ich habe nur in dieser Zeit eine Recension von Gönners Schrift gegen Savigny für den Merkur geschrieben, wozu er mich aufforderte. Der erste Band von Savignys Rechtsgeschichte ist eben heraus, ich habe ihn vom Krieger gehabt, er gedenkt recht schön Deiner Hülfe, die Du ihm in Paris geleistet, daß es Dich freuen wird. Auch eine Stelle aus unserer Edda, die ich ihm einmal geschrieben, kommt darin vor.

Da ich den Brief schließen will, meine ich, ich müßte Dir von der Tante schreiben; heute Abend sind es sieben Wochen, daß ich sie zuletzt lebend gesehen, es war etwa neun Uhr und sie wollte ihre Arme unter der Decke hervorziehen, um mir die Hand zu geben, sanft ist doch ihr Tod gewesen, und wäre sie vielleicht für den Augenblick gerettet worden, hätte sie ein Jahr lang an der Wassersucht leiden müssen.

Leb wohl, lieber Jacob, ich hoffe Dich bald zu sehen und denke mit der herzlichsten Liebe an Dich als Dein treuer Bruder

Wilhelm.

Adresse: An Herrn Legations-Secretär Grimm zu Wien. Praes. 20. Juni 1815.

143.
Jacob an Wilhelm.
[Wien,] Samstag, 10. Juni 1815.

Lieber Wilhelm, nach langem Warten auf Brief von Dir hab' ich endlich am 5. Deinen vom 14. Mai erhalten; es ist mir die Zeit über schlimmer als in meinem Leben je gegangen, und wäre kein Wunder, wenn mich Ärger, Verdruß und Arbeit krank gemacht hätten,

allein ich habe mich an die Aussicht nach Erlösung gehalten, die nun
einmal bestimmt vorauszusehen ist, in Monatszeit denke ich bei Euch
zu sein. Vorgestern Abend endlich ist die Bundesacte zu Stand gebracht worden, nun giebt es noch allerhand zu thun und die Meisten
reisen in einigen Tagen ab, wir aber erst in vierzehn Tagen; wenn
ich dadurch noch acht freie gewinne, soll es mir lieb sein. Auf die
Reise ungeacht der Hitze freue ich mich auch, weil ich über Salzburg
und München zu kommen hoffe, von da über Fuld seitwärts und
vermuthlich nicht über Frankfurt. Vermuthlich schreib' ich Dir aber
erst noch einmal näher von hier aus und denke auch noch einen Brief
von Dir aus der Zwischenzeit zu empfangen.

Hierbei noch Noten zum armen Heinrich, da der Druck langsam
geht, kannst Du sie wohl noch gebrauchen und wenigstens das Wichtigste hinten bei den Druckfehlern berühren. Stoff zu Aufsätzen
bringe ich genug mit heim, Gott gebe mir nur Ruhe und Zufriedenheit;
besonders kannst Du Dich im voraus auf sehr schöne serbische Poesien freuen, wovon ich Text und Übersetzung habe. Ich glaube nicht,
daß bei Aelian oder Aristoteles (Naturgeschichte) etwas stehet, was
meine Bemerkung über die Sage von der Turteltaube aufhübe, denn
ich hatte beide längst deshalb nachgeschlagen. Im Nothfall kann
Dir Letzteres auf der Bibliothek nur wenig Mühe kosten.

Haxthausen war wohl auf der Durchreise bei Dir? Von Savigny
wirst Du bald einen Pack Bücher erhalten haben; wie steht es wohl
mit Arnim, ob er diesmal mitgeht oder nicht? Du stellst Dir nicht
vor, wie einsam und verlassen hier meine Seele war, in Deinem
letzten Brief war wenig, was ich hätte wissen mögen; nun erhalte
Dich Gott, alles dies in Eile, Dein treuer   Jacob.

Ich werde meinen Koffer schon in einigen Tagen mit dem Postwagen unter Deiner Adresse abgehen lassen; bezahl und merke auf,
was es kostet, daß ich es mir nachher vergüten lassen kann.

144.

Jacob an Wilhelm.

Wien, den 22. Juni 1815.

Liebster Wilhelm, vorgestern habe ich Deinen Brief vom 2.
richtig nebst dem eingeschlossenen von Louis erhalten und danke Dir
herzlich für die mitgetheilten Nachrichten. Du hast Deine ehrliche

Laſt mit der Erbſchaftstheiluug ausgeſtanden, aber mir iſt's auch ſeit einigen Monaten übermaßen beſchwerlich gegangen; es wird uns beide tröſten, wenu wir, ſo Gott will, die kommenden Monate ruhig bei einander zubringen können. Was die Theilung betrifft, ſo ſcheint mir ſo alles recht. — — —

Meine Beſoldung haſt Du doch ſeit September vollſtändig für alle Monate bezogen? Ich gedenke noch einiges baares Geld mit= zubringen, bis wir zuſehen, was aus mir wird. Mein Koffer iſt am Sonntag ſchon über Prag und Dresden abgereiſt, das Porto wird hoch ſein, mir aber ſchon bezahlt werden. Eine Kiſte Bücher ſende ich mit Fuhrleuten fort. Ich ſelber reiſe erſt in acht Tagen, den 30. Juni oder 1. Juli, ab und zwar über Salzburg und München, werde alſo ſchwerlich vor dem 13.—15. k. M. eintreffen. Hat der Louis ſo lange gewartet, ſo ſoll's mich freuen; das Dümmſte aber wäre, wenn ich ihn weder mehr in Caſſel, noch ſchon in München fände, ſondern unterwegs verfehlte. Von München reiſen wir ab= ſeits über Augsburg nach Würzburg, wo ich mich vermuthlich vom Geſandten trenne, der dann nach Thüringen will. Geht's irgend, ſo nehm' ich dem Louis ſeine Akademie nach München mit, ſonſt will ich ſie, wie er geſchrieben, hier mit Adreſſe zurücklaſſen. Von nichts anderm mag ich jetzo ſchreiben.

Dein herzenstreuer Jacob.

Adreſſe: Herrn Bibliothekſecretär Grimm zu Caſſel.

145.

Wilhelm an Jacob.

C[aſſel,] am 23. Juni 1815.

Lieber Jacob, ich habe Deinen Brief, worin Du mir die Ge= wißheit Deiner Ankunft meldeſt, richtig erhalten, ſowie geſtern ein Blättchen mit Zuſätzen für den armen Heinrich. Daß Du nicht dabei geſchrieben, kann ich mir leicht aus Deinen übermäßigen und ſchwer= laſtenden Arbeiten erklären, wovon ich von mehrern Orten gehört und wornach ich Deine Sehnſucht, davon endlich frei zu werden, recht nothwendig gefunden. Wir erwarten Dich alſo in Bälde, der Louis, der abzureiſen Willens und bereit war, wird Dich doch nun erſt ſehen wollen. Er hat von der Kurprinzeſſin für die Kupfer 50 Thaler etwa, von der Prinzeß Wilhelm aber ihre goldne Vermählungsmedaille

bekommen, es ist ehrenvoll, aber Geld wär' ihm in diesem Fall doch
lieber gewesen. Indessen hoffe ich doch, daß ihm für drei Jahre der
Unterhalt bleibt, und es ist mir sehr lieb und ordentlich ein Trost,
daß ihm das gesichert ist. Vom Karl habe ich seit nichts gehört,
dem Ferdinand geht es gut.

Hagthausen hat mich eine Stunde lang bei seiner Durchreise nach
Frankfurt besucht, er hat wie sonst ein leichtes und vorschnelles Ur=
theil über alle Dinge, an dem ich keine Freude habe. Dagegen schreibt
August recht treu und hat wieder einiges eingeschickt. Hammerstein
ist bei dem österreichischen Generalstab angestellt und Abends hier
durchkommen, daher habe ich ihn nicht gesehen, er hat mir aber
Bücher und eine für ihn wohl lobenswerthe kleine Schrift, eine Sage
über die Hermannsschlacht, im Teutoburger Wald aufgenommen, zu=
geschickt. Gildemeister hat ein Paar deutschrechtliche Bücher von seinem
Vater für Dich geschickt. Gestern war er selbst hier, und bei Suabe=
dissen habe ich ihn gesprochen; er gefällt mir nicht sehr und hat im
Äußern und seinem Wesen etwas vom Dehn=Rothfelser.

Savigny hat die Bücher durch eine Gelegenheit geschickt. Arnim
ist wieder auf seinem Gut; es scheint, wie ich stets überzeugt war,
an besonderen Verhältnissen zu liegen, daß er nicht mitgegangen ist,
Du wirst darüber in seinen Briefen hier lesen.

Der arme Heinrich wird nun auch bald fertig sein, worüber ich
mich sehr freue. Die Stelle aus dem Plinius habe ich gefunden, so
wie im Cedrenus, und hingeschickt, schwerlich kommt es noch an seinen
Platz, was mir leid thut, da besonders die erste wichtig ist. Sie
muß dann als ein Zusatz gedruckt werden, so wenig ich das liebe;
mit dem, was Du gestern geschickt, kann ich es nicht gut einrichten,
da es einen allgemeinen Satz wieder aufstellt, was ich denn auch
daran zu tadeln habe. Man würde sonst noch die ganze Lehre von
den nicht greiflichen und materialen Heilmitteln in das kleine für sich
geschlossene Buch hineinziehen können.

Dieser Brief wird kurz, ich weiß aber auch nicht, ob Du ihn
noch erhältst. Seit gestern leben wir in der Freude über den großen
Sieg, der aber deutsches Blut genug gekostet hat. Eben ist der Offi=
zier mit des gebliebenen Herzogs von Braunschweig Uhr und Ring
durchgekommen, drei Pferde sind ihm todtgeschossen und ihn hat eine
Kugel in den Magen so getroffen, daß er schon nach einer Viertel=
stunde todt war. 4000 Mann sind von seinem 10 000 Mann starken
Corps noch übrig und das Ziethen'sche, das mit 16 Bataillons die

ganze französische Armee aufhielt, soll fast ganz aufgerieben sein. Durch einen Angriff mit 37 Regimentern Reiterei, den Wellington anordnete, ist entschieden worden. Die Nachtheile am 16. scheinen außer Zweifel, Bonaparte hatte schon Namür, was Blücher wieder mit Sturm nehmen ließ, dem auch ein Paar Pferde unter dem Leib getödtet wurden.

Doch wenn der Brief anlangt, hast Du vielleicht schon genauere Nachrichten, leb wohl, mit herzlicher Liebe

Dein treuer Wilhelm.

Adresse wie bei Brief 139.

VI.

Jacobs dritte Reise
nach „dem verwünschten Ort."

September bis Dezember 1813.

Aus den Freundesbriefen.

„Wir hatten gedacht", schreibt Jacob Grimm an August von Harthausen aus Cassel am 4. September 1815, „den Werner auf seiner Rückreise wieder hierdurch zu sprechen, da er nun aber seitwärts auf Köln gegangen ist, kriegt ihn der Wilhelm vielleicht dort zu sehen, der endlich einmal vorige Woche ausgeflogen und nach Frankfurt ist, um in Gesellschaft Savignys eine Rheinreise zu machen. Du merkst diese Abwesenheit schon an seinem fehlenden Gruß, der sonst gewiß im Brief stehen würde; wie gönne ich ihm diese Freude. Ich konnte der erhaltenen Einladung leider nicht folgen, wenigstens vorerst nicht."

„Es geht einem im Amt", sind Wilhelms Worte an Fräulein Ludowine von Harthausen am 15. März 1816, „wie den Gewächsen hinter dem Fenster, die wohl fortwachsen und die Sonne ziemlich durchs Glas sehen, aber doch verlernen, was der frische Athem draußen ist; oder wie den eingesperrten Vögeln, die die Flügel versuchen, aber nicht fliegen dürfen. Darum habe ich mich vorigen August ein wenig in die frische Luft gestellt oder bin ausgeflogen, so weit ich konnte. Meine Flügel waren Segel auf einem Schiffchen den Rhein hinab von Mainz bis Köln; ich weiß nicht, ob Sie diesen wunderbaren Fluß, der einen Deutschen, der ihn zum ersten Mal sieht, so eigen bewegt, schon gesehen haben, wo nicht, so wünsche ich Ihnen, wann es geschieht, auch das Glück, das mir widerfahren, den Himmel, die Luft, Berge und das smaragdgrüne Wasser in solch glänzender Pracht und Herrlichkeit vom aufbrechenden Morgen bis in die Nacht, wo Mond und Sterne noch dazu kommen, zu erblicken. In Köln, eine mächtige Stadt, in der ich wohl wohnen könnte, bin ich wieder umgekehrt und habe von dem Ufer aus den Fluß in neuer Schönheit gesehen, dann bin ich nach Heidelberg an den Neckar gegangen, wo die Nachtigall singt und der Einsiedel springt. Dort sind die herrlichsten altdeutschen Bilder, die je gemalt worden; auch Goethe war dabei und hatte seine Freude daran. Dazu habe ich den ganzen Zug in Begleitung lieber Freunde gemacht; auch mein Bruder Maler war mit, der, bevor er nach Italien geht, sein Vaterland recht sehen wollte.

Mir ist auf der Fahrt der Gedanke gekommen, daß ich die Jacht nach Wohlgefallen mir hätte volladen dürfen; den August hätte ich dann mitten aus seinem Collegium in Göttingen herausgenommen und vor Bökendorf wär' ich auch angefahren und hätte mich mit leeren Worten und Complimenten nicht abweisen lassen. Ich weiß mir keine größere Freude, als so mit 30—40 Menschen, die einem lieber wären, als die übrigen 30 Millionen, die noch in Deutschland leben, eine solche Fahrt den Rhein hinab zu machen. Musik hätten wir mitgenommen, gesungen selbst nach alter Lust, denn die alten Lieder: Stand ich auf hohen Bergen und sah in den tiefen Rhein lauten dort viel anders, wenn die dunkle Fluth unter uns strömt und die Berge neben uns in den Himmel steigen, an denen die Winzer wie kleine Thierchen herumkriechen. Vor der Sonne hätten wir ein rothseiden Zelt aufgespannt, Hunger und Durst brauchten wir nicht zu leiden, denn dort giebt's Trauben, wovon eine allein einen Mann satt macht, und Weißbrot wie Schnee."

Aus Jacobs Selbstbiographie.

„Kaum war ich zu den Geschwistern heimgekehrt, als mich, und diesmal eine Requisition der preußischen Behörde, in das zum zweiten Mal eroberte Paris rief, ich sollte die aus einigen Gegenden Preußens geraubten Handschriften ermitteln und zurückverlangen, nebenbei auch einige Geschäfte des Kurfürsten besorgen, der in dem Augenblick keinen Bevollmächtigten dort hatte. Zwar jener Auftrag brachte mich in ein unangenehmes Verhältnis zu den Pariser Bibliothekaren, die mich früher sehr gefällig behandelt hatten. Jetzt aber wurde einmal Langlès, den ich besonders drängte, so bitter, daß er mir nicht mehr gestatten wollte, auf der Bibliothek zu arbeiten, was ich in Nebenstunden immer zu thun fortfuhr; nous ne devons pas souffrir ce Mr. Grimm, qui vient tous les jours travailler ici et qui nous enlève pourtant les manuscrits, sagte er öffentlich. Ich machte die Handschrift, die ich eben auszog, zu, gab sie zurück und ging nicht mehr hin, um zu arbeiten, sondern nur, um zu beendigen, was mir aufgetragen worden war. Zu Paris, wo ich diesmal ordentlicher (bei einem Advocaten in der rue de l'université) einquartiert war und ein tägliches Kostgeld von der Stadt bezog, erfreute ich mich besonders des näheren Umgangs mit dem preußischen Geheimen Kammergerichtsrath Eichhorn, der gerade eine schwere Krankheit auszustehen hatte. Erst im Dezember gingen meine Geschäfte glücklich zu Ende und ich empfing später zu Cassel ein Schreiben des Fürsten Hardenberg (31. August 1816), das mir Zufriedenheit mit meiner Verrichtung bezeugte.“

146.
Wilhelm an Jacob.
Frankfurt, Sonntag Mittag [den 3. September 1815].

Liebster Jacob! Gestern Mittag um 10 Uhr bin ich ohne Unfälle und Begebenheiten glücklich hier angelangt und von allen freundschaftlich empfangen worden. Savigny habe ich gestern Mittag und
Abend gesehen und gesprochen, ich habe mich so gefreut, wie ich ihn
wiedergesehen, daß ich Dir's nicht beschreiben kann. Er ist gar herzlich
gegen uns und wünscht nichts mehr, als daß Du noch kommst. —
Nur der Louis macht mir Besorgniß, er ist noch nicht hier und hat
auch nichts geschrieben, ich habe also gleich den Tenhard um Nachricht gebeten; ich hoffe indes noch immer, daß es bloß seine Nachlässigkeit im Schreiben ist und er mehr zu zeichnen gefunden, als er
anfangs gedacht. Steins waren denn richtig bös, heute Mittag esse
ich mit Thomas bei ihnen, obgleich ich von Guaita eingeladen war,
also macht sich's wieder. Nun leb wohl, lieber Jacob, Scharf ist
verreist und kommt erst übermorgen. In Klübers Heften ist schon
etwas abgedruckt; die verlangten Abschriften werden gemacht. Morgen
oder übermorgen davon mehr, sollte kein Brief kommen, so kommt
ein Päckchen mit jenen Heften.   Dein treuer Wilhelm.

147.
Jacob an Wilhelm und Ludwig.
Mainz, den 13. September 1815.
Liebe Brüder!

Ihr werdet verwundert sein, von hier aus einen Brief zu erhalten, und ich schreibe ihn gar nicht wohlgemuth. Am Samstag bekam ich plötzlich Befehl zufolge der noch eingetroffenen Berufung,
wovon Ihr beide wißt, woran meine Seele aber nicht mehr dachte,
schleunig nach Paris zu reisen und dort Bücher und Handschriften
aussuchen zu helfen. Da ich nun aber gar nichts Näheres weiß, was
man vorhat, nach welchem angenommenen Grundsatz man verfährt
und in wie weit ich dazu oder nicht brauchbar bin, so macht mir
das vielerlei Gedanken. Dann betrübt mich, mehr als ich's sagen
kann, daß diese Reise gerad in den Augenblick fällt, wo ich Savigny
einmal wiederzusehen und noch ein Stück von Eurer jetzigen Freude

und Vergnügtheit zu erlangen dachte; herumgetrieben worden bin ich schon genug, aber mit solcher Behaglichkeit zu reisen, wie Ihr dies mal thut, ist mir noch nicht zu Theil geworden. Ein halber Trost war mir doch, daß ich zu Frankfurt Savignys Frau und Kinder ge sehen und gesprochen. In Wilhelms Bett bei Thomas hab' ich vorige Nacht geschlafen und die Steinauer Bilder betrachtet, die mich recht freuten, es sind ihrer aber wohl mehr noch? Denn hier fehlt vieles, was der Louis gewiß gemacht hat, z. B. das Amthaus und der Mutter letztes Haus, sowie das Wagnerische. Auch des Louis Uniform hab' ich auf diese Art wiedererblickt.

Ein Hauptbedenken und Überlegen zu Frankfurt war: ob und wie ich Dich, lieber Louis, mitnehmen könnte, wenn Du Lust dazu hättest, denn es wäre prächtig angegangen, weil ich mir, stell Euch vor, einen Wagen gekauft habe, also die Reise gar nichts gekostet haben würde, in Paris hätte man schon Einquartierung und Kost ausgemacht. Über Coblenz zu reisen, wäre zu um gewesen, weil ich mir aus der Schleunigkeit der Reise selbst ein Gewissen mache und sie mir in Cassel nachrechnen. Dann wollte ich eine Staffette ab schicken und Dich hier in Mainz abwarten, allein das wäre aufs Gerathewohl gewesen und hätte Dich, falls Du wieder auf dem Rhein herauf zu Schiff gefahren, verfehlt, ohnedem auch aufgehalten. Also mußte ich fort, thue Dir aber hiermit einen Vorschlag zur Güte: willst Du mir nachreisen und auf der Diligence kommen, so will ich das Geld dazu geben, es wird nicht viel über 100 Franken kosten. Dort wird sich's, wie gesagt, schon machen lassen, und Du kannst her nach mit mir frei zurückreisen. Zweierlei bleibt jedoch zu überlegen: 1) es ist ungewiß, wie lange ich dort bleiben muß, es kann drei Wochen oder zwei Monate währen; 2) im Museum geht es dort drunter und drüber her, also ist an ein ruhiges Beschauen und Ar beiten nicht zu denken, wie ich mir vorstelle.

Entschließest Du Dich dennoch dazu, so wäre es mir eine große Freude und ein Trost, dann aber bitte ich mir gleich zu schreiben unter Eichhorns Adresse, die ich selbst nicht näher weiß, aber der Brief braucht nur an Hardenbergs oder Ribbentrops Bureau gerichtet zu werden. Berathe Dich nun mit Wilhelm und Savigny.

In unserm Haushalt zu Cassel war auch eine kleine Verwirrung, die Lotte ist zu Haffenpflugs gezogen, die Louise heim auf Urlaub und also alles zugemacht. Der arme Heinrich und die Besorgung der Briefe, weil mir die Sache plötzlich auf den Hals kam, hat mir noch zu schaffen gemacht. Ich nahm, was ich nunmehr bereue, einen Bedienten an und mit, den ich jetzt mit unnöthigen Kosten zurück- gehen lassen muß, weil ich hier einen Reisegefährten an einem Hof- rath Jung (dem Übersetzer des Ossian, einem Hanauer Landsmann) gefunden, was mir andrerseits auch wieder spart.

So bin ich denn wieder aus meinen ruhigen Arbeiten gezogen, ich war gerade über Savignys Buch und muß es ihm nun noch länger schuldig bleiben. Grüßt ihn doch herzlich, sowie Görres, und was ihnen beiden über Handschriften beifällt, was zu thun sei, mögen sie mir ja nicht verhalten. Ich höre, daß auch Wilken aus Heidel- berg der pfälzischen Bücher halber hin ist.

Nicht zu vergessen, daß auch vom Karl ein Brief eingetroffen war, aber einer gerade zum Beunruhigen. Nämlich schon vom 11. Juni her und über England gekommen und Ende Juni waren gerade zu Bordeaux die unruhigen Auftritte. Den Tod der Tante hatte er erst einige Tage zuvor in Wilhelms Brief über England vernommen und schreibt darüber in trauriger Stimmung.

Behaltet mich lieb, ich wollt', ich wäre bei Euch und nicht hier auf der dritten Reise nach dem verwünschten Ort. Auch den Goethe habe ich im Blick noch zu Frankfurt gesehen.

Euer treuster Bruder Jacob.

Auf das angekündigte Frankfurter Packet hatte ich noch bis Sonntag Mittag in Cassel schmerzlich gewartet, es ist aber erst den Tag von Frankfurt aus Versehen abgegangen.

Das Geld kann dem Louis in Frankfurt zur Noth Scharf vor- schießen, der's gerne thut.

Adresse: An die Herrn Wilhelm und Ludwig Grimm, dermalen zu Coblenz, zu fragen bei Herrn Professor Görres, der nöthigenfalls den Brief nachzuschicken gebeten wird.

148.

Jacob an Wilhelm.

Paris, Samstag den 23. September [1815.]

Lieber Wilhelm!

Ich verthue hier die schönsten Herbsttage, worauf ich mich ge- freut hatte, in Zerstreuung, Unthätigkeit und stetem Abmühen, andere in Thätigkeit zu setzen, und beneide Dich recht um die Stille und ruhige Ausfüllung Deiner Zeit. Ich gäbe viel drum, man hätte mich nicht daher verlangt, und ging mit dem Gefühl der Ungewißheit über das, was man will, hierher; dies hat sich nun hier eher vermehrt, als gemindert. Was man will, ist Folgendes: die von den Franzosen aus Teutschland entführten Kunstschätze und Bücher sollen ausgemittelt und zurückgenommen, für die zu Grund gerichteten und verlorenen soll, wo möglich, Ersatz gefordert werden. Diese Sachen fallen meisten= theils auf die Gegend des linken Rheinufers und der Niederlande. Wir Hessen haben keine Manuscripte verloren, mit den uns noch fehlenden Bildern hat es seine ganz besondere Bewandtnis; folglich werde ich mit allem, was ich thue, zu Haus wenig Ehre einlegen, wie ich zwar gleich vorausgesagt. Von jenen Rheinsachen (aus Köln, Trier, Aachen) ist am Ende das Bedeutendste zurückgegeben, was übrig bleibt, zum Theil unbedeutendes Zeug, schwer anzuschlagen, und was das Allerschlimmste, man hat sich über die strenge Durchführung dieser Compensation noch zu gar nichts Ordentlichem entschließen können; diplomatisch gehe es nicht, folglich müsse man Mittelwege versuchen oder am End Gewalt brauchen. Die Vorschläge wären an sich sehr leicht; ich würde nach Maßgabe des ausgemittelten Verlustanschlags 100 oder 200 oder 300 Handschriften fordern und zwar: 1) alle alt= deutsche, sind aber blutwenig da, 2) Handschriften deutscher Geschicht= schreiber: Jornandes, Procop, Diaconus u. s. w. der spätern, von fränkischen, wie Gregor von Tours 2c., wenigstens Dubletten, 3) Manu= scripte altdeutscher Gesetze, lex salica 2c., 4) Dubletten altfranzösischer coutumes, 5) die altfranzösischen romans de Charlemagne, a) weil den Franzosen an diesen am wenigsten liegt; b) weil uns Deutschen als an altfränkischen Sagen und Poesien am meisten, 6) Handschriften vom Corpus Juris, zumal mit der alten Glosse, sodann von Glossatoren: Placentin, Azo, Rofred, Johannes, worüber mir aber Savigny unsere Anweisung geben müßte, 7) deutsche Urkunden, endlich Exemplare vom Prachtwerk über Aegypten und Visconti. Manuscripte von Klassikern wären wenig, außer zur Ausfüllung einer vielleicht bedungenen runden Zahl oder in subsidium, zu fordern, damit wir einmal mehr das fordern, was uns nationaler ist als ihnen; sodann den Schein bei ihnen haben, als wollten wir die Sache erleichtern.

Ich gestehe Dir inzwischen, alles das sind Schlösser in die Luft, und die Franzosen werden Schwierigkeit über Schwierigkeit machen, nament= lich die Connexität aller dieser Dinge mit denen, wofür wir sie fordern, anfechten. Das Nehmen ist wenigstens ein sehr betrübtes Geschäft und geschehen hat bisher noch gar nichts können, nicht einmal eingeleitet. Ich habe seit sehr lange keine solche quälende Langeweile empfunden und vermag mich gar nicht zu sammeln; vorarbeiten läßt sich eben nichts, zumal die Bibliothek Ferien hat und alle Leute voll Mißtrauen und Bosheit sind. Käme nur alles heute zur Sprache und ich wieder zum Thor hinaus! Eichhorn erweist mir die größte Freundschaft, kann aber auch nicht helfen; viele andere Preußen, mit denen ich zu thun habe, sind mir zu leichtsinnig, aus Bonn ist ein gewisser Grote hier, der als Freiwilliger dient und hier in der ersten Zeit (gleich nach dem Einzug) im Museum am wenigsten die Franzosen geschont hat, daher bei ihnen gewaltig verschrieen ist; er hat auch altdeutsche Manuscripte zu Haus und sie mir versprochen. Außer Sieveking hab' ich auch Flemming gesehen, von den Preußen kennst Du wohl Lange, Schober, V. Meyer, Schütz? Jahn kommt jeden Abend in ein Kaffeehaus des Palais Royal, wo sich alle seine Freunde um ihn sammeln und Bier trinken; er spricht aber fast allein und erstaunlich viel; aber es ist gar nicht meine Art, da hin zu gehen.

Im Museum fängt es an, wüst zu werden, und die Franzosen geberden sich jämmerlich. Zuerst nahmen die Preußen weg, dann wir, darauf die Niederländer, denen vermuthlich die Österreicher (für Venedig und Lombardei), hoffentlich auch der Papst folgen werden. Da sieht man schon große Lücken, leere Rahmen, Staub und Bretter, englische Soldaten halten Wacht, deutsche und englische Zuschauer strömen hinzu, und die französischen Maler vergießen Thränen, nach ihren Zeitungen. Die Aufseher lassen sich kaum blicken. Dem Papst will man bei Rücknahme seiner Kunstwerke die Rückgabe der Heidelberger Bibliothek bedingen; wenn das gelänge, wäre das eine Hauptsache, und Wilken, der deshalb hier ist, thut das Seinige. Der Universität kann das Eigenthum wohl nicht bestritten werden, und ich will, um hier nichts zu verwickeln noch zu stören, keinen hessischen Anspruch auf die Heidelberger Erbschaft geltend machen, der zu dem sich bloß aus einer späteren Zeit datirt, wie denn auch die spätere, fürstliche Bibliothek aus Heidelberg zum Theil nach Cassel, zum Theil nach Berlin und Paris (Orleans) gekommen ist. Das Merkwürdigste aber, daß Thiersch, der auch hier und ein unbegreiflicher Lobredner des Mongelas geworden ist, ebenfalls Heidelberger Handschriften aus Rom reclamirt, da sie gerade durch die Sünde der Baiern nach Rom verschenkt wurden; auch denkt er den Manessejschen Codex zu erhaschen. Wilken erzählte mir beiläufig, daß eine weitläufige Recension der altdeutschen Wälder von A. W. Schlegel eingelaufen sei, auf die ich begierig bin, denn zu tadeln und zu bessern ist an dem Buch sicher genug, nur fürchte ich, er erkennt gerade das Beste nicht darin; wahrscheinlich wird er sich bei den Nibelungenzeugnissen zumeist aufhalten. Thibaut hat eine mir doch ganz unerwartete Recension von Gönners Schrift geliefert, dessen elender Schmeichel ,ihn auf solch eine Art berücken konnte!

Savigny sag doch, Eichhorn habe mir seinen Auftrag über die Handschrift von Boethius de communi dividundo gegeben und ich sogleich folgende fehlgeschlagene Schritte gethan. Ungeachtet der Vacances trieb ich den Hase auf, welcher aber voll der lächerlichsten Furchtsamkeit ist und jetzt weder Französisch noch Teutsch reden kann; er hat seit Dutheils Tod Anwartschaft auf die Conservatorstelle, wird aber von Tacier auf alle Art angefeindet und als heimlicher Teutscher geschildert, so daß er mich bat, mich an Langlès zu wenden. Das besragte Buch stand weder im Katalog der Manuscripte noch im Supplement, und Langlès versicherte mich hoch und theuer, dergleichen sei nie aus Sens hergekommen, das wisse er bestimmt, Millin irre oft in dergleichen. Weil ich aber die in dem Stück ganz gleiche Schwätzerei Langlès' und Millins kannte, ging ich zu Millin und bat ihn ums Jahr des Transports. Dies war 1801 und nun wurde bei l'Epine im Journal nachgesehen und das Manuscript richtig gesunden als wirklich hierher geschafft. Allein es war noch nirgends eingetragen und befand sich auf dem Speicher unter großen Haufen anderer; l'Epine also nach einer halben Stunde Suchen versicherte, daß man nichts finden könne. So steht's also; ich will aber doch den Hase bitten, eifriger danach zu forschen, wenn es jetzt nur nicht gerade die fatale Zeit des Mißtrauens und Unmuths wäre.

Wenn Du mir mit Gelegenheit ein Exemplar der Edda, der spanischen Lieder und des armen Heinrich bald senden könntest, wäre mir lieb. Du wirst bald nun nach Haus kommen und mir viel zu schreiben haben, vor Monatszeit kann ich nicht wegreisen, das sehe ich schon. Herzliche Grüße an Savignys, Thomas, Scharf u. s. w.

Tein treuer Jacob.

Die Alliirten hatten sich endlich auf die schlechte Basis der Integrität und Verpfändung einzelner Festungen (Landau, Mezieres, Givet ꝛc., nicht aber Metz, Lille und Straßburg) neben kleinen Abtretungen vereinigt und den Franzosen den Antrag gemacht. Diese sträuben sich aber, was uns vielleicht mehr hilft als schadet. Die Veränderung des Ministeriums vermehrt den Wirrwarr und jedermann ist hier murrend.

149.
Wilhelm an Jacob.

Lieber Jacob, Du kannst denken, daß mich Dein Brief zu Coblenz überrascht hat, da ich vielmehr gehofft Dich selbst dort finden [sic] und wir uns alle darauf freuten; am Anfang der Reise hatte Savigny Dir noch eine kurze Einladung geschickt, die Du aber nicht mehr wirst erhalten haben. Ich wünsche, daß etwas Gutes, auch für Dich, aus dieser Reise hervorgeht. Die unsere war sehr vergnügt und von dem herrlichsten Wetter begünstigt; mehr zu schreiben wird mir heute unmöglich, da ich noch diesen Morgen nach Heidelberg reise, wo ich Savigny wieder antreffe, der von Coblenz aus dahin geht. Dein Brief vom 17. durch schwedische Gelegenheit ist gestern an Thomas gekommen, der Ludwig hat sich nun entschlossen, die Reise dorthin anzutreten, will aber noch heute warten auf einen eigenen Brief von Dir, um zu hören, ob er auch wirklich dort noch etwas mit Ruhe und Erfolg sehen und arbeiten kann, welchen Punkt ich auch bedenklich finde. Savigny läßt Dich herzlich grüßen und Dich um zweierlei bitten, die Bekanntschaft vom Nepomuk Ringseis zu machen, der baierischer Ober= feldarzt ist und nach Paris kommen wird, Du mußt ihn bei der baierischen Gesandtschaft oder Wrede erfragen; dann Eichhorn zu er= innern, daß Savigny gern Nachricht von einer Handschrift zu haben wünscht, deren Millin in seiner Reise durchs mittägliche Frank= reich gedenkt, die er nach Paris gebracht und die Überschrift führt Boethius de communi dividundo; auch bittet er Dich gleicher Weise darnach zu suchen. — Die Nachträge sind angekommen, der Druck wird erst nach der Messe anfangen. Grüß den Sieveking, ich bin sehr begierig, Näheres von Dir und Deinen eigentlichen Arbeiten zu hören.
Mit treuer Liebe Dein   Wilhelm.
Frankfurt, am 25. September 1815.
Adresse: Monsieur Monsieur Grimm bibliothécaire à Paris, Fau= bourg St. Germain, rue de l'université Nr. 7.
Empfangsstempel: 30. Septembre 1815. Praes. 30. Sept.

150.
Wilhelm an Jacob.
Cassel, am 14. October 1815. praes. 20. October 1815.

Liebster Jacob! Seit Sonntag Morgen 1 Uhr bin ich wieder hier gesund und glücklich angelangt und jeder behauptet, daß ich dicker geworden und rüstiger aussehe; es war auch eine recht vergnügte

Reise durch die herrlichen Gegenden, von dem schönsten Wetter begünstigt und in der Gesellschaft von Savigny, der sich vielleicht nur
darin verändert hat, daß er noch freundlicher und theilnehmender
als sonst sich äußert. Köln ist mir jetzt unter allen Städten, die
ich gesehen, allein als eine eigentliche Stadt vorgekommen, und die
Erinnerungen aus alten Zeiten, die dort auf einen eindringen, müssen
jeden, der nur Sinn hat, anregen und ergreifen. In Coblenz war
ich acht Tage bei Görres im Haus, der mit seiner ganzen Familie
so herzlich und gemüthlich ist, daß es einem recht wohl wird. Ludwig
war nur bis Coblenz mitgegangen und hat auch acht Tage bei ihm
zugebracht, sich endlich fast heimlich fort gemacht, weil sie ihn nicht
fortlassen wollten, er hat ihn gut gezeichnet und es soll seine erste
Radirarbeit werden. In Winkel, wo Franz Brentano ein schönes
Gut hat, war ich anderthalb Tage, der Rhein ist auch da reizend,
die Gundel war mit den Kindern dahin gekommen und Savigny ging
mit ihr noch einmal nach Coblenz zurück, ich aber über Frankfurt
nach Heidelberg, wo ich dann wieder mit Savigny zusammentraf.
Auch da hat mir's wohl gefallen, die Bilder der Boisserée sind über
alle Worte herrlich, und daß ich sie gesehen, ist mir unschätzbar, eine
ganz neue Welt, die niemand vermuthet hat. Goethe war auch dahin
gekommen, wohnt bei Boisserée und schreibt über die Gemälde, außerdem giebt er sich mit persischen Sachen ab, hat ein Päckchen Gedichte
in Hafiz' Geschmack gemacht, liest und erklärt den Haoh Kiöh Tschwen
und lernt bei Paulus Arabisch. Er war so gnädig, ein paarmal da
zu sein, als wir die Bilder besahen, kam auch einmal zu mir und
fragte nach unseren literarischen Arbeiten. Ich sagte ihm dann Verschiedenes, unter anderen auch, daß das mannigfache Leben der Sagen,
ihr Hin- und Herströmen, ihre Vereinigung und Trennung ein besonderes Augenmerk sei. „Ja,“ antwortete er, „was kann die Kritik
anders sein als, als die Beobachtung der verschiedenen Wirkungen
der Zeit, was ganz meine Meinung auch ist.“ Creuzer hat mir
gesagt, daß ihn (Goethe) besonders die Prosaübersetzung bei der
Edda gefreut, er redet noch immer von einer ähnlichen Arbeit beim
Homer. Ich mochte ihm nichts davon sagen, sowie überhaupt von
nichts Naheliegendem anfangen. Creuzer war sehr freundschaftlich
gegen mich, doch sein Verhältnis zu Savigny scheint nicht ganz rein,
er hat eine gewisse humoristische Scherzhaftigkeit angenommen,
während er sonst ernst war. Schwarz und seine Familie sind sehr
treuherzige Leute, die mir wohlgefallen. Die Märchen haben uns bei

aller Welt bekannt gemacht. Die Hulda ist groß geworden und scheint recht gut und sanft. Conradi, bei dem ich wohnte, war wie immer freundschaftlich. Thibaut hat mir einen widrigen Eindruck gemacht, er war gegen Savigny ängstlich und kalt höflich. Ich fuhr mit Savignys zurück, in Darmstadt besahen wir das Museum und kamen doch noch Abends in Frankfurt an. Darauf ging ich noch einen Tag nach Hanau, wo ich den Johannes Schulze besuchte, den Görres jetzt nach Coblenz berufen hat, er war ganz über die Maßen freund- schaftlich, denk, ich bin gerade bei ihm zuerst in das Zimmer gekommen, wo ich getauft wurde, welches nämlich hernach durch die Bratfisch heraustam, und habe in des seligen Vaters Arbeitsstube gesessen. Wie hat mich so manches in Hanau gerührt. Mein erster Ausgang war Morgens in die Stadt, unser Haus in der Langen Gasse stand gerade auf, ich sah die Treppe, auf der ich einmal herabgerollt bin, und das Sandhäuschen darunter, wo wir eingesperrt wurden. Dann ging ich in den Rathhaushof, da sah ich hinten die Fenster und erinnerte mich aller Stuben, unserer Schlafkammer, selbst wo das Bett gestanden. Angestrichen war noch alles, wie sonst; am Ende der Straße ein rothes Haus, wo ich sonst die Soldaten mit den blitzenden Flinten hatte vorbeiziehen sehen. In der Tante ihrem Haus wohnten viele Handwerksleute. Hinter dem Fenster, wo der Großvater gesessen, guckte eine junge Frau. Die Bratfisch habe ich in Bruchköbel besucht, es geht ihr ganz gut, sonst habe ich niemand gesehen.

Das alles wollte ich Dir ausführlich in einem großen Brief schreiben, sobald ich zur Ruhe gekommen wäre, denn Du kannst Dir denken, daß sich mancherlei, auch Hausgeschäfte, angehäuft hatte. Nun kann ich doch einen Brief nicht länger aufschieben. Nämlich Strieder ist gestern Abend ziemlich plötzlich gestorben, am Sonntag, wo ich ihn besuchte, war er noch sehr wohl und rüstig, am Mittwochen Morgen bekam er ein Bluterbrechen und das hat ihn zum Tod ent- kräftet. Es fragt sich nun, was zu thun ist; melde ich mich jetzt um die zweite Bibliothekarstelle, so kann sie mir nicht abgeschlagen werden mit einer Gehaltsvergrößerung zu 500—600 Thlr. Dir kann man, wenn Du Hofarchivar wirst, doch nicht weniger geben, auf jeden Fall wird Dir, wenn Du die zweite Bibliothekarstelle als Nebenstelle erhälst, weniger dafür gegeben, als mir, wenn sie mein Hauptamt wird. Im dritten Fall, wolltest Du Dich bloß um die zweite Bibliothekar- stelle melden, glaube ich nicht, daß das geschehen würde, sondern man würde die Archivstelle Dir dabei geben (wie Völkel es auch hatte).

Indes will ich nicht gern hier etwas allein thun, sei so gut, mir umgehend Deine Meinung zu schreiben, es kommt bloß auf das an, was uns beiden zusammen das Vortheilhafteste ist. —

Schlegels Recension der Wälder ist drei Bogen stark und enthält manches Alberne. In den Jenaer Ergänzungsblättern 70 steht eine redliche von Docen über das Hildebrandslied, die von Benecke über den armen Heinrich schicke ich Dir hier. Also werden wir jetzt genug recensirt. — Heute Abend kommt Savigny hier an und wohnt bei uns bis Sonntag Mittag, wo er nach Göttingen weiter geht. Könntest Du die Freude doch auch mit haben. Der Louis ist wohl auf der Reise zu Dir oder nach München, ich verließ ihn in Frankfurt unentschlossen. Nun leb wohl. Dein treuer Wilhelm.

Savigny kommt erst morgen, Louis reist mit George Brentano nach Heidelberg, auch wohl mit diesem nach München, wie Savigny eben schreibt.

Die verlangten Bücher sind schon auf dem Weg oder gehen mit erster Gelegenheit nach Paris ab. Reimer hat 100 Thlr. in Anweisung geschickt und 150 sind zur Ostermesse bei ihm zu erheben.

Adresse: Monsieur Monsieur Grimm, bibliothécaire à Paris, Rue de l'université, Faubourg St. Germain, Nr. 8 chez Mr. Caille, avocat. Empfangsstempel: 20. Octobre 1815.

151.
Jacob an Wilhelm.

Paris, 21. October 1815.

Liebster Wilhelm!

Tausend Dank für Deinen Brief, den ich gestern Abend erhielt, und für alle mitgetheilten Nachrichten. Glaube mir, daß ich Tage und Stunden zähle, wo ich einmal hier fortreisen kann, es verschiebt sich aber ewig, und was man auf den 15. d. M. bestimmt erwartet hatte, hofft man nun Anfang November erfüllt zu sehen. Antworte mir indessen nicht mehr. Wahrscheinlich muß ich über Brüssel reisen und freue mich dann auch Köln zu sehen. Dieser höchst verdrießliche Aufenthalt hier ist es nicht nur an sich, sondern er hat mich auch um so viel Vergnügen gebracht, was dort gerade in diese Zeit fallen mußte. Der Louis ist nicht gekommen und hat wohl gethan, weil nun alles Kunstwerk eingepackt war und bei mancherlei veränderten Umständen Reise und Hiersein viel würde gekostet haben. Von Karl habe ich zwei seiner Art nach höchst unbedeutende Briefe empfangen, die ich, weil Ihr ähnliche erhalten haben müßt, darum auch nicht fende. Übrigens finde und sehe ich hier täglich Bekannte; Steuber sammt dem General Engelhard waren ein Paar Tage da, der Auditor Müller geht hier herum nebst seinem Schwager, dem vormaligen Regimentsquartiermeister Gräbe aus Marburg, der Dir noch mehr bekannt sein muß. Zur Jordis gehe ich nicht gern, um dem fatalen Varnhagen auszuweichen, der immer da steckt und den sie gern zu haben scheint. Es ist ein höchst eigensüchtiger, kalt berechnender Mensch, der um alle Dinge einen zwar gescheidten, aber doch ein= förmigen Witz spinnt, und ausschneidet.

Wegen der durch Striebers Tod ledigen Stelle bin ich auch völlig Deiner Meinung, nämlich daß Du Dich ungesäumt um die zweite Bibliothekarstelle meldest. Selbst meine frühere Bittschrift wird dabei nicht hinderlich sein, da sie mir im Original zurückgegeben worden ist, also in den Kanzleiacten nicht einmal etwas mehr vorliegt. Du erinnerst Dich, daß Du mir in einem nach Wien geschriebenen Brief selbst die erste Idee, mich dazu zu melden, gabst, sonst wäre ich nicht drauf verfallen; auf die Hofarchivarstelle verfiel ich erst zu Cassel selbst, anfangs, um jenem Gesuch dadurch Gewicht zu geben, seitdem aber bin ich noch einige Tage vor meiner Hierherreise durch ein Gespräch mit Haffenpflug, der mir auf der Straße begegnete und davon zu reden anfing, in der Ansicht bestärkt worden, daß man die Archivarstelle wohl als eine eigene betrachten könnte. Erlange ich sie, so muß man mir wenigstens doch 600 Thlr. geben, dann stehen wir uns zusammen über 1000 und können ruhig leben. Daß ich sie erlange, thut mir aber herzlich Noth, denn die zwei letzten Jahre haben meiner Gesundheit und Zufriedenheit nichts Gutes gebracht. Um den Gesandtschaftsposten bewarb ich mich bloß der seligen Tante zu Lieb, die, wie Du weißt, auf Verdienst und Amt trieb, ich sah voraus, wie mich das alles stören und aus mir bringen würde; mancherlei Kränkungen und Ärger, die hernach erfolgten, sah ich nicht einmal voraus. Dein Glück hat Dich vor vielerlei Sorgen, die mich betroffen, bewahrt und Dein Gemüth freier und unbedrückter erhalten: erst lasteten die vielen Arbeiten beim Kriegscollegium auf mir; hernach in der westfälischen Zeit mußte ich bei vieler Freiheit doch manche Stunde in halben Geschäften, Formen und saueren Gängen verthun, wodurch mir die eigentliche Reinheit und Stimmung ganzer Tage zu Grunde ging, mehr oder weniger. Dadurch hat sich nach und nach bei natürlichem Trieb zur Arbeit und zur Unablässigkeit darin, damit die verlorene Zeit sonst wieder eingebracht würde, theils eine gewiſſe Haſtigkeit, theils eine Abneigung von aller Zerſtreuung in meinem Sinn immer mehr feſtgeſetzt; was darin Unrechtes liegt und Ihr genug gefühlt und manchmal verſpottet habt, fühle ich zuweilen deutlich und bewußt und ſehne mich in Ruhe und Gleich-gewicht zu kommen. Das wird, ſo Gott will, mit der Zeit geſchehen und dann meine Geſundheit ſich auch wieder beſſern, da ich, ſo ſehr ich an Kopfweh und Schnupfen leide, dennoch eine feſte Natur zu haben glaube. Durch meine Unthätigkeit ſeit zwei Jahren, wodurch ich in das Böſeſte, worein man gerathen kann, d. h. in perſönliche unmittelbare Abhängigkeit und ſo zu ſagen Dienſtbarkeit gerieth, außer-dem, daß ich von Euch, die Ihr mein einziger Troſt ſeid, fern leben mußte, habe ich meinen Verhältniſſen und meinem Schickſal ein ſchweres Opfer gebracht. Die Freunde, die mich, da ich kaum los geworden war, nun wieder nach Paris jagten, haben mir einen un-gebetenen Dienſt erwieſen und meine Seele in neues Leid gebracht. Das Geſchäft, wozu ich berufen bin, iſt an ſich höchſt ſchwankend und nicht auf eine treue Arbeit, ſondern auf mancherlei diplomatiſche Wendungen von ſehr ungewiſſem Erfolg gebaut, wie ich gleich bei der Abreiſe vorausſah. Perſönlich unangenehm wird es mir dadurch, daß, wie ſchon Aufſpüren und Wegnehmen aus jeder beſtehenden Ordnung etwas Widriges, ich noch gerade den Leuten entgegenſtehe, die mir früherhin Höflichkeit und Gefälligkeit erwieſen. Wenn ſie mir das nun ſelber vorwerfen, wie ſie thun, ſo beruhigt ſich zwar mein Gewiſſen, weil das, was ich thun ſoll, etwas Höheres iſt, als die aus jenen Dienſten entſpringende Verbindlichkeit ſein kann; aber ich wünſche doch, ich wäre nicht dazu gebraucht worden. Endlich hat mich auch des Buderus Abreiſe, der froh war, daß ich herkam und ihn ablöſte, ganz in die diplomatiſche Bahn, aus der ich eben frei geworden war, wieder gebracht; ich bin ſo gut als heſſiſcher Ge-ſchäftsträger und habe fünf oder ſechs angeknüpfte ſchwierige Reclamationen und Berichte darüber auf dem Hals, die mir eigent-lich mehr Mühe koſten, als das andere Geſchäft. Hier haſt Du nun einen Haufen Klagen über meine Noth, die aber gewiß das Längſte gedauert haben muß, aller leiblichen Unbequemlichkeit und Unordnung zu geſchweigen. Behalte mich herzlich lieb, ich bin Dein treuer Bruder

Jacob.

Grüße die Lotte und ich wollte ihr was mitbringen.

Wir ſchreiben uns jetzt mit umgekehrten Petſchaften, wie zu Wien.

Adreſſe: Herrn Bibliotheksſecretär Grimm zu Caſſel.

152.

Jacob an Wilhelm.

Paris, den 29. October 1815.

Stell Dir vor, lieber Wilhelm, daß ich soeben durch ein Schreiben von Buderus erfahren muß, der Kurfürst habe ihn zum Gesandten
auf die Bundesversammlung ernannt und mich ihm beigegeben. Ich
werde aus hundert Gründen und um keinen Preis länger in der
diplomatischen Laufbahn bleiben und schreibe dies dem Kurfürsten
heute gleich auf das Bestimmteste. Erkundige Dich also und melde
mir, da mein Aufenthalt hier zu unbestimmt ist, poste restante nach
Köln: ob ein anderer an meiner Stelle erwählt worden sei? damit
ich wenigstens noch ein Stück der Reise in Ruhe machen kann. Es
ist aber hinreichend, wenn Dein Brief erst gegen die Mitte November
in Köln eintrifft.

Eichhorn ist seit einer Woche gefährlich nervenkrank und zu allen
Geschäften untauglich; welches nicht nur ein für mich höchst unan-
genehmer Umstand, sondern auch an sich selbst eine traurige Sache ist.

Ich habe um sehr billige, so zu sagen, Spottpreise den Gregorius
Turonicensis — Aimoinus — Idatius — Marcellinus — Paulus Diaconus — Jornandes — Isidorus für uns gekauft und lese darin, sobald ich
mich aus der Zerstreuung sammeln kann. Unter andern bin ich nun
auch gewiß worden, daß wir einen eigenen Band der manchen schönen
deutschen Sagen daraus zusammen tragen müssen. Weißt Du z. B.,
daß das Märchen von dem blühenden Flachsfeld, das Fliehende für
Wasser ansehen und die Arme zum Schwimmen ausbreiten, in der
lombardischen Sage vorkommt. Paulus erzählt's und Aimoin, der ihn
hier fast trocken auszieht, hat das poetische Gewicht eben dieses Zugs
so gefühlt, daß er gerade ihn ausführlich abschreibt. Beweist aber
nicht das merkwürdige, ungeahnte und durch die Wahrheit der Volkspoesie erfreuende Wiederfinden der kleinsten Züge für meinen alten
Satz: daß man in den Volkssagen und Märchen von heute gar nichts
zusetzen müsse? Die Lüge ist stets unrecht, selbst im Dichten, darum
giebt's nur zweierlei Poesie: die alte, epische, deren Stoff unvertilg-
lich im Glauben des Volkes herumzieht; sodann: wenn neue Dichter,
was sie wahrhaft gelebt und gefühlt haben, aufschreiben. Die Er-
dichtung des Stoffes in Romanen und Liedern ist immer sündlich
und führt zu nichts. Es thut mir leid, wenn ich z. B. an Clemens'
Märchen denken muß, worin er aus den unschuldigen, einfachen, vor-

gefundenen Sätzen der Volkssage unerlaubte Progressionen und Potenzirungen ziehen wird, die noch so geistreich und gewandt sein mögen. — Den Don Bouquet könnte ich Euch (16 Folianten) für 380 Franken schaffen und Völkel, falls er will, nur an Buderus ein Paar Worte zur Einlage an mich geben. Sonst kostet jeder Band 30 Franken. Sag' ihm, daß ich seine übrigen aufgetragenen Artikel: Bouillon, Langlès bis auf die Orangepomade gekauft hätte. Habt Ihr den letzten Band der notices et extraits? Nota bene. Die Bücher können jetzt mit den Bildern frei hingeschafft werden.

Grüß' die Lotte und bleib treu Deinem Bruder   Jacob.

153.
Wilhelm an Jacob.

C[assel,] den 5. November 1815. praes. Köln, den 16. Dez. 1815.

Liebster Jacob, vor etwa 14 Tagen, etwa um den 15. October, ließ mich die Kurfürstin rufen und sagte mir, der Kurfürst habe eben vertraulich mit ihr gesprochen und geäußert, er wolle den Buderus als Gesandten nach Frankfurt schicken und Dich als Legationssecre-tär mitgeben. Ehe ich noch etwas erwidern konnte, fuhr sie fort, sie hätte ihm gleich vorgestellt, ach der arme Grimm, das wird er nicht annehmen! der Kurfürst aber geantwortet, das wird er doch. Ich erklärte ihr nun gleich in Deinem Namen, Du würdest diese Stelle in keinem Falle annehmen, sowohl der Sache als Person wegen. Sie sagte, da es ja noch nicht bestimmt ist, so kann es noch abge-wendet werden und versprach sehr freundlich und gut, das, was sie vermöge, zu thun. Mir kam die Sache sehr unerwartet, denn der Nasenbläser hatte mir, ich glaube Tags vorher, versichert, er freue sich, daß Deine Ernennung zum Hofarchivar so gut als gewiß sei, und wenn er nicht geradezu, um Dank durch eine Wahrscheinlichkeit zu erwerben, ins Blaue geredet (er sagte ausdrücklich, er habe mit andern davon gesprochen), so muß Vorsatz, wenigstens Neigung dazu dagewesen sein, und ich freute mich schon auf eine Aussicht zu end-licher Ruhe. Auch muß dann Buderus selbst Dich verlangt haben. Ich schrieb Dir sogleich alles, weil ich aber Dir nicht gern trübe Tage machen wollte, ehe es durchaus nöthig war, so schickte ich den Brief noch nicht fort. Nach ein Paar Tagen ließ mich die Kurfürstin auch wirklich, noch an einem Abend, rufen und sagte mir, sie freue

sich, die Sache sei rückgängig gemacht, sie habe durch ihren Ober-
hofmeister es ausführen lassen, wir könnten ganz ruhig sein und ich
sollte Dir nichts schreiben. Ich dankte ihr herzlich und zerriß nun
den Brief, auch ließ sie mir noch einmal sagen, Du möchtest Dich
um eine andere Stelle nun bewerben. Zwar fiel mir auf, daß ich
von keiner Ernennung eines Legations-Secretärs für Buderus hörte,
auch daß er mir vor einigen Tagen mit überhöflichen Empfehlungen
Deinen Brief schickte und sich erbot, bis Frankfurt, wohin er den
folgenden Tag abreiste, etwas für Dich mitzunehmen; doch hielt ich
mich an die Versicherung der Kurfürstin.

Es kommt nun darauf an, ob sein Brief an Dich mit der Meldung
früher oder später ist. Ich werde mich noch erkundigen, ehe dieser Brief
abgeht, und sehen, ob ich Dir nicht eine Gewißheit verschaffen kann.

Mein Gesuch um Gehaltsvermehrung und die zweite Bibliothekarstelle ist mit „beruhet" abgewiesen. Völkel hat nur 150 Thlr.
Zulage bekommen, wahrscheinlich wird man mich noch ein Jahr oder
länger wollen warten lassen und es dann mit 50 Thlr. bewilligen.
Ungerecht erscheint es mir, da ich klare Ansprüche auf die Stelle habe.

Ich habe Dir, glaube ich, geschrieben, daß der Rector Jochem
am Elend in Köln eine gute Handschrift des Tristan hat, aber sehr
rar damit thut. Kommst Du nach Coblenz, so bitte Görres, daß er
Dir die Glöcklische Abschrift von dem vaticanischen Rosengarten
(worin er statt truz und traz cruz und craz geschrieben hat, ich
habe sie gelesen) mitgiebt, um sie mit einer andern Handschrift vergleichen zu können, welche ich von Frankfurt mitgebracht und die
überaus wichtig ist. Sie enthalten nämlich beide den sogenannten
ungedruckten Rosengarten, der eine andere Fabel hat, worin die
Hunnen, Etzel und Rüdiger vorkommen. Hagen hat das Gedicht
aus der Straßburger Handschrift, aber ich glaube, daß diese beiden
(die vaticanische und Frankfurter) auch wieder abweichen, und daher
wäre mir eine Vergleichung wichtig, ich konnte sie bei Görres nur
obenhin ansehen. Grüß sie mir auch alle aufs Herzlichste.

Am 11. Mittags.

Die Kurfürstin hatte auch wiederum gehört, daß man dennoch
daran denke, Dich nach Frankfurt zu schicken, vielleicht weil wirklich
kein anderer zu Hand war. Sie versprach jedoch, alles Mögliche zu
thun, und ich wollte Dir diesen Brief nicht eher schicken, als bis ich
etwas Entscheidendes wüßte. Sie läßt mir nun eben sagen, daß die
Sache beendigt sei, Du würdest nicht nach Frankfurt kommen und alles

gut gehen: das könnte ich Dir schreiben. So freut es mich herzlich, daß Du den Weg von Köln ohne diese Sorge machen kannst.

Es scheint mir das Beste, daß Du Dich jetzt bloß um die Hof-archivarstelle meldest; die andere muß mir doch über kurz oder lang gegeben werden, und jene Vereinigung würde Dir bloß mehr Arbeit machen und uns das immer kleine Einkommen schmälern.

Nun, Gott erhalte Dich gesund, liebster Jacob, Du glaubst nicht, wie ich mich freue, Dich wieder zu sehen. Diesmal werden wir hoffent-lich Deinen Geburtstag in Ruhe zusammen feiern können.

Dein treuer Wilhelm.

Adresse: An Herrn Legations-Secretär Jacob Grimm zu Köln am Rhein. poste restante.

154.

Wilhelm an Jacob.

Cassel, am 8. November 1815.

Lieber Jacob, ich schicke Dir hier Völkels Antwort, der an den Buderus nicht schreiben will und die Dich wahrscheinlich noch dort trifft. Deinen Brief habe ich erhalten und Du wirst ausführliche Antwort in Köln finden. Ich glaubte die Sache früherhin abgethan zu haben (da ich davon Nachricht erhielt) und wollte Dir gar nichts davon schreiben, um Dir damit keine Stunde trüb zu machen. Ich war daher erstaunt, als Dein Brief kam und ich sah, daß man den Gedanken doch nicht aufgegeben hat. Buderus ist schon vor ein Paar Tagen fort, aber ohne einen Secretär. Bis jetzt habe ich noch nichts vom Erfolge Deines Schreibens an den Kurfürsten gehört. Was aber erfolgt, gewiß ist, daß Du diese Stelle nicht annimmst, im Übri-gen wird uns Gott helfen.

Kannst Du der Jordis die 500 fr. bezahlen, die wir ihr schuldig sind, so wäre das abgethan, Du mußt Dir meinen Schein oder einen andern, der diesen vernichtet, dafür ausbitten.

Kauf doch, wo Du sie gut mitbringen kannst, eine Astrallampe, Savigny hat sie mir sehr gerühmt, man hat den häßlichen Unschlitt-geruch nicht, ein schönes Licht, von einem Musselinschirm gedämpft, und spart noch dabei. Sie kann nicht viel kosten. Nun Gott grüß Dich.

Dein treuer Wilhelm.

Adresse wie bei Brief 150. Empfangsstempel: 14. Novembre 1815. Praes. 14. November.

155.

Jacob an Wilhelm.

Paris, den 10. November 1815 Abends.

Lieber Wilhelm!

Ich hoffe, daß Du meine beiden Briefe, einen unmittelbar von hier mit der Post, den andern durch Einschluß über Frankfurt richtig empfangen haben wirst. Ich bitte Dich, was Du mir zu antworten hast, unmittelbar und gleich mit der dortigen Briefpost zugehen zu lassen, da ich leider allem Anschein nach noch diesen Monat hier zubringen und ausharren muß, also Gott danken will, wenn ich Christtag zu Haus sein kann nach abermals verthanem Vierteljahr. Ich muß hier jetzt auch äußerlich in der kalten Witterung unbequem wohnen, da mich die Leute, wo ich quartiert bin, gern los wären und mich nur nach Nothdurft behandeln, besonders sparsam einheizen. Doch tröste ich mich, daß es am längsten gewährt hat, was endlich wahr ist.

Ich denke, daß unsere Ausstellungsgeschichten bald erledigt sind. Daß ich mich in meiner neulichen Vorstellung an den Kurfürsten ausdrücklich bloß um die Hofarchivarstelle gemeldet und des Bibliothekars gänzlich geschwiegen habe, brauche ich Dir nicht erst zu sagen.

Hab' ich Dir geschrieben oder nicht, daß ich den Steuber hier gesehen, der mitsammt dem General Engelhard (unnöthigerweise) hierher kam? Ich habe den Stenber einmal bei einem der ersten Restaurateurs gesehen; er versicherte seine Erwartung von Paris noch weit übertroffen zu finden. Den Müller sehe ich ziemlich oft, d. h. ich begegne ihm; zu thun hat er aber außer dem Sicheinquartierenlassen gar nichts.

Drei altdeutsche Handschriften habe ich unvermuthet entdeckt und für Preußen ausgeliefert bekommen, alle pergamentern: 1) Tristan von Gottfried und Türheim, 2) Barlaam und Josaphat, 3) Wilhelm von Orlenz. Ebensogut hätte es was Unbekanntes und aus den Nibelungen sein können. An sonstiges Arbeiten auf der Bibliothek ist unter dermaligen Umständen nicht zu denken.

Seid Ihr in Köln nicht bei Grotes gewesen? Hier ist jetzo der eine Grote, ein feiner, braver und gescheidter Mensch, mit dem ich gern umgehe. Er hat nämlich in Köln auch allerhand altdeutsche Manuscripte.

Hat denn Goethe nicht von den Märchen gewußt und was dazu gesagt? Und hastu ihm nicht den armen Heinrich gegeben? Görres

hat wohl zu allem dem keine Zeit gehabt. Eine kleine solche Nachricht macht mir jetzt viel Vergnügen, der ich so viel dummes Ge-
schäftszeug mit mir herumtragen muß.

Eichhorn geht wieder besser und ist entschieden außer Gefahr, ich
habe einige Nächte bei ihm gewacht und dabei Marculfi formulae gelesen. Mit dem anbrechenden Morgen bricht hier ein Geschrei von
crieurs an, die man sonst den Tag nicht hört. Sonst ist seit einem
Monat die Witterung hier so, daß auf zwei trübe und regnichte
Tage hernach zwei heitere folgen.

In Rühs' neustem Buch steht S. 229 eine interessante Note
über Savignys Groß- oder Urgroßvater.

Wenn Du dem Ferdinand schreibst, grüß ihn von mir und er
möge uns doch in Berlin das sogenannte Porstische Gesangbuch kaufen
und schicken. Es ist leicht zu haben und enthält auch nach der neusten
Auflage die besten, alten Lieder fast unverändert. Wir sollten es
unter uns einführen, aber keine Fremde dabei, jeden Sonntag ernsthaft ein Kapitel aus der Bibel und Lieder laut vorzulesen. Es ist in
den protestantischen Liedern doch, wie im Evangelium, ein keuscher und
seiner Sache gewisser Ton, kräftiger und tröstlicher als die katholische
Poesie, und nun gar wie manche neue, dem ersten Anblick nach schöne
Lieder, die aber mit dem Heiligen spielen. —

Ich werde durch meinen Hausherrn, einen Advocaten, unter-
brochen, der im Nebenzimmer ganz gräßlich perorirt und wie ein
Schauspieler declamirt, daß, wenn ich nicht allein und noch jemand
bei mir wäre, ich mich einmal herzlich auslachen könnte. Leb wohl
und grüß die Lotte.   Dein treuer Jacob.

Ich habe die Thorheit begangen und mir unser Petschaft stechen
lassen. Es ist aber nicht ganz so, wie ich gewollt, geworden.

Adresse: An Herrn Bibliothekar Grimm zu Cassel.

156.
Jacob an Wilhelm.
P[aris,] am 14. November [1815.]

Liebster Wilhelm, ich habe Deinen Brief vom 8. gestern und
denselben Morgen auch einen von Buderus aus Frankfurt empfangen,
den ich noch in Cassel vermuthete, worin er mit übertriebener Höf-

lichkeit und unfehlbarer Aussichten wegen vorschlägt, es doch bei ihm zu versuchen. An sich liegt ihm nämlich auch nichts an mir, er bildet sich jetzt aber ein, daß ich ihm durch manche wichtige Verbindung bedeutend werden könne. Ich habe ihm auf der Stelle abgeschrieben und alle Gedanken benommen, allein meine Vorstellung wird nun nicht vor dem 21., 22. in Cassel sein und er thut, als wenn er mich jeden Augenblick bei sich in Frankfurt erwarte. Es ist mir daher himmelangst, daß man einen Mittelweg einschlagen und z. B. resolviren möchte, ich solle vorläufig bis zur Ernennung eines andern den Dienst versehen. Das thu' ich nun nicht, es geschehe was da wolle, und darum ist mir eingefallen, es sei gleich besser mit einer bestimmten Sprache herauszugehen. Geben Dir also die Umstände dort keinen andern Rath an, so mach einliegendes Schreiben zu und sende es an Schmerfeld, dem ich zutraue, daß er es nicht mißbrauchen wird.

So geräth man, wenn man einmal an einem unrechten Fleck stehet, immer ärger hinein; jetzt ist mir die so verwünschte Verzögerung meines Hierbleibens ordentlich noch von Vortheil. Der Friede erscheint übermorgen oder bis Samstag, allein ich reise diesen Monat noch nicht weg und dann über Köln, Münster und Paderborn.

Dein getreuer Bruder Jacob.

157.
Wilhelm an Jacob.

Cassel, am 20. November,
der seligen Mutter Geburtstag, 1815.

Liebster Jacob! Deine Briefe, der letzte vom 10. dieses M., sind sämmtlich angelangt; dagegen wirst Du einen vom 9. von mir nebst Einlage vom Völkel durch die Post empfangen haben; ein späterer ist nach Deinem Wunsch poste restante nach Köln abgegangen. Ich habe Dir darin ausführlich die angenehme Nachricht mitgetheilt, daß man nicht weiter von Dir verlangen wird, die bewußte Stelle anzunehmen, und die Sache abgethan ist, wenigstens hat mir die Kurfürstin, die sich derselben noch einmal angenommen, die bestimmteste Versicherung gegeben. Indes habe ich bis jetzt von der Ernennung eines andern noch nichts gehört, Buderus ist längst dort. Bleibst Du so lange dort, ist es schon nöthig, einen andern zu wählen. Daß

mein Gesuch abgewiesen ist, habe ich Dir schon gesagt; erhältst Du
die Hofarchivarstelle und vielleicht Entscheidung dorthin geschickt und
man will Dir zugleich die zweite Bibliothekarstelle geben, so nimm
sie nicht an, sondern erkläre, daß sie mir gebühre. —

Grote habe ich in Köln wohl besucht und gesehen, meine auch,
Dir davon geschrieben zu haben; er war eben mit der Correctur des
Taschenbuchs beschäftigt, worin Dein Märchen vorkommt und
vaticanische altdeutsche Lieder, die Görres' Frau aus Glöckles Hand=
schrift abgeschrieben hat. Er schien ein verständiger und braver
Mensch, der Bruder dort soll mehr Geist haben und wurde von
Görres gelobt. Was Grote an altdeutschen Handschriften besitzt, habe
ich verstanden, als habe er es an den Rector Jochem am Elend ge=
geben, und daselbst habe ich eine gute Pergamenthandschrift des
Tristan sammt der Fortsetzung des Türheim gesehen; er that aber
überrar damit und an ein Leihen war nicht zu denken. Jochem er=
zählte, daß Hagen den Tristan neu herausgeben wolle und wegen
dieser Handschrift mit ihm in Briefwechsel stehe, wovon er eben
gehört, als er mit dem Druck habe wollen anfangen lassen. Er gebe
sie aber nicht weg und Hagen müsse darum zu ihm reisen. Bunsen
erzählte auch von einem Parzival, der dort wäre, Du könntest das,
da Du Grote nun näher kennst, bei Deiner Anwesenheit in Köln
leichter ausmachen. Ich konnte, da er für Savigny meist dort sich
bemühte, nicht weitere Ansprüche machen. Es wäre kein übeles Unter=
nehmen, an der Herausgabe eines dieser ersten Gedichte nebenbei
und langsam zu arbeiten, man knüpft auch das genauere Studium
der Sprache gut daran. Die Müller'sche Sammlung ist ganz ver=
griffen und kostet schon 20—25 Thlr. Die drei Handschriften, die
Du dort gewonnen, sind doch wichtig. Wollten wir den Tristan
bearbeiten, so hätten wir diese beiden, denn man würde Dir doch
vorzugsweise den Gebrauch lassen. Der Orlenz ist auch an vielen
Stellen überaus schön, und ich habe noch eine gewisse Zuneigung zu
ihm aus alten Zeiten, wo ich die ziemlich unnöthige Abschrift machte.

Goethe habe ich weder den armen Heinrich gegeben, noch von
den Märchen etwas Näheres gesagt. Da er sich wohl bewußt sein
mag, wie leicht er an etwas Theil nimmt, so hat er eine eigene,
wunderliche Scheu, man kann sagen Ängstlichkeit, daß ihm ja nichts
zu nahe rückt, und er weicht gewiß aus oder setzt sich eiskalt hin,
wenn man von etwas mit Lebhaftigkeit und Eifer spricht, das er noch
nicht kennt. Als sein Geburtstag in Frankfurt war, hat von den

Hausleuten niemand etwas erwähnt, nur bei Tisch hat sich auf dem Main eine schöne Waldhornsmusik hören lassen, und als er gefragt: was ist das? hat bloß sein Bedienter geantwortet: „ei Herr Geheimer Rath, heut' ist ja Ihr Geburtstag." Während der Zeit haben sie ihm in sein Zimmer eine Schüssel mit köstlichem Obst, wie Ananas u. s. w. schön geordnet aufgestellt, daneben echt persisches Zeug (weil er gerade mit den orientalischen Sachen beschäftigt ist), wo ich nicht irre, auch einen Dolch hingelegt, und wie er hinein getreten ist, beobachtet. Anfangs, wie er es gesehen, ist er ganz ängstlich gewesen, hat hin und her geblickt und gemeint, es sei jemand versteckt, der nun glück-wünschen werde, dann ins Nebenzimmer gesehen, ob etwa da Leute sich dazu versammelt hätten, und als dann endlich alles leer und still gewesen, hat ihn diese Aufmerksamkeit bis zu Thränen gerührt. Ich habe ihm daher kein Wort von der altdeutschen Poesie gesagt, bis er in Heidelberg von selbst zu mir kam und mich fragte, mit welcher literarischen Arbeit wir uns jetzt beschäftigten; ich erzählte es ihm ganz einfach und sagte da auch unter anderm, daß wir nach Art der Märchen die deutschen Sagen zusammenzustellen dächten. Als die Rede auf ihre lebendige Verschiedenheit kam, sagte er: „ja, was ist die Kritik anderes als das Beobachten, wie dasselbe in den ver-schiedenen Zeiten immer eigenthümlich auf den Menschen gewirkt und von ihm gefaßt worden." Was mir natürlich sehr willkommen war. Der Louis hat es aus natürlichem Gefühl ebenso gemacht, und zu dem ist er auch gekommen, hat ihn über die Rheinreise gefragt und dergleichen recht liebreich.

Was er über die Edda gesagt, weiß ich von Creuzer, der sich, weil er auch nordische Mythologie vorgetragen, das Buch gekauft hatte. Er schien die Einrichtung sehr zu billigen und sagte mir auch, daß er Deine Abhandlung über die Mordsühne mit viel Theil-nahme gelesen, auch, wo ich nicht irre, er ein ähnliches Beispiel in den Alten kenne; ich habe ihn dann noch aufmerksam gemacht auf Deine Abhandlung über die Irmenstraße. Wenn Du hier erst in Ruhe bist, mußt Du sie ihm schicken und ihm schreiben. Schelling hat eine kleine Schrift in Quart über den Gottesdienst zu Samothrake geschrieben, also über die Kabiren, die scharfsinnig, aber scharf und etwas vornehm schneidend ist; wie doch so manches Eingang findet! Darin ist schon von Othin, den deutschen Kobolden, ja den Niblungen die Rede. Diejenigen, welche so ohne Umstände eins zu allem und alles aus einem etymologisiren, werden hart angefahren; Du kannst

Dich dessen annehmen, so viel Du willst, es ist wohl gegen Kanne gesagt. Dieser aber hat sein großes Glossarium verbrannt, nachdem ihm der russische Kaiser auf einen Brief, in dem er ihn gebeten, es auf seine Kosten drucken zu lassen, nicht geantwortet, und hat die Leben erweckter Protestanten mit Bekenntnissen herausgegeben. Ich habe das Buch bestellt, Savigny hat schon davon erzählt, es soll sehr merkwürdig sein.

Von Holland hat der preußische General, der die Garde befehligt, ein großes Bund mitgebracht, Briefe und ein langweiliges politisches Buch von Scheltema, ich habe es wieder zugebunden und so soll es auf Dich warten. An Körner schreibe ich in diesen Tagen, damit die Wälder zu Neujahr anfangen, der Mann stellt sich zu biederhaft an und thut wenig in der Sache, als daß er mir recht gefallen sollte. Doch muß hierin nun fortgefahren werden.

Dem Dieterich habe ich den ersten Band der Sagen, den Bogen zu zwei Louisd'or, halb in Büchern zu nehmen, angeboten? Die Entscheidung sollte in die Zeit Deiner Ankunft fallen, hast Du etwas zu erinnern, so schreibe mir hierher, den Anfang des Drucks will ich ohnehin zurückhalten, bis Du wieder da bist.

Der Steuber soll in diesen Tagen hier anlangen und Assessor beim Steuercollegium sein, welches mit der Kammer gleichen Rang erhalten hat. Wir erhalten ganz Fulda, der Kurfürst wird es nächstens bekannt machen und den Titel eines Großherzogs von Fulda noch annehmen, wenigstens heißt's allgemein. Die Kurprinzessin ist zu Hanau, man glaubt, daß sie zu Frühjahr rückkehrt. — Die Sauern war hier und hat sich so ziemlich ihre Pension ausgewirkt, die Reise hat sie aber angegriffen, so daß sie dort nicht wohl sein soll. Ich habe ihr und der Vollbrechtin ein neues Kattunkleid gekauft und in unserm Namen verehrt. Die Burcharbi ist wieder mit einem Mädchen niedergekommen.

Vom 21.

Du schreibst mir nichts von der Pariser Nibelungenhandschrift, ist sie wirklich vorhanden und schon abgeliefert? Mach doch für die Wälder ein Verzeichnis der altdeutschen Handschriften, die auf diese Weise an den Tag und nach Teutschland zurückkommen.

Die Teutoburg wird nun doch fortgesetzt, wie Schlichtegroll an Völkel geschrieben. Von Docen habe ich lange nichts gehört. Louis ist den 4. d. M. in München wieder angelangt; leider ist seine Brust noch nicht ganz hergestellt. Der Ferdinand ist mir noch eine Antwort schuldig schon seit ein Paar Monaten. — — —

Sorg ja dafür, daß mein Brief zu Köln nicht liegen bleibt. Solltest Du selbst nicht hinkommen, so laß ihn durch Grote einfordern, ich glaube, der Kölner ist gerade bei der Post angestellt. Nun Gott erhalte Dich gesund, liebster Bruder, Du wirst mir jetzt noch einmal wenigstens von dort aus schreiben müssen.

Dein treuer Wilhelm.

Du bringst doch die neue französische Literatur für unser Fach mit, des Roqueforts Buch und dergleichen.

158.
Jacob an Wilhelm.

Paris, 24. November 1815.

Liebster Bruder!

Der Friede ist gerade auf den Geburtstag der seligen Mutter abgeschlossen worden und doch nun der zweite, welcher die Franzosen beschimpft. Den dritten künftigen, der unser deutsches Vaterland völlig zu Ehren bringen soll, sehen schon die meisten nach einigenJahren voraus.

Vorgestern empfing ich ein Schreiben Starkloffs, der mir meldet, daß die Hoheit sich für mich verwendet hat und ich eine andre Anstellung erhalten würde. Dann wäre meine neuliche Maßregel überflüssig geworden. Hört also jene Furcht auf, so brauchst Du, selbst wenn die Wiederanstellung vorerst liegen gelassen würde, nichts zu thun. Mir ist aber aufs Herz gefallen, der Kurfürst möchte mich neben dem Archivariat noch zu seiner Privatbibliothek (z. B. neben und unter Gottscheb) anordnen wollen. Dies müßtest Du auch zu hindern suchen, weil ich es doch wieder nicht annehmen könnte. Er hat gerade um mehrerer Gründe willen jetzt Ursache, zufrieden mit mir zu sein. Gott schaffe mir endlich Ruhe, ich lebe jetzt im größten Gegentheil. Ich hoffe diese Woche ein Schreiben von Dir und reise vermuthlich zwischen 4. bis 6. Dezember ab, vielleicht schreib' ich vorher noch einmal. Ewig Dein treuer Bruder   Jacob.

Meine Besoldung ist doch für alle Monate seit September richtig an Euch ausgezahlt worden?

Die Astrallampe ist gekauft nebst noch anderen Dingen.

Adresse: Herrn Bibliothekar Grimm zu Cassel. D. g. E.

159.

Jacob an Wilhelm.

Paris, 7. Dezember 1815 um 10 Uhr Abends.

Liebster Wilhelm!

Ich danke Dir herzlich für Deine beiden letzten Briefe und bitte Dich nun, meinen an Schmerfeld nicht abzugeben. Von dort aus habe ich meiner Anstellung halben nichts vernommen und bin sehr verwundert, daß man Dir die Bibliothekarstelle abgeschlagen hat. Der Himmel wird schon helfen. Morgen früh ½6 Uhr reise ich mit dem Postwagen nach Brüssel. Wie freut es mich, mit jedem Schritt Euch näher zu kommen. Ich bringe die Astrallampe auch mit.

Ringseis habe ich endlich ausgefunden und seit den letzten vierzehn Tagen beinah täglich gesehen. Er ist ein durchbraver, frommer Mensch, den man gleich lieb hat. Im Januar will er durch Cassel kommen und dann bei uns wohnen.

Den Bouquet hab' ich für Euch (16 Bände) gekauft für 350 Franken und denk ihn frei als Gemälde hinzuschaffen. Völkel schrieb es mir, ich könnt' es, wenn die Bezahlung bis Februar warten dürfte. Der Buchhändler wollte das eingehen, allein ich hab' das Geld vorgeschossen; Eure Casse braucht es doch erst den Februar wieder zu erstatten. Dafür war mir's völlig unmöglich, wie Du gemeint hattest, die Jordis mit 500 Francs zu bezahlen, welches auch besser durch Pfeiffer geschehn kann. Stets Dein treuer

Jacob.

In größter Eile.

Adresse: Herrn Bibliotheks-Secretär Grimm zu Cassel. Empfangsstempel: 16. Dec. 1815.

Aus Wilhelms Selbstbiographie.

„Nach Strieders Tod, der schon im Jahre 1815 erfolgte, würde ich vorgerückt sein, aber mehr werth als eine Beförderung war mir die Hoffnung, daß
mein Bruder, der die diplomatische Laufbahn aus mehr als einem Grunde zu
verlassen sehnlich wünschte, die Stelle erhalten könnte. Wir waren bisher nie
getrennt gewesen und entschlossen, so lange es in unsern Kräften stehe, beisammen
zu bleiben, aber ein solches gemeinschaftliches Amt erfüllte unsern liebsten Wunsch.
Fast gegen Erwartung wurde die Bitte gewährt. Dankbar haben wir die glückliche Zeit genossen, wo wir eine willkommene und belehrende Beschäftigung in
dem pünktlich verwalteten Amte fanden, daneben Muße zum Studiren und zur
Ausführung mancher literarischer Pläne.“

Aus Jacobs Selbstbiographie.

„Von jetzt an beginnt die ruhigste, arbeitsamste und vielleicht auch die
fruchtbarste Zeit meines Lebens. Nach Strieders erfolgtem Tode hatte ich endlich
den früher gewünschten Platz bei der Casseler Bibliothek erlangt, an der auch nun
Wilhelm ein Jahr lang früher arbeitete. Eine Anstellung bei dem Bundestag
zu Frankfurt als Gesandtschaftssecretär hatte ich entschieden abgelehnt. Ich wurde
also zweiter Bibliothekar (16. April 1816) und behielt den bisherigen Gehalt von
600 Thalern. Völkel war zum ersten Bibliothekar befördert worden. Die Bibliothek ist jeden Tag drei Stunden geöffnet, alle übrige Zeit konnte ich nach Lust
studiren und wurde nur durch kleine Nebenämter, wie das mir größtentheils
aufgebürdete censorische, aber nicht bedeutend gestört. Mit meinem Collegen
Völkel lebte ich auf freundschaftlichem Fuß, nichts hätte gefehlt, als eine mäßige
und gerechte Gehaltszulage für mich und meinen Bruder, und es würden uns in
dieser Hinsicht wenig Wünsche übrig geblieben sein. Schnell verflossen die
Jahre!“

Anmerkungen und Register.

Anmerkungen.

Nr. Seite
— 2 Frau Vollbrecht.] Bei dem herrschaftlichen Mundloch Vollbrecht waren die Grimm'schen Brüder unter Aufsicht der Tante Zimmer in Pension.

Frau Sauer.] Vollbrechts Schwägerin und Haushälterin.

Die Brüder und die gute Pänny.] Ich gebe hier folgende Übersicht aus Grimms Familienbibel: Den 23. Februar 1783 heirathet der Stadtschreiber Philipp Wilhelm Grimm zu Alt-Hanau Dorothea Zimmer. Kinder: 2) Jacob Ludwig Karl, 4. Januar 1785, † 20. September 1863. 3) Wilhelm Karl, 24. Februar 1786, † 16. Dezember 1859. 4) Karl Friedrich, 24. April 1787, † 25. Mai 1852. 5) Philipp Ferdinand, 18. Dezember 1788, † 6. Januar 1845. 6) Ludwig Emil, 14. März 1790, † 4. April 1863. 8) Charlotte Amalie, 10. März 1793, † 15. Juni 1833. Drei Brüder waren im ersten Lebensjahre gestorben. — Statt Pänny ist vielleicht Fanny zu lesen; damit muß die Schwester gemeint sein.

— 4 Weis] Phil. Fried. W., Prof. der Rechte in Marburg, † am 23. November 1808. Grimms Lehrer.

Savigny] Friedrich Karl von, geboren 21. Februar 1779 zu Frankfurt a. M., seit 1800 Docent der Rechte in Marburg. Er war verheirathet mit Kunigunde (Gundel) Brentano, Bettinas älterer Schwester.

2 6 Wigand] Paul W. aus Cassel war mit den Brüdern auf dem Lyceum befreundet und ihr Studiengenosse in Marburg. Er starb als Landgerichtsassessor und Archivar in Höxter. Der Briefwechsel ist vorhanden.

Beyer.] Hofbuchhändler in Gießen.

Spazier.] Karl Spazier redigirte seit 1801,*) August Mahlmann bis 1816 die Zeitung für die elegante Welt. Leipzig bei Georg Voß. Vgl. die Todesanzeige in Nr. 10, Dienstag 22. Januar 1805. S. 80.

Anton.] Anton Bauer, Prof. der Rechte in Marburg. Er las den Kriminalproceß.

2 8 Tempe.] Tempe von J. J. Erster Band. Leipzig bey G. J. Göschen. 1803. Mit Titelvignette. XII und 464 S. Kl. 8°. Zweyter Band. 1803. 364 S. 3 Thlr. Wiener Nachdruck 1804. Eine Sammlung anderwählter Epigramme der griechischen Anthologie in Übersetzung von Friedrich Jacobs.

Er.] Ein Student Bentheim kaufte die Hefte. S. S. 13.

Goethes Werke.] Erste Cotta'sche Ausgabe (Tübingen 1806 ff.) 12 Bde. 8.

---

*) Die litterarhistorischen Angaben sind aus Gödekes Grundriß zur Geschichte der Deutschen Dichtung genommen.

Nr. Seite

Charakteristiken.] Charakteristiken und Kritiken. Von August Wilhelm Schlegel und Friedrich Schlegel. 2 Bände. Königsberg, Nicolovius. 1801. 8.

Poetisches Journal.] Poetisches Journal. Herausgegeben von Ludwig Tieck. Erster Jahrgang erstes Stück. Jena, bei Friedrich Frommann. 1800. Zweites Stück. 1800. 8.

Benvenuto.] Leben. Übersetzt von Goethe. 1803.

Heinrich von Osterdingen.] Vgl. Schriften Friedrichs von Hardenberg. Hgg. von F. Schlegel und L. Tieck. I. Band, Berlin. 1802. 8.

Calderon.] Schauspiele. Übersetzt von A. W. Schlegel = Spanisches Theater. Berlin, 1803. Realschulbuchhandlung. S. zu S. 97. 117.

Garves Briefe.] Briefe von Christian Garve an Christian Felix Weiße und einige andere Freunde. Breslau 1803. Die Briefe reichen bis October 1798; über Schlegels s. II, 275.

2 9 Athenaeum.] Eine Zeitschrift von A. W. Schlegel und F. Schlegel. Berlin, Frölich, 1798—1800. 8. S. Band III. 1800. S. 129—139. V. Notizen. Garves letzte noch von ihm selbst herausgegebene Schriften. Vgl. auch die „Fragmente" Bd. I, 2. S. 89.

Prorector.] Robert, Prof. der Rechte in Marburg.

Wachler] Joh. Friedr. Ludw. W., geb. 15. Apr. 1767 zu Gotha, seit 1801 bis 1815 Prof. der Philosophie und Theologie in Marburg.

Wigands Vater.] Hofarchivar in Cassel und Redacteur der heſſiſchen Zeitung. S. S. 53.

2 10 Fr. Schlegel.] Über die Sprache und Weisheit der Indier. Heidelberg, bei Mohr und Zimmer. 1808. 8.

Kanonikum und Eherecht.] Gelesen von Prof. Erxleben.

Malsburg.] Ernst Friedrich Georg Otto Freiherr von der Malsburg, geb. zu Hanau 23. Juni 1786, Schul- und Studienfreund der Brüder. 1805 begleitete er als Regierungsassessor seinen Onkel, den Geh.-Rath und hessischen Minister v. d. M., nach Paris. Vgl. K. Justi, Heſſiſche Gelehrten- ꝛc. Geschichte, 1831. S. 437—441 und J. Grimm bei Justi S. 150. 151 = Kl. Schriften I², 4. 5.

2 11 Nouvelle.] Neuville? S. Noville. S. 45.

3 12 Caesar.] Gemeint ist wohl der von Jacob in der Selbstbiographie Kl. Schr. I, 3 erwähnte Lyceumslehrer Collaborator Caesar, später Rector und Professor.

Brentano.] Seit 1804 in Heidelberg; in Marburg durch seinen Schwager Savigny mit Grimms bekannt geworden.

Rudolphs.] Vgl. S. 43. vermuthlich der Hauswirth in Marburg.

3 13 Bentheim.] S. zu S. 8.

4 14 Krieger.] Johann Conrad Christian Kr., seit 1783 Universitätsbuchhändler und Buchdrucker in Marburg. (Justi S. 370—372.)

Bucher.] Dr Johann Peter Bucher, ord. Prof. der Rechte in Marburg. (Justi S. 848).

Erbprinz.] Karl Friedrich von Sachsen-Weimar, vermählt mit Maria Paulowna, Großfürstin von Rußland, am 3. August 1804. Huldigung der Künste s. S. 48.

Kotzebue.] Der Freimüthige und Scherz und Ernst. 1803—1806. Herausgegeben von A. v. Kotzebue und G. Merkel. Berlin, bei Heinrich Frölich. 4. „Dritter Jahrgang der beiden Zeitschriften" 1805 enthält „Fragmente aus der Schreibtafel eines Reisenden": Pompeji Nr. 1. 3. 5. Herculanum Nr. 7. Veſuv Nr. 10. 11. 12. Spazierfahrt nach Puzzuoli Nr. 15. 16. Ciceros Villa Nr. 17. Spaziergang in Rom Nr. 20. 22. 24. 25. 30. 31.

Nr Seite

4   15 Spazier.] Spaziers Biographie. (Eine Skizze.) Von — a — r in ZfdW.
Nr. 15 und 16, 2. und 5. Februar 1805, S. 113—116. 121—124. S. zu S. 6.

Jon.] Ein Schauspiel von A. W. Schlegel. Hamburg. 1803. 161 S. 8.
ist anonym rec. in der Allg. Litt.-Zeitung vom Jahre 1805. Halle. (HALZ)
Nr. 12. 13, 14. und 15. Januar, S. 89—104.

Florian.] Jean Pierre Claris de Florian, französischer Schriftsteller,
1755—1794.

Stöhr.] Pagenhofmeister Dietmar Stöhr in Cassel, welcher den Brüdern
Privatstunden gegeben hatte. (Justi 151 = J. Gr. Kl. Schr. I, 4.)

Münscher.] Prof. der Theologie in Marburg.

5   16 5 Wochen.] Wilhelms Briefe wurden durch die Tante und dann durch
gesandtschaftliche Vermittlung nach Paris besorgt. S. S. 39. 45.

5   19 Europa.] Eine Zeitschrift. Herausg. von Fr. Schlegel. Frankfurt a. M.
bei Fr. Wilmans. 1803. 2 Bde. 8.

Laokoon.] Vgl. die Propyläen. S. zu S. 8.

5   20 Zerbino.] Ein Spiel in 6 Acten von L. Tieck. Jena. 1799.

5   21 Unger.] Joh. Friedr. U., Verleger in Berlin.

Göschen] G. J. G. in Leipzig.

5   22 Glosse ꝛc.] Über die glossae, unglossirte Ausgaben, z. B. des D. Gothofredus
(Genev. 1583. 4. s. Teuffels Gesch. der röm. Litt. § 480. 12. S. 1117³.

S. Bernhardi.] Sophie Tieck, Schwester von Ludwig und Friedrich, dem
Bildhauer, geb. 1775 in Berlin, (geschieden 1805, † 1836 in Esthland.

5   23 Merkel.] Garlieb Merkel, geb. 21. October 1769 zu Lodiger in Lifland,
Gegner der romantischen Schule, gab mit A. v. Kotzebue 1803—1806
den Freimüthigen heraus, s. zu S. 14.

Itzig.] Ein Jude Namens Rinald, welcher mit den Brüdern von früh
auf bekannt war und ihnen gelegentlich Geldgeschäfte besorgte. Er hing
mit Verehrung an ihnen.

Hummel.] Ludwig H., Maler in C., † daselbst als Akademiedirector.

5   24 Minnelieder.] Minnelieder aus dem schwäbischen Zeitalter, neu bearbeitet
von Ludwig Tieck. Berlin 1803. 8.

6   25 Poetisches Journal.] S. zu S. 8. Heft 1 enthält: III. Briefe über
W. Shakespeare S. 18—80. IV. Der neue Hercules am Scheidewege,
eine Parodie S. 81—164. V. Über die mythologischen Dichtungen der
Indier S. 165—216. VI. An Ritter, von Friedrich Schlegel S. 217—220.
VII. Das jüngste Gericht. Eine Vision S. 221—246; Heft 2: 1. Epicoene
oder Das stumme Mädchen. Ein Lustspiel des Ben Jonson S. 259—458.
II. Briefe über W. Shakespeare S. 459—472. III. Erinnerung und
Ermunterung S. 473—492. Der Umschlag ist von grünem Papier.

6   26 Shakespeare.] Dramatische Werke, übersetzt von A. W. Schlegel. Berlin
1797 ff. Bis 1801 erschienen 8 Bände, ihnen folgte erst 1810 der
neunte mit Richard III.

Reichsgeschichte.] Heft nach Roberts Colleg. S. zu S. 8.

Schellings.] Vgl. Bemerkungen aus Würzburg. Fragment eines Schreibens
an den Herausgeber, ZfdW. Nr. 7. Dienstag, den 7. Januar 1805.
S. 53—55; S. 54 seine Philosophie sei „eitel Wortkram und
Phantasterei".

6   27 Herder.] Die drei Abtheilungen waren: I. Zur Religion und Theologie.
II. Zur Philosophie und Geschichte. III. Zur schönen Literatur und
Kunst. S. den Subscriptionsnachtrag der J. G. Cotta'schen Buchhandlung
im Intelligenzblatt der Jenaer Allgemeinen Litteraturzeitung (JALZ)
Nr. 3, 7. Januar 1805, S. 27.

Nr. Seite

Gabriele.] Anonym: Gabriele d'Estrées, Trauerspiel in 5 A. Dresden. 1805. Im Freimüthigen 1805. Nr. 119. S. 473 474 sehr getadelt.

Recensionen.] Über des Legationsraths Johann Friedrich Reitemeier in Frankfurt an der Oder Allgemeines deutsches Gesetzbuch und dessen darauf bezügliche Schriften s. JALZ Nr. 4—6, 4. bis 7. Januar 1805, S. 25—48, unterzeichnet: Str. — Voyage etc. par Bonstetten: Nr. 15, 17. Januar 1805, S. 114—120. — Charlotte Corday, Hamburg bei Hoffmann: Nr. 17, 19. Januar 1805, S. 134—136, unterz.: Ayo. — Die Recension von A. XI. in der E. Zeitung kann ich nicht nachweisen. — Joh. Joach. Spaldings Lebensbeschreibung, von ihm selbst aufgesetzt und herausgegeben mit einem Zusatze von dessen Sohne G. L. Spalding. 1804. XIV und 210 S. 8 (20 Gr.): Nr. 18, 21. Januar 1805, S. 137—144, unterz.: C. J. Z. — Über Bewaffnung von Semme: Nr. 23, 26. Januar 1805, S. 181—184, unterz.: Kf.

Flaxmann.] Vgl. A. W. Schlegel im Athenäum II, 193 · 246.

Salomon Geßner.] Gouachegemälde und Landzeichnungen, radirt durch C. W. Kolbe. (Hofkupferstecher in Dessau.) I. Heft. Zürich, K. Geßner, 1805. Vgl. die Ankündigung im Intelligenzblatt der JALZ. Nr. 62, 8. Juni 1805, S. 531—534.

6 28 Am Epigramm.] Das Epigramm, Lustspiel in vier A. von A. Kotzebue. Leipzig 1801.

Die Indianer in England.] Lustspiel von A. Kotzebue. Leipzig 1790. Darin die Gurli.

Christian Brentano.] Geb. 24. Jan. 1784 zu Frankfurt, † 27. Oct. 1851. Bettinas Bruder.

6 29 Mönch.] Memoriam Conradi Moench, Med. Dr etc. etc. commendat Christoph Rommel, Phil. Dr etc. Marburg, bey Krieger. 1805. M., seit 1786 Prof. der Botanik und Chemie und Hofrath in Marburg, † 2. Jan. 1805. (Justi 565 N.)

Philologie.] Über Philologie und philologische Erklärung der griechischen und lateinischen Klassiker. Ein Paar Worte an seine akadem. Mitbürger zur Ankündigung seiner Vorlesungen im Sommer 1805 vom Professor Rommel in Marburg. Marburg, gedr. mit Beyerhoffer'schen Schriften. 24. S. 8. 8. R. wurde später Staatsarchivdirector in Cassel, 1828 geadelt und 1829 zum Director der Bibliothek und des Museums ernannt, vergl. J. Grimm bei Justi 160 = Kl. Schr. I¹, 15 f.

Kant.] Äußerungen über Kant, seinen Charakter, seine Meinungen von einem billigen Verehrer seiner Verdienste. 1804 anonym. S. 30 des Wasianski.

6 30 Sternbald.] Sternbalds Wanderungen von L. Tieck. 1798.

Münchhausen] Probe von Minneliedern in IfdeW. Nr. 18, 9. Febr. 1805, S. 144.: „Nach Eberhard von Sax I, 28." Die Bemerkung über Tieck ist von Mahlmann). Schon vorher war im Freimüthigen Nr. 7, 10. Jan. 1805, S. 27 mit einer Probe „Nach Rudolf von Rotenburg" die Sammlung altdeutscher Gedichte angekündigt.

Rüde.] Georg Wilh. R., Hofapotheker in Cassel. (Justi 565. 574. 833.)

7 32 Bucher.] Sohn des Prof. Bucher in Marburg, später Prof. in Halle. Z.Z. 77.

Eschenmaier.] Christoph Adam v. E., Arzt zu Kirchheim, dann Prof. der Philosophie in Tübingen. 1771—1852.

Mehmel] redigirte zuerst mit Mensel, später mit Langsdorf die von 1799 bis 1802 bestehende Erlanger Litteraturzeitung (Koberstein Gesch. der Teutschen Nationallitt. IV², 651. 55.)

7 33 Justi.] Karl Wilhelm Justi, geb. 14. Jan. 1767 zu Marburg, Prof. der Theologie und Consistorialrath, † 7. Aug. 1847. (Justi 320—331.)

Nr. Seite

Ries.] Georg Franz Hugo Rieß, Sohn des Geh. Raths Franz Benj. Rieß, Regierungsassessor in Marburg. (Justi 540.)

7 34 Karl.] Der vierte Bruder.

Goth.] Die aus der Taufe Hebende und Gehobene. S. Weigand Deutsches Wörterbuch I², 714.

8 35 Voß. Joh. Heinr. B. lebte 1802—1805 in Jena und ging mit einer Pension von 1000 G. 1805 nach Heidelberg.

Jung.] Franz Wilhelm Jung, geb. Dez. 1757 in Hanau, Hofrath zu Mainz, legte in der französ. Zeit seine Ämter nieder und lebte amtlos zu Frankfurt, † 25. Aug. 1833 in Mainz. S. S. 470.

Wachlers Compendium.] Handbuch der allgemeinen Geschichte der litterarischen Cultur. Marburg, 1804—1805. 2 Bde.

Meusel.] Gelehrtes Deutschland.

9 39 Jungfer Feise.] Sie war im Dienst der Tante Zimmer.

9 40 Wetzel] Jurist. S. S. 61.

Merlise vielleicht, wenn der Name richtig gelesen ist, das Dienstmädchen bei Vollbrechts, die S. 45 genannte Marielies.

10 40 Kramer.] Buchhändler in Cassel.

Gesetzbuch für Hessen.] S S. 57. Vgl. den Artikel F. W. Rieß bei Justi 540—542.

Clemens' Tochter.] Brentano hatte sich 1804 mit Sophie Mereau vermählt. Das Kind starb bald, s. S. 60.

Heise.] Arnold Heise, Prof. der Rechte in Heidelberg.

11 43 Denhard.] Verwandter in Steinau.

Zimmermann.] Dr. Christian Z., Creuzers Schwiegersohn, 1809 in Clausthal im Bergdepartement des Harzes als Bergrath angestellt, s. Görresbriefe II, 61.

11 44 Villers.] Charles François Dominique de Villers, geboren 4. November 1765 zu Boulay in Lothringen, † in Göttingen 26. Februar 1815, war Offizier in Toul, Metz und Straßburg, lebte später als Student in Göttingen und beschäftigte sich nachher in Lübeck besonders mit deutscher Litteratur und Kantischer Philosophie. Seine Schrift: Essai sur l'esprit et l'influence de la Réformation de Luther hatte 1803 den Preis des Institut de France erhalten. Sie erschien in deutscher Übersetzung: B. über die Reformation Luthers. Mit Abhandlung von Henke. Hamburg 1805. 1809 ernannte ihn Napoleon zum Prof. der französischen Litteratur in Göttingen, er wurde jedoch später von der hannöverschen Regierung nicht bestätigt. Vgl. Briefe aus dem handschriftlichen Nachlasse des Ch. de V., hgg. von M. Isler. Hamburg, 1879.

12 45 Noville.] ? S. 2 zu S. 11. Marielies ist das Dienstmädchen.

12 46 Voß.] Lehr-Plan für alle kurpfalzbaierischen Mittel-Schulen oder für die sogenannten Real-Klassen (Prinzipien), Gymnasien und Lyceen. Vom Kurf. General-Schulen- und Studien-Directorium entworfen und von Sr. Kurf. Durchlaucht gnädigst bestätigt 27. August 1804. München. 30 S. 4. rec. in der JALZ. Nr. 77—79, 1.—3. April 1805, S. 1—23 von Johann Heinrich Voß. S. S. 65.

12 47 Intelligenz.] Intelligenzblatt der JALZ. Nr. 43, 17. April 1805, S 359. 360 mit der Überschrift: Die wegweisenden Hermen. Voß.

Hallische L.-Z.] Hebels alemann. Gedichte sind anonym rec. Nr. 84, 1. April 1805, S. 1—7.

Ariost.] R. Roland, übersetzt von Gries. I. Jena 1804. HALZ. Nr. 111. 112, 29. April 1805, S. 217—223. 225—231 anonym; vgl. JALZ. Nr. 27—29, 1.—4. Febr. 1805, S. 209—228 unterz. F[ernow?]

Nr. Seite

Schlegel.] Athenäum II (1799), 247—284.

Christian Schreiber.] Geboren in Eisenach 15. April 1781, lebte 1803—1806 daselbst, dann Oberpfarrer in Lengsfeld, 1815 Superintendent und Kirchenrath (Justi 833—847). Er war Mitarbeiter am Frei-müthigen. Grimm spielt auf die früheren Fehden zwischen Spazier und Merkel an.

Die lustigen Musikanten.] Singspiel von Clemens Brentano. Frankfurt 1803. 8, s. IsdeW. Nr. 51, 27. April 1805, S. 405—407.

Heinse.] Wilhelm H. † 22. Juni 1803 in Aschaffenburg als Hofrath und Bibliothekar des Kurfürsten von Mainz.

Romanenliteratur.] HALZ. Nr. 103—106, 22.—24. April 1805, S. 153 bis 159. 161—165. 169—173. 177—184.

Dillingen.] Die 250 Jahr alte baierische Universität zu D. an der Donau wurde in ein Lyceum verwandelt, vgl. Intelligenzblatt der JALZ. Nr. 43. 17. April 1805, S. 353.

12 48 Prof. Wurzer.] Ferd. W., Prof. in Bonn, wurde 1805 zum Nachfolger des Prof. Conr. Mönch als Prof. der Chemie und Pharmacie mit dem Hofrathstitel nach Marburg berufen. S. Intelligenzblatt der JALZ. Nr. 58, 29. Mai 1805, S. 497; vgl. Justi 816—820.

12 49 Leipziger L.-Z.] Neue Leipziger Litteraturzeitung. 1805. 56. Stück, 30. April 1805, S. 881—888: Vermischte Aufsätze über Gegenstände des Teutschen und Römischen Privatrechts. Von B. W. Pfeiffer, Doctor der Rechte. Marburg, in der akad. Buchh. 1803. 407. S. in 8 (1 Thlr. 8 gr.). 47. Stück, 10. April 1805, S. 737—740: Brinkmann (geboren 24. Februar 1764 zu Bräunkirka in Schweden, † 25. Dezember 1847 in Stockholm.) 53. Stück, 24. April 1805, S. 842—843: Versuch einer Theorie. 55. Stück, 29. April 1805, S. 865—869: Versuch über die E. d. U. Von D. Friedrich Benedikt Weber, ordentl. Prof. der Ökonomie und Cameralwissenschaft auf der Universität zu Frankfurt an der Oder u. s. w.

13 51 Dillenburger Recht.] D. ist Amtsstadt an der Dill im Reg.-Bez. Wies-baden, Kr. Dill.

Κολληριον.] KΥΛΛΗΝΙΟΝ oder ein Jahr in Arkadien. Gotha, Ettinger 1805. 124 S. in gr. 8. Dieser Herzog von Gotha war Emil Leopold August, geboren 23. November 1772, reg. seit 1804, † 17. Mai 1822.

Lobende Recensionen.] Vgl. z. B. den Freimüthigen.

13 53 Im Freimüthigen.] Nr. 104, den 25. May 1805, S. 413 414. G. M[erkel.]

13 54 Goethes Winckelmann.] Rec. in JALZ. Nr. 128. 129, 30. 31. Mai 1805, S. 409—420.

Brede.] Im Freimüthigen Nr. 9, 12. Januar 1805, S. 36 und in der IsdeW. Nr. 16, 5. Februar 1805, S. 128 wird berichtet, daß ein kenntnißreicher junger Gelehrter, Hr. Dr Brede in Cassel, das Lese-museum gegründet hat.

13 55 Duysing.] Später Oberappellationsgerichtsrath in Cassel (Justi X).

Engelhard.] Wilhelm Gotthelf E., 1785 in Cassel geboren, stud. in Marburg, dann Regierungsprocurator in Cassel (Justi 101—102).

Grolmann.] Karl Ludwig Wilhelm von Gr., geboren 23. Juli 1773 zu Gießen, † 14. Februar 1829, 1800 ord. Prof. der Rechte, 1819 Staats-minister.

Schelling] Vgl. Nr. 48, 6. Mai 1805, S. 417—422: An das Publikum von F. W. J. Schelling, Würzburg, Ende März 1805.

Suabedissen.] David Theodor August S., geboren 14. April 1773 zu Melsungen, 1800 Prof. der Philosophie an der Landesschule zu Hanau,

Nr. Seite

ging 1805 nach Lübeck, 1812 als Director des Lyceums nach Cassel, 1815 Instructor des Prinzen, 1822 Prof. in Marburg, † 14. Mai 1835 (Justi 651—659. Gerland, Fortf. von Justi, I. 1863. 307).

13 56 Studien.] Studien. Herausgegeben von Karl Daub und Friedrich Creuzer, Professoren in Heidelberg. Frankfurt und Heidelberg bei J. C. B. Mohr, 1805—1810. 6 Bde. 8. Creuzer, geboren 10. März 1771 zu Marburg, 1802 Prof. der Philologie in Marburg, 1804 in Heidelberg, 1809 in Leiden, 1810 in Heidelberg, † 16. Februar 1859, vgl. seine Autobiographie in den Deutschen Lehr- und Wanderjahren, II Berlin, Fr. Bahlen 1874. Daub, geboren 20. März 1765 zu Cassel, 1794 Prof. in Hanau, 1795 Prof. der Theologie in Heidelberg, † 22. November 1836.

Tian.] Karoline von Günderode, geboren 1779 zu Frankfurt a. M., liebte Creuzer und erdolchte sich 1806 am Main. Vgl. Studien I, 361—401: Udohla in zwei Acten, 403—461: Magie und Schicksal in drei Acten.

Thibaut.] Anton Friedr. Justus Th., Prof. der Rechte, 1802 in Jena, 1805 in Heidelberg, Haupt der nichthistorischen Schule Savigny gegenüber, vgl. Intelligenzblatt der JALZ. Nr. 58, 29. Mai 1805, S. 497.

15 59 Winckelmannische Briefe.] W.s Briefe an seine Freunde, mit literarischen Anmerkungen herausgegeben von K. W. Daßdorf. Dresden 1777—1780. 2 Bde.

15 60 Tiedemann.] Sohn des Marburger Prof. der Philosophie Dietrich T., welcher am 23. Mai 1803 †.

Sömmering.] Samuel Thomas von S., geboren 1755 zu Thorn, Mitgl. der Akademie zu München, Begründer der vergleichenden Anatomie, † in Frankfurt 2. März 1840.

16 62 Almendingen.] Deutscher Rechtsgelehrter 1766—1827.

16 63 Delille.] Abbé Jacques D., französischer Dichter, 1738—1813.

Ramdohr.] F. W. B. v. R., geboren 1752, 1787 OAGR. in Celle, 1806 Kammerherr, 1816 Gesandter in Neapel, † 1822, auch Kunst-schriftsteller (s. Koberstein IV, 583. 75. 712. 51).

Wolf.] Friedrich August Wolf, geb. 15. Febr. 1759 zu Haynrode bei Nordhausen, † 8. August 1824 zu Marseille.

17 64 Ob die Mutter schon dort.] „Den 5ten August ist die liebe Mutter mit dem Marktschiff von Hersfeld nach Cassel gekommen 1805." Zettel von Wilhelms Hand.

Mecklar.] Dorf im Reg.-Bez. Cassel, Kreis Hersfeld.

17 65 Voß' Recension.] Johann Heinrich Voß' Beurtheilung des neuen Lehr-plans für die sämmtlichen kurpfalzbair. Mittelschulen u. s. w. Mit einer Vorerinnerung und Anmerkungen von J. A. B. München 1805.

17 67 Freimüthige.] Nr. 140, 15. Juli 1805, S. 44: „Berichtigung eines drolligen Fehlers in Goethes Übersetzung von Rameaus Neffe", wider-rufen in der Erklärung: Nr. 142, 18. Juli 1805, S. 52. Ferner Nr. 141, 16. Juli 1805, S. 48: „Von dem kürzlich verstorbenen Arthur Murphy giebt eine Londoner Zeitung biographische Notizen, die ein weimarischer Kunstfreund allenfalls zu einem dicken Buche ver-arbeiten könnte, etwa unter dem Titel: Murphy und sein Jahrhundert. Einige Dutzend Gedanken, seicht und tief, witzig und trocken, vernünftig und überspannt, wie sie aus dem Ermel fallen wollen, hinzugefügt, und eine Vorrede in einem gravitätischen Strohbasse über Brust oder Achsel vornehm herabbocirt, und — das Zeitalter müßte es bewundern." Murphy war englischer Rechtsgelehrter und Schriftsteller (um 1730—1805).

Isis.] Isis. Eine Monatschrift von deutschen und schweizerischen Ge-lehrten. Zürich, Orell, Füßli und Compagnie. 1805—1807. 6 Bände. Vgl. Erster Band. 1805. S. 49—61: Deutschlands Lieblingsschriftsteller.

Nr. Seite

(Ein Wort für Humanität und Toleranz). S. 51 heißt es: „Meine
Nation hat heutiges Tages einen Mann aufzustellen, dessen Schauspiele
an den Ufern des Ladoga-Sees und Mittelmeers, der Donau und der
Themse in hohem Preise gelten." Die andere Stelle findet sich nicht,
wo von den Ständen bei den Hindus die Rede ist.

18 69 Malchen.] Charlotte Amalie Grimm, nachher Lotte genannt. S. zu S. 2.

Anfang October.] „Von Paris kam ich im October 1805 in Cassel Abends
an, die Mutter war ausgegangen zur Tante, in der Stube war aber
die alte bekannte Uhr und warm; wir giengen ihr heimlich entgegen
und begegneten ihr auf dem Marställerplatz mit einer Laterne." Notiz
Jacobs auf einem Zettel, s. Kl. Schr. I, 22.

72 Tod der Mutter.] „Die Mutter phantasirte und träumte in ihrer Sterbens-
nacht, daß die Franzosen verlören und die Hessen siegreich auf einer
Wolke himmelan stiegen. Sie sprach alles laut aus." Notiz Jacobs
auf einem Zettel, s. Kl. Schr. I, 22.

19 76 Steffens.] Henrich St., geb. 2. Mai 1773 in Stavanger, † als Geh.
Reg.-Rath in Berlin 13. Febr. 1845. 1804 wurde er Prof. der Minera-
logie in Halle, hielt sich 1807—1809 in Holstein, Hamburg und Lübeck
auf, ging 1811 nach Breslau und machte 1813.14 als freiwilliger
Secondelieutenant den Feldzug mit. Über Wilhelm Grimms Aufenthalt
in Halle s. Steffens, Was ich erlebte, VI, 116—117.

Reichardt.] Johann Friedrich R., geb. 25. Nov. 1751 in Königsberg, † in
Giebichenstein 27. Juni 1814, Componist und Publicist. Er war vorher Capellmeister in Cassel.

Müller.] Johannes von Müller war Generaldirector des öffentlichen Unter-
richts im Königreich Westfalen.

Reil.] Johann Christian R., geb. 20. Febr. 1758 in Ostfriesland, seit 1787
Prof. der Medicin in Halle, † 22. Nov. 1814.

20 79 Über die Idee der deutschen Universitäten.] Vorlesungen von H. Steffens.
Berlin, Realschulb. 1809.

Schleiermacher.] Gedanken über Universitäten im deutschen Sinne. Von
Fr. Schl. Berlin, 1808.

Vom Genialen.] Reichardt.

Collin.] Matthias von C., Bruder des Dichters Heinrich Joseph, seit 1812
Prof. der Geschichte und Philosophie in Wien und 1814 Redacteur der
Wiener Litt.-Zeitung.

Hormayr.] Joseph Freiherr v. H. leitete 1809 den Tiroler Aufstand.

Louise] Reichardt, R.'s älteste Tochter, Componistin.

21 81 Meine Recension von Hagen.] Der Nibelungen Lied, herausgegeben durch
Friedrich Heinrich von der Hagen. Berlin bey Unger. 1807. 598 S.
gr. 8. rec. in den Heidelbergischen Jahrbüchern der Literatur. (H.Z.)
Fünfte Abtheilung. Philologie, Historie, schöne Literatur und Kunst.
8. Jahrgang II (1809), I. Bd, Heft 4 (11). 5 (15) S. 179—189. 238 bis
252. = Kl. Schr. I, 61—91.

Prof. Voß—Zeiten.] Die Zeiten oder Archiv für die neueste Staatenge-
schichte und Politik. Herausgegeben von C. D. Voß, Professor in Halle.
Weimar, im Verlage des Landes-Industrie-Comptoirs 1805 ff.

Jericho.] Diener und Abschreiber der Brüder in Cassel. S. S. 104.

22 82 Recension.] S. zu S. 181.

22 83 Wilken] Friedr. W., 1805 Prof. der Geschichte in Heidelberg, 1817 in
Berlin.

Deine Abhandlung in die Studien.] Über die Entstehung der altdeutschen
Poesie und ihr Verhältnis zu der nordischen. = Studien. Band IV. Heidelberg. 1808. S. 75—121. 216—288, wiederholt in den Kl. Schr. I, 92—170.

Nr. Seite

Nibelungenrecension.] S. zu S. 81.

22   84 Suhm.] Peter Friedrich Suhm, dänischer Geschichtsforscher, 1728 7. Sept.
1798. (Raumer, Geschichte der Germanischen Philologie. S. 195.)
S.S. 102. 171.

Grimm. Albert Ludwig Grimm (kein Verwandter der Brüder) gab zu
Heidelberg 1809 Kindermärchen heraus.

Murhards. Friedrich und Karl (?) M., Stifter der Murhard'schen Bibliothek zu Cassel.

23   85 Bartels.] Pächter der Domäne Giebichenstein.

24   88 Von den hiesigen Unruhen.] Am 23. April unternahm der westfälische
Oberst der Chasseurgarde von Törnberg den verunglückten Aufstand. Vgl.
Fr. Müller, Kassel seit siebzig Jahren, I (1876), 21 ff.

Wilds.] W., Apotheker in Cassel, der Nachbar der Brüder, wurde später
Wilhelms Schwiegervater. S. zu S. 108. Lisette Wild verheirathete
sich mit dem Oberförster von Eschwege.

Roquefort.] Jean Baptiste Bonaventura de R., geboren in Mons in
Belgien 15. October 1777. † in Guadeloupe am 17. Juni 1834,
französischer Philolog und Alterthumsforscher. S. Nouvelle biographie
générale, publiée par Mm. Firmin Didot frères sous la direction
de Mr. le Dr Hoefer. vol. XLII. Paris 1866. S. 613.

25   89 Görres' Recension des Wunderhorns.] HJBB. V. Abth. II. Jahrg.
1809. Bd I. Heft 5, S. 222—237. Fortf. III. Jahrg. 1810. Bd II,
S. 30—52.

Arnims von Wagner.] Wilibalds Ansichten des Lebens. Ein Roman
in 4 Abth. von Ernst Wagner. 2. Aufl. Meiningen und Hildburg-
hausen. 1808. 2 Bde. 8. Die reisenden Maler. Ein Roman von E. W.
Leipzig bei Göschen. 1807. 2 Bde. 8. Reisen aus der Fremde in die
Heimath. Herausgegeben von E. W. I. Th. Hildburgh. 1808. 8. sind
in den HJBB. II. Jahrg. 1809. Bd I. Heft 4. S. 169—179 von Arnim
anonym recensirt.

Docen]. Bernhard Joseph D., geboren 1. October 1782, seit 1803 in
München an der Bibliothek, † 21. November 1828 (Raumer 343—345).
Miscellaneen zur Geschichte der deutschen Literatur, neuaufgefundene
Denkmäler der Sprache, Poesie und Philosophie unserer Vorfahren ent-
haltend. Herausg. von Bernh. Jos. Docen. Erster Band in 2 Abth.
München. 1807. Zweite Aufl. 1809.

26   90 Stilling.] Theorie der Geister-Kunde ꝛc. Von Dr J. H. Jung, gen. Stilling,
Nürnberg, Raw'sche Buchh. 1808.

26   91 Wilhelmine Denhardin.] S. zu S. 43.

Aus Allendorf von Mannels.] Allendorf a. d. Werra, Stadt im Reg.-Bez.
Cassel. Beim Pfarrer, später Kirchenrath Dr Mannel (Justi XI) hielt sich
Clemens Brentanos Frau zeitweise auf. S. S. 93.

26   92 Klopstock.] Victor Ludwig Klopstock, Bruder des Dichters, übernahm 1790
die beiden 1766 privilegirten Zeitungen: Hamburgische Neue Zeitung
und Die Hamburgischen Addreß-Comtoir-Nachrichten. Erstere ist von
1771 bis 1811, die andere vollständig auf der Hamburger Stadtbiblio-
thek, vgl. J. M. Lappenberg, Zur Geschichte der Buchdruckerkunst in
Hamburg am 24. Juni 1840. Hamburg. 1840. S. LXXXII. Hier
handelt es sich wohl um die erstgenannte. Nachforschungen nach Grimm'-
schen Beiträgen, welche Herr Dr Walther in Hamburg freundlichst angestellt hat, sind bisher ohne Resultat geblieben.

Dürerische Handzeichnungen.] Albrecht Dürers christlich-mythologische Handzeichnungen, I. nebst Titel, Vorrede und A. Dürers Bildnis, zusammen
23 Blätter, in lithograpischer Manier gearbeitet von N(epomuk) Strixner.

Nr.   Seite

München. 1808. angez. in der JALZ. Nr. 67, 19. März 1808, S. 529 bis 534 und II. Sieben Hefte, zusammen 46 Blätter nebst dem gedruckten Inhaltsverzeichnis. Fol. München, bei Senefelder, Gleißner und Comp. Nr. 91, 18. April 1809, S. 113—118 von W. K. F. Vgl. Goethes Werke XXVIII, 818—831. ed. Hempel.

27   92   Die Proklamation des Königs] Jeromes, abgedruckt bei Fr. Müller, Kassel seit siebzig Jahren I, 9—11.

27   93   Auguste.] Auguste Busmann, Nichte des Frankfurter Banquiers Bethmann, Clemens Brentanos zweite Frau, von der er getrennt lebte.

        Trages.] Savignys Gut.

28   94   Wintergarten.] Der Wintergarten. Novellen. Von Achim von Arnim. Berlin. 1809.

28   95   Jungs Buch], s. Stilling S. 90.

29   96   Nordiska Kämpa Dater.] Volumen historicum, continens variorum in orbe Hyperboreo antiquo regum, heroum et pugilum res praeclare et mirabiliter gestas etc. (Edidit E. J. Björner.) Stockholm. 1737. fol. Vgl. Th. Möbius, Catalogus librorum Islandicorum et Norvegicorum. Leipzig 1856. S. 38.

        Gräter.] Friedrich David Gräter, 22. April 1768 — 2. August 1830, Rector und Prof. zu Hall in Würtemberg, nordischer Altertumsforscher. Raumer 284 f.) Vgl. Briefwechsel zwischen J. Grimm und Gr., hgg. von H. Fischer. Heilbronn 1877.

29   97   Morgenblatt.] Morgenblatt für gebildete Stände. Dritter Jahrgang. 1809. Tübingen, J. G. Cotta'sche Buchh. 4., Nr. 112—114, 11—13 Mai 1809. S. 447. 450 f. 454 f.: Über Sammlungen deutscher Volkslieder. (Ein Wort zu seiner Zeit.) B. J. Docen. Vgl. die Ankündigung S. 447 unten.

        Schlegels Calderone] = Spanisches Theater. Herausgegeben von A. W. S. Zweiter Band. Berlin. 1809. Bei Julius Eduard Hitzig. Gemeint ist: Die Brücke von Mantible (La puente de Mantible) S. 163—342. Vgl. zu S. 8. 117.

        Fierabras.] Buch der Liebe. Enthaltend 1) Tristan. 2) Fierabras. 3) Pontus. Herausgegeben von Dr Büsching und Dr von der Hagen. Berlin, bey Hitzig. 1809. Erster Band. LII und 488 S. gr. 8. (2 Tlr. 12 Gr.)

        Meistersängeraufsatz.] Über den Unterschied und die gegenseitigen Verhältnisse der Minne- und Meistersänger. Ein Beitrag zur Charakteristik der früheren Zeitalter der Deutschen Poesie. Von J. B. Docen. (München, 23. Januar 1808) im Museum für Altdeutsche Literatur und Kunst, herausgegeben von Dr F. H. v. d. Hagen, B. J. Docen und Dr J. G. Büsching, Band I, Heft 1. Mit Kupfern. Berlin 1809, bei Joh. Friedr. Unger. S. 73—125 und Heft 2. Berlin 1810. S. 445—490.

        Clemens Goldfaden.] Der Goldfaden, eine schöne alte Geschichte, wieder herausgegeben von Clemens Brentano. Mit Vignetten. Heidelberg bey Mohr und Zimmer. 1809. 371 S. 8. (3 fl.)

        Landrés.] Alexandrine L. heiratete den Apotheker Rudolf Wild, Dorothea Wilds Bruder.

        Vatern.] S. zu S. 101.

        Lafontaine.] August L., geboren 20. October 1758 zu Braunschweig, 1789 Feldprediger in Halle, privatisirte seit 1801 als Canonicus bei Halle, † 20. April 1831. Seine Romane füllen 150 Bände.

        Wolfin.] Wilhelmine Wolf, Tochter des Philologen.

        Körte.] Wilhelm Körte, Herausgeber der Briefe zwischen Gleim, Wilhelm Heinse und Johann v. Müller. I. Zürich, H. Geßner. 1806. Wolfs Schwiegersohn und Biograph.

Nr. Zeite

Streit mit Voß.] Beß hatte im Morgenblatt 1808 Nr. 283. 284 das Wunderhorn aufs Heftigste angegriffen. Vgl. Arnims Sendschreiben an Herrn Hofrath Voß in Heidelberg aus Cassel. 8. Dezember 1808, Görresbr. II, 40—43.

29 98 Glossar.] Glossaire de la langue Romane, par J. B. de Roquefort. Paris. 1808. S. S. 88.

Steffens.] Grundzüge der philosophischen Naturwissenschaft. In Aphorismen, zum Behuf seiner Vorlesungen. Berlin. 1806.

Schleiermacher] wurde 1809 Prediger an der Dreifaltigkeitskirche in Berlin.

30 101 Dem alten Meisterlin² in Hanau.

Mithridates] oder allgemeine Sprachenkunde mit dem Vater-Unser als Sprachprobe, in beynahe fünfhundert Sprachen und Mundarten, von Joh. Christ. Adelung, kurf. Sächsischem Hofrath und Oberbibliothekar. Erster Theil. Berlin, in der Voß. Buchhandlung. 1806. Zweyter Theil. Größtentheils aus Adelungs Papieren fortgesetzt und bearbeitet von Dr Joh. Severin Vater, Prof. und Bibliothekar der Universität zu Halle. eb. 1809. 8.

Von Villers ein neues Buch.] Coup d'œil sur l'état actuel de la litterature ancienne et de l'histoire en Allemagne. Rapport fait à la 3me classe de l'institut de France par Charles Villers etc. etc. Amsterdam et Paris. 1809. Vgl. „blinzeln" zum Titel.

Perthes.] Friedrich Perthes.

Die Realschulbuchhandlung Reimer.] Georg Andreas Reimer, geboren 27. August 1776 zu Greifswald, † 26. April 1842, übernahm 1800 die Realschulbuchhandlung, welche er seit 1819 unter der Firma: G. Reimer weiterführte. Vgl. Eckstein Nomenclator philologorum, Leipzig. 1871. 621².

Hagen — Urtert der Nibelungen, — Bearbeitung.] Der Nibelungen Lied in der Ursprache mit den Lesarten der verschiedenen Handschriften herausgegeben durch F. H. v. d. H. In Vorlesungen. Berlin, Hitzig. 1810. 8. Die Bearbeitung (f. zu S. 81) erschien bei Unger.

Fortsetzung der Sammlung.] Deutsche Gedichte des Mittelalters I. 1808, f. zu S. 181. Ein zweiter Band ist nicht erschienen.

Tiecks altenglisches Theater.] Alt-Engl. Th. oder Supplement zum Shakespear, übersetzt und herausgegeben v. L. Tieck. Berlin. 1811. 2 Bde. 8.

30 102 Heimskringla] f. zu S. 143.

32 104 Moniteur.] Der Westfälische Moniteur war das Regierungsblatt in Cassel.

Müllers Bruder.] Johann Georg Müller, Prof. in Schaffhausen; über die Herausgabe der sämmtlichen Schriften vgl. die Erklärungen vom 1. 5. August und 28. October 1809 im Int.-Bl. zum Mfg.Zt. Nr. 17 S. 68, Nr. 18 S. 69, Nr. 26 S. 101 f.

Godwi] oder das steinerne Bild der Mutter. Ein verwilderter Roman von Maria. Bremen. 1801—1802. 2 Bde.

32 105 Cathrine.] Grimms Dienstmädchen.

Jordissin.] Louise Jordis Brentano, Lulu genannt. S. S. 108.

Anmerkungen zum Ernst.] HJdb. V. Abth. II. Bd 13 Heft, S. 210 bis 222 ist ein Theil einer größeren bisher Jacob allein zugeschriebenen Recension der Deutschen Gedichte des Mittelalters (f. zu S. 181), wiederholt in Jacobs Kl. Schr. IV, 34—43.

Creuzer Dionysus.] Friderici Creuzeri etc. Dionysus sive Commentationes academicae de Rerum Bacchicarum Orphicarumque Originibus et Caussis. Volumen prius cum figuris aeneis. Heidel-

Nr. Seite

bergae MDCCCIX in officina Mohri et Zimmeri acad. 308 S. in 4. (5 fl.), vgl. H.Jbr. V. Abth. II. Jahrg. 1809. Bd 1, Heft 2, S. 56—70.

33 106 Hamburger Zeitung] s. zu S. 92.

33 107 Friedrich Schlegels Werke, Gedichte.] Berlin 1809, Eduard Hitzig.

34 108 Pugge] s. S. 121.

Dortchen] Wild. „Im Jahr 1825 den 15. Mai verheirathete sich mein lieber Bruder Wilhelm mit Dorothea Wild, Tochter des verstorb. Herrn Wild, Apotheker dahier. Die Einsegnung geschah Morgens 1/2 12 Uhr im Schmerfeldischen Gartenhaus. Der Himmel gebe ihnen seinen Segen. Cassel. Jacob Grimm." Aus der Grimm'schen Familienbibel.

34 109 Magazin für altdeutsche Literatur.] Museum für A. L. und Kunst, s. zu S. 97.

Neuer literarischer Anzeiger.] Herausgegeben von Chr. v. Aretin in München. 4. Jahrgang II. 1807. Nr. 24, 16 Juni 1807, S. 369 bis 374. Nr. 34, 25. August 1807, S. 535—540: Unterschied zwischen den Minne- und Meister Sängern = Museum für altd. Lit. I, S. 81—97.

34 110 Reinmar von Brennenberg.] Bei Tieck Nr. 133. Vgl. Mus. I, 115—118.

In der Gothaer Hdschr. vom Herzog Ernst.] Hagen a. a. O. S. 250 sagt: in der Gothaer Handschrift von Veldecks Äneis.

Reise des Montevilla.] Johann von M. = Mandeville, englischer Ritter und Doctor der Medicin zu St. Alban, reiste von 1322 an 34 Jahr umher und beschrieb seine Erlebnisse in französischer, dann in lateinischer und italienischer Sprache; er starb am 7. Nov. 1372 zu Lüttich (Hagen a. a. O. S. 247).

Apollonius.] A. von Tyrland oder Tyrus von Heinrich von der Neuenstadt (s. Koberstein I3, 253. 24).

Wolfram u. s. w.] S. 1—36. Gallerie u. s. w. S. 37—61 (Conrad S. 39—45, Rudolf S. 45—52, Gottfried S. 52—61). Versuch einer vollständigen Literatur der ältern deutschen Poesie von den frühesten Zeiten bis zu Anfange des XVI. Jahrh. S. 126—234 mit Nachtrag von Hagen S. 235—237; W. Grimm s. S. 138. 139.

Noten zu Görres.] Beitrag zur Geschichte und Litteratur der Deutschen Volksbücher S. 238—311: zu Görres' Buch: Die deutschen Volksbücher. Heidelberg 1807, (z. Litt. der Quellen des Montevilla S. 246—276, Herzog Ernst S. 282—311).

Recension] s. S. 105 und 181.

Anzeigen des Buchs der Liebe und des Magazins] s. zu S. 97. 187 f. Magazin = Museum.

34 111 Chateaubriand.] Les Martyrs ou le triomphe de la réligion chrétionne par F. A. de Ch. Paris chez le Normant, 1809. 2 Vol.

Stolberg.] Geschichte der Religion Jesu Christi von Friedrich Leopold Grafen zu Stolberg. Hamburg, Perthes. 1807 ff. S. S. 119.

Nach dem Morgenblatt] s. Nr. 130—132, 1.—3. Junius 1809, S. 517 bis 519, 522—524, 526—528.

Hermann und Dorothea.] S. MgZt. Nr. 138, 10. Junius 1809, S. 551. H. und D. Aus (G. G. Gölings vollkommener Emigrations-Geschichte von denen aus dem C. P. Salzburg vertriebenen und größtentheils nach Preußen gegangenen Lutheranern u. s. w. Frankfurt und Leipzig. 1734. 4. im ersten Bande S. 671. S. Johnson und Steevens.

35 114 Über Görres' Stil] s. Museum I, 239.

Magog.] Die Völker Gog und Magog im Titurel, Hagen a. a. O. S. 264.

Schelling.] Philosophische Schriften. I. Landshut bei Krüll. 1809.

36 114 Keferstein.] Auch S. 118. 121.

Nr. Seite

Sindbad.] Die arabische Erzählung von Sindbads Meerfahrten nennt
Hagen a. a. O. S. 287 eine Mischung orientalischer und griechischer Sagen,
z. Th. aus der Odyssee.

Hartmanns Buch.] Dr Anton Theodor Hartmanns Aufklärungen über
Asien für Bibelforscher, Freunde der Culturgeschichte und Verehrer der
morgenländischen Litteratur. Oldenburg bei Schulze. I 1806. II 1807.
rec. in der JALZ. 1809. Nr. 140—141. S. 504—510. 513—518
von Dlp.

Beckmann.] Litteratur der älteren Reisebeschreibungen. Nachrichten
u. s. w. Von Johann Beckmann, Hofrath und ord. Prof. der ökono-
mischen Wissenschaften. Göttingen, bey Johann Friedrich Röwer.
1807—1809. 2 Bde. 8.

Buttmann.] Älteste Erdkunde des Morgenländers. Ein biblisch-philo-
logischer Versuch von Philipp Buttmann. Berlin in der Mylliusschen
Buchhandlung 1803.

Schlegels Calderone.] = Spanisches Theater u. s. w. I. Berlin. 1803:
Die Andacht zum Kreuze S. 1—152, Über aller Zauber Liebe S. 153
bis 346 und Die Schärpe und die Blume S. 347—534: Bd II 1809.
enthält außer der Brücke von Mantible (s. zu S. 97) nur Der stand-
hafte Prinz S. 1—162.

Fernows Leben.] Leben Lodovico Ariosto's des Göttlichen nach den besten
Quellen verfaßt von C. L. Fernow. Zürich, bei Heinrich Geßner.
1809.

36 118 Rother—Recension.] HJbL. V. Abth. II. Bd 12 (39) Heft, S. 156—164.
(Kl. Schr. IV, 28—34), Theil der großen Recension. S. S. 181.

37 120 Runge] hatte die beiden plattdeutschen Märchen vom Fischer und seiner
Frau und dem Machandelboom (Trösteinsamkeit Nr. 29. 30, 9. 12. Juli
1808, S. 229 237) aufgezeichnet.

Raumer] war 1809 Rath bei der Regierung in Potsdam und arbeitete
1810 in Berlin in einem Ministerium. S. S. 132 und zu S. 219.

38 121 Wolfsauger.] Dorf bei Cassel.

Scherze.] Der Brief hat hier ein Loch; von dem Wort und der Zahl
5—6000 auf S. 122 sind nur wenige Reste sichtbar. Für Scherze
scheint ein längeres Wort gestanden zu haben.

38 123 Recension in den Heidelbergern.] HJbL. V. Abth. II. Jahrg. 1809,
Bd I, Heft 7, S. 301—307 (anonym): Aladdin oder die Wunderlampe.
Ein dramatisches Gedicht in zwey Spielen von Adam Ohlenschläger.
Amsterdam. 1808.

Kopp.] Glossaire de la Langue Romane etc. etc. Par J. B. B. Roquefort in der HJbL. II. Jahrg. 1809. Bd I. Heft 7, S. 307—325 rec. von
Ulrich Friedrich Kopp, Geheimer Cabinets-Rath.

Prof. Tennemann.] Wilhelm Gottlieb T., Prof. der Philosophie und
Universitätsbibliothekar in Marburg (Justi 898).

39 126 Drei Pfarrer der Stadt.] Blanc und die beiden reformirten Prediger
Rienäcker und Dohlhof, s. Steffens, Was ich erlebte VI, 120 f.

39 127 Werner.] Werner von Harthausen studirte in Halle, s. Steffens VI, 122—125,
Alex. Reifferscheid, Freundesbriefe S. 193—195.

40 129 Der Italiener.] Kaufmann Predari in Lauchstädt. S. S. 155. 189.

41 131 Aventin.] Johann Thurnmayer aus Abensberg in Baiern, gen. Aventinus,
1477—1534, schrieb eine baierische Chronik (Koberstein I⁵, 412. 16).

42 131 Der Rachen.] Vermuthlich Spitzname für Reichardt.

42 132 Schlegel.] S. zu S. 10.

Nr. Seite

43 136 Kanne.] Erste Urkunden der Geschichte oder allgemeine Mythologie. Mit
einer Vorrede von Jean Paul. Baireuth 1808. 2 Bde.
Kotzebues Geschichte von Preußen.] Pr. ältere Geschichte. Riga 1809.
4 Bde.

43 137 Bratsisch.] Mann der Consine Louise Pr. in Benchlöbel. S. S. 293.
Stickel (statt Rickel) in Steinau? s. J. Kl. Schr. I, 23.

44 138 Fortsetzung von Wilhelm Meister.] S. S. 175 und Anm.
Erasmus Rotterodamus] s. zu S. 141. Im Einsiedler?

45 139 Hagen—Recension.] JAVZ. Nr. 172—175, 25—29. Juli 1809, S. 161
bis 192. v. d. H.

45 140 Glöckle.] Ferdinand G., Freund von J. Görres, verglich für ihn in Rom
altdeutsche Handschriften; doch s. das Urtheil Görresbr. II, 510.
Raßmann.] S. Museum für altd. Litt. I. 1810. S. 313—444: VII. Berichtigungen und Nachträge zu Bodmers Ausgabe der Manessischen Sammlung von Minnesingern, nach der Urschrift in der Kaiserlichen Bibliothek
zu Paris. (G. W. Raßmann.

45 141 Das Gespräch über Wirthshäuser.] Schilderung der deutschen B. zu Anfange des 16. Jahrhunderts. (Aus dem Lat. des E. v. Rotterdam).
Awe. vgl. MlgZt. Nr. 117, 17. Mai 1809, S. 465—466. S. S. 138.

46 143 Karoline Engelhard.] 1786 in Cassel geb., als Schriftstellerin unter
dem Namen Julie. (Justi 99 f.)
Suorro Sturleson.] Heimskringla edr Noregs Konunga-Sögor af
Snorra Sturlusyni. Snorre Sturlesons Norske Kongers Historie.
Historia regum Norvegicorum conscripta a Snorrio Sturlae filio.
— opera Gerhard. Schöning (1722—1780, Geheimarchivar zu Kopen-
hagen). Tom. I. II. Havniae 1777. 1778. fol. Tom. III. 1783 ed.
Sk. Thorlacius.

46 144 Schleiermachers Platon.] I. Theil. I. Band. Berlin 1804.
Voß' Mythologische Briefe.] Königsberg 1794. 2 Bde.

46 145 RAnzeiger.] Der Reichsanzeiger 1809 war mir nicht zugänglich.

47 147 Sigurd von Fouqnet.] Sigurd der Schlangentödter. Ein Heldenspiel in
sechs Abentheuern von Friedrich Baron de la Motte Fouqué. Berlin,
Ed. Hitzig 1808, rec. in HJbb. V. Abth. II. Jahrg. 1809. Bd II.
Heft 11. S. 121—129 = Kl. Schr. I, 237—244.

49 150 Clemens — Sammlung von Kindermärchen.] Sie erschienen erst spät:
Die Märchen des Cl. Br. Hgg. von Guido Görres. Stuttgart und
Tübingen 1847. 2 Bde.

49 151 Atlantis.] Platon Krit. p. 108 E. ff. Tim. p. 24 E. ff.
Görres' Buch.] Die deutschen Volksbücher. Heidelberg 1807.
Wormius.] Ole Worm, 1588—1654, berühmter Arzt und Alterthums-
forscher zu Kopenhagen (Raumer 102).
Hickes.] George H., 1642—1715 zu London (Raumer 129—131).

49 152 Buchhändleranzeige.] Vgl. Int.-Blatt zum MlgZt. 1809. Nr. 15.
S. 58.

49 153 Görres' Recension des Wunderhorns.] S. zu S. 89. Vgl. Görresbr.
II, 60. 107. 116.

50 154 Prof. Schütz.] Fried. Karl Julius Sch., Sohn des Redacteurs der HALZ.
Vogs.] Des Uhrmachers VOGS wunderbare Geschichte, wie er zwar das
menschliche Leben längst verlassen, nun aber doch nach vielen musikalischen
Leiden zu Wasser und zu Lande in die bürgerliche Schützengesellschaft
aufgenommen zu werden Hoffnung hat. Nebst des Herrn Vogs wohl-

Nr. Seite

getroffenem Bildnis und einem medizinischen Gutachten über dessen Gehirnzustand. Heidelberg 1807. 8. Von B(rentan)o (und) Görre, S. Büsching.] Wo, habe ich nicht gefunden.

51 155 Von seiner Frau geschieden.] Vgl. Görresbr. II, 72 f.

52 157 Recension des Hagen über Fouquets Sigurd.] HARZ.? Eunomia. Eine Zeitschrift des neunz. Jahrh. Hgg. von Prof. Dr. Feßler und Hofrath Fischer. Berlin 1801—1805. 10 Bde. 8.

52 158 Nyerup.] Rasmus Nyerup 1756—1829 26 Juni, seit 1796 Prof. der Litteraturgeschichte und Universitätsbibliothekar zu Kopenhagen (Raumer 196).

52 159 Floamanna.] Fl. saga. Historia Floamannorum. En nordisk Helt Thorgils Historie overs. med en Indledning af B. Thorlacius. Kjöbenh. 1809. 144. S. 8. — Jarlmanns saga ok Hermanns: hist. Jarlmanni et Hermanni. — Blomstrualla saga: hist. de campo florido.
Elskov Viiser] (Liebeslieder) oder Tragica. Kopenhagen 1657, Sammlung wie die Kampe Viser, f. W. Grimm Altdän. Heldenlieder IX N. = Kl. Schr. I, 179.

52 160 Schelmuffsky.] Sch. wahrhafte, luriose und sehr gefährliche Reisebeschreibung zu Wasser und zu Lande. 1696.
Naturdichter Hiller.] Joh. Adam Hiller, 1728—1804, Componist.

53 161 Haffenpflugs.] Lotte Grimm verheirathete sich am 2. Juli 1822 mit Hans Daniel Ludwig Friedr. H., späterem kurhessischen Minister.

54 166 Recension von Jean Paul.] HJbb. V. Abth. II. Jahrg. 1809. Bd II. Heft 10. S. 52—55.

54 168 Über den persischen oder armenischen Roman.] Giaffer: kurtzweilige Historien, in welchem Giaffers deß Königs Seuendrippe dreyer Söhnen Reyß gantz ortlich und lieblich beschrieben, vgl. Bibliotheca librorum Germanicorum Classica: Das ist Verzeichnüß aller und jeder Bücher — in Teutscher Spraach. Durch W. Georgium Draudinm. Getruckt zu Franckfurt am Mayn — in Verlegung Peter Kopffen. MDCXI. 4. S. 494. Die Lesung Cleß ist unsicher, da etwas abgerissen ist.

55 169 Von Nierup — ein Programm.] Axel Thordsen og Skjön Valborg, en norsk Ballade, med. Anmärkninger af R. Nyerup; som Pröve paa den ny Skikkelse, hvori Abrahamson, Rahbek og Nyerup agte at udgive den saa kaldte Kjempe Visebog. Kiöbenhavn 1809. 63. S. 8.
Zusätze zur Manessischen Sammlung] f. zu S. 140. Roßmann.
Bartholdys Reise nach Griechenland.] Bruchstücke zur Kenntniß Griechenlands von Salomo Bartholdy. Berlin. 1805. Die neugriechische Romanze ist abgedruckt in den Altdeutschen Wäldern II, 181—184.
Maler Bury.] Friedrich B. aus Hanau, 1763—1823 (Justi 55—59).
Hitzig.] Eduard H.
Hirt.] Hofrath Aloys H., Kunsthistoriker.

55 171 Von Clemens den Neidhart.] Vgl. Haupt, Neidhart von Reuenthal, S. VII.
Koch.] Erduin Julius Koch, 1764—1834, Herausgeber des Compendiums der deutschen Literaturgeschichte I. 1790 und 1795, II. 1798; damals Prediger an der Marienkirche in Berlin (Raumer 288).
Suhmische Edition.] Suhm (f. zu S. 84) ließ viele wichtige Werke der altnordischen Litteratur auf seine Kosten herausgeben (Raumer 1856.)
Eyrbyggia Saga.] Eyrbyggia-saga sive Eyranorum historia quam mandante et impensas faciente P. F. Suhm, versione, lectionum varietate ac indice rerum auxit G. J. Thorkelin. Hafniae 1787. 4°.

Nr. Seite

Dresdner Coder.] K. Dresdner Hdsch. des Heldenbuchs 103, abgedruckt
durch v. d. Hagen und A. Primisser 1820. Vgl. A. Amelung, Deutsches
Heldenbuch III. Berlin. 1871. S. IV.

Straßburger] Hdf. der Seminarbibliothek, pap. fol. von Diebolt von Hagenau
um 1450 geschrieben, vgl. Amelung, S. VII.

57 172 Doctor Zimmermann.] S. zu S. 43.

57 173 Oberlin.] Jeremias Jacob L., geboren 7. August 1735, † 10. October
1806, Prof. in Straßburg (Nummer 363 4).

57 174 Legrand.] Contes et fabliaux du douziéme et treiziéme siécle traduits
ou extraits d'aprés les manuscrits. Paris 1779. 3 Vol. IV. Bd.
= Contes dévots. Fables et Romans anciens. Paris 1781. 8. S. zu S. 307.

Goethes Wahlverwandtschaften.] Cotta kündigte ihr Erscheinen zu
Michaelis im MfgZt. Nr. 211, 4. September 1809, S. 844 an.

57 175 Eschenburg.] Johann Joachim E., 1743—1820, gab 1810 Boners Edelstein Berlin bey Unger heraus; rec. von Wilh. Grimm in der LLZ.
1812. Bd II Nr. 311. Sp. 2485—2487.

Judith.] J. Schauspiel von Heinrich von Jvenloe, Hofpoet bei Kaiser
Rudolph II., aus einer alten Handschrift. (Verfaßt von dem Züricher
Bildhauer Heinrich Keller 1771—1832, s. Goedeke Grundriß III, 155.)
Zürich, bei Orell, Füßli und Comp. 1809.

Schlegels Shakespeare.] S. zu S. 26.

Reichardts vertraute Briefe über Wien.] Vertraute Briefe geschrieben auf
einer Reise nach Wien und den Österreichischen Staaten 1808—1809.
Amsterdam. 1810. 2 Bde.

Edda Saemundina.] E. Saemundar hins froda. E. rhythmica seu
antiquior vulgo S. dicta. I. Pars. Hafniae sumptibus legati Magnaeani. 1787. 4.

Cottaer Taschenbuch.] T. für Damen auf das Jahr 1810. Mit Kupfern.
Tübingen bey Cotta enthält die vier ersten Capitel von Wilhelm Meisters
Wanderjahren von G.: Flucht nach Ägypten, Sanct Joseph der Zweite,
die Heimsuchung und der Lilienstengel.

58 176 Adam Müller] war 1809 aus Dresden nach Berlin übergesiedelt.

Kleist.] Cl. Brentano schreibt Anfang 1810 an Görres: „Der Phöbus
Kleist, der von Müller für todt gehalten wurde, ist von Prag wieder
hier angekommen" Görresbr. II, 49.

58 177 Franz Horn] hatte 1809 in Bremen seinen Abschied als Lehrer am Lyceum
genommen und privatisirte seitdem in Berlin.

Karls Hindernisse.] Die Versuche und Hindernisse Karls, eine deutsche
Geschichte aus der gegenwärtigen Zeit. Erster Band. Berlin und
Leipzig. 1808. 8. (Von Varnhagen, W. Neumann, Fouqué, Bernhardi.)
Cl. Brentanos Brief an Görres, II, 83—84.

Wolfhart aus Hanau.] Karl Wolfart, geb. 1778, seit 1807 Arzt in Berlin,
1810 Docent der Medicin, Verfechter der Lehre vom thierischen Mag-
netismus. Guntha, ein altdeutsches Mährlein. Hanau 1809.

Buttmann.] Philipp B.

Sagan ꝛc.] Sagan af Gunnlaugi Ormstunga ok Skalld-Rafni, sive
Gunnlaugi Vermilingvis et Rafnis Poetae vita. Ex Manuscriptis
legati Magnaeani etc. Hafniae 1775. 4. Orkneyinga saga sive
Historia Oreadensium a prima Oreadum per Norvegos occupatione
ad exitium seculi duodecimi. Ex mss. legati Arna-Magnaeani etc.
ed. J. Jonaeus. Hafniae 1780. Sumptib. P. F. Suhm. 4. Islands
Landnamabok. Hoc est: Liber Originum Islandiae. Ex mss. l. M.
(ed. J. Finsen). Havniae 1774. 4.

Nr. Seite
58 178 Hagen—Wilkinasage.] Vgl. S. 225 und zu S. 450.

In dem neuen Heft.] Museum für altd. Lit. I, 1810, 491—546: IX. Der heilige Graal und seine Hüter.

Numancia.] Cervantes' Drama.

59 179 Der Brand.] Am 20. Sept. Nachts 2 Uhr war die Petrikirche in Brand gerathen und gegen Morgen hatte das Feuer auch die rund herum liegenden Buden und 12—14 Wohnhäuser ergriffen, vergl. die Correspondenznachrichten aus Berlin im RfgZt. Nr. 235, 2. Oct. 1809, S. 940. Nr. 242, 10. Oct., S. 968.

59 180 Herrn Jacobs.] Friedrich J. kehrte 1809 aus München nach Gotha zurück und wurde daselbst Director des Gymnasiums und Conservator der Bibliothek und des Münzcabinets.

60 181 Die Recension.] Teutsche Gedichte des Mittelalters herausgegeben von Fr. v. d. Hagen und Dr Joh. Gust. Büsching. Erster Band. Berlin, Realschulb. 1808. 4 von J. und W. Grimm gemeinsam recensirt in den H.Jbr. V. Abth. 11 Band 12 (39) Heft. S. 148—164, Fortf. 13. (42) Heft. S 210—224, Beschluß 14. (46?) Heft. S. 249—259. — J. Kl. Schr. IV, 22—52. S. zu S. 82. 101. 105 118

61 182 Schlegels dramatische Vorlesungen.] V. über dramatische Literatur und Kunst. Von A. W. Schl. Erster Theil. Heidelberg 1809.

61 183 Adam Müller.] Erste Vorlesung über König Friedrich II. und die Natur, Würde und Bestimmung der preußischen Monarchie, gehalten von Adam Müller zu Berlin am 11ten Januar 1810, abgedruckt im Pantheon von Büsching und Kannegießer I, 1810, S. 179—197.

Heeren und Villers.] Versuch einer Entwickelung der Folgen der Kreuzzüge für Europa. Eine — gekrönte Preisschrift. Vom Hofrath A. H. L. Heeren, Prof. der Gesch. Gottingen bey Joh. Fr. Röwer. 1808 == Essay sur l'influence des Croisades. Par A. H. L. Heeren etc. Traduit de l'Allemand par Charles Villers. Paris et Strasbourg

Zueignung des schreibensfrohen Pilgrims.] Fouqué (Pellegrin) hatte Fichte den Sigurd zugeeignet.

Steffens Compendium.] s. zu S. 98.

62 185 Bukowan.] Christian Brentano verwaltete 1808—1816 das der Familie gehörige Gut B in Böhmen.

63 186 Niala Saga.] Nials-saga. Historia Niali et filiorum, latine reddita, cum adiecta chronologia, variis textus islandici lectionibus etc. Sumtibus P. Fr. Suhmi et I. Arna-Magn. Havniae 1809. 4.

Isländische Grammatik.] Vejledning til det islandske eller gamle nordiske sprog af Rasmus Kristian Rask. (Anleitung zu der isländischen oder altnordischen Sprache von R. Chr. Rask.) Kopenhagen, bei Schubothe 1811. 8.

63 187 f. Recensionen vom Buch der Liebe und dem ersten Heft des Magarins.] Nur die letztere vom Museum für Altd. Lit. und Kunst erschien in den H.Jbr. IV. Jahrg. 1811. Nr. 10. S. 145—158. Nr. 11. S. 161—166; die erstere steht in der LLZ. 1812. Nr. 62-64. Sp. 489—507.

63 188 Kinderling.] F. A. K aus Magdeburg, Prediger in Calbe a. Saale, 1743—1807, beschäftigte sich besonders mit der Geschichte der niedersächsischen Sprache. (Raumer 253.)

Tischbeinische Auction.] Prof. J. Heinrich Tischbein sen., Inspector der Gallerie zu Cassel, war 1809 gestorben.

64 190 Pantheon.] Pantheon Eine Zeitschrift für Wissenschaft und Kunst Herausgegeben von Dr Johann Gustav Büsching und Dr Karl Ludwig Kannegießer Erster Band Leipzig bei C. Salfeld 1810 enthält: 1. Aus

Nr. Seite

Camoens Lusiade. Gesang 3. Stanze 118. von Fichte S. 3 - 8. 4. Die Legende von der heiligen Lanze zu Antiochien. v. R. S. 53 – 56.

Büsching.] Anton Friedrich B.

Hagen — Recension des Wunderhorns.]   ?

Arnim.] Halle und Jerusalem. Studentenspiel und Pilgerabentheuer. Heidelberg. 1811.

65 192 Brummer.] Friedrich B., Verleger in Kopenhagen.

66 192/3 Von meiner Übersetzung.] Altdänische Heldenlieder, Balladen und Märchen, übersetzt von Wilhelm Carl Grimm, Heidelberg bey Mohr und Zimmer 1811.

Tolle Ankündigung.] Vgl. H.Jbb. V. Abth. III. Jahrg. 1810. Intelligenzbl. III, 9—11 = W. Kl. Schr. I, 173—175.

66 195 Seine Symbolae.] S. ad litteraturam Teutonicam ed. Rasmus Nyerup. Sumptibus P. F. Suhmi, Hafniae 1787.

66 196 Die Stelle — von den Greifen.] H.Jbb. 1809 a. a. O. S. 213/214.

67 198 Eine Recension, die ich Clemens versprochen.] Der Goldfaden, eine schöne alte Geschichte. Wieder herausgegeben von Cl. Br. Heidelberg 1809, vgl. H.Jbb. V. Abth. III. Jahrg. 1810. II. Bd Heft 14. S. 285—290 = W. Kl. Schr. I, 261—265.

68 200 Geschichte Wilibalds.] Über den alten Roman von Lotarius und Wilibald, dem unsaubern Knaben, s. die Recension S. 287 = Kl. Schr. I, 263.

Judith.] Die Entlehnung aus einer alten Hs. ist nur vorgegeben, s. zu S. 174. Anonym besprochen von J. Gr. in den H.Jbb. III. Jahrg. 1810. V. Abth. I. Bd 2. Heft. S. 89—92.

Recension von Kopp.] S. zu S. 123.

68 202 Die Jenaer.] Heidelberg und seine Umgebungen im Sommer 1807, in Briefen von (Georg) Reinbeck. Tübingen, bei Cotta 1808, rec. in Nr. 264. 265, 13. 14. Nov. 1809, S. 289—299 von S.†a÷Þ. — Der Wintergarten rc. Nr. 276, 27. Nov. 1809, S. 390 i von Ha. Ha.

69 202 Die Verfasserin der deutschen Volksmärchen.] Benedicte Naubert, 1756 bis 1819, ließ alle Bücher anonym erscheinen. Hermann von Unna, eine Geschichte aus den Zeiten der Vehmgerichte. Leipzig. 1788. Elisabeth Erbin von Toppenburg oder Geschichte der Frau von Sargans in der Schweiz. Leipzig. 1789. 1809.

Milbiller.] J. M., Verf. einer Geschichte des Königreichs Baiern rc.

69 203 Schopenhauer.] Johanna Sch. lebte seit Sept. 1806 in Weimar.

Isländer Arendt.] Martin Friedrich Ar., nordischer Alterthumsforscher aus Altona, durch seine Reisen in Teutschland, Scandinavien, Lappland, Frankreich und Italien bekannt.

71 212 Die Reise.] Um eine Feder hat Wilhelm einen Zettel gelegt, welcher folgende Worte enthält: "Mit dieser Feder hat mein lieber Bruder Jacob in der Nacht vom 30. 31. Dez. zuletzt hier an Savigny geschrieben und reiste an dem Morgen um ¹₂6 ab."

Sieveking.] G. A. S., Senator aus Hamburg.

Thomas.] Joh. Gerh. Christ. Th., Archivar, später Senator zu Frankfurt a M.

Pränumeration.] Der arme Heinrich von Hartmann v. d. Aue. Berlin, 1815. Realschulb. erschien zum Besten der hessischen Freiwilligen, vgl. den Aufruf zur Pränumeration. Cassel, am 20. Dezember (1813) im Intelligenzblatt des H.Jbb. VI. Jahrg. 1813. Nr. XII. S. 105 106.

72 215 Wagner.] Friedrich Ludwig W., 1764—1835, seit 1803 Hofbibliothekar in Darmstadt.

Nr. Seite

72 216 Musen von Neumann.] Die Musen. Eine norddeutsche Zeitschrift. Hgg. von Fr. Baron de la Motte und Wilh. Neumann. I. Jahrg. Berlin, Salfeld. 1812. Viertes Q.nartal, S. 101—155. Proben aus alt-französischen Gedichten. Aus dem Heldenbuch von Biane. S. 200—203. Ankündigung. Berlin im Dezember 1812. Fr. Rühs. W. Grimm. hatte Rühs' Buch Die Edda in den HJbr. 1812 Bd II, Nr. 61. 62. S. 961—981 recensirt, worauf dieser mit einer Antikritik in der HALZ. 1812. Nr. 318 antwortete; Grimms Epikritik steht im Int.-Bl. der HJbr. 1813. II, S. 10—13. Chr. Friedr. R. war Prof. und preuß. Historiograph in Berlin, 1780—1820. 3. Januar. .

Broschüre über isländische Poesie.] Über den Ursprung der isl. P. aus der angelsächsischen. Von Fr. Rühs. 1813, rec. von W. Grimm in den HJbr. VII. Jahrg. 1814. Bd I. Nr. 14. 15. S. 209—223 225—228.

Deiner altschottischen Lieder.] Drei altsch. L. in Original und Über-setzung. Nebst einem Sendschreiben an Gräter von W. C. Grimm. Heidelb. 1813, vgl. HALZ. Nr. 258, Oct. 1813, S. 391 f.

72 217 Mit Deiner Zeitung] f. S. 238. 248. 325. Fr. Murhard redigierte, f. S. 201.

73 218 Seukler.] John Freih. v. Sinclair, Frennd Hölderlins, 1776—1815.

Rhoden]-Robden. Johann Martin v. R., Maler in Cassel.

73 219 Dümge.] Karl Georg D., 1811 Univ.-Bibliothekar in Heidelberg, seit 1814 Afsessor am General-Landesarchiv zu Karlsruhe, veröffentlichte 1812: Symbolik germanischer Völker in einigen Rechtsgewohnheiten, f. v. Weech, Bad. Biographien I, 196.

Unser Fragment aus dem altfranzösischen Reinhart.] Die Begebenheit von R. dem Fuchs, Lüning dem Sperling und Morholt dem Milden (roman du renart 21453—22071) in Fr. Schlegels Deutschem Museum I. 1812. S. 399—412 = Kl. Schr. IV, 56—64.

Museum.] Am 26. April 1813 hatte das Museum zu Frankfurt J. Grimm zum Ehrenmitglied gewählt.

Raumer] seit 1811 Prof. der Geschichte in Breslau, 1819 in Berlin.

73 220 Piautaz.] Joseph Maria P., Sohn eines Kaufmanns von spanischer Ab-stammung, der nach Frankfurt a. M. gezogen war, seit Mai 1813 Prä-fect in Cassel.

Quida der Edda aus der Hagen'schen Ausgabe.] Berlin 1812. S. 311 S. 393.

74 222 Below.] Der preuß. Oberst von Below war als Militärgouverneur des hess. Prinzen Friedrich Wilhelm 1813 von Berlin mit nach Cassel ge-kommen.

74 223 Die Edda.] Ursprünglich hatte Cotta den Verlag „auf anständige Be-dingungen" angenommen, und Frommann in Jena sollte drucken, aber es zerschlug sich, ebenso mit Perthes, (f. Görresbr. II, 266 f. 272—274. 285. 298). Die Lieder der alten Edda erschienen in einem Bande ohne Glossar und Commentar Berlin 1815 im B. der Realschulbuchhandlung.

Röwer] Johann Friedrich, Verleger in Göttingen.

Wille.] Kaufmann Simon W. in der Johannesstraße, bei welchem Grimms wohnten.

Sababurg.] Schloß in N.-B. Cassel, Kr. Hofgeismar.

Koppen.] Verwandte von Grimms, f. S. 250. 294.

74 225 Dieterich.] Verlagsbuchhändler in Göttingen.

Docen.] Allgemeine Zeitschrift von Deutschen für Deutsche, hgg. von Schelling. Nürnberg 1813. I, S. 446—461: Des von Ruge lyrisches Gedicht von dem heiligen Grabe; aus dem Ende des 12. Jh. Aus einer gleichzeitigen Hd. hgg. und commentirt von B. J. Docen. Vgl.

Nr. Seite

S. 451 f. 461. — Ferner S. 503– 534: Kritischer Beitrag zu den Beweisen der Unächtheit der sämmtlichen Fabeln des Phädrus. Von B. J. T. An Herrn R. Hase in Paris. München im Nov. 1812. Karl Perrault, Märchensammler in Paris, 12. Jan. 1628, † 16. Mai 1703.

74 226 Reinwald.] Wilh. Friedr. Herm. R., 1737—1815, Schillers Schwager.

75 230 Fontanes] Graf, französischer Staatsmann.

Arndts ‚Flugschrift.] Der Rhein, Teutschlands Strom, aber nicht T.'s Gränze. Leipzig bei Rein 1813. S. S. 239.

Kriegslieder.] Gedichte. Frankfurt a. M. 1811—1813. 2 Bde.

75 231 Hug von Langenstein.] 1293. Legende der heil. Martina (33000 Verse), hgg. von A. v. Keller 1856.

Vieweg], Verleger in Braunschweig, sollte Jacobs spanische Romanzen drucken. Er hatte das Manuscript am 31. Dez. 1812 schon ein Jahr, s. Görresbr. II, 375 und oben S. 312. 401 f.

Hogendorp.] Gisbert Karl Graf von H., 1762—1834, holländ. Staatsmann. Dietrich Graf von H., 1761– 1830, war im Juni 1813 von Napoleon zum Gouverneur von Hamburg ernannt worden.

75 232 Mit Leidwesen.] Über Jacobs Stimmung vgl. noch Kl. Schr. I, 21 f.

79 245 Epist. Joh. II. V. 12.] Ich hatte euch viel zu schreiben, aber ich wollte nicht mit Briefen und Tinte; sondern ich hoffe zu euch zu kommen und mündlich mit euch zu reden, auf daß unsere Freude vollkommen sei.

79 246 Ein merkwürdiges Stück.] Une Commission du Corps législatif avait été chargée d'examiner les pièces relatives aux negociations de paix. Le rapporteur Lainez prononça un Discours qui n'a point été imprimé, et à la suite duquel Napoléon ordonna que le Corps législatif serait dissous. On publie aujourd'hui 1° le Discours de Lainez, sauf quelques paragraphes, qui n'ont prêtre saisis au moment où le Discours a été prononcé. (1—9); 2° le Discours de Napoléon à la Commission chargée de la redaction de l'Adresse en réponse à la communication des pièces officielles (9—12). Das Schriftchen liegt den Originalen bei.

79 247 Raynonard.] François Juste Marie R., 1761—1836, war schon 1805 zum Candidaten des gesetzgebenden Corps ernannt worden. Templiers s. S. 41. 63.

80 249 Enzeroth.] Registrator an der Bibliothek.

Proll.] Kurfürstlicher Diener bei der Tante Zimmer.

80 250 Unbekanntes Manuscript der Nibelungen] s. S 338. Vergleichung der S. Galler H. B. Schlegels im Teutschen Mus. II (1812), 366 angekündigte vollständige kritische Ausgabe ist nicht erschienen.

80 251 Der Correspondent.] Der Preußische C. (Hgg. von Barthold Niebuhr, in B. seit 1. Juli 1813 von Göschen, Schleiermacher, Oct. — Jan. v. Arnim.) Im Verlage der Realschulbuchhandlung. 1813. fl. 4. Er erschien vom 1. April 1813 bis Ende 1814. Vgl. Nr. 148, 15. Tezember 1813. Nachträge zu den Berichten aus C. Von W. Grimm. Cassel, am 17. November. Von J. Grimm.

Franz Horn.] S. zu S. 177. W. Grimm hatte Die schöne Litteratur Deutschlands während des 18. Jh. von F. H. I. Berlin u. Stettin, 1812. in den HJbb. 1812. Bd II, Nr. 58. S. 913—928. 1002—1008 = Kl. Schr. I, 266—288 recensirt.

Den Bouterweck.] Friedr. B., seit 1802 Prof. der Philos. in Göttingen, 1766—1828: Geschichte der Poesie und Beredsamkeit seit dem Ende des dreizehnten Jahrhunderts I. Göttingen, 1812.

Nr. Seite

80 252 Von Holland.] Von H. W. Tydeman, Prof. der Rechte zu Franeker,
f. S. 293. und Reinhart Fuchs, Widmung an Lachmann, 1834. Zwei
holländische Briefe Jacob Grimms Aan Kenners en Liefhebbers
der oude Nederlandsche Letterkunde en Dichtkunst vom September
1811 und an Tydeman (theilweise) stehen abgedruckt in Allgemeene
Konst- en Letter-Bode voor het Jaar 1811. No. 47. p. 327—330
und 1812, Nr. 3, 17. January, 31 ff. Am 3. November 1813 hatte die
Maatschappy der Nederlandsche Letterkunde te Leiden ihn zum
Mitglied ernannt.

Museum.] Hunibalds Chronik. Ein merkwürdiges Denkmahl altdeutscher
Sagengeschichte. Muf. III, 319—345. 503—516. IV, 321—349. 357 bis
375. Die fränkische Chronik beim Abt Tritheim de Francorum origine.

Kopitar.] Bartholomäus K., Scriptor der k. k. Hofbibliothek in Wien.
Muf. IV, 72.

Kovarich.] M. G. K. aus Semplin. S. S. 365. Muf. IV, 402—440.

80 253 Heinze.] Karl Christ. Traugott (Teuthold) H., † 29. Juni 1813 in Reinerz,
besorgte in Breslau die Herausgabe von Gräters Jdunna und Hermode.

83 259 Gruner.] Justus von G., seit 1. Februar 1814 Generalgouverneur der
Provinzen des Mittelrheins in Coblenz.

83 260 Rühs Buch gegen uns.] Über den Ursprung der isländischen Poesie aus
der angelsächsischen. Nebst vermischten Bemerkungen über die nordische
Dichtkunst und Mythologie. Ein nothwendiger Nachtrag zu f. neuesten
Untersuchungen von F. R. 1813.

Jenaer Recension von Gräter.] Die Edda. Von Fr. R. Berlin, Realsch.
1812, rec. von I. H. Z. in der JALZ. Januar 1813. S. 169—173.

84 264 B. Constants Schrift.] De l'Esprit de conquête et de l'usurpation dans
leur rapport avec la civilisation européenne. Hanovre. 1813.

85 271 Priest.] Der russische Graf St. Priest hatte im Oct. 1813 sein Hauptquartier in Caffel, f. Fr. Müller, Kaffel seit siebzig Jahren I, 73.

85 272 Rheinischer Merkur.] Hgg. von Görres. Nr. 1 erschien am 23. Januar
1814, die letzte Nr. (357) am 10. Januar 1816.

Der Schwede.] wohl Sjöborg (S. 326).

86 273 Amman.] Karl Amman lieferte Beiträge zu Trösteinsamkeit im Juliheft,
vgl. Görresbr. II, 31. S. oben S. 349.

Franz] Engelhard.

86 274 Goldmann.] G. A F. G., geboren 20. Juni 1785 zu Münder bei Hannover.

86 275 Architekt Engelhard.] Daniel E.

Villers — Göttinger Recension.] Ich habe fie nicht gefunden.

Zeitschrift Irmensul.] Ich habe über eine solche Zeitschrift nichts erfahren
können.

86 276 Haller Literaturzeitung.] Jan. 1814. Nr. 22. S. 174/5: Bildet der Rhein
die natürliche und schützende Gränze von Deutschland? Ein Wort der
Besorgniß im November 1813. Mainz, Straßb. und Luxemb. 12. S.

Antiquitates Danicae von Bartholin.] Ant. Dan. de causis contemtae
a Danis adhuc gentilibus mortis libri tres 1689, von Thomas B.
1659—1690 (Raumer 149).

Edda von Göransson.] Joh. G. (1712—1796) gab 1746 den Upsaler
Coder der Snorra-Edda heraus (Raumer 199).

87 281 Christian] Brentano.

87 282 Der uns bekannte Allix.] „Der befähigtste, aber auch wegen seiner Strenge
gefürchtetste Officier der westfälischen Armee, General Allix, welchen der
König zu seinem alter ego, zum Königslieutenant, bestellt hatte", über-

33*

Nr. Seite

nahm am 23. Sept. 1813 die Vertheidigung Cassels gegen die Russen unter Czernischew (S. 246), wurde aber zur Capitulation gezwungen. S. Fr. Müller, Kassel seit siebzig Jahren I, 63—67.

87 283 Leuchen] Engelhard?

87 285 Gärtner.] Franz v. G.

Arndt.] Rede des Grafen Fontanes mit historischen Belegen beleuchtet. Frankfurt 1815.

Walter Scott], s. zu S. 338.

89 286 Dijon.] Vgl. Kl. Schr. I, 22.

90 290 Prof Kastner.] Karl Wilh. Gottl. K., seit 1805 Prof. der Chemie in Heidelberg, 1811 in Halle, wurde 1814 vom Kanzler Hardenberg nach England gesandt.

Torfäus.] Thormodr Torfason 1636—1719 (Raumer 148).

91 293 Carové.] Friedr. Wilh. C., 1789—1852, Mitstifter der Burschenschaft und Abgeordneter auf der Wartburg.

Louise] Bratfisch, leibliche Cousine der Brüder, Tochter des Pfarrers Höhne und der Hochstädter Tante, geb. Zimmer; ihr Mann lebte nicht mehr.

91 294 Pfarrer] Höhne in Hochstadt bei Hanau.

91 295 Die Alterthumszeitung.] Jduuna und Hermode. II. Jahrgang. (Hgg. von Gräter), s. zu S. 253. Über das Helgelied s. S. 350. 354.

Dr Zimmermann.] Fr. G. Z. aus Hamburg, welcher mit Dr Julius die Redaction von Perthes' Vaterländischem Museum übernahm (Görresbr. II, 70. 94. 122)? Denn an den früher genannten Z. (S. 43) ist doch nicht zu denken.

Odina in den Jenaer Ergänzungsblättern rec.] O. und Teutona. Ein neues literarisches Magazin der deutschen und nordischen Vorzeit. Von J. D. Gräter. I. 1812. in Nr. 6—8. S. 41—60. v. d. H. Nr. 7 und 8 haben noch die Überschrift (zugleich über Reinecke Voß).

92 299 Königin von Westfalen.] Prinzeß von Würtemberg.

92 302 Dr Gall], der berühmte Phrenologe.

Jsengrimus und Reinardus], s. J. Grimm Reinhart Fuchs. 1834.

Hammerstein.] General Graf Hans von H., westfälischer Gesandter in Kopenhagen.

92 304 Die von Chateaubriand.] De Bonaparte et des Bourbons, Paris 1814. Réflexions politiques sur quelques écrits du jour et sur les intérêts de tous les Français. Paris 1814.

Johanneau.] Éloi J., franz. Antiquar und Literaturforscher, 1770—1851.

Gley.] „Der franz. Emigrant Gerard Gley (1761—1830) entdeckte 1794 den Würzburger Codex des Heliand in der Kathedralbibl. zu Bamberg wieder" (Raumer 253), s. J. Kl. Schr. V, 104.

92 305 Herr von Grimm.] Diplomat. S. S. 446.

Blumenbach.] Joh. Friedr. Bl., der berühmte Mediciner in Göttingen. 1752—1840.

92 306 Herrn von Bloch] aus Cassel.

Marie de France.] Poésies de M. de Fr. Paris 1820. 2 vol. und l'Histoire de la vie privée des Français par Legrand d'Aussy. (Paris 1783) Edition augmentée. 1805. 3 vol.

92 307 de la Rue.] Gervais de la R., 7. Sept. 1751—24. Sept. 1835. franz. Alterthumsforscher. Seine Essais historiques sur les Bardes, les Jongleurs et les Trouvères normands et anglo-normands erschienen

Nr. Seite

erſt Caen 1834. 3 vol., angekündigt durch Mémoire sur les Bardes armoricains 1815.

Legrand.] Pierre Jean Baptiste L. d'Aussy, 1737—1800, franz. Litterarhiſtoriker.

van Wyn.] Avondstonden I, 273: 1477, ſo ſteht in Jacobs holländiſchem Brief (ſ zu S. 252) S. 330. S. oben S. 318.

D. Julius.] Nicol. Heinr. J., Hamburger Arzt und Gelehrter.

Maltebrun.] Malte Conrad Brunn, geb. in Thiſted in Jütland, 1775—1826, bedeutender Geograph in Paris.

94 309 Marais] du Temple = Pariſer Stadtviertel im Norden der Seine.

94 311 Fauriel.] Claude F., franz. Kritiker und Hiſtoriker, 1772—1844.

94 312 Henry Weber] ſchottiſcher Litteraturforſcher (Raumer 468).

Legonidec.] Jean François Marie Le Gonidec, franz. Philolog, 1775—1838. Grammaire Celto-Bretonne. Paris 1807.

Pougens.] Marie Charles Joſeph de P., franz. Litterator, 1755—1833.

Kinſon.] König Jerome hatte den Porträtmaler Kingſon aus Paris nach Caſſel berufen. S. Fr. Müller, Kaſſel ſeit ſiebzig Jahren I, 43.

Rittmeiſter Malsburg], Bruder des Jugendfreundes, S. 324.

Raßmann.] S. zu S. 140.

Villers' Entlaſſung] ſ. S. 362 und zu S. 44.

Reinhard.] Karl Friedr. R., Graf, Freund Goethes, 1808 weſtfäliſcher Miniſter, ſeit 1. Dez. Miniſter beim deutſchen Bunde in Frankfurt, † in Paris 25. Dez. 1835.

95 314 Blanc] aus Halle, ſ. zu S. 126.

Mahnen.] Korb mit oder ohne Ohren. Wetterauiſch. Weigand D. Wb. II², 10.

95 316 Karoline Hopf], Schweſter der Louiſe Bratfiſch, geb. Höbne.

Weltchronik nach unſerm Manuſcript] ſ. Altd. Wälder II (1815), 115—134. III (1816), 278—283.

95 317 Buch des Rühs] ſ. zu S. 260. HJbI. VII. Jahrg. 1814. Nr. 14. 15. S. 209—223. 225—228.

Anzeiger der Jyunna] und Hermode. Den 12. Juny — Nr. 10 — 1813. S. 29. 30: Über Herrn C. W. Grimms Isländiſche Sprachkenntnis (Studien IV, ſ. zu S. 83). Berlin, den 15. April 1813. Fr. Rühs.

95 318 Mützenberger] = Mutzenbecher S. 325.

Docen — über Hagens Nibelungen] von 1810 (ſ. zu S. 101) vgl. JALZ. 1814 März. Nr. 51. 52. S. 401—414.

Ritſon] Joſeph, 1752—1803, engliſcher Kritiker und Alterthumsforſcher.

Peringskiöld] Johann, 1654—1720, ſchwediſcher Hiſtoriker.

Muratori]. Lodovico Antonio M., 1672—1750, italieniſcher Archäolog und Hiſtoriker.

95 319 Uhland Abent.] Vgl. die Muſen 1812. IV, 101—155. S. zu S. 216.

96 322 Heimonskinder — Görres] ſ. Görresbr. II, 106. 121. 346. 524.

Heimskringla] ſ. zu S. 143. Der IV. Tom. erſchien 1813: Noregs Konunga. Sögor etc. Historia regum Norvegicorum. Quam sumptibus.... Friderici (VI) auctius et emendatius edendam post G. Schiöning et Sk. Th. Thorlacium curarunt B. Thorlacius et E. C. Werlauff. Hauniae.

96 323 Nyerups Kämpe Vifer.] Udvalgte Danske Viser fra Middelalderen; efter Vedels og Syvs trykte Udgaver og efter haandskrevne Sam-

Nr.   Seite

linger udgivne paa ny af Abrahamson, Nyerup og Rahbek. Kjøbenh.
I. II. 1812. III. IV. 1813. V. 1814.

2. Theil der Edda] (f. zu S. 175), erschien erst 1818. S. Z. 352.

An die Barthausen] Frl. Ludowine, s. Freundesbriefe Nr. 13. Z. 21—22.
Cassel 14. Mai 1814.

Proclamation Napoleons an die Völker Europas] vor seinem Abzug auf
die Insel Elba im Rhein. Merkur Nr. 52. 54. 56. 61, 5. 9. 13.
23. May 1815.

97   325   Clemens' projectirter Zeitung] Die Friedensblätter. Wien. 1814. 1815.
Ich habe sie hier nicht bekommen können.

97   326   Lombardisch-deutsches Glossenverzeichnis.] Pariser Hds. Nr. 10, s. C. Meyer,
Sprache und Sprachdenkmäler der Langobarden, 1877, S. 8.

Sjöborg.] Nicolas Henrik S., Prof. und Vorstand der Sammlung der
Alterthümer zu Stockholm, † um 1830.

97   327   Renner] von Hugo von Trimberg.

Mönch von Settimello] „Namens Henricus, der eine Elegie de diversi-
tate fortunae et philosophiae consolatione dichtete" (Ende des
12. Jahrh.), s. Grimm Armer Heinrich Z. 212 und A. 12.

Amicus und Amilius.] „Aus Alberichs von Dreibrunn Auszug der lateinischen Prosa der Legende von A. und A. sind entsprungen: a) ein lateinisches ... b) ein französisches ... d) ein altenglisches ausgezeichnetes Gedicht."
Grimm Armer Heinrich S. 188 und A. 14. Vgl. oben S. 318.

Prunelle.] Clemens François Victor Gabriel P., franz. Arzt, seit 1803
Bibliothekar an der École zu Montpellier, 1777—1853.

Dacier.] Baron Zon Joseph D., 1. Apr. 1742—4. Febr. 1833, franz.
Philolog und Schriftsteller.

98   330   Jahn — Runenblätter] Frankfurt a. M. bei Eichenberg 1814. Vgl.
Jahns Leben v. Pröhle, 1855. S. 125.

99   331   Die Nibelungen von Zeune]. Berlin, 1815. 16°. S. zu S. 429.

100   332   Sjöborgs Erichslied] = Rigsmal S. 333. Rigs-Mal, carmen gothicum
antiquissimum Scaniae historiam illustrans. Praes. N. H. Sj. (Diss.
acad.) Lundae 1801. 28 p. 4.

Walter Scotts Tristrem.] Sir Tr. a metrical Romance of the thir
tenth century by Thomas of Erceldoune called the Rhymer.
Edited from the Auchinleck M. S. by Walter Scott. III. ed. Edinburgh 1811.

101   333   Cassel.] Ich füge hier folgende Notiz bei, die Wilhelm zu einer getrockneten
Blume geschrieben hat: „Von der lieben Mutter ihrem Grab am
27. Mai 1814. Es war ein köstlicher Tag und ich nicht wohl, ich setze
einen Rosenstock darauf, als ich weg ging, schien gerade die Abendsonne heraus und auf die eine Rose, so daß es recht schön aussah.
Ich habe auch alles Unkraut oben ausgejätet und spanische Wicken gelegt."

Helgelied] s. S. 295.

102   335   Von der Jordis.] Der Brief vom 31. Mai 1814 ist vorhanden. Darin
heißt es zum Schluß: „Grüßen Sie die Fanny", s. zu S. 2.

103   337   Börde.] Sich hinziehende fruchtbare Ebene, besonders an einem Fluß,
eine Flußebene. Weigand D. Wb. I, 246.

103   338   Die Zeugnisse in den altdeutschen Wäldern.] 3. über die deutsche Heldensage, I, 195—323.

Brief von Scott] vom 29. April 1814 in Macmillans Magazine 1868.
Januar S. 268 f. (Raumer 468. A).

Nr.   Seite
103   339   Northern antiquities.] Illustrations of N. A., from the earlier
Teutonic and Scandinavian Romances; being an Abstract of the
Book of Heroes and Nibelungen Lay; with translations of metrical
tales, from the Old German, Danish, Swedish and Icelandic
Languages; with notes and dissertations. Edinburgh 1814. 522 S.
mit Beiträgen von H. Weber, Jamieson und W. Scott.

In der Einsiedlerzeitung eine Übersetzung der schottischen Romanzen]
aus W. Scotts Ministrelsy of the Scottish Borders: Nr. 19, 4. Juny
1808, S. 146—148 Die grausame Schwester. Alt von der schottischen
Grenze. Überf. von H. Schubert und Nr. 30, 12 July, S. 233—234.
Graf Richard. Schottische Grenze, alt. H. Sch.

Jamieson.] John J., 1758—1838, schottischer Philolog.

104   342   Prof. Blessig] Joh. Lorenz, 1747—1816, seit 1783 Prof. der Theologie
in Straßburg.

Schweighäuser] Joh. Gottfr., Sohn des Hellenisten, Prof. der morgenländischen Sprachen in Straßburg, 1776—1829.

Herrnschneider] Joh. Louis Alexander, 1760—1843, Prof. der Astronomie
und Physik in Straßburg.

Arnold] Georg Daniel, Prof. der Geschichte und des römischen Rechts,
Dichter des Pfingstmontags, 1780—1829.

Engelhardt.] Chr. Moritz E. gab 1823 den Ritter von Stauffenberg
heraus; er war mit Görres, v. Laßberg, Brentano befreundet.

104   343   Der Elsaß und das Volf.] Vgl. Jacobs Auffatz „Die Elsässer" im Rhein.
Merkur Nr. 98, den 6. August 1814, und den Brief an Görres vom
18. Juli 1814, Görresbr. II, 421 f.

Zwei Heldenbücher.] Die Hbf. der Johanniterbibl. B. 81, pap. fol.
vom Jahre 1476, f. Amelung Deutsches Heldenbuch III, S. VII. Über
das erste f. zu S. 171. 184.

Asinarius] = Mff. Johann. C. 105. aus dem 15. Jahrh, daraus das
Märchen 144: Das Eselein, vgl. KHM. III², 227, Reinele Fuchs
410—416.

Luparius.] Sammlung von 27 Fabeln, cod. Arg. Johann. C. 102,
15. Jahrh., f. Reinele Fuchs CLXXXV. 416—419.

Gregor vom Stein] von Hartmann v. d. Aue. Görres' noch 1817 ge-
plante Ausgabe (Görresbr. II, 510. 525) ist nicht erschienen.

104   344   Oberlins Gloffar.] Joh. Georg. Scherzii Gloss. Germanicum medii aevi,
potissimum dialecti Suevicae edid. illustr. supplevit J. J. O. 1781 bis
1784. 2 Bde.

105   347   Wachler.] Vgl. Einiger Gardisten Frevelthat, verübt in Marburg den
5. September 1814. Frankfurt. 1814.

Windischmann.] Karl Joseph Hieronymus W., Prof. in Aschaffenburg,
dann in Bonn, Bopps Lehrer, f. Görresbr. II, 475.

105   348   Wilmans.] Friedrich W., Verleger in Frankfurt a./M.

106   350   Hagen.] Die Edda-Lieder von den Nibelungen. Zum ersten Mal verdeutscht und erklärt durch F. H. v. d. H. Breslau, 1814. S S. 354.

Haldorson.] Lexicon Islandico-Latino-Danicum Biörnonis Haldorsonii.
(1724—1794). Ex manuscriptis legati Arna-Magn. cura R. K. Raskii
editum. Hauniae. 1814. 2 voll.

Büsching.] Wiener Litteraturzeitung unter Redaction von Collin. S. 355.

107   353   Der Auffatz über Sachsen] f. Rhein. Merkur. Nr. 90—94. 21.—28.Juli
1814. Sachsens Pflicht und Recht.

107   354   Büschings Erzählungen] f. S. 225.

Nr. Seite

Das Helgilied] s. S. 295.

107 355 Ausfälle Büschings] gegen Grimms. S. Folg. Die Wiener Litteraturzeitung ist mir hier nicht zugänglich.

Erklärung.] Diese spielt in den nächsten Briefen eine Rolle, ich gebe sie
daher hier ganz: Int.-Blatt der H.J.b.V. 1814. Nr. IX. S. 86 87.

Berrufung eines Recensenten.

Eine im Januar der Wiener Lit.-Z. abgedruckte Rec. der Rühs-
schen Brochüre über den Ursprung der Isländischen Poesie rührt aus
bösem Willen her, wie sich alsobald mit dem Namen des Recensenten
ergeben würde, wenn diesen die Redaction, was sie ihren Gesetzen
gemäß abthut, bekannt machen dürfte. Mehr braucht ehrlicher- und
rechtlicherweise zu einer solchen Recension, so wie auch zu verschiedenen
Anzeigen und Herbeyziehungen, die Herr Büsching aus Breslau in
die hiesige L.-Z. einliefert, (ohne daß er damit als Verfasser oder
Einsender obiger Recension bestimmt wäre) nicht gesagt, geschweige
etwas darauf erwidert zu werden.

Wien, am 2. October 1814.

Jakob Grimm.

Vorstehende Erklärung, welche die Redaction der A.L.-Z, wie sich von
selbst versteht, annahm, wurde von der östr. Polizeycensur nicht zugelassen
und erscheint darum hier. S. Z. 363. 382. 394. 415.

107 356 Wyß.] S. S. 441. Vgl. L. Hirzel über J. Grimms Beziehungen zu W.
im Anzeiger für Deutsches Alterthum III (1877). 204 ff.

Zum Büschingischen.] Volkssagen, Märchen und Legenden gesammelt
von Joh. Gust. B. 2 Abth. Leipzig 1812.

108 359 Koreff.] Joh. Ferdinand K., 1783—1851.

Baudissin.] Wolf Heinrich Friedrich Graf v. B., 1789—1879, damals
Legationssecretär in Wien, Mitarbeiter am Schlegel-Tieck'schen Shakespeare.

108 360 Pichler.] Karoline P., geb. v. Greiner, 1769—1843.

Dietrichsteinischen] s. S. 433.

Werner] war am 14 Juni 1814 in Aschaffenburg zum Priester geweiht
worden und ging im August nach Wien.

109 361 Von der Rübe] vgl. KHM. Nr. 60. II¹, XXXIV f. == Nr. 146. III², 229.

109 362 Körner.] Bernh. K., Verleger in Frankfurt. Bei ihm erschienen Bd II und III.

Anzeige in die Litteraturzeitung] s. zu S. 355.

Tiedemann] == Tydeman.

Kohlrausch.] Dr Fr. K., Prof. der alten Literatur und Geschichte am
Gymnasium. 1780—1867.

109 363 Artaria] und Fontaine, Kunsthandlung in Mannheim, verlegten eine
Sammlung radirter Blätter von L. Grimm.

110 365 Fabliaur] == Schwänke und Fabeln, s. S. 440.

Das zweite verlorene Hohenemser Manuscript der Nibelungen] C. Hagen
in der Sammlung f. Altd. L. 1812 (s. zu 389) I, 9. 12 hielt es für
verloren. Der Franzose hieß Frickart, vgl. J. Grimm Altd. Wälder
II, 145.

Mit dem andern Hohenemser] A, seit 1810 in München, vorher in Besitz
des Prof. Dr Schuster zu Prag. S. J. Grimm, a. a. O. und Zarncke, das
Nibelungenlied³, XI. XXI.

Höfer.] Etymologisches Wörterbuch der in Oberdeutschland, vorzüglich
aber in Österreich üblichen Mundart von Matthias H. 1815.

Nr. Seite
110 368 Großherzogthum.] Vgl. den Artikel „Großthun" von (Jacob) G. im
　　　　Rhein. Merkur Nr. 233, den 5. May 1815.
110 369 Clemens' Libussa.] Die Gründung Prags. Ein historisch-romantisches
　　　　Drama. Pesth und Leipzig 1815. L. ist die Hauptfigur.
110 370 Taschenbuch für Liebe und Freundschaft.] T. für das Jahr 1814. Der
　　　　L. und F. gewidmet. Herausgegeben von Dr St. Schütze. Frankfurt
　　　　am Mayn bei Friedrich Wilmans. Ich weiß nicht, welche gemeint ist.
　　　　Ein Lied auf den Rheinübergang.] Der Rh. Ein Rundgesang für
　　　　Deutsche. Wien. 1814.
　　　　Des Thomas wohlbekannter Aufsatz] findet sich nicht in den A. W.
110 371 Sjöbring] = Sjöberg?
111 371 Savigny.] Vom Beruf unserer Zeit für Gesetzgebung und Rechtswissen-
　　　　schaft. Heidelberg. 1814.
111 372 Juristische Zeitschrift.] J. für geschichtliche Rechtswissenschaft, hgg. von
　　　　Savigny, Eichhorn, Goschen. Berlin, I. 1815. S. 323-337. Über
　　　　eine eigene altgermanische Weise der Mordsühne. II. 1815. S. 25—99.
　　　　Von der Poesie im Recht.
　　　　Wörterbuch von Frisch.] Johann Leonhard Fr., Teutsch-Lateinisches
　　　　Wörter-Buch. Berlin 1741. (S. den genauen Titel bei Raumer 191).
　　　　Gullivers Lilliputian Library' vgl. KHM. III², 314.
　　　　d'Aulnoy.] Gräfin A. sammelte französische Märchen (1650—1705), f. KHM.
　　　　III², 302 ff.
111 373 Burcard von Worms.] Bischof B. Wormatiensis), † 20. Aug. 1025,
　　　　Allg. D. Biogr. III, 563.
　　　　Beowulf.] De Danorum Rebus Gestis Secul. III et IV. Poema Dani-
　　　　cum dialecto Anglosaxonica, ed. Grimr Jonsson Th. Kopenh. 1815.
112 374 Ruscheweih] Kupferstecher.
112 377 Hilgenberg.] Berg in Hessen.
112 378 Radloffisch.] Joh. Gottlieb Radlof, Grammatiker.
112 379 Kurdchen Bingeling.] KHM. III², 160.
　　　　Mittler], Kaufmann in Gelnhausen? f. J. Gr. Kl. Schr. I, 23.
　　　　Hildebrandslied.] Die beiden ältesten deutschen Gedichte aus dem achten
　　　　Jahrhundert: Das Lied von Hildebrand und Hadubrand und das
　　　　Weißenbrunner Gebet…hgg. durch die Brüder Grimm. Cassel bei
　　　　Thurneißen. 1812. 4.
112 380 Göttling.] Über das Geschichtliche im Nibelungenliede. Von K. W. G.
　　　　Rudolstadt. 1814. Bjarkamal = Lodbrokarqvida; im Anhang S. 52—71
　　　　ist der Gesang König Regner Lodbrogs im Kerker übersetzt.
112 381 Eipildauer Briefe] standen wohl in den Friedensblättern. Goedeke III²,
　　　　825 erwähnt als ungedruckt Die Eipildauer Zeitung von Adolf Bäuerle.
　　　　Wien 1814.
　　　　Beste] der Friedensblätter.
113 382 Eckstein.] S. Z. 389. Wohl derselbe, von welchem Jacob am März 1818
　　　　an Laßberg schreibt (f. Germania XIII, 245): „Der Gevatter Eckstein ist
　　　　ein guter Kerl."
113 383 Mit meinen spanischen Liedern.] Silva de romances viejos publicada
　　　　por Jacobo Grimm. Vienna de Austria en casa de Jacobo Mayer y
　　　　Comp. 1815. 12. XXVIII und 320 S. (Vorrede: Cassel en Hassia,
　　　　mes de Mayo 1812.)
114 384 Sagen — Gottschalk.] Seine Sammlung deutscher Volkssagen erschien
　　　　1814, f. S. 356 und Grimm, Deutsche Sagen I², XXIII. Die Herzogin
　　　　von Bernburg war eine Tochter des Kurfürsten.

Nr. Zeile

X.] Der Name ist dick mit Tinte überstrichen; man sieht an letzter Stelle: Str.

114 385 Das Buch.] Die Centralverwaltung der Verbündeten unter dem Freiherrn vom Stein. Teutschland 1814.

115 387 Arndts Buch.] Die Regenten und die Regierten, dem Congreße zu Wien gewidmet. Frankfurt. 1815.

115 389 Best von Hagens Sammlung.] S. für Altdeutsche Litteratur und Kunst. Hgg. von Hagen und Büsching. I. Breslau. 1812. S. 1—14: Aufklärung über den Müllerischen Text des Nib.-L. und die neulich wieder aufgefundene Hoden-Emser H. desselben, J. H. v. d. Hagen.

115 390 Wolkensteiner.] Oswald von Wolkenstein, 1367—1445.

115 392 Goethe.] Vgl. Über Kunst und Alterthum I. 2. (1817), 198 f. IV. 1. 160 f. 2. 139 f.

Heeren.] Etwas über meine Studien des alten Indiens. Göttingen. 1827.

116 392 Märchen vom Goldner aus Körners Taschenbuch.] Gemeint ist vielmehr Justinus Kerner. Vgl. Deutscher Dichterwald von Justinus Kerner, Friedrich Baron de la Motte Fouqué, Ludwig Uhland u. a. Tübingen, J. F. Heerbrandt, 1813. S. 227 ff.

Märchenfrau.] Viehmännin aus Zwehrn bei Cassel. Vgl. Vorrede zu den KHM. S. VI"; ihr von Louis Grimm radirtes Portrait s. vor dem II. Band der II. Aufl. 1819.

116 393 Görres hat der altdeutschen Literatur gedacht.] Vgl. Rh. Merk. Nr. 154. 26. Nov. 1814.

117 393 Hagens Edda.] Lieder der älteren oder Sämundinischen Edda. Zum ersten Mal hgg. durch J. H. v. d. H. Berlin. 1812. 98 S.

Dornau.] Dr Caspar Dornau, Mediciner und Philolog, geboren 11. October 1577 in Ziegenrück, seit 1608 Director des Gymnasiums zu Görlitz, seit 1617 zu Beuthen a. O., 1621 Leibarzt des Herzogs zu Brieg, gab 1619 eine Sammlung von allerlei kleinen Abhandlungen heraus: Amphitheatrum sapientiae Socraticae iocoseriae, fol. S ADB. V, 351 f.

118 394 Hänlein], preußischer Gesandter in Cassel.

An Görres] s. zu S. 400 1.

Artikel über das Einrücken der Preußen in Hessen.] Ich finde ihn nicht.

118 396 Ploucquet.] Wilh. Gottfr. Pl., 1744—1814, Arzt zu Tübingen, Initia bibliothecae medico-practicae et chirurgicae realis, Tüb. 1793—1800. 10 Bde. 4. == Literatura medica digesta 1808, 4 Bde. 4.

118 397 Welcker.] Verleger in Kopenhagen.

119 398 Thibaut in den Jahrbüchern.] HDV. VII. Jahrg. 1814. Bd II, Nr. 59. S. 929—944. A. F. J. Thibaut.

120 399 Neue Bemerkungen zum Hildebrandslied.] Altd. Wälder II, 97—115: Zur ferneren Erläuterung des H.; die früheren Berichtigungen zum H. I, 324—330.

121 400 Dem Görres] vgl. den Brief Jacobs vom 3. Dezember 1814. Görresbr. II, 442—446.

121 402 Märchenbuch.] Der zweite Band der KHM. erschien Berlin in der Realschulbibliothek 1815; der erste war 1812 erschienen.

122 403 Das Kapitel von der Sprache.] S. S. 408. Vgl. Armer Heinrich. 1815. S. 142—153.

122 404 Die Dedication.] Die Lieder der alten Edda I (Berlin 1815) sind „Dem Freiherrn Hans von Hammerstein dankbar zugeeignet."

Nr. Seite

122 405 Fouqués Corona.] Corona. Ein Rittergedicht. 1814. Der Zauberring, ein Ritterroman. 1813. Undine, eine Erzählung. 1811. 1814.

Schaumburg.] Buchhändler in Wien.

Gleiche Becher, Messer und Gabeln.] S. S. 427 und Armer Heinrich. S. 183 A.

122 406 Meine Recension des Lohengrin.] Lohengrin, hgg. von Glöckle und Görres, Heidelberg. 1813. Vgl. H.Jbr. VI. Jahrg. 1813. Nr. 54. S. 849—862.

123 407 Buderus] stand an der Spitze der Finanzverwaltung. Die Wohnungen befanden sich in herrschaftlichen Häusern. S. S 275.

Pfeiffer.] Jordis hatte Jacob in Paris 300 fr. geliehen und eröffnete Wilhelm bei Gebr. Pfeiffer in Cassel diesen neuen Credit. Der Brief Lullus aus Frankfurt vom 8. Dezember 1814 ist vorhanden.

123 408 Rec. von Rühs' Edda' s. zu S. 216.

123 413 Görres - Deine Briefe] s. S. 394. 400. Rh. M. Nr. 169, 27. Dez. 1814. Aus Wien. 14. Dez. Nr. 172, 2. Januar 1815. Nr. 173, 4. Januar 1815: Aus Wien. S. Görresbr. II, 443 und zu S. 420.

124 414 Docen — einen Beitrag zum Hildebrandslied — für die Wälder.] Docen hat nur Beiträge Aus Strickers Fabelbuch II, 1—7 und Über Hartwigs von dem Hage Leiden der heil. Magareta III, 148—159 geliefert.

Görres] hat nichts für die Wälder geschickt.

Reinwalds Ankündigung.] Nachricht von der Cottonischen Evangelien-Harmonie. Meiningen, im Frühling 1814. Reinwald, HAVZ Nr. 117. May 1814. S. 159. 160.

Hammer.] Joseph v. H.-Purgstall, 1774—1856. Fundgruben des Orients, Wien 1810—1819. 5 Bde.

124 415 Den dritten Band.] Derselbe wurde 1822 aus den Anhängen vom I. und II. erweitert und enthält nur Anmerkungen, seine neuen Märchen.

Localsagen.] Deutsche Sagen. Hgg. von den Brüdern Grimm. Berlin in der Nicolaischen Buchhandlung. 1816. Zweiter Theil 1818.

Rau in Nürnberg] verlegte Stillings Theorie der Geister-Kunde, s. zu S. 90.

125 417 Steuber.] v. St, später Major und kurhess. Geschäftsträger am königl. sächs. Hofe zu Dresden. (Justi XII.)

Dehn.] S. zu S. 462.

126 420 Im Rheinischen Merkur — was von mir ist.] Jacobs Antheil am Rh. M., welcher sehr bedeutend gewesen ist, genau festzustellen ist also fast unmöglich, zumal da Görres, wie mir Herr Dr Franz Binder aus München gütigst mittheilte, vielleicht gar kein Redactionsjournal geführt hat. Wahrscheinlich gehören ihm die meisten „Briefe aus Wien" weil Jacob 30—40 seine Quartseiten gesendet hat. „Der Kaiser und das Reich. Ein Gespräch" füllen die Nr. 175—181, 8.—20. Januar 1815. Darin treten unter andern Personen „der Fürst (v. St)," „Graf von Erla", sächsischer Landstand, und „der General" auf. Görres antwortete auf den Brief vom 3. Dezember 1814 erst am 21. Februar 1815 (II, 454): „Was Sie mir gesendet, ist mir sehr lieb gewesen, einen Theil habe ich, wie Sie gesehen, im Panorama ins Gespräch gewebt, das andere nach und nach in die Welt gelassen, hie und da gemildert. — Die Hessen betreffenden Sachen sind nun auch alle abgedruckt, daß es nicht gleich geschehen, daran war eine Verhandlung eigner Art Schuld. Nur der Aufsaz, wo von dem Zopfwesen die Rede ist, hat mir unter die Papiere sich verloren." S. zu S. 438. Vgl. ferner Rh. M. Nr. 217, 3. April 1815. Spielerei und Schwierigkeit. Wien, 1. März 1815. J. Gr.

Nr. Seite

In Hessen für die Landstände.] Vgl. Rh. Merkur Nr. 205. 206, 9. und 11. März 1815. Die Ständeversammlung in Hessen. Der Aufsatz ist jedenfalls von Jacob Grimm.

126　421 Aufsatz über Innungen.] Die Zünfte und Innungen. Rh. Merk. Nr. 173, 4. Januar 1815. S. S. 429.

Mascov.] Johann Jacob Mascou aus Danzig, 1689—1761, seit 1714 Docent in Leipzig, gab eine „Geschichte der Deutschen bis zu Anfang der fränkischen Monarchie“. Leipzig 1726. 4. und eine Fortsetzung „bis zu Abgang der merovingischen Könige“ Lpz. 1737. 4. heraus.

Zinserling.] Westphälische Denkwürdigkeiten von A. E. Zinserling. La verité; rien que la verité; toute la verité. Berlin (!), bei Friedrich Mezger. 1814. VI. und 322 S. rec. in HJbl. VII. Jahrg. 1814. Bd II, Nr. 48. S. 753—759. Die Schrift schmeichelt Napoleon.

Meinert] in Prag (S. 371) gab Volkslieder aus dem Kuhländchen in Wien 1817 heraus.

126　422 Barthausen — die plattdeutschen Volkslieder.] „Plattdeutsche wollen die H. schon seit sechs Jahren herausgeben, aber es kommt nicht dazu“ schreibt W. Grimm an Görres am 7. November 1817. Sie wurden zuerst unter dem Titel: Westfälische Volkslieder in Wort und Weise u. s. w. Heilbronn 1879 von Alex. Reifferscheid veröffentlicht; vgl. dessen Freundesbriefe von W. und J. Grimm S. 203—205.

127　423 Ferdinand Dümmler], später Schwiegersohn von G. A. Reimer, kaufte im Jahre 1816 die Buchhandlung von Julius Eduard Hitzig.

Maerlant.] Jacob von M., mittelniederländischer Dichter des 13. Jahrhunderts.

Bilderdyk.] Willem B., 1756—1831, holländischer Germanist (Raumer 468).

127　424 Ein altholländisches Gedicht.] Von einer Übersetzung der Nibelungen ins Niederländische besitzen wir Bruchstücke einer Pergamenthandschrift des 13. Jahrh., vgl. Zarncke S. LXVIII.

Walleaf.] Prof. in Köln.

Bösch aus Hanau.] Friedrich August B., geb. 9. April 1781 zu Eckartsberga, 1811 Privatdocent in Heidelberg, seit 1812 Prof. am Gymnasium in Hanau, wurde 1815 Prof. der Philologie in Marburg, † zu Cassel 20. Juli 1844. (Gerlands Fortf. von Justi I (1863), 265.) Also ist oben zu lesen: „kommt nach Marburg.“

Benecke will Bonerii gemma neu ediren.] Der edelstein getichtet von Bonerius. Aus Handschriften berichtigt und mit einem Wörterbuche versehen von George Friedrich B. Berlin. 1816.

Büschings Geschäftsreise.] Bruchstücke einer G. durch Schlesien, unternommen in den Jahren 1810. 1811. 1812 von Dr Joh. Gust. B., Königl. Archivar zu Breslau. I. Breslau. 1813. Vgl. Pantheon I. 2, 274—317: Bruchstücke einer Reise durch Schlesien und die Grafschaft Glatz im Sommer 1809.

128　425 Carpentier.] Pierre C., Alterthumsforscher und Paläograph, 1696—1767, besorgte: Glossarium ad Scriptores mediae et infimae latinitatis, auctore Carolo Dufresne domino du Cange, editio nova et locupletior et auctior Paris 1733—1736 in 6 Bänden.

Der gedruckte Circularbrief.] Ich habe kein Exemplar bekommen können. Wie mir Herr Dr R. Köhler freundlichst mittheilte, soll sich im Nachlaß von P. Wigand, welcher ihm von Dresden aus zugänglich gewesen war, ein solches befinden.

128　426 Otmars Volkssagen.] B., nacherzählt von Otmar. Bremen. 1800. Otmar ist Pseudonym für Joh. Karl Christoph Nachtigal, 1753—1819.

Nr. Seite

Rector und Consistorialrath zu Magdeburg. Vgl. Grimm Sagen I, S. XXI.

von Laßberg.] Joseph Freiherr von L. auf Eppishausen im Thurgau, 1770—1855, der bekannte Freund der altdeutschen Litteratur.

Sailer.] Johann Michael S., kath. Priester zu Landshut, Freund von Görres.

Stöber.] Daniel Ehrenfried St., elsässischer Dichter, 1779—1835.

129 428 Nibelungenaufsatz.] Über die Nibelungen, Altd. Wälder II, 145—180.

Recension von Göttling.] Über das Geschichtliche im Nibelungenliede in der Wiener Allg. Litteraturzeitung 1814. Dezember. Nr. 101. S. 1601 bis 1608 — Kl. Schr. IV, 85—91.

Aufsatz über Das Lied von Fran Alda.] Aus dem Altspanischen. (Silva de romances viejos IX p. 108—110.) (Dabei von Übersetzung, Inhalt und Sprache) in den Friedensblättern 1815. Nr. 11. 12. S. 41—43. 45—47. = Kl. Schr. IV, 422—427.

129 429 Heinrich von München] setzte Rudolfs von Ems Weltchronik fort; er lebte zu Anfang 14. Jahrhunderts unter König Ludwig dem Baier. Vgl. Altd. Wälder II, 115. Die deutsche Heldensage aus der Weltchronik (von J. und W.) 115—134.

Nibelungen.] Das Nibelungenlied .... mit Einleitungen und Wortbuch zum Gebrauch für Schulen versehen von August Zeune. Berlin. 1815.

Heinsius.] Theodor H., Grammatiker, Prof. am Köllnischen Gymnasium in Berlin.

Aldrobandi.] Ulysses Aldrovandus, Ornithologia, Altd. Wälder III, 40.

129 430 Nemesis von Luden.] N., Zeitschrift für Politik und Geschichte, hgg. von Heinrich Luden, Hofr. und Prof. der Geschichte zu Jena. Weimar, Landesindustriecomptoir 1814. II. Band, S. 273—302. 401—421: Über die Selbständigkeit und Reinerhaltung unserer Litteratur und Sprache. Rückerinnerungen und Wünsche von B. J. Docen. (München, 20. Februar 1814.)

130 431 Aus der goldnen Schmiede.] Die goldene Schmiede von Conrad von Würzburg. Hgg. von W. Grimm in den Altd. II, 193—288, daraus Separatdruck: Frankfurt a. M., Körner. 1816.

130 432 Zu den zwei Kaufmännern.] Nachtrag zu dem Gedicht von zwei Kaufmann (I, 35—71). Altd. Wälder II, 181—184.

Aufsatz über die Turteltaube.] Die Sage v. d. T. Altd. Wälder III, 34—43.

Handwerksbräuche.] Gesellenleben. Altd. Wälder I, 83—122. (Von den Schmiedegesellen 88—99. Böttticher-Gesellen 100—122.)

131 433 Diederichsteinischen Bibliothek.] Franz Fürst von Dietrichstein, geboren zu Madrid 22. August 1570, † 1636, Cardinal und seit 1599 Bischof von Olmütz. „Die werthvolle Bibliothek, die er zu Nicolsburg gegründet, wurde 1645 von den Schweden vollständig ausgeplündert." ADB. V, 199. 202.

Doctor Schuster] s. zu S. 366.

Ringseis.] Nepomuk von R.

Baur.] Hofmeister des jungen Babo in Heidelberg, Freund von Creuzer, Görres und Glöckle, s. Görresbr. II, 239. 259. 407 S.

131 434 Gräters Bruchstück in den Jenaer E.] S. 249—254: Helga-Quida Haddingia Scata: hoc est Carmen de Helgio, Haddingorum Heroe. Sectio I. Specimen Eddicum Codicis Vidaliani — — edidit Friedr. Dav. Gräter. Hall in Schwaben. 1811. 12 Bog. Fol.

Nr. Seite

Krankkräftigen.] Im 4. Briefe vom 20. Februar 1805 schreibt Luden an einer oben gestrichenen Stelle: „Vor Blitzen aus dem Krautkräftigen, (der, im Vorbeigehen gesagt, wieder schreibt, sein neuster Roman st: Ritter Euros und seine Knappen.)" Ich weiß nicht, worauf das geht.

132 435 Einige Aufsätze.] S. zu S. 428: Frau Aïda. Er sollte die spanischen Romanzen ankündigen. Außerdem Nr. 24. 25. S. 94—95. 97—99. Das Wahrlein von der ausschleichenden Maus und Nr. 41. S. 161—163. Sendschreiben an Herrn Hofrath —r. Vgl. Kl. Schr. V, 468.

132 436 Des Gräterschen Abdrucks.] Des mittelniederländischen Gedichts Van den vos Reinaerde nach der Comburger Hdschr. in China und Tentona I. 1812.

Neue Nibelungenstrophen.] Acht und vierzig neue Lieder aus den Nibelungen nach der Hohenemser Handschrift B nebst unterschiedlichen richtigeren Lesarten. Altd. Wälder III, 1—13.

Bertha mit dem Schwanenfuß.] Über die Kerlingische Ahnmutter Berta. Altd. Wälder III, 43—48.

Über die Boten.] Vom Singen und Springen der Boten (dabei Erklärung des Todtentanzes). Altd. Wälder III, 238—240.

132 437 Niebuhrs Abhandlung.] Preußens Recht gegen den sächsischen Hof. Berlin. 1814 1815.

132 438 Das arme Hanau] s. S. 416. Gegen Hanaus Abtretung an Baiern ist der Artikel im Rhein. Merkur 195, 17. Februar 1815, gerichtet: Über Ländertausch in Deutschland (Eingesandt von einem Hanauer, höchstwahrscheinlich von J. Grimm.

Münter] s. S. 406.

133 439 Görres.] Die spanischen Romanzen haben folgende Widmung; al señor Jacobo [sic] Görres Director de los estudios generales en la provincia del Reno medio dedica este libro el editor para testificar le su buena voluntad.

133 440 Trinklied.] B. 403—410. Der Weinschwelg nebst Zeugniß zur Wilkinasaga, hgg. von J. Grimm. Altd. Wälder III, 13—34.

Villers' Tod] am 26. Februar 1815. Vgl. Görres' Nachruf im Rhein. Merkur Nr. 206, den 11. März 1815.

Wolke.] Christian Hinrich W. aus Jever, 1741—1825, Sprachforscher, zuletzt in Berlin (Nummer 489).

133 441 Hebel.] † 22. September 1826.

133 444 Reinhardin in Paris] s. zu S. 312.

Schulze in Hanau.] Die Todesnachricht ist falsch, s. S. 476. Prof. Dr Johannes Sch., geboren 15. Januar 1786, war Großh. Frankfurt. Oberschulrath und Director des Gymnasiums zu Hanau, wurde durch Görres 1816 Consistorial- und Schulrath in Coblenz und kam 1818 als vortragender Rath nach Berlin, wo er 1859 †. Vgl. Görresbr. II, 464. 472—474.

Winckelmann.] W's. Geschichte der Kunst des Alterthums, hgg. von Heinrich Meyer und Johannes Schulze. Dresden. 1809—1815. 4 Bde. Görres.] Napoleon in Frankreich, Rh. Merkur Nr. 208. 210. 213, den 15. 19. 25. März 1815.

134 445 Kämpeviser] s. zu S. 323. Vatnsdœla saga] ol saga af Finnboga hinum rama. Vatnsdölernes Historie og Finnboge hiin Stærkes Levnet. Bekostnede af Jac. Aall. Udgivne af. Er. Chr. Werlauff. Kjöbenh. 1812. 4.

Nr. Seite

Müller.] Peter Erasmus M., 1776—1834, Prof. der Theologie in Kopenhagen (Raumer 469).

Grundtvig.] Nik. Frederik Severin Grundtvig, geb. 1783 (Raumer 469).

138 450 Wilkinasaga] s. S. 225. Nordische Heldenromane. Wilkina- und
Niflunga-Saga oder Dietrich von Bern und die Nibelungen. Übersetzt
von F. H. v. d. Hagen. Breslau, 1814. 3 Bde.

139 452 3. Band der Heimskringla] s. S. 322.

Thorlacius.] Skuli Th.
Abhandlung über die Irmensäule.] Irmenstraße und Irmensäule.
Wien. 1815.

140 454 Camesina.] Buchhandlung in Wien, untere Brennerstr. Nr. 1189.
Institut.] Wohl die Maatschappy der Nederlandsche Letterkunde te
Leiden s. zu S. 252.
Goldene Schmiede] s. zu S. 431.
Weinschwelg] s. zu S. 440.

142 458 Boppoische Familie] in Cassel, mit Grimms verwandt. Die Cousine Boppo.
Benecke — Anzeige der Edda.] Göttingische gel. Anzeigen. 110 Stück.
Den 13. Julius 1815. II. S. 1089—1095.

142 459 Weitere Mittheilungen aus der Nibelungenhandschrift.] S. zu S. 436.
Recension von Gönners Schrift.] Über Gesetzgebung und Rechtswissen-
schaft in unserer Zeit. Von Dr Nicolaus Thaddäus v Gönner.
Ritter des kgl. baier. Civilverdienst-Ordens, Director des Appellations-
Gerichts und Mitglied der Gesetzgebungs-Commission in München.
Erlangen, bei Palm, 1815, vgl. Rb. Merkur Nr. 245, 30. May 1815. (G.
Savignys Rechtsgeschichte.] Geschichte des römischen Rechts im Mittel-
alter. I. Heidelberg, Mohr und Zimmer, 1815. Vgl. Vorrede S. XVI.

143 460 Sehr schöne serbische Poesien.] Vgl. Neunzehn serbische Lieder, üb. von
den Br. Gr. in F. Förster Sängerjahre, Berlin 1818, S. 206—218 =
Kl. Schr. IV, 455—467 und in Goethes Kunst und Alterthum IV. 3
(1824) 66—71 = Kl. Schr. I, 410—412, V. 2 (1825), 24—35 =
Freundesbriefe S. 222—229.

145 462 Debu-Rothfelser.] Wahrscheinlich der spätere Landgerichtsrath zu Hanau
(Justi X). S. S. 417.
Cedrenus.] Georgius Cedrenus, Monachus Graecus, historicus parum
doctus neque eruditus, circa a. Chr. 1057. Conscripsit vel potius
descripsit Jo. Scylitzae compendium historicum et misere compilavit
Annales sive Chronicon ab orb. cond. usque ad a. 1057. Citat aus
Harles in den Görresbr. II, 60.

466 Bökendorf.] Haxthausens Gut in Westfalen.

467 Langlès.] Louis Matthieu L., 1763—1824, Orientalist.

147 469 Louise] vielleicht das Dienstmädchen?

147 470 Jung] s. zu S. 35.

148 472 Ein gewisser Grote.] Eberhard Rudolf von Groote, 1789—1864, Prof.
der Philosophie in Köln, war Freiwilliger im Hauptquartier des
Generallieut. v. Thielmann und mit der Reclamation der geraubten
deutschen Kunstgegenstände beauftragt. Vgl. Zur Erinnerung an Eberh.
v. Groote von Al. Reifferscheid in Picks Monatsschrift für rheinisch-
westfäl. Geschichtsforschung I, Bonn 1875, 36 ff.
Jahn] wurde in der zweiten Hälfte des Sommers als Courier nach Paris
geschickt. Über seine eigenthümlichen Scenen an dem Siegeswagen und
der Statue der Ruhmesgöttin s. Pröhle S. 133.
Thiersch] Friedrich, der Philolog.

Recension der altdeutschen Wälder.] HJbb. VIII. Jahrg. 1815. II. Band
Nr. 46—48. S. 721—766, wiederholt in A. W. v. Schlegels Werken
XII, 383—426. Leipzig 1847. Vgl. W. Grimms Antikritik Altd.
Wälder III, 270—277.

Thibaut — Recension von Gönner.] HJbb. VIII. Jahrg. 1815. II. Bd
Nr. 40. S. 625—630. A. F. J. Thibaut.

Bafe.] Karl Benedikt H. war seit 1805 an der kaif. Bibliothek zu Paris.

Millin.] Aubin Louis M., 1759—1818, Alterthumsforscher.

149 474 Millin.] Voyage dans les départements du midi de la France. Paris
1807—1811. 5 vol.

150 475 Winkel.] Dorf bei Rüdesheim a. Rhein.

Paulus.] Heinrich E. G. P., Prof. der Theologie und der orientalischen
Sprachen in Heidelberg.

Prosaübersetzung bei der Edda.] S. 3—69: sie geht der metrischen Übersetzung voraus, ist aber zuletzt gedruckt worden.

Schwarz.] Friedr. Heinr. Christian Schw., Schwiegersohn Jung-Stillings,
seit 1807 durch Savignys Empfehlung Prof. der Theologie in Heidelberg. (Justi 607—622.)

150 476 Bruchköbel.] Dorf bei Hanau.

150 477 Jenaer Ergänzungsblätter 70.] 1815 S. 169—176. B. J. T — n.

Beneke über den Armen Heinrich.] Göttingische gelehrte Anzeigen 1815.
Stück 154, 28. Sept. 1815, III, S. 1521—1528 anonym.

151 478 Varnhagen — ausschneidet.] Er pflegte aus schwarzem Papier Figuren
auszuschneiden.

151 479 Mit umgekehrten Petschaften.] Jacobs Wiener Petschaft stellt einen
Schwan vor, Wilhelm siegelte mit einem Wappenpetschaft; in Paris
führt Jacob das letztere und Wilhelm braucht in Caffel das erstere.

152 481 Don Bouquet.] Dom Martin B., geb. 6. Aug. 1685 in Amiens,
† 6. April 1754 in Paris, Benedictiner, Bibliothekar der Abtei de Saint-
Germain des Prés, später der de Saint-Jean-de-Laon, seit 1738 in
Paris. Seine Sammlung Rerum Gallicarum et Francicarum Scriptores ou Recueil des historiens des Gaules et de la France. Paris
1738, 2. Vol. fol. war im J. 1840 bis zu 20 Bänden fortgesetzt.

153 482 Handschrift des Tristan.] = Kgl. Bibl. in Berlin, Ms. germ. 4. Nr. 284.
Vgl. Grootes Tristan von Gottfr. v. Straßburg, Berlin, 1821. 4. S.
LXX. und den Briefwechsel zwischen Groote und J. Grimm bei Pick
I, 139—144.

Von dem Vaticanischen Rosengarten.] s. Wilh. Grimms Ausgabe. Göttingen. 1836.

155 484 Drei altdeutsche Handschriften.] Sie gehörten alle nach Schloß Blanken-
heim in der Eifel, 12 Stunden von Köln, s. Grootes Brief an J. Grimm
aus Köln, 4. Dez. 1817. bei Pick I, 165. In Köln besaß Groote einen
Pergamenttristan von 1323 und die Heimonskinder, s. 141.

155 485 In Rühs' neuestem Buch.] Historische Entwickelung des Einflusses Frankreichs und der Franzosen auf Deutschland und die Deutschen. Berlin
1815, Nicolai, S. 229. „X. La dissolution de la Réunion. A Cologne 1692. Durch ein glückliches Ungefähr kann ich anzeigen, daß
Ludwig Johann van Savigny, gräflich Nassau-Weilburgscher geheimer
Rath, ein Ahnherr unseres trefflichen und deutschgesinnten Friedrich Carl
von Savigny, Verfasser des Buchs ist: es ist zugleich ein Beweis, daß
diese Schriften von angesehenen und unterrichteten Männern herrührten,
keineswegs bloße Arbeiten von Skriblern waren, wie die Franzosen die
Welt so gern überreden möchten, was auch schon durch den Inhalt
widerlegt wird."

Nr. Seite

Das sogenannte Porstische Gesangbuch.] Geistliche und liebliche Lieder, welche der Geist des Glaubens durch Doctor Martin Luthern, Johann Hermann, Paul Gerhard und andere Werkzeuge in den vorigen und jetzigen Zeiten gedichtet u. s. w. Nebst einigen Gebeten und einer Vorrede [d. d. Berlin, den 1. August 1727] von Johann Porst, Königl. Preußischen Consistorial-Rath, Propst und Inspectore in Berlin. Berlin, verlegt von sel. Josua David Schatz, Buchbinders an der langen Brücke, Erben und gedruckt bey Benj. Chr. Schatz, privil. Buchdrucker. 1780.

157 487 Taschenbuch.] T. für Freunde altdeutscher Zeit und Kunst auf das Jahr 1816. Köln = Zeit und Kunst, Altteutsche Hgg. von E. v. Groote, Carové, v. d. Hagen, Görres, v. Scheulendorf, v. Hormthal, Grimm und Professor Waltraf. Frankfurt a. M. Körner 1822.

Dein Märchen.] Ein Märchen S. 321—331. (Aus G. Basile Pentamerone II. 5, in Liebrechts Uebersetzung I, 191—205.)

Vaticanische altdeutsche Lieder.] S. 119—140: Altdeutsche Minnelieder, eingesandt von J. Görres.

Der Bruder] in Köln an der Post (S. 490). Am 20. Nov. 1817 schreibt Groote an Görres: „Mein Bruder ist in Commission des Consistorii, vielleicht auf lange Zeit in Düsseldorf." (Görresbr. II, 547.)

Hagen den Tristan.] Hagen machte Groote im Juni 1816 den Vorschlag zu gemeinsamer Bearbeitung, aber dieser ging nicht darauf ein, s. bei Pick I, 32. 33. 141. 147. 151. 154. Hagens Anzeige im Meßkatalog 1817, s. 161. 163.

157 488 Deine Abhandlung über die Mordsühne] s. zu S. 372.

Schelling — über den Gottesdienst zu Samothrake.] Über die Gottheiten von Samothrake. Stuttgart und Tübingen. 1815.

157 489 Kanne — Glossarium.] Arnold Kanne (1773—1824) hatte ein Panglossium geschrieben. — Leben und aus dem Leben merkwürdiger und erweckter Christen von J. A. Kanne. I. Bamberg und Leipzig. 1816.

Ersten Band der Sagen] s. zu S. 415.

Pariser Nibelungenhandschrift.] Zeune schreibt an Görres am 28. Januar 1816: „Die Nibelungenhandschrift, die ich durch Blücher rückfordern ließ, hat sich in Paris nicht gefunden" (Görresbr. II, 485, vgl. 488) und v. d. Hagen an E. v. Groote am 12. Juni 1816: „In Ansehung der Pariser Handschriften hat man sich freilich mehr geträumt als gefunden. Die Nibelungen hat Zeune geträumt, der immer nur halb oder gerade das Gegentheil hört" (Pick I, 146.)

Teutoburg.] Zeitschrift für die Geschichte, Läuterung und Fortbildung der deutschen Sprache. (Hgg. von Director von Schlichtegroll, Generalsekretär der Kgl. Akademie der Wissenschaften, und Scherer, k. Bibliothekar.) München 1815, bey Joseph Lindauer.

Folgende unbezeichnete Ergänzungen oder Berichtigungen sind vorgenommen:

Seite 157 Zeile 11 v. o. war(en). S. 178 Z. 14 v. o. zu schreiben, Z. 15 v. o. erstes und. S. 183 Z. 12 v. o. des, Z. 13 v. o. denken, Z. 3 v. u. (eh)er, Z. 2 v. u. (gewünf)cht. S. 184 Z. 16 v. o. hier. S. 197 Z. 10 v. u. (ge)schwinde. S. 198 Z. 11 v. u. ärg(er)licher. S. 213 Z. 14 v. u. mißlungen)stes. S. 217 Z. 2 v. o. N(ach einem G), Z. 4 v. o. sein. S. 220 Z. 18 v. o. mich. S. 227 Z. 13 v. o. Bot(en). S. 235 Z. 6 v. u. Fenstern st. Häusern. S. 251 Z. 14 v. u. (er)sten. S. 252 Z. 12 v. u. erläutert st. erlauert. S. 267 Z. 18 v. u. Jahr st. Tag. S. 270 Z. 8 v. o. ausgehoben vor ausgebrannt ist gestrichen. S. 284 Z. 2 v. o. erklärt haben st. erklärt werden, Z. 3 v. u. veranlaßt sind st. veranlassen. S. 289 Z. 11 v. u. klasch(t)en. S. 305 Z. 5 v. u. von. S. 310 Z. 7 v. u. von. S. 356 Z. 12 v. u. mag st. man. S. 367 Z. 2 v. o. Thüre auf st. Thüre ein. S. 376 Z. 11 v. u. (be)erbte. S. 377 Z. 1 v. u. Untersuch(ung)en. S. 384 Z. 16 v. o. an. S. 405 Z. 12 v. u. uneb(er)liche. S. 436 Z. 18 v. o. gesammelt haben st. gesammelt werden. S. 479 Z. 15 v. o. ungebeten(en). S. 484 Z. 15 v. u. gesehen st. gesetzt. S. 488 Z. 3. v. u. von.

Druckfehler.

Seite 6 Zeile 7 v. o. l. Welt, am	Seite 75 Zeile 3 v. u. l. Äußerste.
„ 11 „ 11 v. o. l. rücken, in C. bei R.	„ 85 „ 20 v. u. l. Reichardts.
„ 12 „ 10 v. u. l. ihnen.	„ 90 „ 3 v. u. l. Bellovac.
„ 25 „ 12 v. o. l. denn st. wenn	„ 132 „ 1 v. u. l. über.
„ 26 „ 12 v. o. l. Novalis, Z.—3 st. S. 3.	„ 137 „ 12 v. o. l. Stiebel.
„ 27 „ 13 v. u. l. Enceïde,	„ 140 „ 10 v. o. Komma vor und.
„ 27 „ 12 v. u. l. Genéve,	„ 170 „ 16 v. u. l. Jean.
„ 27 „ 10 v. u. und S. 355 Z 1 v. u. tilge [?]	„ 275 „ 1 v. u. l. Besten.
	„ 276 „ 18 v. u. l. worden.
„ 30 „ 6 v. o. l. Wabansin.	„ 280 „ 5 v. o. l. Toulouse.
„ 42 „ 11 v. o. Komma vor ob.	„ 302 „ 13 v. o. l. Ärzte.
„ 43 „ 12 v. u. l. Freiberg.	„ 303 „ 11 v. o. l. Verhältnis.
„ 45 „ 5 v. o. l. Schritt.	„ 305 „ 3 v. o. l. französischen.
„ 47 „ 8 v. o. l. scheu'n.	„ 316 „ 9 v. o., S. 320 Z. 5 v. u. und
„ 48 „ 12 v. u. Komma vor weil.	S. 451 Z. 11 v. u. l. Hochstädt.
„ 53 „ 15 v. u. l. hessischer.	
„ 55 „ 10 v. o. l. Letzteres.	„ 333 „ 15 v. u. l. Übersetzung.
„ 66 „ 7 v. u. l. Papier.	„ 334 „ 10 v. u. l. morgen.
„ 69 Col. l. September.	„ 407 „ 11 v. o. l. Juni.
„ 70 Zeile 2 v. u. l. electorat.	„ 451 „ 13 v. u. Komma nach werden.

—·•••

Biographien und Briefwechsel

aus dem Verlage von Hermann Böhlau in Weimar.

Robinson, Henry Crabb, Ein Engländer über deutsches Geistes-
leben im ersten Drittel dieses Jahrhunderts. Aufzeichnungen Henry
Crabb Robinson's nebst Biographie und Einleitung von Carl Eitner.
Autorisirte Ausgabe. 5 ℳ 60 ₰

Rudorff, A. F., Friedrich Carl von Savigny. Erinnerung an sein
Wesen und Wirken. 1 ℳ 20 ₰

Schirrmacher, F., Albert von Possemünster, genannt der Böhme,
Archidiacon von Passau. 3 ℳ

Schöll, Adolf, Carl-August-Büchlein. Lebenszüge, Aussprüche, Briefe
und Anekdoten von Carl August, Großherzog von Sachsen-Weimar-
Eisenach. 2 ℳ

Schoene, G., Kardinallegat Kuno, Bischof von Praeneste. Ein Beitrag zur Geschichte der Zeit Kaiser Heinrichs V. 2 ℳ

Sohr, A., Heinrich Rückert in seinem Leben und Wirken. 5 ℳ

Stichling, G. Th., Ernst Christian August Freiherr von Gersdorff,
Weimarischer Staatsminister. Nach seinem Leben und Wirken geschildert. 1 ℳ

Stichling, G. Th., Die Mutter der Ernestiner. Ein Lebensbild von
der Grenzscheide des 16. und 17. Jahrhunderts. Mit einem Bildniß.
3 ℳ 75 ₰